中国军阀土匪大结局

刘革学 著

ZhongGuo JunFa TuFei Dajieju

长江出版传媒
湖北人民出版社

鄂新登字 01 号
图书在版编目(CIP)数据

中国军阀土匪大结局/刘革学著.
武汉:湖北人民出版社,2013.1

ISBN 978-7-216-07478-0

Ⅰ. 中…
Ⅱ. 刘…
Ⅲ. ①军阀—史料—中国—民国②土匪—史料—中国—民国
Ⅳ. K261.506D693.98

中国版本图书馆 CIP 数据核字(2012)第 287769 号

中国军阀土匪大结局 刘革学 著

出版发行:长江出版传媒 湖北人民出版社
地址:武汉市雄楚大道 268 号
邮编:430070

印刷:武汉中远印务有限公司
经销:湖北省新华书店
开本:787 毫米×1092 毫米 1/16
印张:31.75
字数:768 千字
插页:3
版次:2013 年 1 月第 1 版
印次:2013 年 1 月第 1 次印刷
印数:1-6 000
定价:60.00 元
书号:ISBN 978-7-216-07478-0

本社网址:http://www.hbpp.com.cn

目录 MuLu

北洋军阀系

地方军阀系

民国土匪系

北洋军阀系

中 国 军 阀 土 匪 大 结 局

窃国大盗袁世凯

一、科举不第入行伍

袁世凯有史可据的祖先，可追溯到他的祖父那一辈。袁世凯的曾祖父袁耀东，是个庠生，但不到40岁就死了。据说是读书太用功累死的。曾祖母叫郭氏，比他丈夫长寿得多，一直活到90多岁。

郭氏出身于同郡的大户人家，很懂得诗文礼仪的重要。在她的倾心教育下，四个儿子都很有出息，家里没有一个白丁。长子袁树三是个廪贡生，曾经署理陈留县训导兼教谕。

袁树三就是袁世凯的祖父。他有两个儿子：一个叫袁保中，一个叫袁保庆。

袁世凯的生父袁保中，字重臣，他一生虽然捐了一个同知，但没有正式出仕为官，一直在家经营田产。他是袁树三的长子，是袁耀东的嫡长孙。因此在袁家，他以长子的身份主持家政。他很热衷于程朱理学，豪门显宦的门第，使他在项城县独持一方，官府也让他三分，是个地道的“土皇帝”。

袁世凯称帝标准像

1858年底，项城、新蔡、沈丘、阜阳四县捻军部众联合起事，攻伐富豪，占领了项城县城东新兴集、尚店等地。这样，住在项城东北张营的袁家也受到了极大的威胁。于是袁保中把家眷接到陈州。为了对付捻军起事，袁保中和他的叔父袁甲三一道，联合当地富豪之家，筹办项城县团练，并在城东北40里处，择险要易守难攻之地，围筑墙垣，墙外壕沟环绕，寨门前架设吊桥，寨门上及四角修筑“炮楼”，并派乡勇防守。

这于是在当地成为很有名的堡寨，人称“袁寨”。

项县袁寨原名石腰庄，袁家自咸丰七年迁入寨中，袁寨规模宏大，占地数十亩。寨中东部、中部、西部并列三座三重四合院，楼堂瓦舍各具形式。1859年9月16日，即咸丰九年八月二十日，袁世凯就出生在这个封闭坚厚的堡寨中。

这时候，袁家已是三世簪缨之家的大豪门，已经在北京天成亨钱庄、陈州的于家典当铺等处放贷。一家三十余口，三世同堂，衣食富足。

袁世凯的叔父袁保庆是靠对捻军作战起家的，他曾随叔父袁甲三转战豫皖。据说他用兵往往能出奇制胜，很有些谋略。后来，被河南团练大臣毛昶熙看中了，调到河南襄助河南各州府县筹划团练武装，并统兵在项城、夏吧等地区围攻捻军，是个杀人如麻的悍将。

袁世凯生下不久，袁保庆的妻子牛氏也生下一个儿子，但生下来不久就夭折了。袁世凯的生母刘氏产后奶水很缺，而牛氏的奶水极其充足。因此，袁世凯就由牛氏哺乳。结果，牛氏非常疼爱袁世凯，视同己出。

在袁世凯童年时期，捻军活动日炽。捻军非常强悍，所到之处，尘土四起，遮天蔽日，万马奔腾，有如狂飙天落。所以捻军一到，蛰居在袁寨中的袁家人就不由得紧张一番。这时，15岁以上的男丁都要登上炮楼，鸣枪放炮，负隅抵抗。直到捻军撤去，袁家人才松一口气。袁世凯在这种环境下生长，从小对于战场征尘、杀人挞伐、城池攻掠已是司空见惯。

据说，在袁世凯5岁时，有一次，捻军一哨人马又来攻袭袁寨。有人把袁世凯抱到城垣之上，眼见捻军征尘飞起、呼啸而至，袁世凯竟然毫无惧色，这使大家都感到很惊异。

1866年（同治五年），捻军势力北移，河南、安徽一带兵事稍息。袁世凯的叔父袁保庆从家乡起程，奉旨以知府赴任山东济南补用。这时，袁保庆年已40，但仍无子嗣。袁保中便将袁世凯过继给袁保庆。这一年袁世凯7岁。从此，他一直跟着嗣父袁保庆转赴济南、南京直到嗣父去世，袁世凯才返回项城老家。

1866年，袁世凯跟随嗣父袁保庆来到了济南。这是他生平第一次走出故乡闭塞的小城。

在当时，济南称得上是物阜民丰之地，商业发达、交通便利。袁世凯在这里第一次过上了都市的生活。大明湖、千佛山的湖光山色深深地吸引着他。尽管袁保庆请了当时的名举人王志清做他的启蒙老师，但袁世凯兴趣却完全不在读书上。

1868年，两江总督马新贻奏调袁保庆到南京赴任，管理淮军右标兵营务处，不久，袁保庆又去署理江南盐运道。盐运道的职务是负责督销官盐。盐运历来是炙手可热的肥缺。袁世凯又随嗣父到南京，完全过上了衣食玉锦的阔公子生活。

南京在当时的中国社会，已算得上是个纸醉金迷的地方了。歌楼舞榭、茶肆酒楼、店铺林立，繁华极了。加上南京的明孝陵、紫金山、清凉山、雨花台、莫愁湖等风景名胜，袁世凯完全为游乐所陶醉了。他整日打拳、下棋、赌博。虽然他当时只有十二三岁，但马却骑得很好，走马观景，四处游玩，倒也是风流狷介一少年。

在南京，袁世凯的家庭教师是个文武双全的举人，写得一手的漂亮文章，拳也打得很好，这位教师看袁世凯读书不用功，却对拳脚武艺很迷恋，就每天教他习武练艺，这时，袁世凯的哥哥袁世敦、袁世廉看到这个不爱读书的弟弟，急在心里，却也毫无办法。

袁世凯从小就很聪明，只是不爱读书。他的嗣父袁保庆除正妻牛氏外，还有一个很宠爱的姨太太金氏。牛氏和金氏妻妾不和，时有龃龉，而袁世凯竟利用自己嗣子的地位，从中调和转圜，因此牛氏、金氏都很喜欢他。对于他不读书这种当时人认为不务正业的行为，自然出于疼爱，有所庇护，这样更使袁世凯在南京每日尽兴玩乐了。

但是，袁保庆却不忘调教袁世凯。袁保庆是有功名而为官的人，家庭背景又极显赫，所以意气很高，自命不凡。加之两江总督马新贻很赏识他，因而袁保庆更不同于一般空食俸禄的庸官。他很细心，对于数十年官场风习、将兵心得，每有感悟就顺手记下来。后来他把这些心得札记整理出来，题名为《自名琐言》，每每有空便念与袁世凯听。

这些官场经验，带兵心得，对于袁世凯日后宦海沉浮、将兵帅勇等一些韬晦之策，都有着潜移默化的作用。

袁世凯在南京前后生活了6年。1873年7月，袁保庆因染上了霍乱，命丧黄泉。

这年冬天，袁世凯不得不随嗣母牛氏，扶柩还乡。启程时，吴长庆曾前来送行。

吴长庆，字筱轩。安徽庐江人。他的父亲吴廷襄是庐江地区地主团练武装的首领。咸丰年间，太平天国军包围了庐江，吴廷襄便派儿子吴长庆赶往宿州，请求当时驻扎在此的袁甲三驰兵救援。

袁甲三接到求援消息后，因事关军务，一时举棋不定，于是便征求儿子袁保恒、侄袁保庆的意见。袁保恒认为"地当强敌，兵不能分"，分兵救援，会招致强敌攻击，所以主张不救援。而袁保庆则认为吴廷襄一片忠心可嘉，而且"绅士力薄，孤城垂危"，力主出兵救援。双方意见争持不下，拖延数日，致使太平军破庐江城，吴廷襄被杀。所以，吴长庆恨透了袁保恒。

由于袁保庆曾力主救援，吴长庆与袁保庆却换帖，订了兄弟之好。袁保庆任职赴南京时，吴长庆正好带兵驻扎在浦口，两人日益交好，过往甚密。

袁保庆死时，吴长庆异常悲痛，渡江视殓，扶棺痛哭，并出力帮助料理后事。以后，吴长庆对于袁保庆的嗣子袁世凯，也格外疼爱。

1880年冬，吴长庆率淮军六营由浦口移驻山东登州，很受李鸿章赏识，督办山东海防，在山东很有根基。后来，袁世凯投奔吴长庆，吴长庆不仅乐意收留，而且格外信任照抚，以后不断对袁世凯提拔重用。

1874年，袁世凯回到项城的第二年，叔父袁保恒也从西北回来了。他看到袁世凯的相貌、举止，听到他善于应对的口才，非常喜欢。这时，袁保恒正在西北帮着左宗棠办理军务，于是又把他带到西北去了。

以后，袁保恒调到北京，再调到河南开封督办赈务，他都让袁世凯跟在他身边。当时，袁保恒的想法是：袁世凯如果长久住在项城，容易孤陋寡闻，不如跟着自己，一方面可以扩大眼界；另一方面，还可以督促袁世凯用功读书。

事实上，袁保恒对于袁世凯的读书督促得很紧。晚清时期，虽然西方教育体系已陆续被介绍到中国来，但是，还没有取代科举制。科举应试仍是仕途的必由之路。袁保恒到北京时，袁世凯已是十五六岁的少年，开始抓紧功课，准备应试了。

这时，在北京做官的袁保恒已任户部左侍郎，另一叔父袁保龄任内阁中书，他们都认为袁世凯是袁家中可堪造就的人，所以，对袁世凯的读书功课都很重视。他们聘举人谢廷萱教习八股文，举人周文溥教习作诗，进士张星炳教习写字。

袁世凯在堂叔的严督之下，尽管对八股取士厌恶之至，但读书也很刻苦，每晚只睡五六个小时。四书五经背得滚瓜烂熟，试帖诗作得也很有长进。只是写文章还不得要领。

1876年，是大比之年，袁世凯回河南老家参加乡试。按清制，父母去世三年是不能参加乡试的。袁保中1874年11月在项城老家病故，到了1876年秋，三年丧期未满，袁世凯本不应该应试，但因为袁世凯已经过继出去，所以没有居丧，仍跃跃欲试地参加了乡试。

但是，结果却兜头一瓢冷水，袁世凯名落孙山。

1877年冬，河南大旱，袁保恒被调往开封帮办河南赈务。袁世凯随堂叔赴开封。但天不假年，到了开封第二年五月，袁保恒却因染上当地的流病去世。袁世凯再次失去靠山，料理完后事，只好又郁郁寡欢地回到了故乡项城县。

对于袁世凯来说，自从7岁随嗣父袁保庆离乡，先后转赴济南、南京、北京、开封，在都市断断续续生活了12年。在此期间，都市繁华、官场风气，他已了如指掌。因此，他是无法甘心在闭塞的故乡淡泊一生的。袁保恒故去以后，他回到项城，开始了他一生惟一的一段文人诗酒生活。

袁世凯生性喜欢多事，又好出风头，虽然他自己的文章作得并不好，却联合了一些读书人，组织了一个文社。这个文社需用的一些房屋和必需的费用，都由他一个人负责筹办。大家由于这个缘故，就公推他为文社的负责人了。

袁世凯筹办了两个社：一名丽泽山房，一名勿欺山房。袁世凯由于出资捐款，在当地吸引了一批文人雅士。

某日，袁世凯正在仰山堂读书，一个秀才前来拜访。袁世凯延纳入室，两厢坐定，两人一见如故，话语投机，随结拜换帖为兄弟。此人就是后来曾任民国大总统的徐世昌。

徐世昌1855年生，长袁世凯4岁，字卜五，号菊人，天津卫人氏。当时正为陈州授馆课童，由于家道败落，已是穷困潦倒。袁世凯晓得徐世昌一文不名，无北上应试的盘缠，便解囊相助。结果，徐世昌此一次赴京赶考，果然榜上有名。

徐世昌1882年中举，1886年成进士，授翰林院编修。从此以后，袁世凯宦海30年生涯，徐世昌是袁最知心的谋臣。

1879年秋，袁世凯第二次参加乡试，再次落第。这次对袁世凯的仕途之梦，不能不说是极大的打击。袁世凯盛怒之下，烧毁所作的所有诗文。

对于科举，袁世凯是伤透了心，再也不问津了，可仕途进身之阶，还是必须谋取的。袁世凯于是开始想办法去捐官，但是捐官需要大量的钱。

1878年，袁保恒死后，袁氏家族失去了一个通天的支柱。袁家的人自然是十分的悲伤。悲伤之后，袁家人不能不想起：从袁世凯祖父那辈开始，到袁世凯父辈，袁家人的年龄都不满花甲而亡。曾父袁耀东不足40，袁甲三足年57岁，袁保中终年51岁，袁保庆更比其兄早亡，袁保恒52岁病死。袁家人在未满花甲之年，纷纷滚鞍落马，急走黄泉路，不由人不想到所居的宅地上去。于是，袁家人请来了风水先生。一番查看之后，这位半仙铁口直断：袁家宅地长禄不长寿，惟一的办法就是分宅而居。

袁世凯的书法

父辈的短寿，导致袁家人坐地分产。四室同堂的袁氏家族由此瓦解了。

袁世凯在嗣父袁保庆的名下，得到了一笔相当丰厚的家产。袁世凯过惯了公子生活，诗酒风流，筹办文社，花钱如流水，并不量入而出，所以，袁世凯的经济状况并不妙。

在科举无望的情况下，袁世凯不得不为筹措金钱而周折。开始袁世凯曾向内弟——于氏夫人的弟弟借钱。没想到，这位小舅子不但不给，反而挖苦说："我看你去北京也是白跑一趟，还是在家里待着好些。”一句话弄得袁世凯干瞪眼。

最后，袁世凯的一位远房亲戚借给他 100 两银子，作为他北上活动谋事的川资。袁世凯的嗣母牛氏和生母刘氏，爱子心切，也拿出自己的私房钱给袁世凯，袁世凯启程上路，从北京辗转于上海、潮州，联系父辈的门生故吏，以图谋取进身之阶。

后来，袁世凯发迹、官至直隶总督时，他的那位小舅子从乡下跑到天津，找到袁世凯，希望能借姻亲而谋个一官半职，袁世凯倒是“来而不往非礼也”。袁世凯回话说：外边无事可做，还是在家待着好些。后来袁世凯做了大总统，这位小舅子又从乡下追到北京，袁世凯只见了他一面，支了一些路费就再也没有下文了。倒是当初借给他 100 两银子的那位远房亲戚，袁世凯还了他 5000 块大洋。

袁世凯带着措资北上至京，想通过朝廷他父辈的老关系，谋取一官半职。而京城却是公子王孙们挥金如土的地方，和他们打交道寒酸不得。所以，袁世凯到了北京，一开始就呼朋引类，讲究玩乐，想在朝廷中留下大户人家子弟的印象。结果，他官没捐上，所带的盘缠却被一伙腥臊乱赌的人全给骗去了。

袁世凯内心的苦衷无法向家人说清，走投无路。就在这时，他恰巧遇上了曾经资助过的徐世昌。这时的徐世昌已是点了翰林的京官。徐世昌问明究竟，便拿出一笔款子，资助袁世凯回乡。

对于袁世凯来说，项城老家绝对不是发迹之地，因此很快又南下到了广东潮州。

这时，袁世凯的父交周馥在潮州任潮州府知事兼办潮关。周馥，曾任李鸿章文牍，很为李鸿章所器重。袁世凯在周馥手下干了一段时间。周馥帮他捐了一个正五品的同知，并且给李鸿章写信，把袁世凯推荐给他。

这时，李鸿章是直隶总督兼任北洋大臣，授文华殿大学士，可谓位极人臣、炙手可热。在李幕府中的人，不是举人便是进士，袁世凯觉得自己一去不免自惭形秽。于是，袁世凯拿着这封信，并没有马上去投靠李鸿章，他从潮州出来后，转道上海。

袁世凯故居

上海是当时中国的繁华城市，又是西方思想首汇之区。袁世凯以为上海谋事的机会多些，但没想到在上海仍拓展不开，久无成就。袁世凯只身在外，不免寂寞难挨，所以便去逛妓院，因此结识了苏州籍妓女沈氏。她就是袁世凯日后的长如夫人。

在科举名落孙山，捐资谋官无望的情况下，袁世凯决定投奔吴长庆。他在致家中的信中说："大丈夫当效命疆场，安内攘外，岂能龌龊久困笔砚间！"其实，他为科举入仕，耗费了5年的青春。

1881年，袁世凯从上海起程赴山东登州，投奔庆军统领吴长庆。从此，袁世凯开始了他的政治生涯。

那年，他22岁。

二、坐镇朝鲜始发迹

1882年6月，朝鲜发生了壬午兵变，同时，日本政府借口兵变，派兵前往，以武力平复。清朝政府在朝鲜方面的敦请下，于同年8月，下诏命丁汝昌率北洋海军3舰，吴长庆率清军6营，开赴朝鲜。袁世凯以"前敌营务处"的职务，负责军需供应、勘定行军路线，随部开赴朝鲜，从此开始了他在朝鲜12年的生涯。

1863年12月，朝鲜国王哲宗李璟死后，12岁的李熙以支系入承大统，并由他的生父兴宣大院君李应监国摄政，朝鲜历史上按宫廷制度，凡是以支系入承王位的国王，其生父皆称为"大院君"。1873年，大院君归政于李熙，政权却逐渐掌握在王妃闵氏手中。

大院君眼看大权旁落，不由妒火中烧。他本是主张锁国闭关的，而闵妃偏偏亲近日本人，聘日本军官编练新军，以代替大院君创制的亲军营。闵妃改革军制以后，大批士兵被淘汰，他们无以为生；而留在军营中的士兵，又常常得不到军饷。当时朝鲜穷得不得了，1882年7月，政府被迫发放一个月的粮饷。士兵久盼这一天，可是一领粮饷，却是砂石谷糠，根本不能吃。

久压在官兵肚子里的火，一下子由发粮饷而爆发出来了。士兵一造反，城乡流民跟随，愈闹愈大，一发不可收拾，他们袭击了日本使馆，包围王宫，杀死了大院君的胞兄。闵妃一看事情不妙，扮成宫女逃出王宫。大院君利用人们对闵妃集团的不满重新掌权。

1882年8月25日，清军进驻汉城南郊。第二天，吴长庆、丁汝昌、马建忠诸将联袂拜会大院君。会谈时，气氛融洽，并约定好次日大院君回访诸清将。

实际上，这次邀请大院君回拜是一场"鸿门宴"。吴长庆准备诱捕大院君，扶国王及闵妃集团重新执政，命袁世凯部做好应急准备。袁世凯就扮演项庄的角色。

26日，大院君如约到达清军营帐。吴长庆、马建忠恭迎帐外，请至大帐之中。袁世凯则在帐外，以酒肉阻止卫队随大院君入室。吴长庆一见卫队果然被阻帐外，便强行将大院君塞入肩舆之内，由丁汝昌星夜护送至马山浦，押入军舰，解往天津。以后，大院君则长期囚禁在保定府。

诱捕大院君计划成功以后，便是对付叛兵乱众了。袁世凯率部在朝鲜国王应允下，赶往兵变地点，杀死了数十名叛兵，其余的叛众或降或逃，兵变就这样平息了。

袁世凯出师朝鲜，马到成功。1882年9月12日，朝鲜国王迎接闵妃回銮返宫。袁世凯抢在众清将之前，第一个前往宫中道贺。由于这一卖俏的"第一"，袁世凯这个吴长庆的前敌营务官，便在朝鲜舞台上惹人注目地出现了。这样，他不仅为吴长庆大为赏识，朝鲜国王也对他异常器重了。

年轻的袁世凯(中)过河的小卒子

9月中旬，朝鲜国王赐宴，吴长庆、袁世凯被同邀入宴。9月底，朝鲜国王又单独召见袁世凯。谈话内容外人自然无从得知。清政府对赴朝诸将也是奖赏有加。10月，清政府下诏，袁世凯以治军严肃，剿抚应机，得以同知分发省份，前先补用，并赏戴花翎。

1884年4月，清政府下诏命吴长庆率所部3个营撤防，退驻辽东半岛金州，其余3营仍驻朝鲜。袁世凯被李鸿章奏请，任命为"总理营务处、会办朝鲜防务"，一跃而成为清王朝驻朝的重要官员。

这样，袁世凯不仅在政治上获得了日后发迹不可缺少的资本，而且在个人生活上也不无所获。袁世凯的9位姨太太中，便有3位系朝鲜人。

中国自古便是"朝中有人好做官"。袁世凯在朝鲜的政绩，已属有所作为，堂叔袁保龄当时在旅顺口办理海防，经常往返于天津旅顺之间，于是在袁世凯与李鸿章之间搭桥牵线。而李鸿章幕僚中人如张佩伦、周馥、张睛生等人，又都与袁保龄有很深的交情，也少不了在李鸿章面前为袁世凯美言。李鸿章便对袁世凯格外看中。

1885年，自从清军3营从朝鲜半岛撤回后，俄国加强在这个半岛上的势力渗透，想通过对闵妃集团的控制，从而使朝鲜沦为俄国的"保护国"。于是，清王朝对朝关系政策制定者李鸿章决定护送大院君回国，以达到在政治上控制闵妃集团势力的目的。

这时，正因母病侍奉在河南家乡的袁世凯，立即起程赶往天津，面见李鸿章。

李鸿章让袁世凯此次赴朝，一为护送大院君回国，二是全面主持对朝政务。李鸿章对袁世凯说："如今演戏，台已成，客已请，专待汝登场矣。"

袁世凯向李鸿章提出要求率军前往，以壮声势。

李鸿章笑着说："朝鲜人闻袁大将军至，欢声雷动，谁敢抗拒？你带水师小队十几个人登岸就足够了啊！"

1885年9月27日，袁世凯护送着3年前曾阴谋扣留、解往中国的大院君离开天津，10月5日，抵达汉城。

10月30日清政府在李鸿章的奏请下，正式任命袁世凯为驻扎朝鲜总理交涉通商事务全权代表，并以知府候补，待补缺后，即可官至正三品。

袁世凯对李鸿章的提拔，感激涕零。袁世凯在写给叔父袁保龄的信中说："世受国恩，且为合肥相恩遇太厚。"这次袁世凯升官就连袁保龄也感到喜出望外，于是也立即上书李鸿章称："两世受恩，一门戴德。"

这样，袁世凯成为李鸿章外交政策的坚定执行者。在朝鲜，他的官衔成为钦命驻扎朝鲜总理并通商大臣，在汉城成立了公署。

1895年，朝鲜半岛爆发了类似中国义和团的"东学道"运动。主要就是反对洋教、反对洋人，一时间，朝鲜半岛完全卷入了这场疾风暴雨的大规模运动中。

东学道农民起义陡然爆发，来势凶猛，弄得朝鲜政府一下子手足无措。朝鲜国王便急电清政府代为"戡乱"。这时，袁世凯也认为东学道不过乌合之众，一击即溃。所以也电请清政府发兵朝鲜，平复乱众。当时，日本、俄国也积极插手朝鲜内政，意欲使之沦为他们的"保护国"。

但是，袁世凯却低估了日本人，他在为请清政府出兵写给李鸿章的信中，谈了他自己对日本人将会采取行动的看法：认为日本充其量不过借口保护使馆，派来百余名士兵，开赴汉城而已。李鸿章接受了袁世凯的意见，在朝鲜"速为代戡"的正式请求下，于1894年6月4日派兵1500名，驰往汉城。同时，遵照《中日天津条约》，照会日本外务省。

但是，早在1894年5月底，日本早已进行了秘密战争的动员。中国政府出兵朝鲜的照会一到，当即于6月9日，由日本驻朝公使大岛率800"护卫队"，强入汉城。日本海军陆战队8000人，在仁川登陆，向朝鲜首都汉城挺进。朝鲜半岛局势急转直下。

李鸿章、袁世凯面对日本如此迅速大规模的出兵朝鲜，真是大出意料之外，瞠目结舌。紧接着，日本政府向清政府提出旨在吞并朝鲜的《朝鲜内政改革案》，逼令中国同意。

袁世凯自然对日本逼迫中国同意"改革案"的实质十分清楚。为了能够争取日本人放弃武装行动，袁世凯便苦劝闵妃集团，启用卓有声望的老臣，进行改革。然而对于闵妃来说，事关自己权势利害，她便断然拒绝。

于是，袁世凯断然决定在朝鲜发动政变，推翻闵妃集团，扶大院君执政。他密报李鸿章，以求得到李鸿章的批准。但李鸿章认为事关中、日、朝三国关系，没有贸然同意，而是想通过俄国居间调停，从外交途径上以求息事宁人。

袁世凯行伍多年，深知战争迫在眉睫时应该采取办法，兵来将挡。他发动政变的意图被李鸿章否决后，又数次急电李鸿章，请求大量往朝鲜增调海陆两军兵力。这时中国军队在朝1000余人，而日本军驻朝8000余众，袁世凯请求增援也并非一味好战。他认为这样首先可以示以声威，在军事力量上，取得互相抗衡的地位；其次，即使战争一旦爆发了，中国方面也不至于因寡不敌众而损失惨重。

李鸿章认为俄国在朝鲜半岛上并无利益可图，利用俄国的这种心理，更可以"联俄制日"。李鸿章正致力于俄英出面调停、斡旋中日在朝争端。袁世凯的第二次建议同样被李鸿章否决了。

日本利用在朝鲜半岛的军事势力，迅速迫使朝鲜政府承认了内政改革草案。

在这种情况下，袁世凯孤身在朝鲜，尽管是以"监国大臣"自居，也只好一言不发，保持沉默，静候李鸿章从谈判桌上带回丰硕的成果。日本人充分利用了谈判桌前争取的时间，马上控制了朝鲜政府。袁世凯在等候远方来鸿时，却眼见自己在朝鲜苦心经营12年的亲华势力，顷刻间土崩瓦解，意态惨然。

眼见日本人控制着朝鲜政局,大势已去。敌众我寡,难以动作。袁世凯心灰意冷,只想一走了之,摆脱在朝鲜孤立无援、四面楚歌的境况。1894 年 6 月 29 日,袁世凯连发三电致李鸿章,请求允许他回国。

但是,李鸿章却比袁世凯有耐心,他还在等待着俄国调停的佳音。因此回电,称:“要坚负,勿怯退。”

袁世凯身居朝鲜,自知自己处时长久性命难保,然而纵然一死,也无力挽既倒之狂澜。因而下决心,摆脱困境,在李鸿章来电的同一天,再次犯颜致电,陈述了自己目前窘迫的处境,渲染了自己纵然一死也无济于事的痛楚。

大军不援,袁世凯仅凭三寸之舌,又岂能对付千万兵戈!李鸿章最终还是被打动了,回电允许袁世凯回国。1894 年 7 月 17 日,袁世凯化装易服,搭乘“平远舰”,悄悄离开汉城。

至此,袁世凯结束了在朝鲜的 12 年政治生涯,只留下朝鲜政府为他在汉城树立的“公德碑”。

三、小站练兵铸北洋

甲午海战之后,战争的硝烟还在黄海海面上弥漫,辽东半岛上尸横遍野,一场使中国元气大伤的战争偃旗息鼓了。在一片死气沉寂中,李鸿章代表清政府使往日本马关。1895 年 4 月与日本签订了《马关条约》。

这场战争给此后的中日关系投下了浓重的阴影,而且也对远东形势产生了重大的影响。

对于这场战争,袁世凯也有自己的看法。他在 1895 年 5 月写给军机大臣李鸿章的信中,说:“此次兵务,非患兵少,而患在不精,非患兵弱,而患在无术。其尤足患者,在于军制冗杂,事权分歧,纪律废弛,无论如何激励,亦不能当人节制之师。”

在甲午战争中,无论是李鸿章统帅多年的淮军、苦心经营的北洋舰队,还是刘坤一的湘军,都因腐败而一败涂地,加上战略的绝对性错误,更是败局已定。袁世凯在写给友人的信中也曾说:“欲使中国变弱为强,自以练兵为第一件事。”

这时,中国讲求军务的人认为,德国陆军是天下第一军。日本人效仿它,强盛了。中国要强盛,也必须效仿德国军制。袁世凯也深受这种思想的影响,对德国的陆军军制表现了极大的兴趣。在甲午战败之后,他一面宣传编练新军的主张,一面在闲暇时邀集幕友旧僚,在嵩云草堂,翻译有关各国兵制的书籍,他照德国军制编定了《练兵要则十三条》、《新建陆军营制饷章》等兵制条例,奏报军务处。

在李鸿藻、刘坤一、张之洞、荣禄等封疆大吏、朝廷命员的先后保奏、举荐下,1895 年 12 月 8 日,光绪皇帝颁发上谕:“温州道袁世凯既经王公大臣等奏派,即着派令督率创办(新军),一切饷章照拟支发。”令袁世凯操练新军。

21 日,袁世凯来到距天津东南方向 70 余里的小站,开始操练新兵。从此,这个名不见经传的贫瘠小镇,成为中国日后各自雄踞一方、相互征伐的军阀武夫们的摇篮。包括举荐袁世凯的

前排正中端坐之一品大员是袁世凯

那些王公大臣们当时也不会想到，15 年后，中国的政权政局就将被袁世凯所操掌。

袁世凯作为新建陆军督办，一上任便对作为新建陆军班底的定武军进行大刀阔斧的改革。在编制上分营、队、哨、棚，还分了步、炮、马、工、辎重等不同兵种。每兵种一军分左右两翼，每翼辖二三个营不等。每营官兵 1128 人。至此，中国的兵制在近代化方面揭开了序幕。袁世凯在出任直隶总督仅一年的时间中，就将原小站“新建陆军”的班底，扩充为北洋六镇。这六镇除了一镇是以满洲八旗兵丁为主干形成，不归袁世凯节制外，其余五镇都由袁的心腹大将出任统领。

四、结党营私半天下

袁世凯扩充北洋六镇，得到慈禧太后以及荣禄、奕劻的支持，他直接从赈济款项中，提出 100 万两银子作为军费。有了钱之后，他开始了结党营私的政治迁升生涯。

这时，慈禧太后是中国政坛的第一主宰，袁世凯直接瞄向了她，结果，慈禧太后对袁世凯的赏识与提拔，在对汉族官吏中是少有的。

但是，这一方面出于袁世凯的能力、权势、兵力，另一方面，也由于袁世凯在官场中胆子大、敢花钱。慈禧太后的第一辆汽车是袁世凯进贡的。由于慈禧太后觉得，司机竟然坐在她前面不成体统，这辆“奔驰牌”轿车才成为了摆设。

在慈禧太后 73 岁寿辰时，袁世凯进贡的礼物丰厚：狐皮大衣两袭，镶宝如意一只，金丝编镶珍珠凤凰一对,一人高的珊瑚一座。

八国联军撤兵,慈禧太后回銮以后,宫内由于被外国军队住过一段时期,遭到很大的破坏,特别是宫殿里的陈设,绝大部分都被抢走或毁坏了,因此,慈禧太后便委命袁世凯,赶紧筹集款项来置办这些物品。

这时,直隶省内的很多地方还没有恢复正常秩序,就是立即向百姓摊派,也是缓不济急。袁世凯为了迎合慈禧,除了已经设法筹措了一些款子外,还邀集了藩、臬、司、道等官前来商议。

人到齐后,袁世凯说他要暂时借用他们的私人款项来垫办宫内,以后再陆续归还。可是,这些人不但不肯解囊,反而向他诉起穷来。袁世凯一见如此,只得暂时作罢。

慈禧

于是,袁世凯便不动声色,派人和天津的几大票号,如蔚长厚等钱庄接洽,说是要把一些公款存在他们票号里,问他们利钱是多少。他们回答,最高只能到8厘。这个人一面假称听说别的票号里的利钱比这家的利息要多一些,一方面仍同票号里的人继续磋磨。票号里的人为了取信于他,就先后把账簿拿了出来,并将某官署或是某个官人的存款数字以及利息多少,一一提给他们看。这样,这个人就把各个有关的个人存款数字,一共约100余万两,一一记清,回复了袁世凯。

过了一两天,袁世凯又把票号存款的大官大员们请来,和他们说了大致经过,然后说:"这些票号的掌柜实在可恶,他们竟敢冒用诸公的名义招摇撞骗。我为了惩罚他们,已经把这些冒名顶替的款暂时借用了。"

就这样,袁世凯为了给慈禧太后置办宫中珍玩,筹齐了款项。

袁世凯之所以能深得慈禧太后的欢心,还有很重要的一条原因,就是在太后面前常有人替他美言,时时联络,通风报信。

这个人就是大总管李莲英。

袁世凯从朝鲜回国,中日甲午战争爆发之后,就同李莲英相识了。当时,袁世凯在京闲住,除了召集一些同僚译书,呼吁改革军制而外,便是遍结京中名流人物,以求荣升。

这时,袁世凯的一个结拜兄弟叫阮忠枢,正在李莲英家里当教管先生,很受李莲英赏识。袁世凯便通过阮忠枢见到了李莲英。二人相见,言来语去,竟非常投机,一见如故。以后,袁世凯便常去李府,李莲英也奉为上宾,不时款待。据说,二人换金兰之帖,结识为兄弟。从此,袁世凯便在李莲英身上下工夫。通过他,袁世凯又结识了庆亲王奕劻,并拜为师,并且还结识了权臣荣禄,还得到温州道台的官职。

袁世凯也不断在李莲英身上花大钱,仅光绪三十三年,李莲英母丧之际,袁世凯就封了40万两银子,送给李大总管。至于平时所送财物,则无法统计。

戊戌政变后，袁世凯一直受到慈禧太后的赏识，从未失宠，保持很高的权威，这都和李莲英经常在太后面前运动有关。

日俄战争在辽东半岛爆发后，因为中国吃过日本的大亏，因为，慈禧太后一直担心卷入这场战争，拔不出腿来，便召袁世凯入宫，想问问中国是否能抵抗日本。

袁世凯不明真相，到了北京，却并不敢直接去见太后。便先找李莲英，摸慈禧太后召他进京的底细，询问了太后说什么好，进贡什么礼品等。

李莲英告诉袁世凯，近来太后心情一直不好，说话要留神，注意察言观色。喜欢听的就多说，不喜欢听的就别说。袁世凯听后很为难，因为跪见太后怎允许看着慈禧的脸回答呢？李莲英说，你回答太后的话时，注意看我的脚。如果我的两脚并拢，你就不要说了，那是太后不喜欢听；如果我的两脚分开，就是太后喜欢听，你就大胆的说。于是，袁世凯晋见慈禧太后时，两眼总是盯着李莲英的脚。这一招果然灵验。袁世凯身子胖，个子又矮。这一次，慈禧太后召见时，他心情紧张，躬身弯背，时间长了，憋得透不过气来。等袁世凯退出殿后，已是一身冷汗，湿透了衣衫。为了解决这个问题，袁世凯又支给李莲英 20 万两银票，托他想想办法，请求见面不要时间太长，李莲英说没问题，以后他为这样的小事都和太后打招呼说情。

除李莲英而外，袁世凯重金打点的则是清末重臣、庆亲王奕劻。

爱新觉罗·奕劻是乾隆第 17 子永劻的孙子。因为血脉关系，所以他是清末极少享受有“世袭罔替”的亲王，即俗称的铁帽子王。他虽然养尊处优，但骨瘦如柴，两只眼睛出奇的大，但并没有什么光彩。到了晚年，嘴巴闭不紧，松弛的下巴，样子贪婪而昏庸。事实上，他确实很贪财，声称：“我老庆细大不捐。”

1903 年，荣禄死后，奕劻入军机为领班大臣，按地位是朝廷官吏第一把交椅。袁世凯在奕劻将入主军机处的消息一传出，立即差副官携银票赶往北京，拜访庆亲王。庆亲王一见银票，起初也不肯收，推让几回之后，副官说：“王爷就要入掌军机了。这实乃国家的大幸。庚子拳变，八国联军进京时，就是王爷和李中堂主持的。现在李中堂不在了，事事都要仰仗王爷。宫保素来对王爷十分敬重。这次王爷入军机，老佛爷左右太监多，少不了向王爷道喜讨赏钱。这点钱是宫保给王爷备下的一点零用钱，数目小，王爷千万要收下，否则某回去不好向宫保交差。”

话说到这儿，庆亲王也就没有再客气，收下了银票，而袁世凯给这位庆亲王备下那张零用的银票，数目是 10 万两。

奕劻在北京什刹海西李广桥有一座规模宏大的庭院。这座庭院沿着湖岸走，有个小土山。山后有门 3 座，门不高，沿小径一再曲转后，顿觉豁然开朗，别有洞天，假山、流水、古树、敞轩及精仿之西式楼房一一呈现。这庭院是由朝中各位大员集资兴建送给奕劻的。徐世昌、端方、盛宣怀等都出了钱，而袁世凯是其中出力最多的。其中，此园建成后，娄、轩、斋、馆所需的陈设铺张，只要是新奇的洋货，都是由“临记洋行”一手供奉送来的。

临记洋行系袁世凯和北洋诸大员及天津绅商集资兴办，专为袁世凯联络北京权贵之用。洋行每日与庆王储通电话一二次，报告有何新货到行，征询有无购买之意。该行又刺探宫中、政府及各要员的行动，以便袁世凯见机行事，也为袁世凯及北洋要人办理“进奉”和行贿、说情等事。

袁世凯和庆亲王奕劻的关系，是中国官场上攀附、结营的典型。袁世凯比庆亲王小 23 岁，按年龄不属于一代人，所以袁世凯就和奕劻的儿子载振结拜为兄弟。

载振本是农工商部的尚书。但他却是一个花花公子，过惯了酒色骄纵的生活。1906年底，慈禧太后要将东北改为行省治，便差载振会同徐世昌出关考察。他们一行来到天津时，袁世凯在督抚衙门，请来了天津名优女伶唱堂会来招待载振。

当名优杨翠喜出场时，载振一见立即惊呆了，叹为国色。在旁边的袁世凯心中有数，当日便差人到杨翠喜处说合，最后以10万元增奁的名义，取得杨翠喜的同意。第二天，杨翠喜便被送进载振的行馆。载振到天津后，一直由段芝贵接待安排。当时，段芝贵是北洋军第三镇统制，是袁世凯的心腹。袁世凯便出资10万元，以段芝贵的名义，并由他负责，将杨翠喜赎买给载振。徐世昌与载振在行馆中，同住在一排上房里，中间隔着堂屋一间。

那天，徐世昌在睡前，听到外屋人声嘈杂，载振屋内也有相互问答的声音。他以为载振有客在座，并未注意，随即入梦。第二天清晨，徐世昌问随从人员："振大爷屋内昨晚有何贵客？"

随员即以杨翠喜事报告。徐世昌即令随从先到载振屋通知说他要亲去道喜，并马上准备千两银票做见面礼。他到载振卧室时，载振有些面红，对徐世昌说："小弟荒唐，大哥见笑。"

徐世昌说："这又算得了什么？我是来道喜的！"

载振即命翠喜向徐行礼，徐世昌拿出银票作为贺礼。得到国色女伶杨翠喜，载振是满心欢喜。袁世凯就将拟订的东三省督抚要职名单，开呈出来，请他转交给庆亲王奕劻。

不久，东三省督抚名单发下来了：

"东三省总督：徐世昌，奉天巡抚：唐绍仪，吉林巡抚：朱家宝，黑龙江巡抚：段芝贵。"

这一流人皆是袁党，袁世凯又控制了东三省的地盘。

但是，这一安排遭到了不少王公大臣的非议。尤其是对黑龙江巡抚段芝贵。他不过是候补道的身份，此次升任巡抚，可谓一步登天，因此更惹人注意。不久，段芝贵赎买杨翠喜，贿赂载振的风声便传出来了。御史赵启霖启奏弹劾段芝贵，形成了当时轰动一时的"杨翠喜案"。

慈禧太后闻讯后，立即着派载沣查核。段芝贵是袁世凯的心腹，段芝贵吃了紧，袁世凯自然不能见死不救。于是，立即请载振将杨翠喜秘密送回天津，再由张镇芳出面，托盐商王益孙将杨翠喜领去做使女。等载沣派员到达天津时，杨翠喜已从载振手中转移到盐商王益孙的内室。而且王益孙一口咬定早就将杨买下，是在赵启霖弹劾之前。

人证物证俱在，载沣也奈何不得，况且载振又为奕劻之子，载沣也不敢深究得罪。最后，此案就以赵启霖"任意诬蔑"亲贵重臣名节的理由，将赵启霖罢职。同时，慈禧太后宣布由于段芝贵涉嫌丑闻，撤去段的黑龙江巡抚，改派程德全署理。载振也因涉嫌干系重大，迫于舆论压力，辞去农工商部尚书的职务。

五、窃取权力于乱世

1908年11月14日，光绪皇帝在中南海涵元殿驾崩。11月15日慈禧太后在仪銮殿死去。慈禧太后的死亡，给袁世凯的政治前程蒙上了浓重的阴影。尤其是宣统皇帝年仅3岁，军政大权俱掌在摄政王载沣之手。而载沣正是光绪的弟弟。由于慈禧太后的关系，袁世凯一直是光绪皇帝的眼中钉。

据说，八国联军攻打北京时，慈禧太后曾明令害死光绪的爱妃珍妃，旋即仓皇出逃。光绪皇帝也被挟持在逃亡的行列中。他食不甘味，寝不安眠，心情极度抑郁，闷闷不乐。在中途休息时，他喜欢独自坐在地上玩耍，特别喜欢在纸上画大头长身的各种各样鬼形。他画了很多，又随手将它们撕碎。有时也画鸟兽，在乌龟的脊背上写上“袁世凯”3个字，贴在墙壁上，取出小弓箭，搭上箭头射击，然后再扯下来撕碎。

光绪

由于袁世凯与慈禧太后的关系和权势，对于光绪来说，他一生最痛恨的人就是袁世凯，他也常常提笔写下“杀袁世凯”这类的字条。光绪帝、慈禧太后死后，载沣任摄政王，代皇帝行政。他首先想到的就是杀袁世凯，替胞兄复仇。

康熙皇帝亲政后，曾经欲翦除权臣鳌拜，所用方法极为简便。据说，一次召见鳌拜时，康熙帝赐坐。鳌拜万万没想到，这一坐下，便惹来杀身之祸。因为椅子虽然四条腿，可长短不齐，鳌拜年龄又大，一屁股坐下去，自然身体就一晃。这一晃便是在皇帝面前有失检点，就是对皇帝大不敬。而“大不敬”属十恶不赦罪之首。由此鳌拜便身首异处。摄政王载沣也想引康熙帝诛除鳌拜的故事处死袁世凯。

摄政王代皇帝行政，诛杀一人，何患无辞。但载沣考虑的是杀袁世凯会引起什么样的后果。袁世凯当时是北洋军的首领，北伐军部将皆接受袁世凯的遥控，而且封疆大吏，朝臣王宫中，支持袁世凯的大有人在。

摄政王载沣曾为此询问奕劻、张之洞等王宫重臣的意见。奕劻和张之洞极力反对，认为太后刚去世，南方革命党活动日炽，内忧外患之际，政权内部不该互相倾轧，而且袁世凯手握重兵，杀袁世凯若激起兵变，更是难以驾驭。

载沣很有心振奋政绩，整肃朝纲，挽狂澜于既倒。然而，志大才疏，政基不稳，手无兵权，遇事处处有旧臣、老臣置碍，心有余而力不足。但是，除掉袁世凯，尽管奕劻和张之洞极力反对，他还是下定决心不用他了。

1909年1月2日，摄政王载沣以宣统帝名义发布上谕：

> “军机大臣外务部尚书袁世凯，夙承先朝屡加擢用，朕御极后复于懋赏，正以其才可用，俾效驰驱。不意袁世凯现患足疾，步履维艰，难胜职任，袁世凯着即开缺回籍养痾，以示体恤之至意。”

袁世凯在慈禧太后死后，本就知朝不保夕，于是在奉旨次日，晋见摄政王谢恩辞行。1月6日，袁世凯携家小离开北京锡拉胡同的寓所回原籍，开始了他长达3年的隐居生活。但是，袁世凯离开北京后，并没有回老家项城，而是在彰德府，择一私人宅邸而居，在这里，他引洹河水入园，兼以假山亭阁，建立庭园，并起名曰养寿园。

1911年10月11日，袁世凯正在养寿园内，庆贺他52岁寿辰，正在杯觥筹措、合家欢聚的时候，武昌起义的消息传来了。这个消息结束了袁世凯3年的隐居生活。

因为这时能够应付革命军起义的，只有手握北洋军的袁世凯，于是，袁世凯东山再起的时候来到了。

最后，袁世凯以这样的条件出山：

> "一、明年召开国会；二、组织责任内阁；三、解除党禁；四、宽容武昌起义人员；五、授予指挥前线军事全权；六、宽筹军费。"

10月27日，清廷授袁世凯为湖广总督，兼钦差大臣。10月30日，袁世凯自彰德南下，进驻湖北孝感，亲自督促北洋军猛攻汉口。11月1日，正式将汉口攻陷。同日，清政府发布上谕，宣告解散皇族内阁，委任袁世凯为内阁总理大臣。11月16日，袁世凯公布了内阁成员名单。

袁世凯出任内阁总理大臣以后，自知武昌起义的革命党人，远非昔日洪杨起事。孙中山的名字，他也并非陌生。而且，清王朝已穷途末路，所以，他对革命党人采取的策略便是议和为主。他曾写信给黎元洪，申明君主立宪政体下可以破除满汉之见，因此不必汉人打汉人。11月8日，黎元洪复信，坚决拒绝君主立宪制。但黎元洪表示为了使臣民免遭涂炭，若袁世凯明确表示拥护共和制，可以推举他为共和国第一任大总统。

孙中山

这时，袁世凯的特使、北方议和代表唐绍仪和黄兴密谈的结果也是一样，只在袁世凯逼清王朝退位后，即推举袁世凯为民国第一任大总统。

1911年12月25日，孙中山先生从国外回到上海。孙中山的回国，令南方革命党人人心为之一振，反对议和的声浪顿时高涨起来。12月27日，已经宣告独立的南方17省举行代表大会，1月1日，孙中山正式在南京就职中华民国临时大总统。

革命政府的成立，使袁世凯大为恼火。他下令部将冯国璋、姜桂题、张勋通电内阁，主张君主立宪制，反对共和，并呼吁王公贵族认捐军费。同时，袁世凯下令全军整备再战，借此声势与南方革命政府抗衡。此时，英、美、法、俄对清政府表示不承认南方革命政府，并向南方政府施加压力，宣扬若内乱不止，便以武力干涉。

革命政府内也意见纷纭，不少人开始埋怨孙中山的理想太高，不合实际。汪精卫曾质问孙中山："你不赞成议和，难道是舍不得总统吗？"

因黎元洪、黄兴与袁世凯达成默契在先，而且这时革命政权内外交困，内部矛盾重重，为顾全大局，孙中山于1月16日正式致电，南方革命议和代表伍廷芳，请他转告袁世凯："如清帝实行退位，宣布共和，则临时政府决不食言，立即可正式宣布解职，以功以能，首推袁氏。”

袁世凯在接到这封密电后，加快了逼宫的步伐，逼迫清室早日退位。但是，清帝退位接搞共和一事，除了奕劻等少数亲贵外，良弼、铁良、载沣、载涛、载泽、溥伟、善耆等亲贵中的少壮派也极力反对，少壮派在京成立了松散的政党——宗社党，与袁世凯议和政策抗衡。

清帝退位迟迟不能议决，共和制便不能早日实行。1912 年 1 月 22 日，孙中山发表声明，正式将与袁世凯达成默契的、许袁世凯任大总统一事公开发布，以敦促袁世凯早日迫使清帝退位，结束帝制。同日，革命党人刺杀袁世凯。

袁世凯退朝之后，出东华门回锡拉胡同住宅。车到东安门大街，突然由街道右侧投来炸弹。炸弹落地时，袁世凯的双辕马车已经越过炸弹着火点。袁世凯并未受伤。右侧辕马受伤，但未跌倒，左侧辕马则无恙。马车御手刘二，人很机灵，他知道发生意外，立刻加鞭策马，用最快的速度赶回锡拉胡同住宅。袁世凯下车后，笑着说：“今天有人跟我开玩笑。”

到达住宅后，右辕马因流血过多倒毙。

袁世凯虽未受伤，但他借此再不上朝。而他的部将文臣杨度、段祺瑞、张镇芳、张勋、陈昭常一拥而上，每日电来电往，通电拥护共和，历数皇族罪状。

隆裕太后为了笼络袁世凯，下诏封袁世凯为一等侯爵。袁世凯却一口回绝了。而梁士诒、赵秉钧、胡惟德等袁世凯的心腹则天天进宫，面陈隆裕皇太后，威逼恫恐。

1 月 26 日，一颗手榴弹在宗社党领袖、皇族少壮派良弼头上炸开，良弼与刺杀他的革命党人彭家珍一起死去。就此，宗社党群龙无首，人心顿时涣散。而北洋文官武将的奏折函电，又大肆威逼隆裕。隆裕太后自知大势已去，无可挽回。2 月 3 日，隆裕皇太后正式授权袁世凯，全权与南方临时政府商议退位条件。袁世凯立即抖擞精神，提出优待条件。

1912 年 2 月 12 日，隆裕太后带着年仅 5 岁的皇帝溥仪，在紫禁城代表清王朝举行了最后一次召见众臣的仪式，宣布接受优待条件，颁布退位诏。

迎袁世凯南下专使

至此，统治中国达268年之久的爱新觉罗氏王朝宣告结束。

1912年2月15日，南方临时参议院正式选举袁世凯为临时大总统，称誉他为“中华民国之第一华盛顿”。第二天，袁世凯回电，欣然接受。袁世凯通令全军官兵、全国官吏自2月18日（阴历正月初一）起，一律剪发表示拥护，咸与维新，喜迎共和。

孙中山在让出临时大总统之际，就考虑到，从地域上讲，南方较北方启蒙要早，民主自由的观念更深入人心。因此，迫使袁世凯南下南京就任临时大总统，以抑制北方军阀，封建官僚势力。

2月27日上午，欢迎袁世凯南下专使蔡元培及欢迎员宋教仁、汪精卫等一行人抵达北京，迎袁世凯南下。这时的袁世凯毫无拒绝之意。京城遍悬五色旗，主要路口搭设彩牌，并开正阳门，热忱欢迎欢迎团。袁世凯在会见欢迎团及其他公开场合，多次表示，一俟北方局势稳定，立即南下就职。似乎袁世凯南下只是时间问题。

蔡元培及其他欢迎大员也为能迎袁南下，复孙先生之命而感到欣慰。但欢迎团成员谁也没想到，在他们到达第三天，古都北京即发生了一次重大的兵变事件。

2月29日傍晚6点多钟，驻扎在朝阳门外东岳庙的吴佩孚部下第九标的炮队，首先溃变。他们提着步枪，一拥而出兵营，沿途大呼小叫，枪口朝天放。朝阳门外多的是饭馆、水果摊。由于兵变突然，店铺门都来不及关，连货带钱，便被乱兵抢了个精光。

谁知炮兵一开闹，东城附近第三镇的队伍，禄米仓的辎重队，帅府员、煤渣胡同、东城土地庙驻扎的部队，不约而同纷起响应。把守城门的部队一看情形不对，当机立断，先把朝阳门城门给关上了。

九标炮队一见城门紧闭，拉出过山炮，向城墙轰。这时禄米仓的辎重队赶来接应。他们驱退了守城门的队伍，朝阳门大开，把炮队的弟兄们接进城来，然后炮辎合一，一路又打将起来。

欢迎专使居住的地方则首当其冲。变兵持枪破门而入，欢迎团的行李文件，洗劫一空。蔡元培等欢迎团成员急如星火，被人引往东交民巷六国饭店躲避。这时，北京城内已是大火冲天，哭声不绝，枪声不断。第三镇的乱兵放枪，却有纪律，不杀人、不奸淫、不动公家财务、不找洋人麻烦。他们最注意的就是当铺、金店、银号、钱铺以及其他店铺。因为这里有的是现钱。其次，便是布匹绸缎、洋杂百货店，再有就是前清王公重臣、遗老遗少的府邸，至于民国正得势要员的家，却是边也不沾。

1912年的袁世凯

3月1日，袁世凯派人在六国饭店为欢迎专使团压惊。

随后，袁世凯主持军事会议，宣布再敢强抢豪夺，“格杀勿论”。并宣布自3月1日起，北京部分地区实施戒严。

由于一夜恐怖紧张的亲身经历，专使团相信北方局势确实不稳，而且袁世凯一离开，北方即将大乱。加之“北京兵变”连日腾喧报章，轰动国内外，各驻华公使急调军队入京保卫使馆。天津、山东、东三省洋兵调来调去，一时间北方局势大有“内忧外患”接踵而至之势。于是，社会各界，尤其商界呼请袁世凯万勿南下，以免北方动荡。

这时，北洋诸将通电全国，主张袁世凯不南下就职。

在这种情况下，孙中山与南京临时参议院被迫让步，同意袁世凯不南下就职，改在北京举行就职典礼。同年4月底，南京临时政府暨临时参议院北上进京。袁世凯目的达到，却没有离开自己的势力范围一步。

原来，真正操纵这次兵变的，其实不是别人，而恰恰是袁世凯本人。

兵变部队正是他嫡系部队曹锟的第三镇北洋军。兵变发生后，袁世凯的朋友唐绍仪入府晋袁。唐绍仪坐在门边，袁世凯坐在当中，两人正商量平变对策。

这时，曹锟戎装革履推门而入，见袁世凯致敬后说："报告大总统，奉大总统令，兵变之事已经办到！"

袁世凯立即变色："胡说！滚出去！"

曹锟一转身，这才看到坐在门边上的唐绍仪。

3月10日，在前清外务部公署内举行了袁世凯就任大总统典礼。蔡元培全权代表参议院致词。袁世凯本人向蔡元培誓词，袁世凯终于攫取了最高权力而又不改变初衷！

六、皇帝梦碎命飞西

袁世凯攫取了中华民国总统之位后，并不甘心，他的目的是要做皇帝。

在居仁堂，袁世凯的茶童照例端着用碧玉制成的杯盏，侍候正在午睡的袁世凯。因为袁世凯每日午睡醒来，定要饮一口香茶。

这个茶杯是用上等碧玉雕刻而成，是朝鲜国王赐给袁世凯的，袁世凯十分心爱。

这时，袁世凯还未醒来，依旧鼾然。茶童捧着香茶呆呆地站在床边，看着大总统。他越看越眼花，越看越模糊。等着定睛仔细一看时，床上睡的哪里是大总统袁世凯，竟是一只大蟾蜍。

这茶童吓得手脚冰凉，魂飞天外。手中的茶杯不由得"啪"地落到地上，顿时粉碎。幸好熟睡中的袁世凯还没有醒。茶童自知闯下了大祸，心里没有了主意，只好跑去找到了侍奉领班，请教该如何是好。这先生听罢茶童叙述，也不言语，沉吟片刻，才让茶童等袁大总统醒来如此这般地回话。茶童心里有了底，才敢回到袁世凯的卧室。

袁世凯一觉醒来，没有喝上香茶，又看见心爱的茶杯已经粉碎，不由得脸一沉，问茶童怎么回事。

茶童也不慌忙，故意支吾几声，等看到袁世凯脸上的确不高兴了，才怯生生地说："小人不敢说。"

袁世凯问："怎么不敢？"

"小子怕大总统怪罪。"

"你说吧！"

"刚才我看见床上睡的不是大总统。"

“胡说，不是我是谁？”

“是……是……是一条五爪大金龙，遍体金鳞，闪闪发光，快要腾空而起了。”袁世凯听罢这话，一屁股坐下，没再言语。顺手从桌上拿起一件值钱的玩意儿，递给茶童，沉着脸说：“这事不要对别人讲。”

茶童立刻退下去，一场灾祸就这样逢凶化吉了。

这虽然是传说，但是在当时，民间却广为流传开了。

1914年，袁氏祖坟的坟丁进京来报，说在袁世凯生父袁保中的墓旁长出一紫藤来，长逾丈许，蜿蜒盘绕，状似龙形。袁世凯和他的妻妾子女们异常兴奋，以为这是祥瑞之兆。袁世凯厚赏了坟丁，并且嘱他不要对外人谈及。于是，袁世凯特派其长子袁克定回乡观察。袁克定自河南项城回信说：“是藤滋长甚速，已粗逾儿臂，且色鲜如血，或天命攸归，此瑞验耶！”

袁世凯的元帅服竟与武警军大衣类似

袁世凯大喜，回信让袁克定招募坟丁，筑墙护卫，以防牛羊践踏。

又一日，袁世凯收到一位天文学家上书，书曰：“由×日起，三更以后，有帝星朗照某某纬度，正在河南项城县地区，兹已逐次北来，月后可至京师，上天垂象，当属在吾皇也。”

袁世凯看后，将信将疑，于是在当夜和长子袁克定一起，登上殿月台上，果然如他所言。袁世凯大喜。于是，京中又轰动一时。

一次，文武百官齐聚在东单牌楼五条胡同，为徐世昌祝寿。溥仪的老师陈宝琛也在邀请之列。这天，还请来了京师的名角唱堂会，合演《大登殿》。孙菊仙扮皇帝，最后一场有一折便是百官请皇上登宝座。戏演到这儿，孙菊仙却出人预料地谦虚起来，就是不上座，站在座旁，连说不敢不敢。旁人愣了，这时孙菊仙自编台词，开了一场道白：

“自从清室退位，从前皇帝已经没有了。现在民国，并无皇帝。将来皇帝，并无出现。我何人？我何人？我何敢？我何敢？！”

他忽然指着徐世昌，“哈！现在谁个是你的皇帝。”又转而指向陈宝琛，“哈！现在谁个又是你的皇帝！”退三步，将髯口一掀，大声道：“哈！我又是谁个的皇帝！哈……”

孙菊仙的这场自编戏，倒让陈宝琛心酸，倚席掩面、老泪纵横，回到宫中还写了首诗。

因为这时袁世凯要恢复帝制，已经不是秘密，路人皆知了。

1914年5月1日，袁世凯按照颁布的《中华民国约法》，下令撤销国务院，在总统府内设政事堂，首脑称国务卿，并备副手两名，分别称左丞、右丞。政事堂成为大总统府公牍上传下达的办事机关。政事堂发布命令，都要加上“政事堂奉策令”一类的公文套语，而大清时代，内阁转发皇帝命令，用的则是“内阁奉上谕”。

袁世凯撤掉了国务院、秘书厅，改换为政事厅、内史监后，又仿前清御史台制度，设立平政院，仿都察院，设立肃政厅。又品定官阶，下令将文官官阶分为9秩，即上卿、中卿、下卿、上大夫、中大夫、下大夫、上士、中士、下士。

在此之前，袁世凯亲到天坛，行祭天大礼。由于袁世凯的一些复古措施愈来愈浓。这倒使一些前清迂腐的遗老遗少感到兴高采烈，以为袁世凯会念及前清恩泽，恢复大清王朝的基业。

袁世凯任正式大总统后，曾致书"大清皇帝陛下"，表示感戴清王室的恩德。逊帝溥仪也照例回书"大中华民国大总统阁下"以示祝贺。

1913年2月，隆裕皇太后因患炎症去世。袁世凯得知消息后，立即派国务员荫昌前往皇极殿灵堂代祭。袁世凯还下令全国降半旗致哀3天，文武百官服丧27天。在祭奠之期，袁世凯臂戴黑纱致祭，并备3万元礼金前往。1913年下半年，袁世凯就任大总统后，采取了"政非旧不举，人非旧不用"的方针，规定只有在前清做过州县官吏的人，才有资格做各省民政长。袁世凯还对前清遗老遗少极力拉拢，礼敬如宾，并多次表示自己的元首地位，系清王室禅让而来，自己要感恩戴德。

这样，清王朝遗老遗少越发想入非非，一些人竟加紧活动，以为袁世凯早晚要还政于清。大清逊帝重蹈圣坛，不过是时间问题。前清旧吏劳乃宣到处宣传"还政清室"，并把《共和正续解》印刷出来，广为散发。袁世凯看后竟一笑置之。

于是，复辟派的人越来越多，鼓噪复辟言行更加激烈，"中国只宜君主制"，"共和政体不适宜于中国" 的论调甚嚣尘上。1915年5月，袁世凯在外交上接受了日本旨在吞并中国的"二十一条"，举国哗然。这一年的夏天，在北京复辟帝制的喧嚣声中，活跃着两个文人，一中一外，发表演说、评论，为袁世凯政府的政策做着最好注脚。

一位是美国霍普金斯大学校长弗兰克·J.古德诺。

弗兰克·J.古德诺是美国人，德国柏林大学的法学博士，1891年任美国哥伦比亚大学美国行政法教授。他和袁世凯的长子袁克定的私交甚好。1912年7月，他来到北京担任总统法律顾问，在此期间，他极力主张在中国应实行总统制，反对实行责任内阁制，宣扬应建立强有力的政府组织。因此，他曾荣膺袁世凯颁发的二等嘉章。

1915年，当他再度来到中国时，袁世凯的称帝心迹已经是昭然若揭了。他此次中国之行，便是完成一项命题作文。他一到中国，袁世凯便派农商总长周自齐拜会了古德诺。总统府要他给"袁世凯准备一份文件，论述民主与君主政体哪一种更适合中国的国情"。古德诺按照他一向的观点，当即完成了这篇论文。8月3日，在《亚细亚日报》上发表，题目为《共和与君主论》。不久，这篇文章在东京及伦敦《泰晤士报》等报纸上转载。

古德诺的基本观点是：中国人民民智低下不具备参与政治的品质，在这种情形下，实行共和制是没有益处的。比较而言，还是君主制更符合中国人民的历史习惯。

除去洋人古德诺之外，另一位鼓吹君主立宪制的文人就是杨度。

1903年，清政府为了标榜新政，在传统的科举项目之外，增设经济特科，想通过经济特科的考举，选拔一些襄助新政洋务的专门人才。刚从日本归来的杨度，参加了这次考试。考试发榜，他高中一等第二名。

杨度和袁世凯长子袁克定的关系十分密切。杨度曾将袁克定比为当代的唐王李世民，自己就是谋臣房玄龄、杜如晦。到了袁世凯快称帝的时候，杨度也早已成为社会名流，他君主立宪——言语议论都在社会上有一番影响了。

1915年，古德诺发表《共和与君主论》以后，作为君主立宪主义理论家的杨度自然不甘落后，闻风而动。很快，杨度发表了他的重要著作《君主救国论》。全文立论之本就在于只有君主制才能救中国。

文章写成后，杨度托总统府内史夏寿田转呈袁世凯。袁世凯批阅后，大加赞赏，立即提笔写下“旷代逸才”4个大字，并命政事堂制成匾额，颁赠杨度，以示恩宠，并密令陆军上将、奉天巡抚段芝贵加紧印刷，广为发送。

8月，袁世凯在总统府接见了杨度，由夏寿田作陪。杨度当时就向大总统提出要成立一个组织，宣传君主救国论。袁世凯当时表态说：“不好！外人都知道我们的关系，还以为是我指使的呢！”

杨度也鲜明地表示：“度主张君主救国也非今日始。君主立宪，度是最早宣扬人，而且学术自有自由，大总统不必顾虑。”

8月24日，杨度联合孙毓筠、严复、刘师培、李燮和、胡瑛成立了筹安会。筹安会发表了宣言，宣告筹安会的宗旨即在于“筹一国之治安，研究君主民主国体，二者何适于中国。”发表宣告的同一天，杨度又在石驸马大街的住宅门口悬挂上了筹安会的招牌。杨度自任理事长。

8月24日下午，在石驸马大街袁乃宽的宅邸中，召开了军警特别会议。段芝贵、袁乃宽、雷震春、江朝宗等军界、警界要人一致宣布拥护君主制。

同时，梁士诒、朱启钤、周自齐等一批京官，发动成立各省公民请愿团，拥护君主制。于是，在北京先后成立了商会请愿团、人力车夫请愿团、匠社请愿团、乞丐请愿团、妓女请愿团等。梁士诒本人也拼凑出全国请愿联合会。9月16日，全国请袁世凯下令召集国民会议，议决国体。

在此期间，日本国内阁总理大臣大限重信、英国驻华公使朱尔典，均正式代表本国政府表态，赞同袁世凯称帝。

全国请愿联合会由梁士诒、杨度等领导，3次向参政院呈递请愿书。10月，各省开始举行国体投票。12月11日上午9时，参政院以国民代表大会总代表的名义汇查各省投票。结果各省国会代表共计1993人，赞成君主立宪票共计1993票。当时由参政院秘书长林长民宣读推戴书。代表以起立的方式进行表决。结果全体起立，一致通过。

上午8时半，袁世凯接到参政院推戴书。袁世凯却以“民国初建，本大总统曾向参议院宣誓，愿竭力发扬共和，今若帝制自为，则是背弃誓词，此于信义无呆自解者也”为理由，正式拒绝参议院推戴。

下午5时，参政院复会，讨论通过了第二次推戴书，称颂袁世凯功越百王、德亘万古，于当晚再次呈递袁世凯。

1915年12月12日晨，袁世凯发表文告，宣布正式接受推戴，下令改国号为“中华帝国”，1916年元旦起，为“洪宪元年”。

即将登基践位的中华帝国大皇帝袁世凯，于1915年12月19日，下令设立登基大典筹备处，任命朱启钤为处长，正式开展帝制筹备工作。

帝制公开筹备后，曾奉命参加选举的推戴国民代表1993人，由于已完成使命，由孙毓筠主持，每人发路费100块大洋，远省发200块大洋，遣散了事。推戴代表听说此消息后，群情哗然。有的喊道：“我们也不是虾子灯、螃蟹灯、凤凰灯，随你迫来迎去。大家抬你做龙头灯，我们连龙灯尾巴都沾不上。今天的事情不解决，没个完！”

推戴代表自以为能从中捞些好处，不想事毕，竟以100块大洋打发了，哪里肯依，尾随孙毓筠，闯入孙家狂呼乱骂，继以砸毁家什。孙毓筠无奈，只好打电话给警察宪兵。

这些人都是国民代表，自然胆壮："警察？！别说警察，天兵天将来了也得加钱！"

孙毓筠无奈，只得出来解释："提领的经费已经用尽，的确没钱了！"

代表则说："嘿！这还真是床头金尽，就他妈认不得客人了。加钱！！"

当时军警群集，也没办法，乱哄哄一片。后来还是朱启钤来，每人又加200元了事。

这事袁世凯却并不知道，这时他正在居仁堂接受百官朝贺。但是这时距离他生命的终点却已经只有101天了。

20日，袁世凯特颁徐世昌、赵尔巽、李经羲、张謇4位患难交谊的人，各一帧嵩山照片，以后史称几人为"嵩山四友"。

21日、23日两天，袁世凯封公、侯、伯、子、男五等爵位。公爵：龙济光、张勋、冯国璋、姜桂题、段芝贵、倪嗣冲等。被他毒死的赵秉钧，也被追封为一等忠襄公；侯爵：汤芗铭、陆荣廷、赵倜、陈宧、唐继尧、阎锡山、王占元等；伯爵：曹锟、雷震春等；子爵：马继增、张敬尧、张作霖；男爵：江朝宗等。五等爵位共计128人。

此外，袁世凯还特封孔子76代孙孔令贻仍袭衍圣公，加郡王称号。为了联络满族亲贵，袁世凯重申清帝退位优待条件永不变更，并派皇族溥仪为参政院院长。

为了尽快登基，袁世凯下令刘冠雄设计皇旗。刘冠雄十分兴奋，夜叩宫门，进呈图式。而袁世凯也一见钟情，下令大典筹备处筹制。

但是，不少人见此图样不禁摇头，说：五色旗横列，皆成条段，代表五族共和。可又斜叠五色条于原有五色之上，全旗五色，皆成斜块，这不是四分五裂之象吗？

这时已经飘飘然的袁世凯根本不知道，也完全顾不上了。万事俱备，袁世凯专等第二年元旦御极登基了。

正当世凯称帝，大颂赏爵，封赐众将军，以示恩宠优待的时候，蔡锷将军正密谋出北京，以反戈讨伐袁世凯。蔡锷是梁启超的学生，"二次革命"时，他曾暗中接济孙中山领导的讨袁军队，但讨袁军很快失败，他也因此涉嫌，被袁世凯调离他所担任的云南都督等军政要职，而被授予陆军部编译处副总裁的虚职，明升暗降，实受监视。

袁世凯称帝后，蔡锷虽然极为反感，但是，身处暗探监视之中也十分无奈，所以，一度上青楼，下酒馆，吃喝玩乐，做出一副胸无大志、酒色之徒的模样。结果在小凤仙的掩护下，逃离北京，经天津、日本，于1915年12月抵达他的势力范围云南首府昆明。

12月23日，蔡锷正式向袁世凯发出通牒式的电报，要求立即无条件取消帝制，并将杨度、孙毓筠、严复、刘师培、李燮和、胡瑛、朱启钤、段芝贵、周自齐、梁士诒、张镇芳、雷震春、袁乃宽等严惩，"明正典刑，以谢天下"，限令24小时内答复。

25日，蔡锷正式通电各省，组织护国军，云南独立讨袁。蔡锷起义的消息传来，像是晴天霹雳，大出袁世凯意料之外，他收到蔡锷讨袁通电后，在当时的国务会议上，竟脱口而出："我本不主张帝制，都是你们逼的。"

国务委员闻言之后，都一声不吭。但是，他们也都一下子明白了袁世凯的惊恐心情。

袁世凯接到电报后，立即做出的反应却是调和矛盾，以图大事化小；他立即找到蔡锷的老上司李经羲和熊希龄，要求他们从中调和。但因蔡锷态度坚决，调停失败。于是，袁世凯宣布撤销蔡锷、唐继尧的一切职务，取消不久前封赐给他们的爵位，派兵讨伐。

1916年1月5日，袁世凯在新华宫丰泽园设立临时军务处，并宣布派曹锟直接统帅军队，反扑蔡锷的起义。但是，曹锟率领的北洋军士气低落。蔡锷率领的护国军越战越勇，不久即以云南为基地，影响扩及贵州，威逼川湘。四川将军陈宧、湖南将军汤芗铭连连告急，每份电报都标有"万急"、"万万急"的字样。

这样，袁世凯不得不大量往四川、湖南派兵，在军事力量对比上，袁军占绝对优势。接着，袁世凯封冯玉祥为三等男爵，授吴佩孚为陆军中将。但是，云南起义未能平息。1月27日，护国军进入贵州，巡按使龙建章落荒而逃，贵州宣布独立。

在云贵为护国军控制后，袁世凯便在四川、湖南、广西增兵增械，以图围剿护国军，这三地的要员分别为广西陆荣廷、湖南汤芗铭、四川的陈宧，这是袁世凯倚重的大将。但是，给袁世凯以沉重打击的，正是他倚重的大将陆荣廷。8月15日，他突然宣布广西独立。护国军不仅控制云南、贵州，此时，又势连广西。

原来，陆荣廷在接到袁世凯要他反扑贵州起义的电令后，声称饷械不足，一直迟迟不动。陆荣廷一直表面上对袁世凯很恭顺，袁世凯又接到派在陆荣廷身边坐探的密报，称陆荣廷为可靠分子。

所以袁世凯给陆荣廷拨款100万元、枪5000支，希望他能在云贵开辟一个新战场，牵制云南、贵州的起义。不想，陆荣廷收到给养、枪支弹药以后，武备齐足，反戈一击。这是袁世凯万万没想到的。于是，他不得不倚重陈宧和汤芗铭，来讨剿蔡锷护国军和广西起义。

但四川前线的张敬尧又出师不利，被护国军重创。

眼见护国军节节胜利，袁世凯的围剿战略屡遭挫折，湖南、江西及长江中下游的一些省份开始出现不稳迹象，广东独立已是迫在眉睫。各方面的求援、告警、索饷文电，每日不断，弄得袁世凯焦头烂额。

正在这时，袁世凯又收到了冯国璋、李纯、靳云鹏等人敦促袁世凯取消帝制的通电，这些人都是袁世凯一手提拔的。当袁世凯身处危境时，他们公然背叛，向他挑战，表明北洋集团内部已是分崩离析，众叛亲离。

不久，徐世昌这位袁世凯的密友，也来信敦促袁世凯取消帝制。

这时，英、美、日、德、意等国也正式表示反对袁世凯称帝。

在这种情况下，袁世凯3月21日在新华宫召集会议，出席会议的有杨士琦、张镇芳、朱启钤、梁士诒、倪嗣冲、徐世昌、段祺瑞等。

会议空气阴沉沉的，面对国内一片混乱，谁也没有办法。袁世凯淡淡地说了一句："都是我不好，不能归咎于别人。"接着说出取消帝制。这时，只有倪嗣冲做出一副怒目金刚的样子，坚决反对，表示谁敢反对帝制，"臣誓死

袁世凯称帝飞龙洪宪钱币

扫荡而后快”。但是,他的意气冲动,被袁世凯制止了。

1916年3月22日,袁世凯发布文告,宣布取消帝制。这次发布文告,仍由国务卿徐世昌副署发表,并宣布仍任中华民国大总统,还恢复了黎元洪副总统的职位。至此,从1915年12月12日,袁世凯宣布称帝,至1916年3月22日,帝制共维持102天。

从洪宪元年帝制实施,到下令取消洪宪年号,仅83天,昙花一现。

七、略通诗文自一格

袁世凯虽然以行武出身著名,又是北洋系军阀的领袖,可他毕竟读过书,并且两次投身于科举功名,因此对于诗文,不可能没有功底。在他的政治生涯中,也体现了一些诗文的雅儒。

13岁过春节时,袁世凯拟了副对联:

大泽龙方蛰,
中原鹿正肥。

塾师老先生看过,不禁咋舌,知其自有心胸。

袁世凯成婚生子,大概是1879年。袁家分家后,袁世凯在嗣父袁保庆的名下,分得一大笔财产。所以,他可以家长自居,支配财产。这时,20岁的袁世凯也正是少年气盛,雄心勃勃的时候。正如上文所说,他自出资金,腾出房间,办了两个文社,一曰“丽泽山房”,一曰“勿欺山房”,并供给前来入社的秀才文人食用。在当地,袁世凯颇有些文名。

这一班文人聚在一起,吟诗作赋,观景饮酒。在这个时期,袁世凯做了不少的诗文。1879年秋,袁世凯再次参加乡试,名落孙山后,盛气之下,他焚毁了几年来所有的诗文,立志不再问津科举。所以,袁世凯早期的诗文,基本无传。

后来,袁世凯投笔从戎,随吴长庆进驻朝鲜。再往后,在官场中摸爬滚打,也极少有雅兴再去问津翰墨。直到1909年,摄政工载沣将他开缺回籍,袁世凯也就势在洹上村做出超然物外的样子,闲云野鹤,看花听泉,似乎不再过问政治。这个时期,他写了大量的诗,并让他的次子袁克文收集起来,命名《圭塘唱和集》。

洹上村本是天津大同何炳莹的一座别墅,大约占地200亩。袁世凯爱其敞阔、宁静,所以出资购买过来,并命长子袁克定主持翻修、扩建修缮工程。工程完工后,袁家即搬入此园。

这是一个封闭而坚固的别墅。四周筑有高墙,高墙四角筑有碉堡。地方当局派有卫队守护。从外表看似乎是堡寨,森严壁垒,但高墙之内却别有天地。园内辟有菜园、果园、瓜园、花园,饲养着鸡、鸭、鹅、猪、羊等,一派田园景色。袁世凯和其妻妾子女分别住在9个院落内。院与院之间有墙、有门,分别通往园内最内的花园——养寿园。养寿园内亭台楼榭、山石叠翠,曲径通幽,池水碧绿,一切都错落有致。袁世凯做有一首这样的诗,说:

曾来引地作劳人，满目林泉气势新。
墙外太行横若障，门前洹水喜为邻。
风烟万里苍茫绕，波浪千层激荡频。
寄语长安诸旧侣，素衣蚕浣帝京尘。

袁世凯为了表明自己看破红尘，淡无问政之心，特地把他刚从徐州道解任回乡的哥哥袁世廉接来，兄弟二人谈心下棋、垂钓洹上，并且合照了一帧非常著名的照片，在当时发行量很大的(东方)杂志上发表。袁世凯头戴斗笠，身披蓑衣，身边放着一个鱼篓，一副娱情山水、渔樵足乐，超然物外、与世无争的样子。他哥哥袁世廉则是艄公模样，持长篙立于船头，似乎在向外望。

这时大概也是袁世凯一生中最风雅、最清闲的时期了。他约来不少的文人，如王介艇、史济道、杨令兼等，和他们诗词唱答。

乍赋归来句，林栖旧雨存。卅年醒尘梦，半亩辟荒园。
雕倦青云路，钿浮绿水源。漳洹犹觉浅，何处问江村。

袁世凯在这首《次王介艇丈游养寿园韵》中，表达了政事升迁、人生苍茫的感怀。26岁的宦海风尘，而最后却以无稽的"脚疴"被强行开缺回籍，即便如此，还要暗自庆幸而躲避了杀身之祸。所以，他要"何处问江村"了。

烹茶檐下坐，竹影压精庐。不去窗前草，非关乐读收。
棹艇捞明月，逃蟾沉水底。搔头欲问天，月隐烟云里。

这些诗都可以看成袁世凯当时精神状态某种侧面的写真。然而，对于袁世凯这样的人来，自然绝不会真的天真起来为诗文、田园所陶醉：

《自题渔舟写真二首》

(其一)

身世萧然面不愁，烟蓑雨笠一渔舟。
钓丝终日牵红蓼，好友同盟只白鸥。
投饵我非关得失，吞钩鱼却有恩仇。
回头多少中原事，老子掀须一笑休。

(其二)

面年心事部悠悠，壮志当时苦未酬。
野老胸中负兵甲，钓翁眼底小王侯。
思量天下无磐石，叹息神州持缺瓯。
散发天涯从此去，烟蓑雨笠一渔舟。

袁世凯在彰德洹上村隐居的时候，写下的最著名的诗，即首五绝《登楼》。从这首诗里，完全可以看出他的志向和不甘寂寞的心情：

楼小能容膝，檐高老树齐。
开轩平北斗，翻觉太行低。

时人看过这首诗之后，称袁世凯颇有曹阿瞒横槊赋诗的气度。

以人论诗是一回事，以诗论诗则是另一回事。像袁世凯《冬日即目》中：

数点征鸿迷处所，一行猎马急归来。

这样的诗句，气象开阔，风格清新，说得上是妙语。当然，对于袁世凯的诗，不能以诗人的标准去要求，他毕竟是政治家、军人。

对于袁世凯的隐居生活，他的女儿袁静雪曾评论道："事实上，他也的确不是一位逃避红尘、淡泊名利的隐士。他虽然身居乡村，却时常有一些朝野要人来看望他，询问他对于当时某些事情的看法。那时，他每天要接到很多从各方面发来的信件和电报。为了处理这些信电，他每天上午要用一两个小时的时间来处理'公务'。他设置了一个电报房，从而能够更迅速地和各方面加强联系。他向各方面伸出了触角，等待着再起的时机。"

袁世凯的宦海生涯中，也有因他的才具，而使别人折服的事情。

有一次，有一个刚过门的女子吴氏，年方20岁，而丈夫却病弱垂危。这个女子为了殉夫，就吞金身亡了，不想她丈夫从此竟大病痊愈。

地方官老爷们听说这事，自然争夸这女子好，有烈性，要请朝廷褒奖。

袁世凯知道后，就让大文人王式通、吴运各拟一匾额。

结果名士文人的匾额都不如意。袁世凯拿起笔，写下"一死回天"4个字，旁人叹服。抛开了贞孝节义的混账道德不讲，这4个字的确说明袁的心胸非常人可比。

还有一次，那是袁世凯做了洪宪皇帝以后的事。大文人章太炎把大总统颁给的勋章做扇坠，不修边幅，大摇大摆地堵到新华门，大骂袁世凯。因为章太炎名气太大，袁世凯也无可奈何，况且又是文人，便把章太炎软囚在东四钱粮胡同。

这时，章太炎的弟子、四川万县师范学校校长钟正懋进京。袁世凯赐宴。

席间，袁世凯对钟正懋说："你老师和我过不去，你去劝一劝。中国向来有两块万岁牌，一块是大世至圣先师，一块是当今皇帝，太炎何不让一块给我。"

宴毕，袁世凯问钟正懋有什么要求没有。钟正懋说，能不能请题几个字？袁世凯当下写了一副对联：

天生我材必有用，他人爱子亦如余。

集句正合师范校长身份，而又暗寓有他意。书大如斗，颇有气势。

八、枭雄死于一口气

袁世凯做不成皇帝了，在发布的文告中，他自称的“予”一变又为“本大总统”。但是，这时袁世凯也深知，帝制不成，大总统的职位也难保了。因为这时全国范围内的讨袁运动仍方兴未艾。这时的反袁舆论中心在上海，孙中山从日本赶回国内，在上海号召把讨袁斗争进行到底，并发布了《讨袁宣言》。

1916 年 4 月，忠于袁世凯的广东将军龙济光，迫于各方压力，宣布广东独立。不久，朱瑞为将军的浙江省也宣布独立。至此，云南、贵州、广西、广东、浙江先后独立，反袁势力遍及南半天。

5 月 8 日，在广西的陆荣廷来到广东肇庆，与梁启超谋划，宣布成立中华民国军务院，拥戴黎元洪为大总统，推唐继尧为抚军长，岑春煊为副抚军长，梁启超、蔡锷、陆荣廷等任抚军。结果，军务院统一了南方独立反袁各省的意见，提出袁世凯不退位，绝无议和可言。而这时袁世凯已宣布取消洪宪帝制，仍留任民国大总统。军务院提出的退位意见，即指袁世凯退总统之位。

于是，问题的焦点，就集中到了袁世凯退总统之位上来。

为了挽回败局，袁世凯起用了手握北洋重兵的段祺瑞组织内阁，寄希望于武力解决。但是，段祺瑞出任国务总理的第一件事就是让袁世凯交权，组织名符其实的“责任内阁”。这一下使袁世凯更是急火攻心，气急败坏。

于是，袁世凯只好派阮忠江到冯国璋家里，希望冯国璋能出面调停南方独立各省及军务，军务院与北洋政府一起，从中斡旋，保存自己的大总统的职位。

但是，冯国璋并不热心，虽然他发表了声明、宣言之类的表面文章，但在致袁世凯的密电中，

接见外宾的袁世凯

却写道:“南军希望甚奢,仅仅取消帝制,实不足有服其心”,希望袁世凯“亟筹自全之策”,把袁世凯寄予他的希望,推脱得一干二净。

袁世凯清楚地知道,当初面临武昌起义,他对清廷搞的那套把戏,如今段祺瑞、冯国璋竟完完全全地用到他的头上。这时已是5月中旬,袁世凯取消帝制已两个月了。袁世凯已经从每日下楼到居仁堂办公,改在卧室内批阅文件,后来又从桌子上批文,移到床上,听内史夏寿田汇报了。他的身体状况每日愈下。

全国范围内反袁的声势继续扩大。继云南、贵州宣布起义、独立之后,广西、江西、广东、安徽各省相继宣布讨袁独立。在东北三省,胡子出身的张作霖将中央政府派驻的镇安上将军段芝贵也驱逐出境了,并声称要追究段芝贵盗卖木材、贪污的责任。袁世凯对于一位胡子出身的草莽居然也敢对中央政府的将军要员这般对待,异常气愤,但又无可奈何。

到了5月份,陕南镇宁使陈树藩公然驱逐袁世凯任命的官员,张作霖是招安的土匪,土匪视地盘为命根,反复无常本也没什么可奇怪的。但陈树藩的反叛意义却不一样。因为陈树藩的晋军毕竟属于北洋军系,而且陈树藩又是段祺瑞的心腹。他的反叛意味着北洋高级将领开始公开背离袁世凯。

袁世凯没有预料北洋派的背离。5月22日,南方独立各省与北洋政府和谈的南京会议宣告和谈破裂。同日,陈宧宣布四川省及他本人与袁氏个人断绝关系。陈宧既是袁世凯在西南倚重的将军,又是袁世凯长子袁克定的把兄弟,私人感情甚笃。他的反叛,对于袁世凯是个沉重的打击。袁世凯接到电报后,竟半日不能言语。

然而,坏消息还没有结束。5月29日,袁世凯器重的另一位将军汤芗铭宣布湖南讨袁独立。这一回,袁世凯的最后一根精神支柱垮了。袁世凯的精神状态面临着最后的崩溃。

当初,汤芗铭是鼓吹帝制最得力的一位地方要员。他曾招募一批文人笔才,把他们软禁在一个大豪华的院落中。院落中,备好高级的名烟名酒,连娱声乐色的妓女都准备好了。只要这帮文人伪造出湖南推戴袁大总统为皇帝的民意,并写出极其美的劝进书即可。最后,劝进书写好了,并用极工整的蝇头小楷一笔不苟地誊写在特制的表章上,文尾写着“湖南靖武将军臣汤芗铭谨奏”。然后把这劝进书放进特制的金丝楠木小匣中,派遣特使专程奏书晋京。

继汤芗铭宣布独立后,唐天喜的背叛,使袁世凯的精神完全崩溃。

唐天喜服侍袁世凯多年。他和袁世凯是同乡,原是在豫剧班唱小旦的,人长得十分俊美、轻盈。袁世凯在少年时就喜欢上他,一直带在身边。后来,袁世凯给他在军界谋了个闲差。洪宪帝制之前,唐天喜已经以旅长身份,混到京汉铁路北段护路司令了。

帝制取消后,前线还有零星战事。唐天喜主动请缨,在袁世凯面前一边哭泣,一边请求:“天喜蒙大总统30年养育之恩,我要上前线去打蔡锷。”

唐天喜此举,倒使袁世凯苍凉的心理有了一点安慰,感到天喜总算不辜负自己一片恩情。于是,袁世凯拨给他人马枪械,唐天喜信誓旦旦地与袁世凯依依分别,上了前线。可袁世凯万万没有想到,唐天喜一到湖南,就被赵恒惕以30万两银子收买。

唐天喜幡然举叛,并连夜袭击了他本应去增援的马继增部。马部猝不及防,全军溃乱,仓促中,马继增无奈,含愤举枪自毙。唐天喜这一行动,使前线战事急转直下。

据接近袁世凯的人说,袁世凯收到唐天喜叛变的急电,已近疯狂。袁世凯神经失常地口口

袁世凯病逝于中南海居仁堂

声声叨念着："唐天喜反了！唐天喜反了！"

帝制失败，众叛亲离，极大地刺激了袁世凯。他的三女儿回忆了袁世凯去世前病势沉重的情形，说：

"他在有病以后，虽然吃着中药，却还是下楼办公和会客。直到旧历四月中旬以后，病势日日加重，才不再下楼，但他在楼上卧室里，仍旧下床坐着看公文，有的时候还会见一些重要的来客。这样延续到旧历五月初，病势更重，才不能下床，也不再办公。他病得最严重的时刻，不过四五天。就在这个时候，三嫂偷偷地割了股上的一块肉，他一面问：'是什么？'一面或者已经意识那是有人在'割股'了，就连说：'不喝！不喝！'"

进入6月份，袁世凯的病情进一步恶化。6月1日，总统府召法国名医贝希叶和名中医萧龙友入府治疗，初步诊断为尿毒症。由于袁世凯不信西医，拒不吃西药，所以拖延数日，直到袁世凯已病入膏肓，才由曾赴德国的袁克定主持，决定用西医。但此时已无可挽回。贝希叶首先进行导尿，导出来的却是尿与血混合的血水。袁世凯深深地呻吟了一声，似乎很痛苦。

他深知病情无可挽回，当晚便召集了徐世昌和段祺瑞，对他们说："总统的职位应该是黎宋卿的，我就是好了，也准备回彰德。"

以后，袁世凯断断续续地说过一些话："他害了我，他害了我！"入夜即昏迷不醒。

1916年6月6日(旧历五月初六)晨10时，袁世凯在中南海居仁堂病逝，终年57岁。

九、一妻九妾新旧欢

1876年底，17岁的袁世凯成了亲，娶妻于氏。

于氏是河南乡间人于鳌的女儿。于家土地很多，挂过"双千顷牌"。于氏虽是大家闺秀，可不怎么识字，对于规矩礼法粗通，两个人结婚后，感情还算好。到了第二年，于氏便生下一子，即长子袁克定。于氏一生只有这么一个儿子。然而袁世凯没多久，便与于氏因一句笑话而反目了，以至冷淡相处，于氏成了“主妇”的牌位。

事情起因是这样的：这天，袁世凯看到于氏系着一根红色乡花缎子的裤带，觉得好玩，就和她开玩笑说：“看你打扮的样子，就像个马班子。”

可是，于氏并不认为这是夫妇之间的一句玩笑，就反唇相讥地说：“我不是马班子，我有姥姥家。”

于氏说的这句“我有姥姥家”，即有娘家，是明媒正娶的大太太。而袁世凯的生母是姨太太，一说是侧室。袁世凯认为她有意揭自己的短，给他难堪。一生气，从此再也不跟她同房了。

所以，于氏在生下袁克定之后，就再没有其他子女。袁世凯做官以后，她也一直住在项城老家。直到袁世凯做了山东巡抚，接他母亲到济南，她才一道来袁世凯的住所。

袁世凯从接于氏到住所，直到后来入京做了军机大臣兼外务部尚书，只承认她是名义上的夫人，既不让她管家，也不和她同房。不过，这样一来，他们夫妻之间却非常客气。清末宫廷曾封于氏为一品诰命夫人。

袁世凯就任大总统，入主中南海之后，于氏也随着住进了中南海。在中南海怀仁堂延庆楼后面，有一个三进的大院，叫福禄居。于氏和袁克定的妻子儿女们就住在这里。于氏住前院，袁克定夫妇及孩子们住在中院，后院是仆人们的住所。

那时候，袁世凯按照历来的习惯，每隔三天五天的，就去于氏房中坐一会儿。他俩见面的时候，袁世凯一定先问一句：“太太，你好！”于氏答一句：“大人，你好！”接着，两人随便聊上几句家常话，就结束了这照例的会见。

有一次是过阳历年，各国公使暨夫人按礼节到总统府给总统贺新年，随后照例要给总统夫人贺年。这样，袁世凯才不得不让于夫人出席仪式。

这一天，于氏穿着红外褂、红裙子的礼服，接受外宾们的祝贺。不料，仪式正在进行当中，忽然有某国的公使走上前一步，到于氏面前，要和她握手。于氏不懂什么握手礼，大为惊慌，立刻把身子一偏，嘴里发出“嗯”的一声，将双手缩回背后去了。这时，公使一看总统夫人脸色有变，动作不同寻常，不由得僵在那里。最后只好同夫人匆匆退了出去。

袁世凯听到这些情况，就规定以后凡遇接待宾客，需要于氏出场的时候，由次女、三女儿陪同出场，并在旁代为照料问答，不让于氏再说一句话，也不让她有什么特殊动作，以免再出现其他笑话！

袁世凯 22 岁时，决定弃文习武，投奔吴长庆。在此之前，袁世凯曾到上海谋事。他一方面想贪图一下上海的风光，另一方面也觉得这样一个地方，谋事的机会总要比较多些。然而，他筹谋很长时期，却始终没有成就。这时，他一个人住旅店里，寂寞难捱，就去逛妓院。由此，结识了一个苏州籍的名妓沈氏。这就是后来袁世凯娶进的大姨太太。

袁世凯与沈氏相识之后，情好日密。沈氏就劝袁世凯及早离开上海，另谋出路，并且资助盘费，鼓励他早日成行。

行前，沈氏备酒饯行。席间对袁世凯说明了在他去了以后，她也出钱赎身，搬出妓院，希望袁世凯努力功名，不负旧情。那一席话，使冷落寂寞中的袁世凯，备受感动，指天为誓后，二人挥泪而别。

后来，袁世凯在朝鲜站稳脚跟以后，果然将沈氏接往汉城，沈氏做了袁世凯的大姨太太。

在朝鲜 12 年，袁世凯增加了 3 位韩籍的如夫人。

关于这 3 位姨太太的出身，说法不一。有的说是袁世凯在朝鲜做事时，朝鲜国王赏的 3 个歌伎。也有的人说，3 位姨太太是袁世凯在朝鲜得病住院时的 3 个护士，后来袁世凯病愈，朝鲜国王便把她们赐给了袁世凯。

袁世凯的三女儿袁静雪，是这样回忆她的生母、袁世凯三姨太金氏的：

“我父亲原定娶朝鲜李王妃的表亲金氏一人为妾。可是，在金氏嫁过来的时候，还带来两个陪嫁的姑娘，闵氏和吴氏。我父亲就一并收她们为姨太太，并按着她们年龄的大小，排定吴氏为二姨太太，金氏为三姨太太，闵氏为四姨太太。因为这三个人都在大姨太太手里娶进来的，所以，我父亲就让大姨太太担负教导她们的责任。”

“金氏本以为是嫁过来做我父亲的‘正室’的。不料，过门以后，她不但不是‘正室’，她的陪嫁的两个姑娘也被我父亲一并收为姨太太。同时在她头上还有一个被我父亲当‘太太’看待的大姨太太。她当时才是一个十六岁的女孩子。在那样的环境里，她除了逆来顺受以外，不可能有什么其他出路，因此心情是痛苦的。由于精神苦闷的重压，使她成为一个性格古怪的人——一方面，似乎脾气很好，对家里所有的人都很和气，也从不和我争长论短；另一方面，在不高兴的时候，会因为偶然的原因，一语不和就闹起来，甚至闹到了难以收拾的地步。”

“有一次，她就因为一言不合，居然把和我父亲对坐下棋的时候所有的棋盘、棋子，都给扔到水里去了。又有一次，她和五姨太太在中南海内一处角落里对着喝酒。大约两人都喝得有些醉意了，不知道为了几句什么话，两人吵起嘴来，先是动口，接着就动了手，真打得不可开交。幸亏有的仆人报告了我父亲，等到他大声喝住以后，两人才算罢休。”

“她虽然有些醉意，但五姨太太是我父亲当时最宠爱的人，这一点她还是能够意识到的。她是在五姨太太历来的欺压下，忍无可忍，这次为了几句闲话便不顾后果地拼起命来。”

“她这种古怪脾气，也表现在对女儿和丫头们的责打上。她还有‘重男轻女’的思想，所以对待女儿就比对待儿子更厉害一些。毒打起丫头来，那就更加厉害了。”

“她皮肤很白，浓黑的头发长长地从头顶一直披散到脚下，看起来是很美丽的。但是，她神情木然，似乎永远没有高兴的时候。她不但对待儿女没有什么亲热的表示，就是我父亲有时候，到她屋里去，她也是板板地对坐在那里。有时候，我父亲说到高兴之处，她虽然也陪着一笑，但笑过之后，立刻把笑容敛住，于是她的脸上就再也看不出丝毫笑意。”

“在过年过节和她自己生日的时候，她总是暗暗地哭一场。她嫁到我家以后，从没有回过娘家，她家的人也从没有来看过她。有一次，六姨太太的母亲和哥哥从江苏扬州来看望六姨太太。这两位客人，既要给我父亲和我娘磕头，还不能和我家人平起平坐。这大概就是她不愿意娘家人来看望她的缘故吧。对于娘家过去的情况，她更不愿多说。在中南海的时候，她并不是每天都到居仁堂去的。但是，我父亲见到有什么好吃的，或是她所喜欢吃的东西，总时常叫佣人请她来同吃。”

“她在死前的头一天里，对我二哥说了两件事：一件事在她过门以后不久，大姨太太借对她的管束和教导的名义，对她进行虐待。有一次大姨太太把她绑在桌子腿上毒打。由于她的左腿被打得过厉害，受了内伤，以至于临死的时候，还经常疼痛，并且还不能伸直。另一件事是，她的父母原来也认为她是嫁给我父亲做‘正室’的，及至过门以后，才知道她不但不是一个姨太太，并且还把她和两个陪嫁的姑娘排在一起，成了个三姨太太，自然十分痛心。后来她又要随着我父亲离开朝鲜，更是加倍的伤感，特别是她的母亲看到自己的爱女迢迢千里地到一个陌生的地方去，今后自然很少再有见面的机会，因此悲痛和思念的情感，就交织在这个老人的心中。有一天，她母亲在精神恍惚的情况下，仿佛在井中水纹里，看见了她的面影，就怀疑自己的女儿一定是死在他乡了，因而也就投井自杀了。她父亲既痛心于女儿的遭遇，又看到老妻因为女儿的缘故竟至自寻短见，当时悲痛得吐了很多血，三天后也就死了。她在说完了第二个故事以后，又对我二哥说，她所以不愿意在这以前说起这件事，是为了免得暴露我父亲生前所做的错事。由这一点看来，她算得是'用心良苦'矣。"

"二、三、四姨太太虽然也会说汉话，但说得很慢。她们嫁给袁世凯时已十六七岁了，不能再缠足了，袁世凯便想让她们像京戏里旦角'踩寸子'的方法，走起路来摇摇摆摆，也像缠足一样。"

袁世凯在山东巡抚任上，娶进了第五位姨太太杨氏。

杨氏，天津杨柳青人，是一个出身于小户人家的女子。她长得并不漂亮，但因为有一双缠得很小的"金莲"，所以颇得袁世凯的欢心。

杨氏很有管家的才能，又口巧心细、遇事果断。从此以后，袁世凯对家中的日常生活，既不操心，也不过问。无论是该吃什么、该穿什么，或是该换什么衣服、该做什么东西，都交由杨氏一手经管。就是袁世凯的贵重财物，也同样交由她收藏保管。

杨氏不仅照管袁世凯的生活，还掌管袁家的一切家务，指挥着屋里屋外的女佣人和丫鬟，管理着袁世凯的子女们。以后，又管理新进门的六、七、八、九姨太太。

由于袁世凯对杨氏言听计从，所以无论是谁，只要不服五姨太的约束，她就可以随时禀告袁世凯，由袁出面解决。因此，袁家上下都因为这个缘故，而敬让杨氏三分，就是袁世凯的正妻于氏，也不例外。

经管袁家家务的姨太太，前一阶段是大姨太沈氏，后一阶段是五姨太杨氏。她们每每狐假虎威、擅权凌虐他人。而身受其害的人们，却由于袁世凯给她们撑腰，而不敢抗拒，不敢声张，只好忍气吞声。

袁世凯在众姨太太们面前，规定了这样一个家规：新进门的姨太太要服从早进门的姨太太的管教。所有礼法仪节、起居言谈、忌讳等琐事，均由早进门的随时指点。

前一阶段，是大姨太对二、三、四3个姨太太的管教；后一阶段，是五姨太对六、七、八、九4个姨太太的管教。

大姨太沈氏到朝鲜汉城后，不久竟来了3个对手，要分享袁世凯对她的专宠，自然是醋意大发。因此，沈氏表面上是教导、管束她们，实际上却是借着教规矩的名义，对3个姨太太百般刁难。

这3个朝鲜籍的姨太太，一下子来到一个陌生的汉人封建家庭，话又说不利落，汉人的规矩礼法又不熟悉，自然就给了大姨太很多借口。沈氏便趁袁世凯不在家的时候，无事生非，常常非打即骂。有的时候，甚至还罚她们跪砖头。为了不让她们有躲闪的可能，还曾把她们绑在桌子腿上毒打。三姨太金氏左腿的残疾，就是大姨太沈氏"教导家规"的结果。

五姨太杨氏也一样，她以"家规"的名义，以教导和指点为名，对六、七、八、九姨太太非打即骂。特别是九姨太年纪轻，进门的日子又浅，在规矩礼法上自然做不周全。所以，她遭受五姨太太的虐待也最厉害。有一次五姨太把她的头都给打破了。

几位姨太太被责打这样厉害，袁世凯不是不知道，可是，他以所订家规不能改变，而对之视若无睹，坚持不说一句话。

袁世凯在直隶总督兼北洋大臣任上，又陆续“置办”了六姨太叶氏、七姨太张氏。八姨太郭氏，是袁世凯做军机大臣兼外务部尚书时“置办”的。

要论袁世凯姨太太们的来历，颇有故事情节的要数六姨太叶氏。

袁世凯在直隶总督任上，曾派他的次子袁克文到南京替他办一件什么事。由于袁克文喜好在外面玩乐，在公余之暇，就常到钓鱼巷一带走走，因此结识了后来的六姨太太。两人一见倾情，互相订了嫁娶的盟约。在袁二公子临行的时候，她赠给他一张照片留作纪念。

依照袁家的规矩，儿女从远道归来，是要向父母磕头“请安”的。袁克文返津复命，正在磕头的时候，不料这张照片却从他的身上失落下来。袁世凯看到这种情况，就指着地上连声问：“是什么，是什么？”

当时袁克文还没有结婚，自然不敢在老父的面前透露自己的荒唐行为。他情急智生，就说是他在南边给父亲物色了一个很好看的姑娘，现在带回来这张照片，为的是征求袁世凯的意见。袁世凯一看这张照片上的倩影，果然很美丽，就连声说：“好！好！”

接着，便派了向来给他做这种差役的符殿青，带了银钱将她迎了回来。叶氏原是和袁克文有着嫁娶之约的，现在看到是袁家派人来接，很自然地便想到了袁克文身上，便也收拾行装，欣然北上。没有想到在“洞房花烛夜”，却发现意想中的翩翩少年，竟变成了一个满嘴胡须的老者，她那哀怨之情，一点也不会少于三姨太金氏！

1909年，袁世凯被摄政王载沣开缺回籍。在彰德府隐居的时候，袁世凯娶进了他第九位，也是最后一位姨太太刘氏。但是，刘氏并不同其他袁氏妻妾一同住在洹上村养寿园。她独自住在北京的九府胡同的袁府。这是一个一线排列的三重四合院。最后的四合院便是刘氏的住所，建筑兼中西特色，高大拱形的门窗、良好的取暖设备都可以想见当初的奢华。

从这最后一座四合院右侧出旁门，有一座二层的中西合壁的小洋楼，这便是刘氏之女、袁世凯十三女袁仪祯(子经)的绣楼。一层为仆人、丫环的住处，二层为十三小姐的闺房。

袁世凯和他最年轻的姨太太，不时在这里共住。

四姨太闵氏和七姨太张氏，都在袁世凯任民国大总统，入主中南海之前死去。

四姨太是因为“月子病”死去的，当时袁世凯在直隶总督任上。七姨太没有生过子女，依照袁家的规矩，是应该叫做“姑娘”，但由于袁世凯对七姨太的宠爱，所以袁家上下依旧唤她为七姨太太。当袁世凯奉命“回籍养疴”时，带着她从北京到河南辉县暂住，这时候，她病死在辉县。

1913年，袁世凯进入中南海，妻妾子女也一同迁入。

在中南海，袁世凯在居仁堂办公、就寝。在居仁堂开了一个楼，姨太太们就住在那里。然而，袁世凯夜间并不到各个姨太太房里去，而是姨太太轮流前去“值宿”。轮到哪一个姨太太“当值”的时候，就由她本房的女佣人、丫头们把她的卧具和零星用具搬到袁世凯的卧室里去。那时，大、二、三3个姨太太都已经不和他同居了，轮值的只有五、六、八、九4个姨太太。这4个人，每人“轮值”一个星期。其中只有九姨太太由于年纪轻，有时候伺候得不如他的意，因而还不到一个星期，袁世凯就让她搬了回去，另行调换别的姨太太。

袁世凯在夜间休息的时候，虽是采用姨太太轮流值宿的办法，但一到第二天早晨，却依然要五姨太太到他身边来伺候一切。当然，五姨太太值宿时，就接着在他身边伺候了。

这位五姨太太平时对人极为严肃，但是每天早晨见到袁世凯的时候，却总是笑吟吟的叫上一声“大人”，然后再去照料袁世凯的穿衣、吃饭以及其他琐事。

中南海瀛台

袁世凯洪宪帝制正式推行以后，宫廷礼仪自然也提到议事日程上来。龙袍、凤袍、皇子服、皇女服、宫廷女官服等各式吉服，一应俱全，全部制成。袁世凯夫人于氏自然是“皇后”。凤袍做成后，她与诸皇女花团锦簇地合了影。

其间，内廷诸内礼官、女官长、女官，整齐仪注，由孙宝琦夫人率领，分左右两队，排列在礼堂中，向袁世凯夫人于氏行朝贺大礼。

于氏虽已成“皇后”，可本是村妇，为人极淳厚，进入大堂中并不肯坐，连忙对孙宝琦夫人说：“亲家太太，各位太太，皇后不敢当，不必行礼！”

群女官再次“请皇后正位”，4 名女官扶着皇后，这才坐下来。于是，孙宝琦夫人率众女官、女眷，伏地行三跪九叩大礼。

于夫人又急忙起身：“皇后不敢当！”说着，就要还礼。

这时，4 名女官又扶持她回座，说：“皇后坐而受贺，乃是大礼，皇后身不得动。”弄得于夫人挺不好意思，红着脸，吃吃直笑。女官又说：“皇后须恭拱受礼。”

等行完了礼，于夫人赶忙下了皇座，拉着孙夫人的手说：“谢谢各位太太，做了皇后，连礼都不能还，真是不敢当啊！”

孙宝琦夫人又提出向皇帝行朝贺大礼，于夫人赶忙说：“皇帝也不敢当，不必行礼！”第二日，“不敢当”这句话就传遍了京师。

袁世凯的姨太太们，经袁世凯口头册封，一、二、三、五 4 位姨太太，封为妃，六、八、九 3 位姨太太封为嫔。姨太太之间居然列出三六九等，因此，她们一见到袁世凯，便为此事争吵，结果闹得沸沸扬扬。

除此之外，袁世凯还从各房姨太太内挑选了 4 名使女，预定内廷女官。后来，由于形势急转直下，也未及同房，便由袁克定出资遣散了。但是，沿传中国数千年、罪恶昭著的太监制度，被“洪宪皇帝”袁世凯以违背人伦而宣布在袁宫不予采用。

蔡锷在云南宣布讨袁后不久，袁世凯便突然气喘，整日形容憔悴。1916 年的元宵节，袁家一家大小团聚在居仁堂，准备吃元宵。不知谁插了句嘴，说元宵和袁家的姓同音，应该忌讳，命令以后不准吃元宵。但袁世凯却悻悻地说：“元、袁同音不同字，有什么好忌讳的。”

袁世凯说完，大家谁也没有吱声，等元宵端上来，一家人围着桌子默默地吃元宵。即使谁对孩子们讲话,也都压低了声音。后来六姨太太开始嘀咕起来,大概还是对封为嫔表示不满,说要是到时候正式册封时若不封她为妃,她就带着孩子回彰德去。六姨太太一发难,八、九两个姨太太也喋喋不休,提出同样的要求。这时,五姨太太便出来解劝:“你们别闹了,到时候你们都当妃子,爱管我叫什么就叫什么好了。”

她一边说着,一边拿眼睛瞟着袁世凯。五姨太太自然希望袁世凯拿出他的威严,把三个小姨太太的牢骚压下去。但袁世凯却没有这份心绪。他把筷子往桌子一放,长叹一声说:“别闹啦!你们不是要回彰德吗?那就和我的灵柩一块儿回去吧!”

说完,便转身回办公室了。

1916年6月,袁世凯病死。他刚刚断气,于夫人便大哭起来。一边哭一边数落:“你一辈子对不起我,弄了这么多姨太太,又养了这么多孩子,你死了都丢给我,叫我怎么办哪!”哭了又说,说了又哭。当时在场的所有子女由二子袁克文领着,跪在于夫人面前,请求他们的娘把他们赐死。最后,由袁世凯惟一的嫡出长子袁克定出面转圜,才终于将这尴尬的局面结束了。

就在袁世凯死时的当天晚上,五姨太太叫仆人把袁世凯的保险柜抬到了自己的卧室,连办公室内的大钟都搬走了。

在以后的几天里,府中上下都照着礼法,跪在袁世凯身边守灵。突然,佣人慌忙来报:“三姨太吃了东西了!”大家又慌作一团。直到很久,医生来过后,三姨太才把吞的东西吐出来。但府中上下每个人心中都笼罩上了一层阴影,大有树倒猢狲散的感觉。

在归葬袁世凯于洹上村之后,袁家妻妾及未成年子女,在彰德守丧3年。

以后,袁世凯的几个姨太太,随各自子女陆续迁往天津大营门的袁宅,在那里分门别户而居。再往后,各奔前程,袁家也就随之瓦解了。

袁世凯故居

皖系军阀段祺瑞

一、赤足少年投军营

段祺瑞执政时期

1881年的一天，驻扎在山东境内的清军管带段从德出操回营，刚换好衣服，躺在烟榻上吸烟。这时，一个亲兵入内禀报："段大人，有人求见！"

段从德不耐烦地皱了皱眉头。他一边吸着丫环点着的烟泡，一边摆摆手说："不见！"亲兵下去后，不一会儿又转回来，再次禀道："段大人，来人说是从合肥来的，是大人您的侄子。来人说非见您不可！"

"让他进来吧。"

几分钟后，一个穿着单薄、风尘满身的年轻人出现在段从德的面前。他个子不高，却很结实，宽宽的肩膀，圆圆的脸，肤色黑红，年纪约在十六七岁的样子。

那个年轻人见到段从德却是满脸喜色，"扑通"一声跪下。

段从德回过神来。他放下手中的烟袋，赶紧上前一把扶起了来人。

"伢哩！"他操起合肥土话，连声问道，"你怎么来啦？你怎么来啦？"

"我是来投奔叔父大人的。"

"谁和你一起来的？"

"就我—— 一个人。"

段从德不大相信地咂了一下嘴，又问："你是怎么来的？"

"走来的。"

"步行？"

段从德又一次惊讶得说不出话来。从合肥到这里2000多里路，而且又是在这兵荒马乱的世道，在他眼里还是个小孩子的人，竟然独自一人步行到这里，真让人太不可思议了！

他望着眼前这位有些胆量和毅力的族侄，望了好久，突然用力拍了拍他的肩膀，哈哈大笑起来，连连说："伢哩！够种！"

于是，这位步行了2000多里前来投军的年轻人就这样开始了他的军事生涯。这一年，他才

17岁。然而，谁也没有想到，多年以后，就是这个从合肥乡下跑出来的年轻人会成为赫赫有名的北洋大将陆军总长、民国总理、政府的元首，成为中国现代史上风云一时的大军阀。

他就是段祺瑞。

段祺瑞，字芝泉，出身于清代一个地主官僚家庭。段祺瑞的祖父叫段佩，字韫山，通过自学粗通文字。1851年太平军起义洪秀全率领太平军横扫长江以南，势不可挡，咸丰皇帝情急之下令各省地方实力派组织团练，以镇压太平天国运动。当时出现的主要团练有曾国藩组织的湘军、李鸿章组织的淮军。"乱世出英雄"，清末的风云际会给段家的兴起带来了契机。段佩积极报名加入了当地地主组织的团练，开始时担任哨兵，后升为管带。

10年后，李鸿章组建淮军，皖北许多地方团练纷纷并入，段佩也成为淮军名将刘铭传麾下的一员骁将，由于表现突出，不久被刘视为左右手，最后官至统领，因功被保为提督，记名总兵，授予荣禄大夫、振威将军。从此，普普通通的段家开始出人头地。

1864年，太平天国运动在中外势力的合攻下，遭到失败，又过了一年，即1865年，段祺瑞出生了。段祺瑞的出生是极其平常的事，可是，段祺瑞后来却自诩自己菩萨转世，有"灵"气。

1879年3月，段祺瑞15岁，祖父段佩突然发病死亡，死于军中。段佩的去世使段家家境急转直下，段祺瑞的美好前途也蒙上了阴影。段家开始中落，生活处于贫寒之中，甚至连段祺瑞上私塾的钱也拖欠。塾师姓侯，膝下有一女，对段祺瑞很是同情。每逢私塾里打"牙祭"时，她总是在段祺瑞碗底埋两块大肉，段祺瑞心中奇怪，却又不便去问。有一天，侯先生的千金倒先发了话，问段祺瑞："你碗底每回都加添两块肉，你知道是谁给的吗？"段祺瑞反问道："是师母给我的？"那姑娘红着脸笑着说："是我加给你的。"这件事给段祺瑞留下了深刻印象。

尽管侯先生嫌贫爱富，在段祺瑞欠下膳费时，扣下了段祺瑞的一方旧砚和一张旧书桌，段祺瑞却不在意。在他做了总理之后，侯先生去北京找他，他把侯先生接进府中，当做贵宾，备极优待。平时，段祺瑞总是一个人进餐，逢年过节才和妻妾儿女一同吃饭，但他却一日三次陪侯先生用餐。侯先生离京时，段祺瑞又送钱送衣服，并派人将其房屋翻盖一新。在他下野寓居上海时，尽管生活费靠蒋介石每月赠送，段祺瑞仍从这笔钱中分一些寄给侯先生父女。

段祺瑞在宿迁清军兵营中做了一个小"戈什哈"，即勤务兵。两年后，1881年，17岁的段祺瑞徒步2000余里来到山东境内，投靠在威海卫驻军中任管带的族叔段从德，充职哨书。

段祺瑞的父亲叫段从文，是粗识文字的农民。段祺瑞幼年曾读私塾，因家道贫寒，渐渐念不起了，又不能长久在家呆下去，他的父亲便亲自送段祺瑞到天津投军，入武备学堂。段父回乡时，囊中有几十两银子，便买点生丝和布，预备为儿子以后成亲用。行到合肥西郊七里塘，天已昏黑，被同行两贩杀害，把他囊中所有物品抢去。后来段祺瑞母亲牵次子段祺甫报案缉凶，终于将案犯查获，这是清朝末年的事。

祸不单行，段祺瑞父亲的坟上尚还没有长满野草，段母也因忧伤过度而撒手西去。段祺瑞赶回老家，长歌当哭，安排了母亲的后世和弟妹的生活，然后重返威海卫军营。从此，他显得格外冷峻、刚毅，一副少年老成的模样。

二、中堂看中该后生

1885年，北洋大臣李鸿章创办了北洋武备学堂。北洋武备学堂，又称天津武备学堂，是中国近代史上创办最早的一所陆军军事学校。李鸿章对它十分重视，经常亲自去学堂视事。

这一天，北洋大臣李鸿章又前去武备学堂，学堂专门为他进行以马、步、炮、工程兵综合操练。上午进行的马科、步兵科的演练十分顺利，李鸿章也比较满意。下午进行的是炮科实弹演练，但是，天公不作美，下起了雨，海面上风力达到四级，海上活动靶随着浊浪时隐时现，演练难度增强了好几倍，要在平时，遇上这样的天气，演练就取消了，然而李鸿章已经在山顶上临时搭起的观操棚内就座。学员们惮于天气恶劣，嘀咕着要求改期。练习也感到没有把握，于是一位管带硬着头皮见李鸿章，请求演练改期。

尽管风雨交加，李鸿章却兴致勃勃，他一手拿起望远镜，瞄准靶场，一边对管带说："一点小雨，何足挂齿？赶紧开始吧！"

演练只好按时开始。

果然不出所料，演练成绩十分糟糕。开始射击的几门炮有的连靶边都没挨到。李鸿章的脸色仿佛天色一样黯淡下来，官员们也忐忑不安。接下去的几炮还是不成，李鸿章蓦地扔掉望远镜，站了起来，官员们脸色大变。

军校内的问武堂，反映了先辈武力兴邦的思想

眼看着李大人要怒气冲冲地离开观操棚，忽然听到有人喊："打中了！打中了！"随后喝彩声不断。随从赶紧把望远镜递给李鸿章，李鸿章顺着炮声望去，这名炮手果然不凡，三发三中。

演练结束后，李鸿章传话要见这名炮手。不久，一个结结实实的青年走了上来。

"你叫什么名字呀？"

"学生段祺瑞。"

"哪里人呀？"

"学生是合肥人。"

1885年，北洋武备学堂刚刚创办，段祺瑞就从山东驻地考进了该学堂的炮科，成为第一批学员。当听到段祺瑞是合肥人，李鸿章对他更为注目。

当时洋务派和顽固派互相倾轧，闹得厉害，而洋务派内部也派别林立，有李鸿章的淮系，曾国藩、左宗棠的湘系，张之洞的湖集团。李鸿章为了扩展自己的势力，特别注重同乡，尤其是青年才俊。不久之前，北洋舰队成立，他便委派了安徽老乡丁汝昌为提督，北洋海军官兵多为福建人，对此啧啧，表示不满，有人劝李鸿章收回成命。

段祺瑞 1890 年在德国埃森和梅彭学习的情景

李鸿章却以“命脉相关”，“不敢轻以付托”予以拒绝。

现在，听到段祺瑞不仅是安徽人，而且还是合肥人，更加注意了。后来又得知段祺瑞祖父和族叔均为淮军将领，祖父又曾随李鸿章剿过捻军的情况，引起了他极大的兴趣。因此，李鸿章对这个旧部子弟愈发有好感了。他接着询问了一些军事问题，段祺瑞对答如流。李鸿章大喜，夸奖他“熟知军事，俾其造就，是一个可用之才”。让手下人记住了段祺瑞这个年轻人。

1889 年，清政府拟选拔五个人去德国学习军事。当名单送至李鸿章手里时，李鸿章皱了皱眉，有些不高兴，因为名单上五个人有三个是山东籍的，安徽籍的才两人。于是想到了武备学堂的段祺瑞，李鸿章大笔一挥，划去了名单上的一人，把段祺瑞列在名单之首。

两年之后，李鸿章又特批这位小同乡一人留在德国克虏伯炮厂实习深造，他先后两次写信给段祺瑞，勉励他精学苦造。克虏伯当时是欧洲闻名的最大的重工业垄断集团之一，而克虏伯家族是世界上最大军火制造世家。段祺瑞在这个世界最先进的火炮厂又学习了两年。回国后，在山东威海武备学堂担任算学和炮学的教习。

三、结缘袁氏受重用

天津小站，是北洋军的发祥之地，淮军将领周武壮和长芦盐运使胡橘芬先后在这里屯军和练兵。1896 年，清政府授命袁世凯督练新军后，袁世凯四处网罗人才，各路将官纷纷汇集小站。一天袁世凯和新到的将领一一闲谈，却发现少了一个人，连忙问道：“段祺瑞呢？段祺瑞怎么没有来？”

一旁的唐绍仪告诉他段祺瑞正好回家完婚去了，但是，已经发电报催他尽快来报到。段祺瑞回老家与吴氏结婚之前，并不知道已被调往小站协助袁世凯练兵。等接到电报时，他不免有些左右为难了，一边是人生大事，一边是军令如山，自己身为军人，自然应服从命令，这时离去，对于长辈及女方而言确实不好交待。正在为难之际，忽又接得一封电报，是袁世凯发来的，一是说婚姻是大事让先办，去小站之事可延几日；二是贺喜，并有银票一张，作为贺礼。

段祺瑞深受感动，袁世凯当时正飞黄腾达之际，居然对他如此看重，如此体贴，他不由得产生了“士为知己者死”的想法。办完婚事，段祺瑞立即奔赴小站。下了车，看到一行人正等着迎接他。同学冯国璋迎了上来，指着一位被人群拥着的矮胖的人说：“芝泉，快过来见袁大人。”

段祺瑞被调往天津练兵，任炮兵学堂总办兼炮兵管带

看到袁世凯如此礼贤下士，段祺瑞心潮起伏，赶忙上前几步，行了大礼，说：“祺瑞不才，怎敢劳大人亲迎？”袁世凯哈哈大笑，拉住段祺瑞，说：“不必如此，芝泉，今后我们就是一家人了。”随后邀段祺瑞同上一辆车回到军营。

几天后，段祺瑞在天津的一家饭店举行婚宴，招待小站同僚。袁世凯也出席了宴会。婚宴结束后，饭店老板告诉段祺瑞：“袁大人已经吩咐了，所有花销全记在他的名下。”段祺瑞又一次大受感动，从此对袁世凯忠贞不贰，甚至在袁世凯一度冷落他的时候，也不改初衷。

袁世凯是个奸雄，一生善于拉拢人、控制人，因而笼络不少人为他卖命。段祺瑞出洋留学过，在当时确是一位有真才实干的人，袁世凯收服他，就是要使他为己所用。果然，段祺瑞成为袁世凯小站练兵的左膀右臂，先后出任过一系列重要职位。同另外两位著名人物冯国璋和王士珍一齐被称为“北洋三杰”，在当时，为袁世凯的心腹将领。

1913 年 5 月，袁世凯奏请清政府设立了军政司，他本人兼任督办，段祺瑞为参谋处总办。为了迅速扩充北洋军，急需大量对袁“效忠”的军官，袁世凯让段祺瑞负责北洋军事学校培养军官。

最大的北洋军校是陆军速成学堂，学员 2000 人，分步、骑、炮、工、辎五种兵科，如齐燮林、陈调元、陈树藩、王永全等后来一批军阀都是此校的毕业生，中国最大的军阀蒋介石也是该校学生。军校的创建，为袁世凯输送了大量军官，成为袁世凯的嫡系，北洋系统的中坚。由于段祺瑞的这

保定军校

一经历，北洋将领许多均出自他的门下，因此段祺瑞后来在北洋系统中极具号召力。

1903 年 6 月，袁世凯建立了北洋第一镇，以后又陆续建立了五镇，称为北洋六镇，北洋六镇是名符其实的全国第一武装。

段祺瑞先后担任过第三镇、第四镇、第六镇的统制。1911 年，辛亥革命爆发时，段祺瑞已升任北洋军第二军军统，之后又兼任第一军军统，夺得了北洋军的最高统治权，成为北洋军的第一号大将。在北洋军的高级将领中，段祺瑞是最具实力和号召力的人物，但却是不太讨满清亲贵喜欢的一个。段祺瑞平生刚愎自用，从不巴结人，这点同北洋三杰中的王士珍、冯国璋不同。王士珍、冯国璋以及徐世昌、姜桂题等人平时很注意同朝中亲贵拉关系。正因为这样，段祺瑞尤受袁世凯信任。

1905 年 9 月，北洋军阀在河南举行秋操。这次秋操有北洋军中段芝贵统领的第三镇和段祺瑞统领的第六镇。段芝贵排起来算是段祺瑞的族叔，但其威望和官职均比不上段祺瑞，因而反被人称为“小段”，段祺瑞为“老段”。

段祺瑞是会操前一个月由第四镇调往第六镇的，袁世凯希望精通炮术的他能够在秋操中指挥炮兵大显身手。袁世凯问：“知道为什么调你去六镇吗？”段祺瑞点点头。袁世凯又说：“此次秋操关系重大，达官亲贵云集，列邦均有使节出席，各省也要差员前来观操，因此，我要你十足地摆出新军的威风和气派。”

段祺瑞果然不负袁世凯的厚望，秋操时令人瞩目，为袁世凯脸上大添光彩。秋操之后，英国驻华公使朱尔典有一次会见张之洞时说：“我看中国的军事，惟有新建陆军；而中国的军事统帅也惟有袁总督袁大人了。”

然而，北洋军势力膨胀，满族贵族深为不安，尤其对袁世凯极不放心。一些人上奏袁世凯，认为他“能谄人又能用人”，已呈尾大不掉之势。清政府为了防止袁世凯势力过于庞大，就准备另外培训一批力量和袁对抗。于是，一批满族少壮派便登场了，良弼就是其中的代表。良弼系前清宗室，祖上因犯罪丢了黄带子，曾过过一段平民生活，成年后才恢复了宗室身份，系上了黄带子。在满族亲贵中，他是一个有才华、有抱负的年轻将领，因此，他从日本士官学校毕业后不久，就得到兵部大臣铁良的重用。

1906 年秋，清政府举行了著名的彰德会操，一改惯例，南北军同时参加演练，阅兵大臣和审判长也都派了满汉各二人，阅兵大臣是袁世凯和铁良，审判长冯国璋和良弼。这时，清政府想打破袁世凯和北洋军一统天下的局面。

段祺瑞也意识到了这一点，他对袁世凯说：“朝廷对咱北洋军是越发不信任了。”

袁世凯故作不解，问：“此话怎讲？”

“这还不明摆着，阅兵大臣一下子派了两个，审判长中还有一个良弼。”

袁世凯自然明白，但又不想让段祺瑞在众人面前表示他的不满，于是不露口风：“芝泉，你是这样看吗？也许朝廷并非这个意思啊。”

段祺瑞却冷笑一声，说：“宁可信其有，不可信其无。”

袁世凯沉默良久，劝道：“芝泉啊，事已至此，我们就要格外小心。你的脾气我知道，但这一回不同往常。对铁良和良弼，你要特别遵从，我的意思你明白吗？”

彰德秋操后不久，袁世凯的老朋友阮忠枢突然到天津来看袁了。他告诉袁世凯，朝廷准备把兵部、练兵处、大仆寺合而为一，设陆军部，统辖全国新军，北洋六镇也不例外。袁世凯暗暗心惊，朝廷恐怕是铁了心要收回北洋军了，怎么办？阮忠枢劝他："你现在权势过大，树敌又多，在这种局面下，把住兵权，弊大于利啊。我看不如就此放手，以防日后生出事端。"

袁世凯默然，一时无法决断，于是派人找来段祺瑞。

段祺瑞听后，不假思索地说："祺瑞以为，不仅要交，而且要主动交。"在北洋将领中，段祺瑞素以强硬著称，这次却劝袁世凯主动交出兵权，袁世凯有些意外。

"芝泉，你不是在讲反话吧？"

"不，"段祺瑞分析道，"眼前不比从前了，庆王爷被人堵了嘴巴，在朝中也不便为大人多说话。而铁良、良弼又相逼甚紧，不达目的，是不肯罢休的！与其被动，不如主动，把兵权交出去，暂避风头，再作计较！"

袁世凯何尝不明白段祺瑞说的这一切，只是一时割舍不下自己苦心经营的北洋六镇。段祺瑞接着说道："交出北洋六镇，不过是走走过场而已。北洋军官自上而下，均是大人一手扶持，即便铁良、良弼要改组，朝廷也不能不顾忌。只要我们这些人在职一天，陆军部就翻不了什么大浪。交出去又何妨？"

一言惊醒梦中人，袁世凯恍然大悟，连声道："说得对，说得对！我也是如此想的，芝泉，以后就要靠你们了。"

不久，袁世凯便呈上一份关于陆军各镇分别归部归直的陈奏，主动提出六镇中的一、三、五、六镇交给陆军部，又以直隶防务为由留下二、四两镇归直隶总督掌管。而后，袁世凯又自请朝廷散去的"兼差八项"，以缩小目标。

尽管如此，满族亲贵仍不放心，不到一年又内调袁世凯回军机。进京之后作为军机大臣的袁世凯更加小心谨慎，背地里与段祺瑞、冯国璋等高级将领保持密切联系。

1908 年 11 月 16 日，天空阴沉沉的，寒风萧瑟，落叶纷飞。紫禁城内外王公大臣进进出出，如丧考妣，全副武装的骑兵在街上穿梭巡逻。

这天，段祺瑞接到袁世凯的密信，微服简从从保定急急赶到北京，乘马车来到了紫禁城东边锡拉胡同袁世凯的府第。袁府大门紧闭，门前冷冷清清。随从敲开了大门，袁府管事申明善迎了出来，把段祺瑞引入客厅。客厅里空无一人。申明善正要退下，段祺瑞问他："出了什么事？"

这时，袁府大公子袁克定急匆匆地到了客厅，顾不着寒暄两句，便告诉段祺瑞："段督办，不好啦！皇上和太后驾崩。"

光绪是在 12 月 22 日死的，不到一天，西太后也接踵而去了。段祺瑞听了大吃一惊，急忙询问有关情况。袁克定说，袁世凯前天夜里就被召进宫里，现在还未回来，因而十分担心。段祺瑞又问："可知嗣位立的是谁？"

袁克定回答，太后懿旨立的是醇亲王载沣之子溥仪，醇亲王载沣为监国摄政。

段祺瑞心中一凉，载沣摄政，对袁世凯太不利了。

载沣是光绪皇帝的亲弟弟。戊戌变法光绪帝因为袁世凯出卖而被囚于瀛台，郁郁而终。载沣一直对袁世凯怀恨在心，两人甚至当面争吵，矛盾十分尖锐。

"那么，袁大人留下了什么话吗？"

袁克定摇摇头。段祺瑞便起身告辞，临行前告诉袁克定，如果袁世凯要见他，请在两天内到租界来找。

段祺瑞最终没有见到袁世凯，于是悄悄地回到保定。

到了保定，段祺瑞闭门谢客。而后，许多军官纷纷赶到保定前来探病。保定督办公署将领云集，来去匆匆。

几天以后，段祺瑞身体忽然康复了，然而脸色很不好，脾气特别暴躁。保定各学堂的教官和学生个个都提心吊胆，惟恐被段大人杀一儆百。段祺瑞脾气变糟了，是因为心里焦急万分，载沣上台，就意味着袁世凯失势，弄不好，袁世凯有杀身之祸。

这时，袁世凯在京城里的确如临深渊，如履薄冰，稍有不慎，惟恐有灭门之祸。据说载沣曾有光绪的衣带诏，早有除去袁世凯之意，又说隆裕太后也要给丈夫光绪报仇。一时间，袁府门庭冷落，一片萧瑟。

果然，载沣动手了。隆裕太后召见庆王奕劻时，扬言要杀袁世凯。奕劻自然护着袁世凯，说此事应召大臣商议。张之洞回复说，主上年幼，社稷动荡，此时杀戮重臣，只怕有变。隆裕和载沣优柔寡断，患得患失。就在这时，陆军部呈上紧急报告，北洋陆军各学堂和北洋部分军官不经批准，准备擅自举行冬季演练，隆裕和载沣闻之大惊。正在忐忑不安之际，保定传来急报，兵变骤生，变兵放火抢劫，段祺瑞正率部弹压。

这其实都是段祺瑞一手操纵的。早在北京见袁克定之后，段祺瑞就与冯国璋偷偷会晤，两人都觉得北洋军必须搞出一点动作，让朝廷感到它的分量。

回到保定后，他又召集亲信和幕僚反复商议，最后决定真真假假地搞一次冬季操练。所谓真，就是要出风声，使陆军部认为北洋军已经行动起来，所谓假，就是这一切不过是虚张声势，实际上按兵不动。这样，一方面，会使王公亲贵感到北洋军的压力，从而对袁世凯不敢有太大的动作；另一方面陆军部真正追查的话，也抓不住北洋军的辫子。

会操是有意安排，无意成真，而兵变是无意发生，有意成真了。事情起因很小，北洋第六镇第十一协有几个士兵由于聚赌引起争执，各不相让，最后卷入的人越来越多，引起了火并。

段祺瑞戎装像

第十一标协统是李纯，号秀山，是袁世凯一手提拔起来的小站嫡系，也是段祺瑞的老部下，事件发生后，他立即打电话到督办公署向段祺瑞报告经过，并表示马上处置。

段祺瑞也并没有把这当回事，他刚想放下电话，却突然意识到，这不正是一个好机会吗？他立即对李纯说道："你那边发生兵变了？"李纯一时间莫名其妙，"兵变？不是，是几个弟兄……"

李纯没把话说完，话筒里却传来段祺瑞命令式的话语："不，是兵变！李纯，你听着是兵变！"

李纯还没有弄懂段祺瑞的意思，些许大的小事，何必弄得如此张扬，说成兵变，不是给自己找事吗？

"你懂吗？是兵变！你那里发生了兵变！我命令你火速率部弹压。"

李纯这才有些开窍了，"我明白了，立即率部镇压！"

放下电话，段祺瑞立即集合队伍。一时间，保定城内枪声大作。段祺瑞还向北京发报，报告保定发生大规模兵变，自己正率部进行弹压。其实，他却如释重负，在督办公署里和幕僚下围棋，心情异常愉快。

听到兵变，隆裕和载沣手足无措，袁世凯的处境转危为安。1909 年 1 月 2 日，清政府以袁世凯"患足疾，步履维艰，难胜职任"为由，罢免袁世凯，让他回河南彰德老家养疴。

袁世凯全家离京时，情景十分落魄，铁路局不给他发专车，平时趋炎附势之徒全部悄然无踪。更让袁世凯不安的是，他生怕朝廷改变主意，在半路要他的性命。车到了保定，随从向袁世凯通报段祺瑞在车下等候拜谒。

"快让他上来。"

见到段祺瑞，袁世凯拉住他的手，感激地说："这次全亏你，这次全亏你！"段祺瑞也动了感情："祺瑞不才，忠义二字未敢稍有妄动，今后袁大人只要用得着我，只要言一声，祺瑞赴汤蹈火，在所不辞。"

为了表示感谢，袁世凯决定把自己花了 30 万元买下的府学胡同赠给段祺瑞，说："我今后不会再来北京了，这座房子就留给你用吧。"

火车汽笛长鸣，两人依依惜别。为了保护袁世凯的安全，段祺瑞让自己的卫队随车护送，以防不测。

四、一造共和看有功

1911 年 10 月 10 日，革命党人在武昌发动起义。武昌首义，给袁世凯一个难得的机会。清政府开始决定由陆军大臣荫昌赴鄂剿办，然而，荫昌手中无一兵一卒，好不容易调来一些军队，却又不听指挥。10 月 11 日，汉阳光复，12 日，武汉三镇全部光复，接着，许多地方出现了动荡的前兆。

面对分崩离析的局面，载沣束手无策，内阁总理大臣奕劻和内阁协理大臣徐世昌、那桐乘机进言重新起用袁世凯。处在窘境中的载沣别无良策。10 月 14 日，武昌首义后第 4 天，清政府任命袁世凯为湖广总督兼办剿抚事宜。正在这时，段祺瑞接到袁世凯密电，让他去彰德开会。

在洹上村袁宅门口，段祺瑞适逢从北京赶来的冯国璋。冯国璋风尘仆仆，却满脸喜色，撸着袖子对段祺瑞说："该咱兄弟露脸了。"

听说段、冯到了，袁世凯亲自到大门口迎接，一手挽着一个进了客厅。屋里聚满了段芝贵、倪嗣冲等北洋嫡系将领。

秘密会议召开了，袁世凯对出山问题态度很明确。"我还要等等看。"他对冯国璋说，"我让你来做前敌的主帅，你说怎样？"冯国璋抑制不住喜悦之情，问道："那荫昌呢？"袁世凯哈哈大笑却不作答复，交代冯国璋说："对武昌方面要打，但也不要太过了。剿抚并重嘛，你懂不懂？"冯国璋似懂非懂地点点头。

袁世凯对其他将领一一作了交代，惟独没有和段祺瑞说。散会后，他把段祺瑞单独召到书房，亲切地说："芝泉呀，他们对你不信任呀。"

"他们"自然指的是朝廷，所谓"不信任"是指对是否让段祺瑞出兵讨伐，朝中仍有争议。段祺瑞回答得很巧妙："因为他们不相信袁大人嘛！"

袁世凯仰脸大笑，然后说道："芝泉啊，你是我最信任的人，有话不妨对你直说。目前南边很热闹，可是，要害不在南而在北，你懂不懂啊？"

"你懂不懂"是袁世凯的口头禅，段祺瑞听了"不在南而在北"，心中豁然明白："袁大人的意思，是不是说北方不能乱？"

袁世凯一笑："还是芝泉懂我的心思啊！顾头不顾腚，到头来一场空，这种舍本的买卖，我袁项城不做。"

临走时，袁世凯又嘱咐段祺瑞："就让华甫在前面打，你在后边，要控制铁道线，此乃命脉，进可以援于武昌，退可以左右直隶和北京。"

袁世凯不出山，荫昌根本指挥不动北洋军，清政府只得一次又一次地向袁世凯让步。10月20日，徐世昌秘密赶赴彰德，和袁世凯密商后，带着袁世凯提出的6个条件回到北京。这六个条件是：

(1)明年即召开国会。

(2)组织责任内阁。

(3)宽容参与此次事件诸人。

(4)解除党禁。

(5)须委以指挥水陆各军及关于军队编制之权。

(6)须予以十分充足的军费。

清政府在一筹莫展之下，只好饮鸩止渴。10月27日，连续下四道上谕：召回陆军大臣荫昌；委任冯国璋和段祺瑞分别统帅第一军和第二军；授袁世凯为钦差大臣，节制所有出征的海陆军等。

其实，这一切早在袁世凯的意料之中。袁世凯依然安之若素，稳坐彰德钓鱼。清政府只得再次让步，10月30日，下罪己诏；11月2日，任命袁为内阁总理大臣。袁世凯大权在握，夙愿以偿，立即电令冯国璋向汉口发动进攻，同时电令段祺瑞的第二军由洛阳向前推进，并沿途布置。

这时，10月29日，北方发生了一件意料不到的事，二十镇统制张绍曾联合部分将领，屯兵滦州，发动了兵变。袁世凯对此大发其火，对段祺瑞说："我说过北方不能乱。我最担心的也在此。现在张绍曾果然闹起来了。朝廷上下，为之震动，京畿直隶人心不安。此事必须尽快解决！"

11月2日，为了稳住二十镇，清政府特派第六镇统制吴禄贞前往滦州抚慰，谁知吴禄贞是个比张绍曾更为激进的革命党人。他在娘子关正太铁路车站与阎锡山秘密会晤，商定组织燕晋联军，三路夹击北京，吴禄贞被推为联合大都督兼总司令。在这千钧一发的时刻，袁世凯收买人刺杀了吴禄贞，二十镇兵变也随之失败。

北方局势稳定了，南边却出了问题，问题出在冯国璋身上。冯国璋自从接替荫昌担任前敌主将后，一心要立一番功勋。他对一位部下说："这一来，咱的黄马褂算是穿上了。"所以打得十分卖力，于11月1日撕开汉口的防线，并下令火烧汉口，11月27日，又攻克汉阳。冯国璋这边打得顺手，却急坏了袁世凯，他连发7道急令要冯国璋暂停军事攻击，同时派人3次去汉阳，对冯国璋进行暗示。

但是，冯国璋攻占汉阳后，被授予男爵爵位，这时一门心思拿下武昌，准备请赏，对袁世凯的暗示反应迟钝。袁世凯只得走马换将，让摸清了他的心思的段祺瑞代替冯国璋指挥前线军队。11月17日，清政府电命段祺瑞为湖广总督，兼办剿抚事宜，12月8日，又让冯段对调，冯为第二军军统，段为第一军军统。正当冯国璋莫名其妙时，袁世凯又调冯国璋回北京，任命段祺瑞第一军军统兼任第二军军统。

此时，南北议和局面正在形成之中，代替了冯国璋的段祺瑞对袁世凯的心思越来越清楚，袁世凯早就无意于清室，也不安于内阁总理大臣，向往的是总统职位。而问题在于，共和之后，袁世凯是否能稳稳地坐在总统宝座？为了实现袁世凯这一目的，前线的段祺瑞后方的袁世凯一唱一和，配合得得心应手。

12月29日，南方选举孙中山为临时大总统。段祺瑞极为震惊，因为孙中山归国之前，和谈已经有了眉目，孙中山的归国无疑给袁世凯以重大打击。孙中山就任了临时大总统，更使袁世凯大失所望。

"打，只有打！"段祺瑞怒气冲冲地喊道。就在28日，袁世凯电令段祺瑞分批按和议商定的要求从武汉撤军。但是，30日，北洋军不仅没有撤退，反而公开破坏停战协定，不断向武昌方面炮击。1912年1月1日，就在孙中山宣誓就职的那一天，段祺瑞纠合冯国璋、段芝贵等北洋将领，联名通电反对共和，主张立宪，声称"若以少数意见采用共和政体，必誓死反抗"。一时间战云重新笼罩在大江南北。

在各方面的压力下，孙中山妥协了。袁世凯在得到南方清室退位后推举袁世凯为大总统的承诺之后，开始向"孤儿寡母"的清王朝施加压力了。然而，袁世凯又不想亲自出面，怕被人骂作"活曹操"。1月16日，袁世凯在去外交部的途中，有人向他投掷炸弹。袁世凯虽然秋毫无损，却借机不再上朝，躲在幕后，指使部下一个个跳出来逼宫。

1月20日，段芝贵到了湖北前线。1月23日，湖广总督兼第一军军统段祺瑞从前线发来电报，一方面报告军队倾向共和，军心不稳；另一方面表示自己将尽力而为，但"成败利钝未敢料也"，借此给清王朝以威胁。1月25日，段祺瑞致电内阁，赤裸裸地开始了逼宫。他在电报中声称，前方将领及各地将领均表示赞同共和，

段祺瑞与王士珍、冯国璋、袁世凯、铁良、曹锟的合影

听说载沣、载泽阻止共和，多愤愤不平，甚至扬言“立即暴动”。此间恫吓之心，溢于言表。

段祺瑞唱起了红脸，袁世凯却一副“忠君爱国”的样子，连同徐世昌、冯国璋、王士珍复电，希望段祺瑞劝解诸将领，不要轻举妄动。就在当天，段祺瑞领衔、北方诸军统兵将领42人，士兵40万人联名要求朝廷宣布共和的通电公之于众。这封电报，宛如一颗巨大的炸弹，掀起了狂波巨澜。当内阁会议还在为共和和立宪喋喋不休时，袁世凯一言不发，出示了这封电报，人人变色，大局已定，就连强硬的良弼也在千万赞成的名单上签名。段祺瑞一电之威，可想而知！

1月30日，隆裕太后召开御前会议，宣布接受共和，授予袁世凯全权与南方商酌退位条件。2月5日，段祺瑞趁热打铁，率武汉战区十将官再次逼宫，催发共和诏旨。电报称：

> “三年以来，皇族之破坏大局，罪实难数。事至今日，乃并皇太后上欲求一安富尊荣之黄，四万万人欲求一生活之路而不见许，祖宗有知，能不恫乎辱盖国体一日不决，则百姓之因兵匪冻死于非命者日何啻数万……谨率全军将士不日入京，与王公部陈利害。”

段祺瑞居然要率军入京，清王朝一片混乱，人人自危。1912年2月3日，清帝退位。2月15日，袁世凯在参议院选举中以全票当选为临时大总统，俨然成为共和的缔造者，参议院甚至称他为“世界之第二华盛顿，我中华民国之第一华盛顿”。而段祺瑞也因为逼宫有功，被人视为“一造共和”的英雄。有人吹捧说：“段大帅歪歪嘴，发几个电报，就把大清给推翻了。”

五、袁段恩怨在演变

1912年3月，袁世凯想当皇帝的谣言开始流传，6月25日他专门为此通电辟谣。到1913年9月二次革命被镇压下去后，袁的亲信就有人进言，隐隐地提到实行帝制。

段祺瑞是反对帝制的，他一直不相信袁世凯企图做皇帝的说法，多次在公开和私下的场合为袁世凯辩解。然而，流言越来越多，终于有一天徐树铮告诉他，有人在暗中策动袁世凯当皇帝，段芝贵、雷震春、张镇芳都是局中人。

于是，段祺瑞在一天晚饭后邀请段芝贵来打麻将。打完麻将后，段祺瑞把段芝贵留了下来，问他有关帝制的传闻。段芝贵虽然一直热心袁世凯当皇帝，却坚决否认袁世凯有这个企图，而且表明自己也不清楚是怎么回事。最后，段芝贵问：“假若，我说的是假若，老头子有此意思，你看法如何？”

“万万使不得！”段祺瑞毫不犹豫地说，“此种事必遭天下人反对。”

不久，段祺瑞又问雷震春，雷震春也矢口否认。1914年春天，等到段祺瑞从开封回到北京，袁世凯欲帝制自为的风声已经路人皆知了。袁世凯先下令解散国会，推行新约法，成立政事堂，又大规模地恢复清朝制度和官场仪式。一时间，复古浪潮甚嚣尘上。但袁世凯表面没能承认帝制，只在暗中怂恿和操纵。

这时，段祺瑞也不能不有几分相信了。他决心对袁世凯忠言相劝。当他向袁世凯提及此事时，袁世凯却平静地反问道：

“你这些话从哪里听来？”

“外边都传得有声有色，总统难道未曾耳闻？”

“荒唐！”袁世凯有些怒气，“简直荒唐！”他停了一下，又说：

“这些都是无稽之谈。有些人就爱无风起浪，我总不能封住他们的嘴吧？”

“不过，此种传闻对总统极为不利，对造谣惑众者应严惩。”

段祺瑞的肺腑之言却使袁世凯摸清了他对帝制的态度，这个昔日的左膀右臂在帝制的问题上不能为自己出力，反而会横加阻挠，于是产生了走马换将的想法。

1915 年 11 月，袁世凯公开暗示了自己对帝制的态度，他说：“宣统满族，业已让位，果要皇帝，自属汉族，清系自明取得便当找姓朱的，最好是明洪武的后人，如找不着，朱总长(朱启钤时任交通总长)也可以做。”

12 月 23 日，袁世凯仿照历代皇帝在天坛举行了祭天仪式，把复古浪潮推向了顶峰。

在帝制活动逐渐公开之时，段祺瑞基于对袁世凯当年的“知遇之恩”，再次慨然相劝，袁世凯却模棱两可，敷衍了事。看到了袁世凯对谈话心不在焉的样子，段祺瑞动情地说：“总统，祺瑞自小站跟随总统，鞍前马后，将近 20 年，总统知遇之恩，祺瑞没齿难忘。如今国势危殆，倘有变动，后果不堪设想。祺瑞无知，赤诚可鉴，望大总统三思。”袁世凯也装作推心置腹的样子说道：“芝泉，你是我老部下，难道还不了解我吗？我可以告诉你，皇帝我是决不做的。如今我这个大总统与皇帝有什么不同？如为儿孙计则更不可。克定是个残废，其他几个也都无此才能。你尽可放心，不要胡思乱想。”

段祺瑞一片愚忠，袁世凯考虑的却是由何人来代替他任陆军总长。最先打算由蔡锷取代段祺瑞，但未能实现。袁世凯又转而说服王士珍，王士珍虽然与段祺瑞有矛盾，但两人毕竟是小站的老朋友，也抹不下面子，极力推辞。老谋深算的袁世凯于是想釜底抽薪，调开徐树铮。

徐树铮是段祺瑞的得力助手和智囊。此人聪明绝顶，才华出众，12 岁时中了秀才，在小站时就投奔了段祺瑞，被送往日本士官学校学习，回国后，一直受到段祺瑞的重用。先后担任军学司司长，军马司司长兼管总务厅事，并创办了段军部的机关报《平报》。1915 年，升为陆军次长。段祺瑞经常不到部里，陆军部大权被徐树铮掌握。如果调开徐树铮，等于砍去了段祺瑞一只胳膊，段祺瑞在陆军部的势力自然大为削弱。

袁世凯婉言提出要调徐树铮去参谋部时，段祺瑞极力压住心中的怨愤与怒气，说：“很好，请大总统先撤了我再说吧。”

虽然这样，段祺瑞仍苦口婆心地劝袁世凯不要冒天下之大不韪愈发引起袁世凯的厌憎之心，连徐树铮都明白袁世凯是铁了心要当皇帝，段祺瑞去劝他只不过是徒费口舌，而且会加剧两人的分裂。段祺瑞却一意孤行。

一次，段芝贵也劝段祺瑞说：“老头子向来很器重你，可你在帝制问题上却一直顶牛，他怎能不生气呢？何况，总统、皇帝还不是一回事，你何必太认真？”

段祺瑞却皱着眉说：“那可不是一回事。项城做总统，见面只要敬礼、握握手就可以了，如果做了皇帝，见他就得磕头，话也得跪着说。我最恨这种长子变矮子的把戏。”

段祺瑞不喜欢磕头，他认为自己身为军人，军礼表示的就是最大的敬意。当年西太后从西安返回北京时，沿途官员、将领及清军统统跪下迎接，惟有段祺瑞部都是站立挂枪敬礼，表示最大的敬意。载沣加以严斥，段祺瑞毫不退让，闹到西太后那里。那拉氏经八国联军之后，对洋人事事顺从，听说这是洋礼，也就默许了，事情就这样不了了之。

但段祺瑞对袁世凯的虔诚却被认为是背叛，袁世凯对他说“你回去吧！我看你脸色不好，应该休息了。”接着，有人上门来劝段祺瑞身体不好，应该注意休息。1915年5月31日，段祺瑞被迫称病请辞，袁世凯假惺惺地给假两个月。8月29日，假期将满之际，袁世凯正式解除了段祺瑞陆军总长的职务。

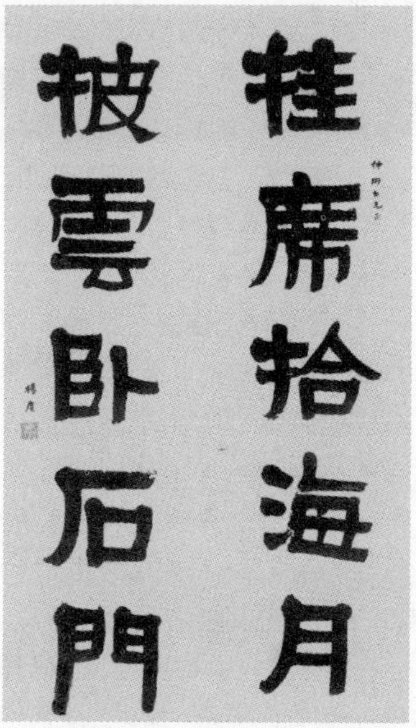

杨度手迹

段祺瑞称病后，袁世凯任命王士珍署理陆军总长，随后又解除了徐树铮陆军次长的职务，同时加强了对段祺瑞的监视。在段府附近安排了不少密探。“病中”的段祺瑞实际上已被袁世凯软禁。

8月14日，以杨度为首的筹安会成立，段祺瑞大受震动，先后两次去总统府，但袁世凯避而不见。段祺瑞的续弦张夫人是袁世凯的义女，她是前清西巡抚张芾的侄孙女，其父张瀛为袁世凯之至交，张瀛夫妇去世后，袁世凯便将张女收为义女抚养。两家本来关系亲密，现在却难得走动。

1915年12月12日，袁世凯帝制自为，改中华民国为中华帝国。次日，袁世凯在居仁堂匆匆登基。段祺瑞没有参加登基大典，他在公馆与徐树铮说：“项城作孽啊！”

徐树铮也慨叹：“天作孽，犹可违；自作孽，不可活。”

袁世凯称帝后，果然如段祺瑞预料的一样，局势一发不可收拾，众叛亲离。

“五将军密电”传到北京，袁世凯知道大势已去，在这四面楚歌声中，他只得把段祺瑞请了回来。段祺瑞是反对帝制的，但他不反袁，他说：“要我公开反对袁项城，做不到；否则，人家要指我脊梁骨，骂我忘恩负义。”

袁世凯在徐世昌的建议下，准备请回段祺瑞。为了避免碰钉子，袁世凯事先让夫人于氏打电话到段公馆的张夫人。这是两家断绝来往后母女第一次通话，相对哽咽。于夫人便把意思告诉了张夫人，并叮嘱道：“不管咋说，总统病了，芝泉总得看一看吧。”

次日，袁世凯派人手持亲笔信函赴段公馆邀请段祺瑞，来人还带口信说，总统让转告总长，请看在多年的老交情上，务必前往一叙。段祺瑞不好再推辞，于是到中南海拜晤袁世凯，袁世凯躺在病榻上，面色赤红，但说话正常。见到段祺瑞，袁先表示自己后悔没有听段的话，以致有今日内外交困的局势，希望段祺瑞念及小站的情分，务必出来帮助稳定局面。段祺瑞看到袁世凯又老又病的样子，何况又认了错，于是慨然答应竭力相助。

3月20日，袁世凯召集徐世昌、段祺瑞、黎元洪三巨头开了一次紧急会议。看到谁都不肯先发言，袁世凯只好自己先说：“事至今日，帝制已不可为，只有取消了。取消帝制后，可以恢复从前的样子。”袁世凯的意思是想继续担任大总统，撤销帝制是最后的让步，在总统问题上决不妥协。

“芝泉，你说说吧？”

段祺瑞自见到了袁世凯后，便开始考虑稳定时局的措施，这时不慌不忙地说出了几点，主要意思是首先取消帝制，宽容西南起事人员，采取和平姿态达到停战目的。这个主张与袁世凯出山时向清廷提出的条件有惊人的相似处。袁世凯有些不快然而说道：“芝泉的意见很好，但若南方欺人太甚，得寸进尺，那将怎么办？”

段祺瑞说现在不能一味用武，先退一步再说，事情总有解决的办法。看到段祺瑞表示取消帝制后，仍承认袁世凯的大总统地位，袁世凯稍稍放了心。

第二天，袁世凯又召集有关人员，讨论撤销帝制问题，并通过了关于取消帝制的电稿，送往印铸局，准备当天晚上通电全国。可是直到第二天，也没有见到通电。段祺瑞急了，连忙打电报询问，印铸局说电稿送来后不久又被袁世凯派人取回去了。段祺瑞吃惊不小，连忙会同徐世昌直奔中南海。

袁世凯面容平静，口气淡淡地说：“哦，是我叫人取回的。”停了一会，又解释道：“里头有几个字，我想改动一下，改好后就让人送回去。”段祺瑞和徐世昌都明白事情决不会如此简单。

据说袁克定知道电稿后，对袁世凯说，西南方面不让你做皇帝，你便取消帝制，若不满你做总统，你怎么办？于是，袁世凯就撤回了电稿。

3 月 22 日，袁世凯还是发表了撤销帝制的通电，宣布废除洪宪年号，83 天的皇帝梦结束了。这一天，段祺瑞回到家里，张夫人高兴地迎上来说：“老头子终于醒了。”段祺瑞脸上却露出了古怪的笑容。

3 月 24 日，段祺瑞与徐世昌商议，以黎、徐、段三人的名义致电西南护国军首脑，表示“帝制取消，公等目的已达，务望先戢干戈，共图善后”之意，黎元洪也表示同意。但段祺瑞没有将电稿立即发出，而是想观望一下，暗中摸摸西南方面的底。可是，大出意料的是 3 月 28 日，在他毫不知晓的情况下，电报竟然已经发了出去。

段祺瑞简直气歪了鼻子，他打电话给徐黎二人，二人皆不知情，再打电话给总统府，才知道是袁世凯指示发出的。原来，袁见段迟迟不发这份电报，惟恐他态度有变，就指示把电稿发了。

段祺瑞觉得自己又被袁世凯愚弄了，怒气冲冲地说：“都到什么地步了，还要这么包打天下。好吧，你事事要管，那就让你一个人去管吧！”

4 月 1 日，袁世凯亲拟了一份关于议和条件的电稿，派人送给段祺瑞征求意见，段祺瑞原封不动地将此退回。袁世凯又派人送来，段对来人说：“总统想怎么办就怎么办好了，不必来问我。”

这边袁、段出现新矛盾，南方却咄咄逼人，要求袁世凯退位。4 月中旬，蔡锷、唐继尧等联名提出 6 项条件，这 6 项条件极其严厉：

(1)袁退位后免其一死，但必须逐出国外。

(2)诛帝制祸首杨度等 13 人以谢天下。

(3)大典筹备费用及用兵费 6000 万，应查袁氏及帝制祸首 13 人的财产赔偿之。

(4)袁氏子孙三世应剥夺公民权。

(5)依照民国约法，推举黎元洪副总统继任大总统。

（6）除国务外，文武官吏照旧供职，但关于军队驻地，要接受护军都督的指令。

南方要袁世凯退位，袁世凯却死抱着总统不放。段祺瑞撒手不管，北洋将领或主和或主战，徐世昌这个不满一个月的国务卿觉得夹在中间白白受气，于是提出辞职。

于是，袁世凯想到的还是段祺瑞。段祺瑞在反对帝制时与西南方面保持默契，与蔡锷、梁启超等也有联系，交涉起来有利。退一步，若和谈不成用武力，段祺瑞也是最佳人选。对于袁世凯的提议，段祺瑞也毫不客气地提出一个先决条件：让他做国务卿可以，但必须实行责任内阁制，即由段祺瑞掌握实权。

当时，在内外交困的情况下，袁世凯束手无策，只得作出让步。4月21日，他下达了恢复责任内阁的电令。4月22日，段祺瑞就任国务卿，开始大刀阔斧地干了起来。

段祺瑞内阁成员合影

首先，他撤政事堂改国务院，废国务卿改国务总理，接着又提出裁撤统率办事处、总统府机要局、军政执法处三机关，并收容模范团、拱卫军为陆军部。袁世凯得知后，气得浑身发抖，连连骂道："段芝泉别有用心！别有用心！"

段祺瑞大权在握，则主张和平解决，反对用兵。但西南方面却坚持和平解决的前提是袁世凯必须引退。段祺瑞也只好拖着日子，袁世凯疑心又起。这时，蔡锷、梁启超又愿推举段为摄政取代总统，袁世凯对段祺瑞更加猜疑，在许多事情上暗中掣肘，袁段之间的冲突连连不断。

段祺瑞提出徐树铮任国务院秘书长。秘书长虽不是阁员，但却是他的直接助手，比阁员还重要，袁世凯却主张由原政事堂机要局局长王式通担任。段祺瑞当然不愿身边多一个袁世凯的心腹，于是托王士珍向袁世凯说项。王士珍老奸巨猾，当面表示答应，其实根本不提，段祺瑞又让张国淦和袁世凯说。袁世凯以总理是军人，秘书长再弄个军人不合适为由推辞。张国淦无可奈何回见段祺瑞。段祺瑞勃然变色，鼻子立时向左歪斜。

段祺瑞的和平方案没有进展，袁世凯却怂恿皖、鲁、奉、吉等六将军公开电请武力解决，不惜一战，段祺瑞则坚决反对。袁世凯大怒道："和又和不了，战又不想战，你到底想干什么？"

段祺瑞也毫不客气地回答："如果总统坚持用兵，那我只有辞职。"

果真，段祺瑞立即递上辞呈。袁世凯又气又恨，索性撇开段祺瑞，亲自出面主持对西南的军事行动。然而此时的袁世凯已是心有余而力不足，坐镇江宁的冯国璋态度暧昧，四川将军陈宧、湖南将军汤芗铭通电独立。终于，58岁的袁世凯一病不起了。

1916年6月5日，袁世凯病情陡然恶化。于夫人哭着告诉了张夫人，总统病危，急欲见段祺瑞一面。段祺瑞火速赶到怀仁堂。

听到段祺瑞来了，袁世凯睁开眼，微微点头示意。段祺瑞弯下腰，压低声音问道："总统，有何吩咐？"

袁世凯半晌不做声，而后对段祺瑞说："芝泉，今后一切都要靠你了。"

这是袁世凯对段祺瑞的临终嘱托，不知是希望段祺瑞照顾好袁家，还是主持大局，抑或两者兼而有之。次日上午，袁世凯病逝。

人一死，段祺瑞对袁家完全抛弃了以前的怨恨，对袁世凯进行隆重的国葬，表现了对袁世凯的极大忠诚。

段祺瑞通令全国下半旗致哀，停止娱乐一天，学校停课一天，文武官吏停止宴会27天，在财政几乎崩溃的情况下，拨银币5万元作为丧葬费，成立恭办丧礼处，内务总长王揖唐和周自齐等筹办大丧典礼，段祺瑞率各部总长轮流守灵，河南巡接使负责营建袁氏之墓，占地近140亩，工程持续两年才完成。

6月23日，段祺瑞以总理的身份主持政府公祭，各国使节、文武大员尽数到场。灵车用的是当年运送慈禧太后棺柩的豪华胶轮车，并派马、步兵近两个团护送，段祺瑞亲自扶柩送至前门车站。

六、府院之争意气盛

袁世凯死后，副总统黎元洪继任大总统职，为了平息与西南方面的纷争，段祺瑞同意恢复《临时约法》召集国会，于是南北融合，气象一新。

可是，国内和平刚一实现，黎、段之间的矛盾马上继之而来。段祺瑞依然是段祺瑞，而黎元洪不是袁世凯，段祺瑞根本不把他放在眼里，不仅段祺瑞骄横，连徐树铮及手下人对黎元洪也十分无礼。

一次，国务院任命了几位外省的厅长，徐树铮拿着委任令去总统府盖印。黎元洪见名单上的几个人名字很陌生，便随口问了一下。徐树铮便不耐烦了，用训斥的口气说道："你问那么多干什么？让你盖印你只管在最后一页盖就是了。我还忙得很，哪有闲功夫？"黎元洪气得脸色发白。

黎元洪忍气吞声，但是，他的幕僚却愤愤不平，于是和国会中反段力量联合起来了。国会中"韬园派"反段最为激烈，其首脑是段祺瑞最讨厌的孙洪伊。孙洪伊进京后，与黎元洪商议提出联直排皖、联冯排段的计划。

黎元洪

面对总统与总理的冲突，总统府秘书长张国淦两面为难，于是干脆辞职撒手不干。接替他的是总统府方面强硬的代表丁世峄。丁一上任便提出要划分府院权限。这一提议仿佛在热锅上洒了盐。段祺瑞气得一拍桌子道："好吧！我不干了，让黎黄陂一个人干吧！"

段祺瑞甩手不管，黎元洪又害怕了，赶紧找人向段表白，同时也向他诉苦，反映国务院某些人目无总统。段祺瑞也不想把事情闹大，于是趁机重新视事，同时对部下作了一些约束。

一波未平，一波又起，国务院内狼烟四起，闹事的是内务总长孙洪伊。

事情起因很多，主要源起于一件事。国务院任命郭宗熙为吉林省长和查办福建省长胡瑞霖案。因为国务总理发布的命令还须经分管的总长副署方可生效。而徐树铮为了免得孙洪伊从中作梗，直接越过了孙洪伊。孙洪伊自然得理不让人，要求查办徐树铮。段祺瑞则想把大事化小，孙洪伊一气之下便递辞呈。后来虽然未辞成，却埋下了祸因。

徐树铮受了孙洪伊的气，发誓要进行报复。机会来了，孙洪伊换了袁世凯时代的内务部旧职员 30 余名。这些人或多或少与北洋高级官员有联系，事情捅到了段祺瑞那里。

有了总理的支持，被解职的人员便向政府仲裁机构平政院提出诉讼。平政院也明白有总理在背后撑腰，便判决原告胜诉，要内务部限期撤销解职令。孙洪伊当然不干，声称平政院是袁世凯私立机构，其判决不足为据。

事情弄到这个份上，段祺瑞不能不说话了。他要孙洪伊接受裁决，孙洪伊索性横下心来，坚决不同意。段祺瑞气得火冒三丈，说："你结党营私，滥用私人！平政院的判决我看很合理，难道就没有人管得了你了？"

孙洪伊索性撕下了脸，大叫道："我撤除的是帝制余孽，官厅不能成为庇护他们的场所。"

段祺瑞决心除去孙洪伊，于是签署了罢免令。黎元洪大吃一惊，压下了这道命令。徐树铮催促了四次，都无结果。

段祺瑞被激怒了，于是亲自出马见黎元洪，气冲冲地问："孙洪伊的罢免令已经送来好几天了，大总统不会不知道吧？"

黎元洪支支吾吾着，说应当慎重考虑这件事，段祺瑞火冒三丈，说："照你这么说，我是不慎重了？"

"这个，唔，这个……"

"那好，大总统既不免他的职，就请免我的职吧！"

孙洪伊的事使段祺瑞与黎元洪闹僵了，于是请来徐世昌调解。徐世昌哪边也不得罪，摆出一副公允的姿态，两边各打五十大板，提出孙洪伊和徐树铮同时免职。黎元洪自然明白自己不可能取得最后胜利，打个平手也就满意了，但却不知段祺瑞意下如何，于是又转请许世英向段祺瑞提这个方案。

许世英时任交通总长，不仅是段祺瑞的同乡，而且两人有金兰之好，是段祺瑞的亲信。他在和段祺瑞下棋的时候委婉地说出了徐世昌的建议。段祺瑞考虑良久，说："你去对黎黄陂说要免丁世峄一起免。"

于是，孙洪伊、徐树铮、丁世峄先后被免职，事情暂告一段落。

1917 年 2 月，段祺瑞和黎元洪因为对德国问题再次产生尖锐的冲突，并导致了两人之间的彻底决裂。

1917年2月3日，美国宣布与德国绝交，于是段祺瑞和黎元洪一致赞成对德宣战。首先，在2月9日，内阁通过了对德国潜艇政策提出抗议的决定。这是中国对德国采取的第一个外交步骤。

3月3日，在段祺瑞的主持下，内阁会议又顺利地通过对德绝交案，次日，段祺瑞率全体阁员到总统府请黎元洪在对德绝交咨文上盖印。黎元洪却一反以前赞同的态度，拒绝盖印。问题出在什么地方？

原来，黎元洪走的是亲美路线，美国对德绝交，他自然紧随其上。而段祺瑞是亲日派。美、日帝国主义都希望通过促使中国参战而取得在中国的霸权。于是美国一旦发现中国参战对日本的好处远大于己，马上就改变主意，不再支持中国参战。

段祺瑞气势汹汹，黎元洪却以不变应万变，支支吾吾加以拖延。

"这么说，大总统是反对对德绝交了？"

"这个，我的意思是，这是大事，需慎重考虑。再者，绝交是宣战的先声，如今各省军人大多反对参战。在做出决定之前，也应该统一军界的意见吧？"

黎元洪的话激起了段祺瑞心头的无名之火，他顶撞道："军界的事，无须总统操心，大总统只要盖印即可，其余的事自有祺瑞应付。"

黎元洪则任段祺瑞无论怎么说，仿佛泥菩萨一般，死活不吭声。

黎元洪不盖印，段祺瑞便使出杀手锏，撂下挑子乘专车出走天津。协约国公使纷纷表示关切，北洋军人也来凑热闹，要求挽留段祺瑞。黎元洪无计可施，叹口气说："外交上的事就由段总理主持，只要国会通过，我将依法办理，决不加以干涉。"

3月6日，段祺瑞在副总统冯国璋和众院议长汤化龙的劝说下回到北京。3月14日，北京政府宣布对德绝交。

绝交之后自然是宣战，段祺瑞担心的是军人的态度，于是急电各省督军进京商讨。各省督军原本不少人反对宣战，因为他们害怕让他们派兵作战，从而损害自己的实力。段祺瑞明白他们的心思，于是就明确告诉他们，宣战无须出兵，中国派遣劳工去欧洲即可。各省督军一听，心上的石头落了地，于是纷纷表示服从总理的意志。

4月25日，督军会议在京召开。各省督军和代表一致赞成段内阁外交政策，并在写有"赞成总理外交政策"的纸上签了名，给黎元洪施压。

5月1日，内阁举行会议，督军团居然要求参加。有人说军人干政，傅良佐却辩解道："军人也是国民的一员，对国事发表意见，怎能说是干政？大总统这么害怕军人的意见，难道是心中有鬼不成？"

参加内阁会议的阁员可怜只有3人：海军总长程璧光、司法总长张耀曾、农商总长谷钟秀，军人倒有一大班，于是，宣战案顺利通过。段祺瑞便想趁热打铁，利用督军团使

段祺瑞天津故居坐落于今和平区鞍山道38号

国会和总统屈服。

黎元洪这里顺利通过了,但国会却出了问题。

本来国会通过宣战案问题并不大，汤化龙、梁启超早就在议员中活动支持段祺瑞。但国会傅良佐却帮了倒忙。

5月8日,段祺瑞到国会解释对德政策并接受质询,他矢口否认中国参战背后有着中日幕后交易，声称宣战是本着正义的需要。当两院即将讨论宣战案的时候，各地人民团体纷纷来电支持宣战,北京城中也有一些“自发”的群众的代表强烈要求对德宣战,段祺瑞闻之十分满意。殊不知这是傅良佐背着他搞的把戏。一些外地人民团体的电报实际上都是傅良佐派人从北京电报局发出的。

5月10日下午,成群的“自发公民”包围了众院大楼,他们或摇旗呐喊,或散发“请愿书”,有的甚至闯进议长办公室,要求汤化龙允许公民代表列席讨论。“公民团”的行径引起了众议员的义愤,大家集体罢会,以示抗议,并准备离开会场,于是一场骚乱发生了。

傅良佐急于求成,结果弄巧成拙,反而使段祺瑞的宣战案中途告吹,内阁总长纷纷辞职,只剩下一个光杆总理了。

段祺瑞决定坚持下去,他一面酝酿新的阁员,一面授意滞京的部分督军和代表们,继续对国会施压,企图重开议会通过宣战案。

然而,一个毁灭性的新闻给段祺瑞致命的打击,英文《京报》披露中日秘密签订了一亿元的军事借款。段祺瑞在国会所作关于中日之间绝无秘密外交的证词完全是一个谎言!

令人意外的是，一向软弱可欺的黎元洪突然挺直了腰杆，下令免去了段祺瑞国务总理和陆军总长的职务。5月23日,张国淦听说黎元洪要免段,刚想开口劝说,站在旁边的金水炎冲了过去,拔出手枪对准张国淦:“不许开口！开口我就打死你！”

段祺瑞气得鼻子又歪了。他的鼻子惟有盛怒的时候才会歪，这种情况少得很，而像这次鼻子居然向左边歪了二指多则更是少之又少,不但是空前,或许也是绝后的了。

七、再造共和显神威

黎元洪自被袁世凯、段祺瑞调虎离山地从武昌请到北京后苦于手中无兵,一向人云亦云,或者干脆事事不表态。袁世凯死后,他当大总统也是段祺瑞的盖印机器,可这次却有了豹子胆,居然免了北洋首领段祺瑞的职务,其中奥妙何在?

抛开其他因素,最关键的是黎元洪意外地得到一位实力派人物的支持。这位实力派就是大名鼎鼎的定武上将军、长江巡阅使，号称十三省大盟主的辫子大帅张勋。张大帅明确向黎总统表示,随时准备奉召入京,维护治安。黎元洪得此许诺，腰杆顿时硬了。信心大增，觉得可以借此与段祺瑞斗法,于是出现了上一幕。

精彩的还在后头!

段祺瑞没想到黎元洪敢免他的职，于是怒气冲冲地离开北京去天津，并发表通电表示不承认黎元洪的免职令。一时间，倪嗣冲、陈树藩、张作霖、赵倜、曹锟等各省督军纷纷通电响应，指责黎元洪是个“奸人”，甚至要誓师北伐。

北京局势动荡不安，各国使节纷纷表示忧虑，新任命的国务总理李经羲不敢到京上任。

黎元洪如坐针毡，无奈之下，急电调张勋入京。

1917年6月7日，张勋率6000辫子军向北京进发。在民初军界中，张勋是一大怪物。民国6年了，他依然垂着一条辫子，并且声称：“谁敢碰一碰我的辫子，我就和他同归于尽。”自然，他的定武军也是名符其实的“辫子军”了。张勋一向目空一切，以前辈自居，不把段祺瑞和冯国璋放在眼里。这次支持黎元洪，自然有他的小九九。

张勋生于1854年，江西人，晚年号“松寿老人”

张勋就是想借带兵入京调停之机，行复辟之实，把溥仪从紫禁城重新请出来。张勋主张复辟一事，已是众人皆知，但关键是什么时候干这件事。张勋进京经过天津时，曾和段祺瑞有几次会晤。段祺瑞曾不止一次劝他不要搞复辟，并且郑重地表示：“你如复辟，我一定打你。”

张勋也表示：“复辟不能变更，但目前还不想办。”但在暗地里，张勋已经是“虽千万人，吾往矣”的态度，声称即便赴汤蹈火，也在所不辞。

黎元洪没想到自己搬来的救星成了灾星。张勋勒令他三天内解散国会。7月1日，北京的大街小巷飘起了大清国的龙旗；7月2日，黎元洪秘密签署了免去李经羲总理的命令。特任段祺瑞为国务总理，并命其讨伐张勋，同时，签发了请冯国璋代行大总理职务的电报，自己于7月3日躲进了东交民巷。

张勋不听劝告，抬出了溥仪。段祺瑞敲着桌子说：“只有打了，这可是他逼我这样做的。”7月2日凌晨，段祺瑞来到了驻在天津之南马厂的李长泰第8师。下午，梁启超风尘仆仆地赶到马厂，段祺瑞亲自迎接，寒暄道：“任公上任，军威大振。”

7月4日，段祺瑞以讨逆军总司令的名义，发出讨伐张勋的通电和发布讨逆檄文。冯国璋在南京通电响应。7月5日，先头部队向天津进发，梁启超手书一联赠李长泰，联云“上将军段祺瑞讨叛国逆张勋”。

7月5日，战斗打响了。讨逆军以压倒性优势猛攻，辫子军仓皇失措，向城里溃败。航空学校的两架飞机也奉命飞到了辫子军阵地投掷炸弹，之后，飞机又飞临紫禁城上空进行轰炸。据说这是中国军事史上首次使用飞机作战。

到7月12日晨，全城只剩下南河沿张勋住宅仍在抵抗。这时，一辆插着荷兰国旗的车通过阵地驶进张勋的公馆。这辆汽车是来接张勋的。车上有一德国人，两个荷兰人和一个翻译。张勋家人已经避往荷兰使馆，只剩下张勋和二太太邵夫人。张勋死活不肯上车，几个外国人急了，不由分说架着张勋上了车。

北京城又飘起了五色国旗。

平定张勋复辟，是段祺瑞一生颇为自得的事，继他的发电威胁清帝退位“一造共和”后，段祺瑞在 6 年后又“再造共和”了。

八、冯段兄弟斗复和

段祺瑞和冯国璋是老同学，又都是小站宿将，与王士珍曾称为“北洋三杰”。“北洋三杰”各有称呼，其中王士珍为龙，段祺瑞为虎，冯国璋为豹。

张勋复辟失败后，黎元洪自然下台，由冯国璋代理大总统。从心底说，让冯国璋做总统也不是段祺瑞所希望的。段祺瑞与冯国璋在袁世凯时代就开始互争高低。袁世凯死后，两人一北一南，相互对峙。

就在段祺瑞执政期间，冯国璋经常在南京唱一些不合时宜的调子，使段祺瑞很不痛快。然而，段祺瑞又不能不让冯国璋当总统，其一，冯本来就是副总统；其二，段祺瑞有个野心勃勃的计划，就是武力统一。为了这一目的，他必须使北洋派团结起来，必须得到冯国璋的支持，也就不得不把总统这块肉送给了冯国璋。

段祺瑞的确不同常人，他和冯国璋也大不相同。譬如说，冯国璋嗜财，段祺瑞不爱财，曾有一次，齐燮元进京送给他二十几件珍玩，他原璧奉还。张作霖送来一大堆东北特产，段祺瑞不能不顾他的面子，破例收下两条江鱼，其余退还。惟一照单全收一次是冯玉祥送的大南瓜，没有退回。

为了控制冯国璋，段祺瑞请冯国璋进京代行总统职权。冯国璋也不是好蒙骗的，他以南方不稳为由婉言拒绝，同时进一步巩固以南京为中心的东南大本营，以与段祺瑞对抗。此后，又调亲信部队入京担任总统府的保卫，段祺瑞也慷慨答应。于是，冯国璋做好各方面的安排后，便上北京来了。

过去总统是南方人，总理是北方人，所以总搞不好，现在总统、总理都是北方的了，事情果然好办了。8 月 14 日，对德宣战案以总统令顺利发布。然而，好景不长，冯、段之间的分歧日益明显，虎犬之间开始斗法。

问题就出在段祺瑞的武力统一上，段祺瑞主张对西南用兵，实行武力统一，冯国璋断然反对。

袁世凯死后，北洋系统分化为三块：以段祺瑞为首的皖系、以冯国璋为首的直系和以张作霖为首的奉系。张作霖远在东北一时与中原无争，而冯、段二人为了谁执牛耳互相争斗，互不相让。段祺瑞的武力统一是有其私心的，想借机扩大皖系力量，既消灭南方异己，又打击直系势力，一举两得，何乐而不为？冯国璋明白这点，自然反对对西南动用武力。

正当总统和总理陷入僵局之际，“长江三督”李纯、陈光远、王占元突然通电主和，掀起了驱段倒阁的先声；接着，靠近直系的湘南各军总司令王汝贤、副司令范国璋也联名通电停战，给段祺瑞杀了个顺马枪！段祺瑞腹背受敌，只得暂避风头，于是，1917 年 11 月 15 日提出辞呈。

段祺瑞以退为进，冯国璋的日子果然不好过。首先，他居然找不着一个能继任段祺瑞的人；

其次，直隶督军曹锟突然摇身一变，成为主战的急先锋，曹锟态度骤变据说是由于徐树铮许给他一个看得见、摸不着的副总统职位。事情到了这个地步，冯国璋只得下了对西南的讨伐令。1比1，段祺瑞和冯国璋前两个回合打了个平手。然而，讨伐令刚发布10天，冯国璋又布告停战。因为，“长江三督”和冯玉祥坚决反对“讨伐”，并且不让南下的部队通过防区，如果硬要通过北洋内部就会大动干戈。何况，布贩子出身的曹锟这时又打起了冯国璋的牌，表示不反对停战。在北洋内部主战和主和两派互相争吵之际，南方提出了五个停战条件，首要的一条是召集国会。

这样，冯国璋又陷入了绝境，和又和不了，战又是死路，真是左右为难。怎么办？冯国璋决定三十六计，走为上计，溜回南京是最好的办法。

1918年1月26日晚，冯国璋以南下巡阅军队为由，乘专车离开天津。殊不知段祺瑞已经断了他的退路，倪嗣冲在蚌埠以保护安全为由截住了冯国璋，冯国璋只好调头回北京。

1月30日，在段祺瑞的强大压力下，冯国璋被迫再次下达了对西南的讨伐令。这时在湖南前线，北洋军连连取得胜利，冯国璋只好通电辞职。在冯国璋辞职的第三天，即3月9日，内阁总理王士珍挂冠而去，避往天津。

既然冯国璋已无能为力，那么何不让他再做几天总统？于是在段祺瑞的授意下，各省主战派纷纷来电挽留冯国璋，同时要求段祺瑞出山。

3月23日，段祺瑞出山就任内阁总理。这位下野4个月零几天的北洋之虎终于压倒了北洋之豹，再次荣登总理宝座，威加海内，其势力达到极盛。4月20日段祺瑞南下犒师，亲临汉口，规定总理车队经过时，临街商铺、居民住宅一律关门闭窗。一家外国报纸说：“这是民国以来从未有过的事情”，这比大清国的钦差要威风得多！

段祺瑞重新上台，冯国璋已无用处，于是决定“合法驱冯”。冯国璋的总统任期是10月10日届满，到时通过合法的手段把他选掉。最终，冯国璋让位于徐世昌，回到直隶河间老家，从此不问政事。

1919年12月28日，冯国璋在北京病逝，段祺瑞急忙赶到冯宅，来奠老友，痛哭失声。他深有感触地对靳云鹏说：“你看看我和华甫，这些年闹来闹去，两败俱伤，谁也没能得到好处，想想实在惭愧。”在冯死前，两人已经和好如初，经常在一起把盏小酌，痛感北洋内部派别林立，力量分散。

其实，在与冯国璋和好之前，段祺瑞已经辞职下野。这次辞职，逼迫他的不是别人，乃北洋小字辈吴佩孚。

吴佩孚是曹锟手下的一号大将，毕业于保定陆军速成学堂，属于段祺瑞的学生。在段祺瑞讨伐西南时，吴佩孚是曹锟率领第一路的先锋。1918年2月晋升为第三师师长，第三师前身乃是赫赫有名的北洋第三镇。

由于入湘后连战连捷，吴佩孚由无名小卒一跃成为直系的“闻人”。吴佩孚多谋善断，他劝曹锟在段祺瑞和冯国璋之间大耍两面手法，先是主战，而后又倒戈一击，宣布主和，使段祺瑞的整个部署全被打乱，雪上加霜，段祺瑞向日本秘密借款的事又被揭露出来，国内群情哗然，西方列强纷纷出面施压。为了摆脱窘境，段祺瑞再次以退为进，通电下野。

段祺瑞辞了职，徐世昌当了总统，然而内阁全是段祺瑞的人，段祺瑞依然是一手遮天，把持着北京政府。

冯国璋死后，曹锟、吴佩孚成为直系领袖与段祺瑞对抗。尤其是吴佩孚，宛然雏凤清于老凤声的姿态，不甘段祺瑞把持中央政权，于是与张作霖秘密联络，决定反皖倒段。

1920年7月，酝酿已久的直皖战争爆发了。战争开始前，段祺瑞充满信心，他认为张作霖向来与曹锟不和，也曾当面保证严守中立，这样，自己已无后患之忧，剩下直、皖单独较量，皖军无论在数量、质量上都高出一筹，段祺瑞自以为胜券在握。

然而事情大出段祺瑞意料，首先，张作霖根本不是严守中立，其次，前线皖军虽然初战告捷，但不久西路皖军全线溃败，段祺瑞失败已成定局。

7月19日，段公馆一片愁云，左右随从力劝段祺瑞离开北京，段祺瑞却暴跳如雷，喊道："要走你们走！我不走，我倒要看看他们能把我怎么样！"曹锟、吴佩孚自然不敢怎么样，曹锟和张作霖还派人去段府慰问，吴佩孚也亲自登门，口口声声以"老帅"相称。

九、家无余产实难得

段祺瑞下野后，住在日租界魏宗翰的公馆。段祺瑞生性不爱财，因而也没有什么家底，连合肥老家也无房产和地产，北京的公馆还是当年袁世凯赠送给他的。

段祺瑞家规很严，夫人和姨太太都不准干预公事。有一位姨太太想替一个老妈子的亲戚谋个差使，段祺瑞立即气歪了鼻子，厉声喝道："好啊！你们要卖官怎么着？"

合肥老家的人来京谋差使，他也不过招待他们住一段日子，四处玩，再给一些钱打发他们回去，胞弟段祺甫来京求大哥给找个官做，段祺瑞说："你哪适合做官呢？给你一些钱，你还是回去做份买卖吧。"

为了节省开支，段祺瑞一改从不管家的习惯，亲自过目每日的账目。公馆规模也缩小了，厨房里只剩八九个人，当差打杂的加上看门的，不过十来个人，原来太太小姐们每人屋里三四个老妈子也压缩到一两个。

原配夫人过世后，段祺瑞娶了袁世凯的养女张氏为继妻，此外，他还有五位姨太太。大姨太病死于1914年，三姨太、四姨太先后被遣回家。

1930年2月，冯玉祥和阎锡山联合反蒋，日本人认为有机可乘，密谋策动"北洋派大同盟"，推戴段祺瑞和吴佩孚为领袖，试图在华北制造混乱。在特务头子土肥原贤二的安排下，段祺瑞与溥仪在天津有过一次秘密会晤，但两人都很不愉快。事后有人问及，段祺瑞生气地说："鄙人忝为国家元首，这小子到今天还摆皇帝的臭架子，真是岂有此理！"

"九一八"之后，日本扶持废帝溥仪在东北建立了伪满洲国，又企图利用段祺瑞的威望和影响，建立华北伪政权。这一动向引起了蒋介石的不安。

自从北伐胜利后，蒋介石就极力笼络段祺瑞。蒋介石还安排与段宏纳会晤，亲切地对段宏纳说："我也是保定陆军学堂学生，段先生是我的老师。我因公务繁忙，不能前往天津看望先生。"事后，蒋介石还派人送了2万元生活费给段祺瑞，以后又陆续送过几次。

1933年1月19日，交通银行董事长钱永铭受蒋介石委托持蒋介石亲笔信去见段祺瑞。蒋介石在信中恳请段祺瑞“南下颐养”，以便随时请教。这时传来日本要劫持段祺瑞的消息，段祺瑞于是决定接受蒋介石的邀请南下，他对钱永铭说：“我已老不中用了，如介石认为我南下于国事有益，我可以随时就道。”

保定陆军军官学校

1月21日凌晨，段祺瑞在吴光新、魏宗瀚、段宏纳的陪同下悄悄离开了天津。蒋介石对段祺瑞的到来十分重视，通令南京少将以上的军人过江到浦口车站迎接，他本人也亲往下关码头恭候。段祺瑞到达时，全副戎装的蒋介石立即迎上前敬礼，然后搀扶他下船。当晚，蒋介石设宴招待段祺瑞，南京的军政要员也都出席作陪。

1月23日，段祺瑞在蒋介石、何应钦、孙科的陪同下，拜谒了中山陵，然后乘快车去了上海。

到了上海，段祺瑞住在法租界霞飞路1487号的一座公馆里，由蒋介石每月赠送1万元供作生活之用。段祺瑞在公寓居住期间每日下一局围棋，然后静坐诵经或阅读旧书。

1934年春，段祺瑞由于胃溃疡引起胃部出血住院治疗。出院之后，由于年事已高，身体日益衰弱，医生和友人都劝他开荤以增加营养，但他执意不肯，回答说：“人可死，荤不可开。”

1936年11月1日，段祺瑞因胃病又一次发作，出血不止，于次日晚在上海的医院去世，时年72岁。11月5日举行大殓，林森、居正、于右任、吴忠信、张治中均亲临吊唁。12月7日，移灵北京，暂厝西山卧佛寺后殿。1963年后移葬于香山附近万安公墓。

十、七个妻妾故事多

段祺瑞的原配吴夫人，是江苏宿迁县人。吴夫人去世较早，吴夫人生了一儿一女。吴夫人的弟弟吴光新从日本士官学校毕业，很受段祺瑞赏识。

1885年，21岁的段祺瑞以优异成绩考入李鸿章兴办的武备学堂，也称北洋武备学堂。段祺瑞专攻炮科，同时兼修兵法地理、军器、算法、测绘等课程。正是在这所北洋陆军学堂里，段祺瑞崭露头角，开始声名显赫。1887年，段祺瑞以“最优等”的成绩毕业，奉命赴旅顺监修炮台。这期间，他赶至合肥老家迎娶他在宿迁结识的未婚妻吴氏，次年生下长子宏业。

段祺瑞的原配吴夫人病逝后，袁世凯为更好地驾驭“北洋之虎”，即以美人为诱饵，把他的干女儿前清江西巡抚张芾的孙女嫁给了段祺瑞。

张夫人名叫张佩蘅，原籍陕西，也是官宦之家，和袁世凯是世交。袁世凯的大太太于夫人只生袁克定一个儿子，没有闺女，就把张佩蘅认作义女。张佩蘅见着袁世凯夫妇，一口一个爸爸、妈妈，非常亲热。

段祺瑞公馆

段祺瑞断弦以后，便由袁世凯主婚，把张佩蘅嫁给了段祺瑞，从此袁段二人除了多年袍泽关系之外，无形中又成了亲戚。这和袁世凯给冯国璋撮合婚姻一样，都是他笼络部属的惯用手法。当时张佩蘅经常到总统府里去。那时袁世凯在怀仁堂，于夫人住在福光居，尽管当时总统府门禁森严，可是张佩蘅一打电话，就可以坐着马车从新华门进去，畅行无阻。

张佩蘅嫁给段祺瑞的时候，父亲已经不在了，只有一个老母亲也跟着进了段公馆，一块过活，张夫人姿色平常，人却挺正派，脾气也很好，操持家务，井井有条，遇事处理公平，因此公馆里上上下下，对她还都心悦诚服。过门以后，生了四个女儿，没有儿子。不过这位张夫人有一个毛病，抽大烟。经常与其母两个人躺在烟床上，对着烟打，吞云吐雾，还专门雇了一个姓刘的女工给她烧大烟。

袁世凯把张佩蘅嫁给段祺瑞后，袁段之间的关系便更加亲密了。从此，段祺瑞犹如袁世凯的亲生儿子，不仅惟命是听，从不违忤，而且一举一动都学袁世凯，几乎“袁化”了。他仿效袁世凯样子，常常闭目养神，一旦睁眼，又使人感到炯炯有神，咄咄逼人，威严得很。段祺瑞甚至穿衣服也模仿袁世凯，常戴一顶黑色方顶小帽，像个小尼姑似的，不男不女，让人觉得怪僻得很。

段祺瑞纳了5妾，大妾陈氏，1914年就死了，她留下了一男，不过没有长大成人，就夭折了。这位姨太太死的时候，由陆军部庶务科经手办的白事，轰轰烈烈。庶务科长杨子明就因为这一丧事办得好，当上了山东济东道的道尹。

二姨太太姓边，保定人，只生了一个闺女。

三姨太太姓刘，人们背后称她为刘三，一胎双生了两个儿子，小名十一、十二。十一死得早。四姨太太也姓刘，人们称她刘四。五姨太太姓李，人们就称李五。

刘三、刘四、李五，都是段祺瑞花几百块钱买来的，大概出身都不怎么样。大姨太的父亲陈亚泉，二姨太的哥哥边绍卿，都在陆军部里挂了个名义上的咨议，不用上班，每月可以收入120块大洋。这使得段公馆里人看着不平，说：“当年的旧部下，前来报效的，申请多少次，碰上运气好的，才在陆军部里批个差遣名义，一个月拿个三十四十的。这都是当年出生人死，有汗马功劳的人，不过如此。这些姨太太的亲戚们，膀不动，肩不摇的，一个月倒是白花花的一百多块！”

直系军阀冯国璋

一、由炊事兵到大总统

冯国璋

冯国璋，字华甫（符），1859年1月7日（清咸丰八年十二月四日）生于今河北省河间县诗经村。冯国璋为明朝开国勋臣冯胜之后。永乐年间北徙，冯氏由应天落籍河间。清之初叶，有任将军者，其后家事耕读，所居河间城外诗经村，即汉毛公讲学处。田园之乐，诗书之泽。冯国璋祖父时，家境殷实，为该村四大户之一，到其父冯春棠时，家道开始中落。其父业农，丰年尚可维持，荒年则生计维艰。冯国璋兄弟四人而居幼。冯幼年入村塾启蒙读书，在塾馆度过童年，考试成绩常列前茅。青年时代的冯国璋曾在保定莲花书院求学，边读书，边谋生计，后因贫困而辍学。

1884年（清光绪十年），年约25岁的冯国璋，在家农耕既非素志又不得温饱，经族叔冯干棠介绍，到大沽口投奔直隶提督聂士成所部淮军当兵。先为炊事兵，因冯为人聪明又有文化，很快当上了管带的勤务兵。1885年，清政府新创建的天津北洋武备学堂，在淮军各营挑选兵弁入堂。冯国璋因得统领刘祺保荐而入天津武备学堂第一期。在武备学堂学习期间，曾于1888年（清光绪十四年），回原籍应科举，“时功令特设数学附生额，冯因通晓数学补诸生”。后因应顺天府乡试落第，仍回原天津武备学堂学习。1890年（清光绪十六年），冯以优异成绩毕业，得总办荫昌垂青，因而留学堂充当教习。

当时淮军将领多出身行伍，武备学堂毕业生受轻视不得重用。冯国璋急谋升迁，欲取得军功，遂于1893年（清光绪十九年）入淮军将领聂士成幕僚，奉命赴山海关及东北各地考察地形。此举，在甲午战争中发挥重要作用，因而得聂士成重用。在甲午战争期间，冯随聂士成转战朝鲜及东北前线。战后被派管理军械局。不久，经聂士成推荐为中国驻日使臣裕庚的随员。期间与日将领福岛安正、青木宣纯等结识，留意考察日本军事，日积月累，编著兵书数册。1896年初（清光绪二十二年），归国，先将兵书呈送聂士成，未得重视；后又转呈袁世凯，袁大喜，视为“鸿宝”，誉冯为“军中学子无逾公者”。于是，冯进小站新建陆军营，担任督操营务处帮办兼兵学堂监督，后又升任督操营务处总办。故而，新建陆军兵法操典多经冯之手。

1899 年（清光绪二十五年），新建陆军改称武卫右军。同年，袁世凯率武卫右军赴任山东巡抚，冯国璋随军入鲁。在济南，他奉命改编旧军，组成武卫右军先锋队 20 营。1900 年（清光绪二十六年），德国驻胶州总督到济南观秋操，深感军旅操练精娴，赞王（士珍）、段（祺瑞）、冯（国璋）为“北洋三杰”，俗称龙、虎、豹。冯国璋因参与镇压义和团运动有功，翌年经袁世凯保奏以补用知州升为补用知府。

保定军校校训

1901 年底（清光绪二十七年），李鸿章病殁，袁世凯徙任直隶总督兼北洋大臣。袁为编练北洋常备军，在保定创设军政司，下设兵备、参保、教练 3 个处。冯为教练处总办，负责创办各类军事学堂，时李纯为教练处提调，是冯得力助手。

1903 年（清光绪二十九年）底，清政府设立练兵处于北京，为督练考察全国新军的机构。由袁世凯推荐，冯出任练兵处军学司司长。仍兼任北洋陆军学堂督办驻保定督理北洋各武备学堂。经冯之手，培养了一大批有浓厚北洋派系观念的将弁，输送到北洋及北方各省军中，对北洋军阀集团的形成起了重要作用。同年 4 月，慈禧太后亲临保定视察，冯因练兵有功，官阶由从三品晋升为正二品。1905 年（清光绪三十一年），冯与铁良、凤山等赴日本考察军事，归国后更得袁世凯重用。

1906 年（清光绪三十二年），冯国璋署正黄旗蒙古副都统兼陆军贵胄学堂总办。其间，冯和满族亲贵建立了较密切的联系。这是冯后来能够掌握禁卫军的重要原因。1907 年（清光绪三十三年），冯升任陆军部军咨处正使；转年，又升为清西陵梁各庄值班大臣。同年底，光绪帝与西太后相继死去，三岁的溥仪继位，年号宣统，其父载沣以摄政王的名义监国。载沣为削弱北洋集团的势力，对冯国璋极尽笼络之能事，而冯国璋却始终效忠袁世凯。1909 年初（清宣统元年），载沣以袁“患足疾”为借口，命他“开缺”回籍养疴。冯亦惴惴不安，曾以坠马受伤和原配吴氏病丧为由，多次请假，均未得准。此后，遂“钳口结舌，随声画诺，不复言天下事矣”。然而冯国璋仍暗中给袁通风报信，使袁对清政府的内外举措了如指掌。

1911 年 8 月（清宣统三年 7 月），清廷于直隶永平府举行秋操，冯国璋任东路军总指挥。秋操进行中，武昌起义发生，辛亥革命军占领武汉三镇。清政府派陆军大臣荫昌率领第一军南下镇压革命，派冯国璋组织第二军南下赴援，但冯国璋等北洋诸将领不愿听从荫昌指挥，进军迟缓，冯率军至河南彰德时，便只身看望袁世凯，袁授意予“慢慢行，等等看”六字秘诀。清政府迫不得已，起用袁世凯总揽军权。袁奏请冯接替荫昌任第一军总统，并对冯说：“非筹备周妥，计出万全，断难督师进攻。”

袁世凯重新出山后，督师南下，命冯国璋攻打汉口、汉阳。冯的第一军协统李纯、王占元、陈光远都是冯的亲信。在冯的指挥下，第一军与革命军激战 4 昼夜，于 1911 年 11 月 1 日攻陷汉口。冯纵兵烧杀抢掠，从硚口到蔡家巷繁盛之区变成一片废墟，无辜居民死伤甚众。北洋军的暴行激起国人极大愤怒，武汉及全国各地纷纷通电声讨冯国璋及北洋军的罪行。

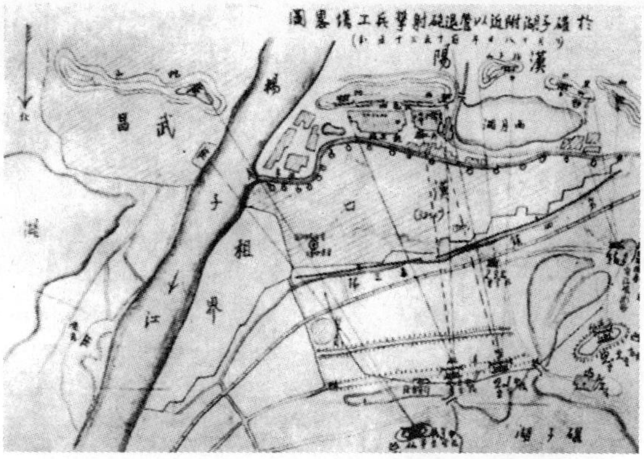

冯国璋在战报中所附清军炮击汉阳、武昌略图

北洋军攻陷汉口后，袁世凯以实行君主立宪为条件，向革命党人提出“和平了结”，遭到拒绝。为使革命党人就范，袁令冯攻取汉阳。冯指挥北洋军于11月27日攻陷汉阳，并隔江炮轰武昌，使武昌革命政权受到严重威胁。清政府为酬冯“战功”，赏给二等男爵。冯国璋当时不了解袁世凯操纵议和及谋夺政权的底蕴，所以一味主张乘胜进军，以便攻下武昌，扑灭革命。袁世凯担心冯干扰其既定方针，急调段祺瑞接替冯的职务，统帅湖北各军，调冯国璋任察哈尔特别行政区都统。冯12月15日离开汉口北上，抵北京后还未及赴任，又奉命留京统筹京畿防务，兼任禁卫军总统。察哈尔都统一职暂由何宗莲署理。

禁卫军是满族少壮亲贵载涛控制的一支重要武装。官兵达12000人，大都反对清帝退位。冯国璋以支持清廷的态度出现，迎合亲贵的欢心，轻而易举掌握了这支武装。然而，冯国璋当时处境十分困难，不少官兵包围他的住所，要他表态忠于清廷。冯念及袁世凯素日提拔之恩德，又接受袁的命令，“相机助一臂之力”，于是，在西苑禁卫军总部召集全体禁卫军会议，冒险宣布清帝退位以后的优待条件，冯特别指出“非如此，不能保全皇室”。之后，冯以自家生命担保，绝不抛弃禁卫军，不与革命党人相往还。最后，冯让禁卫军推举两个代表作为自己的副官，监督自己的言行。阻碍清帝退位的禁卫军风波遂告平息。

1912年3月（中华民国元年），中华民国临时大总统孙中山辞职，袁世凯当上临时大总统后，冯国璋仍统帅禁卫军兼总统府军事处处长。1912年9月，冯国璋出任直隶都督兼民政厅长，正式辞去察哈尔特别行政区都统一职。1913年3月（中华民国2年），上海宋教仁血案发生后，激起南方各省革命党人的愤慨和反抗。冯国璋承袁的旨意，串通各省军阀发表通电，攻击孙中山为首的革命党人“危害民国”、“破坏共和”。叫嚷要武力解决。当袁世凯派北洋军攻入江西时，孙中山被迫发动讨袁“二次革命”，南方各省纷纷宣布独立讨袁。7月23日，冯国璋受任江淮宣抚使兼北洋军第二军军长，指挥北洋军沿津浦线南下，8月16日到达浦口。在南京参加讨袁的第八师师长陈之骥（冯的女婿）过江向他投诚。冯得知南京讨袁军群龙无首一片紊乱状态后，于8月25日渡江，猛扑下关，与张勋等辫子兵一起，于9月2日攻陷南京。

“二次革命”被扑灭后，冯国璋于9月10日返回北京。袁世凯为笼络冯，特将自己的家庭女教师周道如（砥）嫁给冯为妻。12月16日冯受命接替张勋任江苏都督。同年晋升陆军上将。转年又授以宣武上将军，继续坐镇南京，督理江苏军务，控制军队达2万余人，为雄踞东南的大军阀。

从1913年到1915年初，冯国璋为效忠袁世凯，曾多次通电支持袁解散国会，撕毁中华民国《临时约法》，攻击责任内阁制，主张总统制，使袁“以无限全能展其抱负”。然而为时不久，冯获悉袁氏父子帝制自为的消息时，感到十分惊讶，遂于1915年6月亲赴北京探听虚实。22日，他去谒见袁世凯试探说：“外间传说大总统欲改帝制，请预为秘示，以便在地方上着手布置。”袁矢口否认自己想当皇帝。冯进一步又说，南方对于改变国体并非不赞成，只是时间问题，将来“天与人归”，“大总统虽谦让为怀，恐怕推也推不掉。”袁勃然变色说：“这是什么话？假如有人用这种事逼我，我只有远走国外了。”实际帝制筹备正在紧锣密鼓地进行，冯回到南京深感受其欺骗，从此态度暧昧，不肯再为袁氏卖力。因此引起了袁世凯和政府“要津诸人”的“谨虑”。后来，冯为了缓和矛盾，不得不一方面派亲信进京“切为解说”，一方面发通电“辟谣”，表白他对袁以公谊论之“心悦诚服”，以私情论则“受恩深重”，“分虽僚属，谊犹家人”。虽然如此，袁仍不放心，于12月18日调冯进京担任参谋总长，明为主持军事全局，实则调离江苏地盘。冯却托词“害病”，拒不进京，并鼓动“江苏军民电请挽留”。袁只得允他在南京“遥领”，“不必急行到任”。

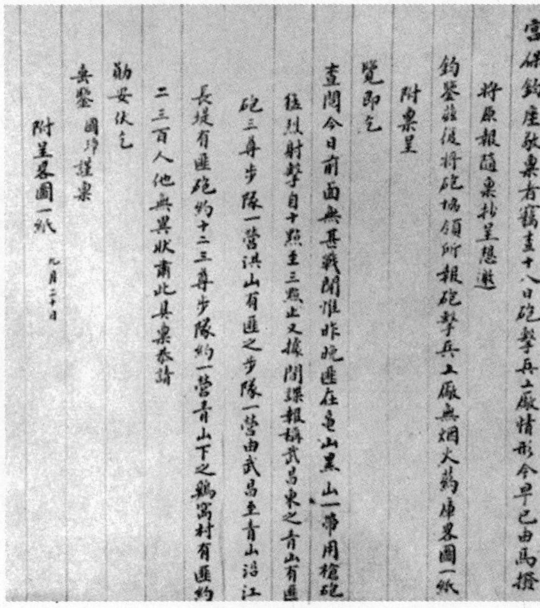
密保鈞座敬稟者竊查十八日砲擊兵工廠情形今早已由馬擋
將原報隨稟抄呈懇邀
鈞鑒茲復將砲協領所報砲擊兵工廠無烟火藥庫略圖一紙
附稟呈
覽即乞
查閱今日前面無甚戰鬬惟昨晚匪在龜山黑山一帶用槍砲
狂烈射擊自十點至三點止又據間諜報稱武昌東之青山有匪
砲三尊步隊一營洪山有匪之步隊一營由武昌至青山沿江
長堤有匪砲約十二三尊步隊約一營青山下之鶴窩村有匪約
二三百人他無異狀肅此具稟恭請
勛安伏乞
垂鑒 國璋謹稟
附呈略圖一紙 九月二十日

冯国璋战报

1915年12月25日，蔡锷等在云南举起护国讨袁大旗，西南各省相继响应宣布独立。冯鉴于袁的大势已去，遂暗中串通浙江、山东、湖南、江西等省将军联名请求速取消帝制，以安人心。此谓轰动一时的“五将军密电”。袁世凯迫于全国人民反对帝制运动的压力，遂于1916年3月22日取消帝制，但仍想当大总统。可南方各省不予答应。袁又派人赴南京示意冯出面联络未独立各省将军发通电，挽留他继续做大总统。冯认为此时发通电无济于事，反会弄巧成拙，不利于“和平解决”，婉言谢绝，而表示要军中调停。冯国璋旋于1916年4月18日，领衔通电提出“和平解决”八条，其第一条即是承认袁“仍居民国大总统地位”。其条件理所当然地遭到南方独立各省的严词拒绝。

冯的“和平解决”八条被拒绝后，即致电徐世昌、段祺瑞及王士珍，说明“南军希望甚奢，仅仅取消帝制，实不足以服其心”。要求他们劝袁“敝履尊容，亟筹自全之策”。与此同时，冯将八条略加修改，于5月1日通电各方，改第一条为：暂时承认袁为大总统，重组新国会，由袁提出辞职，再选继任大总统。然而南方独立各省仍表示反对，还一针见血地指出其主张是“名为保袁、阴实自重”。此时袁世凯仍要求冯对南方“说强硬的话，力为维持，以救大局”。冯则一面敷衍袁，一面与南方独立各省相周旋，信使往复不断。同时，冯又极力主张未独立各省将军“结成团体”，“贯通一气”，用实力调节“四省和中央”冲突。冯企图趁人民反袁怒潮高涨之际，独树一帜，操纵南北政局，造成自己为政局重心之势。这正是袁世凯在辛亥革命时所玩弄手法的重演。

5月11日，冯国璋串联张勋、倪嗣冲两个实力派人物，通电发起召开独立各省代表会议。5月18日，15省区将军、巡按使代表齐集南京开会，会议一开场就遇到袁退位的问题。主张袁退位与反对退位的两派各不相让。冯将其5月1日通电中的八条再加修改后提交大会议论，为折衷方案。但仍不得要领。会议开了5天，不了了之。

6月6日，袁世凯在国人唾骂声中毙命，南北各方关于袁退位之争，自然烟消云散。黎元洪继任总统，段祺瑞出任国务总理。10月30日，国会选举冯为副总统。冯不愿失去地盘，乃在南京就职，仍兼江苏督军。1917年2月，冯国璋曾进京调节黎段的府院之争，未能奏效。7月，张勋复辟，黎元洪下野，冯以副总统代理大总统，并通电反对张勋复辟，称"……国璋今日不赞成复辟，亦犹前之不主张革命。……彼(张勋)视京师为其营窟，挟幼帝以居奇，手握主权，口含天宪，名器由其假借，度支供其虚糜，任称文明为野蛮，委法律于草莽，此而可忍，何以国为！"还一再声称"中国政体已走上共和，不容许再有皇帝"。

张勋复辟失败后，冯于1917年7月14日电请"奉还大总统职权"予黎元洪。惟黎不允，并通电全国决心去职。7月18日，段祺瑞催促冯北上继任总统，冯见以段为首的皖系把持北洋政府，本不想进京就职。后经各方疏通，加之段又派亲信靳云鹏赴宁"迎驾"，冯才允诺北上。但冯为了维持直系在长江中下游的统治地位，入京前安排亲信李纯为江苏督军，陈光远为江西督军，断然拒绝皖系人物去染指长江中下游地区。冯还通过温世珍与英驻宁领事馆和广西陆荣廷保持联系。

8月1日，冯国璋到京就职。不久，冯与段祺瑞又产生新的府院之争。其争缘起于孙中山在广州成立护法军政府后，段祺瑞坚决主张以维持西南军阀的地位和地盘，换取他们对北洋政府的承认，美其名曰"和平统一"，阴下里指使进入湖南的直系军队消极怠战。10月间，二十师师长范国璋在湖南通电主和，复又自动撤兵，段的亲信傅良佐仓皇失措，弃长江出走。同时入川的北洋军吴光新也损兵折将，狼狈败逃。接着，曹锟、李纯、陈光远、王占元等督军通电主和。段的"武力统一"政策严重受挫，乃于11月相继辞去陆军总长和国务总理。冯国璋令王士珍继其后任。然而，冯又任命段祺瑞为参战督办。段不甘心其失败，以督办身份向日本借款成立"参战军"，还唆使皖系督军团要挟冯继续对外用兵，奉系张作霖也派兵入关支持皖系。段又拼凑"安福国会"，企图用军事对付直系及其他反对派，以政治手段撵冯国璋下台。冯见势不妙，即托词到南方巡阅，于1918年元月突然南下，专车行抵蚌埠时，被皖督倪嗣冲截住，逼他返京，下令作战，冯被迫返京，在内外形势压迫下，只得派曹锟兼两湖宣抚使，率第三师等北洋军主力南下攻湘，还准王士珍辞职，允段复任国务总理。

段祺瑞于1918年3月重新上台后，"武力统一"的政策叫得更响。冯明为支持段的政策，阴下却指使李纯、曹锟紧与西南军阀接洽和谈。代理第三师师长吴佩孚于8月在衡阳首先发难，公开通电罢兵息争，并斥责皖系干将徐树铮。皖系则以冯代总统于10月任期届满重新选举相要挟，冯自知连任毫无希望，但又坚决反对段当选总统，遂于8月13日通电表示退职，声言"盖国璋只渴新国之造成，以求时局之大定，其他无丝毫权利之心"。段利用安福国会于9月4日选举徐世昌为中华民国大总统。

徐世昌于10月10日就职大总统，实际冯被赶下台。冯遂通电全国，名为报告代理总统一年之经过情形，实为发泄自己对皖系的怒懑，他说："查兵祸之如何酝酿，实起于国璋摄政以前，而兵事之不能结束，则在国璋退职以后。其中曲折情形，虽有不得已之苦衷，要皆国璋无德无能之所致。兵连祸结，于斯至极……人非木石，宁不痛心？"他表示今后"绝无出山之意"。与冯国璋失去政治地位的同时，段也自动辞去国务总理，直皖两系利害冲突表面上似乎缓和下来，实际日趋剧烈。

徐世昌上台后，为平息冯的不满，特准冯国璋仍节制北洋军十五、十六两师，冯于1919年春，返归河北河间故里，由十六师两个连轮番驻守护卫。此时的冯国璋，已成为田连阡陌的大地主兼官僚资本家，仅在河间县诗经村附近就占土地千余亩。他与张謇在苏北合办盐垦公司，占地70万亩，在京、津及南京有几家钱庄，其中较为著名的有华通银行、华充银号。除此在开滦煤矿、启新洋灰公司、中华汇业银行等处还有大量投资。当时有人指责他"善自封殖"时，他还口说："项城雄主，吾学箫何田宅自肥之计，多为商业，以塞忌者之口耳。"以骗人之鬼话来掩盖自己的贪欲。

1919年10月，冯国璋由河间抵北京，表面是处理第十五、十六两师争陆军部所欠月饷，实为联络直系，欲图东山再起。然而冯国璋已力不从心，12月初，"忽感风寒，医治不愈"，于12月28日死在北京帽儿胡同冯宅，终年62岁。临危时召张一麟等口授遗言给徐世昌，仍希望"和平统一"早日完成。1920年2月2日葬于河北省河间县诗经村。

二、禁卫军总统官

冯国璋从袁世凯"小站练兵"起就跟随着袁，后来，又跟袁去了山东，再后，又随着袁回到直隶(今河北省)。到了宣统三年(1911)，他已经成了袁手下所谓"北洋派"的一员大将。这10多年来，由于袁的一手提拔，才使得他一步步地青云直上。同时，在这中间，他又拜了袁的门，成为袁的门生。因此，以他对袁既是部属又是门生的关系，他是向来以袁的意志为意志的。但是，对于亡清，冯国璋有着较浓厚的"忠君"思想，而袁世凯却怀着被迫"回籍养疴"的旧恨，有着"取代清室"的决心。因此，在清帝逊位这一问题上两人存在意见上的分歧。袁世凯一方面借着革命党人的力量来压服清廷；另一方面，又挟持着朝廷来和革命党人讨价还价，从而可以使得他自己渔翁得利地登上了那大总统的宝座。

不过，袁世凯的这些个人阴谋，冯国璋当时并不了解，从冯在湖北前线上的一些事就可以看出。

武昌起义后，冯国璋奉命率军南下镇压，当冯由于"收复"汉阳的功劳，被清廷封为二等男爵的时候，他在汉口的第一军司令部奉到电旨，就情绪十分激动地和他的秘书刘宗彝等人说："想不到我一个穷小子，现在封了爵啦！这实在是天恩高厚，我一定要给朝廷出力报效。"他边说边激动地流出了热泪，等到话说完了，竟自感动得大哭起来。也就由于他的这种情绪的支配，所以曾经三番五次地打电报给当时的内阁总理大臣袁世凯，说什么"时机万不可失"，又说什么"武昌唾手可得"，因此，要求乘战胜余威，继续打下去。

冯国璋于是出面打电话给袁世凯，请示如何办理。冯这才了解到袁的真意是"不打"，也就不敢再自告奋勇了。但是，当时袁世凯内心到底是怎样，冯国璋还不是太了解，没有充分领会袁的意图，所以，袁世凯不久后让他的另一忠实助手段祺瑞接管了第一军，而把冯从前线调回来，安排他接任察哈尔都统。

冯回到北京，并没有去察哈尔就任都统新职。可是，随同他回京的那些人，例如副官长赵俊卿，参谋赵瑞龙、师景云，连同湖北的军事参议官铁忠等等，却经常呆在冯的煤渣胡同住宅里，可以说是原班人马丝毫未动。过了不多几天，冯便被任为禁卫军的总统官。

冯国璋故居

禁卫军是清庭直辖的护卫武装，相当于亲兵部队，计有步队两协，每一协辖有步队两标，另外，还有炮标、马标和工程营、辎重营等。这其中，除了步队第四标是招募直隶、山东、河南三省合格的青壮年来军入伍，这一标的成员是汉族以外，其他各标、营的成员，不是满族，便是蒙族——这些人绝大多数的人都还是拥护清廷的。袁世凯认识到了禁卫军的关键，同时，还考虑到将来清帝宣布逊位的时候，如果这禁卫军的一万多人表示出不同的意见，或者因此而发生什么变故，对他所策划的“大事”是极其不利的，因此，他决定让冯国璋去接管这支队伍。

冯国璋被选中担任这一职务也是有原因的。首先，他曾任过陆军贵胄学堂总办，这个学堂里面，曾设过一个王公讲习班，从摄政王载沣以下，都曾经是这个班的学员。因此，他和满族一些王公世爵的感情，一般说来，是比较好的。其次，就在这不久以前，他还在湖北前线为清廷出过大力，这就使得人们对他有这么一个印象：他是对清廷效忠的。但就上面这两点说来，不过是袁世凯对清廷、对禁卫军本身所放的一个烟幕弹。最后一点，也是最主要的一点，冯是袁一手提拔起来的，是袁世凯的一个忠实助手，到了要紧的关头，冯是不会对他变心的，后来的历史事实也证明了这一点。

冯在接受了新的职务以后，就着手组织禁卫军司令处。当时禁卫军司令处的主要成员，除了个别人以外，可以说基本上就是第一军司令部的原班人马。他们主要有：参谋长刘恩源（后来张联棻复职）、副官长赵俊卿、秘书长恽宝惠、军需处长铁忠（过了一个月就换了张调辰，后来，冯的私人财产完全交由张一手管理）、军械处长熊炳琦、军法处长王金绶、军医处长纪书元。

过了不久，冯国璋便在禁卫军的司令处里接到了段祺瑞从汉口发出由他领衔的请清帝退位的通电，当时，段本人已经回到了保定，这个通电是由袁世凯授意，经徐树铮、曾毓隽代为发出的。同时，冯国璋还接到了由驻荷兰钦差陆征祥领衔的外交使节所发出的请求清帝退位的通电。

当时的清廷，就在这种内外夹攻的情势下，由隆裕太后召开了两次御前会议，在第二次御前会议上决定了逊位。当这个消息传到冯国璋那里的时候，恽宝惠和张联棻、赵俊卿等几个幕僚正在煤渣胡同冯国璋的家里，当时，冯用感叹的口吻对他们说：“唉！皇族甘愿退让，我们今儿还给谁打。这样看来，大清国的江山就算完啦！”的确，“大清国的江山”确是就此完了。但是，那袁世凯所预先考虑的问题，也就是禁卫军全体官兵的安置问题，却不能不在宣布逊位以前办理妥贴。这一艰巨而紧迫的任务，就很自然地落到了袁事先布下的一着棋子——冯国璋的身上。

溥仪 22 岁生日时与遗老名流合影

1912 年 2 月初（旧历辛亥年十二月）的一天清晨，恽宝惠忽然接到军司令处的电话：“总统就要到处，请赶紧去。”等他到了处里，还没有来得及向张联棻、赵俊卿等问明是什么原因冯要来得这样早，外面的差官们已经在大声传呼着：“总统到处啦！”跟着，他们就同去见冯。冯同样地没有说明什么原因，只是吩咐幕僚们和他一起到镇司令处去。

这个镇司令处，位置在北京的西苑。当他们这一列马车飞驶到那里的时候，大约已经是上午 10 时了。这时，他们首先看到的是，镇的两个协统王廷桢、姚宝来全身戎装，恭敬地迎候在司令处的门前，似乎他们早就接到什么信息了；跟着，在幕僚们被陪同到了司令处大楼的办公室里以后，王廷桢紧接着就问冯：“是不是就吹号站队？”冯略一点头，便听得集合号的号音此起彼伏地在镇的各个角落里吹响。

这个大楼的前面，是一个大广场。当他们随同冯走出楼门的时候，一眼就看到在楼前的大广场上摆了三张大方桌，正中的大方桌上面，又摆上了一张，在桌的一侧上下两层，还都摆上了垫脚的椅子。冯国璋手里拿着一个纸卷，被搀着登上了两张大方桌。他手里的这个纸卷，就是袁世凯和南方协议好了的《优待清室条件》。当冯站在了两张大方桌的上面以后，就向全镇官兵开始讲话。他说：

> “我今天来，是和大家说一件最要紧的事。大家知道，总理大臣是主张君主立宪的，我向来也是主张君主立宪的。为了这个问题，总理大臣已经和民军代表商量了很多日子。现在隆裕皇太后已经下了‘懿旨’，说是国体问题，交由国民会议公决。但是，这个问题，要看哪一方面的力量大，说出话来才有劲。现在宣布独立的省份太多了，要是打起来，我们的军队实在是不敷分布，并且，外国人也不借给我们钱，因而军饷也没有着落，可以说，今天的局势是万分危急了。就是我们禁卫军和第一镇的官兵肯拼着性命打，试问：护卫皇宫和保卫京师的责任又交给谁？所以，总理大臣已经和民军代表商定了优待条件：皇太后、皇上的尊号，满族、蒙族的待遇，还有我们禁卫军的一切，一概不动……”

说到这，冯就把他手里所拿着的那个纸卷平展开来，接着便念起了那人所熟知的《清室优待条件》来。当他刚念到它的第一款里所写的“大清皇帝辞位”的时候，队伍里面立刻出现了小小的骚动，有的嘴里发出了虽然辨不出字音，却是代表着又惊又疑的神情的声音，有的干脆就用手去擦眼泪。随着冯的大声宣读，队伍里面的骚动情况越来越严重，很多官兵都在交头接耳，叽叽喳喳地互相发表着自己的意见，这就使得原来极其整齐的分列队形，逐渐地显现出一些零乱的景象来。

但是，却有一个例外，那就是在那戴有红帽箍的队伍里，有几个队列的官兵基本上依然整齐地站立在那里，似乎对冯刚才所宣布的那些话无动于衷似的，这就是全部属于汉族的步队第四标的队伍了。等到冯把《优待清室条件》念完了以后，接着更加提高了嗓音说：

> 我刚才所说的事情，不论是官长目兵，有什么话都可以对我说。你们大家可以推出几个代表来，这几个代表可以离开队列往前走五步，就让他们几个人代表大家申述意见。

过了不多一会儿，便看到队列里走出来了几个代表，他们一开口便提出了两个问题。

冯听了以后，立刻就答复说：“两宫的安全，我姓冯的敢以身家性命担保。在优待条件上，虽然有日后要搬到颐和园的条文，可是，我敢担保两宫决不离开宫禁，仍然由禁卫军照常担任守卫；至于我们禁卫军，不论我日后调任什么职务，走到什么地方，永远不跟你们脱离关系。”

不难看出，冯国璋对于清帝逊位这一问题，和袁世凯是有着不同的意见的。但是，他对于袁又是有着“知遇之感”的。事实上，此刻袁世凯很可能已经把他所策划的阴谋告诉了冯，并且已经取得了冯的同意，所以冯才说出了和袁一个口径的那一番话。

冯国璋虽是顺从了袁世凯的需要，使得中华民国终于宣告诞生。但是，人们每次到他的煤渣胡同住宅里，在那客厅里面，总看到他的红顶花翎的官帽，架在了四足帽架上，为了避免沾染上尘土，还用一块紫色的“帽袱子”盖在了官帽上。另外，他那短短的小辫，直到民国元年(1912)8月他到了天津直隶都督的任上才剪去。他所以采取这样的举动，说他是为了维系禁卫军的军心固然可以，可是，说他是为了表示对清廷的怀念，也似乎是没有说错。

三、宣武上将军

冯和禁卫军的关系，确是像他当时对部下所保证的那样，在民国4年(1915)禁卫军改编为陆军第十六师以前，他始终是这个军的首长。他的名义是，在清末时叫总统，到了民国就改叫军统。这个军统的头衔，从他就任直隶都督起，后来在“赣宁之役”，他担任第二军军长，直到最后他被任命为江苏都督，一直是他遥领着的。等到这个军改编为陆军第十六师，师长便是原来的协统王廷桢(王廷桢后来还兼任了江宁镇守使)，可是，这个师也还继续由冯统帅调遣。

当冯就任了直隶都督以后还不到一年，也就是民国2年(1913)的6月间，他奉袁世凯的命令，组织了第二军南下作战，这便是所谓的“赣宁之役”了。当时的第二军是沿着津浦铁路南下的。另外，还有一支沿着运河线南下的队伍，便是当时驻防在兖州的张勋的定武军。这两个军的目标都是南京。

第二军的军司令部是设在专车上的。这个专车只在兖州车站停了一停，便径直地开到了滁州，沿途既没有遇见什么敌人，自然也就没什么战斗。等他们到了滁州以后，便听得南军第三师的骑兵第三团团长张宗昌要来面见冯军长。张的骑兵团，是在徐州一带和张勋的定武军接触过的，但是，一触即溃，不但全团几乎溃不成军，张本人的右手掌，也受了贯通伤。因此，张便带着他的残兵败将，退到了浦镇的芦席营。当冯听到了张要来投诚的消息，就派了军司令部的高级参谋陈调元、李玉鳞二人乘坐着火车头前往联系。原来说定的是，由于路程较近，当天上午便可以往返。但是，过了中午以后，还不见这两个人安然归来，大家都不由得议论纷纷。有知道张的土匪出身的人，便认为他们一定是凶多吉少了。正在大家焦急等待的时候，忽然有前面的某一个车站通过铁路上的专用线给滁州车站打来电话，说是有一个火车头挂了一节三等客车已经由那一个站向北开来，车里并没有敌人，请千万不要开枪。过了不多的时间，便看到那个简单的专车飞快地向着滁州车站驶了过来，随着，又看到陈、李二人从专车上下来，陪同的一个彪形大汉，身材高大，面相凶恶，身穿日本的和服，右手包扎着，用绷带斜挎在那右胳臂上，这便是张宗昌了。他们下了专车，径直地奔上了冯的"花车"。又过了一会儿，冯便找了恽宝惠去，对他说："你赶紧办一个委任令，委任张宗昌代理第三师师长。"等恽宝惠把这个委任令办好，由冯当面递给张宗昌的时候，又听冯对张说："你赶紧回去，把你那里现有的官兵赶造一个花名册，明天就给我送来。"就这样，张宗昌满意地离开了滁州，而冯国璋的专车也就畅行无阻地到达了浦镇。

当冯部还在浦镇的时候，张勋的"辫子兵"攻进南京，奸淫掳掠，挨户大抢，所以，有的店铺和民户就在门口贴上了"本店已被抢光""本宅被抢七次"等等的招贴。这时，南京地方上一经听到那"辫子兵"的头子做了本省的都督，便都异口同声地说出："这下子可活不成了！"所以，绝大多数人都带着随身行李扶老携幼地往城外逃难。冯看到了这个情景，便对部下说："咱们赶紧回江北去，咱们住在这里是很不方便的。"随即，他们回到了浦镇，住在了第一旅馆楼上。

这时，南京的战事既已结束，冯的第二军当然没有什么用武之地。可是袁世凯却还不让冯回到他的直隶都督兼民政长的位置，所以，冯就在旅馆的楼上摆上烟盘子，整日看铅印本的红楼梦。

可是，当国人的申诉得不到结果的事情，却由于日本人的抗议而有了结果。"辫子兵"抢了日本人，激起轩然大波，张勋连忙向日本人赔礼道歉，弄得丑态百出。袁世凯为了进一步讨他的日本主子的欢心，一定要把张勋调离江苏都督的职位，就派了他忠实的爪牙阮忠枢特地从北京来到南京，对张勋做了一些说服工作。就这样，在民国 3 年(1914)的 1 月间，张被调为长江巡阅使，驻在徐州；同时，又把那回到直隶本任不久的冯国璋，调回了江苏，接了张勋的后任。

随后，冯又从江苏都督被任命为宣武上将军，督理江苏军务，这就需要把原来的都督府改组成为上将军行署。当时行署的组织情况是：行署下设两厅，一个是参谋厅，主管军事；一个是咨议厅，主管政治。参谋长是师景云，他主管的有四课，除了恽宝惠以秘书长兼任其中的军法课长以外，军务课长为熊炳琦，军需课长为张调辰，军医课长为纪书元——这些人都是禁卫军军司令处的主要成员。咨议厅长是胡嗣瑗，他的下面有着几个咨议和秘书。

就在这个期间，行署的一些人不知不觉地便和那以前投诚过来的张宗昌都有了交往。这时，张的第三师的番号已经取消，冯便把他调任为陆军教育团的监理。张是一个喜欢热闹的人，所以这班人在公余之暇也就经常地和他在一起吃喝玩闹。在民国4年(1915)的一段时期，忽然有几天的光景在那玩笑的场合里看不到张的踪影，大家都感到有一些奇怪。后来才知道袁世凯发来密电，让冯设法把陈其美消灭掉。冯为了执行袁的这一阴谋，密派了张宗昌来担负这个任务，这个任务的代价是5万元。原来，陈其美这时正在上海的租界里搞倒袁活动，他为了壮大自己的力量，就尽量从各方面来网罗志同道合的人们，以便能尽快地举起反袁的旗帜。就在这个时候，张派遣他的部下程国瑞、王栋等一些人顺利地打入了陈的秘密组织。同时，陈又是一个好吃、好玩、好赌博的人，所以这些人就投其所好地和陈同吃、同玩、同赌博，慢慢地竟成为了陈其美的知心朋友。陈的设想是，上海的租界是袁世凯力所不能及的一个特殊地方，因此，他对于个人的防范戒备是不那么注意的。这就使得这一些人钻了空子。一天夜间，正当他们又在陈的住所里聚会的时候，他们便出其不意地用手枪把陈打死。等到陈的佣人听到枪声，喊来巡捕，那一些杀人凶手却早已逃之夭夭，不知去向了。

当冯在民国8年(1919)12月因病死在北京的时候，陈的胞兄陈其采，由于和冯在前清军咨府里同过事，彼此的交情也比较好，还特地由南方赶来北京，抚棺一哭。却不料他面前使得他落泪的这个亡故的友人，便是刺杀他胞弟的指使人！

四、反帝制釜底抽薪

冯虽是一军人，但在他功成名就以后，由于他认为自己是一个前清的秀才，所以他一向对于所谓"文学名流"是很愿意接近的。正因为这样的心理，他和康、梁开始有了交往。但是，这不过是他愿意结识这两个人的一方面的原因；另一方面，康、梁二人是"保皇党"的思想旗帜，与冯国璋可谓志同道合。

为袁世凯称帝效力的"筹安六君子"办起筹安会以后，由于帝制之说，已经闹得"通国皆知"。冯为了这，就借了"晋京请示要公"的名目，让津浦路局挂了一节"花车"，从南京去了北京。这次同行的，除了几个随从以外，局外人只有一个梁启超。当他们还在旅途中的时候，有一天晚上，冯正和大家一道坐在"花车"里吃晚饭，大家边吃边谈，不知不觉地就谈到了帝制的问题上去。紧接着梁便提出了这样一个问题：袁世凯会不会做皇帝。冯当时就说："云台(袁克定字云台)他们为了享受将来一套长久的富贵，或者会有这样的谋划。要说项城(指袁世凯)本人也愿意这样做，据我看，他决不至于这么笨。"接着，他很有自信地对梁启超说："以我和项城向来的交情，我可以问得出来！"

冯到了北京，住在了禁卫军军司令部(民国成立后，军司令处改名为军司令部)里。就在他到京后的第二天下午，便到总统府去见袁世凯。冯临去的时候，曾和几个心腹说："你们大家都不要走，我就要回来的。"可是，这几个人一直等到傍晚，却始终不见冯回来。后来，由那随同冯进府的人打电话过来说："大总统留上将军在府里吃晚饭啦。"

第二天一清早，这几个人便又聚集在冯的住室的外间屋里。等了不多的功夫，便看到冯从他的住室里慢慢地踱了出来。他一见众人，便说："项城的心事到底被我问出来了，他是决不做皇帝的。"

后来，冯派其手下恽宝惠到北京打探消息，恽宝惠看到袁世凯已经下定了决心要做皇帝，便打了一封密电（电文主要是"主座（指袁）称帝一事，志在必行"）并取得了冯的同意以后，转回了南京。随着，恽宝惠就把在北京活动的经过详尽地当面报告了冯。冯听了以后，只说了一句："我都明白了！"的确，他是都明白了。由于恽宝惠的这次北行，他既明白了袁的真意，也明白了自己受了袁的欺骗，这真正到了冯决定自己的态度的时刻了。因此，冯后来对袁世凯的命令阳奉阴违，或拖着不办，敷衍了事等是有原因的，以致坚持着反对洪宪帝制的态度，应该说，完全是由袁世凯自己所造成的。

但是，冯这无言的抗议到底召来了袁的相应的对付手段。有一天，政事堂忽然发来的传达大总统袁世凯命令的专电："特任冯国璋为参谋总长。"冯的心腹们虽然知道这并不是冯所乐见的消息，却也不能不上去给他道喜。结果，到了冯的门口，上差传来冯的话："一概挡驾！"师景云等几个人由于个人的利害关系，就纷纷揣测：冯既已内调，那么袁一定要调来一个更为他所信赖的人来督理江苏军务。但是，他们没有猜准，此后始终没有下文。原来，巡按使齐耀琳给袁世凯打去了一个电报，说是：江苏地方重要，督理军务，万难遽易生手。请求援照黎副总统的前例，准冯以宣武上将军遥领参谋总长。齐的这封电报，是否事先已经取得了冯的同意，并且事后是否已经得到了袁的回电，不得而知，但冯的确没有北上就任新职，却是事实。看来，袁这次所使用的"调虎离山之计"，由于冯的不肯听命，并没有奏效。

接着，云南起义爆发了。可是，冯对于袁世凯这个"洪宪皇帝"却依然保持着表面上的恭顺态度。有关臣下对君上的一些文字上的过节，也是分毫不差。冯、齐二人会衔的奏折，一开头总是："宣武上将军督理江苏军务一等公臣冯国璋"和"江苏巡按使一等伯臣齐耀琳"并列在一起，然后紧接着"谨奏"两个字。那奏折的结尾也总是这样："伏乞皇帝陛下圣鉴，谨奏"。从表面现象上看，"洪宪皇帝"袁世凯真是八面威风，万民顺从。但实际情况到底是怎样的呢？由于袁要对西南用兵，就给冯来了个密电，要他准备一部分队伍开到长江上游去填防。可冯回电道：江苏地方辽阔，人心不定，原有的队伍还感到不敷分布，哪里还有多余的力量能够调到省外去！就这样，袁的军事部署就未能如愿以偿。因此，袁世凯就又派了阮忠枢来了个"二次下江南"。

袁下令缓办帝制以后，还没有决心放弃帝制。有一天，袁把张国淦找了去，和他研讨了帝制的前途，并且指出在当时的军政要人中哪一个对帝制是左袒的，哪一个是右袒的，就是说，哪一个是赞成的，哪一个又是反对的。当时，张回答道："左袒的也好办，右袒的也好办，就是不左不右的最难对付！"袁听了以后，稍微凝了一凝神，立刻张大着眼睛向张问："你说的是不是冯华甫？"张点了点头，袁紧接着就说："我知道了。"此后不久，阮忠枢便再一次到了南京。他这一次仍然住在西花园，住了没有几天，便又转回北京去了。在这几天中间，听说冯经常陪着阮抽大烟，他们边抽边谈，想来，谈得是够多的了。当时，阮经常给袁打去密电，当他把这些密电交到电务处的时候，电文内容都是已经翻好了密码的。它的开头，却总是明码文字的"北京皇帝陛下圣鉴"这几个字。冯的手下看了以后，总不免在私下里嘲笑似地说上一句："真是个命令不出北京城的皇帝陛下！"显然，这些个电文的内容，是和冯、阮密谈的内容有关的。

由于当时国内形势的发展，越来越使得那位“洪宪皇帝”感到风向不对，阮忠枢回去以后没过几天，袁世凯就宣布了由缓办帝制改为撤销帝制。但是，做不成皇帝了，大总统他却还是要做的，这种无赖行为引起了国人的抗议。1916年4月，冯国璋先后打给袁的两封电报。4月1日第一封电报的主要内容是：“南军希望甚奢，仅仅取消帝制，实不足以服其心。就国璋观察，……须于取消帝制而外，从速为根本解决。以前帝制发生，国璋已信其必酿乱阶，始终反对，惟间于谗邪之口，言不见用，且恐独抒己见，疑为煽动。望……立即再进一步，以救现局。”

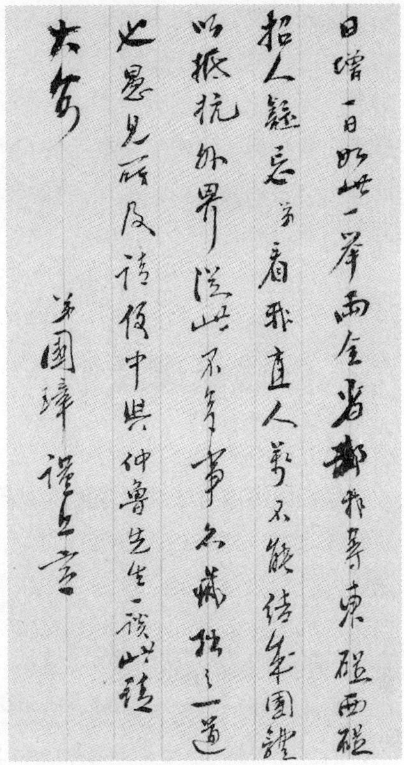

冯国璋书札

在第一封电报发出以后的十几天，又是一个晚上，冯又让恽宝惠躲在那个屋里写起草打给袁的第二封电报，这便是劝袁“敝屣尊容”的所谓“铣电”了。那一天，他一见了恽宝惠的面，便交给他两封电报，同时，极不满意地说：“你先看看这个。”恽接过去一看，那电文一个是袁世凯给冯的回电，它除了说明他已经在英国伦敦置有房屋，随时都准备到那里“归老”这一些鬼话以外，又着重地说明他受着全国国民的付托，他为国为民，一时还实在不能够放弃他这个大总统的职位这一类官话。看来，冯之所以显露出极端不满意的神情，可能是和袁所打的这种官话有关吧！另一个电文，却是阮忠枢的来电，大意是，假如袁“下野”之后，西南方面还有进一步的要求，那该怎样应付，希望冯在这一点上预为筹划。阮所说的进一步的要求，便是当时盛传的一种说法，也是袁世凯所最害怕的一种说法，那就是把洪宪帝制的罪魁交付国民裁判并没收其全部财产。阮所以发来这封电报，显然是袁授意的。这是因为袁当时已处在四面楚歌的境地里，他这个窃国大盗是最了解他自己的全部罪行的，因此，他就不能不设想到全国国民一定会在他“下野”之后，还要求对他做进一步的追究，这便是他指使阮忠枢发出这个试探性电报的原因。

恽宝惠看完了那两封电报，冯便告诉他要起草的第二封电报的主要内容。当他把他那满腹牢骚尽情地倾泄给恽的时候，恽曾经插问过一句：“这样说不太过火吗？”冯毫不客气地说了一句：“事情到了现在，还有什么不能说的！”遵照冯国璋口授起草的这个电报内容是：

国璋耿直成性，未能随时俯仰。他人肆其谗构，不免浸润日深，遂至因间生疏，因疏生忌。倚若腹心，而密勿不尽与闻；责以事功，而举动复多掣肘。减其军费，削其实权，全省兵力四分，统系不一。设非平日信义能孚，则今日江苏，已为粤、浙之续矣！……默察国民心理，怨诽尤多，语以和平，殊难餍望。实缘威信既隳，人心已涣，纵挟万军之力，难为驷马之追。保存地位，良非易易，若察时度势，已见无术挽回。毋宁敝屣尊容，急筹自全之策，庶几令闻可复，危险无虞。

说完了他的最后意见以后，冯国璋指着阮忠枢的来电，让恽宝惠针对阮提的问题在打给袁的这封电报里作一个明确的答复。他所说的大意是，如果袁肯于“下野”，就决不容许任何人再对袁追究责任。假使有人要这么做，他就一定要“惟力是视，与之周旋”，并且他一定要用自己的身家性命来担保袁的生命财产的安全。在恽宝惠把全部电文写好并且经过冯一再推敲以后，冯国璋叫上差把吴守诚找了来，当面交由吴拍发去了。

五、闻袁死潸然泪下

尽管冯国璋对于袁世凯的洪宪称帝是始终反对的，但是，多年以来，他受着袁的大力提拔，最后成为“北洋派”的两个支柱之一，因此，他对袁的所谓“知遇之感”还是始终不忘的。就因为这样，所以，当他看到了国务院发来的通报“袁大总统薨逝”的麻电（袁是6月6日身死的，就在当天发出了这个通电）的时候，竟忍不住悲痛得大哭起来。据当时在他身边的参谋长师景云后来说，他看了那个麻电以后，立刻嘴里就发出了“嗯？”的一声，表示出了不敢相信的神情，跟着便看到他的眼泪不自觉地流了出来。随后，他又拿起那个电报来看，泪随声下地说：“大总统这么一个英明人物，想不到会落到现在这样的结果！我受了他这么多年的知遇……”说到这里，冯就情不自禁地伏在他的“签押房”里的办公桌上放声大哭。他见了众人的面，说当天要尽快用他的名义发出九封电报。这九封电报是发给以下这些人的：副总统黎元洪、国务总理段祺瑞、上将军段芝贵转拱卫军全体将领、各省军民长官、江苏本省军队长官、袁克定等等。接着他就把这几封电报的具体内容详细地一一作了交代。这九封电报直到当天深夜才各一一写好发出。看来，由于袁世凯之死而引起的动荡局面，现在既然由“北洋”实力派之一的冯发出这样的号召，做出这样的安排，这对当时的北方政局的稳定作用不可忽视。

1916年（民国5年）的10月间，冯国璋当选为副总统。他当选以后，和研究系的关系便越走越近，而和复辟派的关系越来越远。例如：他在南京组织副总统府的时候，就由于梁启超的介绍，任命了研究系的林长民为秘书长，张君劢为秘书（张还是梁启超的学生）。从此，冯便和研究系一直保持着良好的关系，甚至于当梁启超计划把研究系改造成为一个较大的政党的时候，还准备推冯为这个政党的领袖。而从这时起，康有为、潘博等复辟派不再被人提起。

自从清帝逊位以来，这几年当中，冯是抱有深深的“故君之恩”，并且也是有着“还政于清”的思想的。因此，有的人就这样说，冯是不赞成帝制的，他不但不赞成袁世凯搞洪宪，也不赞成张勋搞复辟。这种话是不符合实际的，冯国璋一直生活在那个封建社会里，他大半生的功名富贵都是在清王朝所谓“皇恩浩荡”的情况下得来的，用他自己的话说，是“想不到我一个穷小子，现在封了爵啦！这实在是天恩高厚……”请想，他既认为皇帝对他是“天恩高厚”，又怎么能够不对这个皇帝“出力报效”呢！因此，他后来所以始终有着“忠于清”的思想，就完全是合乎逻辑的了。那么，复辟既然真的实现了，也就是他的理想真的达到了，为什么他又陡然地来了个突变呢？这就不得不从他的人生观说起了。在当时的社会环境里，一般人是有着向上爬的思想的，冯当然也不例外。他以前之所以希望清室复辟,除了感恩图报这一点以外,更重要的是,他可以借此而爬上了更高的爵位。但是,后来的情况完全不同了,这时他已经当选为中华民国的副总统,只要遇上个适当的机会,他就可以很顺利地爬上了那大总统的高位,更何况当时作为大总统的黎元洪已经处在了那样的风雨飘摇的境地了呢!很显然,他是愿意做那即将到来的"中南海"的主人,而不愿意在"议政大臣"张勋的手下做那"南洋大臣兼两江总督"的。因此,冯的这种态度上的突变,应该说,是由他当选为副总统以后开始的。

六、中南海总统姓冯

在短暂的张勋复辟这一闹剧以后不久,由于黎元洪已被迫逃离了总统府,冯国璋就于1917年(民国6年)7月在南京发出了虞电,宣布代行大总统的职权。同时,北方的政局也因此而逐渐地稳定下来。接着,靳云鹏奉总理段祺瑞的命令来到南京,迎接冯代总统北上就职。

对于北上这样一个重大问题,冯左右的一些人意见不同,大致可以分为两派:一派是赞成冯北上就职;另一派是不赞成冯北上就职。赞成的一派当中,又有着两种说法:一种是广义的说法,那就是,黎既不肯复职,如果冯长期地在南京代行下去,不但影响着国际上的观感,而且也妨碍着政令上的推行,就以代理大总统的责任来说,也是说不过去的;另外一种是狭义的说法,那就是:"我们好不容易盼得有这么一天,现在我们要捧着老头去当大总统了,这个机会,怎么可以错过那!"因此,以张调辰为首的冯的一些人是极力怂恿冯北上就职的。至于持有相反意见的那一派,便是以师景云和恽宝惠为首的一些人了,恽宝惠曾在冯的面前,说过下面的一些话:"做总统,要像袁大总统那样,才能做得好。像那黎大总统,由于他手里没有实权,所以就让人给端下来了。古人说得好,'猛虎在山,藜藿不采',不要看总统(指冯)在这儿威震八方,可是,一到了北京,人家处处拿法律限制你,就什么事也办不通啦!所以,最好是总统还依然留在南京,由总理在北京处理政务,那么,可进可退,也就可以永远立于不败之地。"就这样,赞成的和不赞成的这两派人便经常地在冯的面前发表着各自的见解,这就很自然地使得冯本人对于这个问题的态度,在靳云鹏刚刚到来的时刻里,还是表现得摇摆不定。虽是这样,冯还是在西花园里好好招待着靳云鹏,也还经常踱到那里与靳周旋。

冯最后还是心动了,决定"择日北上就职"。在他作出了这个决定以后,便和靳商量起他北上的先决条件来。冯当时向段所提出的条件一共有三个:一个是,国务院秘书长的人选,除了徐树铮以外,任何人都可以同意;另一个是,冯的江苏督军的遗缺,由江西督军李纯调任,李的遗缺由陈光远继任;最后一个是,任命张调辰为崇文门监督,张季熠为两淮盐运使。这些个条件,段在回电里都一一承认了。紧接着,李纯所派的代表——齐燮元就到了南京。齐这次来的任务,一方面是接受李调任的命令,另一方面还商定了冯所用的江苏督署的原有人员,李调任以后,一概不动。但是,实际的情况却是,除了参谋长师景云还帮了李纯一段时期以外,其他和冯有关的一些高级职员,都在冯离开了南京以后,陆续地前往北京去了。

冯国璋于1917年7月底坐着专车离开南京，前往北京。他当时的随行人员，除了卫队以外，只有秘书长恽宝惠和秘书刘宗夔等不多的一些人。这个专车的规模，甚为可观，它有两个机车在前后牵引着，并且还由津浦铁路局的机务处长蔡国器亲自在机车上指挥行驶，它平稳地把冯代总统这些人安全地送到了北京。

冯到了北京，就和手下径直来到了总统府。他在中南海内所选定的办公地点是春耦斋的东间。原来袁世凯的办公地点是在居仁堂的东间。等到黎元洪继任以后，由于他认为那间屋子对总统不利，所以就改在了居仁堂的西间。这次冯来代任，又由于同样的原因，就舍掉了居仁堂而选定了春耦斋。从此，总统府和国务院这两个最高行政机构，就在冯、段两人的直接领导下开始运行。

冯、段是北洋兄弟，两人之间这时居然也出现了政争，这是一般人所意料不到的。当时，那些和"北洋"有关的人都认为：冯、段不但是结义兄弟（他们和王士珍是在"天津武备学堂"时期结成了义兄弟的），并且同学同事了很长时期，最后又同时成为北洋派的两个支柱。因此，他们现在既然有机会能在北京的政治舞台上重聚一堂，那么为了"北洋"的大局，似乎黎、段之间的府院之争，在冯、段这两人的身上不至于再重演。可是，就在冯代理大总统以后不久，便爆发了第二次的府院之争。并且这一次的政争，还几乎贯穿在冯的整个在职期间。

当时的国务院秘书长张志潭一定要在每天的下午4时到总统府来盖印。他来了以后，还一定要先到总统府秘书长那里把那些由总理和有关总长已经副署好了的命令拿给总统府秘书长看，然后再由府秘书长陪着他一同到春耦斋请总统盖印。

自从冯、段失和以后，段就很少再到总统府来见冯，在沟通府院意见的很多问题上，就要靠张志潭在这盖印的时候传达解决。

由于冯、段之间的意见分歧而引起的第二次府院之争，主要原因在于冯是主张和平统一，段是主张武力统一的。可是，段的武力统一政策，却由于傅良佐仓皇地逃离了省会长沙而受到了挫折。这就引起了对傅良佐的惩办问题：冯是主张从严惩办的，可是段却不同意这么做。因此，有一天，张志潭就在盖印的时候，转述段的意思说，段由于用人不当，准备"引咎辞职"。奇怪的是，冯听了以后，只是简简单单地回答了一个"噢"字，却没有丝毫慰留的表示。更加奇怪的是，又过了三五天，张又来盖印了，冯竟然问出了这么一句："总理还不辞职吗？"恽宝惠当时坐在一旁，一方面觉察到冯的这一问实在有些冒昧，另一方面也感觉到张对这一问也实在难于作答。不料，张却神情严肃地回答着说："辞呈就上来！"段在这时是否真的已经写好了辞呈，还是张由于自己处在了那样的境地里，不能不来了个临机应变，不得而知。这样，由于段的辞职，冯、段之间的第二次府院之争算是暂时告一段落。

平心而论，冯的那一问是有些冒昧的，因为段是一个"责任内阁"的总理，在冯还没有找到继任的人选以前，怎么能够先让这个负着全责的总理就递辞呈呢！但是，他既已准许段先行辞职，就不得不赶忙地做着下一步的工作——找一个继任者。于是，冯国璋坐着汽车亲自出马到史家胡同拜访了陆征祥，当面要求陆出来组阁，但是这个要求被陆拒绝了。接着，冯又请熊希龄和王士珍一同到府里来商谈组阁的问题。最后，冯单独地把王士珍又请到府里来，这次商定了由王以陆军总长的名义兼署国务总理。

就在冯、王商定了由王兼署国务总理的同时，还决定了把恽宝惠调去王士珍内阁任国务院秘书长。这先是由王士珍在春耦斋出来以后，特地去告诉恽宝惠的。接着，冯便派了一个内尉出来传话，把恽宝惠也叫到了春耦斋。冯一见恽的面，就对他说："老聘已经答应了，他和我说，要你去当国务院的秘书长。我想，这样做对于府院双方都有利，你就去帮帮他吧。"事实上也确实是这样，从这以后，府院之间没有发生过任何摩擦，同时，反映着冯的和平统一意志的，也是段内阁所不能接受的"特任谭延闿为湖南省长"的命令，便在恽宝惠第一次单独地去到春耦斋盖印时，看到冯带着满意的神情看过了这道命令以后，很快地也就发表了。

此后，冯就在没有内阁方面阻力的情况下，为了和平统一政策的实现，更加频繁地和西南方面进行联系。

不料，正当冯国璋推行着他的和平统一政策时，拥护段的武力统一政策的一些主战派的督军和督军代表们却在天津召开了会议。会议决定：分兵两路，进攻湖南。此后不久，南军为了先发制人，进军攻占了岳州。在这南北战争就要全面爆发的前后，又传来一个惊人的消息：徐树铮正在和奉天的张作霖互相勾结，准备进兵北京，发动政变，这就不但破坏了冯一向所坚持的政策，也威胁了冯的安全。

不久，徐树铮勾结张作霖所搞的截械事件终于爆发了，它的主要目的是为了倒王倒冯，以后，有人曾看到徐树铮生前手拟的密电稿的抄本，徐树铮自己说的也证实了这点。当时，张作霖的部分奉军，也在徐树铮的指挥下陆续开进了关内，并且有一支队伍还径直地开到了京津路线上的廊坊，这就直接地损害了总统和总理的威信，也威胁到他们个人的安全。王向来是一个怕事的人，看到了主战派的人们竟然摆出了这样的阵势，便让人替他拟了一个请假的呈文，他本人连忙躲到天津去了。冯看了呈文以后，并没有因为这一突发事件而显露出诧异的神色，只是很自如地在那呈文上面批了几个字，意思是，请假照准，由内务总长钱能训暂行兼代。就这样，奉行武力统一政策的段祺瑞到底在王士珍先是请假、接着就正式辞职的情况下，又被冯请回来复职了。

冯在当时已经屈服于主战派的人们的压力之下，可是，他毕竟还是一个代理大总统，毕竟还不是一个盖印机器，所以，有的时候，他在忍无可忍的情况下，总还不免要发作起来。在段这次复职以后，他所请任命的院秘书长，仍然是以前的张志潭，恽宝惠仍然回到了他的总统府秘书厅的原职。但张志潭到职只有三天，就被徐树铮勒令辞职了。段这时也就只好迁就着既成事实，用了国务院的院令让法制局长方枢兼代着院秘书长的职务。

冯在卸任以前，曾经公开宣布过：他不准备参加下一届大总统的竞选活动。同时，在那被誉为"空前绝后"的场合当中，冯又表现得那么雍容大度。看来，他是自甘退让的了。有一天，张调辰出乎意外地由南京跑来找时任黎元洪总统府秘书的恽宝惠，说是奉着老头（指冯国璋）的命令，让他到北京来联络参、众两院的议员。据说，他已经拜了几天客了。他还对恽宝惠说，准备替老头请客，地点已经定在报子街的同和堂饭庄，等确定好了日子，要恽和他一起代做主人。就这样，恽宝惠就接连不断地代冯请了几天客，也吃了

冯国璋

几天丰盛的鱼翅席。根据恽的回忆，国民党人王葆真、张继等人，便是由这次同席才开始认识的。

冯并没有真的放弃竞选活动，例如：当钱能训兼代着国务总理的时候，冯就曾应钱的要求，由恽宝惠经手带给钱中交票5万元的存折，作为竞选活动的费用。但是，由于徐树铮所一贯进行的倒冯活动等原因，恽宝惠在这次活动中失败了。由于恽的失败，也使冯的竞选活动在资金方面受到了一定的限制，冯对这是极其不满的。所以说，冯对于当时的政治舞台，是流连的，只是由于当时的形势所致，使他不能不做出"揖让一堂"的那幕表演。可是，就在那幕剧目表演完了，当新任大总统徐世昌吩咐着仍旧用总统专用的汽车把冯送回到他的帽儿胡同私宅以后，冯还是和随同他一起的幕僚们——张联棻、师景云等人说了下面的几句真心话："这一回，咱们是栽给芝泉了！歇两天！将来再看咱们的！"可惜的是，在他卸任了刚过一年就因病死去了。否则，以他那"不甘寂寞"的心情，说不定还会大显身手地和段再度演出一幕府院之争哩。

七、卸职后死于风寒

冯国璋在交卸了代理大总统的职务以后，又在北京住了不多的时间，便带着全家眷属转回河间原籍去了。直到第二年(1919年，民国八年)冯又由原籍回到了北京。

这期间冯得了肺病，他的左肺几乎完全坏死。据冯的家人介绍说，冯国璋得病的起因是这样的，由于他生前曾向禁卫军全体官兵有过这样的诺言：他永远不和他们脱离关系。因此，当禁卫军改编为陆军第十六师以后，这个师仍然派出一营队伍作为他的卫队。这种情况，在他驻在南京的时期，是始终没有变更的。尽管他后来到了北京，做了代理大总统，那总统府的守卫工作，改由陆军第十五、十六两师来轮番担任。可是，第十六师的官兵仍然没有和他脱离关系，却是事实。就是后来他交卸了代理大总统的职务，这个师也还派出了一连队伍去守卫他的帽儿胡同的私宅，就是当他转回河间原籍的时候，这一连人也还是跟着下去的。可是就在他这次回到了北京以后，这个师的师长王廷桢却奉行着陆军部的命令把这一连人调回，另由北京的步军统领衙门改派了一部分游缉队来担任守卫工作。冯认为，自己下台刚刚不过一年，陆军部竟作出这样的决定，这不但对于自己的面子过不去，同时，也使得自己违背了对禁卫军官兵所做的诺言，特别是师长王廷桢是他多年的旧属，虽然陆军部有了这样的命令，王也不应该就遵从着这么做，因此，冯感到非常气愤。另外，他又在当时比较冷的天气里，在家里洗了一个澡，这就引起了急性肺炎的大发作。就这样，病了不多的几天，冯国璋就在1919年农历十一月初八日的2时死去了。

冯国璋病死以后，他的家属立刻就发表了一个遗嘱式的《希望早日实现和平统一》的宣言，据说，这是经冯国璋口述、由以前的总统府秘书长张一麟代为执笔的。这虽然是冯的一贯主张，但是，在他死前的几天里，由于他的急性肺炎闹得越来越严重，最后甚至连呼吸都感觉困难，又在什么时候说出了那么多话呢？

此后不久，在冯的长子冯家遂的请求下，组织了一个以王士珍为首的分配家产委员会。冯的遗产，在这个委员会的主持下，分配完了，他的家属当时也没有发生任何争执。根据当时的统计，冯国璋的遗产，除了他生前所赠与各房（包括各个姨太太和各个子女）的财务不予计算外，所有动产和不动产，约计总值共合 300 万元左右。因此，有的人说，冯在临死的时候曾说过张调辰侵吞了他 300 万的话。这种说法，是值得怀疑的。冯的私人财产向来是交由张一手管理的，那么，在张多年来的管理过程中，或多或少地曾经出现过侵吞的情况，这在当时的社会环境里也是见怪不怪的事情。而且在冯死之后，他的家属也的确因为不动产的事和张发生纠葛，但是，说张侵吞了 300 万元，却是不公正的。

冯国璋死了以后，他的家属给他备好了两口棺材，一口葬入了他自己家里的祖坟，另外一口葬入了由当时"北洋政府"拨款修建的"冯公林"（这是仿照着袁世凯的墓地叫作"袁公林"的名称而那么命名的）。由于冯的原配吴夫人早在几年以前已经死去，并且也已经安葬在冯的祖坟里。这时，冯既又死去，那么，吴夫人所生的几个子女就很自然地希望他们的父母能够合葬在一起。可是，当时的"北洋政府"却在冯的原籍修建了一座"冯公林"。这几个子女就考虑到如果他们的父亲奉令"国葬"，那就势必不能再和他们的母亲"并骨"了。因此，就想出了一个奇特的办法：备办了两口棺材，一口里装的是冯的遗体，另外一口里却是空的（也可能装着有衣冠之类的东西）。出殡的时候，这两口棺材同时被抬出了帽儿胡同，也同时被运回了河间原籍。但是，在运到了河间以后，那装有冯的遗体的一口棺材，便抬到了他的祖坟和他的死去的夫人合葬。至于另外的那一口棺材，就抬向"冯公林"埋了。

冯国璋故居坐落在河北区民主道 50 ~ 54 号和海河东路花园巷

八、冯国璋工作作风

有的人说："冯从来就是一个懒看公事的人。"这种说法是不符合事实的，冯对于明码的或是密码的来往电报，一般是件件过目。特别是关涉到政治大事的一些电稿，更是字斟句酌，绝不马虎。

对于一般的文稿就有所不同了，例如：当冯在直隶都督任上的时候，他白天晚间都在忙于会客，这时，他没有时间看文稿。当然，有些特别紧要的文稿，还是由胡嗣瑗和恽宝惠趁着他会客的间隙随时拿上去请示他过目画行，只有等他晚间会完了客，这才由主管给他送稿的一位王芷瓶秘书把当天的文稿汇齐拿上去请他画行。他对于文稿，只是画而不是看。他的画行的办法是这样：当那王秘书把当天的一些文稿拿到他面前的时候，就由他所用的上差把这些文稿鱼鳞似地摆在了一张可以容纳 12 个人围坐的大餐桌上，这一件文稿和那一件文稿之间，仅仅留下了印有“都督冯”三个字的一行空隙。这时，冯便手里拿着墨笔，由上差捧着墨盒，挨次地从前到后地画上他那草书的符字。这样画来画去，不一刻也就画完了。但是，却从来没有看到过他翻看一下那文稿的事由，至于它的内容，就更不在话下了。有的人说冯懒看公事，大概就是指着上面的这种情况而言的吧！尽管如此，他却从来没有像段祺瑞那样，不但在公文上画行画阅的是徐树铮，就是动笔改稿的也是徐树铮。原因是，在冯的面前，从来没有一个像徐树铮那样能够左右他的意志的人。

冯在用人方面，是自有主见的。冯在军事方面用人，无论是在地域上，或是在学历上，都有着他自己的标准，一般要出身于保定陆军军官学堂（陆军大学的前身），而籍贯又是属于直、鲁两省的，才能在他的身旁工作，同时，也才能得到他的信任。例如：他前后所用的一些军事幕僚，像张联棼、师景云、熊炳琦、陈调元等等，便都合乎他所要求的这个标准。同时，还有一个奇特的现象，冯国璋对于出身于日本士官学校的人，却大多抱着轻视的态度。例如：和他在前清练兵处、军咨处同过事的良弼、哈汉章、卢静远等人，都是日本士官学校第一、二期的学生，在当时，也都已经是“初露头角”的所谓军事人才，可是，冯却特别看不起他们。有一次，冯在和心腹谈到这些人的时候，说过这样的话：“他们连个曹长（日文名称，相当于连司务长职务）都不够，还骄傲什么！”也就由于冯对于日本“士官生”的一贯的看法，所以，他在宣统三年（1911）就任第一军军统后所做的第一件大事，便是把第四镇统制王遇甲调到军司令部去当参议，而让第八协协统陈光远升任了这个镇的统制。可是，冯之所以把王调走，还不仅仅因为王是“士官生”的关系，更重要的是，王不但是一个南方人，而且还是一个湖北人，这是不合乎冯的地域上的标准的，更何况当时正在武汉三镇作战，又怎么能保得住王不和革命军方面有所联系呢！那么，在冯身旁的军事幕僚当中，有没有超乎他这个标准的例外呢？只有一个，那便是一向做着他的参谋的刘宗纪。刘虽是一个“士官生”，却是冯自己的外甥，那自然是“另当别论”了。

冯在待人方面，外界感觉是属于宽厚一路的。所有在冯身旁工作的一些人，几乎从来没有由于冯个人这一方面的原因，或是讽示某些个别的人中途辞职，或是直接就把他们撤换掉。因此，冯对于这些人，可以说，都是能够“善全始终”的。“总督少爷”刘体乾，还有王克敏的胞兄秘书王克诚——他们同是咨议厅的，冯就不止一次地在恽宝惠面前说他们“真不行”，可是，也是一直等到他们自请辞职，方算了事。

只有他对待复辟派的胡嗣瑗的这件事，似乎是冯在利用胡嗣瑗，也就是说，在他准备利用胡的时候，就尽量拉拢胡，引为同调；一旦事过境迁，认为胡已经没有利用价值了，就把胡一脚踢开，再不和胡见面。

至于冯国璋对于他所用的比较得力的少数心腹之人，那更是相当优厚了。例如：师景云和恽宝惠就都曾得过冯私人的巨额馈赠，师得到大洋 8000 元，恽宝惠得到中交票 1.5 万元（合大洋 8000 余元）。冯国璋给恽宝惠馈赠的事件中，还包含着另外一个隐秘的过程，便是冯拿出了一笔钱交给钱能训作为竞选费用的那次事件了。

那时王士珍请假去津，由钱能训兼代着总理。有一天，恽宝惠因为一件公事到了钱能训的家里。谈完了公务以后，钱能训忽然低声地对恽宝惠说，要恽在冯的面前给提一下，说是将来选举总统时，他可以帮助。这是因为钱在这时正和一些议员们组织了一个“己未俱乐部”，钱正是这个俱乐部的首脑。当时，他之所以说出可以帮助竞选的话，意思就为的是要钱。随着，恽宝惠便把钱的这番“好意”转达给了冯国璋。冯听了之后，一面从他的办公桌拿出来了一个银号存折递给了恽，一面就对恽说：“干臣（钱能训字干臣）既然有这番意思，你就拿这个给他吧！”恽宝惠接过一看，原来是冯自己所经营的银号——华通银号的存折，存款是不兑现的京字中交票5万元。当时印有京字的中国和交通量银行的钞票是不能按照票面在市面上行使的，它们的兑换率是原票面的5.5折，因此，这个存折实际上只存有大洋27500元。恽宝惠看了一看，觉得这个数字实在太少了，所以就问了一句：“这一点款子能够做什么用呢？”冯回答说：“干臣既然张了嘴，我不能不应酬他一下”。过了些时，钱便把那个存折仍然还给了恽宝惠，让他转交。等恽宝惠把那存额只剩有1.5万余元的存折交还给冯的时候，冯翻开存折，看了一下，接着仍旧递还给了恽，对他说：“听说你们老太爷正在病着，处处都要钱，你也跟了我这么多年了，你就把这个拿了去吧。当初，我因为师景云有他们老太太在堂，曾经给过他8000块钱让他侍奉老亲。这里剩的钱虽然不多，你可以拿这个给你们老太爷治治病，另外也置一点产业吧！”恽宝惠谢了一声，就拿了回去。冯是一个把钱看得很重的人，他竟然肯于先后拿出这样的款数来给恽宝惠和师景云，在他们说来，真算得是恩重如山了。

关于冯的生活作风，据他的心腹恽宝惠先生后来回忆说，有一次（大约是宣统三年，1911年），他到煤渣胡同他的住宅里去看冯，看到客厅里摆着两块用玻璃罩罩着的水晶图章，有一块的印文是：“平生志在温饱”。冯的平生志向真的是这样的么？从他一贯的生活作风看来，很显然，他所追求的，决非温饱而已，而是志在富贵。因为他出身于河间的农村，小时候很受过一些苦，后来，经过了多少年的挣扎，才慢慢地达到了贵显的地步，所以，他是一个把钱看得很重的人。由于把钱看得重，进而想把它聚得多，这便是他后来经营了多种多样商业的主要原因。另外，当他在外面已经贵显的时候，他的一些亲戚、同乡，就不断地从远道来投奔他，希望他给安排个差使。可是，他却不愿让这些人跟着他一起做官，所以也就有必要经营一些商业来安插这一些人。冯所经营的产业范围相当广泛，他在南京的时候，凡是军队上所需用的东西，像军米、服装、皮革等等，都由他自己所经营的商行来供应，是不需要外求的。后来，他还经营了像银号、当铺这一类的金融机构，地点也逐渐扩展到北京、天津、河间等地。他在天津的房产如今仍留存，近年被当地整修后作为历史建筑加以保护，著名相声演员冯巩是冯国璋的孙子，就出生和成长在天津，住在冯国璋的旧居里。

（本文参阅由恽霞表整理，原冯国璋的秘书长恽宝惠所写回忆录，谨表谢意）

直系军阀曹锟

一、卖布郎愤而从戎

曹锟字仲珊，1862年（同治元年）农历十月二十一日，出生于天津大沽一个贫穷造船工曹本生家里。曹锟的父亲曹本生，在大沽的一个船行当排工，成年累月给人家造木船，以维持这个10口人之家的生活。尽管曹家经济拮据，但曹本生性子憨直，为人要强，他宁愿自己勒着腰带，也要供孩子们识几个字。因此，曹锟兄弟几个，多在幼年读过几年私塾。

曹锟（1862—1938）直系军阀

曹锟16岁时，父亲让他学造木船，曹锟不肯，叫他学做农活，他也不依，曹本生只好让他去卖布。因家中贫穷，买不起一辆手推车，曹锟便把布匹搭在肩上四处叫卖。曹锟性情豪爽，爱交朋友，喜欢武术，好酒贪杯，喝醉了便席地而卧，有时街上一些顽童就趁机把他钱袋里的钱偷走。当曹锟酒醒后发现钱没有了，只是一笑了之，从不追问。所以大沽一带的人们给他起了个“曹三傻子”的绰号。

父母见曹锟不成器，便在他17岁那年托人说媒，将西大沽一家姓郑的姑娘娶过来。郑氏长于曹锟两岁，相貌平平，但为人通情达理，过门后上敬公婆，下疼小叔小姑，对曹锟更是十分体贴，小两口和和睦睦，很少口角。

一日，曹锟贩布到保定城门，被两个守城的士兵拦住，不但没让进城，反而被他们谩骂嘲笑一番。曹锟无端受辱，窝了一肚子火儿。他想起自己寒来暑去，历尽艰辛，也未能改变自己吃苦受累的命运，于是他暗下决心，立志从戎。

1882年，20岁的曹锟应募入伍，开始了他的军事生涯。曹锟丢了推车卖布的小买卖后，先是在天津武备学堂学习，毕业后做了毅军的一名哨官，1894年还曾随部赴朝鲜作战。翌年，赴小站投袁世凯的新建陆军，为右翼步队第一营帮带。他既无背景，又老实巴交，时常受人欺负。但他的一大特点，憨厚，喜怒不形于色，好处都让给别人，自己则吃苦耐劳，千依百顺，不管心中怎么想，面上从无怨言。久而久之，相对于周围那些浑身毛病的兵哥来说，竟颇有些出淤泥而不染的妩媚，于是渐渐地也就闻达于上司，甚至袁世凯都知道了有这么一个与众不同的人物。

曹锟听说袁世凯的叔祖父袁甲三有个拜把子兄弟叫曹克忠，在当地很有权势，人称“大帅”，

曹锟常去的天津独乐寺

于是备下厚礼前去拜谒。常言道："礼多人不怪。"这曹克忠也是天津人，曾任广东水师提督，一看来了个姓曹的小老乡，很是开心。接着一查族谱，发现曹锟竟是自己的孙辈，自然更加高兴，便正式认曹锟为族孙，并派自己的姨太太去袁世凯那儿为他通融，自此打开了曹锟扶摇直上的康庄大道，由帮带而帮统，由帮统而统领，由统领而统制。

曹锟曾到朝鲜参加中日战争，后被送天津北洋武备学堂学习，成为袁世凯小站练兵的骨干，此后，日益得到袁的器重，1907年被袁世凯任命为北洋军第三镇统制官。民国成立后，曹任陆军第三师师长，曾于护国战争时率军南下四川，与护国军作战。

袁世凯死后，北洋军分列为直皖两系，曹在两系暗斗中，脚踩两只船。在冯国璋死后，曹成为直系首领，相继取得了直皖战争、第一次直奉战争的胜利，成为主宰中央大权的实力派人物。

二、驻保定大逞其威

自1916年9月曹锟任直隶督军，到1923年10月他贿选中华民国总统期间，曹主要驻在保定，保定成了直系军阀的大本营。直皖之战、第一次直奉战争及许多重大政治事件，都是在保定谋划决策的。现择其在保定的一些所作所为，从侧面反映曹的面貌。

镇压爱国学生的进步活动——

曹锟驻保期间，禁止学生们阅读进步书籍，反对学生的爱国运动。1919年5月4日北京爆发了轰轰烈烈的反帝爱国运动，消息当天傍晚就传到了保定。一些进步的爱国学生争相传告，愤怒谴责北洋政府丧权辱国的卖国行径，谴责帝国主义列强瓜分中国，强烈要求中国政府拒绝在巴黎和约上签字。保定高等师范、政法学校、农业专科、第二师范、私立育德中学的学生们纷纷罢课，到直隶督军署门前游行示威，散发传单，张贴标语。面对学生的爱国运动，曹锟躲在督署府里十分害怕。5月7日，直隶省教育厅派督察员王琛来保定会晤曹锟。曹锟下令禁止学生集会游行，阻止学生罢课，并派出大批军警监视各校学生的活动。

1922年，在广州召开了第一次社会主义青年团全国代表大会，育德中学学生王锡疆等人代表保定团组织出席了会议。回保定后，王锡疆主持保定市社会主义青年团的工作，同年，王锡疆在给第六中学学生杨景山的信中邮寄了《社会问题研究会章程》，被军阀当局查获。因其中涉及"布尔塞维"等内容，曹锟便下令通缉逮捕王锡疆。王在校长郝仲青帮助下，脱身到北京，后与邓中夏一起从事革命工作，并由邓中夏介绍加入中国共产党，成为保定的第一个共产党员。

1923年5月康有为从洛阳到易州谒清西陵，顺路到保定。曹锟在保定光园为其接风洗尘。康有为特为在建的曹锟花园提名"老农别墅"。康有为还在河北大学发表演说，进行反对新文化的宣传，深得曹锟欢心。一天，曹在与康有为的谈话中讲到王森然在第二女师学校增设白话文课程，宣传新文学时，康有为十分气恼。他对曹锟说："他本来是个小桐城，我知道他是桐城派倒戈的，不能让他在保定呆下去。"恰值保定召开直奉战争直军全体阵亡将士追悼大会，王森然写了两篇痛斥曹锟的文章，在保定各界产生了很大影响，使曹锟十分愤恨。他以防"赤化"为名，于5月18日晚派人去学校抓王森然。王事先听到风声，当夜化装逃到北京，在李大钊、林语堂、胡适等几位教授的掩护下，才躲过了通缉。

大兴土木修建大本营——

曹锟驻保定后，就开始着手修建大本营。他先在保定东郊征购土地，修建飞机场，拆通西关新开路，拓宽南大街，又将原清代直隶按察使司衙署改建为宾馆。因他仰慕明朝蓟辽总督戚继光的英名，所以把宾馆命名为"光园"。曹锟平日在原直隶总督署办公，下榻在光园。

曹锟爱看戏，他将关帝庙改建为戏园，人称"曹锟戏园"。他常常邀请当时戏剧界名角来保定演出。张勋复辟失败后，曹锟兼署直隶省长。曹锟在此春风得意之时，特邀京剧名角梅兰芳来保定演出，并亲自率领亲信坐马车到保定城北迎接。不料，梅兰芳是乘私人汽车来的。汽车在当时很少见，一般的达官贵人有汽车的也不多。曹锟见梅有自己的汽车很是羡慕，心想我一个堂堂的直隶省长竟不如一个唱戏的排场，真是枉为人生。梅下车后，改乘曹的马车进城。曹锟对梅热情备至，并邀请梅同住光园。不久，曹锟便派人买来4辆汽车。自此，保定街头出现了汽车。

1921年，曹锟欲将大清河两岸600余亩地兴建为规模宏大的花园。刚刚经受了大旱之苦的保定劳动人民，听说曹要建花园，扶老携幼前来参加修建，为的是讨口饭吃。1923年秋季，花园终于建成了，里面有楼台轩馆，水榭曲廊，花径亭石，苍松翠竹，汇集了南北园林之精华。曹十分喜爱这个花园，几乎每天早上都到此散步打拳，同时，也允许普通老百姓进园游览。可能是因为曹锟前半生无儿的缘故，他十分喜欢男孩子，曾在园中游玩时认过五六个干儿子，有的干儿子还依仗着曹的势力发了迹。

六十寿庆排场空前——

1922年农历十月二十一日，是曹锟的60大寿。此时，直系在直奉战争后，控制了北京政权，北方俨然是直系天下。作为直系首领的曹锟踌躇满志，决定大庆60大寿，借以扩大自己的政治影响。

保定曹锟故居光园

在曹的生日这天，光园内外张灯结彩，门前车水马龙，各省军政要员纷纷奉承巴结，大送寿礼。吴佩孚从湖南赶到保定，做总招待员。曹锟见吴佩孚如此恭顺，十分高兴。他对幕僚们说："子玉(吴佩孚字)生性古怪，却独能推崇老夫，这也算是前生的缘分咧！"众人听了争着奉承说："吴帅无论怎样威望，怎比得上老帅勋高望重，震古铄今？此中不但有缘，也是老帅德业所感召啊！"曹听了十分开心。

为了助兴，曹锟还特地以重金请来梅兰芳、余叔岩、杨小楼、程砚秋、尚小云、白牡丹、小翠花等戏剧界名流来保定参加堂会。演戏7天，犒赏达30万元。

曹锟过生日如此铺张奢侈，挥金如土，但对军队却常拖欠军饷，以致引起兵变。保定东门外驻有一个炮队，曹锟每星期都要检阅一次。一次，炮队因欠发军饷发生哗变，驾起大炮向市内督军署方向开炮。曹锟即派人前去抓捕肇事者，并斩其首级，悬挂在城门楼上示众。

三、买选票贿选总统

曹锟在历史上最出名的一点，就是他贿选总统。一个曾经叱咤风云的人物，最终却被定格在了耻辱点上，十分有趣。这次贿选在历史上也是一出有趣的喜剧或闹剧，把貌似庄严的政治大大调侃了一番。曹锟本是个戏迷，喜欢点戏、看戏、捧戏子，不想自己却主演了这出历史喜剧。

1923年，政治野心急剧膨胀的曹锟不顾自己依赖的直系支柱吴佩孚的反对，策划了贿选总统的丑剧。他以每张选票5000元的价格，收买了许多无耻议员，于1923年10月，坐上了中华民国大总统的宝座，成为备受国人唾骂的"贿选总统"。

国会和议员是总统选举的机器，因此在总统选举前，议员便奇货可居，自高身价。议员本该是一国中德才兼备之士，但经过此次选举，在道德上已被完全击溃。自民初以来，民主数遭摧残，国会历经丧乱，议员大多穷困潦倒，且出于对时局的失望，早已时荒志废，自暴自弃，与民国初年早已大为不同。此时曹锟使的手段，却正是棉花蘸糖，温柔甜腻，恰好击中了他们的软肋。人常说"好汉吃软不吃硬"，所以当时从外地返京参会的议员络绎不绝，大多数议员抱定了一拿钱便走人的心理，所以贿选才得以有惊无险地大功告成。议员们只想占这个现成便宜，而不愿承担任何责任，由此也导致议会政治在中国前途渺茫了。

拥曹派为了要完成选举曹锟为大总统，自然需要拉拢国会，于是众议院议长吴景濂就成为当时的关键人物。吴景濂有他个人的打算，他有意包办大选，同时争取在曹锟政府中任国务总理;退一步说,做不到国务总理,曹锟也会给予相当的酬报。不过拥曹派认为吴有借机勒索的企图,所提条件是漫天喊价,难于答应,可是又不能完全置之不理,因为在大选工作上非依赖吴不可。

在大选问题短兵相接时,有许多议员丑态毕露。自从所谓议员任期延长后,加上大选又逼于眉睫,因此个个兴高采烈,眉飞色舞。而当时所注意和关心的问题就集中于选票的票价。和票价有连带关系的是付款的办法,因为卖票的怕投了票拿不到钱,买票的则怕付了钱议员们不投曹锟的票;而票价的多寡也因人因事而异,同样是一个议员,同样是一张票,可是喊价不同,卖价不同,成交也不同。至于付款是现款抑支票,支票是即期还是远期,出票人是谁,银行是哪一家,都是争论的问题。

1919年9月12日第一次选举会召开,由于人数不足而流产。因此为曹锟选举服务的津派、保派和国会中的大选派都慌了手脚,忙做一团,不知如何是好。9月13日晚在小麻线胡同一所讲究的住宅中,大选派议员召开了紧急会议,讨论如何促成大选问题,当时商订了几个办法:

(一)遣人分头疏通议员,由常会再定选举日期;

(二)电请各省督长,推定各该省国会议员一二人为代表,负责拉拢各该省代表出席;

(三)决定出席才发给出席费;

(四)津保两派所分别接洽的各政团,应采取刚柔相济的手腕;

(五)分派代表秘密南下,运动反直派中坚人物,予以特别待遇之条件,除了金钱上的承诺外,还答应政治上的优缺;

(六)如果以上各点进行无效,则准备出最后一途,修改《大总统选举法》。

同时,津派、保派还在甘石桥114号俱乐部举行秘密会议,讨论投票议员付给票价方法。大多数主张在出席大选会的上午付款,议员收到票款后即聚集在一处,午后同乘汽车直接赴国会投票。

1923年10月5日,由于国会议员们刻意拖沓,原定于上午10点召开的总统选举会延至12点左右才得开始。签到参议员152人,众议员441人,共593人,实际出席者585人,刚刚达到法定出席人数(583人)。当时参议院院长王家襄刚刚辞职,故由众议院院长吴景濂主持大会,并公推16人为检票员,从下午2时开始投票,至4时完毕。随即当众点票,结果总投票数为590张,曹锟得480票,第二名孙文33票,之下有唐继尧20票,岑春煊8票,段祺瑞7票,吴佩孚5票,王家襄、陈炯明、陆荣廷各2票,吴景濂、陈三立、张绍曾、张作霖、陈遐龄、唐绍仪、汪兆铭、王士珍、谷钟秀、谭延闿、卢永祥、李烈钧、高锡、符鼐升、姚桐豫、胡景翼、欧阳武、严修各1票,另有废票12张,含孙美瑶1票,"五千元"1票,"三立斋"3票。这28人中,

曹锟迎接获释代表的汽车队

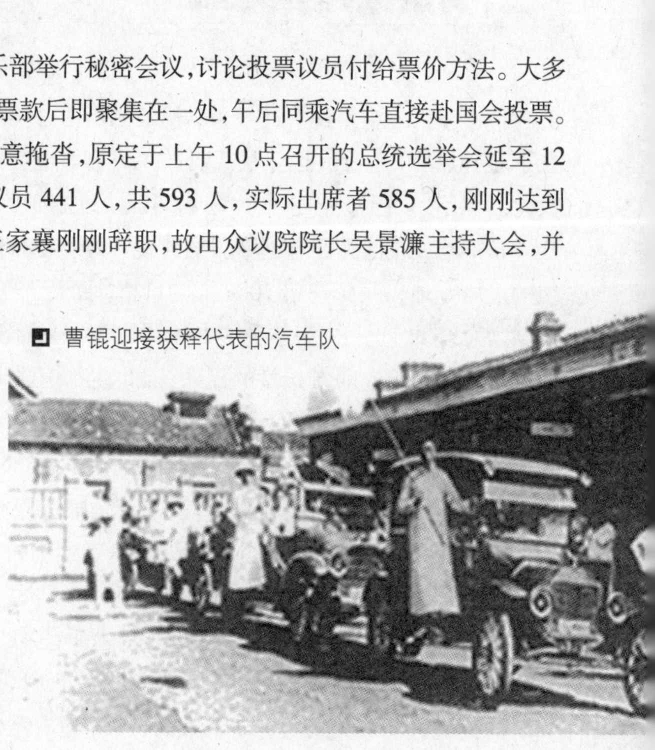

陈三立、严修是名流，孙美瑶是大盗，高锡、符鼐升是地方民意代表，此外22人皆是举国知名的政治实力派。论军政才华，比曹锟适合做总统者不下一打；就算军事实力暂时不如曹锟，但得票差距也决不会如此悬殊。因此，无论有无贿选，这都是不折不扣的舞弊选举。

历史无法掩盖，后来揭露的幕后的真相是：共有480名参会议员收受了曹锟的贿赂，原则为每人5000元，但实际上根据人物地位或作用的不同，高的可达到1万元，低的还不足2000元，都在10月1日以支票形式发出。整个贿选共花费1356万元，包括给各政党的补助费3242万元、特别票价141万元、普通票价3045万元、宪法会议出席费572万元、常会出席费20余万元、特别酬劳费324万元、"冰敬"、"炭敬"及伕马费190余万元、招待所临时费120余万元，秘密费70余万元。

1923年10月6日的《北京报》对此有详细报导：

> 谚云"有钱能使鬼推磨"，矧在见金，夫不有躬之议员，派人南下拉人，又加以苏督之协助，当然议员多有北上者。票价名为5000元，然实为起码数，有8000者，有1万者，所签支票，自邵瑞彭举发之大有银行以外，有盐业、有劝业，并闻有特别者则为汇业麦加利之支票。所签之字，洁记(边洁卿)以外，尚有兰记(王兰亭)、秋记(吴秋舫)、效记(王效伯)等。本月二三两日，颇有议员持票至银行对照者，然自邵瑞彭举发，而三四两日之夜，甘石桥(贿选的总办事处)大着忙，将前发支票收回，另换其他式样之票，以不示人不漏泄为条件，且闻已书明日期。
>
> 至于昨日上午，直派议员四出拉人，亦有付现者，又有5000元以外增价者，并闻对于前拆台而昨出席之议员，许以投票自由，票价照付。而两院员役，由秘书长以至打扫夫，各另给薪工两月，由吴景濂发出，共8万元，以为犒赏，此贿选之大概情形也。

曹锟出身小商人，发迹之后尤重敛财。据1926年10月10日成都《民视日报五周年汇刊》登载，曹锟家产为5000万元，列北洋军政人物之首。但此次贿选，却并非出自他的私囊。直隶省长王承斌为筹集大选用款，逮捕了一批制毒贩毒的奸商，勒令他们以钱赎身，得款数百万，又向直隶170个县强迫性借款共数百万元。此外，各省督军、省长多有"报效"，数目最多的为山西督军阎锡山、湖北督军萧耀南、江苏督军齐燮元，每人50万元。

贿选过程十分热闹，花边新闻层出不穷，据史书所载和当时见证者记述，曾有诸多贿选趣事——

密布军警。1923年10月5日清早，国会街一带就出现了很多荷枪实弹的军警，城墙上则有许多瞭望兵，另外还有五六百名便衣游弋于群众当中，负责警务的官员如王怀庆、聂宪藩、薛之珩、车庆云等都亲自在现场指挥，严阵以待。其目的之一在于监视群众，一在防止议员偷偷离京。东西车站及各紧要通道，都布置有军警防阻议员出逃。遇到有议员出逃的情况，便衣都是一把揪住，大声诬赖其逃债，接着军警就会过来干涉，声称带回去盘问，事实上则是带回会场。

凑足人数。大选时间虽定在上午10点，实际上到下午1点20分前，尚未凑足法定人数，于是曹锟选举班子甘石桥俱乐部向一些议员秘密承诺：只须列席会议，哪怕不选曹锟都可领取5000元。这一招果然奏效，到午后，就有袁振黄等十余议员乘汽车赶到，准备干净利索地投票——拿钱——走人。但即便如此，最后仍缺数人，俱乐部便到医院把一些卧病在床的议员用软床抬来，如此才凑足法定人数。

亲情攻势。对于出席会议却不愿贿选的议员，就派其家人朋友加以劝诱，结果议员由其妻妾或友人陪送来参会的有数十人之多。

权位贿赂。由于有的议员眼光长远，不愿为区区数千元卖身，甘石桥俱乐部乃以实授官职来代替金钱贿赂的，议员甚至有已受官职又反悔，于是回来受贿的。惟有蒙古议员多是王公贵族，蔑视金钱而重视官职，态度最为坚决。

折磨会监。根据选举法规定，总统选举必须有一定人数的旁听者充当会议监督。但选举当日对旁听者的控制特别严格，必须由其介绍人（议员）出面证明其身份，且被搜身后方可入门。在院子里临时搭盖的棚子里，大清早便有旁听者等候，总共大约100余，由于人多地窄，几无立足之地。到了午餐时间又没有饭吃，后来组织者还算"仁慈"，送来一批面包，没让他们饿晕倒。大选开票之前不许旁听，直到下午3时才得以入场，但大局早已定了，而会议监督们也早已筋疲力尽，哪里还有力气去行使监督权力？

冒牌议员。当天签到虽所近600人，但未必皆为正身。参众两院各有一蒙古议员被一真正蒙古议员指出是冒牌货，而山西、江西也各有一议员被指为滥竽充数。会场"签到处"的执事职员，都是先期派定的，其余人等不得靠近；其实"签到处"被许多支持曹锟的"大选派"议员环绕簇拥着，外人也难以靠近。刚刚散会，吴景濂马上命令将签到簿密封在柜内，严令管理人员不得泄漏。

检票可疑。按规定，检票员须从议员中抽签得出。但是，放有议员人名的签筒早已被吴景濂派专人监护起来，密藏于议场后的圆楼之内。大选当日由众议院秘书长郑林皋抽签，有16人簇拥在旁，他人不得上前。结果抽出者除参议院吕志伊、众议院李肇甫二人外，皆为"大选派"；而这二人偏又未来赴会，于是马上以"大选派"二人代之。另有废票12张，内容不得而知。

当然，曹锟并非真正掌控全局，天下人也不全是5000元能买得动的。大选当日，曹锟亲自临场督选，当他走到北京议员国民党员吕复席前时，发现他竟未选自己，不禁心痒难禁，竟然附耳轻语："如何不选曹某？"不料吕复天生有反骨，叉指怒喝道："你要能做总统，天下人都能做总统了。你要是当了总统，总统也就不是总统了。"说罢，随手操起桌上的砚台向曹锟掷去。曹锟亦曾公然对议员们说："谁又有名又有钱，谁就可以当总统。"某议员立刻提议道："大帅，梅兰芳既有名又有钱，我看可以当总统。"一座大笑。

另有浙江籍议员邵瑞彭（次公），在大选前即将所得之5000元支票摄影制版公布，并且向北京地方检察厅检举高凌霨、王毓芝、边守敬、吴景濂行贿，控告曹锟"骚扰京师，诩戴洪宪"、"遥制中枢、连结疆吏"、"不自敛抑，妄希尊位"、"勾通军警、驱逐元首"、"收买议员，破坏制宪"、"多方搜括、筹集选费"等诸项大罪。舆论一时大哗，社会各界纷纷抗议选举结果。

此外，直系的政治对手也纷纷拆台。如张作霖就勃然大怒道："妈拉巴子的，曹锟是三花脸，是小丑，我们东北人绝不捧他。"并宣称议员若能不接受曹锟的贿赂，就可以向自己领取相同数目，这叫"反贿选"。但由于"大选派"准备得当，布置周密，终能有惊无险地达到了目的。

曹锟贿选成功后，10月7日，国民党发表宣言，申讨曹锟。10月9日，孙在广州大本营主持会议，讨论讨曹事宜，并致电各国外交团，请否认曹锟为总统，以大元帅名义下令讨伐曹锟，通缉贿选议员，并电段祺瑞、张作霖、卢永祥一致行动。同时以大元帅名义对列强宣言，声明曹锟为僭窃叛逆，以中国全体人民视曹锟之选举为僭窃叛逆，请各令其驻京代表，避免任何行动可使僭窃者引为国际承认之借口。鉴于本次贿选，终有两会议员意志不坚定的缘故，而议员中又有不少国民党人，甚至如主持本次贿选的众议长吴景濂都是国民党人，因此，孙中山话虽说得慷慨，其实底气不足。倒是各省争相声讨本省的参选议员，严重的甚至开除其省籍，多少给了议员们一点“无颜见江东父老”的惩戒。

1919 年的“双十节”，吴景濂捧了新总统的当选证书，乘坐专列赶到保定迎接曹锟。当时保定全城庆祝，家家悬挂五色旗，欢呼声不绝于耳。吴景濂见到曹锟，照例说了“众望所归，人心所向”的鬼话，而曹锟也冠冕堂皇地说了感谢国民的厚爱、敬谢不敏云云的客套话，随后，曹锟踏上专列，驶向北京的宫殿，也驶向了他人生政治生涯的谢幕。

曹锟以贿选手段，使自己登上了梦寐以求的大总统“宝座”。就职后他发表文告云：

> “锟军人，于政治初无经验，今依全国人民付托之重，出而谋一国之福利，深思熟计，不胜兢惕！所私幸者，国家之成立，以法治为根基；总统之职务，以守法为要义。历任总统，皆系一时之彦，只以国家根本大法未立，无所依据，未克实施。锟就任之时，适在大法告成之际，此后庶政举措，一一皆有遵循，私心窃幸遭遇有过于前人也。……当此国事未宁，民生正困，财政竭蹶，军事未戢之时，瞻顾前途，诚不敢谓有必达之能力。然不畏艰难，出于素性，所以答我父老昆季者，惟此至诚而已。近年以来，政治潮流，日新月异，譬之医者，不愿泥古，自囿于方书，不敢骛新，以国为试验。语云：‘为政不在多言，顾力行如何耳。’谨以服膺，施诸有政。”

曹锟就任之日，同时公布了中华民国宪法，当然这个宪法是由中华民国宪法会议宣布的，可是这个宪法并不被人重视，后人称之为“曹氏宪法”。

曹锟就任总统后，内阁拖了三个月才组成，在内阁真空状态中，国务院秘书长张廷锷成为总统府和内阁中间的忙人。当时，名义上代理国务总理的，是高凌霨。10 月 30 日曹锟向众议院提名孙宝琦组阁，11 月 5 日众议院开会投孙阁同意票，11 月 9 日通过，12 月曹准高凌霨内阁辞职，任孙宝琦为国务总理，孙内阁人事如下：

总理：孙宝琦
内务总长：程克
财政总长：王克敏
外交总长：顾维钧
陆军总长：陆锦
海军总长：李鼎新
司法总长：王宠惠
教育总长：张国淦
交通总长：吴敏麟
农商总长：颜惠庆

事实上,这已经不是曹锟第一次贿选了。1918 年,冯国璋代总统任期届满,段祺瑞控制下的安福国会选举总统与副总统。此前,段祺瑞为对抗冯国璋,以未来副总统作饵,极力拉拢曹锟。不料 9 月 4 日选出徐世昌为新总统后,次日选举副总统时,430 名议员竟有八成缺席。原因在于,交通系、研究系的议员不堪再度为人驱使,安福系议员则认为选举副总统无利可图,总之皆是坐以待贿的姿态。此时,吴佩孚发来电报质疑总统选举的结果,段祺瑞为安抚直系,于是亲向国会"力荐"曹锟为副总统,又以支付军费为名拨给曹 150 万元,作为其选副的"运动费"。但直到每张选票开到 2000 元的高价,大部分议员仍不买账,或去万牲园游玩,或聚会吃花酒,就是不赴会选举。后来厘清底细,才知议员中风传曹锟花 10 万银元从武汉买了位如夫人,身价竟然是议员的 50 倍,可见曹锟目中无人已极,是可忍孰不可忍,选副一事于是彻底流产。曹锟自觉脸上无光,称病回保定休养去了。不想 5 年之后,东山再起,重来贿选一把,真可谓"锲而不舍"!

曹锟贿选几乎是公开进行的,一方面他在选举程序上遵守《临时约法》的规定,对法定人数等要求都严格遵守;另一方面他也没有采取任何暴力,有的人拿了钱不投票,他也不曾采取报复手段。这对一个大军阀来说,并不是最坏的表现。因此,曹锟的部下王坦就曾说:花钱买总统当,比之要了钱得贪污之名的人强多了,也比拿枪命令选举的人强多了。事实上,除京、沪两地的知识分子笔伐较多之外,此事影响十分有限。倒是当年的西方媒体,如《时代》杂志,出于对"封面人物应是新闻制造者"的标准,颇为投入地跟踪报道了曹锟的选举。9 月 24 日,该刊发布了曹锟贿选的专题,并配有其照片,题目却是"仍无总统"。

不久,在全国的一致反对下,曹锟及直系的势力日益削弱,直系内部也四分五裂,终于在 1924 年的第二次直奉战争中被赶下台,结束了他的政治军事生涯。称雄中原的直系也受到致命打击,从此一蹶不振。

四、遇政变身陷囹圄

第二次直奉战争发生了一件惊天动地的事,就是冯玉祥倒戈,使直军惨败,曹锟被赶下台,并遭到软禁。

第一次直奉战争,冯玉祥有不少的贡献,因为他率军从陕西向河南急进,有助于解决赵倜,论功行赏,他坐上了河南督军的宝座。然而他一入开封,就解决了宝德全。宝德全是赵倜下面的师长,暗中接受吴佩孚的命令,维持开封的治安。吴令宝帮办河南军务。吴佩孚听到宝被杀的消息,极为震动,对冯大感不满,因此撤了冯的河南督军职务。冯听到这个消息,就找张绍曾和张廷锷想办法,两张当时对冯印象不错。很想替冯缓颊,但知道吴在盛怒中极难转圜,遂联合拍电向曹陈情,曹乃打电报给吴着冯玉祥晋京。冯入京后,曹遂发表冯为陆军检阅使,仍兼十一师师长,冯虽失了河南督军,却换了一个检阅使,总算不错了。

曹锟贿选前,要先迫黎元洪下台。拥曹派中积极分子遂由冯玉祥打第一阵,向黎元洪索讨军饷,陆军军官天天包围总统府,包围国务院,黎的离去主要是受不了军队逼宫,而军队的主使者就是冯玉祥。

所以有人说曹锟贿选的三大功臣，一是冯玉祥，二是王承斌，三是吴景濂。曹锟就任总统后，冯以功高渐露不逊的态度。当时国务总理尚未产生，国务院秘书长张廷锷担任府院之间联系。农历年后还没有过元宵节，一天冯玉祥找到张廷锷，他就："直卿（张廷锷的字）大哥，请陪我去见总统。"张廷锷以为他是礼貌上的晋谒，就陪了去见曹。怎知见到曹后，冯郑而重之地说："初一这天，总统府的卫队把士兵打了，总统知不知道？如果总统知而不办，是总统护短；如果总统不知道，是被人蒙蔽。"冯这话一说，张廷锷吃了一惊，这岂是一个军人对总统讲话的态度。曹锟虽是布贩出身，究竟干了不少的重要职务，见过的世面不为不广，何况现在已是总统，他在冯报告时本是和蔼可亲，待冯的话说完，他眼睛一睁，端正而坐向冯说："焕章，初一总统卫队把士兵打了，你们身为高级长官，为何不彻底追究惩办肇事的不良分子，我是总统，这种小事情还要我来处理吗？我几时对你们说情维护过总统府的卫队？"冯碰了一个大钉子，为之哑口无言，张廷锷只好打圆场说："总统的指示我们立刻去办，焕章是总统的部下，对总统就像对父亲一样，言语可能过激，请总统原宥。"由此可见冯的态度是相当桀骜。

冯玉祥

吴佩孚在四照堂点将之后，冯玉祥便另有用心。他要求先发饷后才能开拔，吴听了大为震怒，吴说："兵临城下，难道不发饷就不能打仗？王懋宣（王怀庆，十三师长，讨逆军第二军总司令）并没有来要饷呀！"冯部还要求多拨车辆，吴允拨40辆。冯玉祥则采用步步为营的策略，自北京至前线拉成一条塔形长线，前方只有疏疏落落的几个兵，愈到后方兵力愈厚。

事实上，冯玉祥已暗中和奉张有了秘密联系，奉军因为已暗中搭上冯玉祥，因此军事上并不如何积极。自9月4日响应浙卢通电"率兵入关"后，至9月15日始向朝阳方面进迫，守朝阳这一方面的直军是王怀庆部，还有毅军的米振标部为辅。奉军攻入朝阳后亦未疾进。

至于直军方面，第一路出山海关的，为直军主力，彭寿莘、董政国、王维城都是吴佩孚手下的大将。第二路王怀庆部是三路中最弱一环。第三路出古北口，由冯部张之江、李鸣钟、鹿钟麟等担任。孙岳代理京畿警备总司令，曹锐为军需总监。

第二次直奉战争，虽然双方各出动20余万大军，可是战场上的战斗并不激烈，因为奉张已和冯玉祥暗通声气，而冯玉祥则拖延军机，坐待时间。当吴佩孚在北京坐镇时，冯玉祥自然不敢动手，只派刘汝明等暗中调查吴军开赴前线的确实数字，以待吴军全部调往前线，吴佩孚离开北京。

吴佩孚对冯玉祥有看法，他们之间隐藏着深刻的矛盾。冯玉祥与孙中山的交往，是引起吴佩孚对他仇视的原因。早在1920年冯玉祥驻湖南谌家矶时，孙中山就派徐谦、钮惕生带着他的亲笔信来见冯玉祥。徐、钮二人与冯玉祥是旧识，大家也都信奉基督教，二人劝冯玉祥和孙中山一致从事革命工作。冯玉祥也认为北方大都受清廷遗毒，误国害民，全国民众和有志气的将领都仰望孙中山。后来冯又派秘书任佑民到广州拜访孙中山，表示只要孙中山用得着他，他无不尽力以赴。

由于吴佩孚对冯玉祥的仇视和排挤，冯玉祥对曹、吴十分不满。加上曹锟贿选丑剧，激起全国反对，冯玉祥自然也十分反感。况且冯玉祥对孙中山十分钦佩，本有相机反曹、吴之心。第二次直奉大战的爆发，终于给他带来了反曹、吴的机会。

前方军情并不利于直军，加以曹锟左右嬖幸，对于吴佩孚在京，有芒刺在背之感，所以怂恿曹锟催促吴上前线指挥军事。曹的左右说："如果在北京城内做总司令，谁也会做啊！"

吴佩孚上前线的主要原因，并非曹锟下面的反吴派，而是前线战况的不利，加上海军突袭的计划受了阻碍，吴所料不到的，是渤海司令温树德并不太为吴卖力。于是吴派讨逆军副总司令王承斌于10月3日率后路援军驰抵古北口，代行总司令职权，以对抗来攻的奉军李景林部。然而这一着吴又错了，因为王承斌实际早和冯玉祥暗中联结，他已参加倒吴派，自然不会在前线打硬仗了。

首先倒戈的直军是把守九门口的第十三混成旅旅长冯玉荣，他所部不战而退。吴佩孚这才于10月11日晚9时，乘坐讨逆军总司令专车，由北京正阳门出发，直驰山海关。讨逆军总部人员随行，还有外国观战武官和新闻记者100余人随车前往，声势之浩大，在民国初年内战场面中，可以说是空前的。

当吴佩孚上前线时，也正是北京城内谣言满天飞的时候，前方战报多不利于直军，有传第一军司令彭寿莘阵亡，有传某军哗变，可是这都是不可靠的消息。

1924年10月12日上午4时半，吴佩孚的专车抵达山海关，停靠于长城墙旁，吴佩孚即率幕僚和卫兵急驰前线，登长城视察战况。这时直奉两军激烈鏖战，隆隆大炮震动大地，硝烟冉冉上升。

吴佩孚上前线的消息，遍传直军，对军心士气有极大的鼓舞，而通奉的冯玉荣听说吴已到达前线，遂畏罪自杀。吴遂直接调遣十三混成旅，另筑阵地稳住了阵脚。

讨逆军总部在吴亲赴前线后，遂设于吴的专车上。吴总部的直属部队则张营帐于车站内。吴每天早起偕同参谋长以下僚属四出视察，有时则乘坐渤海舰队司令官温树德所率领之旗舰游弋海上，指挥海军炮击葫芦岛。只是因为海军不够配合，所以不能收奇袭之效。于是改变作战计划，倾其全力对付奉军右翼，令后援军总司令张福来率重兵恢复狭隘的九门口，张福来军经过激烈战争，使榆关的战况渐趋有利。

奉军在秦皇岛上空展开空袭，奉军飞机四架、七架的编队，不断盘旋轰炸，但损害并不严重。奉军之所以向秦皇岛空袭，因为秦皇岛是直方的海军集中地，当时在秦皇岛海面停泊了不少舰队，计有直军的渤海舰队六艘及运送海陆军的

冯玉祥的军队在东站

运输船20余艘，此外还有外国军舰20余艘，舷舵相望，桅樯林立。岸上则大军云集，往来紧张。

吴在前线督战时，对于冯玉祥的行动颇为注意。冯本人在怀柔按兵不动，有坐观成败之势，吴命参谋长张方严电催各军急赴前线，张给冯玉祥一电，为了加强语气所以在电文后加了一句："大局转危为安赖斯一举。"这本来是普通的加强语气句子，可是在微妙的时候，这句话就有了问题。冯玉祥虽然已和奉张暗通款曲，但他确有坐观成败之意，他要看直军有了败兆才敢动手。吴上前线后，冯是犹豫的，他怕吴在前线打了胜仗，他一发动，吴率师回京平乱，他就完了。所以他在待机而动，所得情报来自直军总部的，是胜利在望；来自日方的，则谓直军不利，前线危急。当他收到吴的参谋长来电催促进兵时，他认为直军失败的可能性增大了，因此乃下了决心"倒戈"。移后方作前方向北京回师，在吴佩孚后方放了一把火。

1924年10月23日傍晚，冯玉祥率军撤出前线，回师北京，发动了北京政变，直奉战场形势大为改变。在北京的冯部鹿钟麟、蒋遇鸿与孙岳里应外合，打开城门。鹿钟麟率部率先入城，与孙岳的第十五混成旅在城中的部队会合。士兵们一律佩戴蓝布白字的臂章，上写"誓死救国，不扰民，真爱民"。政变军队分兵把守各重要路口，并戒严断绝交通，迅速占领各部、署衙门。

这次"北京政变"真可谓迅雷不及掩耳，一举获得成功，曹锟在事先一点不知情的情况下被抓住幽禁了起来。

1924年10月24日，冯玉祥在北苑召开会议，商讨如何应付北方时局。出席会议的有孙岳、胡景翼、黄郛、王正廷等人。这次会上，冯玉祥被推为国民军总司令兼第一军军长，胡景翼、孙岳分别任副总司令兼第二、第三军军长。鉴于孙中山是否北上尚无确切消息、吴佩孚率军攻击杨村等情况，孙岳提出请段祺瑞出山，以联络皖系的山东督军郑士琦，以阻止直系援军北上。会上还决定成立摄政内阁，为表示欢迎孙中山北上的诚意，所定阁员多为南方的老革命党员，如国务总理黄郛，外交兼财政总长王正廷，国民军总长李书城，参谋总长李烈钧等。会议决定让曹锟下令停战，免去吴佩孚本兼各职，并宣布自动退位。

鹿钟麟入城有功，升任师长，并任北京警备司令，驻扎在东单帅府园。冯玉祥派鹿钟麟和警察局长张璧率警察和卫士进神武门到故宫与溥仪谈判，迫溥仪及其妃嫔迁出故宫，退居摄政王府。

10月24日晨，吴佩孚尚不知后方突变，他率僚属赴九门口督战，直军前线士气转旺，奉军攻势曾受阻遏，战局颇有转机。中午时分，吴佩孚的日籍顾问冈野增次郎先后接到来自北京和天津打来的最紧急电报，内容大同小异，均言"讨逆军第三军司令冯玉祥等于二十三日下午六时退出战场，未经枪战即攻入北京，发动政变，曹锟总统已失自由，北京情况不明，酝酿巨变。"电报中所列参加政变人士均为直系巨头，包括冯玉祥、王承斌、王怀庆、胡景翼、孙岳等。

当吴佩孚看到冈野的电报，他立刻相信有这种可能，因为他对冯玉祥并不信任。据说，他当时对冈野和他的幕僚说：

> 这件事也可以说是在我意料之中，因为这次出兵前老冯曾向我要求，待平定奉系后，派他为东三省巡阅使以继张作霖之缺，我告诉他：东北和日本有特殊关系，我们对日外交很微妙，所以东三省巡阅使的任命，不能漠视日本的动向。你一向被认为亲美派，最招日人之忌，因此去东北很不相宜，不过对酬答足下的战功，国家有的是名位，我一定会考虑其他职务的，而且必令你满意。我这番话也是肺腑之言，可能冯因未达

目的，遂暗通敌人。其实他向我索军费，我已发十万，后来又增至十五万元，他才勉强奉命，率兵开赴古北口。很多人向我建议，免除冯的第三路军司令以除后患，总统居中替冯说情，免冯计划遂没有进行。当冯到古北口前线，又借口敌人优势，要求增拨步枪弹百万发，我对冯更不放心，所以不发给他。近数日我在总部中，晚晚不能入睡，辗转反侧，右转则思及处置张作霖之法，左转则念及冯玉祥之可能背叛，现在不幸而料中，想到当日拨冯战费十五万元，实在太划不来了。

吴感喟地把冈野的三通电报扔在公案上，他当时还很镇静，要求大家对这个事变保守秘密，以免前线军心摇动。

10月25日晨，吴佩孚率领高级参谋人员赴九门口前线督战，过了中午回到总部，立即召集紧急军事会议于总司令室，各高级将领均出席，吴以沉痛的态度，宣布北京兵变及总部退却计划。

当天下午6时，吴佩孚先运兵3000南下，总司令部列车则于下午8时离秦皇岛。前线军事全部分为三大防御线，秦皇岛一线由张福来负责，昌黎一线由彭寿莘负责，滦州一线由靳云鹗负责。吴自己乘总部专车带了一团卫队，星夜疾驰南返。拖着沉重的心情和疲累的身体，一夜未眠。10月26日上午11时，列车到达天津。

吴佩孚素所瞧不起的张宗昌，这时成为战场上的“骄儿”，他所率领的部队如果在今天，就很时髦了，可称之为“外籍兵团”，包括有已改入中国籍的白俄军，以及日本、朝鲜、法国军人，据说这些“洋兵”均曾参与欧战，精娴新式战术，善战而无军纪。张作霖把张宗昌放在最前线，本来是让他作炮灰，想不到却成全了他。他率领这支游杂军共16000人突破直军防线，26日吴佩孚率军回师后，张宗昌即击破直军董政国所率的第九、第二十两师，攻入冷口，27日张军入建昌营，和倒戈的直军胡景翼部联络，追董政国于滦州。10月27日张宗昌、胡景翼部占领滦州，把直军截成两段，一面南下和榆关奉军围迫秦皇岛及山海关的直军，另分兵追击董政国溃部之后而攻唐山。切断榆、津间交通，张福来败退。

与此同时，奉军吴光新部据海阳，炮击秦皇岛，张学良又从长城低处冲入，加上张宗昌部由滦州南下，直军便在奉军四面炮火包围中。

10月30日奉军三路攻占秦皇岛、山海关。直军一部乘轮回塘沽，二万余人被缴械。关外直军纷纷逃离战线，麇集车站，这时火车已不能开动，散兵逃向秦皇岛，秦皇岛已失陷，军械粮食遍地堆集，奉军一方面收缴直军军械，一方面清点战利品，收获极为丰硕。

10月31日，自山海关至唐山一带的直军已全失抵抗能力，奉军各路连接，大队长驱入关，以吴光新的骑兵为先锋，自古冶而芦台，向塘沽疾进，和在北京方面的冯玉祥、胡景翼军相呼应，直军几乎全部陷于奉军和冯、胡两军的大包围中。

11月4日奉军占领塘沽，吴佩孚已于先一天率残部乘舰驶离塘沽，这时直军抵抗已全部中止。5日张宗昌、吴光新两部先入天津，奉军大队亦纷纷抵达，在天津的直军残余部队全被缴械。第二次直奉战争遂告结束。

第二次直奉战争，由酝酿到接战到结束，前后两个月，直军败得太惨，这是吴佩孚做梦也想不到的，也是曹锟做梦也想不到的。

五、退天津保持晚节

北京政变后，冯玉祥和张作霖主宰了北方，他们一边电邀孙中山北上共谈和平大计，一面又推段祺瑞出来组织北方临时政府，由于段政府的包庇，曹锟并没有因“贿选窃位、祸国殃民”而受到制裁。

不久，冯玉祥和张作霖矛盾日益激化。冯部国民军将领鹿钟麟不满于段、张勾结又想联合吴佩孚共同对抗奉军，因而发动驱段兵变，并把曹锟释放。后来，在各方军阀的压力下，冯军不得不撤出了北京。

冯玉祥的国民军撤出北京后，曹锟当总统的想法又死灰复燃。他通电各省说，冯军已撤出京畿，北京安静如常，意思是希望各地拥护他复位，但却得不到一点反应。曹锟这才醒悟过来，是大家在观望吴佩孚的态度。于是曹赶忙派心腹人去汉口征求吴的意见。吴态度颇为冷淡地说：“三爷这个人在前台是唱不好的，我看还是请他在后台呆呆吧。等我把大局奠定，咱们再商量。”并说“好马不吃回头草”、“兵不再役”等语。这一来，曹锟大失所望，只好放弃幻想。

自从吴佩孚东山再起后，便与张作霖化敌为友，拜为把兄弟，共同以冯玉祥为敌。不久，曹锟又因直鲁两军争夺保定，不能安身，只得去河南投靠吴佩孚，住在开封龙亭（宋朝宫廷旧址）。他每日写写字，对军政各方面仍有书信往来。张作霖常去信，依然称呼为“亲家”或“三哥”。

1927 年 2 月，奉系军阀为了组织国民革命军东进河南，渡河南下，吴佩孚自郑州撤退而逃。曹锟只得匆匆离开河南回到天津。曹锟回天津后，住在英租界内的 19 号路（现在河北路 34 中学），和郑夫人及陈夫人住在一起。刘夫人不愿同他们一起住，另在英租界的泉山里自己花钱盖了几所小洋楼，带着一双儿女及家人搬了进去。

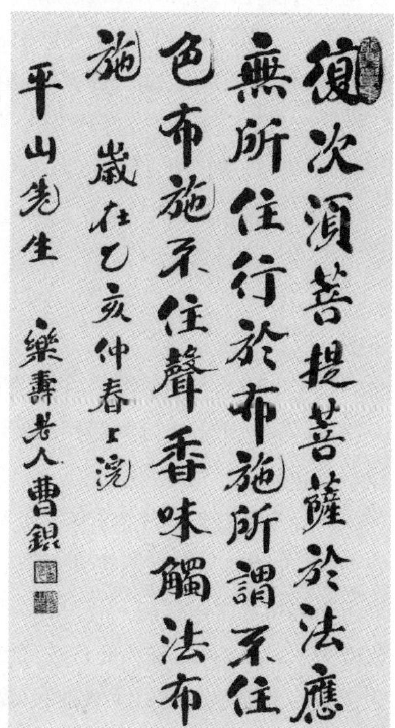

曹锟书法鉴赏

这时的曹锟因屡遭挫折，心情郁闷，身体状况愈来愈差，曹家的财权牢牢控制在其养子曹少珊手中，连曹锟也奈何不得他。为此，常常引起众夫人及子女们的不满和忌恨。郑夫人生性好静，对任何事情都不闻不问，再加上有的孩子常在外惹是生非，生活在这样一个环境中的曹锟，其心情是不会好的。他的糖尿病越来越严重。据刘夫人的女儿曹士英回忆，1928 年的一天，曹锟给刘夫人去信说：“庆（曹少珊的乳名）的心肝坏了，他们也不管我，我可能不久于人世了，对士英和士嵩我管得少，很觉对不住你，你要照顾好他们。”刘夫人见信写得悲凉，又心疼又生气。因为刘与陈夫人有矛盾，本想不管此事，但经不住母亲和姐姐的劝说，她只好找到大哥曹镇商议。曹镇建议刘夫人把曹锟接到泉山里。

刘夫人怕泉山里人多嘈杂，不利于曹锟养病，便在外面租了一所房子，接曹锟去住，又请来西医大夫梁宝鉴、德国医生巴勒弟给予精心治疗，自己也终日守候在床边细心照顾。几个月后，刘夫人见曹锟的病日益好转，便把他接回泉山里。

曹锟的病情好转后，心情也渐渐好起来。他每天早上起得很早，到院中练练自己编的一套虎拳，然后回到屋里打坐练气功。早饭后不是练书法，就是画画。曹锟喜爱国画，尤其擅长画梅花、山石、螃蟹、一笔虎等。他有一枚曲形章，上刻“一点梅花天地心”，每画完梅花后，便盖上这枚图章。他还有一块黑石图章，上刻“万代一如”。他画的画或书写的条幅有的右上角常常盖有一枚章，上写“弱冠从戎服劳国家四十年归田年七十以后怡情翰墨之作”，右下方署别号“乐寿老人”或“渤叟”。

曹锟还常常请来一些文人墨客指导自己的书画。齐白石和曹锟的交情甚厚，曹的图章多是齐白石所刻，图章侧边总留有“布衣齐璜”（璜是齐白石的字）四个字。

曹锟不仅擅长书画，而且颇有文才。据高夫人的后人讲，高夫人的女婿李伯夫是曹锟几个女婿中最得宠的一个。一日，李伯夫请曹锟为自己新布置的一间书房起个号，曹锟略加思索后便挥笔疾书三个大字“伯雅轩”，并配了“青松直上千年余，红鹏高翔万里心”的对联一副。

曹锟脾气一向随和，对待家人和侍从们很少发脾气。据曹的孙女回忆，其保姆戴妈曾对她说：“总统在世时，不管有多少大官等着见他，只要听说我来了，就要先召见我。”

每到夏日的傍晚，曹锟院子里常常有些穷邻居来闲聊。这些人中有拉洋车的，也有卖菜的，还有卖大碗茶的。大伙坐在小板凳上，喝着茶水，聊着天。曹锟不让家人给他摆躺椅，也坐在小板凳上，光着膀子，挥动着大蒲扇，和大伙聊年景、聊行市、聊政局，谈笑风生，好不自在。此时的曹锟尝到了无官一身轻的乐趣。他常独自回顾自己的一生，感慨万分。有时，听到街上卖鸟的吆喝声，他便命家人把卖鸟的叫到家中，把鸟全部买下，仔细端详着这些困居在笼中的鸟们，然后把鸟笼放在院子中央，打开鸟笼门，充满爱怜地看着这些小生命争先恐后地展翅飞向天空，良久地向鸟儿飞去的方向注视着。

曹锟晚年信佛，他常常烧香念经，还花重金买了一尊金佛放在天津“大悲院”中，并请人画了一幅“圣迹图”，每天朝拜。

曹锟抽大烟，但不“困灯”，不上瘾。爱听河北梆子，每遇生日做堂会，总要点几出河北梆子听听。

曹锟下野后，身边无兵，来到泉山里后，身边只有两个侍从，一个先生（相当于秘书）。刘夫人花钱请了几个英租界的门岗。家中有 3 个老妈子及几个丫头，专门伺候夫人和儿女们，收拾屋子等。另外还有两个伙夫，一个司机，一个当差的。

曹锟家中一天到晚都有客人，齐燮元、高凌蔚、赵玉珂、吴秋舫、王璧臣、熊炳琦、杨钦山、杜锡钧、蔡虎臣、宋哲元、肖振瀛、谭庆林、阎治堂、靳云鹏等人是曹家的常客。尤其是阎治堂几乎天天来陪伴曹锟。这些人有时和曹谈谈政局，有时打打麻将，所以曹锟也不觉寂寞。吴佩孚与曹锟关系最厚，但他曾经宣布过自己的“三不”（即不借外债、不进租界、不纳妾），所以只是时常派子女前来探望曹锟。逢年过节，曹锟及刘夫人也派子女去探望吴佩孚。

1931 年九一八事变，日本帝国主义强占东北后，矛头指向华北。国民党当局屈从于日本帝国主义的压力，于 1935 年成立了“冀察政务委员会”。

曹锟之新宅(英租界西摩路)

一天,几个日本人身着便装,来到天津英租界,邀请曹锟“出山”。曹锟怕得罪日本人想开门召见,但刘夫人堵着门不许曹锟出去,并指桑骂槐高声叫骂。日本人讨了个没趣,灰溜溜地走了。事后刘夫人历数日本人在东北三省犯下的罪行,对曹锟说:“就是每天喝粥,也不能出去为日本人办事。”曹锟点头应允,同时也告诫他的一双儿女。

日本人在曹锟家碰壁后并不死心,又派了在“冀察政务委员会”做委员的曹锟的好友齐燮元来做说客。一天夜晚,齐燮元叩门求见。曹锟的门卫遵照刘夫人的嘱咐,不予开门,从此以后齐没有再去曹家。

刘夫人见晚上常有日本人的说客来访,便立下一条新规定,晚9点钟锁大门,不许家人出去,也不许客人们来访。大门钥匙由刘夫人亲自掌管。一天,高凌蔚又奉日本人之命来访。这时曹锟正躺在炕上抽大烟,一见高凌蔚,脸色骤然大变,他把烟枪狠狠一摔,大声吼到:“你给我滚出去!以后不许你登曹家的门!”高凌蔚吓得浑身哆嗦,被几个侍从架了出去。从此,他再也不敢登曹锟家的门了。

曹锟晚年之所以能不为金钱、地位所动,坚决不为日本侵略者做事,保持了民族气节,除了与当时的历史背景(直系基本上是亲美英派,吴佩孚也坚决拒绝为日本侵略者做事)有关外,曹锟本人具有比较强的民族意识,另外,刘夫人亦从中起了一定作用。

在曹锟的晚年,其家庭中有两件事对他精神上的打击很大。

一是陈夫人所生的儿子曹士岳同他的原配夫人袁怙贞(袁世凯的女儿)打架,曹士岳情急之中开枪打伤了袁怙贞。袁住院后,袁家不甘罢休。此时虽然袁世凯早已去世,但袁家仍很有势力,曹士岳受控告被拘留,曹、袁两家打起了官司,天津各报纸也争相报道这一“趣闻”。后来曹士岳被刘夫人保出与袁怙贞离了婚。这件事曹锟觉得丢了面子,每当家人提起此事,他脸上都现出一种忿忿之情。

二是曹锟的养子、曹锐之子曹少珊虽在曹锟的儿子曹士岳出生后不久便认祖归宗了,但实际上他仍把持着曹锟家的财产大权。曹锟子女们十分不满,常为此闹矛盾。曹锟看在曹锐的面子上,不忍心对曹少珊过于苛刻,所以他也不能左右家里这个乱糟糟的局面,这成了他的一块心病,常常唉声叹气,很是烦恼。

1938年5月的一天,曹锟因感冒转成肺炎,经医治无效,于5月17日(农历四月十八)在天津泉山里刘夫人寓所病故,终年76岁。

曹锟的葬礼十分隆重。吴佩孚派夫人张佩兰赴津吊丧,吴本人则在北平身穿重孝举哀致悼。日本方面、国民党方面都派人前来吊丧,并送给刘夫人大笔抚恤金,但遭到刘夫人的拒绝。

曹锟家眷及旧部幕僚、亲朋好友几百人均披孝参加了葬礼，灵柩暂厝于天津英国公墓。

国民党政府有感于曹锟拒绝与日本人合作，于6月14日发布特别训令，予以表彰，并追授曹锟为陆军一级上将。

六、多妻妾晚年得子

曹锟日后共娶了四房，元配郑氏无出，二房高氏生一女，三房陈寒蕊生一女一子，四房刘凤玮亦生一女一子。曹锟到近六十始得贵子，因此他之所以要不断再娶，可能是出于对后嗣的渴望。由于陈、刘二夫人相继生子，他对她们也就最为宠爱。宠爱的程度则不相上下，因此二夫人常争斗不止，曹锟身处其中，竟然能做到两不得罪。

郑夫人是曹锟的元配夫人，天津大沽人，她自幼出身贫苦，家中兄妹5个，她排行老大，还是在曹锟卖布时嫁与曹的。曹、郑二人感情一直十分和谐。后来，曹锟虽日益飞黄腾达，又先后娶过3个夫人，但曹锟对郑夫人还是百依百顺，而郑夫人对曹锟其他妻室的子女也视为亲骨肉。郑夫人和曹锟婚后多年只生一女（30多岁时病故）。因此将曹锐之子，7岁的曹士藻过继抚养，并取字"少珊"（曹锟字"仲珊"）。由于郑夫人年龄较长，又为人较敦厚，所以曹家子女都称她为"老娘"或"老婆儿娘"。

郑夫人爱清静，不喜热闹，更不习惯在大场面抛头露面，既不抽烟也不喝酒，所以曹锟每次有朋友或同僚的女眷们来访，郑夫人总是托故不出席，而由其他夫人作陪。

郑夫人年轻时曾在曹家一度"当家"，后来曹少珊长大了，就由少珊独掌家中财权，郑夫人也懒得过问。郑夫人素来俭朴，不事奢侈浪费。她平时极少管事，诸事都由他人断定，除非出了非让她点头不可的大事。闲了，做做针线活；闷了，让孩子们谈谈书中的神话故事。所以，曹家的上下对她都没有什么不满意的。郑夫人在1939年阴历四月去世，时年79岁。时值养子曹少珊重病在身，曹锟家里的人因忌恨曹少珊在家中独断专行，独揽财权，所以对郑夫人的死都不闻不问，谁也不愿出钱料理郑夫人的丧事。郑夫人的尸体，一直停放在天津10号路郑夫人原来居所的地下室里。一直到1948年冬，天津即将解放时，陈夫人的儿子曹士岳接受了一位朋友的劝告，才把停放了9年的郑夫人的遗体埋入了天津极乐园内。

曹的二夫人高夫人性情贤淑、温柔、容貌美丽，少言寡语。她出身于天津市一个小康之家，精通诗文，爱好文学，颇有才气。她的哥哥高某曾做过曹锟的上司，高某见曹锟身材魁伟、相貌堂堂，便将自己19岁的胞妹嫁与曹锟。高氏婚后方知曹锟家中早有妻室，为此，高氏郁闷成疾，在其女儿士熙出生不久，就病死了。时年只有20多岁。

高夫人去后，郑夫人就将士熙及奶妈接到自己的身边抚养。曹锟心里内疚，倍加疼爱士熙。待士熙成人后，曹锟把她嫁给天津"李善人"的后裔——有名的"才子"李伯夫，而且还给了士熙一笔可观的陪嫁，这引起了曹家一些人的嫉妒和垂涎。1924年冯玉祥发动政变时，曹锟被囚禁在延庆楼，曹锟家人都心急如焚，四方奔走，设法营救。一天曹少珊来到士熙家，装出很悲伤的样子说父亲在冯玉祥处很受罪，得花大钱才能保出，而自己一时又凑不出那么多钱。士熙救父心切，立即将自己的10万元的存折拿给了曹少珊。其实曹少珊根本就没把钱用来营救曹锟，曹士熙后悔不已，但又不敢在曹锟面前提起。

陈夫人是曹锟的三太太，高夫人死后约在1912年娶的，名寒蕊，天津西大沽人。曹锟五弟曹钧与她的父母相识，便说服他们将20岁的女儿嫁与曹锟。陈寒蕊见曹长于自己近30岁，家中又有妻室，十分不乐意。曹锟一再向她保证是明媒正娶，而且去了曹家绝对不会受气等，陈寒蕊的父母羡于曹锟的财势，也执意要她嫁与曹锟，陈寒蕊这才勉强同意。婚后生下女儿曹士贞。曹锟任直隶督军坐镇保定时，陈夫人又怀了孕，曹锟万分欢喜，他派人请来在保定马号以算卦为业的司岳三为陈夫人算算生男还是生女，平安不平安。司岳三说："欢喜，欢喜，喜到临头，便知分晓。"曹锟不好再问下去，疑疑惑惑地送走了司岳三。

1918年陈夫人分娩了，生下一个胖儿子，恰值在湖南前线的吴佩孚攻克了岳州，真是"双喜临门"。曹锟前半生无儿，57岁得子，自然是高兴得合不拢嘴。他马上下令光园内外张灯结彩大加庆贺。各界人士闻讯也都纷纷前来致贺。为庆祝直军在湖南前线的胜利，曹锟给儿子起名为"曹得岳"（即曹士岳），又下令给司岳三盖房挂匾，并委任司岳三以副官之职。从此，陈夫人更加得宠了。

陈夫人虽是日益得宠，但夫人们之间的争风吃醋，曹氏大家庭内人与人之间的尔虞我诈，勾心斗角，使她的脾气也日益古怪，性情暴烈，反复无常。为了当初的婚事，她和父母多年不和。不仅下人们躲避着她，就连她自己的亲生女儿也不敢和她亲近，所以她与儿女之间的感情很淡薄。陈夫人时常为一些小事冲着曹锟大吵大闹。因此，曹锟虽是宠爱她，但也惧她三分。

陈夫人居住的寝室和客厅陈设十分豪华。曹锟为她置办的衣物成柜地存放在库房里，但她舍不得穿。据其女儿回忆说："她的缎子袄穿露了棉花也舍不得扔。"陈夫人吃饭也不讲究，很少亲自点菜吃，每天由伙房自便，做什么吃什么。她酷爱打牌，几乎每天都要打，一坐就是半天，赢了就喜形于色，输了就冲人们大发脾气，闹得鸡犬不宁。1936年陈夫人死于精神病，时年44岁，葬于天津大沽。

曹的四太太刘夫人名凤威，天津郊区人，出身贫寒。她先唱河北梆子，后改唱京戏，专攻老生，艺名"九岁红"，曾轰动过京津等地。曹锟酷爱看戏，他就任直隶督军后看戏看上了刘凤威，几次派人说媒，刘凤威执意不肯嫁与曹锟做小，曹锟则死缠不放，刘凤威的母亲见无法摆脱，便要求曹锟下龙凤帖，明媒正娶。曹锟当即答应，次日送来龙凤帖及聘礼。这样，刘凤威嫁给了曹锟，这年她19岁，而曹锟已是50多岁的人了。刘凤威生一女曹士英和两子曹士岱、曹士嵩。

刘凤威嫁给曹锟后，即告别舞台。她虽然在曹锟面前很得宠，但时常因自己的艺术才能被扼杀，又与陈夫人不和，因而郁郁寡欢，她性情刚烈、好强，嫁曹锟后又变得暴躁起来，与秉性平实温和的曹锟不甚相合。

刘凤威幼时因家中贫穷没有上过学，但人很聪明，思想开明，不守旧。一次，她的一个朋友劝她：别老让士英在家跟家庭教师学习，应该出去上学堂读书。刘夫人愉快地听从了这个朋友的劝告，不久就把士英送到外面上学去了。

刘夫人念念不忘自己的出身，时常告诫儿女们要尊重佣人，不许随便支使，更不许呵斥佣人。有时她的儿子曹士嵩因为使不动佣人向刘夫人告状，刘夫人一听就发了怒："你有手吗？为什么要支使别人？还有脸说呢！”刘夫人还有条规定：夏季下午3点钟之前，家里人一律不准支使佣人到街上购买东西。她告诫儿女们：“你们是人，佣人也是人。”一次曹士嵩将馒头剥了皮吃，刘夫人发现后十分生气，大骂儿子是“败家子”。

刘夫人还常帮助附近穷人们，有时送些馒头、豆汤给他们。天津当时有个万锡粮庄，刘夫人每年都派人从那里买许多“条子”（一种用来购买玉米面的字条凭据）。待来年春天青黄不接时，刘夫人就把这些“条子”施舍给贫民窟的穷人，持这些“条子”的穷人就可到万锡粮庄领一定数量的玉米面糊口。

刘夫人信佛，常去“朝山”。她得病后，还派其二姐到浙江的普陀山、山西的五台山替自己朝拜。

刘夫人对穿戴极为讲究，衣服特别多。她交际广，朋友也多，只要这些朋友对她的某件衣服表示羡慕，她就马上赠送，哪怕是一次也没沾身的新衣服。

一次她穿着女仆的衣服去街上相面，相面先生说了她一句：“虽是女仆，但却有一品夫人的贵相。”刘夫人又惊诧又高兴，当即就给了相面先生100块钱的赏金。

刘夫人虽在生活上挥霍无度，但尚有民族自尊心。她也痛恨日本侵略者在中国所犯下的罪行。1937年七七事变后，天津被日军占领，这些日本侵略者无恶不作，搞得天津市民人心惶惶。曹士英的一个十分要好的高中同学常到曹家来玩，刘夫人见她长得很漂亮就担心地说：“现在街上很乱，日本人到处抓‘花姑娘’，不要来回跑了，搬到我家来住吧。我这儿是租界地还安全些，等安宁了再回去。”就这样，曹士英的这位女同学就在曹家住了下来。

1937年，汉奸为日本人游说曹锟出山，曹锟素来慢条斯理，尚未置可否，刘夫人已令人关紧大门，叉指大骂汉奸，并厉声斥责曹锟道：你若敢为日本人卖命，则如何如何……曹锟自然识此大体，这位刘夫人的深明大义也难能可贵。

1938年农历四月，曹锟病死，这对刘夫人精神上的打击很大，又加上她一手操办丧事十分劳累，引起肾病加重，不久便卧床不起，于同年农历十月初四病故。

曹锟共有3个儿子，即曹士岳（陈夫人所生）、曹士岱、曹士嵩（均为刘夫人所生，士岱9岁夭折）；4个女儿，即曹××（郑夫人所生，名字不详）、曹士熙（高夫人所生）、曹士贞（陈夫人所生）、曹士英（刘夫人所生）。

七、爱钱财发家有术

曹锟有4个兄弟，随着曹锟的步步高升而发达，形成兴盛一时的曹氏家族，他们通过种种巧取豪夺的手段，成为中国北方屈指可数的百万富翁。

曹锟的大哥曹镇，原随其父当排工，自曹锟起家后，便专门从事掠夺房地产、经营商业的活动。他仗势强夺了大沽高家港大户高明镜年获利10余万元的高家港河滩地。为了给曹家祖先修建家祠，曹镇扩展地基，强拆旁人家的房屋，刨旁人的祖坟。乡人畏之如虎，敢怒不敢言。曹镇的儿子们也有众多的房产和地产。曹镇在大沽开设中通当(当铺),长子曹士魁有魁星米面庄和三星米面庄等。

曹锟的四弟曹锐,原在大沽钰盛号米庄学生意,在曹锟发迹后,弃商而仕。1917 年曹锟借讨伐张勋之机,向段祺瑞推荐曹锐为直隶省长,兄弟分掌军政大权。曹锐依仗曹锟的权势,在民间横征暴敛,不择手段。他把直隶全省 100 多个缺,按特、大、中、小等定价,小县 8000 元,中等县 9000 元,大县 1 万元,天津、滦县、清苑等要县属于"特缺",这要临时议价,非三四万元不能到手,定期均为一年。他从 1918 年到 1922 年当了 4 年省长,仅出卖县缺这一项就收入几百万元。

另外,曹锐还经营着利丰大米庄、被服厂、同福饼干公司等,从各地采购米面和被服原料,不出运费,不纳捐税,以高价售给各军,从中牟取暴利。

恒源纱厂是 1919 年曹锐任直隶省长时办的,他是董事长兼总经理,拥有资金 400 万元。1946 年曹锐之孙曹郁文任恒源纱厂经理时,拥有 112142 股。曹锐之妻严淑君也是恒源纱厂的股东,有 2394 股。曹郁文还有天津蕴宝斋古玩店等。1949 年天津解放前夕,他将店里值钱的珍玩玉器装了 100 余箱携逃香港。

在曹锟的几个兄弟中,曹锟与曹锐感情最厚,曹锐又把自己的独生子曹士藻(曹少珊)过继给了曹锟,因此曹锟对曹锐是十分信任。曹锟执政期间,现金多由曹锐经营,连同曹锐的私蓄大部分存在美商花旗银行、英商汇丰银行和法商东方汇理银行。这些存款都是用的假名字,由曹锐经手主管。1924 年,冯玉祥发动北京政变,逮捕了曹锐,目的是要曹锐吐出贪污赃款,报销一批军费开支。曹锐误以为冯玉祥要杀他,所以吞了生鸦片自杀。

曹锟五弟曹钧,原在大沽美孚油庄任职,曹锟任直隶督军后,他当选为安福国会议员。曹钧还是天津证券物品交易所理事长及天津同福饼干公司、北方航业公司董事长,在北京航业公司入股 10 万元。此外,他还在北京廊坊头条开设宝权珠宝店,在天津开设了大信诚五金行,曹钧的儿子曹士杰还任保定电灯公司董事,曹锟在该公司有股票 10 万元。

曹锟的七弟曹瑛,清末秀才,后入测量学校,曾任陆军测量局长、二十六师师长等职。他以采办军需为名贩运烟土,获利累累。因他在曹锟面前最不得宠,所以自称曹家"最穷"的一个。1924 年春节,曹氏家族因经济矛盾,曹瑛对其内弟发牢骚说:"我们曹家现在就是四哥(曹锐)手内钱最多,三哥虽当总统,还不如他。大哥、五哥财产已过千万,还嫌不够……"而这个自称最穷的曹瑛,当 1939 年天津发水时,旧英租界烟台道他的两个姨太太所住的公馆楼下被水浸没,仅细毛皮货就有 50 箱。

此外,曹家几兄弟除经营各种企业外,在各地还拥有众多的田产和房产。

直系军阀吴佩孚

一、父亲梦见戚继光

吴佩孚

1874年4月22日。

山东省蓬莱县。

这一天春日融融，海天一碧，湛蓝透心。不一会儿，又有海雾飘来，如轻绡薄纱一般，起初似有似无，若隐若现，后来就迷离上升，一片朦胧了。于是，蓬莱特有的奇观——海市蜃楼出现了。只见海天相连之处，隐隐约约浮现一座岛屿，仿佛微微隆起的一堆绿云，那么虚幻，那么缥缈。渐渐地，岛屿轮廓愈加分明，显出了蜿蜒如蛇的小路，林木苍郁的峰峦，而碧树红花之中，有翘角凌檐的宫宇，或亭榭台阁奇异连接，或独楼高耸格外巍峨……忽又见亭阁间有人影走动，男女各呈优美姿势……

众人都看呆了。这时蓬莱阁附近的海岸上，有一个人将此景看得最为真切。这个人不是别人，正是吴佩孚的父亲吴可成。这一天也是吴佩孚的诞生之日，只不过这时吴佩孚还在娘肚子里。

也许因为是奇特人物的缘故，吴佩孚在娘肚子里就憋着闷气，该出来了，却倔着性子不动，扰得他母亲张氏两天两夜没断过呻吟。

吴佩孚的父亲吴可成却并不着急，因为妻子已经是第二胎，他知道不会有太大困难。根据“事不过三”的原理，今天是第三天了，第二个孩子的诞生绝不会超出今夜。

回到家里，吴可成守候在妻子身边，迷迷糊糊地打了个盹，就在这短短的几分钟里，吴可成做了一个梦，梦见了抗倭名将戚继光来到了家中，吴可成忽然醒来，这才知道是做了一个梦。这时候，接生婆来报：“老爷大喜了，夫人生了一子。”

吴可成听了，想到戚继光刚入家门，恰在这时夫人生子，便料想此子不凡，非常高兴，灵感一来，第二个儿子的名字就出来了，之后，他就赶紧宣布第二个儿子的名字——姓吴，名佩孚，字子玉。出处在哪儿？就在戚继光那儿，因为戚继光号佩玉。吴可成这样取名，是对儿子寄予了莫大希望和良好祝愿。

吴佩孚的远祖是周太王的长子，历史上开辟江南的第一人，始祖吴季札聘于上国，遍交当时贤士大夫，他曾经到过山东，大家都称道他是春秋时代的贤者。可是，传到了吴佩孚的父亲吴可成，山东蓬莱吴家，远不及祖上风光，仅仅只在城区县学后街，开一片规模不大的杂货店，字号“安香”。

吴佩孚的父亲吴可成依靠祖上传下来的安香杂货店，做点小买卖，但是只能维持生活。虽说家境不富，甚至清贫，但是，他却并非等闲之辈，只关注每日盐油柴米，而是胸怀大局，颇有些国家和民族观念。

当吴佩孚出世的时候，正值日本明治天皇登基后 7 年，励精图治，变法维新，跃跃欲试准备侵夺朝鲜、台湾、琉球。这一年有台湾土著劫杀日本琉球海滩难民的事件发生，日本人乘机挑衅派兵攻打台湾，结果日军明明吃了败仗，却反而向中国索偿军费 50 万两白银。

消息传出，中国老百姓极为愤慨。吴可成对日本侵我台湾这一举动极为愤恨，总希望有戚继光一样的人物出来再驱倭寇保我中华。对于自己即将诞生的子嗣，他也希望能长成如戚继光一样的爱国能人。

由于吴佩孚出生之夜有戚继光入梦，所以吴可成十分喜爱这个儿子，经常“子玉儿子玉儿”的叫个不停。而吴佩孚也从小便显出与别的孩子的不同，他不爱哭，无论抱着或是躺着，总是瞪着一双眼睛。

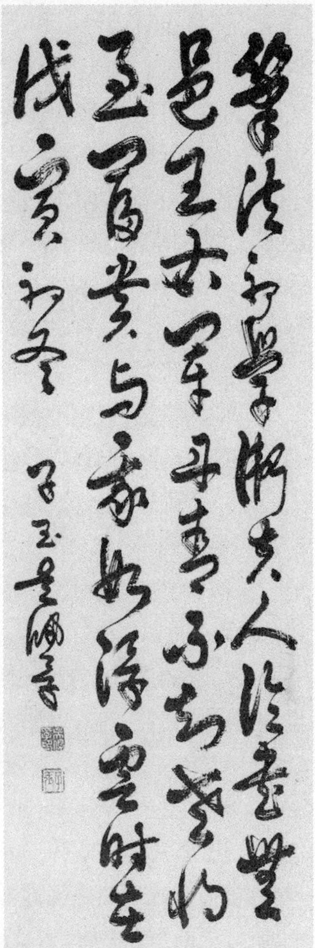

吴佩孚书法

吴佩孚排行老二，邻里乡亲都叫他“小二子”。他上面还有个哥哥叫吴道孚。但是随着吴佩孚出生与成长，吴道孚的体质日趋虚弱，不久就夭折了。如果按照蓬莱人迷信的说法，吴佩孚就具有克兄命，他不甘为人之下，要做老大。吴可成深信“书中自有颜如玉，书中自有黄金屋”的古训，自己没能以读书显名扬祖，便把希望寄托在子女身上。

当吴佩孚刚刚长到 6 岁，便被吴可成送到私塾就读。父亲吴可成对吴佩孚说：“只有好好读书，才会成为有大用处的人。”并对他讲了戚继光的雄才伟略，其中，更多是一些传说性的东西。小小年纪的吴佩孚居然听得十分认真，吴可成预感到，这个孩子是个读书的材料。

吴佩孚的启蒙老师是循循善诱的人，先生信奉的是“黄卷青灯，今日果然辛苦；紫袍玉带，他年何等威风”。这对吴佩孚的影响却不小，使他在心中立下了勤学不止的决心。

在学堂里，一般学生乘私塾先生不在，便放肆玩耍打闹，吴佩孚不仅不参与，反而正襟危坐，置身于喧闹声中，仿佛不闻不见，静心背诵功课。私塾先生发现这情景，十分惊讶，忍不住拍着吴佩孚的肩头，由衷地说道：“只有你鹤立鸡群，不与群儿同流合污，是可造之才啊！”

自此之后，私塾先生对吴佩孚另眼相看，把吴佩孚作为他一生的希望寄托予以刻意栽培，除了和其他学生一起学习外，还经常单独为他讲解《四书》，并教习作八股。几年后，吴佩孚成了先生的一个熟读《四书》、善写八股文章的得意门生。

吴佩孚小时候经常和小朋友到龙神庙、蓬莱阁游玩，入学后即开始诵读《蓬莱阁》石刻上的诗文。

由于小时候每天都到蓬莱阁游玩，吴佩孚对那儿的一草一木，非常熟悉。以后，他投身行伍，征战半生，离开故乡数十年里，他无时无刻不眷恋蓬莱阁的景物。

吴可成对吴佩孚的要求是很严格的。自从吴佩孚上了私塾后，吴可成不时地亲自教他认字念书。离开私塾后，吴佩孚想继续学习，可是家里却连一张桌子也没有。家里有个大石磨，搁在廊檐底下，吴佩孚的娘便找一块木板，往磨顶上一放，然后双手抱起了吴佩孚，叫他用骑马式，坐好在磨脖子上，就这样，书桌也有了，凳子也有了。

这一套特制的书桌和椅子，还有一层妙用，那便是小吴佩孚坐上去之后，根本就别想溜，如是想下地，非得大人把他抱下来才成。过路的街坊乡邻，看见吴佩孚骑在石磨上，咿咿唔唔地念书，吴可成笑容可掬地招徕生意，张氏当街坐着，一架纺车一只小板凳，一得闲便纺个不停，于是人们颌首赞许道："这家子人，将来必定发达！"

转眼间到了1888年，吴佩孚14岁了，可是，父亲吴可成害病死了，剩下孤儿寡母哭得天昏地暗，日月无光。这时家中一文积蓄也没有，吴夫人天生傲骨，再没有钱，也不开口求人，只得草草地埋葬了丈夫。

吴可成的去世，使吴佩孚悲痛万分，因为父亲是家中的顶梁柱，更是从读书上支持他，从处世方面引导他的人。这时，吴佩孚，可以说已胸怀大志了，父亲的死，无疑对他大志的实现带来较大的影响。

但是这时吴佩孚的母亲张氏显示了她的才能。从此，她夜以继日地纺纱，丈夫的亡故早已使她哀伤逾恒，心力交瘁。然而繁重的家事和工作，更使这位意志坚强的女人形销骨立，健康大受影响，但是她仍然坚强地挺着。吴佩孚在这时候也变了，从此他沉默寡言了，每天深夜伏在地上，看灯光闪烁，照映母亲日渐瘦削的面庞，单薄而佝偻的身子，他咬牙立志，发誓更加勤奋读书。咿呀的纺车声音，和读书声相唱和着，形成他一生最凄怆的乐章。

母亲如此辛苦，吴佩孚心中有不忍，决心自己赚钱养家，于是开始打探赚钱的活。有一天，他秘密地布置停当，然后蹲在纺车旁边，问母亲：

"娘，我也去挣钱，帮着养家，好么？"

母亲张氏抬起疲倦的眼睛，望了他一眼，说：

"你给我好好地念书，我们这一家子，指望都在你身上啊！"

"娘，我赚钱也是读书。""哪儿会有这种好事，"母亲一点也不相信，头也不抬地说，"还是等你念好了书，再去赚大钱。"

"娘，我说的是真的。"

"我不信。"

"娘，是真的。登州水师营在召学兵，一个月有二两四钱银子的饷。"

二两四钱的银子，在当时是一笔大数目，一家三口省吃俭用，加上母亲张氏的纺纱收入，就能有富余了。吴佩孚以为母亲听了会吃一惊，哪知道，母亲声色不动，只是在说："你别胡思乱想啦，才14岁的孩子，人家肯让你去当兵？"

"不是当兵，是当学兵。"

"就算是当学兵,你这点年纪也不够呀!"

看到母亲口气有点松动,吴佩孚站了起来,挺了挺胸:

"娘,我生来个子高,就说我 18 岁,也没人不相信的。"

定定地看了吴佩孚半晌,母亲脱口,喃喃自语:

"嗯,这孩子,是长得高。"

但是,即使个子长得再高,能够冒充得了 18 岁,吴佩孚母亲还是不答应吴佩孚进水师营。自从满人入关,多尔衮压制汉人习武,"好男不当兵,好铁不打钉"在中国人心目中形成牢不可破的观念。因此,吴佩孚母亲极力反对,同时,她将一切美好的希望,都寄托在这个儿子身上,更不愿他中辍学业。

结果,吴佩孚的请求被严词拒绝了。吴佩孚是极孝顺的孩子,尽管母亲这么劳苦下去,而且,不论母亲张氏如何焚膏继晷,拼命苦干,手工纺织的收入究竟有限,渐渐地一家三口三餐难继了。吴佩孚觉得自己作为儿子,不能袖手旁观。因此,一有机会便跟母亲絮叨不休,后来,他迎合母亲的心意,又一次兴奋不已地跑回家来说:

"娘,我打听得确实了,水师营里的学兵,上课上操,一个星期里面只有两天。"

"两天?"母亲张氏的心思,有点动了,出操上课,一个星期只要去两次,一个月充其量也不过八九日,倒有二两四钱白花花的饷银好拿,这个待遇,实在是太可观太划得来了。

一个星期去两次水师营,吴佩孚诚挚地说:"娘,还有 5 天的时间我可以念书。"

母亲张氏沉沉地叹了一口气:"你 6 岁起进私塾,9 岁就开篇作文章,12 岁念完了四书五经,好些个老夫子,都在夸你的诗和文章做得好哩。现在你都 14 岁了,家里没钱,请不起老师,还让你在私塾里当大学生。这么样念下去,我真不知你能念出什么名堂。"

一听母亲这么说,吴佩孚告诉母亲自己已经找好了老师李丕森。

一提起李丕森,母亲张氏又惊又喜。李丕森是登州府头一号好老师,他教出的举人、秀才有好些咧。如果儿子能拜师于他,不愁将来不发达,母亲张氏有点不信,停下手头的活问:

"你骗我吧?"

"不,是真的,"吴佩孚忙答,"李老师说,他看中我家贫而好学,书念得不错,诗也有点根底,他说他要好好地教我。"

"这,"吴佩孚母亲立刻便联想起钱的问题,不期然地有些踌躇,"我们怎送得起李老师的束脩呢?"

"娘,李老师说只要我肯发奋向上,好好地念书,他念在我们家道贫寒,宁愿分文不取。我也想这样不太合适。所以我想这么着,先去水师营拿几个月饷,等到明年开春,我们省吃俭用,凑一凑一笔数目,送给了老师当束脩,然后我再开始跟他念。"

多半是受了儿子能够从名师就读的鼓舞,母亲张氏很勉强地答了一声:"好吧!"

从此,母子俩更是省吃俭用以攒足拜师的钱。转眼之间过了年,转眼之间又开了春,拜师的钱也攒得差不多了。一天,母亲张氏换了一身干净衣服,叫吴佩孚也穿得整整齐齐,她取出了封好的一包纹银,备几色礼物,然后,她亲自领了吴佩孚,前去拜见李老师,行拜师的大礼。

二、落魄秀才入军营

蓬莱县城地处山东省东端，北临黄海、渤海，交通便利。1856年，第二次鸦片战争后，登州作为一个通商口岸对外开放，还准许鸦片进口，于是鸦片作为合法的商品，公开在全国各地大量倾销。吸食鸦片的人数剧增，登州府所属的大小城镇，贩卖和吸食鸦片的烟馆毒菌似地孳长起来。

在蓬莱县城里，大街小巷烟馆林立。烟馆内分设"雅座"和"普通座"两种。"雅座"是单房炕，上面铺着大红毯，专供豪门富室的烟鬼们享用；"普通座"则是在铺着席子的大炕上，放上几盘烟具，供一般烟鬼过瘾。当地嗜吸鸦片的烟鬼，不论穷富，都有躺烟馆的习气。烟鬼们不喜欢在自己家里开灯烧烟，而往往呼朋唤友来烟馆，喷云吐雾，不如此不算尽意。这时，已是秀才的吴佩孚也沾染上吸食鸦片的嗜好，成了烟馆"普通座"的座上客。

一天，他烟瘾发作，急匆匆来到烟馆，可是普通座已无虚席，就与店里伙计商量，就在雅座内供抽几口，抽完马上就走。店里的伙计见是吴秀才，便告诉他，有个雅座只有翁爷一个人，正躺着打瞌睡，要他自己去商量。

翁爷名翁钦生，是当地著名豪绅"八大家"中最有财有势的一个，开设的店铺远及东三省一带，朝内有本家人做官，他又同地方官府往来密切，是地方上一个举足轻重的人物。吴佩孚急于过瘾，只得挂着一脸笑容走进那间雅座。翁爷朦胧中听见响声，微睁双眼，见是吴佩孚，懒懒地问："小二子干吗？"

吴佩孚委婉地说明来意，但话没讲完，翁爷就伸开右脚，用力一踢，喝道："滚！"

吴佩孚猛地吃了个闭门羹，气得变了脸色，扭头就走。

这当时在蓬莱县城有一个号称"十虎"的小集团。十个成员原先都是不第书生，后逐渐结成集团，成为一批兴风作浪的讼棍和为人出谋划策的文痞。官府对他们奈何不得，"八大家"也惧怕他们三分。受辱的吴佩孚一气之下来到"十虎"聚处，把自己受辱之事诉说了一遍，恳求他们帮忙，为他出口冤气。十虎见秀才登门求救，受宠若惊，个个横眉怒竖，愿意为他效劳。

事有凑巧，不久，翁家因为老太太祝寿，张灯结彩，开设堂会，热闹非凡。满城官绅都来登门拜贺。男女贺客吃完寿宴后又分坐两旁看戏。正乐在其中时，十虎借拜寿为名，闯入厅堂。他们对男女同台演出，先是大呼小叫，拍桌打椅，厉声喝止台上演出；继而又指手画脚，大骂满座男女违禁律、助淫风，把贺客全都吓跑。

翁钦生见此惨状，气得吹胡瞪眼，边唤家仆捉拿十虎送官究办。这批"落拓书生"平时打讼诉、要计谋还有两手，而要和豪门家奴动武，就显得蹩脚了。顷刻间，"十虎"变成了"十鼠"，纷纷抱头鼠蹿。

当晚，翁钦生就打听到罪魁祸首是吴佩孚，遂立即亲赴衙门，嘱托县令拿办。

事发后，吴佩孚在家乡不能安身，只好远走高飞躲避官府捉拿。他急匆匆地整顿了行装，筹集了几两银子，连夜逃往北京。1897年，避祸外逃的吴佩孚来到北京，投宿于崇文门外巾帽胡同同乡人开办的"隆庆栈"。在北京，他既无亲友，也无人引荐，很快就身无分文，穷困潦倒。

此时，春节快要来临了，家家户户都要置办年货，贴春联，准备过年。为了糊口，吴佩孚就在

"隆庆栈"门口，摆了个写春联的摊子，依靠所得的微薄酬金过着饱一餐饥一顿的生活。新年一过，他的对联营生日趋冷淡，日子更加难过。店主孙老头念在同乡份上，替他出了个新主意："秀才念过经书，还是算命为好"。吴佩孚觉得此话有理，就从街上买了几本《河洛理数》、《六壬大全》及其他的"相命书"，关起房门研读揣摩。经过"研究"之后，吴佩孚在崇文门外摆起了卜卦算命摊，开始了他那卜卦糊口的生涯。

甲午战争失败后，民族危亡日益加深，原先一些"埋头书城，磨穿铁砚"的读书人，在整军经武以救危亡的呼吁声中，纷纷弃文习武，投笔从军。

这时，吴佩孚正为自己的前程在寻找出路。他感觉到卜卦算命虽能糊口，并非长久之计。一天，他与来京办货的堂兄亮孚，在算命摊边相遇。寒暄之后，他和堂兄一起进了附近一家小酒馆。几盅白酒下肚，两人便长谈阔论起来，从家乡的近况直扯到吴佩孚今后的出路。

吴亮孚望着佩孚若有所悟地说："如今内忧外患，年年打仗，我看处在这种乱世，也许在一刀一枪上还能博个前程。你在家乡就当过水师营的学兵，此时你既然进退维谷，无路可走，你何不硬硬头皮，索性走你往先走的老路子，去投了军呢？"

投笔从戎，这在科举入仕希望已经彻底破灭的吴佩孚脑子里，也早有盘算，今日堂兄一提更促使他拿定主意。他把杯中剩下的酒一口喝完，一拍桌子，说："依人不若自图强，还期我武在维扬"。

临别时，吴亮孚又再三叮嘱他说："莫迟疑了，拆了摊子，快快投军去！"

1898 年，驻扎在天津的淮军聂士成部，因在中日甲午战争中伤亡惨重，奉命招兵。于是，吴佩孚就到天津应募入帐。

三、曹锟器重子玉将

1911 年，辛亥革命爆发。山西革命军联络了同盟会秘密会员吴禄贞，准备在吴统率的北洋军第六镇的配合下，进攻北京。清廷得知消息后，立即派曹锟亲率第三镇驻保定的第一协，西出娘子关，攻打山西革命军。部队开抵娘子关时，炮兵第三标部分官兵哗变，原任标统撤职，在曹锟的提拔下，吴佩孚继任第三标标统，从此对曹锟感恩戴德。

1912 年，南北和谈达成协议后，孙中山辞去临时大总统职。2 月 25 日，南京临时政府派出以蔡元培为首的 5 个专使，到北京迎接袁世凯南下，就任临时大总统职。袁世凯为了拒绝南下就职，于 29 日指命曹锟在北京制造"兵变"。当日傍晚，吴佩孚的部下，配合步兵第九标的炮队，首先奉命兵变。他们驻扎在朝阳门外的东岳庙，下午 6 点多钟，穿着灰棉军服，提着步枪一拥而出，沿途大呼小叫，朝天乱放枪。

朝阳门外多的是饭铺和货摊，一时间被抢个精光。炮队一闹，第三镇的其他队伍不约而同上街。一时间，北京城内城外枪声四起，烟火冲天。兵变导致了袁世凯在北京就任临时大总统的阴谋得逞，随后，北洋军的镇改为师，标改称团。吴佩孚仍担任第三师炮兵第三团团长，驻扎南苑。

1914年4月，兵变有功的曹锟以长江上游警备总司令的身份，率第三师进驻岳阳，扼守湖南咽喉，监视南方革命力量。行前，曹锟将吴佩孚提为师部副官长。师部副官长在官衔上虽高于团长，然而却无一兵一卒，吴佩孚极为苦恼。但是，不久，吴佩孚就显露出他的才华，受到了曹锟的重用，并逐渐成为曹锟的心腹。

吴佩孚，字子玉，1874年生

事情的转机在于吴佩孚的一次演讲。

1915年，长沙举行了一次民众团体大会，湘督汤芗铭第一个训话。吴佩孚则代表未出席的曹锟演讲。凭着秀才的学识和卜卦算命的口才，吴佩孚出口成章，对湖南历史文化大加赞扬，对汤芗铭的“功绩”也极力颂扬。汤芗铭极为受用。

在一次与曹锟闲谈时，汤芗铭称赞吴佩孚是个“出类拔萃”的人，甚至要求调吴佩孚到督军衙门中来为他所用。曹锟一听，心想与其楚材晋用，不如楚弓楚得，于是对汤芗铭说，自己本来就要重用吴佩孚，婉言拒绝了汤芗铭的要求。不久，吴佩孚被提为第六旅少将旅长。吴佩孚受宠若惊，向曹锟发誓：“今后佩孚决尽心竭力，誓死追随，以报知遇之恩。”

1916年1月，袁世凯命令曹锟督师进川镇压云南护国军。为了笼络部下，袁世凯大封将军，乱授爵位。吴佩孚被破格赏为三等男爵，授予陆军中将之衔。而按洪宪封爵条例，师长一级只能受“轻车都尉”，尚在男爵之下。

然而，袁世凯称帝不得人心，结果众叛亲离，四面楚歌。面对此种形势，前线的曹锟忧心忡忡，坐卧不安。因为他在北洋系统中既无地盘，又无防区，袁世凯一倒，前景凄凉。

于是几次与吴佩孚商谈。吴佩孚则献计道：“表面与袁世凯虚与委蛇，暗中联络各地反袁将领。”

曹锟听后大喜，于是，采取了圆滑的两面政策。从3月起，曹锟表面上对袁世凯继续敷衍，暗地里却联络与疏通诸路反袁军。结果，在这成败荣辱的时刻，由于吴佩孚的献策及时得当，袁世凯倒台后，曹锟立于不败之地，从此他更加信任吴佩孚了，吴成为曹锟的心腹。

袁世凯暴卒后，北洋军阀分裂为直、皖、奉三系，分别以冯国璋、段祺瑞、张作霖为首，在这群雄鼎立的局势中，吴佩孚再次向曹锟献计，认为总统黎元洪不过是个傀儡；而国务总理段祺瑞手握大权，不可不防；副总统冯国璋控制长江中下游，是段祺瑞的惟一竞争对手，应当加以联络。而最重要的是自己手中必须有一支武装力量，这样在混乱的局势中才有发言权。吴佩孚提出了“扩充基本武力”的主张。于是，曹锟的第三师开始大肆招兵买马。

1917年7月1日，张勋复辟，曹锟吩嘱吴佩孚拟稿电贺，吴佩孚将稿拟好后，正好有至友请吃饭，喝得酩酊大醉，不省人事，将稿丢掉了。曹锟派人将吴佩孚叫去，要他把电稿读给他听，以便发出。这时吴佩孚还没全醒，就含糊地回答曹锟说：“张勋就要败了，还打什么贺电！”

不久，段祺瑞组织“讨逆军”讨伐。曹锟起而响应，被任命为“西路讨逆军”总司令，吴佩孚为先锋，率全旅进驻卢沟桥、宛平。6月，吴佩孚带领队伍对驻守丰台的张勋的“辫子军”发起进攻。张勋部队毫无招架之功，纷纷溃退。12日，各路“讨逆军”围攻北京。吴佩孚一马当先，领兵由彰仪门进攻天坛，驻守天坛的三千“辫子军”一触即溃，大部投降。张勋被段祺瑞击败，曹锟从此对吴佩孚更加言听计从。

张勋复辟失败后，冯国璋代理总统，而政府大权却掌握在国务总理段祺瑞手中。段祺瑞阴谋武力统一，决定对南方用兵，却遭到直系所属的长江三督即湖北王占元、江西陈光远、江苏李纯的反对，被迫辞职。属于直系的曹锟与皖系保持着良好的关系，他在段祺瑞的诱惑下，接受了徐树铮的指使，发出了主战的声明，并且当众表示：“我愿意战至最后一人！”

吴佩孚在保定得知后大惊失色，急忙赶到天津，向曹锟陈述利害，指出皖系利用异己的阴谋。曹锟如梦方醒，忙询问补救措施。吴佩孚提出了“先战后和”的主张，即先与南方一战以挫其锐气，然后与其议和，给段祺瑞当头一棒。曹锟闻言大喜，马上委托吴佩孚代理师长，率第三师沿京汉路南下，驻扎汉口，待命进攻湖南。

北洋军计划两路进攻湖南，第一路由总司令曹锟实为吴佩孚指挥，第二路由张怀芝、张敬光率领第五师、第七师从江西进攻。第二路推进缓慢，第一路前敌总司令吴佩孚的军队却连连告捷。1918年3月17日，吴佩孚围攻岳阳，湘军自动放弃，吴佩孚不费一枪一弹即进驻了岳阳。当晚，由于南方联军尚没退尽，刚入岳阳的吴佩孚以为中了埋伏，惊惶失措地命令部队撤退并下令炮轰岳阳城。18日晨，吴佩孚指挥队伍再次“占领”岳阳；26日，南方湘、粤、桂三省联帅谭浩明不战而退，溜出长沙，吴佩孚吉星高照，未遇任何抵抗，顺利进入了长沙。

入湘一战，吴佩孚声誉鹊起。在曹锟眼里，吴佩孚不仅是个熟读《四书》、计谋多端的秀才，更是一个能征善战的战将。从此，曹锟完全把兵权交付吴佩孚，逢人就夸耀道：“子玉是我最大的本钱。”

四、由敌变友联奉张

1924年9月，爆发了江浙战争。在战争爆发后的第二天，张作霖立即向曹锟、吴佩孚发起挑战，第二次直奉战争开始。张作霖自任镇威军总司令，亲率奉军新编6个军，向热河、山海关等地铺天盖地而来，大有一口吞掉直军的架势。

曹锟收到奉军大举进攻的消息，一日连发数份“十万火急”、“百万火急”、“限时限刻”的电报，速召吴佩孚来京主持军务。同时，他又派出一批专使到洛阳，督促吴佩孚立刻启程北上。

曹锟为了迎接吴佩孚，又特地将原来慈禧太后专用的花车一辆，拖到洛阳，作为吴佩孚的北上专车。9月17日，吴佩孚由洛阳抵达北京，曹锟立即委任他为“讨逆军”总司令。由于曹锟对战争毫无准备，作战前又匆匆改组了内阁，所以就授全权于吴佩孚，组织“讨逆军总司令部”。

第二天，吴佩孚把自己公署机构的全班人马搬到国务院衙门办公，改称“讨逆军总司令部”。这个司令部犹如军事内阁，分别处理有关军事行政事务，实际上已是北京政府的最高权力机关。

吴佩孚俨然已成了“全国兵马大元帅”，权势达到顶点。

18 日晚，吴佩孚在中南海内四照堂召集会议。被召集参加的都是军政方面的负责人。四照堂四面都是玻璃窗，电灯明如白昼。会议开始时，吴佩孚下面穿着一条白色裤子，上身穿着紫绸夹袄，外披一件黑色坎肩，坎肩的扣子不扣，嘴上叼着一根香烟，从内室迈着八字步踱将出来，直往首席坐定。他拿起曹“大总统”的“讨逆令”照本宣读。说来也怪，念到一半，四照堂电灯突然全部熄灭，半晌后才复亮。

在场的一些武将纷纷耳语：“不吉！不吉！这是不吉之兆。”

吴佩孚念完讨逆令，按照在洛阳所部署的讨奉计划，逐一点将和分配任务。他自任总司令，王承斌任副总司令，前方兵分东、中、西三路。后方援军兵分十路，张福来为援军总司令，统率各路援军。同时还发布了海、空运输等方面的任职令。军略布置可谓倾尽北方兵力，全力以赴，声势浩大。

吴佩孚对于韬略极有自信，历来军事布置都出自一人之手。但是，这次作战计划事先匆匆制成，缺乏全面周密的考虑，因此有些军兵种，如海军、空军都没有落实到什么任务，等到这些方面人员逐个向吴佩孚请命的时候，他才时时一个一个增添任务，写到作战命令中。他看到这样下去没完没了，于是不耐烦地站起来说：“这样尽管往下添，还成个命令吗？你们不能等着以后再商量吗？今天就是这样了，散了吧，散了吧。”于是大家一哄而散。

这出有名的“四照堂点将”引起不少出席者暗暗哀叹，认为“将骄兵惰，败兆已见”。

第二天，吴佩孚对蜂拥而来的各国记者夸下海口“逐彼张氏出东三省，而放其子学良于海外”，而扫灭奉军，“有二月之光阴已足”。他在部队开赴前线前，又像和尚念经似的向将领们诵了一段：“今兹为促成统一之战，诸君其各努力，他日者，奉事既定，而统一之局成，吾将可以释甲归田，长为共和国之良民矣，岂不美哉。”

吴佩孚手书

经过一番策划之后，第二次直奉战争便以空前的规模爆发了。

这次战争奉军先发制人。由于奉军对直军各师战斗力的强弱以及部队防守的驻地都已侦知；又已取得对曹锟、吴佩孚的行径一直不满的直系大将冯玉祥的默契，所以采取了避实击虚的方法。

战争一开始，奉军就首先向兵力最弱的防守热河的中路军进攻，连克数地。但是由于直军顽强抵抗，再加上江浙战争结束，援军源源而至，直奉两军很快在山海关一线形成对峙局面，双方都在伺机进行决战。

西路冯玉祥所率的第三军，开战以来一直没有战事。吴佩孚对冯玉祥是不信任的。四照堂点将时，他有意识地委派冯玉祥担任西路司令。因为这一路交通不便，地方贫瘠，不但行军困难，而给养也无法筹措。吴佩孚是想用参战之名，把冯玉祥部队调离北京，使他的力量消耗在荒寒瘠苦的长城外。

冯玉祥对吴佩孚的叵测居心，心明如镜，也早有打算。因此，冯玉祥在部队出发后，采取延宕的办法，每日行军路程仅二三十里，全不像开赴前线作战的样子，待部队到达古北口后，又以筹措给养为名而停止不前。

10月中旬，正值直军中路败退，东路混战紧迫之际，冯玉祥接到前方战事吃紧的情报，认为倒戈反直，回师北京的时候已到。10月21日，冯玉祥命令部队，将后队改为前队，偃旗息鼓，以一昼夜行军200里左右的最快速度，回师北京，发动“北京政变”，囚禁曹锟，电请孙中山北上主持大计。

冯玉祥发动的“北京政变”，不但结束了臭名昭著的贿选政府，而且对于在前方与奉军作战的直军也是一个毁灭性的打击。

在前线的吴佩孚得到冯玉祥倒戈反直、回师北京的消息后，惊怒交加，拒绝部下先克奉再解决北京问题的意见，率领万余人部队，仓促回转天津，向冯玉祥的国民军发起进攻。冯玉祥料到吴佩孚不肯就此罢休，军事上也有准备，趁吴军立足未稳，先发制人。

由于吴佩孚的部队刚从直奉前线抽调下来，早已疲劳不堪，在冯玉祥的国民军的冲击和包抄下，更是不堪一击，节节败退。与此同时，山海关方面的奉军乘直军内乱，急遽南下。而山海关的直军主力，由于内乱外攻，军心已经动摇，在奉军切断后路，全面包围下，除少数重要将领逃到天津外，其余全部被俘。在天津的吴佩孚也在奉军、国民军夹攻下走投无路，只好率领溃败的败部2000余人，坐船逃往南方。

吴佩孚乘船南逃，漂浮海上，处境狼狈。船到青岛，山东督理郑士琦不仅拒绝假道，而且拒绝供应淡水和粮食。吴佩孚只好再往南边，预备从上海入长江，过武汉再返洛阳。在途中，他竭力向各省军阀兜售他拟定的组织“军政府”的计划，但四处碰壁。他一气之下，径自回到洛阳，调动老部下，以图重整旗鼓。

吴佩孚喘息未几，肘腋之患又起。从前巴结吴佩孚的陕西督理刘镇华，乘国民军进入河南连连告捷之机，唆使其部下，东出潼关，进军洛阳，谋取地盘。守备洛阳的官兵，都是刚招募的新兵，未战先溃。吴佩孚在无兵可防的情况下，只得匆匆乘车出逃，准备到萧耀南处避难。

不料，逃难的火车还在河南省内行进时，就先后收到萧耀南和湖北省议会几次发来的急电，婉拒他进入湖北，这样逼得吴佩孚只能带领一班人马停留在鸡公山避难。

鸡公山的鸟语泉语声使人有脱俗之想，但给他带来的却是孤独凄苦之感，吴佩孚禁不住哀叹：“人海茫茫，究竟何处是安身立命之所？”然而，这时，在北京的段祺瑞政府发出了一道接一道的“逮捕吴佩孚解京治罪”的通令，国民军又攻至鸡公山附近，吴佩孚要想赖在鸡公山不走是不行的了，只得再次出逃避难。最后逃往自认为“发祥之地”的岳阳，托庇于赵恒惕。

北京政变后，冯玉祥在与奉张争夺北京政府控制权中失败，宣布辞职出洋游历。张作霖在控制北京政权的同时，调动大批奉军进入关内抢夺地盘。

奉系妄图将其势力伸向全国的野心使各省军阀人人自危，而首当其冲的则是冯玉祥和孙传芳。

冯玉祥、孙传芳二人在“抗奉自保”的一致目标下，很快不谋而合，两人结为“金兰之好”，相约南北两路同时出兵夹攻奉军。另外，他们都认为长江中下游吴佩孚尚有一定的影响和潜在势力，如能拉吴佩孚出来，既易于号召，又便以发动。因此，各派代表穿梭来往于岳阳、张家口、杭州之间，相商共同出兵讨奉之事。

冯玉祥、孙传芳的联合抗奉，为吴佩孚的“出山”提供了机会。吴佩孚岂能放过这重振军威的时机，他立即见风使舵，一变过去“讨冯”为“讨奉”，采取“联孙和冯”的策略，暂时迎合冯、孙主张，趁机借势而起。

1925年10月15日，孙传芳以反对奉军压迫上海工人运动为名，通电讨伐奉系，兵分5路向奉军猛攻，浙奉战争爆发。

吴佩孚趁势宣布出山，在汉口挂出了“讨贼联军总司令部”的招牌。而此时在吴佩孚心中，第一个敌人实际上还是冯玉祥，只是现在大势所趋，暂时收起“讨冯”的招牌，挂上一块可“讨冯”、可“讨奉”的模棱两可的“讨贼”招牌。

浙奉战争一开始，奉军就败退出南京。这时由于奉系军阀在各地的暴行和军阀混战带来的灾难，一个个全国规模的反奉运动掀起了。在全国反奉运动高涨的影响下，奉军将领郭松龄秘密和冯玉祥取得联系，在滦州倒戈，转过头向张作霖发起进攻。

最初，郭松龄的军队攻势甚盛，沈阳也危在旦夕。后来，张作霖在日本帝国主义直接出兵援助下，改变了其“下野亦可”的颓势，致使郭松龄兵败身亡。郭松龄倒奉虽然失败了，但是在军事上严重地削弱了张作霖的实力，使冯玉祥的国民军占领直隶全境，与国民军占领的河南地区连成一片。

国民军地区的扩大，引起奉张与直吴的恐惧，他们共同勾结起来对付冯玉祥。早在第二次直奉战争结束时，张作霖就派遣密使到鸡公山，对吴佩孚说：直奉战争的结果，是“鹬蚌相争，渔翁得利”，如果张、吴能联合起来，那就“天下无敌”。

郭松龄事件之后，张作霖死里逃生，对冯玉祥恨之入骨，特别害怕国民军在北京的发展，想与吴佩孚联合，以共同进攻国民军。

经过在前线的张宗昌与靳云鹏的往返传话，张作霖与吴佩孚日渐接近。1925年12月，张、吴代表会晤于大连，“大体取得了谅解”。次年，又商定了联合的条件。就这样，过去两个敌对的军阀，今日为了反对冯玉祥的国民军，又联合起来了。

1926年1月21日，吴佩孚正式通电宣布“讨冯”，并命令冠英杰率军进入河南。与此同时，张作霖也借进攻郭松龄残部为名，向关内进犯。这时，吴佩孚的“讨贼联军”总司令不变，只是“贼”的含意已明显由“奉”变为“冯”了。在奉直的联合夹攻下，国民军第二军几乎全部崩溃，岳维峻逃入山西。

河南的岳维峻被赶走，湖北的萧耀南又患心脏病去世，此时的吴佩孚又是踌躇满志，野心勃勃了。他洋洋得意地对部下大变其“循环理”，意思是说，事情的发展总是周而复始的，他吴佩孚从今又会由失败走上中兴。可是，他哪里知道，他今日的再起就是明日的再败，而且是彻底的失败。

国民军退出北京后，段祺瑞被逐下台，北京陷于无政府状态。吴佩孚抓住机会，急忙着手进行所谓恢复“法统”和组织政府的工作。吴佩孚深知自已在北京的军事实力远不及张作霖，只有从政治上加速进攻，要些花样，用护宪来恢复颜惠庆内阁与国会，争得北京政权，控制大局。

岂知“绿林”出身的张作霖也已懂得“智深须有忍，将勇贵能谋”，吴佩孚提出起用原曹锟手下的总理颜惠庆出来摄政，遭到张作霖的坚决反对，并针锋相对地借贿选大做文章，要求恢复约法，重建国会，甚至提出了重新组阁的人选。为此，双方争执不下。

尽管吴佩孚、张作霖双方存在着若干无法解决的矛盾，但当时的形势是：南方的广东革命根据地日趋巩固，北伐战争正在准备之中；北方的国民军虽败退，实力并没有消灭，冯玉祥虽暂时宣布下野，但仍扩充军队，接受苏联援助，并兵分3路与直、奉军队对峙，时时威胁北京政府。

对此，吴、张二人从各自所处的地位及利益考虑，决定维持目前的“联合”，并迅速采取共同行动，消灭共同敌人。在双方取得“军事为先，政治缓议”的一致认识后，吴、张终于在组阁问题上达成妥协。事后，吴佩孚曾向上海《密勒士评论报》主编发表过自我解嘲的谈话，说：“我和奉张就像初婚夫妇一样，偶然拌几句嘴是免不了的，日子一久，我们的感情就会一天天浓厚起来。”

5月28日，吴佩孚乘坐的列车，在两架飞机的护送下，抵达北京，与张作霖举行“两巨头会议”。张作霖与吴佩孚互换兰帖，结为兄弟，随即商定一致行动的计划：在联合攻下南口后，吴佩孚向前攻广东革命根据地，张作霖向北进攻北京的国民军，企图南北齐下，共分天下。

当晚，吴佩孚就乘车回长辛店，张作霖也回天津。在告别时，张作霖祝吴佩孚“马到成功”，吴佩孚则谦虚道“仗老弟洪福”。这时，这两个军阀异想天开地以为，将来的中国定是他们的天下，而不知乃是各自末日之来临。

五、北伐铁蹄碎营帐

根据“两巨头会议”商定的军事计划，直奉联军和国民军爆发了争夺南口的战争。本来按照约定，应该由吴佩孚来指挥关内的奉军、直奉联军和直军各部，攻下南口。吴佩孚在长辛店设立总指挥部，亲自指挥南口之战。他满有把握地夸下海口：“旬日攻下南口。”

但事与愿违，他所指挥的奉军和直鲁联军迟迟不发动进攻，存心持观望态度；他的一线主力，虽有6个旅的编制，但多由原国民军改编而成，勉强开到前线后，与国民军一接触，就马上溃散。尽管吴佩孚一再下达限期攻下南口的命令，并且用封官许愿的办法来引诱战士，可就是久攻不下。

在南口的争夺战正在紧张时，南方的广东革命政府开始北伐。7月1日，广东国民政府发表了《北伐宣言》；7日，国民革命军正式誓师北伐。而在此前，北伐的先遣队已开赴湖南，巩固北伐的前沿阵地。7月初，北伐军兵分3路进军湖南。在广大工农群众的热情支持下，北伐军一开始就占了优势，吴佩孚的军队被打得节节败退。

7月12日，北伐军占领长沙。

这时，吴佩孚陷于南北两线作战、顾此失彼的困境中。直系内部的一些将领认为吴佩孚的老巢在湖北，南重于北，应抽身南下，将进攻南口的指挥权交给奉系。可是，吴佩孚却认为如果自己放弃进攻南口的指挥权而南下主持湖北的战事，那京汉线北段的地盘，就会被奉军夺去，致湖北省咸宁县汀泗桥附近北伐军击溃军阀吴佩孚部队的战场旧址.

使无法继续控制北京政权。因此，他不管南方的告急电报多么频繁，还是咬紧牙关发誓："南口一日不克,本总司令一日不能南下。"

同时,他督促孙传芳出兵,要求唐继尧援助,以缓南方形势。但是,孙传芳为了避免卷入漩涡，对湖南战事采取了坐山观虎斗的态度。吴佩孚无可奈何,只得厚着脸皮,派其秘书长同奉军代表协商,表示愿意把北方军事完全交由奉军负责,自己则预备逐步抽出兵力,全力对付南方。从 7 月 19 日起,进攻南口的主力和指挥大权遂由奉军方面担任。8 月 14 日,国民军因形单力薄,寡不敌众,被迫放弃南口。

北方的南口战役刚结束,在南方战场上,吴佩孚的联军已无法抵御北伐军势如破竹的攻势。8 月 22 日,北伐军攻克湘北重镇岳阳,打破了吴佩孚固守待援的计划,使革命战争迅速推进到湖北境内。

随后,北伐军又以风卷残云之势,接连攻克通城、崇阳、蒲圻等县,南逼汀泗桥。吴佩孚接到岳阳守军的十万火急电报后,立即命令齐燮元驻长辛店,行使总司令职权,指挥北方军事,自己则率军星夜南下增援。自此起吴佩孚在北方的势力一落千丈,部队逐渐瓦解。

8 月 25 日,吴佩孚急匆匆赶到武汉,在查家墩司令部发出了"死守汀泗桥"的命令。汀泗桥为鄂南第一门户,地势险要,西、南、北三面环水,东南山崖耸立,只有南面有粤汉铁路可通,而铁路桥东,河深难渡,这是一个易守难攻的险要据点。

自古以来,汀泗桥是兵家必争之地。为死守汀泗桥,吴佩孚迁司令部于贺胜桥,集重兵于汀泗桥,企图凭借汀泗桥的天险据守,求得一个暂时喘息的机会。同时,他不断发出电报,急调京汉线各部队星夜驰援。

8 月 26 日,北伐军发起对汀泗桥的总攻击。直军尽力死守,吴佩孚亲率卫队到阵地督战,并组织 8 个大刀队,分 8 路监视各军,下令:"退却者,杀无赦!"凡遇临阵退却者,不分官兵,大刀队挥刀便砍。就在那一天,吴佩孚当场处决临阵退缩的中、下级军官达 9 名之多,因逃退被大刀砍掉脑壳的士兵不计其数。北伐军攻了一日一夜,进展不大。

27 日拂晓,作为预备队的叶挺独立团,被调来参加战斗。叶独立团进入阵地后,从右翼高山往下猛冲,第四军其他部队从铁路两侧配合,吴佩孚的军队在夹击下,被打得晕头转向,仓皇溃退。

这时候,吴佩孚气得两眼血红,几近疯狂,亲自手持大刀随同大刀队一起举刀飞舞,转眼间砍杀其溃兵 100 余人。然而,即使刀光闪闪,人头滚滚,也阻挡不了部下官兵的四散溃逃。当日正午,北伐军占领了汀泗桥,又乘胜追击,拿下了贺胜桥,打开了通向武汉的最后一道门户。

吴佩孚败退至武汉,紧闭城门,以守待援。他清楚地知道现在要守卫武汉,既无可用之兵,又缺乏忠诚能战的将领,只得命令败兵加紧挖掘战壕,在当地构筑炮兵阵地,想凭借武汉的城垣和长江天险暂作守卫，以待援兵的到来。吴佩孚为了表示自己要与城共存亡，反复地对部下说："我决不放弃武昌，我吴佩孚死在战场上比死在床上好。"

为"死守武汉"，吴佩孚不断发电报催促各方面迅速派兵前来武汉。但是，京汉线上吴所属的各支部队见势不妙，各怀鬼胎，虽经严电催促，却迟迟不来。杨森、袁祖铭忙于内部的争斗，无兵可派，孙传芳自感境况不妙，也按兵不敢动。因此，吴佩孚所有这些求援电报发出后，都像石沉大海，永无回复。

在北伐军围攻武汉的这段时间里，吴佩孚已无兵可调，心里又急又气，无奈自己力不从心，只得借助吹牛来支撑局面。他在司令部召开的军事会议上竭力吹嘘自己的武力，仿佛只要他亲自督师，就可以一举歼灭北伐军。他还发出通电，谎称其击毙北伐军数万人，其部队已占领长沙等等。

但是，吹牛似乎也并不能让吴佩孚苟延残喘，很快，在内外交困下，吴佩孚自知大势已去，于9月7日清晨，在一团卫队的护送下，偕靳云鹗等人偷偷地从汉口逃往河南。被困在武昌城内的吴佩孚残部，在外无援军、内无弹粮、军心瓦解的情况下，成为瓮中之鳖。

随即，北伐军占领了武汉。这从根本捣破了吴佩孚的巢穴，因为吴佩孚的生存靠的是汉阳兵工厂和武汉的饷源，断绝了吴佩孚的生命线。因此，武汉失守，可以说是从根本上结果了吴佩孚。

从此，逃到河南的吴佩孚尽管一再收拾残兵败将，以谋反攻，但在国民军和北伐军的强大攻势面前，直系内部将领人人自危，拥兵自重，各找出路，吴佩孚好不容易收罗的残军，还未来得及同北伐军交战，就自行瓦解了。

最后，吴佩孚只得急匆匆地向西逃窜，堂堂的"讨贼联军"总司令吴佩孚此时是人枪两空，他自知大势已去，遂不能不重新计议新的出路。

六、谁说败将无余勇

吴佩孚大势已去，天涯茫茫，四面楚歌。1927年6月，渡江南下，西逃入川，暂时投靠"子惠老弟"杨森。在逃窜途中，他的一行人马，疲乏零乱，风声鹤唳，草木皆兵，行至灰店铺时，当地土匪误认为他们是商队，企图抢劫， 枪将吴佩孚的秘书长击毙；再到太平店渡河之际，又遭到已改投冯玉祥的原部将张联陞的堵截，硬拼之下，吴佩孚仅率领200余残兵狼狈过江，连夜向南逃窜。以后，他为避免沿途守军的截击，只得带领残兵败将，专拣土匪出没的荒僻小路逃跑，凡过一山寨，必先命士兵手持"吴佩孚"的大张名片，向盘踞一方的绿林好汉借路，幸亏盗亦识货，他和小股人马一路畅通无阻。7月，他终于抵达巴东，由杨森迎至白帝城，以此暂作栖息之地。

在白帝城吴佩孚图谋东山再起之心不死。他表面上喝酒赋诗，哀叹自己的失败，并不得不发出通电，声明今后"政治于否均非我知"，暗地里却整日与亲信幕僚密议国内形势，策划于密室，并拟出一个东山再起的"计划"。不久，他在白帝城打出"孚威上将军"的旗号，搭起了"大帅行辕"的架子。

同时，吴佩孚加紧勾结四川旧交的军阀，向他们索取金钱和物质，还不断派人出省，暗中联络原部下将领。在多方游说和四处拉拢下，他的残兵败将相继尾随而来，结果，竟先后收容了二千多人。流亡的靳云鹗派遣亲信前来，表示自己带领的3万人愿听从吴的调遣，在北方统治已摇摇欲坠的张作霖，也命张作相代为转告：“公能督率川军，早日出征，则得之也。”表示愿与吴佩孚再度合作，共挽危局的愿望。

吴佩孚入川托庇杨森意欲再起的野心，引起蒋介石的南京国民党政府的反对和警觉。汪精卫在“七一五”政变后，由于国民党政府各政治集团的争权夺利，蒋、汪之间并未合流，也在加紧抢夺地盘，扩大势力。此时，四川各派军阀虽然名义上都已投靠南京国民党政府，但是实际上仍各自为政，独霸一方。蒋介石早已垂涎天府之国，只是力量有限，一时不能控制，现在吴佩孚入川，更使他担心四川因此而独立，于是施用各种手段，来驱逐吴佩孚出川。

首先，蒋介石从四川内部来发起讨吴活动。1927年8月20日，中国国民党四川旅沪同志首先发出通电，声讨吴佩孚。随后，成都又举行了颇有声势的“四川各界民众讨吴大会”，宣布吴佩孚历年祸国殃民30条罪恶，“共讨吴逆”。

同时，蒋介石设下调虎离山计，决定调杨森部队到湖北讨伐唐生智，以削弱吴佩孚所依托的杨森的实力，使吴佩孚在四川孤立无援，难以立足。12月，吴佩孚唆使杨森与武汉的唐生智联合攻蒋，阴谋败露后，蒋介石干脆以南京政府名义，公布吴佩孚祸国殃民的事实，发出通缉吴佩孚的命令，要求四川军阀协助捉拿吴佩孚归案。

吴佩孚为在四川有个立足之地，在与杨森共谋下，一出“缴械共管”的假戏有声有色地演出了。杨森先在万县一本正经地对外发表谈话，宣布“将其所有少数卫队武装解除”。接着，吴佩孚就在白帝城煞有介事地交出一批枪支弹药，遣散卫队中一些老弱残兵，并乘船移驻万县。吴佩孚演的这出戏，似乎告知人们：“这确实可以证明我是无政治野心的了。”

可是，没住上几天，吴佩孚就感到此地不能久留，因为万县地处川鄂交界，交通方便，蒋介石军队如入川捉拿，会缚手被擒。于是，他又借口“解除东道主困难”，率残部离万县北去，逃遁到四川腹地，选择离城30里的云雾山笠竹寺，搭起了“讨贼联军总部”的空架子。在深山古寺中，吴佩孚整日与跟随的僚属高谈阔论，窥测方向，慨叹国事非我不可为，自喜可以乘乱世，以杨森部队为依托，以巴蜀天险为根据，图谋东山再起。因此，他把云雾山看成了当年的鸡公山，又开始重温旧梦。

吴佩孚画

但是，吴佩孚和杨森的机谋既露，蒋介石所给予的压力也接踵而来。1928年4月，蒋、冯、阎、桂等新军阀，取得了暂时妥协后，开始全力向北进军，讨伐张作霖。在这样情况下，蒋介石为控制四川，采用“分而治之”，维持四川军阀内部不统一的策略。可是，吴佩孚在四川拉拢军阀，接纳旧部，密谋串联，使蒋介石感到这是他控制四川的最大威胁，必须予以剪除。

5月，在蒋介石的笼络和策动下，与吴佩孚有袍泽之交的邓锡侯，指使部下师长罗泽洲，包围笠竹寺，向吴佩孚发出了解除其卫队武装的最后通牒。这突如其来的行动对吴佩孚打击甚深，赤手空拳的吴佩孚只得又发出了愿为“太平之民”的哀鸣。

1930年秋，中原大地风声鹤唳，蒋、冯、阎、桂的中原大战正在策划之中。野心勃勃的吴佩孚不甘老死林泉，乘机又跃跃欲试。他招揽了一批失意军人、政客，扩充了武装，联络了各方势力，又准备出川“调解”政争了。

但是，蒋介石指使四川军阀刘湘派兵阻拦，只许吴佩孚一人经过，随同人员一律不得同行。吴佩孚刚刚举起的“孚威上将军”的“帅”旗未满一天，颓然倒下。1931年7月，吴佩孚借游览山水之名，悄然离开成都，而后进入西北。他宣称，他与国民党是鸟兽不可与同群，准备招抚旧部，以图东山再起。

然而，正如冯玉祥一针见血地指出：“吴佩孚到哪里，即可能把蒋介石的部队引到哪里。”12月，蒋介石密令杨虎城进入甘肃“驱吴”，吴佩孚又狼狈逃窜。

吴佩孚蛰居四川时，曾自撰一副很得意的自挽联：

> “得意时，清白乃心，不纳妾，不积金钱，饮酒赋诗，犹是书生本色。
> 失败后，倔强到底，不出洋，不进租界，灌园抱瓮，真个解甲归田。”

此自挽联，吴佩孚结果以后果真是说到做到了的。

1931年吴佩孚由四川来北平一段过程，生活极为艰苦，一路骑骆驼，绕道长城外，到包头时，得知日本已进兵东北了，幕僚说去北平无异入虎穴。吴佩孚说：“如此才不会受人包围。”车到丰台，张学良亲来迎候，吴佩孚见张学良头一句话，就问东北战况，张学良即以实告。吴佩孚听后大骂说：“国仇你不报，私仇你不报，你老子的棺材已经竖起来了！”

吴佩孚接着又说：“你怕抗日，我帮你抗日。我不是为名为利，我左手拿回东三省，右手交给你，你有仇不报，笑话！笑话！”

张学良在蒋介石严令不准抵抗的情况下放弃东北，代人受过，真是有口难辩，从此不敢见吴佩孚的面。

1931年底，吴佩孚辗转逃至北平，张学良对这位老世伯毕恭毕敬，安排了东四什锦花园胡同的大宅院为其寓所，每月送上4000元。

七、晚节自珍有气节

吴佩孚晚年定居北平时，因思想封建守旧，固步自封，不愿接受新事物和新思想，对国际形势和中国的政治经济，一窍不通。过去想靠着用武力统一中国，这迷梦终于彻底破碎。

为了寄托精神上的空虚，他先信道教，后来又改信佛教，并且当了悟善社的社长，终日奉庙乩坛，过着念经、写字、作诗的生活。吴佩孚缺乏固定的信仰，因而思想也常变化不定，读了有关吕洞宾的文章，便信起道教来；朋友江朝宗送他一部《金刚经》，于是又改信起佛教来。过了一些时候，他又加入了旁门左道的悟善社，竟迷信起扶乩来。这些都反映了吴佩孚的思想游离，陷进迷信的深渊里。

吴佩孚晚年治学杂而不纯，和家人幕僚好谈迷信，常和吴夫人说梦和神鬼的事，对国家政治和世界形势，则毫无认识。而为人始终傲岸自负，离现实太远。段祺瑞于1936年11月，在上海病逝，吴佩孚挽一联：

"天下无公，正未知几人称帝，几人称王，奠国著奇功，大好山河归再造；
时局至此，皆误在今日不和，明日不战，忧民成痼疾，中流砥柱失元勋。"

吴佩孚的为人本色，也在挽段的长联中充分流露出来。吴佩孚虽一生倔犟，也不免走到这种歧途上去。

1937年7月7日，日本发动侵华战争。吴佩孚又有复起的机会。日本帝国主义需要汉奸，需要傀儡来掩人耳目，"共建大东亚共荣圈"。而吴佩孚曾在中国政治舞台上显赫一时，有一定的影响力和号召力。于是，他成为日本侵略者选择傀儡的合适人选。

日本侵略者与吴佩孚早有联络。吴佩孚在白帝城居住期间，韬光养晦，闭门读书、练字自遣，不问时事。日本曾派驻上海舰队司令海军少将荒城二郎、海军驻上海特务机关长秀藤大佐专程前来拜访吴佩孚，转达日本军方意旨，愿意帮助山炮500门、机枪2000挺、步枪10万支，以及弹药被服，并赠银元100万元，支持吴佩孚东山再起。

吴佩孚说："我过去有枪何止十万，有钱何止百万，我还是失败了。由此可知天下事的成败利钝，决不在于有多少枪和多少钱啊！我们中国人家里的事，应该由中国人自己来管。日本人的好意，我吴佩孚敬谢不敏了。"

弄得这两个日本人灰溜溜而去。后来，吴夫人怕吴佩孚再遭不测，也为躲避一些失意政客想利用吴佩孚的威望多次的登门游说纠缠，就迁移到大竹县去住了。

1937年底，伪华北临时政府组成，把吴佩孚列衔"特高顾问"，每月"车马费"4000元，什锦花园吴寓也一改门前冷落鞍马稀的状况。吴佩孚也放出风声："要是民意让我出来，那我倒是可以考虑的。"

日本人对吴佩孚也确实情有独钟，确定了吴为中央傀儡政府的拥立对象，精心制定了代号"吴佩孚工作"的计划，派出了大迫通贞、川本芳太郎等高级特务负责吴佩孚"出山"，同时又诱唆一批社会渣滓向吴佩孚发出所谓劝进信、拥戴电，促吴"出山"。

1938年12月，重庆国民党政府行政院长孔祥熙，奉蒋介石之命，派吴佩孚旧部刘泗英潜来沦陷中的北平。刘泗英曾任吴佩孚政务处长，他在所穿的皮袍中，缝有孔祥熙的亲笔信。孔祥熙原嘱刘泗英抵达天津时，从租界中的中央银行取现款10万元赠吴佩孚，但因数字太大，刘泗英怕被日伪军警检查发现，没有取钱。

刘泗英在北平东城什锦花园吴家，潜住八日，长夜密谈。刘泗英返重庆复命时，吴佩孚用白色绸，以墨笔复信，由吴夫人张佩兰用针线密缝在刘泗英所穿皮袍夹缝中。吴佩孚又嘱咐刘泗英见蒋介石时，代为面陈三事：

(一)政府自武汉失守迁渝后，必须修时内政，彻底肃清贪污以收人心；

(二)在外交上必须加强，善于运用，英美两国绝对不能坐视日本把中国灭亡，将来攻东京日都者，必为美军；

(三)日本早晚必败，共产党已在华北发展，蒋公对于共产党应妥谋善后之策。

刘泗英向吴佩孚辞行，吴又赠一首七绝，请刘泗英转交蒋介石：

飒飒西风里，秋声动地哀。
斯民何所恃？端仗大英才。

吴佩孚和蒋介石的关系，从1936年春，即有往来。蒋介石深深佩服吴佩孚的人格，而吴佩孚也佩服蒋介石的才干，后来蒋介石偕夫人宋美龄北巡，曾宴请吴佩孚于外交大楼。

1939年1月，汉奸组织“和平救国委员会”，聘请吴佩孚为“绥靖委员会”委员长。

经过一段时间的会谈，吴佩孚逐渐明白，日本人不过是利用他达到控制中国的目的而已，而自己一旦上当得到的不仅是“尸位素餐”，而且还有千古罪名，为4万万人所不齿。于是，这位自命“肩担道义安天下”，标榜今生“不结外人，不借外债，不住租界”，以抗倭英雄戚继光同乡而自豪的吴佩孚，终于表明自己的对日态度。6月7日，吴佩孚给汪精卫复信，指出：“甲午丧师，庚子喋血，迄于‘九一八’事变，隐忍依违，专以不滋事为无上自全之策，敷衍因循，正如溃疡附身，终归一溃！”对于抗日前途是战是和，他信中说：“中国四万万民众，实为主体民意趋归，果以抗战为然，则任何牺牲均可弗计！”而他本人，则将“委质国家，誓与国家生存，同其命运，苟能河山无恙，自计已足。”

6月27日，汪精卫在日本侵略者的安排下，趁到北京与华北汉奸头子王克敏会晤，成立伪中央联合政府之时，约请吴佩孚在日本华北方面军总司令的官舍会面，商谈“合作问题”。吴佩孚大义凛然地说：“咱们是中国人，谈的是中国事，要谈就该在中国人的家里谈！”拒绝前往。

后来，汪精卫又提出“在顾维钧寓所进行会谈”，吴佩孚又以“在外面晤谈不方便”为词，提出要汪精卫“来敝舍会晤”，摆出威严的姿态，在寓所等待汪前来参见。为此，汪精卫不得不放弃与吴佩孚直接会晤的打算，于7月10日颓丧地乘车南下。

但是，吴佩孚的日本“学生”川本芳太郎，仍不愿罢休。他怂恿日本侵华派遣军总参谋长板垣征四郎出面，拜会了吴佩孚，再一次劝诱“汪吴合作”，共筹“新生之政权”，使“中日战争的和平解决”。可是，吴佩孚却强硬地回答：“日本既需要和平，何不先行撤兵，向国民政府请和？若办不到，何必找我！”

吴佩孚的态度既然如此强硬，日本终于决定选择汪精卫而抛弃吴佩孚。

日本在侵华战争初期，把促使吴佩孚的出山看做是日本开展“和平运动”的头等大事。这项工作使日本当局花费了巨大的人力和物力，耗资3000万巨款，然而，到头来却是一无所得。日本当局对“吴佩孚工作”终止后，以前冠盖如云、车水马龙的吴公馆，又变得门庭冷落了。这时，吴佩孚又开始了闭门喝酒赋诗打发日子了。

1939年11月24日，吴佩孚吃午饭时，饺子馅里肉骨头渣子正好嵌入左边一只镶有金牙套槽牙的牙缝里，疼痛难忍。家人急忙请医院里牙医来寓诊治。医院派来的牙医是日本人伊东，当场就替吴佩孚拔去了这颗槽牙。但到第二天，吴佩孚牙疼不见好转，而且左颚高肿，浑身忽冷忽热。家人又从天津请来中医郭眉臣来诊治。吴服用了几剂汤药后仍不见效。以后又遍请名医诊治，可是吴佩孚左颚肿痛越来越剧，甚至连粥和水都难以下咽，渐渐地两腮尽肿，喉头发炎，神情也恍惚了。

12月4日下午3时，“学生”川本芳太郎携领日本军医寺田及护士，由华北大汉奸齐燮元陪同来到吴宅。寺田稍作检查后，告诉川本这病非动手术去脓不可。川本不征求陪伴在一边的吴佩孚老婆和儿子的意见，竟自做主张地立即要寺田给吴佩孚动手术。齐燮元也在旁边极力劝慰吴的家属，要他们放心。3时45分，对吴佩孚实行手术。但手术后，吴佩孚一直处于昏迷状态，当晚就断了气。

精明过人的吴大帅死得不明不白，当时各方面传说纷纭。日本当局宣称：重庆方面害怕吴佩孚“出山”，于是收买人投谋毒杀；重庆国民党政府则宣言：“吴佩孚将军之死，据各方调查，得悉吴并非因病致死，确系敌威胁利诱，迫其发表拥护新政府宣布，被吴拒绝，乘吴牙疾就医致死。”

但是，长于卜卦算命的吴佩孚怎么也不会料到自己死后会这么热闹。国民党《中央日报》予以头版大标题报导。蒋介石亲发唁电，表彰吴佩孚精忠许国、大义炳辉。国民党行政、立法、监察三院院长和政府各部部长也纷纷致电哀悼，称赞他“大节凛然，数年如一日”，“足为我国军人之模范”，“可为中国旧军人最后一个典型”。几天后，国民党最高国防委员会和政府分别决议，追赠吴佩孚为一级上将。

与此同时，日本侵略者和汉奸政府也在北平大祭吴佩孚。头号汉奸汪精卫致电表示“哀悼良深”。华北汉奸政府连夜下令：三日之内，所有各省市一律下半旗致哀，由伪制安部总长齐燮元主持治丧处，拨款2万元。只见吴佩孚宅前，车马络绎，喧闹一时。

抗日战争胜利后，国民党政府于1946年2月对在华北沦陷时期保持民族气节，不当汉奸的吴佩孚下褒奖令并实行国葬，蒋介石特派军事委员会北平行营主任李宗仁代表他主祭，国民党第十一战区司令长官兼河北省政府主席孙连仲与北平市长熊斌陪祭，国民党军政要员，吴佩孚旧日袍泽及各方亲友，不约而来者近万人，由浮厝之拈花寺起灵，沿途观者众多，为光复后北平最隆重的一次大出殡。

八、纳妾虽多却无后

吴佩孚一辈子很重夫妻之伦，在他闻名于世的“三不主义”——“不住租界、不积私财，不借外债”之外，又有“四不主义”，即加上一条“不娶妾”，然而他从15岁第一次结婚，直到66岁被日本特务害死，他竟身不由己，前后共娶了4位夫人，而且居然始终都无法获得一位子嗣。

吴佩孚的第一位夫人叫王氏，据《吴佩孚先生集》记载，他15岁那年将王氏娶进了门，同住在他家开设的“安香杂货店”里，这位王氏夫人比吴佩孚大3岁，娶亲的时候吴佩孚已在登州府水师营当学兵，一个星期出一次操。吴佩孚娶了18岁的大太太，双方的感情还很不错，但是，王氏3年没有生育。

1891年，她一病不起，归葬于吴氏祖坟。

从18岁元配逝世，到31岁迎娶李氏夫人，其间13年，这是吴佩孚平生最穷困潦倒的一段时期。

由于吴家家中日子过得很苦，母亲有心再接一房儿媳妇，但是却没有钱。吴佩孚本人也在这段时间里东奔西走，一直到29岁时，才考取了袁世凯办的保定陆军速成学堂测会科。30岁毕业，吴佩孚派到日本守田少佐那边干情报工作，官拜中尉，一个月才拿到50大洋。

吴佩孚省吃俭用，结果在短暂期间之内，用薪饷、出差费、特支费，储备了300两银子，吴佩孚的母亲又起了为他再娶一房媳妇的念头。偏巧，这时吴佩孚请了一个星期的假，返回蓬莱家乡，结果遵照他母亲的意思，和李氏夫人成了亲。

李氏夫人一家，要算李家屯上的首富，她父亲早死，没有兄弟姐妹，一向和她母亲相依为命，她的一位亲叔父，便是蓬莱巨绅李少堂。这位富家千金，名门闺秀一直待到芳龄24岁方始嫁给了吴佩孚。当年吴佩孚是31岁。

这时的吴佩孚，因为多年的晦气熬出了头，在蓬莱父老心目中，早非昔日的吴下阿蒙了。他文中秀才，武授中尉，帮东洋人办事，拿双份的薪水；又为人热心诚恳，无不良嗜好，孝母爱弟，省吃俭用，尤被众人所称道。所以，也有不少大家闺秀，慧眼识英雄，愿意下嫁吴佩孚，遣人来提亲说媒的，络绎不绝。可是吴佩孚是个孝子，他惟母命是从，对于自己的婚姻大事，丝毫也不表示意见，吴太夫人一眼看中了李家大小姐，他满口应允，毫无难色。

据说，这位李夫人是典型的北国佳人，体态颀长丰满，明眸皓齿，艳光四照。光绪三十三年，吴佩孚在长春当北洋第三镇的管带，他把家眷接到了长春城里，当时第三镇的官长女眷多达好几百，其中就数吴管带的夫人最漂亮。

李夫人很贤惠，当时吴佩孚赶回家和她成亲，从营地到蓬莱，包括往返旅程在内，他一共只请了一个星期的假，吴佩孚惟恐耽误了时间，超过了假期，他是匆匆地来，匆匆而返，别说度蜜月，就是两情绻缱的燕尔之期，一共也只有两三夜，而且吴佩孚回到营地后，依旧是干他那惊险万状的情报工作，他把如花似玉的新婚夫人留在家乡，代他侍奉堂上，照顾他的三弟吴文孚，一晃便是整整3年。

吴佩孚的李夫人很美，而且相当贤惠，但是她是她母亲的独生女，母女相依为命，李老太太对她溺爱备至，难免有点娇生惯养。她跟吴佩孚结婚，对于吴佩孚的本人衷心敬佩，无话可说。但是，在蓬莱刚结婚的时候，李氏心里已经暗暗在嫌夫家窄门浅户，没有她娘家的气派。

这时，吴佩孚虽然每月都有可观的银两寄来，但是，吴老太太是吃过苦头来的，把儿子寄回来的银两，看得比性命还重，即使有能够花的钱，家里始终粗茶淡饭，荆钗布裙，李夫人当了官太太，用几文零用还得向婆婆伸手，新媳妇有什么委屈嘴上不说，一古脑儿闷在肚子里头。在娘家她母亲把她当做心肝宝贝，进了夫家什么好处都没有，还得听婆婆的支使，缝缝补补，亲操井臼，不久她便回娘家掇促她妈，以自己独居寂寥为辞，又回到了李家庄去住。

因此，当吴佩孚婚后离家的那段日子里，李氏一直都是住在娘家。对这一点，吴老太太十分不满。

吴老太太因为长子吴道孚早夭，一直把吴佩孚当长子看待。李氏夫人却不育，吴老太太急于抱孙子，心中焦急。于是，渐渐对李氏不满了。照这位老人家的看法，儿子已经荣任管带，一个月可支30两银子的薪俸，折合现大洋，便是一百二三十元，以他的地位与收入，多讨一房妻子，那又有什么问题。

这时，吴太夫人认定了媳妇的肚皮不争气，绝无生儿育女的可能。另一方面，在她家常来常往混得亲亲热热的张佩兰，不但人长得有宜男之相，而且她的家族也是人丁兴旺，张佩兰的兄弟姐妹甚多，这又使得吴太夫人更多了几分把握，所以她不顾儿子媳妇的反对，非逼着吴佩孚娶张佩兰为二房不可。

张佩兰 18 岁，她排行第三，上有一个姐姐，嫁了在长春当总商会会长的赵尊贤，一个哥哥，原为俄据长春时代即已开设照相馆的张春龄。哥哥、姐夫都是商家，张佩兰见了文武双全，英雄年少的吴佩孚，芳心仰慕不已。

在长春时，吴太夫人与儿媳妇关系紧张起来后。一天，婆媳之间的矛盾由暗变明，形成火山爆发。吃晚饭时为菜的咸淡这件小事吵开了，各不相让，吴佩孚夹在中间左右为难。吴老太太把积在心里的一块心病也和盘托了出来："我养只母鸡还为我下几个蛋，娶你进门三四年连屁都放不出一个来，你看你还有什么用！女不孝有三，无后为大，你要有本事就给我生个孙子出来！"

吴老太太一古脑儿把积在心里的话全都抖擞了出来，这些话正说到李氏的痛处，她也终日为不能生育而难过。这会儿再也坐不住了，捂着脸跑到房里放声大哭起来，整整哭了一夜。第二天一早，吴佩孚百般劝阻无效，李氏收拾一些换洗衣服，头也不回地去车站搭火车回蓬莱娘家去了。

李氏走后，张佩兰乘虚而入，一声一个"干娘"叫得更勤了。以前是每天两次到吴老太太面前请安，现在干脆一天到晚在老太太身边，晚上和老太太睡在一个炕上，百般殷勤，把老太太哄得不知东西南北了。老太太夸奖说："干闺女真好，我要是有这么个儿媳妇就好了。"一句话把张小姐的脸说的通红，扭头跑开了。

结果，吴太夫人对张佩兰更加满意，于是一心要撮合这门婚事，对待张佩兰更好了。

1907 年，张佩兰和吴佩孚在长春结婚，不久，吴佩孚安排李氏、张氏同住长春三道街杨家大院的一座屋顶之下。第一个月，三方容忍，于是相安无事，波涛不兴。一个月后，双方就醋海生波，时起纠争，使得吴佩孚左右为难，进退维谷，居然毫无办法。逼急了，他便大发牢骚，自怨自艾。

吴佩孚曾为此报以幽默自嘲："'惟女子与小人难养也'，我夹在两位夫人之间，左右为难，也许这更是对我的一种磨炼。如果我能有调和妻妾的襟度，来日用之于世，说不定我便能收揽天下英雄豪杰的本领。"

辛亥年，吴佩孚因功擢升上校，更驻防在北京。这时候吴太夫人已于 1910 年病逝长春，他成为一家之主。这时，李氏夫人的神经开始不太正常，吴佩孚日以继夜地陪伴着她。1913 年，吴佩孚改任第三镇副官长，奉命随部南下，李氏夫人不许他走，吴佩孚的“家室失和”因而也为之公开。

这时候，吴佩孚已经成为曹锟的心腹肱股，曹吴两家，经常都有来往。曹锟的夫人心肠热而人缘好，当她听说吴佩孚的那位大太太，闹得吴佩孚走投无路，束手无策，她便挺身而出，加以调解。她和李氏夫人谈条件，自愿将曹锟保(定)寓(所)花园旁边的一幢精致的别墅，让出来给李氏夫人住，她雇了几名年轻貌美的女孩子，供李氏使唤，并且给她作伴。曹锟夫人并且要吴佩孚拿出每个月薪饷的一大部分，即 300 大洋，作为李氏的生活费用。吴佩孚说凡此条件并非是说夫妻分居，而是以这点获得李氏准他随军出发的允诺。

但是事实上这就成为了吴佩孚和他的发妻分居的开始。分居后他独自一人随军南征，但是，不久张氏便带了大批的酒食罐头，远赴岳州劳军，因而博得“吴夫人”犒劳将士的贤名。

她一到岳州，马上就成立了吴公馆，从此以后，张氏便一直在吴佩孚的身边。

但是，住在保定的李氏夫人的日子却过得很不好受，她的情绪越来越焦躁，心情越来越烦闷，她整日抑悒，无以排遣，后来竟犯了吴佩孚的大忌，染上了鸦片瘾。一个明艳照人，聪明能干的小妇，居然会变得蓬头垢面，形销骨立，整日一榻横陈，吞吐云雾。吴佩孚明白这一切都是由他而起的，李氏为他饱受爱情的折磨，但是，他又鞭长莫及，爱莫能助，他只好任她堕落消沉，陷入无以自拔之境。

李氏在保定，鸦片烟抽得非常凶，一个月 300 大洋的生活费，还不够她买鸦片烟的钱，用费不够时，都由曹锟夫人私下为她补贴。李氏这样猛抽鸦片，不仅是为了麻痹神经，打发了无聊的光阴，甚至大有慢性自杀的意味。

1917 年吴佩孚率师讨伐张勋复辟，荣升北洋第三师师长的宝座。1920 年自衡阳撤军北上，击败皖段，权倾中央，吴佩孚成为举国皆知、世间闻名的大人物。而在这八九年间，吴佩孚的声威日隆，事业辉煌，相反李氏却在保定形只影单，凄凉落寂，吴佩孚的威名如日中天，反而带给她更深的痛苦，更大的刺激，于是她的精神病越来越厉害，甚至发作时她居然会动手打人，而且好几个人都无法将她压制住。

李氏夫人终于于 1920 年 9 月 9 日郁郁而卒，这也使吴佩孚抱恨终身，伤心万分。

这位北国佳人，孚威上将军吴佩孚的正室夫人病逝于保定时，年仅 41 岁，她和吴佩孚结婚 17 年，同居在一起的日子，屈指可数。身后的哀荣，不能抵生前的痛苦的万分之一。

至于吴佩孚的第二位夫人张佩兰，凡是见过她的人无不盛赞她的娴雅文静，温柔体贴，吴佩孚的衣食起居一向由她掌管，她把吴佩孚服侍得周到异常，对待僚属也很宽厚，她是旧社会中够标准的贤妻，惟一的遗憾是她也始终不育。

张佩兰夫人从不过问吴佩孚的外务，但是，她娘家的亲戚无不攀龙附凤、位居要津，因而吴佩孚的戎幕中

吴佩孚

有所谓的“妻党”。吴佩孚的亲属只有一位弟弟吴文孚，和他的一个儿子吴道时，洛阳使署“内衙”，大部分是张氏夫人“妻党”的天下。

1923年，吴佩孚在洛阳过50大寿。这时，吴佩孚可谓春风得意，他的声望达到了个人的生命的顶峰，但是有一件事令吴佩孚闷闷不乐，那就是膝下无子。为了生子，吴佩孚违背誓言纳了张佩兰，可是十几年过去了，自己已经是50岁的人了，张佩兰也已是38岁的人了，但是仍然不能生育。所以吴佩孚和张佩兰夫妻俩很为膝下无子的大问题着急，打针吃药，求神祈佛，一概都不发生作用，吴佩孚已明白他已无法弥补这终生的遗憾，迫不得已，他乃决定以胞弟文孚的儿子吴道时为嗣，承续烟火。

6年以后，吴佩孚兵败入川，成为了川陕边际督办刘存厚的“上宾”。

1929年3月8日，吴佩孚在大兴寺做56岁生辰，张佩兰夫人这时也已经44岁，她曾经挑选一名丫环，劝吴佩孚收房做了小妾。她还希望这名丫环能给吴佩孚生下一男半女。

这位小妾后来曾和吴佩孚同到北京，但努力了10年，直到吴佩孚离开了人世，小妾仍然是空空如也，吴家人不得不信命了。

吴佩孚终于一生没有子女。

东南军阀孙传芳

一、贫寒流浪少年时

孙传芳

山东泰安县城以东，距泰山约40华里有一个村子叫下乔庄，庄上住着一户孙姓人家。在公元1885年的4月17日夜半，在这户人家里传来初生婴儿的啼哭声，一名男婴来到了这个世界上。四十余年后，这个出生于动荡岁月的男孩，自封为东南5省联军总司令。

这就是独霸南方半壁江山、风云一时的军阀孙传芳。

孙家是从孙传芳的祖父一代移居下乔庄的。孙传芳的祖父名叫孙振仑，是一个地道的农民，家境并不宽裕。孙振仑生了1个儿子，即孙传芳的父亲，名为孙育典。由于受当官发财，出人头地以光宗耀祖的传统观念的影响，孙振仑一心想让儿子读书，希望将来能捞个一官半职。

因此，孙育典青年时代勤奋读书，锐意进取，20多岁时便考中秀才。然而，后来屡试不第，不管他如何努力，却始终没考上举人，绝了当官这条路。由于又不想以满腹的学问仍走祖辈务农的路，他只好做了一名私塾先生，以教书维持生活。

虽然教书的收入非常微薄，孙育典却是对学生非常认真负责，管教起学生来也是极为严厉。一些不肯规规矩矩听讲的顽皮孩子经常要受到他的呵斥，有时还要罚站，或打手板。为了学生的前程，孙先生可以说是用心良苦，因为弟子考上个举人进士，也能给他这个落第秀才争点光，换回点面子，因此，严师出高徒成为了他执教的信条。

先生对学生严加管教，本来对学生当然是件好事，但是，没想到孙育典却因此而惹祸上身，引起了一场祸端，而他自己也因此一命呜呼了。

事情是这样的：在孙育典任教的私塾里，有一个孙姓本家的大舅的孩子就读。在上课的时候，由于这个孩子不服先生的管教，孙育典便打了这个学生。但是，孩子的父亲，即本家的大舅却不依不饶，并与孙育典扭打起来。

孙育典本是一介书生，怎能打得过整天干体力活的农民，在扭打中，孙育典的发辫被揪下来一大绺。发辫被揪，对于私塾先生来说，当然太伤脸面子，没有了师道尊严不说，连做人的自尊也损害了。孙育典从此一蹶不振，不久得伤寒而一命归阴了。孙育典死的时候，孙传芳还是一个六七岁的少不更事的孩子。

孙育典死后，孙传芳的母亲带着他们姐弟，日子很不好过。孙传芳的母亲张莲芳出身于历城一带黄河河工的家庭，张莲芳的父亲原是黄河上的一个小工头，家境还算殷实。张莲芳嫁到孙家后，为孙育典生了3个女儿1个儿子。

孙传芳排行最末，又是孙家儿子，四代单传，孙传芳的字是馨远，意即为孙家传递香火，流芳百世。有了母亲和3个姐姐的宠爱，孙传芳自然成了家中的宝贝。

孙育典去世时，长女、次女都已经出嫁了。长女嫁与商河的程姓人家，家里开了个钱铺，家境颇为宽裕。次女嫁给历城吕姓人家。

丈夫去世后，张氏带着幼女和孙传芳，三人相依为命，日子过得非常艰难。孙育典生前仅是一个穷教书先生，维持全家的生活都成问题，根本没有积蓄，死后也没留下什么家产。所以，张氏只好暂时依靠孙育典的堂兄弟们过活，尝够了寄人篱下的滋味。

但是，张氏终因忍受不了妯娌、堂婶的欺凌，于是带着孙传芳及幼女投奔孙传芳的大姐程氏那里栖身。由于程家生活比较宽裕，在那里，张氏母子3人的衣食不成问题，孙传芳的童年生活也算是又安定下来。但是，到了孙传芳十三四岁的时候，山东兴起了义和团运动。张氏母子的生活又被打乱了。

19世纪末年，原是反清秘密组织的义和拳逐渐转变为以反洋教为宗旨的群众团体。原山东巡抚毓贤既有盲目排外思想，又无兵无力剿灭义和拳，便改义和拳为团练，称义和团。1899年底，清廷便改任袁世凯署理山东巡抚。由于当时西太后对义和团态度暧昧，袁世凯开始尚不敢对义和团大动干戈。1900年6月，西太后对外宣战后，袁世凯采取极其狡猾的手段，驱使山东义和团"北上助战"，对于那些不肯受骗而仍留山东境内的团民，袁世凯即为"黑团"罪名，严酷剿杀。泰安也是山东义和团活跃的地区之一，时有袁军与义和团角逐。岁月如晦，风雨如磐，在兵荒马乱时，张莲芳于是又带着子女迁到了省城济南暂居。

在济南城内，张莲芳母子无亲无故，只好在街上摆了一个茶水摊招揽顾客，又让在家乡练过几年武术的小女儿在茶摊旁边耍上几手拳脚，以吸引茶客。茶客或过路客人围观后，乞钱的任务自然就是孙传芳和三姐两人的事了。

一次，孙传芳在茶摊玩耍时，竟不小心把茶壶打碎。他的母亲见了，又疼又急，劈头盖脸地便把孙家的独苗、惟一的儿子结结实实地打了一顿。但是，一会儿，看着儿子鼻青脸肿的样子，张莲芳也禁不住抽泣起来。

光靠摆茶摊是养活不了一家三口的，张莲芳只好在摆茶摊之余，再找些缝缝补补的活计做。一次，张莲芳在替武卫右军营务处的兵士们洗衣时，偶然得知营务处有一位秀才出身的军官因夫人患疯癫症久治不愈，心里备感苦恼，正想找一个健康的姑娘为二房。

张莲芳一打听，这个秀才出身的军官叫王英楷，也是山东人。他幼时极爱读书，想走"学而优则仕"的道路，并考中了秀才，但后来也是屡试不第，没考中举人。但是，后来，他凭着自己秀才的学识进入了北洋武备学堂，成了袁世凯北洋军中的一员。武备学堂毕业后，他便成了虎卫右军劳务处的一名军官。

张莲芳在得知王英楷想讨二房这件事后，便想到自己的三女儿。她的这位女儿虽不漂亮，倒也还机灵，又是花季般的年龄，并且王英楷虽是军官，但是秀才出身，也不是一介莽夫；如果能把女儿嫁给他，母子的生活也不再发愁了。出于这样的一番考虑，张莲芳便托人从中说合。

相见后，王英楷见孙传芳的三姐伶俐健康，便欣然同意。

这样，张氏和孙传芳便成为这位秀才军官的丈母娘和小舅子了。

孙传芳的三姐续弦给王英楷后，张氏母子也一同住进王家，由王英楷供给衣食。

王英楷饷银丰厚，衣食不愁，供养岳母和小舅子，也毫无意见。不久，王英楷见孙传芳人很聪明，头脑又灵活，但年纪不小了却没读过几天书，便让他同王家的子弟一起读私塾。这对于长期处于衣食无着状态的孙氏母子来说，是做梦也没想到的喜事，于是高兴地答应了。

这时，孙传芳已经 15 岁了。

为了向外人掩饰孙父的落魄及家世的萧条，张莲芳又把儿子改名为了孙传芳，并把籍贯由泰安改为山东历城县，以孙传芳二姐婆家所在的地方作了孙传芳的出生地了。

在孙传芳的三个姐姐、姐夫中，大姐家曾经为张氏母子提供了一段时期的衣食，但是，三姐夫王英楷则不仅是养活了母子二人，而且为日后孙传芳的投军发迹打开了门路。

二、姐姐嫁军弟从军

在孙传芳人生道路上，王英楷可以说是对他有知遇之恩的第一人。

1901 年，直隶总督李鸿章病死，清朝廷授命袁世凯出任直隶总督兼北洋大臣。袁世凯离开济南往保定搬迁，王英楷也携家带口到保定来了。保定府自从变成总督衙门驻地后，渐渐地为全国著名的培养军事人才的基地。北洋速成武备学堂、北洋陆军师范学堂、保定陆军军官学校等，犹如雨后春笋相继破土而出，将尚武之风吹向全国。

孙传芳随姐夫搬到保定时，此地的军事学堂尚在创立时期。这时，袁世凯为了编练北洋军，决定先在保定东关外设一短期培训性质的练官营。

孙传芳一听到练官营开办的消息，马上跑去求王英楷：

“姐夫！你推荐我入营当学兵吧！”

孙传芳身材不高，瘦巴巴的，王英楷一听，以目测壮丁的眼光看着站在面前的内弟，他显然不是习武的材料。

“你也想投军？”王英楷带着不相信的口气问。

但是，随后，略一思索，他拍了拍孙传芳的肩膀，说：

“馨远，你这张嘴巴将来吃不了亏，最好还是去读书。你仔细想想，如果你有这份心，我就推荐你。但是习武可不是光动嘴巴的事噢！”

孙传芳这时已经下定决心了。就这样，17 岁的孙传芳迈进练官营，在步兵科第三班当学兵。年底，经练官营总办冯国璋批准，他又被免试保送到北洋军速成武备学堂。

在学校里，孙传芳学习十分卖力，其中，即使老母去世，他也未敢在灵前多尽孝道。这样，他的学科和操法每次考试都名列前茅。

1904年，孙传芳作为高材生从武备学堂毕业了。这一年正赶上北京练兵处考选陆军学生派往日本留学，学堂选送40人去京应试，孙传芳是其中之一。

经过考试，果然孙传芳榜上有名。

孙传芳1904年夏去日本，先在振武学校学习。振武学校是当时新设的一所学校，是专为留日学军事的中国学生设立的，每名留学生初到日本必须先在这里学习3年，毕业后还要以“士官候补生”的身份到日本的军队中去实习1年，实习合格后才能升入日本陆军士官学校成为正式的士官生。所以直到1907年底，孙传芳才成为陆军士官学校的第六期学生，他的同学中后来成名的军事将领有山西军阀阎锡山、湖南军阀赵恒惕、云南军阀唐继尧，以及李烈钧、程潜、李根源等等。

蒋百里也是这里的学生，并曾获得第一名，后来成为孙传芳军师，他曾由日本皇室亲自颁发证书。孙传芳在士官学校，他还结识了一批日本军人。其中如冈村宁茨、板垣征四郎、土肥原贤二等，这些人后来都成为日本极端军国主义分子和日本侵华战争的主要战犯，对这帮好战分子，孙传芳在留学时期却极意巴结，处处仿效，尤其与冈村宁茨过往密切。十几年后，他称霸东南时，还特地以800大洋的月俸聘请冈村宁茨作他的私人军事顾问。他的军阀思想，正是在日本陆军士官学校灌输成型的。

这时，孙中山也正在日本倡导革命，孙传芳曾抱着猎奇的心情和同学一起去听过孙中山的演讲。并且也乘兴报名参加了同盟会，但是，他对同盟会的组织纪律、行动纲领一概不感兴趣，参加同盟会只是为了赶赶时髦。

1909年3月，孙传芳作为日本士官学校毕业生回国了。回国之后，他准备参加陆军部在北京主持的留日士官生考试。这时，王英楷已经升任陆军部右侍郎，正在北京的任上。

这次考试的副考官正是王英楷。孙传芳来到北京后自然是住在姐夫家。对于考试的事，二人自然是心照不宣。在考试之前，王英楷又勉励了孙传芳几句。

在考场上，因为有姐夫坐镇，孙传芳的心里特别踏实，发榜后当然顺利过关，被陆军部授予“步兵科举人”，并授步兵协军校。根据他的成绩，天津督练公所派他到北洋陆军第二镇第三协第五标任教官。

孙传芳对自己去的第二镇是再熟悉不过了。这第二镇就是他姐夫王英楷1903年在保定以6000新练军为基础编制而成的，它在北洋六镇中成立最早，是北洋派的基本武力，其统带、管带等各级军官大多是袁世凯从天津武备学堂网罗来的，武器装备也比其他镇优良，是袁世凯非常宠信的一支嫡系部队。

孙传芳的第三协的协统是王占元，字子春，山东馆陶人，也是孙传芳的老乡，因排行第二，同僚私下常唤他“春二哥”，孙传芳一到第三协，便与这位协统一拍即合，形成忘年之交。

原来，王英楷任第二镇第一任统制的时候，王占元是他手下的一个标统，因为都是老乡，对他照顾较多，现在老上司的小舅子来到自己帐下，王占元自然是多加关照了。这时，王英楷也算是个军界实权的人物，与孙传芳搞好关系，对王占元自己是有百利而无一害。并且，孙传芳留过洋，见多识广，脑子灵活，能说会道，别人办不成的事，他去交涉，定能马到成功，而王占元手下正需要有这样一个善于周旋的人物。

从此，孙传芳随着王占元的发迹而飞黄腾达。

在王占元倒台时，孙传芳又见风使舵，另觅靠山，凭着他投机钻营，巴结奉承的本领，一路高升，最终成为风云一时的人物。

三、才干超群屡升迁

孙传芳身材矮小，其貌不扬，一副大脸总是笑容满面，不让人觉得此人难对付。然而，真正办起事来，他那一对三角眼却射出两道凶狠的光芒，令人胆战心惊，熟悉他的人称他为“笑面虎”。

孙传芳为人精明强干，非常敏感，喜欢看书，这一点与大字不识一筐的张宗昌大不相同，他也绝对没有韩复榘那种自以为是的笑话。平时，孙传芳手不释卷，经、史、子、集多有涉猎，而且口才极好，颇为健谈，曾叫蒋介石的说客张群甘拜下风。

孙传芳对中国历朝的兴亡盛衰，很有一番研究，说起来滔滔不绝，给人以饱学之士的印象。孙传芳善于应酬，见人自来熟，交际甚广。这可能是他多年寄人篱下时，为了讨好主人而练就的功夫。

因此，在军队中，他不仅深得上司欢心，也受到下级的爱戴，因而与本协本标的人相处甚是融洽；不仅如此，孙传芳也常去其他部队走动，和其他部队的军官也常来常往，一起吃喝玩乐；特别是和王占元的关系叫人刮目相看。

在孙传芳的军阀生涯中，如果说王英楷的养育使他脱离了困境，免受了饥寒之苦，并为他奠定了基础，铺平了道路的话，那么王占元的提携则为孙传芳大开了方便之门。从此，孙传芳的前途和王占元紧紧地联在一起。

中华民国成立后，第二镇改为第二师，孙传芳改任第二师第二辎重营营长。1912 年，他随王占元到河南固始一带参加了对白朗农民起义军的围剿。1913 年，袁世凯派人刺杀了国民党人宋教仁，而后又罢免了国民党籍的柏文蔚、李烈钧、胡汉民三都督，二次革命随之爆发。由于国民党内部派别林立，意见分歧，于是反袁斗争宣告失败。这样，北洋军阀的势力扩展到了长江流域。

随之，王占元由于镇压国民党人有功，率领第二师进驻湖北。这时，孙传芳已被提拔为步兵第六团团长，经常为王占元出谋划策，成了王占元的左右手。

1915 年，王占元署理湖北都督，孙传芳曾代理都督公署参谋长的职务。次年，王占元实任湖北都督后，孙传芳更多受信任与器重，升官为步兵第三旅长。孙传芳由此对王占元更加感激涕零，不遗余力地表示自己的忠心。

1917 年，孙传芳升为第二十一混成旅旅长，不久又晋升为湖北暂编第一师师长。其升迁之快，令同僚惊羡不已。

作为王占元的心腹智囊，孙传芳时常作为湖北的代表办理对外公务，有时甚至还代表督军检阅师、旅部队，在湖北大有一手遮天之势。许多欲走王占元门路的人，纷纷先拜晤孙传芳，求得孙传芳为其美言。

1920 年 7 月，在直皖战争中，王占元拘留了段祺瑞的亲信、长江上游警备司令吴光新。8 月，孙传芳代替吴光新任长江上游警备司令,并将其军队整顿改编,扩充了自己的实力。

1921 年夏，南北军阀之间又发生了湘鄂战争。孙传芳担任了鄂军前敌总司令和中路总指挥。双方在中路部署了主力部队,因而战斗异常激烈。从 7 月 28 日至 8 月 5 日,双方连续拼杀了 8 天 8 夜。由于死伤过半,加之援军迟迟未至,孙传芳只好让部队退了下去。

但是,由于他拼死力战,湘军也伤亡 2000 多人,受创甚深。湖南军阀鲁涤平大吃一惊,说:"孙传芳这小子比张敬尧厉害得多,我们事先完全没有估计到,王占元手下竟有这样一个肯打硬仗的战将。"

孙传芳失利,王占元一筹莫展,连连向北洋政府告急,北洋政府于是派吴佩孚援鄂,吴佩孚奉命后,派萧耀南部入鄂。临行前,萧耀南向吴佩孚请示。吴佩孚抽着鸦片烟,半晌不出声,而后低声和萧耀南说了几句,萧耀南得令后便出发了。原来,吴佩孚早就垂涎湖北这块肥地,准备取王占元而代之。他让萧耀南借"援鄂"之名,行"驱王"之实。

结果,萧耀南在湖北让王占元与南方军阀拼了个你死我活,等双方都无力进攻时,再出兵湖北,名曰"援鄂",借枪炮逼着王占元下了台。

老靠山垮了台,孙传芳不免有些惊惶失措。沉思之后,孙传芳有了新打算,那就是保存实力,投靠吴佩孚。于是,他备下大礼,派人送到吴佩孚那里。

对于孙传芳的卑辞厚礼，吴佩孚开始是心存疑虑，甚至打算解除他的兵权。孙传芳自然明白这一点,于是他更以实际行动向新主子献礼,解除吴佩孚的疑忌。

这时,吴佩孚部队还没有准备好战斗,于是,孙传芳在鄂南山区与湘军周旋,展开了拉锯战,结果打乱了湘军要在一周内攻下武汉的算盘，为吴佩孚争取了调兵遣将的时间，吴佩孚因此终于放心了。

在武汉，吴佩孚召见了他，亲切对他说："馨远，王老头走了，咱们一块干吧！你带着第二师及其余军队开往宜昌去。"

孙传芳受宠若惊,发誓要报答吴佩孚的提携。巧的是,吴佩孚也是山东人,不过出生于蓬莱县。吴佩孚相中孙传芳,或许有老乡惜老乡之情吧。

1921 年 8 月 28 日,在吴佩孚的保荐下,北京政府任命孙传芳为长江上游警备总司令兼第二师师长,移驻宜昌。从此,孙传芳就紧紧追随吴佩孚了。

四、占据浙江雄东南

1924 年,孙传芳联合周蒙人驱走了皖系军阀,使直系在福建站稳了脚跟。王永泉的残余部队在杨化昭、臧致平的带领下进入浙江,江苏督军齐燮元以受到他的威胁为借口,向浙江发动进攻,挑起了江浙战争。

齐燮元以朱熙为主帅,以十九师、经六师为主力;卢永祥以陈乐山为主帅,以由福建逃往浙江的臧致平、杨化昭为主力。双方大战于沪宁沿线的黄渡、浏河一带。经过 40 多天的战斗，双方打得筋疲力尽。

突然,卢永祥后方告急:孙传芳背后夹击。

原来,孙传芳早就同齐燮元有夹击卢永祥的密约,所以江浙战端初起,他就迫不及待地向吴佩孚请缨入浙。在得到吴佩孚的允许后,孙传芳以闽浙联军总司令的名义挥师北上,直指闽浙交界的仙霞岭。

卢永祥不知齐孙之间的密约,把主力都集中在淞沪一线,结果后方空虚起来了。当孙传芳从背后摸上来时,他只好调地方杂牌军陈仪旅的张国威炮团去增援仙霞岭。坐镇浙江屏障仙霞岭的防守司令张国威未战先降,大门洞开,反而替孙传芳当了向导。卢永祥惊惶失措,连夜召集陈乐山、郑俊彦、陈仪、夏超等军政要员商议,决定督办公署迁往上海,夏超担任杭州守备司令。

陈仪、周凤岐、夏超等属于浙江的地方军队,和卢永祥本来就是貌合神离,各有小九九。现在,张国威首先投靠孙传芳,并引孙军入浙,卢永祥大势已去,于是,他们也一个个坐山观虎斗。

孙传芳顺利通过了仙霞岭后,居高临下,准备攻取杭州。

这时,孙传芳率领的军队,有1万多人,官兵个个身穿短裤,脚穿草鞋,头戴斗笠,军容极为不整齐,这副样子被人们称为"饥军"和"花子军"。

入浙后,孙传芳为了打胜仗,玩了一个新花样。他给官兵发了一本《入浙手册》,并向士兵们煽动说,福建回不去了,只能前进,不能后退,只要纪律严明,就一定能够进入杭州。于是,无论是在行军途中,还是在宿营、休息、吃饭时,连、营长官都高声朗读这个小册子。果然,士兵们都有"背水一战"之感:倘若进不去杭州,那就只有死路一条了。因此,这支"花子军"倒不敢那么胡作非为,扰害地方,军纪却好,一时又似乎得民心。

而卢永祥的部将何丰林、陈乐山、郑俊彦、马鸿烈等人,盘踞沪、杭将近十年,吸鸦片,玩妓女,赌钱打牌,敲诈勒索,无所不为。他们平时大肆贩卖鸦片,搞轮盘赌,现在哪有心思想着打仗?再加上一个个腰缠万贯,谁也不愿意冒着危险打下去,于是纷纷建议卢永祥下野,以图东山再起。

卢永祥见自己腹背受敌,人心离散,知道大势已去,于是只好通电下野。随即,何丰林、陈乐山、马鸿烈、臧致平、杨化昭等个个都溜之大吉。这样,卢永祥临走时,只好派警卫团长马葆珩为淞沪宪兵司令,暂时继续把持地方治安。

马葆珩一上任,连夜派人奔赴嘉兴、淞江、黄渡、浏河等前线,向双方说明卢永祥已经下野,请求停战,并要求他们派人来上海洽商善后事宜。

孙传芳知道齐卢之战为的是上海,他把卢永祥、何丰林赶走,当然不愿把上海让给齐燮元;齐燮元觉得赶卢永祥不是自己的功劳,也不敢要上海。可是,双方谁也不愿让对方得到上海这块肥肉。协商之后,决定把上海让给第三者,由吴佩孚派来江苏增援的张允明做了上海的守备司令。

这样,在杭州守备司令夏超的欢迎之下,孙传芳和平地进入了杭州城。

这一天正是1924年9月25日。老天爷也太不给孙传芳的面子了,孙传芳部队进入杭州城时,耸立在西子湖畔的雷峰塔轰然一声巨响,顿时倒塌了。

杭城居民纷纷认为雷峰塔是因为孙传芳进杭州才倒掉的,因此,他进杭州不是好兆头。孙传芳才不管这一些,他马上接管了卢永祥的部队第四师,以谢鸿勋为师长;原来卢永祥的第十师,以郑俊彦为师长;臧致平和杨化昭部编为独立旅,以杨赓和为旅长;陈仪和周凤岐两师,仍为地方武装部队,也由孙传芳接管。

孙传芳在齐燮元和卢永祥的江浙战争中,坐收渔翁之利,不但轻易获得了物产丰富的浙江,而且收编了四个师、一个混成旅,增加了庞大的武装力量,为以后的五省联军打下了基础。1924年9月,孙传芳当上了闽浙巡阅使兼浙江军务督理,并被授予“恪威上将军”的称号。

五、攻下南京不进城

江浙战争爆发后,奉系军阀为雪耻复仇,以援助卢永祥为名派兵入关,发动了第二次直奉战争。这次战争曹锟、吴佩孚失势,张作霖为了扩大奉系军阀的势力范围,派张宗昌率师南下,卢永祥也跟着南下,到江苏找齐燮元算老账。

1925年2月11日,北京政府下令免去齐燮元的江苏督办一职,奉军占领南京和上海,张作霖分别派邢士廉和杨宇霆坐阵。

奉军南下占据沪宁,孙传芳感到威胁很大,于是在3月11日与齐燮元组成了“江浙联军”与奉系对抗,他派卢香亭率第二师进驻宜兴,谢鸿勋率第四师进驻松江。奉军得知孙传芳防备甚严,便停止了南下。

段祺瑞与张作霖为了瓦解苏浙之间的联合,便任命卢永祥为苏皖宣抚使兼江苏督办,孙传芳为浙江督办,并宣布上海永不驻兵。这样,孙传芳看到自己的利益不但没有受到损害,反而得到承认,就不再参与齐燮元和卢永祥之争,把齐燮元抛到一旁不加理睬。

这时,奉系风头正盛,孙传芳决定向奉系靠近一些,于是,派奉系将领杨宇霆的同学、浙江盐运使王金钰与奉系勾搭,并通过杨宇霆见到了张作霖。正好张作霖也有意拉拢孙传芳,便派邢士廉向他表示修好,停止向浙江进攻。

张宗昌攻克上海以后,也拜晤了孙传芳,两人结为了把兄弟。由于奉系分而治之,孙传芳的背信弃义,齐燮元势单力孤,被迫下台。重新上台的卢永祥则与孙传芳订立了江浙互不侵犯的《和平公约》,双方取得了暂时的妥协。

杨宇霆督南京,邢士廉督上海时,正是奉系入关的全盛时期。奉系军队本来就纪律败坏,来到江南这个花花世界,更是心醉神迷,到处敲诈勒索,吃喝嫖赌,奸淫妇女,与土匪无异。由于他们无恶不作,弄得怨声载道。

江苏士绅张謇等到杭州游玩时,拜见孙传芳,流露出对奉军的不满情绪。孙传芳也别有用心,大做文章,制造舆论,不久就形成了一个规模浩大的南京、上海等处士绅百姓抗议奉军暴军的游行请愿活动。

但是,奉军趾高气扬,根本不把这些放在眼里。

正当奉军在花花世界纸醉金迷之际,孙传芳把自己从卢永祥手中接过的四个师、一个独立旅整顿一新,特别是把第四师、第十师的主要军官换上自己的人,又把李宝章的卫队团扩编为第九师,各部的重要军官,大多数是保定军校出身的青年军官,个个踌躇满志,准备大干一场。这时的孙传芳不再是当初进入浙江时的狼狈模样了，称得上兵强马壮。于是，孙传芳要对奉系动手了。

这时，奉系军阀非但没有履行所谓的《和平公约》，从上海撤军，反而在帝国主义的怂恿下，趁“五卅运动”之机，把大批奉军开进了上海。同时，张作霖胁迫北京政府任命奉系大将姜登选为安徽督办，杨宇霆为江苏督办。他的这一做法，显然是继续向东南扩张。

东南是中国最富庶的地区，上海更是一个聚宝盆，据说仅鸦片税一项的收入便可以养活3个师的部队。对这个聚宝盆，孙传芳早就垂涎三尺了。可是奉系竟然自食其言，不但不吐出这块肥肉，还想把整个东南据为己有，这不能不使孙传芳有了新的想法了。

本来面对奉系的强大压力，孙传芳仍想以和为上。他向杨宇霆提出结盟，杨宇霆断然回绝，对孙传芳的来使说：“他干他的浙江，我干我的江苏，结盟干什么？”

这使孙传芳大受刺激。杨宇霆自辅佐张作霖战胜了直系之后，自以为功高望重，骄横不可一世，甚至对旧的将领都厉声呵斥。杨宇霆的作为不仅部下有怨言，江苏士绅名流如苏北的张謇、黄以霖，苏南的张一、唐文治等人也十分不满。

于是，孙传芳拉拢江苏的绅耆以及苏皖两地有力的将领，互通声气，联成倒杨的阵线。南通巨绅张謇也派代表去杭州，与孙传芳订交，还送了一把扇子给他，扇子上有张謇自写自题的一首诗，诗中把孙传芳比做用兵如神的孙武。

为了赶走杨宇霆，孙传芳又派总参议杨文恺去福建筹措军费，并且派人去张家口会见冯玉祥，联络国民军共同反奉，甚至还表示愿意同冯玉祥结为金兰之好；又去岳阳敦请吴佩孚任14省讨贼联军总司令，讨伐奉系，报第二次直奉战争失败之仇；然后，去南京策动江苏军务帮办陈调元，陈调元因受杨宇霆压制也与孙传芳互通款曲。

于是，孙传芳万事俱备，只欠东风了。

1925年10月，孙传芳见奉军孤军深入，人地生疏，加之内部争权夺利，矛盾重重，认为自己和奉军一决雌雄的时机已经到来，便以长兴秋操为掩护，他命卢香亭率二师由长兴进入宜兴、溧阳以攻句容，谢鸿勋率四师由淞江进攻上海，驱逐邢士廉，同时命令陈仪等部加以配合，突袭江苏，突然发动了浙奉战争。

这时，奉系南来的部队仅丁喜春、邢士廉等2个师，兵力极为单薄，驻守上海的是奉系军阀中的少壮派毕庶澄。这个翩翩少年，自从到了上海，就沉溺于灯红酒绿，声色犬马之中，与名妓富春楼打得火热，被她的一嗔一笑弄得神魂颠倒，哪里还记得守卫上海呢。10月16日，当孙传芳带着衣衫褴褛的“花子军”摸进了上海时，奉军连个步哨也没放，毕庶澄还在富春楼那里做着美梦。

10月17日，临时执政段祺瑞命令孙传芳立即撤回原防，孙传芳不听。

杨宇霆见孙传芳来势凶猛，自己势单力薄，只得采取后退的办法，以缓解孙传芳的攻击，减少牺牲。于是，命令邢士廉部撤出淞沪，自己则在南京观变。

这时，杨宇霆仍不知陈调元已心生异志，还指望陈调元与他一起共退。陈调元也假意说要与杨宇霆同生共死。不久，有人向杨宇霆告发陈调元与孙传芳早有勾结，但是杨宇霆置之不理。后来，陈调元派兵占领了电报局，控制了电信。结果，杨宇霆大惊失色，后悔自己太轻信陈调元，被弄了个措手不及。

杨宇霆的参谋长臧式毅建议把丁喜春部开往城外，控制渡口，给自己留条后路，到时可以相机渡江，免得困死在城内束手就擒。杨宇霆连声称好，连忙调军队移防城外，正在开拔之中，陈调元的第四师将出城的奉军全部截住，没有开拔的也被包围缴械了。

接着，陈调元放出口风，声称要活捉杨宇霆。杨宇霆得知后吓得面如土色，慌忙同副官长杨毓化装走脱。这样，他的部将臧式毅、丁喜春等全部被扣。

卢香亭师由长兴进入宜兴，仅在蜀山打过一仗，很快地到了溧阳，逼近句容。谢鸿勋师也顺利到达莘庄，听到邢士廉部撤退，立即进占龙华，向沪宁线伸展。等到杨宇霆北逃的消息传到后，卢、谢二师于是同时进驻南京待命。这样，花子军又占领了南京。而孙传芳在鄂、皖、赣、苏的直系旧军人的鼓噪声中，连城也不进，渡江北上抢地盘去了。

六、枪杀降将埋祸根

孙传芳占领南京，立即召集卢香亭、谢鸿勋等主要将领开会。孙传芳志得意满地说："我们胜利了。他们兵败如山倒，追的越快，战果就越大。"

随即，他命令谢鸿勋率部队沿津浦路急追北逃的奉军，命卢香亭沿津浦线东侧迎击张宗昌。

当邢士廉、杨宇霆、姜登选等纷纷溃逃时，张作霖大发雷霆，召集张宗昌、褚玉璞、施丛滨等重要将领商议。张宗昌深受张作霖提拔，又自恃有白俄军，便自告奋勇请缨，愿率白俄军去收复南京。老将施丛滨也老当益壮，请张大帅派他率领 47 混成旅收复安徽。

张作霖非常高兴，就派施丛滨为安徽省善后督办，张宗昌为江苏省善后督办，并许诺给他们一批军饷和给养。张宗昌和施丛滨见张作霖不仅同意他们出兵，而且许以高官，并在饷粮上资助，便连声告谢，回去布置军队。

张作霖说到做到，张宗昌、施丛滨等在北京领到大批饷银和大批给养。特别是张宗昌，给白俄军领了一批活羊，还有大宗白兰地洋酒、大炮台香烟等名贵东西，专门供应这一大批白俄军享用。

施丛滨经过几天的整顿补给后，就由兖州、泰安防地，先后开到蚌埠附近。但是没等他布防就绪，孙传芳的谢鸿勋师和卢香亭师两路大军成夹钳攻势，把蚌埠东西南三面包围起来了，并连夜向市区的施军发动了猛攻。

施丛滨的部队本是缺少训练的老弱残兵，加之军饷积欠不发，兵无斗志，一遇到谢卢的夹攻，便纷纷溃退。这样，谢鸿勋和卢香亭很快就占领了蚌埠。

张宗昌的白俄军，由济南沿津浦路东侧掩护施丛滨向南急进。白俄军在张宗昌的纵容下，毫无纪律可言，到处奸淫烧杀，比土匪都土匪。张宗昌不但不加禁止，反而鼓励他们说："你们只要能替我打仗，一切由我负责。"

结果，白俄军军纪如此废弛，哪里谈得上配合施丛滨部作战？当施军进入蚌埠时，他们还在蚌埠以北地区烧杀奸淫，施丛滨在蚌埠孤立无援，一触即退，形势岌岌可危。

孙传芳占领蚌埠后，便要迎击一年前刚结拜的把兄弟张宗昌了。尽管他们既是山东老乡，又是拜把兄弟，但是两人还没见面，部队就已经热闹地打起来了。白俄军在其中助兴。

孙传芳命令李俊义旅马葆珩团迎击白俄军。因为一路连战连捷，马团官兵于是轻敌起来了，先头尖兵孤军深入，结果，遇到白俄军，全队50余人被大队的俄军全部杀死。白俄军把孙传芳的士兵挖眼睛，割鼻耳，甚至挖心作乐。

随即，马葆珩带领大部队赶到了，双方立即展开了激烈的冲杀。白俄个个赤膊作战，露出毛茸茸的胸膛，一手拿着白兰地酒瓶，一手拿着上好刺刀的步枪，一面狂饮，一面冲杀，全不顾枪林弹雨，凶狠得像野兽，几乎把马葆珩全团都击溃，副团长、营长多被打死，士兵伤亡更多。

面对白俄的疯狂冲击，马葆珩实在难以抵御，如果不及时撤退，全团就有覆没的危险。于是，马葆珩立即命令步兵全线撤退，避开白俄锋芒，同时集中全团机关枪和大炮，聚集火力猛力轰击。

孙传芳宅门

白俄军嗷嗷冲过来，发现马团后撤，气焰更加嚣张，准备一举击溃马团。谁知半空里落下隆隆炮弹，机枪有如火舌般地朝他们射击，在酒精刺激下，这些白俄哪里知道躲藏，根本不理这一招，继续向前冲锋。等到同伴们像稻草一样纷纷倒下，血流成河，方才从梦中惊醒，连忙后窜。枪不要了，视如命根子的酒瓶也扔了，当即死伤800多人。

白俄没死赶紧逃，谁知他们身穿大衣皮靴，又笨如狗熊，根本跑不动，被马团士兵活捉了300多人。

因为先头尖兵曾被白俄残杀，前线士兵为了给被害官兵报仇，就把怒气撒在白俄身上。白俄俘虏或被吊在树上活活烧死，或被吊在车站当活靶子打，这时的白俄军全无嚣张气焰，连连跪在地上求饶。等到旅、团长赶到，才制止了士兵的野蛮行为。

施从滨部撤出蚌埠外，仍在蚌埠北坐着铁甲车督战，希望能挽回败局，向张作霖有个交待。

谁知就在他四处督战的时候，孙传芳已经派人抄了他的后路。谢鸿勋师上官云相团绕到了固镇桥北，拆掉了铁轨，断了施军后退的道路，并从后面向施从滨发动进攻。固镇以南马葆珩团，又带着消灭白俄军的高昂士气，猛攻施从滨部。

这时，施从滨的部队遭到孙传芳的腹背夹击，又得知白俄军已被消灭，孤军被围，援兵无望，顿时军心大乱。

施从滨看见挽回败局没有希望了，急忙下令铁甲车开足马力，向北疾驰后撤。铁甲行驶到固镇桥时又被阻住了，在长达1里的桥面上，挤满了向北逃窜的士兵。施从滨不忍心从自己部队的身上碾过去，又命令铁甲车南行。

这一来一去，时间就来不及了。开不到十几里，大队孙军追杀过来，施从滨只得又让铁甲车北进。到了固镇桥时，桥面上仍是密密麻麻的士兵，争先恐后地向北逃窜。

这时候，固镇桥以北的上官云相团正包围堵截奉军，奉军惨败之余，纷纷缴械投降以求活命；固镇以南的马葆珩团又争先恐后地追击奉军，以求升官发财。南北堵杀，奉军哭爹喊娘，恨不得多生两条腿。施从滨见再拖下去，自己也跑不了了，在这生命攸关的时刻，他顾不得“爱民如子”了，下令铁甲车开足马力，从士兵们的身上冲过桥去。铁甲车驶到之处，血肉横飞，惨声迭起，桥上一千多人立刻化为肉饼，冲下河去的不计其数。

奉军实战演习大操中的骑兵

死去的人已不知苦痛，许多受伤的人或失去下肢，或失去手臂，或脑袋开花，或面目全非，真是求生不得，求死也不得，痛苦异常。甚至一些肩扛校官衔的军官也不免于难，下肢被铁甲车碾碎，但是神智还清醒可以说话，请求路过官兵发发善心，给他一枪结果性命，免得痛苦。

孙传芳的部队随军文职人员过桥时，看到满桥血肉狼藉的样子，吓得不敢过桥，有的竟失声痛哭。

施从滨逃过固镇桥时，自以为躲过这场劫难。哪知道铁轨已被上官云相团拆掉，铁甲车立即倾倒路旁，孙传芳的部队一拥而上，施从滨和随从人员全部被俘。

这时，施从滨已经70多岁了，须发都白了，穿着陆军上将军装。这位资格甚老的陆军上将神色自若，对围上来的孙传芳的士兵说：“你们辛苦了。”

谢鸿勋一见是张宗昌前敌总指挥、山东军务帮办兼奉军第四十七混成旅旅长施从滨，立即派一名营长押送他到蚌埠总司令部见孙传芳，并写了个报告给孙传芳，请他优待施从滨。

施从滨到了蚌埠，向孙传芳敬了一个军礼。孙传芳躺在烟床上一动不动，坦然受之，并笑着对施从滨说：“施老，你好，你不是来当安徽督办的吗？你马上去上任吧！”

说完，下令把施从滨拉到车站南边的空旷地枪杀了。

孙传芳军队乘着屡战屡胜的声势，一直追击到徐州以北与山东交界的地区，才停止不前。在徐州车站，他们又夺得了奉军的补给列车总计150多辆，给养械弹不计其数。

孙传芳从袭击上海到击败奉军，仅仅用1个多月时间，就占领了2个省(江苏、安徽)和上海1市，东南富庶之地尽在掌中。

这个出人意料的大胜利使孙传芳得意忘形，儿戏般地枪杀了施从滨，逞一时之愤，却给自己种下了恶果。据孙传芳自己告诉亲信，他杀施从滨是为了给邓如琢、陈调元等一个眼色看，使他们服从自己。但是他怎么也想不到这一枪却引起了天津居士林致自己于死命的那一枪。

孙传芳这次胜利，威震东南。福建周荫人、江西邓如琢、安徽陈调元、马祥斌等以及苏北地方势力的陈宝山、马玉仁、张仁奎等一致通电祝贺。孙传芳得意之余，一一复电感谢，并约他们到南京共商大计，召开浙闽苏皖赣五省联军成立大会。

11月8日，孙传芳在徐州大摆庆功宴，犒奖有功将士，同时也为自己庆功助威。11月23日，他由徐州凯旋南京，25日，在南京宣布成立浙闽苏皖赣五省联军，自己任五省联军总司令兼江苏总司令，韩国均为江苏省长；卢香亭为浙江总司令，蔡朴为浙江省长；周荫人为福建总司令，萨镇冰为福建省长；陈调元为安徽总司令；邓如琢为江西总司令，李定奎为江西省长，号称兵马20万。

五省联军总司令孙传芳此时意态骄盈，不可一世。他为了装潢门面，站稳脚跟，极力拉拢江浙一带的知名人和巨绅，聘请他们当顾问，其中有张謇、章太炎、蒋方震等，他还请了日本人当高等顾问。

孙传芳在3年之内，由鄂入闽，由闽入浙席卷安徽、江苏，成了东南地区的实际统治者和直系军阀中最有实力的首领。但是尽管做了五省联帅，孙传芳还是欲壑难平，打算捧出江苏巨绅张謇为临时总统，推翻段祺瑞政府，由他取而代之控制北京政权。为此，他曾以出巡为名，亲往南通拜访张謇，张謇则搭起牌楼来欢迎孙传芳。

正当孙传芳做着黄粱美梦之际，国共合作掀起的革命滚滚大潮很快把他从高峰卷下来，摔到浪底。

七、胸藏韬略重智囊

孙传芳在众多的北洋系将领之中是一个佼佼者，他不仅长于军事角逐，而且也善于运用政治权术，创造辉煌霸业。著名军事学家文公直说："孙传芳为北洋后起军阀之最狡诈且有机警纵横之才者。"

在日本，士官学校的同学之中，孙传芳也头角峥嵘。他的同学论及北方人为将者，认为只有二人最有出息，"沉潜莫如阎(锡山)，机智莫如孙(传芳)，北人之二雄也。"其中，孙传芳的才气卓跞，被很多人公认。

江南很多学界名流对孙传芳都有好感，张君劢、丁文江等甚至表示愿意追随他。还有一些学者把他看做"可造之材"。因此，在他的周围"曾有着类似智囊团的小组织"。当时，经常在他幕下出谋划策的人有蒋百里、陈陶遗、丁文江、陈仪、刘厚生等。孙传芳要做什么事，也多提出来和他们进行商量。

孙传芳延揽的文人学士和专门经验的人才在当时差不多都是一流的，从"文"的角度上看，章炳麟是学界泰斗；从"武"的角度上看，蒋方震是举国难觅的大军事家；从"专"的角度上看，丁文江学有专长，是国内著名的地质学家。

章炳麟，字梅叔，别号太炎，浙江余杭人。章太炎早年参加反清革命活动，为国人敬仰，哲学理论备受学界推崇，他的国学功力更为众多的学子叹服。孙传芳早就想结交这位国学大师，1925年春，他派杨文恺到上海代表自己面谒了章太炎，从此两人就经常联系了。

1925年11月25日，孙传芳在南京确立五省军绅政权。

12月3日，章太炎便联合旅沪士绅名流，配合他发起了一个5省协会，表态支持孙传芳的独立行动。

1926年1月12日，章太炎正值59岁寿辰，孙传芳派陈陶遗送寿诗一轴，寿联一副，白兰地100箱，前去贺寿，孙传芳和章太炎之间情感得到进一步的发展。

1926年8月6日，孙传芳雍容裘带，雅歌投壶，借以显示儒将风流，同时成立江苏修订礼制会，章太炎欣然任会长，推荐以沈彭年、姚天禧、汪旭初、陈闾等11人为会员。

不久，孙传芳又大规模地发起复兴周礼的活动，一方面是他附庸风雅，借以提高自己的文化品位；一方面也想借机迎合章太炎先生和某些自命清高的缙绅先生的共同心理。

由于孙传芳极力拉拢章太炎，这位受人尊重调高和寡的国学大师竟引孙传芳为同调、知音，章太炎因此也成了孙传芳的门前贵宾，两人完全成为莫逆之交。

蒋方震，字百里，号澹宇，浙江海宁人。1901年赴日本入成武学校，1904年入陆军士官学校第3期步兵科，毕业时名列第一，曾经获得日本天皇亲自赐刀的最高奖励。毕业后历任奉天督练总参议，保定陆军军官学校的校长，又任总统府军导处参议和总统府顾问，是当时国内超一流的军事人才，名振四方。

孙传芳登上5省联军总司令的宝座后，原想请蒋百里做总参谋长。可是，蒋百里不愿意做鲁肃张昭，辞而不就。不久，孙传芳又拟请他做江苏省长或上海市长，他也不愿干，但却极力推请陈陶遗和丁文江去干。

自民国初年起，蒋百里就奔走周旋于国内群雄之间，希冀能找到他认为能达到至善之目的的军事力量。经过长期物色，他挑选了两个人，一个是吴佩孚，一个是孙传芳，他赏识孙的英俊，也器重吴的风骨。但是，当他接近吴佩孚后，发现吴佩孚对自己虽礼貌优渥，但是尊而不亲，总是放不下架子。而孙传芳和吴佩孚不同，没有吴的那种清高和骄傲，待人比较谦和，平时总是一派礼贤下士的作风，而且头脑聪敏，于是，蒋百里认定孙传芳是一个可以信赖的人。

蒋百里入孙幕担任一段总参谋长，和孙传芳的关系非常融洽，不仅平时敢于犯颜直谏，而且还为他策划了不少战略方针，成为孙的智囊型总参谋长。

丁文江，字在君，江苏泰兴人。早年留学英国，曾于格拉斯哥大学攻读动物学和地质学。回到国内以后，历任北洋政府工商部矿政司科长，家商部地质调查所长。1919年做过巴黎和会中国代表，后又与胡适、梁启超、蒋百里等人以半官方身份到欧洲考察战后形势。1922年丁文江参与发起成立中国地质学会，并与翁文灏合著《第一次中国矿业纪要》一书。1923年丁文江与张君劢掀起一场颇为轰动的“科学与玄学”的论战。

江浙战争发生以后，丁文江参加“驱奉救苏”活动，认识了孙传芳。丁文江认为孙传芳的军事实力可为自己施展政治抱负，于是决定靠近他。1926年2月，丁文江以中英庚款顾问委员会中国委员职位南下抵苏，经蒋百里推荐，被孙传芳邀请出任淞沪商埠市督办公署的总办，孙传芳自任督办。

5月，丁文江到任，按照孙传芳设想的“大上海”计划推行工作。5月6日，孙传芳因为军政诸事羁身、无暇顾及淞沪商埠市政，全权责成有学术经验的丁文江襄助办理，孙传芳非常放心地对上海各界人士说：“我相信他不谋自己的私利，相信他能实行我的政策。”

任职后，丁文江以科学家的精神，悉心治政，时间虽然不长，规模稍具。

自丁文江和孙传芳拉上关系以后，一直为孙维持淞沪商埠市政，1927年北伐战争开始，丁文江才被迫辞职。

除了章太炎、蒋百里、丁文江之外，还有一个在苏省为孙传芳做出贡献的高级行政人才。他，就是蒋百里推荐的陈陶遗。

陈陶遗，原名瑶，字陶遗，一作陶怡，后来改字行，江苏金山人。辛亥革命时曾任江苏都督府代表联合会的代表，孙中山组织中华民国临时政府时，他是南京临时参议院议员，1912年任考察欧美实业专使。陈陶遗是一位著名的社会活动家，结交社会名流甚多，在上层社会里影响很大。蒋百里是他的知己，对他相当信任，孙传芳让蒋百里出任总参谋长或江苏省长或淞沪商埠市政总办时，蒋百里仅答允暂充一时总参谋长，而把他的好友丁文江介绍给孙传芳，丁文江转而介绍陈陶遗为江苏省长，而自己为淞沪市政的总办，孙传芳一一接受。

上任后，陈陶遗以文治派作风，刷新吏治，整理财政，为江苏省偿还公债数十万，这在民国以来，在军人支持下的省长中，是未曾有过的。

孙传芳的几位襄赞军事、辅佐政务的重要助手大体上就是他们4个人，另外，还有一个常备咨询的顾问叫刘坦。

刘坦，字生，江苏武进人。刘早年与张謇从事实业活动，1913年后曾经担任工商次长、农林次长，是一个精通实业的活动派人物。刘坦经张謇推荐入孙幕，为孙出谋划策，应咨询、备顾问，非常受孙的重视，成为孙的智囊之一和重要问题的决策参与人。孙传芳既有人才辅佐，又和当地的绅商广交朋友。

在绅商中，和孙往来关系最密的是张謇和张一麐。

张謇，字季直，号啬庵，江苏南通人。清末张謇中过状元，入民国后，张謇出任农商总长，全国水利总裁。1915年，袁世凯封张謇为“嵩山四友”，享受最高礼遇。晚年张謇回到家乡南通经营实业，开办大生纱厂、面粉厂、轮船公司、缫纱厂、机器厂及通海牧垦公司，成为江南巨绅富商。张謇一面经营实业，一面进行政治活动。

孙传芳和张謇结识较晚，但是，关系发展得较快。在孙传芳任福建军务督理时，他敬礼嗜贤，尊重贤硕老宿，颇有美名；卢永祥督浙专横跋扈，乡民多有怨言，张謇特意题写扇面一把，誉孙贬卢，其文说：“绣甲美人兵有法，郁金少妇厉之阶。”

孙传芳任闽浙巡阅使后，宣布治浙方针，“全省预算决算概准十二年成案，不更增加人民负担，实行军民分治，浙军与中央军一视同仁，免除苛捐杂税”。同时，宣称浙江是他的第二故乡，赢得浙人拥戴。张謇见孙传芳如此尊重地方权益，和他的关系更加密切，经常与他书信往还。

1925年初，奉军南下，江苏、上海群情激奋，纷纷反抗。一次，张謇偕张一麐赴杭州面见孙传芳，痛说奉军罪行，孙传芳慨然支持苏人反奉，张謇等人和孙传芳感情进一步融洽。

1926年，孙传芳“兼圻遥领”东南5省，先后发表支持实业宣言，通令5省当局保护养殖和种植业，同时要求地方长官协助创办，严禁士兵骚扰，更加得到张謇及江浙绅商嘉许。

不久，孙传芳与段祺瑞关系紧张，并产生取代段祺瑞之心，然而谁为合适总统人选，经过反复思考，孙传芳决定捧出张謇出任临时政府的总统，借以控制中央政局。为此，他亲赴南通拜访张謇，共商大计。张謇听说孙传芳如此招爱自己喜出望外，在孙到达之前不仅在城内张灯结彩，而且还令其子张孝若代表他亲自到江心迎候。后来因吴佩孚和张作霖的合作，北方政局发生变化，此举未得实现。

除了张謇之外，孙传芳和张一麐之间关系也较密切。

张一麐，字仲仁，江苏吴县人，1882 年中壬午科举人，1915 年任教育总长，1917 年任总统秘书长，1918 年移居苏州，成为江南声名显赫的社会名流之一。张一麐和张謇一样对孙传芳颇有好感，以至与他推心置腹，成为孙传芳在东南称雄时的主要支持者。

孙传芳为了取得社会力量的支持，除与绅士关系密切，富商巨贾也与他有往还，诸如虞洽卿、方椒伯、付筱庵、赵晋卿、朱葆三、盛竹书、朱吟江等，这些人可以说都是他的社会基础。

八、人体模特演风波

1926 年，中国社会的意识形态发生了空前的变化，新与旧、进步与落后、革命与反动进行了激烈的较量。

学校是社会上思想最敏感的地方，知识分子成为时代的晴雨计。当时学校受社会思潮影响，普遍倾向进步，新的社会时尚也不断涌现。这一社会动向引起北洋政府的恐慌，他们深患学生思想“赤化”危及统治基础，于是在全国各地发动了一次整饬教育的活动。山东大学的校长带领学生在开学典礼时，向孔子遗像行三跪九叩的仪式，南开大学的校长发布他的“新新时代观”斥谈恋爱为“赤化”。

孙传芳在改良学风的影响下，在他的 5 省范围也实行了一些所谓“改良学风”的整饬教育活动。江苏省教育厅奉谕，发布训令提倡读经，并且准备限制中学男女同校。江苏省教育厅在训令中指出，中等各校学生年龄大律在青春时间未有充分修养，似应一律禁止男女同校，以肃风纪。针对江苏省教育厅的训令，进步报刊《向导》周报“时事述评”撰文反对，并号召进步人士对“改良学风”的整饬教育手段再来一个改良。

正在孙传芳下令整饬教育的阶段，上海又发生了一次模特儿风波。

人体模特儿教学，是西洋画科教学计划之一，也是素描的基础训练。上海美专校长刘海粟是中国早期学习西方美术的先行者。1920 年起，刘海粟就采用人体模特儿教学，招致社会上的许多非议。

1925 年 8 月 24 日，江苏省召开教育会议，通过一桩禁用模特儿的提案。一位叫姜怀素的市议员在上海《申报》、《新闻报》发表谈话，大肆污蔑采用模特儿教学，说此举“足以丧失本性之羞耻，引起肉欲之冲动”。

随后，上海巨绅朱葆三也和其他地方议员致函政府对刘海粟进行谴责，他们在信中说：“刘氏欲以夷狄之恶欲坏我中国男女之大防”，要求政府当局下令查禁，以维风化。

这时，接任上海县县知的危道丰是孙传芳的日本士官学校同学，见社会舆论要求禁止人体模特，随即于 1926 年 4 月 15 日通令严禁。上海《申报》有载：“上海县知事危道丰严禁美术裸体画”。

刘海粟见政府当局屡次使用行政手段禁止人体绘画教学非常气愤，准备拼力再作一次抗争。随即就带病写了篇驳斥危道丰的信，并另附一函《刘海粟请孙传芳、陈陶遗两长申斥危道丰文》托人交给孙传芳。

结果，驳斥危道丰的信被报社发表，在文中，刘海粟引西欧及世界各国有关裸体模特的例证，并加以说明此举是绘画的主要课程，不能废止。刘海粟的文章发表当日下午5时，孙传芳从南京赴杭州检阅军队，途经上海，有人便乘机把“刘海粟请斥危道丰函”递交孙传芳，请示处理。

孙传芳

孙传芳看后，认为刘海粟不顾国情，唆使不懂礼教无知妇女当众裸体，实属“放浪形骸，本应加以禁绝，危知事维护风化查禁恶俗，不但不申斥反而应予表彰。”在场的丁文江、沈恩孚等人思想开放，对刘海粟虽然同情，但是，看见孙传芳思想守旧，固执己见，也不敢再费口舌为刘海粟说情。

五天以后，刘海粟病愈，忽然看上海《申报》有一则“刘海粟启事”，文中大意是：前因一时之愤，开罪危道丰，内含致歉之意。刘海粟读后大为恼火，不顾病刚刚愈，随即登台向学生表示他要坚持真理，拥护艺术，不畏威势所屈的决心。

在刘海粟准备就要反抗的时候，孙传芳给他发来一回复函，孙传芳信中说：你的来信收悉，“备承雅意，黻饰过情，抚循惭荷”，但中国素重礼教，“一直视袒裼、裸裎为鄙野”，为此不得不下此禁令，希望你有自知之明，立即撤去模特儿制，这样恐对贵校名誉有增无减。

刘海粟接到孙传芳的复函，心中更加气愤，恨不得马上与孙传芳当面理论一番。这时，虽然不少朋友劝他就此作罢，不要再与孙传芳纠缠个中道理。但是，刘海粟正值年盛、血气方刚，不久又写了一封申辩的信。在这封复信中，刘海粟是根据民国十一年政府颁布新学制的规定，向孙传芳提出质问，措词也由于激情甚为强硬。

刘海粟在信中说：“学制变更之争，非局一隅”，“学术兴废之争，变非由一人而定。”

《刘海粟复孙传芳函》发表之后，引起孙传芳的盛怒。孙传芳见刘海粟如此胆大，屡犯自己尊严，如不给他点颜色看看，还不知他今后还会怎样放肆，于是下一道密令通缉刘海粟。于是，孙传芳连发十多封电报，密令上海交涉员许秋骚及领事团封上海美专并缉拿刘海粟归案。

刘海粟的通缉令下达以后，不少人都很气愤，暗中帮助刘海粟躲避麻烦，法国驻上海总领事及法国巡捕房还特意派人保护刘海粟的安全。但是，上海毕竟还在孙传芳的统治下，不久，法国总领事为了平息模特儿风波，瞒着刘海粟发表了一个悔过启事，才算把这场风波平息。

事后，社会上一些有正义感的人为新生事物强遭遏制鸣不平，在上海《小公报》发表一个署名摩得乐的评论文章说：“孙传芳两大禁止——旗袍与模特儿”，其中有一段颇有讽刺意味：

“孙传芳两月前来上海，照他的言论，仿佛要在上海实行若干善政，……其实一样他也没做，就和模特儿过不去，雷厉风行非要将美专学校封闭不可，以五省联军总司令赫赫威权与一个穷苦女子、无力文人刘海粟作对，以虎搏兔，胜之不武。”

20年代孙传芳与刘海粟争论人体模特儿的非常手段，一直到今天，仍为美术界的话柄，一些美术家甚至把孙传芳当做守旧可笑的典型告诫世俗莫效此行。

九、佛门竟成超度地

1931年9月18日晚10时，日本炮兵在沈阳的奉天公园向北大营发起突袭，兵不血刃就占领了辽宁省城。"九一八"事变以后，东北形势异常紧张，孙传芳一家在大连，虽然没遭受惊吓，但事后总觉东北不是久栖之地，迟早还会有麻烦，于是，在事变一星期后，全家迁到了天津定居。

本来，孙传芳下台以后一直雄心未泯，总希望有朝一日他还能重秉兵柄，恢复旧山河，但是，形势的发展远非所愿。

1930年中原大战以后，他的旧部都被蒋介石收兼，而且成为蒋介石的中坚力量。孙传芳东山再起的美梦被现实打破了。重执兵柄、收复旧山河不可能，给日本人当傀儡他又不敢干，孙传芳陷入苦闷、惆怅之中，终日无以自拔。

"九一八"事变以后，天津下野军阀中不少人因精神空虚，以潜心禅悦为乐趣。皖系军阀段祺瑞、吴光新、靳云鹏都以皈佛诵经为生活乐事。

正当孙传芳的愁绪难以解脱之时，靳云鹏劝他不要再受尘世名利干扰，赶紧皈依佛门。孙对靳的劝说颇有所悟，感到念佛韬晦是摆脱苦闷的惟一好办法，当即欣然接受。

1933年起，孙传芳和其他寓公一样，也开始了他的礼佛诵经生涯，结果，一开始，他就大有所谓"跳出三界外，不在五行中"的决心。

这一年天津市的富绅李颂臣将坐落在东南角一带的草厂庵清修禅院让予靳云鹏、孙传芳合办天津佛教居士林。

靳、孙联合李颂臣创办佛教居士林，居士林成立后，靳云鹏任林长，孙传芳任理事长。由于靳、孙的影响，居士林自开办以来，非常吸引人，参加者大多是社会上的达官贵人，一时入林者达到一二千人。

孙传芳自皈依佛门即潜心参禅，整日里打坐念佛，排除杂念，也许是他悟了其中道理，所以逢人便劝入教拜佛。有一次他碰到了原直隶省议长边洁清便说："洁清，你家居无事，不感觉无聊吗？何不到居士林念念佛呢？"

孙传芳宅

可是，边洁清很风趣地回绝了他，说：“你是5省联军大元帅，连年征战，官兵捐躯者不可胜数，一将成名万骨枯，今日念经祈祷理所当然。我乃文人，没有打仗杀人，不皈依，恐怕如来佛也不会怪的。”

说罢，两人大笑。

孙传芳自信佛以后，据说确有积德行善之事。每到夏日，孙宅大院门外常备绿豆汤供过往行人饮用消暑。

1933年的一个秋天，盗贼夜入孙家公馆行窃，当场被孙家佣人抓获，押到孙传芳的面前听候发落，不想孙传芳非但没有责罚，反而命人赏米周济。天津《立时报》载：“孙公馆缉贼赏米，中秋夜乐善好施”。孙传芳的乐善好施传开以后，不少的人都说孙联帅如今不知怎的“放下屠刀，立地成佛”了。

但是，尽管孙传芳对菩萨礼敬得不得了，但是，菩萨却并不保佑他，就在他潜心佛事的时候，他的末日也渐渐来临了。祸根源自1925年孙传芳在反奉之战中轻率处决了奉军被俘的将领施从滨。

施从滨，安徽省桐城人，保定将弁学堂毕业。当时，孙传芳处决施从滨后，不仅枭首示众，而且又将他暴尸多日，不准施家收尸，孙传芳杀施后暴尸引起当地红十字会不满，后由当地红十字会出面将施尸草草收殓，施从滨的女儿施谷兰恳求三叔冒着生命危险，以同乡名义将施从滨尸首运回安徽桐城埋葬。自此之后，施女谷兰就立下宏誓伟愿，要日后以牙还牙，为父报仇。

施家是一个军人之家，施谷兰的伯、父、兄、弟多人都是学军事的，她的伯父施从云是清代末年滦州就义的有名的革命烈士，她的9堂兄施中诚——施从滨之养子也在军中任职。施谷兰因自己是一个手无缚鸡之力的女子，不便出头亲报父仇，就把希望寄托于堂兄施中诚，施中诚也曾鸣誓答应。

1928年，施谷兰和母亲董氏夫人在张宗昌的山东军务督办公署领取了施从滨的抚恤金后，当面请求张宗昌寻机提拔堂兄升职，并培养他成才，张宗昌答以照办。不久董氏母女寄居天津，施中诚果然被升任烟台警备司令。施谷兰要求堂兄践言为其父报仇，但是，堂兄给她的答复是“报仇时机未到，恁可轻抛生命”。

施谷兰见堂兄如此求荣贪生忘恩负义，随即立志日后要亲报父仇。

1929年施谷兰赴太原，与第三集团总司令阎锡山的谍报股股长施靖公结婚，婚前施谷兰对施靖公提出日后寻机替父报仇的条件，施靖公答允。但是，转瞬6年过去了，1935年施靖公已升任旅长，依然没有履行诺言迹象。为此施谷兰再次请夫履约，不想施靖公以“家庭所系，儿女情长”为由推延践约时间。施谷兰一眼看穿丈夫施靖公是个“自食其言，出尔反尔”的伪君子，于是，决定自己去报父仇。

不久，施谷兰在太原已通过郭宗玢将军打听到孙传芳下野后居住在天津，于是亲自到天津，开始寻访仇人行踪。但是，在一个大城市里寻找一个毫无线索的人是相当困难的，施谷兰一连数月遍查报纸，希望发现孙传芳的名字或行踪，结果连蛛丝马迹的线索也没找到。

在施谷兰暗中察访孙传芳的时候，孙传芳已潜心禅悦，终日参禅诵经，很少到社会上活动，但是有些军阀、官僚、政客依然十分活跃。这些人当中有齐燮元、王揖唐、白坚武、孙润宇、陈觉生等人。孙传芳的部属沈同午、刘玉书、吴赞周也到社会上竞相奔走，希望在即将成立的华北各级伪政府里弄个一官半职。

孙传芳和这些人不同，在日本人日益得势的年代，他没有明显投靠日本军方。他的老上司吴佩孚为了拒绝齐燮元等人劝请出山，在北平市的什锦花园里大搞“陈棺言志”，以示坚定决心，使他不敢轻易表态出山主政。

1933 年 5 月 7 日，北洋皖系军人张敬尧因与白坚武勾结，企图亲日反蒋建立华北伪政权，被国民党军统局的特务于北平六国饭店秘密暗杀，这使孙传芳心惊胆寒。

这两件事使他不敢公开靠拢日本军方。孙传芳以遁入空门、清心寡欲、每日坚持打坐念佛为借口，拒绝参加各种政治活动。

孙传芳的隐匿，无形之中给正追寻他的仇家女造成很大麻烦。

施谷兰报仇心切，做完放足手术后，便到天津各家书局购买名人照片，希望看到仇人面目，结果一无所获。一次施谷兰偶然遛到天祥市场二楼“铁算盘道人”的算命卦摊处，发现了孙传芳的照片，第一次认识仇人的面孔。

施谷兰的儿子施大利在法租界培才小学幼稚园部上学，她每天接送儿子，得知一个叫孙家敏的小女孩的父亲是一个有名的大军阀，经过探询，她证实孙家敏的父亲就是孙传芳。之后，她又顺藤摸瓜得知孙家公馆在法租界 32 号路。

施谷兰密访成功后，即准备动手。为此，她把自己改名为“施剑翘”，以示自己要用剑杀死仇家的决心。

施剑翘行刺前，专程到南京与弟弟施中杰研究了行刺方式，施中杰向她提供了勃朗宁手枪 1 支，子弹 20 发。之后，施剑翘又返回天津，到了 1935 年 10 月 3 日，这是施丛滨的遇难十周年祭期。

这一天，施剑翘在日租界观音寺为其父超度亡魂，特请了居士林佛教会主持富明法师为其父主祭。在祭礼仪式后，施剑翘向富明法师询问许多宗教问题，然后，又问“孙联帅”在居士林佛教会担任何种职务，什么时候到林活动。

富明法师一一作答，施剑翘立即提出参加居士林佛教会。在富明法师答允下，施剑翘就算入会了。

施剑翘入会以后，又进一步与两个兄弟施中杰、施中达计划了行刺孙传芳方案和准备工作。施剑翘决定刺孙后向在场的居士散发传单和“告国人书”，为此，她又购买了一台油印机，印刷了大量传单，留作日后派上用场。传单内容是：

> 各位先生注意：
>
> 一、今天施剑翘(原名施谷兰)打死孙传芳是为先父施丛滨报仇。
>
> 二、详细情况请看我的“告国人书”。
>
> 三、大仇已报，我即向法院自首。
>
> 四、血溅佛堂，惊骇各位，谨以至诚向居士林各位先生、道长表示歉意。
>
> 报仇女：施剑翘

1935 年 10 月以后，佛教居士林经常可以看到一位新入会的“董慧”(施剑翘)女士出入其间，她虽然是新入会的"信徒",却是每场必到,从不缺席。

侠女施剑翘

1935年11月13日又是一个讲经日,这一天林长靳云鹏、理事长孙传芳照例皆应到林"领拜"。孙传芳本来准备和夫人周氏一起同赴居士林听经。可是,外面下着蒙蒙细雨,道路泥泞,孙夫人周氏表示不愿冒雨外出,极力劝阻孙当日不必到林。但是"孙因事先与靳约好在林见面",不便爽约,只得只身冒雨赶赴居士林佛教会。

施剑翘自从参加居士林听经以来,虽然和孙传芳见过几回面,但每次都因听经的居士太多,恐怕伤及众人一直没有下手。11月13日的下午两点多钟,施剑翘和往常一样按时到林听经,但施心想今日天气不好,雨下得这么急,也许孙传芳不一定来。谁知正当她与佛友交谈的时候,瞥见孙传芳的汽车到了居士林的门前,而且孙下车后便进入后院。施剑翘认为机会来了,今天听经的人不多,便于动手,于是就不再犹豫了,按原计划行事,准备好行刺用的手枪和印刷宣传品,待机而行。

当时,居士林的男、女居士们礼佛听经,按男东女西分坐两旁,男居士行列之首座便是靳云鹏,女居士行列之首座是孙传芳。这一天,孙传芳内着青马褂、青袍,外套一件道袍坐在女居士行列之首,聚精会神地听富明法师讲经。

施剑翘坐在女居士的第三排,"乃三时一刻,阖堂正在虔诚诵经之际,孙身后座诵经之女徒一人(施剑翘)突袖出手枪,向孙后脑狙击。""该弹由前额射出,脑髓溅流,孙当场倒地,施又射一弹,由右太阳穴射入,左额穿出,第三弹射腰部前胸透出,孙立时身死,该女凶(施剑翘)于众人惊骇之际,狂呼'不要怕,我是为我父亲报仇。'"

施剑翘一面喊一面跑到院外,从身边抽出印刷好的传单和一摞"告国人书"扬手四散,宣布已替父报了宿仇,然后,她面向还没来得及散尽的佛友历述其父当年被孙杀害以及孙的其他方面罪状,说完之后,向僧人性慧大喊"快去报警",并说明自己要去自首。

当她转身奔向电话房,欲打电话自首的时候,居士林警区值勤的岗警王化南已闻枪声赶来。施剑翘见警察来了,于是把手中凶器勃朗宁手枪和3发子弹交给王,并对他说:"我杀了人,你带我去自首。"

一代枭雄孙传芳就这样离开了人世。

奉系军阀张作霖

一、恶少赌徒张作霖

张作霖(字雨亭,奉天海城人),父亲张有财是个赌徒,经常在外边赌博,放赌抽红,赢了就大吃大喝,输了就典当衣服,后来在赌场被人打死。张作霖在家是老小,小名叫"张老疙瘩"。

张作霖像

张作霖在他父亲影响下,自幼便游手好闲,整天出入赌场,不务正业。母亲盼他成人,把他送进私塾读书,他"三天打鱼,两天晒网",念了不到一年,因不愿受管束,中途退学。母亲怕他学坏,给他几吊钱叫他做小买卖。他先是卖包子,可他馋了就吃,常常赔本,让他当货郎,他稍赚几个钱就去赌,结果连货郎担子都输了。托人送他学木匠,他没学几天就不干了。最后,母亲托人教他学兽医。

张作霖对马发生了兴趣,学会了一些相马、医马的本领。他在给附近驻军医马的过程中,结识了一些清兵的兵弁,沾染了清兵兵痞的习气。学了一段兽医之后,因不愿闷在家里,又跑到附近村中的大车店作伙计,给旅客捧茶倒水,套马卸车。在旅店里他又接触了南来北往的各式人物,知道了不少社会上的事情。辽西巨匪冯德麟也住过这个旅店,和他谈过许多有关土匪的生活,引诱他入伙。他在大车店干了二三年后,又流浪到营口县的大高坎镇。

甲午战争爆发后,日军侵入了我国东北地区,在营口街头游荡的19岁的张作霖,参加了清军。因为他"精于骑射",曾被提为哨长,但当清军移防关内时,他便携械开小差了。回家以后,张作霖以当过兵为资本,整天在街头自吹自擂,说自己在前线与日本鬼子作战如何勇敢,在军队如何受到重视。

在那个封闭的小村庄里,张作霖由一个山水不显的恶少成为一个新闻人物,身价顿时抬高百倍。赵家庙地主赵占元看他不错,便把次女许配给他为妻。张作霖凭着他那三寸不烂之舌,居然白娶了一个媳妇。结婚后干脆搬到了老丈人家去住,过上了寄生生活。初来乍到,张作霖还装一个人样,可是时间一长,他赌博的坏毛病又犯了,整天混迹于赌场。

一次，他因赌输无钱还债，便去偷猪，被村民抓住，好一顿揍。这一次，弄得他在村子里抬不起头来。但张作霖也感到，靠赌博难发大财。他开始广交地方无赖，也开始羡慕那些打家劫舍的胡子。他认为这种生活要比赌博强，整天山吃海喝，悠哉游哉，又没人敢欺侮。

于是，他便投靠了董大虎匪帮，开始是负责看票子，就是看守被绑来的人质。不久，张作霖感到在这里受人摆布，又不是什么官，所以干一阵便跑了。

二、胡子"保险队长"

张作霖当了胡子之后，整天在大小匪帮中窜。好在他当过兽医，对于骑马劫掠的土匪来说是一技之长，又加上他说谎的本领高，在土匪堆中也算吃得开。

那时候辽河土匪很多，地方绅商为了避免土匪的骚扰，保护自己的身家财产，也起而勾结土匪，组织团练。于是，在辽河沿岸出现了许多与土匪和豪绅相结合的所谓"保险队"的组织。他们名曰地方上的武装，实则为地主绅商的保镖。

绺子虽多，可是每个绺子都有各自的头目，张作霖加入绺子，人家欢迎，但他能扮演的只是孙悟空在天宫中的角色——"弼马温"，也就是兽医。领袖欲极强的张作霖总觉得自己是电线杆子刻手戳——大材小用。他看见辽河沿岸到处成立"保险队"，心想：我何不依葫芦画瓢，干脆自己另起炉灶，也成立一个"保险队"？他把这个想法与地主岳父一商量，立即得到支持，二人串联附近村屯有钱有势的大户，让他们出钱，张作霖网罗散兵游勇近 30 人，在赵家庙正式成立"保险队"，张作霖自任队长。

张作霖凭着他一身流氓地痞功夫，还真打出了个天下，逐渐把"保险区"扩大到附近二十几个村屯。张作霖乃驻中安堡镇。"保险队"打着保护地方治安的招牌，实际是为有钱有势的人保险，该队的饷银名义上按"保险区"的地亩摊派，实际上有钱有势的人居间操纵，还是贫户吃亏，一切摊派都转嫁到贫苦老百姓身上。

张作霖并不以坐地分赃为满足，还经常到"保险区"外勒捐，如果勒捐不遂，便绑票勒赎，甚至恣意抢掠。张作霖就是这样在弱肉强食的较量中把队伍逐渐发展到 40 多人。

在张作霖到中安堡前，受俄国支持的金寿山匪帮早已在这一带活动，并视中安堡为其"势力范围"。金寿山的匪帮有 100 多人，比张作霖势力大，并有沙俄军队做后盾。金寿山想招抚张作霖，张作霖则一直想吞并金寿山，根本没把他放在眼里，因此金寿山下了消灭张作霖的决心。他想出一条妙计，派干儿子打入张作霖内部探听虚实，以便大举进攻。

1901 年 2 月，欢度春节的时候，金寿山的干儿子见张作霖杀猪宰羊，毫无防备，就假装回家团聚，借机向金寿山报告。金寿山马上集合队伍，并勾结沙俄军队，包围了中安堡，突然袭击张作霖。

张作霖正与部下猜拳行令，万万没想到金寿山会在年关来端他的老窝。张作霖刚一从大院子露头，便被密集的子弹压了回来，他的头部也被一颗子弹擦伤，鲜血直流。张作霖抹了一把血乎乎的脸，深知形势危急，再待一会金寿山人马便会合龙，自己苦心经营的“保险队”便会全军覆没。于是，拼命突围而出，虽然被打倒了不少兄弟，但张作霖到底冲了出来。

张作霖率残部一直狂奔到新民境内姜家屯，看见一个大户院内养了不少蒙古马，便一人抢了一匹马，策马疾驰台安县的八角台镇。

三、八角台重新振作

八角台是张景惠的“保险区”，张景惠煞费苦心把八角台经营成了针插不进，水泼不来的独立王国，自己俨然成了八角台的土皇帝。他每年除了坐地抽捐外，再到“保险区”外绑几次票，日子过得也是不错。

这天，张景惠正与八角台的财主们打麻将，突然有一个小土匪闯进来报告，说张作霖领着二十几个人在镇外等着，说是借道。张景惠一听便明白了，他深知张作霖刚从中安堡杀出来，现在气焰正旺，况且他们丢了地盘，已经走投无路，必是以死相搏，自己的人马未必是他的对手。最后商量的结果，是与其让张作霖打进来祸害乡里，倒不如欢迎他们进来。于是镇上的商会会长张紫云亲自迎接张作霖，张的残部顺利进入了八角镇。

张作霖不愧闯荡过多年江湖，毕竟是见过大世面的，同张紫云等绅商应付自如，说话得体。他深知，目前他张作霖能这么顺利进入八角台镇，是由于张景惠和张紫云等绅商慑于他的威力，自己若想在八角台站稳脚跟，建立霸业，还必须取得张紫云和张景惠的支持和拥护。所以，他一反平日的凶神恶煞的模样，装出一副极其恭敬谦虚的样子，口口声声说自己是落魄之人，愿为八角台的乡里百姓效犬马之劳，如蒙收留，作霖将不胜感激之至云云。他把自己在私塾中背的几句文法不通的客套话用了出来，又凭他那鼓簧之舌，颇得张紫云等绅士的好评，张景惠也认为他很够朋友，并且聪明机警，是个奇才，愿意让他留下来与自己合作，并情愿把第一把交椅让给他，让他做“大当家的”，自己甘当“二当家的”。

张作霖

张作霖为回避“鸠占鹊巢”之嫌，故意推辞一番，还假惺惺地说：“我若是当了大当家的，今后怎么让我见八角台的乡里父老？”张景惠说：“你的才干胜我十倍，第一把交椅非你不可。”在张景惠和张紫云再三推戴下，张作霖最后还是坐上了第一把交椅，当上了八角台的团练长。二张从此一见如故，一直相依为命。

张作霖当上了八角台的“保险队”头目之后，经常受周围匪帮的威胁和袭击。当时在台安一带有回教的土匪头子项昭子，他手下有匪徒200多人，他们决心要吃掉张作霖。当时张作霖仅有70名徒众，根本不是项昭子的对手。于是，他到镇安县红螺砚，向另一个土匪头子汤玉麟（外号汤二虎）求援。

汤二虎是赌棍出身。他得知张作霖求援，马上答应领50人相助。在汤玉麟的帮助下，张作霖杀了项昭子，从此在台安声势大振。通过打项昭子这件事，张作霖深感联合的重要性，想要成大气候，必须广泛联合"绿林"伙伴，于是，竭力拉汤二虎入伙，汤二虎也感觉自己有勇无谋，甘愿做张作霖手下一员大将，两人结拜为义兄弟。此后，张作霖继续和周围匪帮角逐，将台安县境内小匪帮一一收拾干净，完全变成了他自己的势力范围。

张作霖在八角台一带巩固了自己的势力之后，不断四出劫掠，为害人民。一次，他到广宁县属青堆子勒捐，劫索极为苛重。其所捐的数额竟相当于国家正赋钱粮的20倍，弄得怨声载道。他在四出勒捐过程中，逐渐合并附近小股匪帮和"保险队"，吸引了不少匪帮入伙，例如在锦州一带拉帮的张作相也来投奔他。于是，形成了以张作霖为首，以张景惠、汤玉麟、张作相为骨干的拥有200多人的土匪地主武装。

由此，八角台成为张作霖东北霸业的起点。

四、主动受抚屡建功

张作霖虽说在辽西土匪当中名气较大，但他还是盼望有朝一日当上清朝官员，升官发财。

当时正是义和团运动过后，清政府以"剿抚兼施"的手段在辽西平服"匪患"。清奉天将军增祺也有收编"保险队"的打算，指示各府、县着手收编。

张作霖见时机到了，便跟张景惠、张作相等商量，见大家没什么意见，便说："奉天将军增祺带家眷逃到锦州、义州一带，后来他自己回到奉天，把家眷送进关去了。听说前些日子他已派人去接家眷回奉天，现在火车只通到沟帮子，这就是我们的大好机会。将来增的家属从此经过，我们要连人带物都劫下来，但不准乱动，到时听我的命令行事。"

果然，不久增祺的老婆和随护人员乘车回奉天。几辆马车行至新立屯附近一条荒僻路上，被张作霖早已埋伏于此的匪众截住，将护卫携带的枪械子弹以及数十件箱柜全都劫了下来，连人带物一并押解到新立屯。张作霖把掳来的人员车马都安顿停当，单给增的老婆和她的贴身侍者安置在一座很好的房舍里，并用最好的鸦片烟款待他们。

增夫人回到盛京后，向增祺说明了她路遇张作霖并化险为夷以及张作霖愿受招抚的心迹。增祺一面报告清廷，一面饬令新民府知府增韫将张作霖收编为省防营。与此同时，张紫云也会同当地一批绅商联名为张作霖作保，使他的归顺更加一帆风顺，如愿以偿。

1902年11月9日，他被清政府任命为"新民府巡警步营马队帮带"。从此，他当上了清朝的军官，迈出了飞黄腾达的关键一步。

1907年，徐世昌任东三省总督，整顿东三省，严令新民府知府和张作霖限期剿灭人数众多、实力雄厚的巨匪杜立三，逾期不灭，拿他们二人问罪。

张作霖设计，让杜立三的叔父杜泮林给杜写信。杜立三接到其叔父的信后，很快赶到了新民府。这时，张作霖已设好埋伏，趁其不备，突然下手，将杜立三捆绑起来，并毫不迟疑地就地砍了头。

杜泮林自知中了张作霖的诡计，害死了侄儿，悔恨不已，愤怒地斥责张作霖卖友求荣，不仁不义。可是张作霖却不以为耻，反以为荣，他振振有辞地说："我奉总督之命为地方除害，这正是大仁大义。"

捕杀了杜立三之后，徐世昌为张作霖请功，说："该统带等赴机迅速，实属异常，出力奋勇可嘉，应准其择优褒奖，以昭激励。"因此，清政府授予他蓝翎都司衔，以游记尽先补用，擢升为奉天巡防营前路统领，赏银两千两。

1908 年初，张作霖又奉命移师郑家屯，追剿蒙匪，生擒了牙什，打死了白音，击溃了陶克陶。为此，清政府又授他以总兵记名，赏戴红顶花翎。1909 年初，东三省总督徐世昌将八路巡防营改为五路，张作霖仍任前路统领，辖步、骑七营，共 3500 人。

五、当打手镇压革命

如果说张作霖服从招抚才得以飞黄腾达的话，那么，在辛亥革命期间充当打手则使他真正崛起，并登上了中国的政治舞台。

当辛亥革命的烈火蔓延到东北之后，张作霖双管齐下，一方面疯狂地镇压革命，顽固维护清王朝的统治，另一方面继续玩弄权术，巧妙地利用手中的武力作资本，不失时机地扩大自己的势力。

1911 年 10 月，辽宁的新军和谘议局中的革命党人张榕、蓝天蔚、商震等，为了响应武昌起义，积极进行独立活动。东三省总督赵尔巽决定密调后路巡防统领吴俊升率部开赴奉天。

赵尔巽拟调吴俊升驻防省城的消息被正在东三省讲武堂受训的张景惠知道后，飞速密报了张作霖。张作霖毫不迟疑，立即起身离开洮南，并命令所辖七个营星夜开拔，急赴奉天。

接着，张作霖又帮助赵尔巽渡过了两大难关：一是制服了新军，迫使其接受了赵尔巽"保境安民"的主张；二是威胁革命党人，破坏了独立活动。随后，保安会成立后，张作霖当上了军事部副部长，声名大起，气焰更加嚣张。他大施淫威，实行白色恐怖，血腥镇压革命党人。

张作霖在镇压革命的同时，还追随赵尔巽，带领 33 名清军将领发出效忠清廷的通电，反对共和。但形势发展十分迅速，清王朝覆灭了。这时，他又随机应变，暗中与窃国大盗袁世凯相勾结，歌颂共和制了。因此，袁世凯窃取临时大总统后，于 1912 年 9 月将二十七镇改编为二十七师时履行其诺言，晋升他为中将师长。这样 ，张作霖就不但成了中华民国这块金字招牌下的一个显赫的新贵，而且还有了建立奉系军阀集团、称霸东北的雄厚资本和有利条件。

六、建奉系称霸东北

张作霖自从任二十七师师长后，羽毛日丰，迅速成为奉天最有实力的人物。与此同时，他的野心也与日俱增。他的第一个目的是取得奉天将军这个职务。为此，他先后挤走了张锡銮，赶跑了段芝贵，压服了冯德麟。可是，老谋深算的袁世凯对他是怀有相当高的戒心的，因此，做了另一种安排。袁世凯为了达到既扩大帝制活动的地盘又牵制张作霖的一箭双雕的目的，把张锡銮另行任用后，将自己的心腹段芝贵调任奉天将军，使张作霖枉费了心机。但是，张作霖竭力抑制自己内心的不满，隐忍下来，暂伏待机，因此，对袁世凯依旧表现得特别忠顺。对袁世凯的帝制活动，他率先表示赞成。

在袁世凯的帝制活动败亡在即之时，他便一反常态，串通了冯德麟等实力人物，提出了“奉人治奉”的口号，并用威逼恐吓手段驱逐了段芝贵。袁世凯在泥菩萨过河自身难保的形势下，不但不敢开罪张作霖，加之又有张镇芳力保，还在 1916 年 4 月 22 日，委任张作霖为盛武将军，督理奉天军务兼巡按使，这样，张作霖便掌握了奉天军政大权。不久，他又制服老不肯甘居下风的冯德麟，吞并了二十八师，巩固了自己在奉天的地位。

张作霖来到奉天之后，得陇望蜀，把手伸向了黑龙江省。张作霖通过挑起黑龙江政争的办法，来实现自己的目的。

张作霖在把黑龙江省纳入奉系版图的过程中，也在染指吉林省。9 月 5 日，北京政府任命他为东三省巡阅使。他当上东三省巡阅使后，又以软硬两手，夺取了吉林的控制权。这样，张作霖就成了名副其实的“东北王”。

七、争地盘穷兵黩武

张作霖称雄东北之后，野心继续膨胀。然而，他在表面上却装出了一副与世无争的样子，说：“我今天不是辽东王吗？不需要争什么了。”可是，又掩饰不住自己急于扩张势力的野心，不时的向人打听：“关里什么地方好？”

1920 年 7 月，直皖战争爆发，在双方厮打的紧要关头，他派两个旅入关，由天津直趋涿县，威胁皖军的背后，使战局骤变，皖系大败。于是，他和直系军阀共同把持了北京政权。

张作霖与直系军阀共同打败皖系军阀之后，他们之间的矛盾也随之而来并日益加剧了。1921 年 5 月，张作霖除了以镇威上将军的头衔任东三省巡阅使外，还兼任蒙疆经略使，节制热河、察哈尔、绥远三个特区。当然，直系军阀在抢占地盘上也毫不含糊，夺取了湖北，控制了河南。直奉之间，由于在地盘的划分和官吏的任用上分赃不均而产生了矛盾，还造成了张作霖与直系军阀吴佩孚的互不服气，引起了他们相互攻讦。

张作霖为了对抗直系军阀，暗中又与皖系势力重修旧好。张作霖以换防为名，派大批奉军入关。与此同时，吴佩孚也磨刀霍霍。1922 年 4 月 29 日，张作霖到军粮城自任“镇威军”总司令，下达了总攻击令，从而爆发了第一次直奉战争。

5 月 4 日，西线奉军第十六师忽然阵前倒戈，使奉军全线崩溃。西线战局的剧变影响了东线，东线奉军也迅速瓦解。于是，张作霖匆匆忙忙回到天津，下达了总退却令。第二天，他又仓皇逃到了滦州。然而，张作霖这时虽然战败了，但元气并没有受到损伤，更没有丧失对东三省的控制能力，霸主地位依然是很巩固的。因此，北京政府对他的“惩办”和命令，只不过是一纸空文，丝毫不起作用。张作霖发表了宣言，宣布东三省与中央脱离关系，实行“联省自治”，并任东三省保安总司令。

张作霖父子与吴佩孚、张宗昌

1924 年 9 月，江浙战争爆发，张作霖乘机而起，响应盘踞在浙江的皖系军阀的请求，通电讨直，并再次自任镇威军总司令，亲率六路虎狼之军扑向了山海关和热河，挑起了第二次直奉战争。

在这次战争中，由于奉军的战斗力有了较大的提高，特别是有日本提供的大量的军火和情报，在战前就掌握了直军的作战计划，采取了避实击虚、各个击破的作战方针，所以，战局从开始就对直军不利。10 月 23 日，冯玉祥突然回师北京，发动了“北京政变”，囚禁了曹锟，吴佩孚从天津浮海而逃。从而，直军群龙无首，全线溃败。

张作霖控制了北京政权。他向冯玉祥施加压力，迫使其不得不与他一起把臭名昭著的军阀头子段祺瑞抬了出来，当了临时执政。在此期间，他对孙中山则态度傲慢无理。

1925 年春，张作霖和冯玉祥之间的矛盾日益尖锐，段祺瑞为了搞平衡，为他们划分了势力范围：任冯玉祥为西北边防督办，占据西北地区和京汉路北段；同时，任张作霖为东北边防督办，允许其沿津浦路方向扩展。于是，他就派奉军大举入关，又组织“宣抚军”南下，先后占据了山东、江苏、安徽、上海。这时，他占据的地盘不仅最大，而且最繁荣、富庶，其势力可谓登峰造极、空前绝后了。

八、祸京畿对抗北伐

郭松龄倒戈反奉，更加激化了张作霖与冯玉祥的矛盾。为了对付冯玉祥，他又与所谓的“十四省联军总司令”吴佩孚弃嫌修好，使其变讨奉为讨冯。并在帝国主义的支持下，向冯玉祥国民军发动了进攻。

3月5日，奉军占领了滦州。不久，直鲁联军又占领了天津。3月29日，张作霖抵达秦皇岛，在这里召开了军事会议，制订了作战计划，决定分兵三路进攻北京。4月18日，奉军进占北京，冯玉祥国民军撤至南口、张家口一线。

从1926年6月3日起，奉、直、晋三方面的军队分路向南口、张家口的冯玉祥国民军进攻。正当双方酣战之时，广东国民革命军出师北伐，先后将吴佩孚、孙传芳各个击败。这时，在军阀中，只有张作霖尚拥有重兵35万，为群龙之首。以反奉著称的"五省联帅"孙传芳也不得不秘密由南京到天津，求救于张作霖了。

张作霖与吴佩孚

是年11月末，孙传芳、张宗昌等十六名将领联名通电，"推戴"张作霖为"安国军总司令"。12月1日，张作霖在天津就职，宣言"反共讨赤"。这样，就形成了以他为头子的北方军阀的反革命大联合，也是北洋军阀的残余势力在滚滚的革命洪流面前作垂死挣扎的表现。

"安国军"成立后，也未能阻挡北伐军的进攻，孙传芳、张宗昌的军队在长江下游一带连连被击溃，不得不于1927年3月末退回了江北。

在这种形势下，张作霖仍坚持"反共讨赤"，以换取帝国主义的支持，经张作霖批准，4月28日，用绞刑杀害了中国共产党的创始人、伟大的思想家和革命家李大钊及其他革命志士20余人，犯下了滔天罪行。

1928年1月，蒋介石发动了所谓的"第二次北伐"。24日，张作霖急忙在北京召开军事会议，制订防御方案。4月10日，蒋介石下达了总攻击令，各集团军在各条战线上向安国军发动进攻。5月9日，张作霖通电议和，蒋介石不允许、不接受。至此，张作霖见大势已去，便准备退回关外了。

九、临危境日寇进逼

张作霖自始至终是通过勾结、投靠日本帝国主义才得以鹤立鸡群、名扬天下的。早在日俄战争期间，他就发现日本在东北的势力是不可忽视的，离开了它，那是什么事情也干不成的。因此，他千方百计地同日本帝国主义挂上了钩，表示愿意为日本帝国主义军队效力，援助日本军队进攻沙俄军队。辛亥革命期间，他对日本帝国主义的投靠更为迫不及待，到了卑躬屈膝、不惜出卖国家和民族利益的地步。

1916年4月，张作霖取得了奉天军政大权后，日本帝国主义为了在东北攫取更多的特权，扩大对华侵略，对他公开表示支持，并遇事援之以手，而张作霖也更加向日本靠拢，因此，日本人说：

“他(张作霖)是以日本的势力作基础而称霸东三省的。”

在此期间,张作霖还聘请了一批日本人充当顾问,有的甚至成了其亲信。他为了取得日本帝国主义的更大支持,每年都派日本顾问町野回日本一趟,广泛联络和结交朝野各派要人,使日本政府把他当作忠实的外藩。但是,日本帝国主义在扶植张作霖当上了“东北王”之后,由于双方的利益不同,他和日本帝国主义之间开始时常发生龃龉。

1927年4月,田中义一出任日本首相,更加疯狂地推行侵华政策。妄图把“满蒙”从中国肢解出去。8月4日,日本驻奉天总领事吉田茂向奉天省长莫德惠要求增修吉林至会宁等七条铁路。24日,日本驻华公使芳泽回到北京,立即向张作霖递交了所谓“满蒙觉书”,即备忘录,要求解决一切“悬案”。

日本做贼心虚,它不许张作霖透露双方交涉的内容。但是,纸里包不住火,消息很快就传播开了。东北人民极其愤怒,立即掀起了空前规模的反日运动。日本关东军对张作霖更是恨之入骨,必欲除之而后快,其高级参谋河本大佐同吉田茂及日本特务机关一再要求日本政府发动武装侵略。日本为了达到索取路权的目的,10月8日又派满铁株式会社(股份公司)社长(董事长)山本条太郎亲自到北京,同芳泽等人一起围攻张作霖。15日,双方缔结了关于七条铁路的交涉的条约。

日本取得这些特权后,还不满足,又发动了新的外交攻势。田中指令芳泽迫使张作霖满足日本在东北开矿、设厂、移民等全部要求。张作霖一看,这就是要他把东北拱手交给日本。他感到日本贪婪成性,逼人太甚,决心不干这种冒天下之大不韪的事。

有一次,芳泽在客厅等待着他会见时,他毫无顾忌地有意让芳泽听到似地大骂:

> “日本人不够朋友!竟在人家危急的时候,掐脖子要好处,我张作霖最讨厌这个办法!我是东北人,东北是我的家乡,祖宗父母的坟墓所在地,我不能出卖东北,以免后代骂我是卖国贼!我什么也不怕,我这个臭皮囊早就不打算要了!”

他同日本闹翻了脸。日本自然对他恼恨至极,决心卸磨杀驴。

张作霖遇难

十、皇姑屯惨遭谋杀

日本关东军司令官村冈长太郎、参谋河本大佐等决心谋杀张作霖。

张作霖对日本将有不利于他的行动，既不是没有预感，也并非一无所闻。5月31日，他派往东京的特务司温哈特得到了日本要在途中谋杀他的情报，急告他万勿搭乘火车回沈阳。得知这个绝密情报后，张作霖多了一个心眼，想验证一下这个情报的真伪，遂将这一情报告诉了身边的一个日本军官，这个日本军官笑着说："为了证明此行绝无危险，本人与大帅坐同一节车回沈阳。"这显然是一种欺骗。

与此同时，奉天宪兵司令齐恩铭也用密电告诉他，日方近来不许行人通过老道口，请严加防备。张作霖为人太自以为是，他对齐恩铭的这个重要的情报未予重视，反而给吴俊升和奉天省长刘尚清去电说齐恩铭"向来轻举妄动，好造谣言，现日本方面对我缓和，勿庸顾虑，应严予申斥。"当然，他对这些情报也不是一点都没往心里去。5月30日，他召集亲信研究战局，下达了总退却令后，又对他的撤退路线等作了秘密的准备。

6月3日凌晨1时，张作霖离开了顺承王府。开始了他的死亡之旅。6月3日下午，车至山海关，吴俊升前来迎接，为了张作霖的安全，列车重新编组，张作霖的座车编组在第四辆。这一切情况，竹下及日本关东军派到山海关、锦州、新民等重要站段的特务都了如指掌，及时、正确地向村冈长太郎、斋滕恒及河本等人作了报告。日本人布下的死亡陷阱正在一步步地吞噬着张作霖。

张作霖被炸现场

6月4日晨5时23分，张作霖的专列到达沈阳皇姑屯车站，正当列车穿越京奉铁路与南满铁路交叉处的铁路桥时，轰然一声震天动地的巨响，一股强大的黑烟滚滚升空，高达200多米，铁路桥被日本关东军预先埋放的30麻袋炸药炸塌，全部列车脱轨。张作霖的车厢被炸得支离破碎，面目皆非。前去迎接张作霖的黑龙江督办吴俊升当场死亡，张作霖身负重伤，被救回大帅府时已奄奄一息了。在紧急抢救的过程中，张作霖的思维仍很清晰，他口中还不断骂道："小日本子太可恶，我知道是谁干的！"

也许他为没有听从司温哈特告诉他不要乘火车回沈阳的忠告而深深后悔，也许他为不能实现自己的"宏伟抱负"而万分遗恨，也许他为不能手刃谋害他的凶手而懊恼，但这一切都成为了一个谜。上午9时30分，仅仅离开皇姑屯惨案发生不到四个小时，叱咤风云的绿林枭雄张作霖永远离开了人世。翻云覆雨的张作霖怎么也不会相信也不会想到，皇姑屯成了他生命的终点站。

为了稳定局势，在张作霖死后，大帅府密不发丧，直到张作霖的爱子张学良接过父亲手中的权杖，完全控制了奉系的局势，才正式公布了张作霖的死讯。

地方军阀系

中 国 军 阀 土 匪 大 结 局

晋系军阀阎锡山

一、善钻营主政山西

阎锡山

阎锡山，山西五台县河边村永和堡(今属定襄县)人，1883年10月8日出生在一个地主兼商业高利贷者家庭，他6岁丧母，由外祖母抚养，因从小过着寄人篱下的生活，养成了刁钻顽猾的性格。9岁入私塾，16岁随父阎书堂(字子明)到县城自家开设的“吉庆昌”钱铺学商。在两年多时间里，他就把投机商人那套“精打细算”、“惟利是图”、“投机钻营”的手段都学到了手。1900年，因一次“打虎生意”(当地俗称金融市场买空卖空为“打虎”生意)中蚀本，跟着父亲逃到太原避债，在柳巷“裕盛店”里当了伙计，与旅居“四海店”的黄国梁和张瑜结识，拜为换帖弟兄。

在太原期间，他目睹清廷文武百官煊赫声势，极为羡慕，不甘心在店里当小伙计，时时都想得到一官半职，跻身官场。1902年，清政府在山西设立武备学堂，他应机报考。初试时，做了《韩信将兵多多益善论》的论文；口试时，他态度谦恭，应答灵便，深得山西新军第四十三混成协协统姚鸿法的赏识，被录取上武备学堂。1904年，清政府选派大批青年到国外留学，他应试录取。1907年7月，同武备学堂一道考取的20名学生赴日留学。先入日本振武学校，学习日语和近代科学知识；结业后到日军弘前步兵第三十一联队实习。是年，正式进入日本陆军士官学校，为第六期生。在这期间，他结识了孙中山，受到革命思想影响。经谷思慎介绍，加入了中国同盟会。后来又加入了孙中山在军人中成立的“铁血丈夫团”。同时，他对日本教官鼓吹的日本明治维新后，实行军国主义，征兵练武，发展资本主义工商业，从而称雄世界的历史，极为感兴趣，因而常常说，军国主义是富国强兵之道，要使中国富强，必须推行军国主义。

1909年3月，阎锡山从日本陆军士官学校毕业回国。他早探知山西新军第四十三混成协协统姚鸿法之父姚锡光，时任清政府陆军部左丞要职，回国时特地绕道北京，谒见姚锡光，诡称自己是留日归国学生代表，对姚百般阿谀奉承，颇得姚的赏识。姚写信给其子鸿法，授意对他另眼看待。阎锡山因得到有力引见，一回太原，便担任了山西陆军小学教官，三个月后升任监督。任职后，他又大肆活动于太原的五大衙门，晋见抚台、藩台、臬台、学台和道台，拜访咨局议长梁善济，与他同梁的门生邢殿元订了“金兰之交”。通过邢的活动，梁在各方为阎吹嘘。他探得标统夏学律是巡抚丁宝铨的亲信，就设法与夏接近，然后由夏介绍，做了丁的门生。这年10月，他参加清政府陆军办举行的留日归国学生会试，以上等成绩被清廷赏给陆军步兵科举人，并授协军校。

在京会试期间，阎锡山主动与同盟会的一些中坚人物尹昌衡、李烈钧、唐继尧等人接触，了解全国各地同盟会的活动情况，敏感地意识到推翻满清封建政府的革命活动，将会在各地迅猛兴起。于是，他打定主意，一面继续讨好清廷顽固派与立宪派，获得信任，抓取兵权；一面加强与同盟会的联系。他一回到山西，就召集当年在日本士官学校的同盟会员，密谋窃取兵权，提出拉拢山西文武权贵，并在军队的各级领导岗位上安插同盟会员的意见，得到大家的赞同。这样，他讨好丁宝铨、姚鸿法、梁善济等人的活动，就有了合法的依据。次年春，他升任新军第四十三混成协八十六标标统（相当于团长），便在山西两个标统里组织了同盟会员和同情革命的积极分子为骨干的模范队，并任命一部分会员在本标里担任要职。他还凭借"铁血丈夫团"的身份，以温寿泉、黄国梁和他本人，在太原成立核心组织。因此，阎锡山在上面与清廷官吏及地方权贵勾结；在下面则培植私人势力，以图在关键时刻获取革命领导权。

民国初年的晋祠

1911年10月10日，著名的武昌辛亥革命起义爆发，太原革命人士积极准备响应。25日，阎锡山参加了山西巡抚陆钟琦、督练公所总办姚鸿法在太原召集的军政官员会议，决定将分驻各地的巡防队调集太原，镇慑省城，并把有革命倾向的黄国梁所统八十五标调离太原，以防意外。会后，阎锡山立即与黄国梁、温寿泉等召开秘密紧急会议，筹商对策，确定八十五标不离开太原，领到子弹后即发动起义；29日，以该标第二营管带姚以价为司令官，率部起义，攻打抚署。阎锡山认为时机已到，便玩弄两面手法，一面给所统八十六标下令，称"八十五标兵变"，调动一部分兵力协助清军保护抚署；另一方面密令余部将守卫抚署，抗拒起义部队的巡防马队营相机击溃。部署完毕后，他即躲藏在大教场东北的树林里，派人四下观察打探情况，随时向他报告，以便看风使舵，从中操纵。成则居功，败则诿过。当起义军占领巡抚衙门，击毙巡抚陆钟琦，起义胜局已定时，他便公开率部参加起义。

太原起义成功的当天，阎锡山、温寿泉、姚以价等起义头领举行会议，推选山西领导人，组织领导机构。会前，阎锡山即与同盟会员温寿泉、张树帜等在阎之标部密商都督人选。他主张选姚鸿法为大都督，并向众陈说了两条缘由：一是姚鸿法原任四十三混成协协统，是阎的直接长官，办事较为方便；二是如果起义最后结局失败，姚之父亲系清廷陆军部侍郎，事情也好缓和。后因姚本人不同意，又内定选阎锡山为大都督。在公选会议上，张树帜发觉有选立宪派首领梁善济的倾向，便立持手枪跳到主席台上，把梁善济挤到身后，大声号召说："选阎锡山为大都督，赞成的举手！"全体议员在惊愕中，相顾举手，一致通过，就这样，阎锡山、温寿泉分别当选为大都督和副都督。他们立即组织山西军政府，建立统治机构，委派各部负责人，发布安民告示和起用黄帝纪元作年号，悬挂"八卦太极图"旗。将部队整编为四个标，设东路军、南路军、北路军总司令；另建一个前敌委员会。令其一部扼守娘子关、固关等要冲；另一部继续攻取雁门、大同、临汾、运城等地。同时，一面派员前往北京与清廷通融，以期缓和局势；一面派员到起义成功的武昌等地联络，争取军事援助，以备清廷兴兵讨伐。清政府委派第六镇（相当于师）统制吴禄贞为山西巡抚，带兵入晋，镇压革命。但吴禄贞早年就已秘密参加了革命，当领兵进至石家庄后，即前往娘子关与阎锡山会晤，商定了组织"燕晋革命联军"，由吴禄贞担任大都督兼总司令，阎锡山、张绍曾为副都督兼副总司令，公然打起反清旗号，决定会师北京，扫除清室。阎当即派兵两营，归吴指挥，在石家庄截拦清政府的军械，扼制京汉铁路。正在湖北指挥作战的新任清政府内阁总理大臣袁世凯，对阎、吴之举恨之入骨，便以重金贿买吴禄贞旧部周符麟，设计将吴刺杀。"燕晋革命联军"因失去统帅，立即分化，阎锡山令其两个营撤回娘子关。袁世凯回京后，又派张锡銮为山西巡抚，带领第三镇曹锟所部进攻山西，相继攻破娘子关、井陉等要地，阎则带领部分民军撤离太原。途中，他感到此举失策，为保全其所谓革命荣誉，便通电全国，声称进军北路，攻取大同，于 1912 年 1 月，与吴行芳、张培梅带领的雁门、怀仁两部民军会合，攻占包头。

同年 2 月，清帝下诏退位，南北政府和议告成，袁世凯窃据临时大总统。阎锡山看到形势已定，便下令返省。但袁世凯借口山西起义后，当清军进攻山西时，阎锡山弃城出走，不承认山西为起义省份，用以打击阎锡山。因此，当阎领部进至忻州时，袁便严厉电令其不准擅自行动。阎锡山对此莫测所以，极为恐慌。他想，要回太原重新执政，非投靠袁世凯不可。这时，他探知定襄县董崇仁自幼出入宫廷，与内侍人等非常熟悉，并曾与袁世凯拜过把子，便邀其随同派员一起，星夜进京谒袁，竭陈拥护之意。同时，派人前往上海面见孙中山请求支援。后经孙中山为山西起义力争，加以董崇仁在京多方疏通，袁世凯才于 3 月 15 日任命阎为山西都督，他才得以重返太原。

阎锡山故居

当时，山西政府规模初具，新旧两派倾轧激烈。阎锡山暗中操纵，左手拉住同盟会和民主共和，右手又拉着袁世凯的君主立宪。这年 8 月，同盟会改造为中国国民党，阎锡山被选为参议。但他为稳定在山西的地位，执掌山西大权，对孙中山只作表面上的应付，而采取各种手段，讨好袁世凯。他派人常驻北京，贿赂袁的亲信总统府秘书长梁士诒，向袁表示恭顺。荐请任命董崇仁为晋南镇守使，又请任与袁族有亲戚关系的陈钰为山西民政长。还不惜送自己的父亲阎书堂常住北京，作为人质，以解袁的怀疑，取得袁的信任。10 月，袁世凯下令解散国民党，阎立即声明脱离国民党，并秉承袁的指令，在三个月内将山西国民党部一律解散。

1913 年，国民党发动的第二次革命失败后，袁世凯为图谋帝制，要将各地参加起义的人员一网打尽。袁认为山西处于北京肘腋之下，不容异己存在，便三次传见阎锡山。晋见之前，阎对随行的赵戴文、张树帜说："此次去见，凶多吉少，如我进去时间太长，你们需留心探问。"他晋见袁世凯时，见袁气色严厉，态度凶恶，便俯首恭顺，故显示庸碌、懦弱和畏惧的神情，使袁对他的气色有所缓和。回到住所，他对赵戴文说："真是可怕。"第二次晋见后，他对赵等说："这一次很好，袁没有上一次那样厉害。"第三次晋见后，他眉飞色舞，笑逐言开地回到山西。后来，各省同盟会员任都督的大部被袁世凯撤换，而阎锡山稳居其位。次年 6 月，袁世凯将各省都督改为将军，阎锡山被任命为"同武将军"。他颇以为荣，在五台原籍河边村特建门楼，篆刻"同武将军府"，以感袁的知遇之恩。为逢迎袁世凯，他又通过董崇仁的关系，买通袁的女仆，密察袁的意旨，如有所需，无不奉命惟谨。后来，他听到袁之子袁克宽告人说，"阎锡山脑后没有反骨，所以令他执掌山西军政"，这才长长地嘘了一口气，把忡忡忧心放了下来。

其实，袁世凯并没有轻信阎锡山，就在这年春，派其心腹金永山为山西巡安使，以分阎之权力。金到山西后，恃有袁为后台，不仅管民政，还扩充武装，势力很快与阎相当，并事事专行，目无将军。阎便知机而让，改变策略，对于军事一概不问，都委第十二混成旅旅长黄国梁处理。如此日久，太原城中只知有黄国梁，不知有阎锡山。他故意让人说他无能，深自韬晦。金永山秉承袁世凯旨意，在山西铲除同盟会势力。阎暗自高兴，认为这实际上是为他排除异己，日后独统山西扫除障碍。他虽然看到形势于己有利，但却装聋卖傻，袖手旁观。这样，使金永山也觉得阎锡山容易应付，不足为虑。

1915 年 12 月，袁世凯称帝。在这之前，阎锡山就投袁所欲，向其密奏"国本大计"，倡议"废共和而行帝制，以帝制而行宪政"，得到袁的赏识，在密奏上批复："颇有见地"。当各地"劝进"风声弥漫之时，他又争先请愿，接连三次申请袁登基称帝，声言："诚以中国之情，决不宜沿用共和制度"，"辛亥革命之初，尝以共和为新旧递嬗时代之权宜手续，四年以来，默察国情，征诸经验，乃确信共和之不足以安中国"，"今日改定君主国体，正全国人民希望，诞登彼岸之机会。天与人归，各当其时"，"然国是一日不定，人心一日不安，锡山窃日夜延颈企望，私心默祝，早日决议，有以符舆情而巩固国基也"。他还指使山西商务总会、山西蔚丰厚和各处票号，假借山西公民等名义纷电请愿，早废共和，而立君主。后来，蔡锷等组织护国军讨袁，他立即致电指责其为"破坏大局，不顾国家"。阎锡山以这种钻营方式，赢得了袁的信任。袁一即位，便封他为一等侯。

袁世凯死后，阎锡山认为再无畏惧之人，不再伪装庸碌懦弱，不择手段，独揽山西军政大权。他对旅长黄国梁专擅军权，又与黎元洪暗中勾结，忍无可忍，便以"黄国梁独断军事，虽无叛徒事实，实已迹尽骄横，军人如此，国家纪纲，尚复何在"为辞，电请北京政府将黄撤职；并派兵包围黄之住宅，迫令其即刻离开山西。晋南镇守使董崇仁，阎原为利用他向袁世凯送人情而对其重用，袁死后，董已无可利用，又兼董对晋南反阎势力不加过问，有违己意，遂卸磨杀驴，将董撤职。晋北镇守使孔庚，在阎出走包头时，虽出过大力，但因孔曾通电反对袁世凯称帝，与阎之意相违，阎经周密的军事布置，逼令孔交出军权。阎在借故铲除异己的同时，自旅长以下各级军官，均委派自己的亲信。收回军权后，他又策划夺取行政权，唆使省议会和督军团会议相继赶走省长沈铭昌及继任孙发绪，自己乘机以护理(即代理)名义，擅刻印信，兼任了山西省省长。

阎锡山虽然夺取了山西军政大权，但没有北京政府的正式任命，总是不大放心。这时，他看到国务院总理段祺瑞在袁世凯死后，成了北洋军阀的中心人物，拥有实权，便多方接近，拜段为师，特遣人到北京，通过段的亲信罗仲芳向段活动；又派与内务总理汤化龙有裙带关系的贾景德到京从中为力。当时，北京政府内部分裂，黎元洪的总统府与段祺瑞的国务院相互矛盾。他第一个追随段祺瑞反对国会；段被撤掉总理后，他又紧随安徽省长倪嗣冲，宣布脱离北京政府。后来，张勋借调停“府院之争”为名，带辫子兵4000人进入北京搞复辟，他又和段祺瑞站在一起，声讨张勋。当段祺瑞兴兵镇压孙中山发起的“护法运动”时，他便致电表示，山西军队随时可供调用，并遵段的命令，派兵入湖南与护法军作战。阎锡山亦步亦趋地取得了段祺瑞的欢心，且有汤化龙做内线，黎元洪最后只好同意他兼任省长。从此，山西的军政大权就集于阎的一身了。

阎锡山总揽军政大权后，在山西实行政治扩张。当时，广大人民在北洋军阀明争暗斗，南北战争不休的混乱局面中，渴望和平生活。他抓住人民的这种心理，提出“保境安民”的口号，表示不参加内战，以骗取人民的信任，在这个口号下，推行军国主义式的“用民政治”。阎既羡慕日本人所说的“武装和平”，又称赞德国人所说的“铁血主义”。他说：“无论帝国主义、国家主义或军国主义国家的政治，都是用民政治，非用民不足以图强。”因此，他主张：“政府政策是军国政策，人民教育是军国教育，社会组织是军国组织。”这就是他推行“用民政治”的思想基础。其内容有所谓“民德”、“民智”、“民财”。其突出的中心事项是“六政三事”，即水利、种树、蚕桑、禁烟、天足、剪发(男人剪辫子)和种棉、造林、牧畜。为实行其政，他一贯采取严厉主义。他说：“御下临民，应为者必使之为，不应为者必使之不为，如有违者，决不宽假”，“法令”苛刻，动辄得咎，人民被强力压制，不得不勉强应付。他成立所谓“洗心社”，让知识分子每周举行“自省”，灌输封建意识。还仿效日本的做法，实行“村本政治”，建立“行政网”，把每一个人的财产、事业和举动，都要“看得住”、“拿得起”，以加强对人民的统治。

与此同时，他进行了山西第一次扩军。1917年8月，将原有的第十二混成旅与山西巡防营改编的警备队，合并扩编为四个混成旅，辖十二个步兵团、四个炮兵营、一个机枪营，共有步、机枪一万余支。为提高军队素质，次年底又成立第九步兵团，专门培训军事干部。半年后，该团被命名为学兵团，专收学生施以军训；并在团内附设斌业中学，除讲授普通学校课程外，还加军事技术训练。为了推行军事国民教育，又成立了四个在乡军人训练连，分期分批轮训全省壮丁，每期三个月，训练后还乡，随时召征入伍等等。阎锡山通过这些政治斗争“武器”，进一步控制和压榨人民，培植了势力，壮大统治集团，为对内长期统治对外扩张打下了基础。

二、互争雄军阀混战

阎锡山在山西的统治地位逐步稳定后，各路军阀的矛盾日益尖锐。在混战中，他为了个人封建割据的利益，两面三刀，看风使舵，倚强凌弱，以扩张自己的势力。

1924年，直奉战争爆发。开始，双方都派人与阎锡山联系，争取支援。但阎见这场战争前途莫测，便以力量薄弱为借口，保持中立态度，不得罪任何一方，并派他的参谋主任台寿民到北京、天津观望风势，探听情况。当冯玉祥在北京发动政变后，他见曹锟、吴佩孚已倒，大局将定，便联合冯玉祥，拥护段祺瑞出山，负责国事。10月，他出兵石家庄，扼断京汉铁路交通，阻挡直军冠英杰部北上，孤立吴佩孚，致使直军兵败，曹锟政权垮台，与冯玉祥、张作霖联合组成北京政府，由段当权，担任"临时执政"。

两年后，直奉联合发起反对冯玉祥的战争，即所谓"讨赤"之役，阎锡山又圆滑应付，借此扩张声势。"讨赤"之前，吴佩孚的势力又侵入河南，拟北进向冯玉祥部攻击。但国民军第二军郑思成部驻守顺德，扼京汉铁路之要冲，吴密请阎锡山出兵驱走郑部，开辟通道。阎则采取两面应付之策，一面拉拢冯玉祥，对其继续表示友好态度，取得谅解；一面诡称郑思成与豫北樊钟秀合作欲图山西，出兵攻占顺德，将郑部及冀南冯军驱走，吴佩孚军顺利打通了京汉路，进而占据了湖北、河南、河北等地。1926年夏，即"讨赤"之役初，阎锡山在表面上仍是两面讨好，当国民军退出北京后，还给一些方便，允许其眷属由山西过境，但实际上又与吴佩孚勾结，隔断国民军河南与直隶间的联系，使冯玉祥之国民军处于直奉、晋军三面包围之中。这时，国民军为取得军事上的有利地位，决定先击破山西，乃以宋哲元从杀虎口、得胜口分数路合击大同。阎即公开与张作霖、吴佩孚合作，参加所谓"讨赤"战役。他为保存力量，配合奉军作战，主动把部队撤至雁门关，将主力部署在平型关到阳台方口一线上，凭险防守，另外，用钉钉子的办法，死守天镇、大同等城镇，使国民军得不到城池休整补充，反而因攻城消耗很大兵力。在直、奉、晋三方军阀联合攻击下，经三个多月的激战，冯军被击败，退守西北地区。阎锡山乘机将封建统治地盘由山西扩大到绥远，并收编了冯军韩复榘、石友三、陈希圣等部。一俟战事稍息，阎锡山即着手进行山西第二次扩军，把部队扩充为十七个师又八个炮兵团，军队亦改名为晋绥军。

北伐战争爆发不久，冯玉祥举行五原誓师，率部向甘肃、陕西移动。此时，刘镇华部围攻西安杨虎城军，久攻不下，电向阎锡山求助。阎派人赴陕详察情况后，令梁俊石团入陕支援，以作应付。同时，伺机观变，以便乘机扩充实力，巩固晋绥统治。北伐军攻占武汉后，广州革命政府派代表到太原，请阎锡山派人去武汉研商参加北伐事宜。他应邀派老同盟会员赵丕廉前往。赵临行前，他对赵再三叮嘱："秘密未揭开前，由你负责，揭开后，是我的事。"赵丕廉先到武汉，后至南昌面见蒋介石。蒋说："阎是老前辈，又是'丈夫团'的人，盼阎能早日举事。"国民军委会并授予阎为北方国民革命军总司令。但赵携带军事计划回到太原，向阎陈述详情后，他不愿骤然表明态度，也不就任北方国民革命军总司令一职。直至次年6月，在"国民党山西省党部"提议的名义下，他自任为北方国民革命军总司令，开始悬挂青天白日旗。7月，他秉承南京国民党中央党部的旨意，在山西实行"清党"运动，提出"今日的清党，清其人，尤须清其法"，捕杀共产党员和迫害革命青年、进步人士，并自任军法审判庭长，杀害共产党员王瀛等人。与此同时，他又进行了山西第三次扩军，以北方国民革命军总司令名义，在暗中收编了冀南的陈光斗、刘桂堂，山东的范澄秋，冀东的张膺芳等部队，将晋军统编为七个军。

阎锡山悬挂青天白日旗后，张作霖对其极为不满，派人到山西劝告阎锡山与他合作，并以“军政府副元帅”相许，阎委婉谢绝，声称自己坚决反共，改易青天白日旗，不一定要与张决裂。此时，张作霖见阎锡山按兵不动，以为他不会与自己为难，便兵分两路南下，一路攻打在河南的武汉国民政府之张发奎部；一路沿津浦线援救孙传芳。与此同时，又派于珍以检查察西部队为名，前往丰镇平地泉一带部署军事。阎锡山察觉张此着棋是针对自己来的，这时才与张决裂，公开通电声讨张作霖，兵分两路，分别沿京汉线、京绥线攻击奉军，计划从南北两侧袭取北京。当时张部的部署如同卧蛇，把主力配置在京汉、京绥两条线上，一头配置在察哈尔的怀安，一头布置在石家庄和新乐，预备队搁在津浦沿线和冀中一带。阎从两端下手，把张的预备队吸引到京汉、京绥线的两头，尔后以奇兵截断其腰部的战法，很快打败了奉军，占据了石家庄和新乐。后在定县、宣化、涿州等战斗中，接连失利，即撤到山西境内，凭借固关、娘子关、雁门关等关口扼守。张作霖调集几十万人马大举进攻，久攻不克，伤亡惨重，最后失利，退出关外。

阎锡山军服照

阎锡山单独攻打张作霖遭到失败后，冯玉祥部也受到奉军的威胁，于是他便与冯玉祥联名请求下野留居日本的蒋介石回国，主持“北伐”战事，共同对付张作霖。他致电蒋说，“公留党在，公去国危，个人之去留事小，党国之存亡事大，爰用春秋责贤之义，再挽浪中已去之舟”，竭力表示拥护蒋之至诚。不久，蒋即从日本回南京，再任国民革命军总司令。1928 年 2 月，蒋在徐州召开军事会议，改编军队，成立四个集团军。阎锡山就任国民革命军第三集团军总司令。3 月，他出兵进攻奉军，一举夺取石家庄，收复大同，进而加紧进攻保定，以夺取津京地区。他在采取军事行动的同时，派人潜入天津，与日本驻屯军司令新井勾结。新井表示：“阎军如果占领保定，日军保证北京、天津不用放一枪，唾手可得。”阎得日军许诺后，全力攻打保定，迫使张学良放弃保定北撤。他不战而继占北京、天津，被蒋介石委任为平京卫戍总司令。至此，他统治了晋、冀、察、绥四省及平、津两大城市，并先后被任命为国民党中央政治会议太原分会主席和北平分会代理主席、内政部长、晋冀察绥赈灾委员会主席、蒙藏委员会委员。

次年 12 月，南京编遣会议后，阎锡山看到蒋介石为削弱非嫡系部队，与冯玉祥、李宗仁开始火并，派兵将桂系势力驱逐出两湖地区，深感威胁，认为早晚也要轮到自己头上来。这年，唐生智因蒋介石没有给他湖南地盘而对其不满，与阎约定，由唐通电拥阎为首，共同倒蒋，阎答应接济唐军饷 60 万元。但唐在倒蒋通电中却以汪精卫号召“护党救国”名义，提出拥汪反蒋主张。阎见唐背弃前约，深为不满，便串通张学良等十人发出通电，拥蒋反唐。1930年元旦，他就任蒋介石委派的陆海空军副司令职，但未即行，而是令晋绥军在郑州观望各军情势，然后再定进攻策略。直到讨唐各路军连战皆捷，战事即将成功，方亲赴郑州，督师进发，获得不战而胜的战果。蒋介石对阎又出兵，又观望的把戏早已察知，讨唐军事行动一停，便授意韩复榘在郑州秘密布置捉阎。他得知消息后，仓卒化装逃回太原。

在这期间，阎锡山深感蒋介石消灭异己，咄咄逼人。因此，他表面上应付蒋的编遣计划，暗地里却在山西进行第四次扩军备战，陆续将部队扩编为十个军，辖三十个师；四个保安纵队，辖十二个旅、四个骑兵师、七个炮兵旅。

与此同时，阎、蒋之间展开了一场所谓“国是”之争。这年2月10日，阎首先致电蒋介石，指出：“戡乱而不如止乱，不止乱而一味戡乱，国内纷乱，将无已时”并提出“礼让为国”，请蒋下野。随着阎、蒋笔战，参加倒蒋的国民党各派系及各大小军阀的代表，纷纷麇集太原，商定倒蒋事宜，正式形成反蒋阵线。3月14日，鹿钟麟等五十七人发出倒蒋通电，拥护阎锡山为陆海空军总司令，冯玉祥、李宗仁、张学良为副总司令。3月21日，阎、冯公开发出倒蒋通电，全国各个反蒋的大小军阀陆续起而响应。4月1日，阎在太原就任总司令，并成立了陆海空军总司令部，先后召开了所有军阀代表和所部高级军官会议，决定集结重兵，组织八个方面军，沿平汉线、陇海线和津浦线三路分进。蒋介石亦针锋相对，在南京以“国民政府”名义，于4月4日下令免除阎锡山所任各项职务，并通令拿办；5日，下令讨阎。于是，以阎锡山为首的倒蒋势力与蒋介石在中原展开大战。

中原大战展开后，阎锡山赴郑州与冯玉祥会晤，商讨作战方略，决定陇海路豫中方面、平汉路豫南方面，均采取攻势防御；在津浦路之鲁北方面，则采取攻势，俟有进展后，再全线出动。在作了相应兵力部署之后，阎在鲁北晏城设行营，亲自指挥作战。5月22日，蒋、冯、阎激战于鲁、豫。7月1日，阎、冯联名电请汪精卫即日北上，反蒋联盟于北平成立。8月4日，又大战于津浦、陇海路。但由于倒蒋联军各怀异志，一味保存实力，战事一开始，在陇海线上的倒蒋联军就相互争夺地位，造成内讧；接着，冯部在津浦线上受挫。9月18日，张学良通电拥蒋，带兵入关，威胁倒蒋联军后路。这样，迫使阎、冯军自山东、河南撤退，颇有声势的倒蒋战争终告失败。阎锡山败回太原后，把陆海空军总司令部等撤销，改为晋绥警备总司令部，由徐永昌任总司令，杨爱源任副总司令，替他看守地盘，自己化装潜入大连，托庇于日本人，过着寓公生活。

阎锡山外逃后，山西蒋记国民党省党部大量通缉、开除阎的骨干分子。他怕离晋日久，军队离心，老巢倾覆，遂于1931年8月5日，在日本飞机护送下回到大同，隐居五台县河边村，控制山西局面。

“九一八”事变后，蒋介石已无暇顾及阎锡山。其时，汪精卫由法国归国，高唱“精诚团结，共赴国难”的调子，担任了南京国民党政府的行政院长。阎锡山为取得其支持，特派员驻南京与汪联系，另又派山西省主席徐永昌到北平，向各方人士请求援助，通过宋美龄的关系，在蒋介石面前疏通。这时，蒋介石也表示“捐弃前嫌，团结御侮”，接受了汪精卫的提议，于1932年2月委派阎锡山为太原绥靖公署主任。不久，阎又恢复了国民政府委员、军事委员会委员等职务，并当选为国民党中央执行委员。从此，阎锡山与蒋介石重新合流，再度统治晋绥两省。

阎锡山为了乘机发展自己的势力，制定了《山西省政十年建设计划案》，成立“山西人民公营事业董事会”，倡言“经济建设”，扩大官僚资本，把工矿企业统归西北实业公司经营管理。几年之后，使山西形成了一个由采矿、冶金、发电、采煤、化工、军火机器制造、造纸、印刷、皮革、毛织、水泥等初具规模的较完整的轻重工业体系，并修建了同浦铁路，整顿银行，成立了山西实物准备库和山西营业公社。后又成立“经济统制处”企图垄断山西的经济。他还成立“禁烟考核处”，以鸦片制作戒烟药饼，公开官卖鸦片，几年间获利达2000万元，饱了自己的私囊。

他又巧立名目收捐派税，居然连农民进城挑粪也要上捐，还美其名曰“讲究卫生”，当时有个名叫刘师亮的写了一副对联，上联是“自古未闻粪有税”，下联是“而今只有屁无捐”，横批是“民国万税”，讥讽阎锡山对人民的残酷剥削。

三、两面派被迫抗日

阎锡山早在“九一八”事变前寓居天津时，就与日本帝国主义勾结。消息传到太原后，山西大学文学院院长张籁曾愤而作书，直接寄阎，内说，“秦桧好当，秦桧的子孙难当”，指责阎出卖国家民族。

1935年10月，中央红军主力北上抗日，到达陕北，陕北苏区日渐扩大，红军势力日益增强。这时，阎锡山首要考虑的中心问题是防共反共，搞“军事防共”、“政治防共”、“经济防共”和“民众防共”等。他以地主、富农为核心，成立所谓“主张公道团”，就是实行“民众防共”的一个反动组织。这年8月，阎召集黄河沿岸的从河曲到永济等二十一县的县长开会，决定成立“防共委员会”，办理“防共保卫团”。他说：“晋陕毗连，陕北红军之活跃，实威胁山西之安全”；“剿共必须七分政治，三分军事；而防共更应该是九分政治，一分军事”。他一面派兵西渡黄河协助陕西国民党势力“进剿”红军，一面在山西境内筹备防共。

是年冬，中共中央为了民族利益，发表了停止内战，枪口对外的声明，要求阎锡山允许红军通过山西地区开赴前线抗日，但阎锡山置国家和民族的利益于不顾，拒绝红军要求，并利用黄河天险，在北起河曲，南至永济的黄河东岸，筑起连绵不断的碉堡线，企图阻止红军东渡对日作战。次年2月，中共中央以中央工农民主政府和中国抗日红军军事委员会的名义，发表了“东征宣言”。20日，东征红军渡过黄河，直捣三交镇，旋即向同浦路扩展，将抗拒之阎军各个击破，阎锡山遭到惨败后，感到红军声势浩大，老巢太原受到威胁，便急电蒋介石派兵增援。阎锡山因以狡诈奸猾著称，当时被人称为“九尾狐狸”，自窃据山西军政大权后，闭关自守，蒋介石虽早已图谋把力量打入山西，但总无从下手，此次，阎锡山主动请蒋派兵入晋，可谓蒋之天赐良机，蒋当即派五个师开进山西，实现了图谋已久的目的。阎锡山虽得蒋之支援，但同样被红军击败，中共中央为了珍惜国力，坚决履行“停止内战，一致对外”的主张，于5月5日发出“回师通电”，东征红军撤回黄河以西。

1936年7月，日军侵占察北六县后，准备进犯绥远。阎锡山感到日军进窥绥远，已非空口所能拒止，不得不改弦易辙，提出“抱着弱国的态度，守土抗战，踢破经常范围，加紧自强”的方针。

在“九一八”事变五周年纪念日，成立了山西统一战线性质的抗日救亡群众组织——“牺牲救国同盟会”。薄一波等共产党人由北平回到山西，即负起了领导“牺牲救国同盟会”的责任，提出了“不分党派，不分男女，不分职业，只要不愿做亡国奴的人们，一齐动员起来，积极参加一切救亡运动”的总纲领。这时，全国各地许多进步青年涌向山西。“牺牲救国同盟会”在薄一波等主持下，成立了军政训练委员会。次年初，又在太原举办了“国民兵军官教导团”，训练进步青年。

11月，阎锡山看到日军进攻绥远已部署就绪，战火马上就要燃烧起来，便决心收复绥北要地百灵庙，以遂行其“守土抗战”的主张。22日，令傅作义指挥晋军向日军发起进攻，经过激战，将敌击溃，收复了百灵庙。但是，当傅作义拟乘胜收复商都时，阎急予制止，专门派人赴绥密告傅：“商都不属晋绥管辖，与百灵庙原属绥远不同。我们若攻商都，诚恐日方有所借口，会对晋绥不利。”

“七七”事变后，阎锡山奉蒋介石电召，前往南京参加军事会议，被国民党政府任命为第二战区司令长官，晋军改编为第六、第七集团军，共产党领导的八路军改编为第十八集团军，总司令朱德兼任第二战区副司令长官。第十八集团军挺进华北前线，与国民党军联合抗日。

8月上旬，日军侵入南口后，战事进入第二战区晋绥两省。阎将部队布防于天镇、大同等要隘，自己到雁门关西面的岭口，布置行营，亲自指挥作战。在这期间，八路军的高级将领周恩来、彭德怀、彭雪枫等经常去行营与他会晤。周恩来根据当时形势，说明目前虽然敌强我弱，但只要我们动员全民，团结奋斗，就可削弱敌人力量，增强我们的力量，打败日本，收复失地，鼓励他坚持抗战。阎要求周恩来为第二战区拟制作战计划，周恩来只用了一天时间即写成，他看了十分惊异，敬佩不已，连声赞叹：“写得这样好，这样快，如能这样打，中国必胜。”此后，他每日早晨约周恩来去办公，并通令晋军全军学习八路军的办法。后来，周恩来提出一个在沦陷区成立“战地动员委员会”的条例，阎先不同意，后经薄一波解说，才同意了。

不久，平绥路的天镇失守。阎锡山将王靖国、傅作义、李服膺等军，一齐调进雁门关以南，扼守平型关至阳口一线。9月，日军集中了14万人，坦克150辆、火炮350门、飞机300架，由两个方向进攻太原，企图一举攻占山西。阎锡山在共产党、八路军和山西人民支持下，组织了太原会战。25日凌晨，八路军一一五师主力在平型关以东设伏，全歼日军第五师团一个大队及后勤人员共1000余人；在阳口方向的晋绥军高桂滋、刘奉滨、孟宪吉等部队，也与日军展开激战，给敌杀伤甚大。太原会战，沉重地打击了日军的嚣张气焰，鼓舞了全国的民心士气。

后来，因敌力量太强，晋绥军之铁角岭、繁峙陂等地很快被敌攻占，整个战线受到威胁。当时保定已陷于敌手，汴源为敌所占，平汉路的日军主力又南下石家庄，直趋娘子关，雁门关一线亦被敌突破，太原部队北上增援困难。基于这种形势，阎锡山遂决定撤退繁峙以东的部队，经五台退守第二道防线——忻口防线。他在这里集中了8万人的兵力，由卫立煌为前敌总司令，组织忻口防御战役。日军本想一举突破忻口，但遭守军的顽强抵抗。战役一开始就打得十分激烈，守军寸土必争，与敌反复厮杀。军长郝梦龄亲上前线指挥，被敌炮弹击中殉职，官兵战死者不下万人，负伤的也有两万余人，战斗最激烈的时候，一天之内在正面三里宽的地段上，竟牺牲十个团的兵力，即每小时牺牲一团人。经二十余日激烈战斗，杀伤日军3万余人。八路军一二九师以一部夜袭阳明堡日军机场，烧毁敌机24架。日军在守军的顽强抗击下，一筹莫展，三易指挥官，也未能攻陷忻口。后因平汉线上国民党军撤至石家庄以南地区，日军主力川岸师团直扑娘子关，威胁太原，阎锡山被迫放弃忻口，向太原撤退。日军尾随追击，阎军防守太原之部署尚未就绪，日军即已迫近城下。傅作义根据阎之命令，率部在太原城东与日军激战两天，终因力量不支，放弃太原南撤。

11 月 8 日，阎锡山将部队撤至临汾，进行整军，为了适应当时抗战形势的需要，统一后方工作，加强军民抗战力量，在中国共产党、八路军的建议推动下，阎组织了第二战区“民族革命战争战地动员委员会”。与此同时，还先后成立了四个“抗日决死队”，一个“工人武装自卫总队”和一个“政治保卫总队”，依靠八路军的帮助和指导，成为一支有政治觉悟的坚强敌后抗日部队。但这些组织的活动，一开始就受到阎锡山的限制。

1938 年 3 月初，临汾失陷后，阎锡山的官僚统治集团陷于异常混乱的状态，失败主义情绪以及各种亡国论调，又一次喧腾起来。是西渡黄河逃窜，还是在山西坚持敌后抗战？阎左右的一些高级官员，力图怂恿阎放弃抗战，渡河到陕西逃难。与阎合作抗战的共产党员及共产党所领导的“牺盟会”、“决死队”等进步力量，则纷纷转入敌后，积极发动群众，组织抗战武装，建立敌后政权，发展抗日游击根据地。

阎锡山看到这种发展趋势，生怕大权旁落，无法掌权，便采取“内部分化”、“制造摩擦”、“派兵监视”等各种反动措施，制造分裂，限制进步活动。他通过所谓“民族革命同志会”，集中旧的封建势力，打击进步势力。这年 6 月，阎把他的各军、师主要军官召集到古贤村开会。他在会上说：“这次会议，是给你们开追悼会，但是如果你们懂得了道理，也可以说是庆生会。”接着，他把其真意说出来：“你们的作战方法，是同敌人死拼，现在你们的力量，已大大地减少，再这样下去，不到三个月，你们就完了。所以给你们预先开一个追悼会。”他深恐所谓“正规军”军官不懂得运用政治进行反动活动的方法，特选了一批反动的政工人员到各军、师担任政治主任，控制各级军官，用反动理论麻痹青年军官，仇视新军(决死队)，制造“正规军”与“决死队”之间的矛盾。

12 月 23 日，日军进攻吉县，阎锡山仓皇率部西渡黄河，向陕西宜川退避。此时，他对抗日已丧失信心，发出了“不能抬上棺材抗战”的谬论，准备妥协投降日本。当他得悉“东方慕尼黑”正在加紧策划时，便说：“天快下雨(和平妥协)了，我们也要赶快准备雨伞。”当时德国大使出面提出等于要他投降日本的日阎双方谈判条件，他亦准备接受。在遭到山西共产党领导人薄一波的严厉驳斥后，才未采取投降行动。

阎锡山

在日军政治诱降策略的引诱下，阎锡山决心采取“降日拥蒋反共”的路线。1939 年 3 月，他在宜川县秋林镇召集所属师长、独立旅长、各区专员、保安司令以上的军政官员会议(亦称为“秋林会议”)，其目的是为他准备降日制造舆论。会上他说：“一切事情都不能做得太绝对了，抗日要准备联日，拥蒋要准备反蒋，联共要准备反共”，并美其名曰为“二的哲学”、“惟中哲学”。他还说：“抗战与和平是个政治问题，不能说主张抗战就对，主张和平就不对”，“存在就是真理”，“抗战只是手段”。高喊要“无条件的存在”，“一切为了存在”，“在三个鸡蛋上跳舞，踩破哪一个都不行”。在会议上，新军和旧军(正规军)之间发生了很大的争执与摩擦。阎对“决死队”的负责人劝其“不应以防左的口号排斥了成千成万热心参加抗战的青年”大为不满，说：“我们是讲对错，不分左右。十五的月亮是中，是对，过与不及是左是右。今日中国，应该在‘抗战到复兴’上求十五的月亮，不要找上旬或下旬之右或左。抗战是手段，复兴是目的，求抗战的十五月亮，更进一步求复兴的十五月亮，才是今日对错的标准”。他早已视“决死队”为投降的最大障碍，把“决死队”污蔑为“叛军”，实行讨伐。会后，他迫不及待地传见各区军政人员和“公道团”系统的人员，分别安排摩擦斗争。同时，在“牺盟会”、“决死队”和比较进步的专员、县长中间进行争取和分化。随后，又组织“突击队”、“精建会”等许多反动团体，散布谣言，破坏“决死队”，打击“牺盟会”，使新、旧军摩擦一天比一天大。10月，他授权第十三集团军总司令王靖国和第六集团军总司令陈长捷等，准备进攻新军。并把反共将领一个一个地找来授意说，共产党、八路军势力日益壮大，再加上“牺盟会”、“决死队”的合作，我晋军将无立足之地，只有消灭“决死队”、“牺盟会”，接受日本所提出的中日提携办法，才能达到生存的目的。他在解散“战委会”，取缔“牺盟会”后，接着又以军队要“正规化”为借口，将“决死队”取消，把新军改编为几个旅，撤消薄一波、戎伍胜、雷任民等“决死队”纵队政委的职务。他的这些行动，受到了共产党员薄一波等人的坚决抵制。

12月，阎锡山公然制造了“十二月事变”。1日，他下令“决死队”第二纵队于5日向同浦路大举进攻，实行所谓“冬季攻势”。当“决死队”第二纵队韩钧正在动员执行命令时，阎军与日军同时向该纵队进攻。在日、阎两军包围下，“决死队”第二纵队实行自卫，一面与日军进行肉搏，一面抵抗阎军，经殊死战斗，突出重围，转入晋西北、晋东南地区。与此同时，在晋西北方面，阎令第七集团军总司令兼骑兵军军长赵承绶放弃岢岚、宁武、五寨等抗日阵地，向“决死队”进攻。“决死队”第四纵队为接应“决死队”第二纵队和晋西纵队，成立山西新军临时指挥部，由续范亭任总指挥，分左、右两纵队，向赵承绶和郭宗汾两军进攻，将其击溃。在晋东南，“决死队”第三纵队也遭到日、阎军的夹击。这次事变，虽然粉碎了阎锡山消灭“牺盟会”、“决死队”和“暂一师”的阴谋，巩固了晋西北、晋东南、晋东北的抗日民主根据地，但由于阎锡山大肆屠杀摧残革命人士，使山西抗日力量遭受重大损失。

“十二月事变”后，阎锡山加紧与日军勾结。1940年夏，他在吉县克难坡秘密会见日军特务大矢，并派遣机要处副处长刘迪吉随同大矢到太原，通过汉奸苏体仁等与日军取得联系。同时，将所俘日军二人由其族孙阎立仁秘密护送至太原，表示对日诚意“合作”；日军也从孝义县属兑九峪镇撤出，交阎接管，作为愿意“合作”的表示。刘迪吉、苏体仁根据阎的电报指示，与日军达成协议：（一）日军协助阎军剿除在山西的八路军、“决死队”；（二）阎军各高级军官的住宅财产，日军完全交还；（三）日军在中条山发动战争胜利后，阎锡山即可向太原前进。后来，日军兵务局长田中隆吉到了太原，表示只要阎锡山投降，要什么给什么。

同年11月，阎锡山派赵承绶到孝义县属之白壁关，按其指示的“亚洲同盟，共同防共，外交一致，内政自理”的四项原则，与日军驻山西第一军参谋长楠山进行谈判，要求日方先给予武装30个团。次年3月，阎又派赵承绶到白壁关与日军驻汾阳若松旅团的宫内参谋会商，按照前次初步协议：“阎、日双方首先消除敌对行为，互相提携，共同防共”，并商定“防御进剿”任务。6月，日军从孝义县城撤出，交阎军接管，作为双方进一步合作的条件。8月11日，赵承绶同日军代表田边盛武和楠山秀吉签订了《汾阳协定》：第一步，日本为阎装备50个团，阎将吉县小船窝渡口让给日军，并通电脱离国民政府，日将晋中十县政权交给阎接管。第二步，阎进驻太原，日将山西政权交阎，再为阎装备50个团。第三步，阎进驻北京，日方将华北政权交阎，组织“华北国”。

10月，进一步达成履行《汾阳协定》细则。概略内容是：(一)双方部队避免冲突，分别在太原、汾阳、临汾成立办事处，以资联络。(二)交换物资。(三)交换情报。阎、日双方驻当地部队，经办事处互相交换八路军活动情报。(四)兵员征募，由山西伪省长苏体仁负责，命令山西所属各县征募。(五)武器由日方分期筹划，并为了阎军的急用，先拨给步枪1000支。(六)粮食由伪省长苏体仁拨给。(七)经费2000万元，由日方拨发。(八)新装备的军队，营以上各部，均设日方教官。

当时，阎锡山避居吉县古贤村。协定签订后，他紧张地进行回太原的准备工作。11月30日，八路军驻山西办事处长王世英会见阎，与其长谈了三个多小时。王世英抓住阎投降的危机问题，对时局作了详细的分析。阎也想乘机摸八路军的态度，他问：假如蒋介石投降，你们怎么办？王世英坚定而明确地回答说，领导全国人民抗战到底，夺取最后胜利，谁要投降就打倒谁。这次谈话，虽然未能使阎放弃降日的打算，但亦使他有所顾及。

12月8日，太平洋战争爆发。此时，人们都私下议论，八路军的代表对国际形势的分析真对！阎锡山在9日的朝会上也无精打采地宣称："这次时局的变化，实在没有料到……"对降日才暂缓行动。但在日军逼迫下，他又把什么"生存"的问题提出来了，并诡辩说："与日军来往是策略，并非真投降"。次年2月，日军为了逼阎投降，扬言要进攻晋西。他感到"生存"受到严重威胁，乃于4月初发动所谓"晋西大保卫战"，动员所有力量开赴前线，奖励部下每打死一个日军给赏洋100元，并给士兵娶老婆，企图鼓舞士气，改变过去恐日降日的想法。日军根据过去老经验，对阎军十分轻视，公开扬言："阎锡山的军队根本用不着打，只要在枪头上顶一顶军帽就吓跑了。"结果日军与阎军在孝义县苏宋庄、汾城县华灵庙作战中受挫。日军后悔不该逼阎过急，于4月2日派人邀阎到太原谈判。阎派赵承绶到太原会见日军山西驻军参谋长花谷正。花对赵说："阎锡山把中国人都骗遍了，派谁当代表，都当不了他的家，必须与阎直接谈判，才能解决问题。"5月，阎锡山亲自与日方在吉县安平村举行会谈，阎提议内容为：(一)申述亚洲同盟与中日两国之利益；(二)在彼此互相需要的合理条件内进行合作；(三)请日方表明此项合作，是否日本的国策，抑或地方的意见，及对待与中国的方针等等。日方提议内容：(一)强调东亚共荣圈的胜利，促阎早日投降；(二)向阎提出"觉书"，促其通电脱离蒋政权，如当时发表通电，立即交付联币300万元，步枪1000支；(三)关于汾阳协定应允之武器、物资、款项等，因数目太大，须陆续交付。因阎以一切准备尚未完成为借口，表示脱离蒋政府和降日，须再加考虑，会谈未获结果，日方将联币、枪支原物带走。日军见阎的态度已发生变化，不肯就范，便将《汾阳协定》及"安平会议"开会所拍照片印刷，用飞机投撒西安，公布于世，并对阎军发动进攻，在晋南消灭王乾元一个军。但阎驻太原、汾阳、临汾的办事处，仍与日军继续联系，一直到日本投降。

阎、日"安平会谈"后，由于解放区日益扩展，日军感到交通线无力维护，各个据点不断被八路军摧毁，曾向阎驻太原办事处表示："我们在作战方面，比较有办法，在政治方面，实在无法应付"，"现在不妨重来一个政治、经济的试办合作"。并于1943年秋，正式提出此项合作办法。阎锡山同意这个办法，于次年派出一批人到太原，由日伪政权委任为局长、县长、县保安团长，配合日军对人民进行残酷屠杀。1945年夏，阎又与日军勾结。派遣人到太原，准备担任日伪厅长、道尹等职，以备加强对八路军的抗拒。日本决定宣布无条件投降的前夕，阎与日军华北方面军参谋长高桥等，在孝义县的瑶圃密谈，向日方提出"寄存武力"的问题，企图借助日军武力，作反共反人民之挣扎。

四、铁心肠疯狂反共

阎锡山获悉日本帝国主义将宣布无条件投降的消息后，在其正式宣布投降的前五天，在孝义开了一夜的军事会议，部署抢夺抗战胜利果实。同时，派赵承绶赶到太原，与日本山西派遣司令官澄田目来四郎商定：日军在原地堵击八路军。如八路军接收太原，由阎日双方共同负责。阎随即调集五万兵力强占太原。30 日，阎锡山在日军保护下返回太原。当晚，他就委任大汉奸苏体仁等为高级顾问，汉奸省长王骧等为高级参议。次日晨，他在太原市各级机构的大小汉奸召开的欢迎会上，竟反复强调："行者"（由晋西回来的人民）、"居者"（当汉奸的）一样有功。要精诚合作，紧密团结，高举枪杆，共同对付共产党。

与此同时，阎锡山任意践踏同盟国订定的受降办法，以留用技术人员作掩护，留用日军战俘与技术人员 5000 余人，其中有战斗力的 3000 余人，编为六个大队。为了安定战俘，他一面加以利诱，对留用日俘晋升两级，薪饷加倍发放；一面又提出组织"亚洲民族革命同志会"，加以拉拢，他对日俘说："日本和中国同文同种，如能密切合作，就可以增加反共的力量，对中、日两国，都有很大利益。"动员所留日俘参加这一组织，以便控制，为他卖命。接着，他又将日伪军改编为五个"省防军"，以加强其反动实力，抢夺人民的胜利果实。

9 月，阎锡山抽调重兵，抢夺上党地区。以长治为中心的上党十九县地区，是共产党、八路军和广大人民，经过艰苦斗争建立起来的重要抗日根据地，位于晋鲁豫边区内，在抗战的战略上起过重要作用。阎锡山一直想把该地区控制在自己手中，这次，他把上党作为抢占的一个重要目标。令其十九军军长史泽波等率十三个师，分左、右两路，向上党解放区进犯。八路军和解放区人民奋起自卫，经四十余天激战，歼灭阎军精锐三万余人，击毙第七军团副司令彭毓斌，史泽波等被生俘。当时人们讥刺阎锡山："上党一战，实力损失了一半。"

在这期间，阎锡山为抢夺胜利果实，极力推行各种暴政，加强特务统治，扩大其反共反人民的种种罪恶活动。他一回到太原，就成立了"特种警宪指挥处"，接收了日军在太原设立的特务机关和一切杀人的技术工具。这个有几千人的严密特务网，遍布太原市的组织、行政、军事、经济、教育各机关，以及工厂、铁路、学校、帮会、道门、商号、饭馆、旅店，规模庞大，权力无限，生杀予夺，任所欲为，成为阎锡山"对内控制，对外斗争"的一个忠实工具。

1946 年初，阎锡山向统治区的县、市派出 25 个"解救团"，强化"兵农合一"的暴政，把兵农互助小组由 3 人改为 6 人，1 人当常备兵，5 人领种分地，当国民兵。仅半年时间，通过这种"编组"手续，各县共抽出常备兵 2 万多人，国民兵在 10 万人以上。他指令其部下："实行兵农合一，要用河埸式一村一村的开展。"他所说的所谓"河埸"。就是想把解放区一小块一小块地变成他的管辖区；"开展"，就是要向解放区进攻。

同年，阎锡山又提出了以太原为中心，实行"百里开展"，采取向四周扩张的办法，以求巩固太原老巢。他把各县逃到太原的地主、富农分子组织成"还乡团"，随着军队各返原籍，对广大农民进行反攻。还由太原绥靖公署统一组织"解救团"、"复仇奋斗团"，实行"自清"、"自卫"、"自治"的"三自传训"法，对人民、革命人士采取活埋、刺刀刺死、铡刀铡死、乱棍打死和乱石砸死等惨无人道的手段。阎说："处理人越是惨无人道，越残忍，就越能解救人，因大家看到害怕，便不敢去接近共产党，那就是把更多的人救下来了。"紧接着，又是"自白转生斗争"运动，提出"十除一、一变九"的大屠杀计划，并下令各区、县加紧实行，造成晋中各县"三自传训"杀人竞赛的浪潮。1947年11月8日，阎军七十二师二一五团一营包围了文水县云周村，将共产党员石三槐等六人抓捕，用乱棍打死。并以威胁、利诱的手段，要刘胡兰交出共产党员名单。刘胡兰大义凛然，不为所动，最后被阎军用铡刀铡死。根据阎锡山政府这年的最低估计，在晋中各县，受"三自传训"暴政毒打、杀害的人就有八九万人之多。这是阎锡山在山西留下的一笔大血债。

在这期间，阎锡山对山西人民的经济剥削显得格外残酷。为了解决兵源和粮食问题，他实行所谓"兵农合一"政策，打起仗来要人民群众为他充当炮灰，不打仗为他生产财富。他还推行"平民经济"政策，弄得私商倒闭，民不聊生，饿殍遍野，竟在饭摊上的碗里发现小孩的指头，小贩的提篮里，摆着卤煮的人肉。而阎锡山却从人民身上榨取大量财富，供其挥霍与进行反革命战争。

尽管阎锡山玩弄各种阴谋，实行各种暴政，但挽救不了其崩溃的命运。从1946年11月底开始，陈赓将军和王震将军集中兵力，在广大人民的支援下，相继解放晋西各县。1948年夏，徐向前指挥人民解放军十八兵团攻取晋南重镇临汾，接着又在榆次地区将阎军主力及其改编的日伪军武装大部歼灭。这时，阎锡山只占据太原、大同两座孤城，为挽救垂亡命运，他进行所谓"总体战"，提出建立"战斗城"的措施，规定了十二条行动纲领，叫嚣"巩固太原，战斗到恢复全省"，并把太原30万人民一律按年龄编为甲级参战队、乙级参战队、老年助战队、少年助战队、儿童助战队、妇女助战队，驱使市民充当他的炮灰。

1948年7月，人民解放军兵临太原外围，为了减少战争造成的损失和伤亡，多次倡议和平谈判。阎锡山仍然坚持反人民的立场，拒绝和平谈判。次年初，阎在招待几个外国记者时，在桌子上安置了一些装有毒药的小瓶，谈话中间指着这些小瓶对记者说："我决心死守太原，与城共存亡，太原如果不守，我就和这些小瓶同归于尽。"11月，其所属三十军军长黄樵松与人民解放军某部参谋处长商谈和平起义，阎锡山设计将二人抓捕，押送南京交蒋介石枪杀。

1949年3月，人民解放军徐向前兵团将太原铁桶般地包围起来。阎锡山看到灭亡只在旦夕，但为了稳定同伙，与人民为敌到底，他还狂妄地说，要与太原共存亡，暗地里却加紧图谋逃离太原。他指使其亲信在蒋介石、李宗仁面前活动，建议李宗仁电邀他到南京"讨论国事"，以为脱身之计。1949年3月，他假借开会之机，仓皇逃往南京。4月24日，人民解放军一举攻克太原，阎锡山在山西长达三十八年之久的统治彻底覆灭。

阎锡山逃出太原不久，又担任了国民党政府行政院院长。10月，他与李宗仁逃窜重庆，在四川推行所谓"总体战"，制定了"军政一元化"的作战方案。重庆解放后，他又逃到成都，兼任了国民党教育部成立的"反共救国战斗团"团长。12月8日，人民解放军以不可阻挡之势威逼成都，他见已无立身之所，只得飞往台湾。

1950年，阎锡山任"总统府"资政和国民党中央评议委员，继续著书进行反共宣传，直到临死前还叫嚣要重返太原。

1960年5月23日，阎锡山病死于台北。

西北军缔造者冯玉祥

一、起行伍练兵有方

早在练军时，有几件亲身经历的事情使冯玉祥深深感到培养一支训练有素、纪律严明的军队的重要性。

冯玉祥将军

有一次，冯玉祥所在部队与义和团一同攻打保定城南外的一处天主教堂。队伍离教堂还有两里，教堂里冲着他们放了两枪，结果几百号人马炸窝似地溃散了，一退就是二十里。不久又发生了一件事：有十几个士兵用刀将一个华贵少妇的手臂砍下来，抢走了两副赤金手镯。为了这金手镯，士兵们互相争夺残杀，加上后来各处奉命盘查，枪决嫌疑犯，前后有千余人丧命。军人没有纪律约束便会成为虎狼之辈，"治军须严"的思想牢牢扎根在冯玉祥脑中。

冯玉祥的练兵和治军是从兵员质量抓起的。他曾经多次亲自下去招募士兵，曹福林、石友三、孙良诚、刘汝明、冯治安、孙连仲、吉鸿昌这些曾有过重要影响的人物，都是冯玉祥亲自招募来的。他的招兵录取标准是：农工良民，身无暗疾，年龄18岁至25岁，身高四尺八至五尺；面黄肌瘦、精神萎靡者，体高不足者都不要。另外决不要"二流子"、"营混子"。为了保证兵员质量，冯玉祥还有一个有效的办法：他派下级军官回家乡招募亲戚、乡亲、朋友及其子弟入伍，一旦招来，即编入这些军官所辖部队。由于招收兵员的质量直接影响部队的训练成绩和战斗力，并影响这些军官的职位升迁，所以他们在征募时都很认真严格，不敢马马虎虎，应付差事。

冯玉祥认为："治军最要紧的是要得兵心"，"与士卒共甘苦，是治军最重要的一个信条。"他在袁世凯的新军任副目时，他的正目是个为人尖刻的家伙，经常虐待士兵。有一次两个兵得了伤寒病，正目不但不抚慰，反倒恶声恶气地乱骂。冯玉祥一气之下，将其按倒在地，狠揍了几十拳。此后两个月，冯玉祥亲自给两个士兵端屎端尿，照应料理到他们病愈为止。冯玉祥对下级士兵都很熟，不但能叫他们的大名，而且记得很多人的小名，因此士兵感到他平易亲切。在担任陆军检阅使时，他曾给一个得败血病的士兵献过血。他手下的残疾、阵亡官兵和军人眷属也受着多方优待。为了搞好官兵关系，冯玉祥特意在军中立了"八不打"戒条：(一)官长生气时，不许打士兵；(二)士兵劳碌太过时不许打；(三)对新兵不许打；(四)初次犯过者不许打；(五)有病者不许打；（六）天气过热过冷时不许打；（七）饱饭后及饥饿时不许打；（八）哀愁落泪时不许打。他还规定了“连排长有为自己的士兵代写家书的义务”。另外，为了杜绝上司敛财、下级行贿和低层官兵忍痛送礼、出份子的风气，保护中下级军官和士兵的经济利益，冯玉祥特地规定：只准上级请下级吃饭，不准下级请上级吃饭；只准上级给下级送礼，不准下级给上级送礼。

冯玉祥关心士兵，不准官长侵犯士兵利益，是从军队的特性来考虑的。他说：“打仗是拼性命的事，官兵之间共生死，同患难的精神，必须修养于平时。在阶级上固然有官长士兵种种高下之分，但祸福利害却必须绝对一致。士兵的痛苦便是官长的痛苦，士兵的福利便是官长的福利，官长士兵应该觉得彼此的关系如同家人父子，息息相关，浑然一体。”在搞好与老百姓的关系上，冯玉祥同样是从军队的特性来考虑的。他说：“我觉得带军队没有比爱老百姓更重要的事了。”冯玉祥对部队约束很紧，让士兵左臂都佩戴着“不扰民，真爱民，誓死救国”的白布蓝字袖章，要求官兵把老百姓看成自己的父母兄弟乡邻亲戚。他还亲自编了《爱百姓歌》，要部队广泛传唱。对于害民、扰民的官兵，他的处罚相当严厉。1921 年冯军入陕作战，有个叫杨治清的连长跳墙诱奸民女被老百姓告发，查明情况后，他召集全体官兵训话，并当场枪毙了这个连长。后来，冯军中又发生过一个连长强迫老百姓换马，和一个士兵吃老百姓西瓜不给钱的事，结果这连长和士兵均被枪决。冯军官兵与老百姓接触、买东西、办公事都能做到谦和有礼，坐车坐船遇见老弱妇孺即起立让座，甚至在街道上有人将脏水泼到士兵的身上，士兵也不计较。有一次冯军行军途经怀柔和密云，道两旁都是缀满鲜红大枣的枣树，整整三个旅过去，没有人去采摘枣子，树上仍然果实累累。冯军这种军风与当时凶恶蛮横的军队完全不同，很得民心。

冯玉祥把军队训练看得极为重要，无论在冯玉祥军事集团形成前还是形成后，他都始终如一地抓教育训练，并且不断改进训练方法和提高训练水平。冯玉祥训练部队主要有两个时期。1917 年 7 月，冯玉祥率领第十六混成旅进驻常德，不久他受委兼任湘西镇守使。常德两年使他能够有条件正规地抓训练，这段时间是他练兵的“第一个时期”。

冯玉祥在农村寓居

冯玉祥在“第一个时期”主要抓了以下几个方面：第一，组织教导队培养干部。教导队分军官、军士两班，学员是从优秀勇敢的士兵中挑选出来的。军官班开设战术原则、野外勤务、筑城学、图上战术、简易测绘、干部演习、讲话演说等科目；军士班开设有战术原则、应用战术、简易测绘、野外勤务、射击教范、数学等。第二，成立官佐体操团提高技术水平。冯玉祥要求军中人员不分文职武职一律参加训练，注重练习实战需要的劈刀刺枪、拳击、越障碍等技术动作，以及加强体力的器械操。在训练中，冯玉祥要求教官采取七道步骤：（一）我做给你看；（二）你做给我看；（三）讲评；（四）我再做给你看；（五）你再做给我看；（六）讲评；（七）你再做。用这种方法来巩固训练效果。冯玉祥还搞了一套训练组织检查措施，即由参谋处规定科目，军法处负责考核，每月一小考，每季一大考，年终一总考。第三，经常组织阅兵和行军。阅兵每周搞两次，冯玉祥亲自督促检查；每月两次行军，风雨无阻，官兵均得参加，每人负重 48 斤，接连走七天，每天走 120 里到 140 里。有时还组织泅水训练。

当时军中官兵 95%以上都是贫苦家庭子弟，自幼失学，冯玉祥把丰富官兵的普通常识、多识常用字、加强阅读能力当作治军的注重点之一。他组织秘书、参谋人员编了军人读本，内选古今名人名作一百多篇。学习方法根据官兵的文化程度，分段讲授，既讲解，又背诵、默写。规定五天熟读一篇，一月熟读六篇，每月一考。连长以上军官由冯玉祥亲自查考。军中还设立了程度较高的“汉文研究班”和读书会。为了阅读和翻译外国军事名著，又组成了英文班和日文班，挑选官佐参加。冯玉祥还很重视对官兵进行思想政治训练。他经常向下属官兵宣传救国雪耻的道理，组织人员并亲自动手编写政治教材和歌曲，如《精神书》、《义勇小史》、《告往勖来篇》、《国耻歌》等，还将卖国的“二十一条”的原条文写成字帖，既使官兵习字，又使其不忘国耻。在这段期间，冯玉祥与基督教有较多接触，耶稣的救赎精神和《圣经》中“爱人如己，舍己济人” 等教义使他大受感动。于是他将基督引进自己的部队，把它作为向军人进行精神训练的内容。后人称他为“基督将军”即起由于此。

1922 年冯玉祥拥有一个师三个混成旅的兵力。这年 10 月，他被黎元洪总统调北京任陆军检阅使。陆军检阅使是个有职无事的闲差，这又使冯玉祥有了两年训练部队的时间。人称这是他练兵的“第二个时期”。

在这时期，冯玉祥训练部队的内容和方法都有了改进。他在办教导队的基础上又办了高级教导团，由陆军大学毕业的优秀人员担任教官，主要培训以前教导队毕业的人员，还办了学生团和电学传习所。学生团是挑选一部分中学或高小毕业生组成的。电学传习所内分有线电话、无线电话、有线电报、无线电报四个班，学员是从部队中挑选来的优秀士兵，部队训练分学科与术科两类。在学科中，训练内容根据不同对象而定。正副兵学军人教科书、八百字课、各兵种教科书、简明军纪、军人精神书等；正副目除学习上述内容外，还有军士战术、军士勤务，初级军官还加上初级战术、军人宝鉴、军人读本、典范令、《曾胡治兵语录》、《左传摘要》，中级军官再加上高级战术、兵器学、欧洲战史、国文、《易经》、《书经》等；高级军官除了监督下属官兵学习外，主要是在高级战

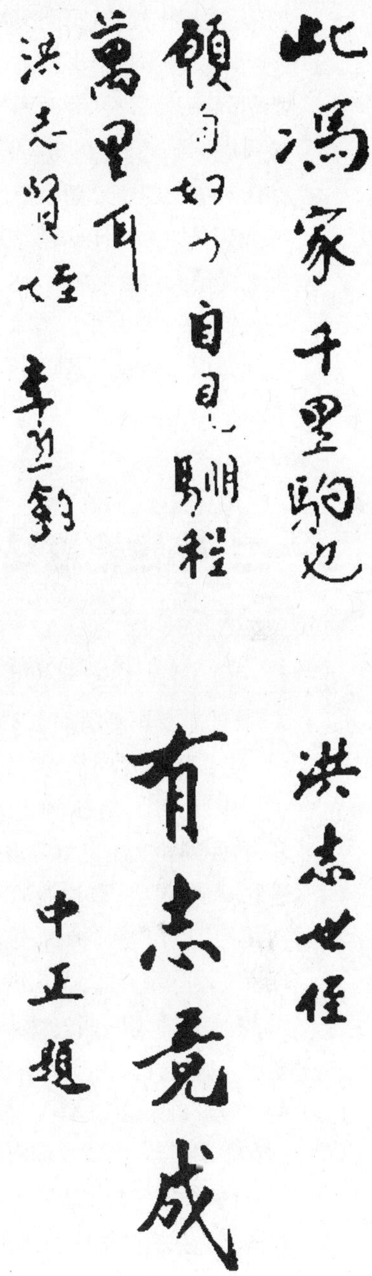

蒋介石等给冯玉祥家人的题字

术研究会等各种研究会中对各科进行专门的、深入的研究。在术科方面,部队训练在原来刺枪、劈刀、器械体操、行军阅兵基础上增加了应用体操和工事构筑。

冯玉祥练兵很讲方法。比如在恶劣气候下修筑工事是很苦的事,但冯玉祥却能把它组织成特别训练,使官兵"劳而不苦,苦中有乐"。严冬三九季节,地上结着很厚的冰,冻土层达三四尺,像铁块一样坚硬,冯玉祥命令各营团官兵半夜集合出发,拉到野外在凛冽的寒风中分单位进行挖沟筑垒比赛。天亮后进行评比检查,对工事修筑质量高、速度快的连营团给予奖励。由于训练是竞赛性的,所以大家情绪高昂,都非常兴奋,很苦的事也就不觉得苦了。冯玉祥认为这种训练意义很大:第一,可以使部队养成耐寒冷困苦的习惯和不怕艰辛险阻的精神;第二,可以打破个人主义的优胜观念,激励加强团体活动的精神和纪律。而在训练比赛中获得修筑战场工事的实际知识和经验只是收获的一个方面。

二、半世纪戎马倥偬

冯玉祥从1896年投军到1946年被蒋介石解除军职,在军队里呆了整整五十年。半个世纪中,他的重要军事活动主要在1922年到1930年之间。这段时间冯玉祥军事集团由发达到遭重创,到复苏,再走向鼎盛,最后被瓦解,走了一段艰难曲折的道路。

1921年北洋政府撤销皖系陈树藩陕西督军职务,改由直系的阎相文继任。陈树藩拒不卸任,致使阎相文决定以武力接收。冯玉祥的第十六混成旅为入陕接收的前锋部队。冯玉祥率部进驻阌乡、灵宝,取道渑池、陕州直入潼关。在了解到陈部各驻军情况后,他将全旅编成三个纵队,由张之江、李鸣钟、张维玺各领一支,分路进击。第一纵队于杨虢镇击败姜宏漠,第二纵队于坝桥击败陈军一部,第三纵队于蒲阳镇击败姚振乾。尔后冯军集中兵力与陈军激战于韩信冢以东,迫使陈军退入西安城。冯军向城内开炮,陈树藩见大势已去,只得弃城逃跑。于是,阎相文顺利入城接任。由于第十六混成旅作战有功,冯部扩编为第十一师,冯玉祥升任师长。不久阎相文服毒自杀,冯玉祥又继任陕西督军。1922年,第一次直奉混战爆发。吴佩孚在长辛店失利,冯军应调救急,冯玉祥同时被任命为后方总司令。冯军兵分三路向奉军发起攻击,不久,大破奉军,对整个战局起了重要作用。5月5日,与奉系勾结的河南督军赵倜发兵偷袭郑州。冯军又与赵倜和鲍德全的部队在郑州展开血战。5月9日冯军发起反攻,大败赵部,并追击赵残兵至开封。此役结束,冯玉祥被任为河南督军。到任后,冯玉祥马上进行整训和扩充军队,改编了两个补充团和一个学兵团,不久又将这三个团扩大为三个混成旅。此时冯玉祥有了一个师三个混成旅的实力,冯军就此发达起来。

1924年10月冯玉祥发动了"北京政变"。冯军在这次政变中囚禁了曹锟,驱逐了清室,脱离了直系军阀系统,组成了国民军,这是带有革命性质的重大政治举动。但是由于政治立场的局限,冯玉祥不可能从根本上提出推翻军阀统治的政治主张。他一面电请孙中山北上,一面又与奉系军阀张作霖联合,推出段祺瑞就任中华民国临时执政,使政权又落到段、张手中。

冯玉祥

1926年奉系军阀张作霖和直系军阀吴佩孚达成“谅解”，在帝国主义插手牵线下，各系反动军阀在“讨赤”的旗帜下形成大联合之势，企图消灭南方的国民党政府和北方的国民军。

冯玉祥为了化仇除怨、停止祸国殃民的内战，也为了转移军阀的视线、保存实力，于1926年1月1日发出辞职通电，并竭力辩白自己没有“赤化”。但这些举动并没有使各军阀放弃消灭冯军的企图，帝国主义策动的“讨赤”联盟各军仍分兵五路向驻北京地区的国民军压来。在这种形势下，国民军于1926年4月迅速撤出北京，退至怀柔、延庆、蔚县、多伦、怀来、涿鹿等地，主力各部退到预设阵地——南口。5月，“讨赤”联盟军分别在延庆、赤城、独石口、沽源、多伦和南口等地向国民军各部发起进攻，在约两千里战线上展开战斗。双方屡得屡失，战况空前激烈。在主要战场南口，冯军阵地沟深壕阔，前置电网，后设雷场，防御工事长达百余里，非常坚固，致使张作霖、吴佩孚和晋军共50多万兵力从正面和左、右翼猛攻国民军多日，竟不能前进一步。国民军在兵力众寡悬殊、给养困难、饷械无补的情况下艰苦作战，坚持了三个多月。最后由于多方作战、伤亡过半、饷械匮乏，且各部将断绝联络，不得不于8月15日下令总退却，向西突围。退却路线均是穷僻崎岖之地，联络困难，交通不便，给养医药无着，加之气候寒冷，后面追兵不舍，国民军节节溃败，损失惨重。各将领深感前途无望，因此自寻出路，一部投向山西阎锡山手下，一部开往绥远等处。南口兵败，使冯军遭到重大挫折。

1926年元旦冯玉祥通电辞职后，即离开军队，赴苏访问。8月，他结束对苏联的访问，取道库伦回国。9月中旬抵甘肃五原后，冯玉祥在苏共和中共帮助下，收拾残局，招回旧部，在中国大西北举起武装讨逆的旗帜。冯玉祥面对当时的局面，根据李大钊等共产党人的建议和国民政府的要求，决定采取“平甘援陕，联晋图豫”方针。国民军第三军第三师杨虎城部和陕西军督办李云龙的第十师等部，被吴佩孚的刘镇华部7万军队围困，包围8个月之久，西安军民已到“易子而食，析骸而爨”的绝境。冯玉祥看到要救西安，必须取道甘肃，因此决定，首先平定甘肃。他命令佟麟阁、孙连仲两师进入甘肃，帮助已在甘的孙良诚、张维玺部肃清吴佩孚指使叛乱的张兆钾、孔繁锦、黄得贵、宋有才、韩有禄等部，随后入陕。11月下旬，又命令韩复榘一部和韩占元、韩德元等部进驻宁夏。年底国民军和晋军成立联合办事处，冯玉祥令徐永昌率部入晋，归阎锡山指挥。10月开始冯军陆续入陕。11月下旬援陕部队抵咸阳附近，接着冯军以孙良诚部为中路，万振武部为左路，马鸿逵部为右路，进攻刘镇华部。战斗正紧张激烈时，刘汝明、孙连仲部采取迂回战术，实施侧后袭击，使刘镇华部全线动摇，向后溃退。11月28日，西安之围得以解除。国民军接着分数路乘胜追击，“援陕”胜利终成定局。此后，冯玉祥抓紧整顿军队，招回旧部和收编刘镇华部，使国民军恢复过来。1927年5月，武汉国民政府将冯军编为国民革命军第二集团军，冯玉祥就任总司令职。冯玉祥为了“图豫”，重新部署军队，分六路出兵。在河南战场，冯玉祥乘奉军与靳云鹗相持、与武汉北伐军激战之机，命令部队迅速东进，连连得手。随后，第二集团军迅猛追击，陆续占洛阳、克孟津、过偃师、得孝义，使奉军南路各部纷纷溃退，唐生智、张发奎两路北伐军因此顺利攻下新郑。5 月 31 日，冯军打到郑州，6 月 1 日唐生智的刘兴部亦到达郑州。至此，第二集团军与北伐军终于在中原会师，冯玉祥也达到了“图豫”目标。“平甘援陕，会师中原”使冯军又发展到二十多万人。冯军因此在南口重创后得到复苏。

1927 年“四一二”政变后，冯玉祥希望以“继续北伐”来摆脱自己军队单面御敌、受奉鲁军阀威胁的困境，积极促成宁汉合作。在此前后一段时间里，冯军进行了消灭吴佩孚残部和肃清靳云鹗、李振亚、麻振武、田玉洁等部叛乱的战役。宁汉合流后，1927 年 10 月，冯玉祥在河南兰封（兰考）组织战役，以期击破豫东的直奉主力。他先命令鹿钟麟大部向太康撤退，马鸿逵部撤出兰封，诱使直鲁军由陇海路西进。这一意图实现后，冯玉祥又采取铁路线正面后退，各部全线由右翼兜击的战略，对付西进之敌。从 10 月 23 日到 11 月 6 日，双方激战十余日，第二集团军重创直鲁军左翼，俘虏 3 万余名，缴获枪 2 万余支、钢甲车 5 列、炮 40 余门。这是第一次兰封大战。为了消灭战役中脱逃的直奉军右翼主力，冯玉祥于 11 月 10 日将各部急行撤出兰封，以期诱敌再进。果然不出所料，直鲁军见第二集团军大捷后急退，疑是冯军内部有变（此前已有靳云鹗部田玉洁部的叛乱，当时亦有樊钟秀扰乱后方的传说），便举兵分三路，向冯军扑来。11 月 16 日始，双方又展开激战。冯军采取“各个击破”办法，24 日左路军包围并消灭考城一带的直鲁军，并乘胜追击攻克曹县；中路军在野鸡岗败敌前锋后，26 日在柳河大破敌军，并乘胜追击至砀山；右路军 24 日俘榆厢铺守敌，26 日占睢县，27 日收归德，12 月 1 日克夏邑。至此，豫东直鲁军被肃清，第二次兰封大战结束。到 1928 年 3 月，豫北亦全部平定。

1927 年下半年到 1928 年初的战事，名为“继续北伐”，实际上在战局危急情况下冯玉祥屡屡向宁汉双方请援，但未见派来一兵一卒。冯军在粮弹俱缺的困苦中，只能靠自己的力量对付数倍于己之敌。冯玉祥考虑对整个军事战局要有个统一的指挥，于是听信孔祥熙的游说，联合阎锡山致电请蒋介石出山。1928 年 1 月 4 日，蒋介石宣告复职。4 月后，“北伐”各军方告“调齐”，于是冯玉祥与蒋介石、阎锡山、李宗仁等合作，共同攻打奉系张作霖。6 月奉系势力被逐出关外。6 月 12 日，蒋介石通电宣告“北伐完成”。到这时为止，冯玉祥军队的编制番号达到九个方面军，32 个军，81 个师；不包括各地方部队。仅其嫡系部队便达到 40 万左右。“继续北伐”的结束，意味着冯玉祥军事集团达到鼎盛时期。

“北伐”结束后，冯玉祥和蒋介石的合作也很快结束了。在对待日军态度上，冯玉祥认为蒋太软弱，对蒋颇有些看不起；在战后分划地盘时，蒋又将冯军在战争中付出重大牺牲夺回的原来的“属地”平、津、河北划给了阎锡山，使冯大为不满；在军饷待遇上，蒋的第一集团军比冯的第二集团军高，并有保障，又使冯愤愤不平。特别是在战后编遣部队上，冯军作为蒋、冯、阎、李(宗仁)四大军事集团中兵力最雄厚的一支而遭人嫉视，并直接受蒋的暗算和抑制。于是蒋冯矛盾公开化了。在 1929 年的蒋桂战争中，冯玉祥一面应诺桂系“出兵 30 万相助”，另一面却等待观望，以期蒋败后再坐收渔翁之利。谁知桂系因李明瑞部被蒋收买而很快溃败，冯玉祥投机不成，只得起兵讨伐有约在先的李宗仁。但这时他却不知道自己的虎将韩复榘在战中被蒋暗暗收买过去了。蒋桂战争后，蒋对冯军压制愈甚，蒋与阎锡山、汪精卫等人的矛盾也开始激化，终于促成冯、汪、阎联合反蒋以及 1929 年到 1930 年的中原大混战。1929 年韩复榘、石友三、马鸿逵、刘镇华等叛离冯军，使冯玉祥声威大落。5 月 24 日蒋介石命令拿办冯玉祥，冯军只得退守潼关。10 月中旬蒋五路进兵，压迫冯军，遂发生蒋冯中原之战，冯军于 11 月败退。1930 年 2 月阎锡山请冯玉祥到太原共商讨蒋大计,讨蒋联军形成,3 月 9 日冯由晋返潼关,着手部署作战,他将各省军队共 26 万人悉数调出,并分兵七路出击,决心与蒋决一雌雄。蒋介石也亲临前线指挥作战。从 5 月 11 日起,冯军与蒋军开始大规模接触。战中讨蒋联军第三方面军万选材、孙英等部支持不住,刘茂恩又为蒋所收买而倒戈,引起联军方面极大混乱。冯只得命令集结在郑州的机动预备队提前投入战斗。几经努力,联军方才稳住阵脚,又激战十余日,遂使蒋军全线动摇。6 月 10 日,冯军对平汉线蒋军发起总攻,两日后蒋军向漯河以南败退。随后冯玉祥将主要兵力移向豫东,企图以口袋战术歼灭在陇海线的蒋军主力。6 月下旬蒋介石亲赴柳河,以 3 万余精锐部队在陇海线发动新攻势。冯玉祥命令部队闪开杞县、太康一线,诱敌深入,以期全歼。由于蒋介石提前得到情报而冯军左翼又未严格执行冯的命令,因此蒋军虽遭沉重打击,但大部仍突围出来。冯军发展顺利的同时,阎锡山的晋军 7 月却在山东战场上节节败退。冯军欲驱东进,奇袭蚌埠和宿县,截断蒋军后路,以定下胜局。谁知阎锡山另生异心,其兵站总监部拒不发给饷械给养,使联军失去一次良机。缺少弹药粮食和阎锡山处处掣肘,迟滞了冯军的行动。在胜败未分的时候,冯玉祥通过分析整个战局,断定打通陇海和津浦线、与晋军会师是取得最后胜利的关键,而攻下徐州又是打通陇海、津浦线的关键。于是他定下决心,将几乎全部军队都摆在陇海线,在部分晋军(包括十几个炮兵团)的配合下,争取一举拿下徐州。8 月 6 日,冯玉祥发出总攻令,冯军分七路开始行动。但是战役打响后,配合作战的晋军行动迟缓,十多个炮兵团也不能及时有效地支援冯军作战,加上连日大雨,战区一片泽国,补给跟不上,冯军在极端艰难条件下作战,官兵过度疲劳,终于停止了攻势。蒋军得到喘息机会,抓紧时间稳住局势,调遣援军,并派精税部队进入河南,威胁冯军后方。徐州未克,冯玉祥认为只要联军士气不懈,将重兵调到河南战场,仍有取胜的希望。谁知阎锡山态度消沉,不愿继续打下去,并密令陇线上名为由冯玉祥指挥的晋军撤向黄河以北。9 月,联军张学良等人又通电拥蒋。这样,蒋介石便以全力对付冯军。冯军处于腹背受敌的险境,前线士气涣散。所以尽管冯玉祥最后还想来个"破釜沉舟,背水一战",但终因吉鸿昌、梁冠英等人向蒋投降和张维玺、冯治安、田金凯等部被蒋重重包围而落到"山穷水尽"的地步。1930 年 10 月 4 日,汪精卫、阎锡山赴郑州促冯玉祥共同发表停战通电,8 日,冯玉祥和阎锡山决定下野。此后,冯军各部有的被蒋解除武装,有的接受蒋的改编,有的寻找关系自谋出路。冯玉祥军事集团就此土崩瓦解了。

三、保本色淳朴正直

冯玉祥祖辈贫穷,历经磨难,他的童年是在保定附近的康格庄挣扎过来的。成为一名高级军事将领后,他身上还保留着普通农民和下层兵士的许多优点。他为人正直坦率,爱打抱不平,生活简朴,热爱学习,厌恶酗酒、赌博、抽大烟和逛窑子。抗战文艺中独树一帜的"丘八诗"为冯玉祥所创造,连这种诗都采用的是质朴清新的民歌情调和音韵,生动地反映出被人们称为"民主将军"、"布衣将军"的他的鲜明性格。1940 年 5 月,冯玉祥在诗作《我》中写道:"平民生,平民活。

不讲美，不要阔。只求为民，只求为国，奋斗不懈，守诚守拙。”这是对自己的写照。

冯玉祥的这些特点在当时腐败的官场中是不为人们所理解的，因此他被人看作“怪物”。还在直系军队时，有段时期西北数省连年灾祸，人民啼饥号寒，苦不堪言。吴佩孚却大摆宴席，为自己做寿。当时许多人趋炎附势，争送贺仪，而冯玉祥却派人送去一坛清水，坛口封条上写着“君子之交淡如水”。吴佩孚看后不禁勃然大怒。冯玉祥对那些位尊权重的军阀从不阿谀奉承，对一些对他奉迎讨好、诱之以利的人也常常给予严厉惩罚。早年间他曾抓到一个叫孙景山的土匪头子，孙企图送3000大洋以通融通融。冯玉祥听后不由无名火起，立即借来一把大刀，把孙景山拉出去，立地在营门口砍了头。冯玉祥长年过着平民化的生活，力求为官清廉，多有政绩。他常常不坐车轿，步行去办公署，有时还骑着脚踏车去四处办事；吃饭仅一菜一汤，若有来客，每人加一个菜，不备烟酒。为父母迁葬时，他也除去一切繁文缛礼，没有惊动众人，自己买下一块地，亲自抬棺，由兄长在前面打幡引路，简单地把事办完。1922年5月，冯玉祥由陕西督军改任河南督军。由于经过赵倜的搜刮压迫，当时河南百业凋敝，哀鸿遍野，民众生活极其穷困。为了整理紊乱已久的豫政，他便在详审地方实际情况后，拟定了治豫大纲十项，即：(一)赈恤战区灾政，俾免流离；(二)清理财政各税，期除苛敛；(三)彻办户口登记，以杜盗源；(四)整饬巡缉各队，以维治安；(五)查拿贪官痞棍，以安善良；(六)筹设实业工厂，以纳游民；(七)普遍浚河筑路，以利交通；(八)推行义务教育，以开民智；(九)严禁烟赌娼妓，以淳风俗；(十)厉行剪发放足，以除陋习。冯玉祥把这十项大纲作为自己最低的施政标准。经过一段时间努力，河南的匪患兵灾问题大致解决，民风和地方经济亦有所改善。

冯玉祥非常好学。十岁时，父母下狠心让他读了私塾。可是由于家境实在窘迫，仅一年零三个月他的学塾生活便结束了。这成为他永久的遗憾。身任高级军职后，学习成了他的癖好。对冯玉祥的好学，郭沫若曾这样评价道：“苟日新，日日新，又日新，这几句话，是冯先生一生所奉行的生活原则。”冯玉祥在失利和失意之后，曾几度隐居山西汾阳和山东泰山等地潜心读书，而这几次学习对他都大有裨益。1930年中原大战后，冯军土崩瓦解，冯玉祥由郑州退到晋城，后定居汾阳峪道河。在这里，他与部下经过一段时间研讨，看出了军队失败的原因在于没有正确鲜明的政治主张。于是他决定成立一个研究室，系统地阅读社会主义方面的书籍。他每天早晨四点准时起床，稍事漱洗便外出散步，当太阳升起时他已经入席就读了。冯玉祥请了汾阳军官学校的几名教员分别讲授社会主义、社会发展史和政治经济学等课。他对乌托邦的社会主义和科学的社会主义的区别非常感兴趣，并认识到自己以前的思想是乌托邦。经过学习，他对共产主义理论有了一定认识，增加了对共产党的好感。并开始主动和共产党人交往，他同意共产党在他办的汾阳军校中发展组织，并卖掉在北京的一所住房，购得一部电台赠送给上海的共产党组织。“朝起看日真正乐，红润如盘光闪烁。懒人此时睡正浓，不见日出见日落。吁嗟乎，举国尽将朝气提，国家何至见衰弱。”这是冯玉祥这时写的一首“丘八诗”，也是他努力上进情绪的真实表露。

1933年8月，在被迫结束抗日同盟军后，冯玉祥离开察哈尔，赴泰山修学。他将原来的研究室扩大，采取报告会、讨论会等形式开展学习活动，内容有政治经济学、国内外形势、财政、外交、文学等。他还经常聘请共产党人、进步学者和教育界的知名人士，如李达、邓初民、陈豹隐、陶行知、陶希圣等人，到泰山讲授辩证唯物主义、历史唯物主义、政治学原理、国际政治、中国社会问题、中外历史、中外地理、物理、生物、天文等课程。对于冯玉祥的学习精神，翦伯赞曾著文回忆道：

“……他除了早晨读圣经和英文不算在内，每天有七小时是坐在教室里做学生。从上午八时到十二时，下午二时到五时，都是他上课的时间。在这个时间内，任何客人都不接见……。”

“冯将军对于学习，非常认真，他并不是随便听听而已，而且自己做笔记，我永远记得他戴着一副玳瑁框的老花眼镜，拿着一枝毛笔，一面听一面记的神气。他不仅自己做笔记，也要他的同学(指冯玉祥的部下)都做笔记，为了怕他的同学不做笔记，有一个时候，他派鹿钟麟将军为笔记检查员，每天检查听讲者的笔记。”

翦伯赞还把冯玉祥与蒋介石作了对比。1941 年 1 月 3 日，蒋介石上门拜访冯玉祥。蒋走进客厅想从墙上发现自己的相片，结果没找到，只见墙上挂着一张条幅和一副对联。条幅写着苏轼《留侯论》中的几句话：“当韩之亡，秦之方盛也，以刀锯鼎镬待天下之士，其平居无事夷灭者不可胜数……”对联写的是明朝人讽刺不说话不做事的大臣的两句话“纸糊三阁老，泥塑六尚书”。蒋介石看后连连称赞，竟问冯玉祥：“这是你作的吗？”当冯玉祥把出处渊源告诉蒋时，蒋赶忙转过话题以掩饰自己的无知。

通过读书和总结几十年戎马生涯，他的思想发生了变化，他在日记中写道：“如能打破私有制度，就是真道德。”他还将总结的“若不信辩证唯物论则我民族不能复兴”写成正楷大字，作为自己的警训。在隐居时期，为了实现他决心的“不可说了不算，不可动摇，不可忽然如此，忽然如彼；须咬定牙关，不可稍有松懈！”冯玉祥出资为农村穷苦百姓子女办了 15 所小学，设立了小型的科学馆、图书馆、烈士祠，并组织了两个团体：一个是由旧部、旧友参加带有浓厚封建意识的政治团体“抗日同志会”，另一个是“生产协会”。前一个团体喝过誓盟血酒后不久便如烟云消散了；后一个团体是冯玉祥同情农民、企图施行变革的产物，干了一些实事，但最终也并未产生出他所预想的结果。

四、抗日寇名载史册

冯玉祥身经两朝数代，他一生矢志反封反帝，表现出高尚气节和民族精神，为祖国为民族作出了贡献。

早年，“忠君即爱国”的封建意识对冯玉祥影响很深。1908 年慈禧与光绪先后死去，冯玉祥不仅自己痛哭流涕，而且咒骂那些薙发不肯持丧的人为“不忠”。但是，随着外患加剧，人民反清浪潮不断兴起，他也开始对清王朝产生怀疑。1909 年他看了《嘉定屠城记》、《扬州十日记》这两本用血泪写成的书，内心受到极大震动，他看到了封建统治者的狰狞面目。以后冯玉祥把一切丧权辱国、政治黑暗的事实都与昏庸腐朽的清廷联系起来，对清廷的不满和仇恨与日俱增。正是这种要报仇雪恨、使民族强盛的思想促使他投入辛亥革命，参加了“滦州起义”。“滦州起义”被残酷镇压下去，共同举义的青年军官王金铭、施从云等被处死，冯玉祥亦被捕革职，递解回籍。在回籍途中，看到镇压起义的情景，他恨得咬牙切齿，暗暗发誓：假若有一天能风云际会，誓必继

爱国将领冯玉祥曾因此地古刹幽静、风景优美而三次隐居慈善寺

续死难同志的遗志，消灭帝制，推翻万恶的清政府。此后十多年，他一直没有忘记这誓言。1915 年底，袁世凯称帝，他拒绝在“拥电”上署名；在护国之役中，他坚持不与蔡锷军为敌，并促成袁世凯的心腹陈宧将军宣布独立；1917 年张勋复辟，他下天台山兴兵讨伐。这些勇敢的举动都反映了他反对封建帝制的决心。1924 年 10 月冯玉祥发动“北京政变”，他有机会解决了多年来心头的一大患。

清朝被推翻以后，清皇室仍盘踞故宫，享受着优待条件，耀武扬威，使故宫成了“国中之国”。当时民国的当权人物袁世凯、段祺瑞、徐世昌等人均是原清廷旧臣，所以对这遗老遗少的“小朝廷”格外宽厚放任。为了驱散这股帝制阴魂，“北京政变”后，冯玉祥主持修改了原来的优待条件，政治上取消了清室的特权，经济上大大削减了清室的家用补助，此外他还以强硬态度将赖在宫禁不走的皇室驱逐出旧日皇宫。此事在国内外引起轩然大波，但冯玉祥不为所动，他终于实现了自己十多年前的誓言。

清朝腐败无能、丧权误国给中国带来深重灾难，冯玉祥目睹主权旁落、外族横行的惨痛情形，激发了极大的义愤，他的爱国反帝意识在不断加深。成为高级军事将领后，他在维护主权、维护民族利益上表现得十分坚定。袁世凯阴谋实行帝制，日本帝国主义乘机逼迫中国接受卖国的“二十一条”，冯玉祥听到这消息热血沸腾，立即召集部属痛述日本帝国主义罪行与民族仇恨。从这时起，冯军练兵总是以日军为“假设敌”进行的。冯玉祥任十六混成旅旅长，驻军常德时，看到许多商店门上挂着日本旗，街头贴着日本兵舰保境安民的布告，大为震怒，派人一夜之间将日本旗和布告统统撕毁。有一次几名日本水兵进城拒不接受中国士兵检查，两下打了起来，结果三个日兵被刺刀刺伤。闹事后，日本居留民会会长和日军舰长来找冯玉祥，掏出日本海陆军刑法，蛮横地要求监禁中国士兵。冯玉祥恼怒地说，用日本军法来判处我们的士兵，显然是侮辱中华民国。说着便举起脚，脱下一只鞋，要狠狠教训这个日本舰长。日本舰长又想用中国军法处置中国士兵，冯玉祥不退让，说士兵负有维持地方治安的责任，有权检查任何人，拒不检查者即为匪徒，士兵打伤这些匪徒不但无过，相反大大有功。日方见威胁不了他，最后不得不让步。以后冯玉祥又陆续惩治了一些目无中国法纪、为非作歹的外国人，使那些无法无天的家伙只得收敛老实起来。

“九一八”事变后，冯玉祥坚决谴责蒋介石的依赖国联、媚外误国和不抵抗政策，对帝国主义本性有了进一步认识。他在答复熊希龄的通电中说：“宰割弱小民族之国联，能代中国求独立？

能代中国打倒该会常任理事之日本乎？与虎谋皮，自欺欺人，仍甘为帝国主义工具而不侮。”10月21日，他又发出通电，提出抗日救亡的十三项主张，即：(一)备战和鼓舞军心；(二)起用革命有功人员；(三)恢复党的民主制；(四)首都迁于适当地点；(五)恢复民众运动，保障集会、结社、言论、出版自由，恢复民众组织，加以军事训练；(六)厉行减缩政策，裁并骈枝机关；(七)实行财政公开，应用预、决算制度；(八)严定官吏渎职贪污之惩戒条例，以清吏治；(九)拟定生产计划，以合全国人民之必要消费为原则，国家经营对外贸易，奢侈品由国家专卖，并加以购买之限制；(十)严征累进之所得税及遗产税；(十一)规定公务员之最高薪及农工之最低薪；(十二)制定社会保险法，专设机关以实际执行；(十三)改正教育计划，使人民有平等受教育之机会。1933年1月，日军侵占山海关，2月，占领热河省会承德，随后分兵入侵平、津及察哈尔。冯玉祥在共产党人的劝说下从泰山移住张家口，与吉鸿昌等人一起组织了有6个军、10万人的察哈尔民众抗日同盟军。冯玉祥任抗日同盟军总司令，其旧部方振武为前敌总司令，吉鸿昌为前敌总指挥兼第二军军长。蒋、汪得知冯玉祥准备抗日，大为惶恐，先是接连遣人游说，继而以官相许，最后发出“侈言抗日者杀勿赦”命令进行威胁。冯玉祥的抗日同盟军不受利诱，不惧威逼，挥师北进，6月22日收复康保；7月1日收复宝昌；同日迫使刘桂堂反正，进逼多伦。抗日同盟军与敌人血战五昼夜，毙敌千余，收复多伦。时间不长，察北各县全部光复。正当抗日同盟军积极准备收复东北时，蒋介石、何应钦调集16个整师、8列钢甲车、两队飞机包围张家口，封锁平绥线，并展开“银弹攻势”，以利禄引诱抗日同盟军中部分将领，挑拨冯玉祥与其旧部关系。冯玉祥不得不抱恨离去，抗日同盟军宣告结束。对这段历史，他在第二年写的《抗日周年纪念》一诗中作了记述：“察哈尔竖起了抗日旗，六月二十日出兵收失地。没到一月康、宝、沽、多全克复，多伦血战后又向敌追击。这时候有人说我们是赤化，又有人指我们为叛逆，要我去做垦务督办，要我去做训练总监。什么意思啊？我是不懂的！只要我不抗日，什么官都可以商量计议，我明白了他们一贯的主义！压迫我们是为帝国主义吐气，使我不能不把张家口别离。……”

察哈尔民众抗日同盟军总司令冯玉祥和前敌总司令方振武的合影

在八年抗战中，冯玉祥曾任第三战区和第二战区司令长官，与日作战，斩获甚多；他开办过“三户印刷所”，出版了包括《列宁全集》、《论持久战》等在内的大量革命书刊，积极宣传抗日；他创立了利它社，力图为抗战服务，并利用基督教会组织联系教民共同抗日；他还以自己卖字献宝、游说演讲的行动激发民众的爱国热情，广泛发动献金救国运动。此运动捐献金额(除实物外)前后达黄金23000余两。

献金运动开始时受到普遍拥护，但以后由于各地认购，出现苛捐杂税性的强硬摊派、催逼，运动失去了原先的意义，加重了人民的灾难，引起人们怨忿。所以有些地方流传着一句话，"冯玉祥一到，鸡飞狗跳！"献金运动得来的钱最后也落入了蒋介石的口袋，不知去向。

五、向革命终于觉悟

1926年是冯玉祥的思想和行动发生重要转变的一年。由于受共产党人、国民党人的影响，加上苏联顾问接触，他于这年元旦通电辞职后决定赴苏联访问学习。3月，冯玉祥启程，5月9日，抵达莫斯科。在访苏期间和来回途中，他与苏联党和国家、军队领导人，以及苏共党员、各界人士进行了广泛接触，使他对革命有了进一步理解，认识到中国进行革命的必要和树立鲜明主义的重要。访苏期间，冯玉祥正式加入国民党，并宣布国民军全体入党。国民党中央任命他为国民军党代表、国民政府委员、军事委员会委员。在苏联逗留三个月后，他便与苏联顾问乌斯马诺夫、中共党员刘伯坚等人一起回国。9月，抵绥远五原，冯玉祥收拾南口失败后的国民军残军，与于右任、邓宝珊等人组成国民军联军。17日，举行著名的"五原誓师"，冯玉祥宣誓就任联军总司令，并发表面貌一新的宣言："……我虽然作过几点革命事业，我却没有鲜明的革命旗帜。因为对于革命，只有笼统的观点，没有明确的主张。……现在我所努力的，是遵奉中山先生的遗嘱，进行国民革命，实行三民主义。所有国民党一、二次全国代表大会宣言与决议案全部接受，并促其实现。今后将国民军建在民众的意义上，完全为民众的武力，与民众要结合。军队所在的地方，工人组织、农民组织，均当帮助。并联合其他民众之团体，共负革命之责任。"

五原誓师，在中国西北部打出了配合北伐、讨伐反动军阀的旗帜，也是冯玉祥思想变化的重要标志。

1927年夏，冯玉祥的思想在前进途中发生了逆转。溃不成军的国民军能得以重建，并顺利平定甘陕，获得节节胜利，冯玉祥是感激中国共产党和苏联共产党的。因此他在军队中安插了不少共产党员，政治、党务方面的工作事事与乌斯马诺夫、刘伯坚商量。4月28日，李大钊等二十多人遇难，冯玉祥闻讯哭之甚哀，在潼关国民军总部召开追悼会，并电令各部队、机关举行大规模追悼活动。这一年国民党召开二届三中全会，会上蒋介石被免职。此后蒋介石派说客滞留冯玉祥处，使冯玉祥深信蒋是"革命的中坚分子"，并把宁汉分裂看成"仅系一二人间之误会"的人事纠纷。在5月潼关会议上，他不同意"倒蒋"口号，主张"目前的首要任务，是团结一致，打倒军阀，万不可自相水火。"对共产党的态度，冯玉祥在这年6月起了明显变化。

6月郑州会议前，冯玉祥轻信一些人的诬蔑之词，对共产党领导的工农运动不是理解的。他曾斥责农民协会凶横不法，擅行捕人杀人，草菅人命。农民抗租抗税也与冯军征发给养产生过矛盾。妇女运动在他眼里成了"她们所会的，就是骂父母，骂丈夫，讨厌儿女，讨厌家庭，动不动就离婚。以这些为自己不落后与真革命的条件，我实在不敢苟同。……我不懂为什么必须做恶妻坏母才是革命，因此对于她所提的口号也不能同意。"(冯玉祥《我的生活》)。而在郑州会议上，武汉国民政府的上层分子，在会内会外大讲共产党借口国共合作，搞阶级斗争，破坏国民革命，对共产党肆意诬蔑。特别是何键的煽动，促使冯玉祥从对共产党不满变为反对共产党，进而发展到公然与国民党反共势力合伍。由于看到汪精卫和蒋介石在反共上的一致，冯玉祥便做了宁汉双方的调停者。在“清党”中，冯玉祥解聘了乌斯马诺夫，将军队中的共产党员专车遣送武汉。尽管他措辞婉转，规定“惟对此项党人，只准拘留禁闭，不准枪杀打罚”，并礼送苏联顾问鲍罗庭等人出境，但他这时已背叛了孙中山的三大政策，所犯的历史性错误已经结下了巨大的恶果。

蒋、冯、阎中原大战前的合影

由于冯玉祥的努力，致使蒋介石于1928年初出山复职。冯对蒋大加称颂，蒋对冯备极推崇，于是2月18日蒋冯在开封互相换帖结拜为兄弟。冯帖上写：“结盟真意，是为主义，碎尸万段，在所不计。”蒋帖上写：“安危共仗，甘苦共尝，海枯石烂，生死不渝。”冯大蒋五岁，故居为大哥。然而结拜仅一年，两人关系便趋于恶化，又过一年在中原大混战中，大哥的军队就被小弟“吃”掉了。

从1931年到1946年，冯玉祥对蒋介石曾几度抱有幻想。第一次是“九一八”事变后，冯与蒋在孔祥熙举办的宴会上见面，蒋介石向结拜兄弟忏悔认错，表示要精诚团结，挽救危亡。冯玉祥此后逢人便说：“蒋先生有了很大转变！”认为蒋必然铁心抗日了。可是“一二八”上海抗战，蒋坚决不抵抗给冯做了回答。第二次是1935年蒋介石电邀冯玉祥到南京任职。冯从泰山下来，蒋在四方城予以隆重招待，极备恭敬，并表示愿意接受冯的主张。冯玉祥大为感动，在日记中写道：“蒋答之话最谦下，最诚恳，实为我最满意也。此次可谓不白来了。”“西安事变”中身为军委会副委员长的冯玉祥致电张学良，劝其释放蒋介石。为了救蒋，他甚至提出自己去西安替蒋当人质。可是他这副委员长只不过是个摆设，最后陷入蒋的羁縻，深感自危，连说话都得小心谨慎。第三次是1938年8月，冯玉祥在武汉患病住院，蒋介石亲自来探望，坐视良久，态度亲切。冯几次请其回去，蒋都不肯离开。蒋临走还谦恭地说：“有什么事，我来向您报告。”冯又受感动，认为蒋本人还不坏，只是左右积恶太深。以后他去掉顾虑，向蒋劝谏坚持抗战，提出十数条意见。蒋介石当面接受，实际上仍在和战问题上徘徊动摇。冯的力劝并未产生作用。1941年后蒋对冯的压制愈来愈厉害，有一个时期，几乎断了冯的经济来源，冯对蒋的幻想也减少了。抗战胜利后，冯玉祥申请出国。1946年9月，冯被蒋介石解除军籍，以“水利考察专使”名义赴美国考察水利。行前，他给蒋介石写了临别赠言《上蒋主席书》，他一心希望蒋能改好，劝蒋不要打内战，要讲和平，实行民主。到美国后他还买了一份礼物，恭蒋介石寿辰。但在考察水利期间，国内内战愈演愈烈。1947年蒋介石镇压各地学生的反饥饿、反内战、反迫害运动，使冯玉祥大为愤怒。他于5月26日发表《告同胞书》，谴责蒋介石当局，开始公开反蒋。此后，他在美国发表了数百次报告演讲，举行了五次记者招待会，组织了旅美中国和平民主联盟，抨击蒋的内战独裁政策，反对美国援蒋，声援国内人民的爱国民主运动。国民党中央控制下的国内外机构、报刊开始对冯玉祥进行围攻和诬蔑，蒋介石采取高压手段命令冯玉祥回国并断绝他的经济来源。1947 年 11 月，他在激愤中在美国《民族报》上发表《我为什么与蒋决裂？》檄文。冯玉祥此时很明白自己的处境。他在日记中写道："对于我自己：1. 要下监。2. 要被蒋枪决。3. 要被蒋特务杀害。这是为民主和平努力应得的报酬。"于是，他抓紧一切时间着手撰写了《我所认识的蒋介石》。此书共七十七章，冯玉祥从自己二十年亲身经历出发，对蒋介石作了全面揭露，在海内外产生重大影响。蒋介石恼怒万分，便以"冯在美国肆意诋毁元首"的罪名，革除冯玉祥公职，又串通美国政府吊销他的护照。紧接着，1948 年 1 月 7 日蒋介石又以"行为不检、言论荒谬"，"违反党纪、不听党的约束"罪名，开除冯玉祥的党籍。并电请美国，希望将冯玉祥驱逐出境。但冯玉祥处变不惊，置生死于度外，2 月 8 日，他在《纽约下午报》发表《致蒋介石的一封公开信》，并于 2 月 10 日写下了遗嘱。在公开信中，他痛悔自己曾对蒋抱有幻想，错把蒋扶上高位，严正历数蒋介石背叛孙中山、出卖国民党、祸国殃民的罪行，要求蒋立刻下台，将权力交还人民。他写道："现在我已经感到支持你的罪过，而要向中国人民负起责任，协助他们把你赶走。"1948 年初，一批爱国反蒋的中坚分子从蒋记国民党中分裂出来，在香港成立了中国国民党革命委员会。冯玉祥被推为常务委员和政治委员会主席。冯玉祥极为欣喜兴奋。他在美国积极发展组织，广为宣传，汇合本党的进步分子为反对封建独裁统治，建设独立、自由、幸福的新中国而工作。

在中国解放战争节节胜利的形势下，美国政府已对蒋介石丧失信心，为了保住其在华利益，美国密谋踢开蒋，拉起第三势力，与中国共产党对抗，建立一个亲美的政府。由于冯玉祥在国民党军政界威望很高，在海外又有巨大影响，于是杜鲁门政府千方百计对他进行收买笼络。1948 年 4 月，美国政府派员登门游说，表示美国愿意出钱出军火，帮助冯玉祥回国收拾败局。但冯玉祥坚守民族大义，当即予以拒绝。说客蛮横地下"最后通牒"道："给你们六个月的时间，请你们民主人士考虑考虑。我们美国人，就是这个意见，只要你们不要共产党，我们就不要蒋介石，愿意帮助你们民主人士。"冯玉祥冷冷地说："我们的哲学是：'天听自我民听，天视自我民视'，这个意思是说，我们全国的人民，工农大众，喜欢什么，我们说什么，喜欢什么，我们做什么。可是没有听说过，天听自美国人听，天视自美国人视，美国人喜欢我们说什么，我们就说什么，美国人喜欢我们做什么，我们就做什么。那确确实实的，不单是三民主义的叛徒，并且是中国的卖国贼，你看我冯玉祥是做这样事的人吗？"

美国政府见冯玉祥软硬不服，恼羞成怒，便准备将他驱逐出境。在何去何从的十字路口，冯玉祥看到了新中国的希望，毅然决定返回祖国。1948 年 7 月，冯玉祥为了响应中国共产党的号召，参加中国人民政治协商会议，在苏联驻美国大使馆的帮助下，冲破国民党特务的重重围困和迫害，在纽约登上苏联客轮"胜利"号，取道苏联投向祖国怀抱。

至此，"冯玉祥先生从一个典型的旧军人转变成一个民主的军人，他经过曲折的道路，最后走向了新民主主义的中国。"(周恩来在冯玉祥遇难一周年追悼会上的悼词)。

不幸的是，9 月 1 日"胜利"号客轮在黑海失火，冯玉祥遇难身亡，终年 66 岁。

桂系首尊李宗仁

一、耕读子弟穿戎装

北伐时期的李宗仁

李宗仁(1891—1969),字德邻,1891年8月13日出生在广西桂林县西乡村郎头村的耕读家庭,父亲李培英是当地的塾师,母亲务农,他们生有子女11人,3人早夭,剩下的5男3女中,李宗仁排行第二。一家人靠父亲做塾师的收入和母亲克勤克俭的劳动,维持生计。西乡方圆几十里,土地肥腴,然清吏的贪婪苛政,外族的侵凌,使百姓难以聊生。耳闻目睹的事实,在他还未启蒙时,幼小的心灵中便滋长了抗暴的心理。

李父知书达理,希望在自己的后代中,出个饱学之士,于是李宗仁6岁那年,便进入私塾,塾师是自己的父亲。1905年,李宗仁随老师上了省城,进了新创立的临桂县立二等小学。这是一所新学堂,所教课程,除国文之外,还有数学、博物、美学等新式学科。15岁时,他开始觅寻正当职业谋生。那时各省正试办新政,广西省新设奖励工商业的"劝业道",并在桂林设立纺织习艺厂,招200名学徒学习纺织,李宗仁进了这家厂当学徒。

1909年,18岁的李宗仁考入广西陆军小学,从此开始了他的戎马生涯。陆小的教育,完全仿日本那一套,十分严格,教程分学、术两种。学科除国文、史地外,有各门科学和外语,术科是每天1小时的训练,有器械、体操、劈杀等活动。李宗仁学业突出,深得同学的尊重和老师们的喜欢。

此时,孙中山领导的资产阶级革命正风云突起,陆军小学也成立了革命党人的组织"军事指针社"。1910年秋,李宗仁加入了同盟会组织。

1911年10月10日,武昌城头打响了资产阶级革命起义的枪声。11月7日,广西宣布独立,成立了地方革命政府。

李宗仁1912年结婚,女方名叫李秀文,出身于一个殷实的半自耕农家。她为人忠厚,遇事稳重,还有一手好女红。对于这样一位妻子,李宗仁颇觉称心,婚后两人感情笃厚,李宗仁还耐心地教她认字。对于李宗仁,李秀文也很是满意。

1913年秋,李宗仁学成毕业,当上了讲习所的准尉见习教官,很快就升任少尉队副,不久又晋升中尉。中尉官衔并不大,却是他平生第一个正式军职。

讲习所停办后,李宗仁于 1915 年春到桂林模范学校任体育教员。1916 年 4 月下旬,他辞去学校教师职,走入护国军的行列,因为英勇善战,一路高升,先后任排长、连长、营长、帮统、统领。

1920 年 7 月,陆荣廷在龙州召开军事会议,决定以讨伐福州北军为名,进袭粤军。陈炯明、许崇智以粤人治粤为口号,举兵进攻潮州、梅县,其势汹汹,陆荣廷仓皇发兵阻截,于是爆发了粤桂之战。这次战役,粤军有充分准备,桂军大败。李宗仁所在的林虎部在撤退至清远境内时,和马济、韩彩凤部三四万人会合,向肇庆败逃。部队撤至莲塘口时,遇到伏击的粤军。莲塘口宽二三百米,两侧为高耸的山峰,地势险峻,有一夫当关,万夫莫开之势。粤军在此筑有工事,密布火力,居高临下,且以逸待劳。这里是通往肇庆的惟一通道,桂军身处此境,心慌神惊,乱作一团。林虎、马济决定强攻,亲赴隘口前线督战。激战数日,难以奏效。追兵在后,又后退不得,大有全军覆没之势。在此千钧一发之际,李宗仁自告奋勇,担任打通莲塘口的任务。当部队逼近莲塘口时,李带全营 500 人在峡口前散开,进入敌机枪射程时,他率全营发动了奇袭,一举夺得敌阵地。莲塘口一役,李宗仁神奇般地使大部队摆脱了危境,名声大震,被奉为广西著名的战将。这次战役李营死亡达 200 余人,重伤者 40 余人。

桂军无法抵御粤军,李宗仁独自领着广西兵匿入十万大山中。后来有几支小部队也陆续上山躲避,均被李宗仁收容。李宗仁就是靠了这些部队作为基础,不断扩大,在广西立住了脚。

上山不久,陈炯明的弟弟陈炯光和钟景棠先后上山与李宗仁接洽收编的事。李宗仁要保持相对独立,陈炯明允其成立"粤桂边防军第三路",李宗仁本人成了司令。

1922 年 4 月,陈炯明发动反对孙中山的军事叛乱,无暇顾及广西,遂命粤军撤出桂境。粤军离桂后,桂人纷纷打起自治旗帜、成立了名目繁多的"自治军"。其中不少土匪也乘机兴风作浪,混水摸鱼。他们凭借手中的军权,割据一方,派县长,设关卡,征钱粮,各行其是。广西局势混乱,李宗仁的部下官长,见粤军离桂,部队与陈炯明无形中断关系,一致建议他取消"粤桂边防军第三路"称号,改称"广西自治军第二路"。李宗仁亦有独树一帜、日后统一广西之意,听了部下的劝告,深以为是。5 月下旬,他通电就任"广西自治军第二路"总司令职。

二、战刀刻就广西王

为了实现统一广西的愿望,打败力量强大的陆荣廷,李宗仁决定联合黄绍竑、白崇禧,寻找时机,扩大地盘。

1923 年春,黄绍竑在李宗仁的支持下攻占梧州。这期间,李宗仁在李济深、陈铭枢的介绍下,加入了正在改组的国民党。

陆荣廷失梧州,丢贵县,且隐约感觉李和黄暗中有往来,决心对李、黄用兵。陆老奸巨猾,知对李、黄同时用兵很困难,因此采取各个击破的办法,企图以李消灭黄,然后再收拾李。

不久,陆亲率精锐部队数千人北上桂林,威胁李宗仁。不料,此时沈鸿英却疑陆出巡有与自己的夙敌马洛联合将他消灭之意，于是引起了沈陆之战，双方战斗激烈，持续3个月之久。后经北京政府派人调停，5月上旬陆、沈议和休战。这样，广西形成三足鼎立的局面。

坐山观虎斗的李宗仁先发兵讨伐筋疲力尽的陆荣廷，然后再回师扫击沈鸿英部。1924年5月，李集中主力于桂平、贵阳附近，向邕宁地区合击。5月23日，他领衔发出通电，呼请陆荣廷下野。6月25日，李宗仁指挥的左翼军，兵不血刃占领南宁。由白崇禧指挥的右翼军，在扫荡滨阳、迁江、上林的抵抗之敌后，即锋转武鸣，在那里未遇激烈抵抗，遂向南宁会师。李宗仁进兵神速，势不可挡；陆荣廷见大势所趋，只身遁湘。不久，陆通电下野，赴居沪上。

李宗仁的胜利，结束了陆荣廷在广西的统治，这不但震动了广西各界，赢得了他们的好评，而且受到各省的关注，使他们刮目相视。

李宗仁开始制订统一全广西的战略。不料此时陆荣廷的残部韩彩凤屯兵柳州、肇庆一带，伺图报复，蒙仁潜、陆福祥尚存人枪2000，盘踞部安、那马一带，窥伺南宁，龙州的李绍英、谭浩澄、谭浩清共有人枪3000，也虎视眈眈，蠢蠢欲动。这些残余势力，本来就是李宗仁肃清的对象，在此情况下，李决定提前行动。先扫除这些势力，以解后顾之忧。

1924年8月初，李宗仁分兵3路进剿。右路军李宗仁和白崇禧指挥，进击韩彩凤；中路军由俞作柏和蔡振云指挥，向武鸣进发，肃清那马、都安的敌军；左路军由胡宗泽指挥，溯左江而上，直捣龙州。三股残余势力中，韩彩凤一股最为顽强，不但人多枪多，武器配备和训练较好，且韩系本地人，士兵均为子弟兵，能攻善战，交战中，李宗仁指挥的阵地曾多次被韩兵突破，经过月余的惨烈激战，李宗仁和白崇禧终于击溃了韩部。右路韩部被击溃的同时，中路军、左路军也进展顺利。至此，陆荣廷在广西的势力，连根铲除了，广西境内只有李宗仁和沈鸿英两支部队，形成两雄对峙的局面。

此时，北方的政局发生了变化，冯玉祥攻占北京，电邀孙中山北上。孙中山1924年11月起程。行前电约李宗仁和黄绍竑赴广州一行，同时明令将“定桂讨贼联军总指挥部”改组为“广西全省绥靖督办公署”，李为督办兼第一军军长；黄为会办，兼第二军军长；白崇禧任督办公署总参谋长。孙中山离粤后不久，便传来孙患肝癌的噩耗，这时，迟迟不接受广州政府副元帅之职的唐继尧，此时忽然通电就职，并决定亲率大军，分三路进发广州“视事”。

唐率三路大军入粤，必须假道广西，恰恰这条咽喉要道在李宗仁的控制之下。不过要依靠李宗仁的力量对抗唐继尧，无异是以卵击石，唐料定李不敢作难，首先采取利诱的手法，派代表文俊逸前往南宁，与李宗仁接洽。却遭到李宗仁的婉言拒绝。

唐军还未正式宣布行动，沈鸿英忽然在桂林发出通电，以“建国桂军司令”的名义，“出巡视察各地民情”，指挥大军南下，向李宗仁打来。

1月30日中午，白崇禧部与沈军在武宣展开了激战，白崇禧几至被俘，仓皇逃进城内，闭门坚守。李宗仁率一独立营乘轮自柳江上驰援，1月4日下午2时，与白崇禧部里应外合向敌人发动总进攻。李将主力配备于右翼，企图将沈部压迫至柳江左岸而歼灭。沈军不甘示弱，竟全线跃出战壕反扑。两军展开肉搏，杀声震天，双方屡进屡退，形似拉锯。李宗仁清楚，值此激烈时刻如一旦垮下，将兵败如山倒，后果不堪设想。于是他亲临前线，冒着炮火，指挥作战。正值双方酣战难解难分之际，李宗仁部的李石愚纵队，由贵县赶至二塘，威胁沈军右翼。敌人见李的援军赶到，顿时军心虚慌，阵线动摇。李军乘势发动猛攻，沈军全线崩溃，仓皇窜逃，退守柳州。

为彻底消灭沈鸿英主力，李宗仁和白崇禧商议，采用声东击西的战术，命李石愚部佯攻柳州，吸引敌人注意力，而将主力东调，循崎岖山道，直奔桂林南乡。与此同时，沈鸿英的一部被第一路军的陈济棠部击败，贺县丢失，蒙山也被俞作柏部攻占。噩耗频传，沈鸿英正不知所措，又忽闻李宗仁部迫近桂林，慌忙北遁。沈鸿英逃跑的当晚，即2月23日，李宗仁占领桂林。

李宗仁令白崇禧以桂林为据点，跟踪追击。自分三路进击，巧设计谋，于4月24日将沈军全歼。沈鸿英最后逃往香港。

正当李宗仁、黄绍竑、白崇禧与沈鸿英激战时，唐继尧率领由滇、黔二省组成的“建国军”6万余人兵分三路挥戈东下。

唐部的兵力数倍于李宗仁部，来势凶猛。李宗仁冷静分析，决定各个击破。

第二路滇军龙云部占领南宁后，前锋于3月底又越过昆仑关，占领高田，进逼宾阳，企图消灭伍廷扬部。5月16日，李宗仁命部队向昆仑关进攻，李宗仁亲临前线指挥，攻下了号称天险的昆仑关。

唐继尧军步步逼近，柳州守将李石愚在前线阵亡，形势岌岌可危，幸黄绍竑、白崇禧率部分别从梧州、桂林赶往柳州前线，血战一日，打死打伤滇军2000余人，才使柳州得以解救。柳州一役，唐继尧主力受到致命打击，胆战心寒，率余部退至庆远。李宗仁接到白崇禧的捷报，兴奋异常，命部队乘胜追击，唐部溃不成军，于6月退回云南。

经过讨沈拒唐两次险恶的战役，李宗仁以少击众，全歼沈鸿英部，挫败唐继尧东进之师，终于1925年7月统一了广西。7月1日，广州大元帅府正式改组为国民政府，广西遂纳入国民政府的领导之下。因李宗仁统一广西有功，受到政府的赞赏，并在国民党第二次全国代表大会期间被选为候补中央监察委员。

按广州政府的要求，广西的军、政、财、教等诸方面在李宗仁的积极整顿下，走上了轨道，与陆荣廷统治广西时相比，呈现出前所未有的新气象，为广州国民政府早日北伐提供了有利条件。

1926年1月，在广州革命政府的提议下，两广军政统一。统一后，广西两个军合编为国民革命军第七军，李宗仁任军长，黄绍竑任党代表，广西成为国民政府直辖省。两广统一，李宗仁异常兴奋，他作为有资产阶级理想的青年军人，抱着努力实践孙中山先生生前遗愿的方针，积极向广州革命政府提出立即北伐的主张。

三、北伐名将建奇功

1926年，李宗仁利用湖南军阀唐生智与赵恒惕的矛盾，命一旅之众，开往黄沙河，其余大部向桂林集中，作为入湘作战的准备，援助唐生智，并拉唐革命。李宗仁自作主张，事后才把行动计划电告广州政府。时广州政府政情复杂，无暇认真考虑立即北伐问题，以实力不够，难以取胜为由，否定了李宗仁的做法，主张推迟北伐。李宗仁对广州政府的意见不满，来个置之不理，我行我素。

3月初，唐生智向长沙进发，赵恒惕自知形势复杂，不是对手，未战即通电辞去省长职。3月17日，唐占领长沙，30日占领岳州。4月，吴佩孚见时机成熟，便调兵南下，向唐生智出击。吴军训练有素，唐军远非其对手，一经交战，立即溃败。4月底，从衡阳向广西边境撤逃，并急电向李宗仁求援。李早有准备，接电后立即发兵进击，在衡阳与吴军交手。李的部队，在统一广西的岁月中已经磨练得善战骁勇，几个回合，便将吴军赶出衡阳。唐生智见衡阳被李军掌握，遂收残兵返回，与李部合力追击吴军。吴佩孚毕竟兵力雄厚，不易攻垮，双方遂在衡山、衡阳间相持。

湖南局势的发展，正如李宗仁所预料的那样，因此他对立即北伐充满了信心。然而当时的广州政府，笼罩在蒋介石一手制造的不安定的政治气氛中："三二〇"事件后，蒋介石公开反对共产党，并排斥当时以汪精卫为首的国民党左派势力，5月初，又酝酿拟订了"整理党务案"，将共产党人排挤出国民党中央领导机构，企图集党、政、军权于一身，哪有心思北伐？

在国民党中央政治会议上，李宗仁提出广州政府应立即北伐，并反复陈述了理由。李终使中央政府同意立即北伐，并据李宗仁的坚决推荐，任唐生智为国民革命军第八军军长。

1926年6月初，国民党二中全会任命蒋介石为国民革命军总司令，并授权组织北伐军总司令部，建立前敌总指挥部，唐生智为前敌总指挥。

7月初，李宗仁取道桂林，亲率12个团由黄沙河下衡阳。与此同时，他又电令七军向吴佩孚重兵把守的长沙挺进。7月4日，兵分三路同时发动攻击，冲破吴军抵挡，7月11日，光复长沙。

长沙之战，李宗仁威名远扬，蒋介石也在这胜利声中举行了就任北伐军总司令职仪式，正式出师北伐。7月27日，蒋介石率第一军一、二两师由广州北上。

长沙之役虽打出了北伐军的威风，但毕竟是第一仗，对北伐军来说，各路军阀的兵力10倍于己，日后的征途还很艰难。李宗仁主张首先乘吴佩孚军疲于南北奔命之时，用速决战的方针，将吴军各个击破，直捣武汉，然后以大别山、桐柏山为屏障，扼守武胜关，在武汉站稳脚跟，这样北可进攻中原，东可进长江，包围孙传芳，厘定东南，则易如反掌。否则将两面受敌，后果不堪设想。8月下旬，李宗仁领兵进发武汉，只用了12天的时间，经过汨罗江、汀泗桥、贺胜桥诸战役，即打到武汉。

正当李宗仁领兵自汨罗江向武汉疾进时，吴佩孚邀请孙传芳前往湘、鄂助一臂之力，以夹击李军。孰知孙氏却打着如意算盘，坐山观虎斗，企待两军俱伤，他来收拾残局。北伐军利用孙传芳的这 侥幸心理，长驱北进，如疾风扫落叶，一举攻下武汉；并按原定计划，迅即挥师东进，锋转江西。东进之师兵分三路。第一路为右翼，由蒋介石指挥，以夺取南昌为目的，第二路为中路军，由程潜指挥，出修水、武宁，直趋德安，以断南浔铁路，李宗仁率第七军2万余人担任左翼，自鄂城、大冶一线入赣，沿长江南岸东进，经阳新、武穴、瑞昌，直取九江孙传芳的总司令部。

李宗仁

9月10日，蒋介石命李宗仁入赣作战，将武昌围城之任交第四军接替。李宗仁接到命令后，随即向大冶集中，兼程入赣。9 月 14 日李宗仁领兵进驻阳新。9 月 29 日攻下箬溪。10 月 2 日，率部东进,在德安、王家铺与敌展开异常激烈的遭遇战,皆获大捷。10 月中旬,执行蒋介石的"肃清江西计划",势如破竹,节节胜利。11 月 2 日攻下德安,3 日克复马回岭;4 日占领九江;6 日下午率部与右翼军会师南昌郊外,不日攻克南昌。至此,江西之敌基本肃清。

打下南昌不久,北伐军立即组织东征,李宗仁任中路军总指挥。1927 年 3 月 18 日在安徽省长陈调元的配合下,平定安庆。

3 月下旬,蒋介石自九江到达安庆。26 日,李宗仁随蒋由安庆赴沪。此时的上海,在中国共产党的领导下,工人运动搞得轰轰烈烈,革命形势很好。李宗仁对这种形势却感到担心,认为"工会气焰熏天",是共产党要取代国民党的表现,特别是工会拥有武器,认为这是心腹大患,如不加抑制,国民党前途不堪设想,因此在龙华东路军前敌总指挥部与白崇禧会晤后,立即往见蒋介石,谈了自己的想法。蒋听了十分高兴。

蒋介石在得到李宗仁的军事上支持外,又得到上海资产阶级上层人物经济上的支持,于 4 月 12 日,发动了政变。一个星期后,4 月 16 日在南京建立了以他为首的国民政府。

4 月,武汉军分兵两路,东征讨蒋,南京危急,李宗仁立即回师,并派参谋长王应榆往武汉游说,要武汉方面以北伐为重。武汉方面接受李宗仁的建议,表示先分道北伐,待会师北京后再和平解决宁、汉纠纷。于是一场即将爆发的宁汉之战,竟消弭于李宗仁的一番苦心之下。

不久,蒋介石和汪精卫达成了"互相理解"的协议,5 月 21 日,武汉汪精卫发动反共事变。武汉行动,南京立即表示支持,李宗仁也于 8 月 18 日通电,表示对武汉以前"容共"表示谅解,并称武汉分共后,"只有整个善后,并无两派争执,欢迎汉方重要人物赴宁柄权。"李宗仁通电不久,汪精卫立刻作出反应,也致电李宗仁,表示"对共产党防制过迟","至深内疚"。不难看出,此时的李宗仁是全力支持蒋介石的,作为一个强有力的军人,他的政治活动和态度,对稳定初建的蒋介石政权起到了其他人难以替代的重要作用。

四、军阀混战何时了

李宗仁虽全力支持蒋介石,但蒋不愿李宗仁手握重权,因此定都南京后,蒋千方百计要削弱李的军权,从此两人交恶,演出了一出助蒋又反蒋的闹剧。

1929 年 1 月,在蒋介石的旨意下,"国军编遣会议"在南京开幕。这个会议的矛头是对准李宗仁、冯玉祥、阎锡山的,而主要是李宗仁。混乱岁月,李视军队如命根,要他削减军队显然办不到。会议遭到了李宗仁的强烈反对。这使蒋很恼火，对李耿耿于怀。政治手段解决不了，蒋决心以武力来达到自己的目的。

第一期北伐胜利后，李宗仁的桂系势力大增，白崇禧部驻扎华北；张定潘控制上海，黄绍竑占据广西，李宗仁亲率第四集团军驻防武汉。此外，与李宗仁过往甚密的李济深控制广东。桂系控制这些地盘，使蒋介石心怀不安。蒋曾与冯玉祥在汤山洗澡时的一席话，颇能说明他的这种心理:“常话说,平、粤、沪、汉这四个地方拿在手里头,全中国就都在他们手里头了。”

李宗仁势力的庞大和发展,对独裁的蒋介石有着严重的威胁。于是,蒋决心首先除掉他。

1929年2月初,蒋派人秘密运送大批弹药,取道江西,接济湘南的鲁涤平及其第二军,以便对武汉的李宗仁第四集团军用兵时取两面夹攻之效。没有不透风的墙,这一秘密被李部将领夏威、胡宗泽、陶钧发觉,夏、胡、陶年轻气盛,又仗着部队战斗力强的优势,在没有征得李宗仁同意的情况下,采取突然袭击的方式,以武汉政治分会会议的名义罢免了鲁涤平的职务,以何键取而代之,并对湖南用兵。夏、胡的行动,在南京的李宗仁还蒙在鼓里。21日凌晨,李宗仁闻讯后知道部下闯下了弥天大祸,当即化装出走上海。

武汉的军事行动,使李遭到了舆论界的诋责,李无奈,遂于3月1日,在上海发表谈话,声明拥蒋,“促进统一”。然而蒋介石却把胡、夏、陶在武汉的举动看作借口消灭李宗仁势力的好机会,因此不肯罢休,从而演出了蒋桂战争的独幕剧。

3月15日,在蒋介石的主持下,在南京召开了国民党第三次全国代表大会。会上,蒋发表演说:有人认为两湖事件是局部问题,此乃错误认识。地方军人,目无中央,骄恣成习,积而有此重大违法之举。蒋的话实际上宣布了李宗仁的罪状,也表明了他对桂系用兵的决心。21日,蒋介石把李济深软禁于汤山。李济深被软禁,李宗仁感到上海不是栖身之地,继续呆下去极为危险,决定避回广西。3月27日,在蒋介石的指使下,中央委员会开除了李的党籍。同日,蒋介石又以国民政府名义下令讨伐李宗仁。

对于蒋介石的军事讨伐,李宗仁早有所料,他在逃离上海前,已电告汉口第四集团军司令部参谋长张华辅,命何键为第一路司令,守湘东;叶琪为第二路司令,守武长路;夏威为第三路司令,守黄陂、祁家湾一线;胡宗泽为第四路司令,守阳逻;陶钧为第五路司令,守三、四两路军的中间地带。双方的军事部署,预示着一场大规模的决战。由于蒋介石军队人多势众,加之李宗仁手下的俞作柏、李明瑞、杨腾辉被蒋介石收买,4月4日,蒋军占领武汉。4月15日,胡宗泽、陶钧、夏威在蒋军的追击下,通过孔庚向蒋投降,通电下野,部队全为蒋收编。李宗仁在北伐后期统领的第四集团军在短短3个月中就化为烟云。蒋介石在解决了武汉桂系部队的同时,又通过重新起用的唐生智,领兵向平、津白崇禧部进攻。大兵压境,且唐部绝非孤军作战,白知处境不妙,即弃部逃亡,由天津经海路往香港,与李宗仁“作伴”。

为了彻底打垮李宗仁的势力,蒋介石在4月19日发布“以根本铲除桂逆之目的,拟即由湘、粤、滇三路进攻广西”的命令。李宗仁到香港后,并未耽搁,即与白崇禧入广州。5月初又由广州返回广西梧州。5月5日,李宗仁组织了南路护党救国军,自任总司令,发出反蒋通电,命白崇禧、黄绍竑领兵分两路进兵广东。但李宗仁兵力有限,经不起蒋介石部的反击,于6月初败回梧州。6月下旬,粤军在蒋介石的军事配合下,先后攻占桂林、梧州。李宗仁在广西无立足之地,再次逃亡香港。

蒋桂战争未了,冯玉祥预感到蒋在打败李宗仁后,将会锋转西北,对准自己。为了“自我保护”,冯于5月15日,在郑州扯起了“护党救国军西北总司令”的旗帜从平汉、陇海两线发动反蒋战争,于是蒋冯大战迫在眉睫。不久李又率八桂兵再度入湘作战,参加倒蒋战役。

蒋桂战争、蒋冯战争,反映了蒋介石急于消灭异己的思想。为防止被蒋各个击破,1930年初,阎冯决定联合起来,共同对付蒋介石。4月,阎锡山宣布就任“中华民国陆海空军总司令”,李宗仁积极响应，并与冯玉祥、张学良一起，就任副总司令。

5月1日，蒋介石命部队做好一切作战准备。11日下达攻击令。李宗仁召集白崇禧、张发奎在南宁举行紧急会议，讨论作战方案。李考虑兵寡不能相顾，决定放弃广西，倾巢而出，攻取武汉，与阎、冯部会师中原。计划既定，5月中旬，李领部出发。为了迷惑蒋介石军队，出发前，李故意派小部兵力骚扰平南。蒋部果然中计，陈济棠、朱绍良出动主力向桂平大举进攻，李宗仁速将集中在桂东主力分三路入湘，出衡阳，攻长沙，何键军望风而逃，遁入湘西境内。6月8日，李宗仁的一、二路军占领岳州，前锋进入湖北境内。此时黄绍竑的后续部队和辎重已向衡阳跟进，李宗仁很振奋，感到重新夺回武汉，实现与冯、阎会师指日可待，于是他本人进驻岳州，指挥北进。孰知6月10日，衡阳竟为粤军蒋光鼐夺占，顿时李宗仁部处于被腰斩、首尾不能相顾之势。情势危急，李当即挥师南归，打算攻克衡阳后再北进。然而部队给养中断，军心不稳，加以缺乏重武器，衡阳久攻不克，而蒋军援兵云集，李宗仁见有全军覆没的危险，遂率军撤回广西，狼狈不堪。

李宗仁与白崇禧合影

李宗仁退回广西后，与白崇禧积极开展军事活动，对来自湘、粤蒋军采取守势，而以全力将滇军逐出桂境，至10月中旬，解脱了南宁之危。西线平定之后，李宗仁正待回师进击入桂境的粤军，广东与南京的蒋介石之间又出现了新的矛盾，因此粤军与桂军通款言和，不但从广西撤兵，而且还派代表到南宁与李宗仁商议合作反蒋。

原来，7个月中原之战，蒋介石以为异己力量已不能东山再起，遂主张召开国会，制订训政时期约法，企图从法律上将党、政、军大权集于一身。他的行为遭到了国民党内元老派的反对，其中胡汉民最为激烈。蒋为了达到目的，竟把胡汉民囚禁于汤山脚下，企图镇一儆百。蒋的行为在国民党内掀起了巨大的反蒋波澜，中央要员纷纷南下，以示抗议，并要蒋下野。至此广西形势峰回路转，变得平静了。5月28日，广州政府成立，两广军队恢复国民革命军编制，李宗仁归任第四集团军总司令。

广州组府后，宁粤对峙的局面相持约四五个月。1931年秋，日本发动了侵略中国的"九一八"事变。这一震惊世界的侵略行为，激发了全国人民的爱国之情，各界纷纷电宁、粤双方息争对外，一些社会知名人士还不辞辛劳地奔走于南北之间。粤方坚持以释放胡汉民和蒋介石下野作为和平谈判的条件。迫于形势，蒋于12月下野，由孙科组阁。蒋下野后，仍操纵着政府军政大权。孙科上台后，政府财政无比困难，不到1个月便辞职了。孙辞职后，蒋介石在汪精卫势力的支持下，于1932年1月重新执政。蒋上台后，对日本采取忍辱的态度，对内继续搞独裁统治。6月11日，李宗仁、白崇禧、陈济棠联合致电蒋介石，联合行动，抗日反蒋。蒋介石不敢贸然下令讨伐，便用收买分化的手段，使陈济棠在广东处于众叛亲离的境地。7月13日，南京军委会明令免去陈济棠本兼各职。

李宗仁却软硬不吃,使蒋介石大为恼怒。7月底蒋命顾祝同指挥汤恩伯、薛岳等军自贵州向桂北窥伺;陈诚的第十八军循西江而上;余汉谋军自高州一带逼进桂南,何键则取道湖南向桂林一带压迫,一时四五十万大军从四面遥逼广西,大有扫尽荡平之势。对李宗仁来说,此时只有一条路,就是全力抵抗。于是李宗仁与白崇禧商定,一方面约请息居梧州的李济深来邕,研究抵御之法,一方面动员全省力量,扩建部队,由原来的14个团增加到44个团,号称10万大军,拟与蒋介石军决一雌雄。另外,在李宗仁的动员下,全省军民作好了决一死战的准备。

士可杀不可欺,广西的高昂士气,南京方面了解得一清二楚,感到广西不可轻取,遂放弃武力解决的途径。适此时,冯玉祥由南京上庐山,乘机向蒋介石进言,劝毋斫丧国家元气。蒋介石也感到,在这种情况下,双方交锋,将不可收拾,决定采取和平解决方针。经过双方商谈,达成8项和议。9月5日,蒋介石在程潜寓所会见赴邕三代表后,指示陈诚撤兵,重新任命李宗仁为广西绥靖主任、白崇禧为军事委员会常务委员的职务。6日南京政府发出任命令。当天李即电蒋,定于16日就新职。

9月中旬,蒋介石由南京飞抵广州,电召白崇禧飞穗一晤。白接电后,疑虑重重,踟蹰不决,且白夫人坚持不让白去。李决定自己亲赴穗一趟。9月17日,李只身飞赴广州,当晚下榻东山陈维周的"继园"。李原定于18日去黄埔见蒋,哪知蒋已破惯例,于18日上午9时到"继园"拜访李宗仁。这是1929年蒋桂战争以来,李第一次与蒋会面。双方寒暄一番后,未及其他。这次会晤,标志着李与蒋7年来的敌对消失,李宗仁的政治生活步入了一个稳定时期。

五、徐州会战彪史册

1937年7月7日,抗日战争爆发。日军占领南京后,为沟通南北战场,打通津浦路,会师武汉,把徐州作为他们攻取的首要目标。

南京政府鉴于徐州战场的安危直接关系到全国的抗日大事,决心全力防守,在此进行一次会战。这次会战以徐州为中心,史称徐州会战。1937年10月,李宗仁被任命为第五战区司令长官,驻守徐州,指挥津浦路沿线作战。

李宗仁受命后,即选派徐祖贻任战区参谋长,组织战区司令长官部。11月初,李宗仁奔赴徐州前线。投入这次会战的中国军队有数十万人,但部队战斗力强弱差异较大。李宗仁调兵遣将,按其所长,作了细致部署。第三十一军军长刘毅辖一三一师、一三五师、一三八师,军中班排长以上干部,均系李宗仁亲自从广西征调而来,颇有作战经验,指挥也得心应手,因此李宗仁将其部署在海州,以防敌人在该处登陆,第三集团军总司令韩复榘部的十二军、五十五军,训练、装备以及人员素质较差,李遂让其驻扎山东境内,五十七军军长缪激流,辖一一一师和一一二师,该部装备尚可,但战斗力不强,李便命其部驻防苏北,五十一军军长于学忠,辖一一三师、一一四师,战斗力较强,李命其在临沂方面堵截日军前进。部署就绪,李宗仁密切注视着敌人的动向。

徐州会战分两期,第一期是津浦路的初期保卫战,第二期是台儿庄会战。第一期的津浦路保卫战是从 1937 年 12 月中旬开始的。日军以津浦路南端为主攻，北段为辅攻，分别南北向徐州推进。

南端敌军指挥官(畑)俊六大将，于 12 月中旬，指挥 8 个师约 8 万之众，先后自镇江、南京、芜湖渡江北上。日军第三师团主力攻陷滁县后，循津浦路正面北进至盱眙、张八岭附近；另一部分攻占扬州后，即进击邵伯、天长一线，以掩护镇江防线，第九师团一部攻陷裕溪口后，循淮南铁路北进至巢县、全椒，企图直趋蚌埠。日军以为拿下蚌埠已是易如反掌之事，孰料行至明光以南，即为李宗仁部署的李品仙的第十一集团军和于学忠的第五十一军，利用淮河、淝河、汇河等地形堵截，双方血战月余，不能前进。李宗仁又指挥部队采用机动灵活的战术，将日军阻滞在淮南，敌我双方形成胶着对峙局面。

李宗仁在指挥津浦路艰难抵抗北进之敌的同时，又积极阻截华北日军南下。但韩复榘连连丧城失地，致北段津浦路正面大门洞开，使日军得以沿线长驱直入。为此，韩被蒋介石枪毙，由孙桐萱代任其职。

为确保徐州地区的安全，李宗仁命孙桐萱部向运河以西推进，袭取济宁、汶上的日军据点，以牵制敌人主力。李宗仁在这一线布置大量兵力，不断侧击北段南下之敌，使敌军在这一带徘徊不能南进，暂时稳定了战局，摆脱了危机。

日军津浦线主力南攻不成，遂改变策略，由少壮派军人坂垣征四郎、矶谷廉介率两师团企图会师台儿庄。台儿庄位于津浦路台枣(庄)支线及台潍(坊)公路的交叉点上，扼运河的咽喉，是徐州的门户，在军事上具有重要地位。日军一旦得手台儿庄，便可策应津浦路南端日军攻势，一举拿下徐州。坂垣、矶谷两师团，是日军精锐之师，来势凶猛。3 月下旬，日军以七八万兵力，在华北方面第二军司令官西尾寿造指挥下，分两路向台儿庄进发。一路为坂垣第五师团，自 1 月 12 日在青岛岭山湾、福岛两处强行登陆后，沿胶济路西进，至潍县转南，经高密，循诸城、荣县一线，进逼临沂；一路为矶谷的第十师团，该师团沿津浦路南下，直取台儿庄。

李宗仁在台儿庄

2 月，中国军队为堵截日军前进，在临沂、滕县同日军发生了激烈的战斗，揭开了台儿庄会战的序幕。2 月下旬，临沂告急。该地是鲁南军事上的必争之重镇，得失关系全局。处此紧急关头，李宗仁令守防海州的庞炳勋军驰往临沂解救。虽说庞氏统有 1 个军，其实兵员不足，只有 5 个步兵团，但庞氏在部队中威信极高，指挥灵便，部队战斗力强。刚到临沂县城，还未来得及休息，庞部便与日军展开激烈攻防战，日军以 1 个师团的优势兵力，配以山炮 1 团，骑兵 1 旅，向庞部猛扑，夜以继日，反复冲杀。临沂城墙高大而又坚固，野山炮也打不穿，庞部凭借这种优势，据城死守，城下敌尸枕藉。庞部的成功据守，是不可一世的日军所始料不及的。

李宗仁担心庞部势孤不能长守，于 3 月 11 日，令五十九军张自忠部由滕县增援临沂。张接到李的命令后，以一昼夜180里的速度赶到临沂。临沂的庞部见援军到，虽筋疲力竭，但士气旺盛。两军内外夹攻，如疾风骤雨向坂垣反击，坂垣从宫县增兵2000人，以飞机大炮掩护，配合坦克、装甲车进攻。庞、张两部咬紧牙根，坚决顶住，与日军激战数日，反复肉搏，击溃坂垣师团一旅，敌死伤过半。3月17日晚，敌向沂水退却，庞、张合力穷追一昼夜，日军一退90里，缩进莒县城内死守。

在李宗仁的指挥下，临沂之战取得了空前的胜利，它砍断了津浦路北段日军的左臂，粉碎了日军会攻台儿庄的计划，为台儿庄会战围歼孤军深入台儿庄的矶谷师团创造了条件。

坂垣败绩累累，矶谷仍然武士道精神十足，不顾一切，日益向南推进。矶谷比坂垣更凶，李宗仁急调自郑州来的邓锡侯第二十二集团军的第四十一军孙震赶往滕县，拒敌南下；孙部刚在滕县部置就绪，3月15日，矶谷师团就发动攻击。日军以数十架飞机、30余门大炮狂轰滥炸，守军师长王铭章督战死守。李宗仁见滕县危险，又急令新拨归第五战区指挥的第二十军团司令汤恩伯派部驰援。汤的主力八十一军王仲廉部因行程过远，未能及时赶到，3月17日晚，日军配合炮火攻陷滕县，20日攻占郅县，并沿台枣支线向台儿庄阵地突进。对矶谷军事行动的后果，李宗仁有着充分的估计：此次台儿庄一失，不但前功尽弃，士气、民气受到巨大的挫伤，国内恐日病大涨，而且给日后的战略转移带来难以想象的损失。为了确保台儿庄，他制订了相应的作战计划。李考虑到孙连仲的第二集团军最善防守，即令孙派3个师，沿运河布防，扼守台儿庄正面阵地，李判断矶谷前次战役占了上风，骄狂不可一世，一定不待蚌埠方面援军北进，便会直扑台儿庄，以期一举而下徐州，夺取打通津浦路的首功。因此，李便决定设圈套，请其入瓮。于是，他命令汤恩伯第二十军团的2个师让开津浦路正面，诱敌深入，待矶谷直扑台儿庄后，再回头撇敌之背，与孙连仲一起将敌围而歼灭之。事态的发展正如李宗仁所预料的那样，敌人从滕县南下，舍汤恩伯军不顾，直扑台儿庄。敌军总数约有4万，拥有七八十辆坦克，百余尊山野炮和重炮，重轻机关枪更是不计其数。3月23日，矶谷军冲到台儿庄北泥沟车站，徐州城内已炮声可闻，台儿庄会战的战幕正式拉开。

3月24日，敌军采用上次攻打滕县的战术，先猛烈轰击孙连仲军的防御工事，接着以坦克为前导，向孙部阵地推进。狂风暴雨般的枪炮弹，把台儿庄外围阵地工事基本摧毁，敌人步步逼进。日军的这种凌厉攻势，孙连仲部在一无平射炮，二无坦克的条件下，无法反击。但他们知道，台儿庄是他们的光荣，也是他们的坟地，因此以血肉之躯与靠近的日军拼杀，与横冲直撞的日军坦克同归于尽。尽管孙部士兵英勇抵抗，日军还是冲入了城内，孙部与日军展开了激烈的巷战。担负台儿庄中央防线北面作战的汤恩伯军团，在峰山、枣庄一带同日军作战后不久，置台儿庄危急于不顾，转移到姑婆山区躲起来，在李宗仁几番严令下，才南下增援。

然而，此时台儿庄孙连仲部守军已伤亡殆尽，全庄四分之三地盘为日军占据，他们一面在电台宣称已将台儿庄占领，一面调集重炮、坦克疯狂冲击，企图一鼓作气，完全夺下台儿庄。孙连仲意识到再孤军死守，将全军覆亡，因此4月5日直接与李宗仁通电话，要求把部队暂时撤到运河南岸，让他的第二集团军留点"种子"。李宗仁清楚台儿庄的重要性，他估算汤恩伯军团第二天中午可赶至台儿庄北部，因此限令孙连仲务必守至第二天拂晓，并悬赏10万元，让其组织一支敢死队，实行夜袭。4月5日午夜，敢死队分组向敌出袭，冲击敌阵。血战经旬的敌军，早已筋疲力竭，堕入梦乡，听到不知从哪来的枪声，顿时乱作一团，一面仓皇应战，一面后退。经数日血战为敌所占的台儿庄各街，竟在短短不到一小时内，一举夺回四分之三。此时，李宗仁不但得报孙连仲夜袭成功的喜讯，又得汤恩伯部翌日天明前可赶到台儿庄的消息，高兴极了，他立即率随员，连夜亲自赶到台儿庄郊外，准备亲自指挥对矶谷师团的歼灭战。

6 日黎明之后，台儿庄北面，枪炮声渐密，汤恩伯军团已向敌人开火。矶谷知已陷入重围，开始动摇，下令部队全线撤退。4 月 6 日晚，李宗仁亲自指挥台儿庄守军全线出击。一直防守遭攻的孙连仲部，听说反击，神情振发，命令一下，杀声震天。此时敌军已成强弩之末，弹药汽油也用完，机动车多被击毁，全军丧魂落魄，狼狈逃窜。李宗仁命令部队猛追，敌兵遗尸遍野，各种辎重到处皆是，矶谷本人率残部拼命突围。

台儿庄会战，击溃日军第五、第十两个精锐师团的主力，歼灭日军 2 万余人，缴获大批武器、弹药，严重地挫伤了日军的气焰，振奋了全民族的抗战精神，坚定了国人抗战胜利的信念。李宗仁因此一时名声大振，社会把他看作是国民党内抗战的象征。

功高震主，1943 年 9 月，李宗仁被蒋介石用明升暗降的手法，从五战区调任军事委员会委员长驻汉中行营职。

六、民国末代副总统

李宗仁在汉中行营任上还不足两年，1945 年 8 月，日本政府宣布无条件投降，抗日战争胜利了。抗战胜利消息一出，国民党中央便令李宗仁为军事委员会委员长北平行营主任。北平行营是一个兼管军事、政治的机构，表面上权力很大，负有华北安危之责，同仁们都为李宗仁的这一调任高兴。而李却不然。他与蒋介石相处多年，深知蒋的为人，猜测此次任命，一则一时无合适人选，另则是想捧他一下，但不会给他实权，因此心里有说不出的滋味。9 月 12 日，他上任就职。

李宗仁在北平行营任上两年余，命运之神便把他抛入国民党政府副总统的激烈竞选漩涡之中。

1946 年 12 月 25 日，在蒋介石的旨意下，国民党政府通过了《中华民国宪法草案》。1947 年夏，国民党政府开始酝酿召开"行宪国大"，选举正副总统。1948 年 3 月 29 日，国民大会开幕。4 月 19 日国民大会选举蒋介石为总统，但谁来当副总统，对蒋介石来说，确是个至关重要的问题，因为他需要的是一个完全听从于他摆布的副总统，事不遂其愿，他最为忌厌的李宗仁也出来参加竞选。李宗仁之所以要参加副总统的竞选，完全是因为得到了美驻华大使司徒雷登的支持。

李宗仁参加竞选，蒋介石非常担忧。他心中明白，李一旦参加竞选，成功的可能性最大。为了把李压下去，蒋使尽各种手段，但却没有得逞，经过几番投票，李宗仁终于当选为副总统。

李宗仁当选副总统后，蒋介石为了保持自己的政治地位，决定铲除李。他亲自接见军统特务，布置暗杀。蒋的这一阴谋，为黄绍竑察觉，他于 12 月 24 日以到上海过圣诞节为借口赴沪。临行时他对李宗仁的秘书说："据我所知，最近蒋桂关系异常恶劣，如果杜聿明所率部队能够突围出险，蒋介石就可渡过当前面临的政治危机。这样一来，德公的安全就会出问题，请你告诉德公，不要掉以轻心。”不久，因淮海战场杜聿明失利，蒋介石才不得不考虑下野问题，中止对李宗仁的暗杀。

李宗仁题写的受降纪念坊

李宗仁就任副总统，事实上只不过是由一个吃闲饭的位置换到另一个吃闲饭的位置罢了，大权仍是蒋介石一手独揽。

1948 年下半年，形势急转直下，10 月底解放军获得了辽沈战役的胜利，歼灭蒋军约 50 万人，自此国共双方的军事力量发生了根本变化。国民党不但在军事上、政治上连连失利，经济上、外交上也遭受严重的挫折：物价飞涨，人心恐慌；美国杜鲁门当选总统，表示对蒋介石失去信心，但却表现出对李宗仁有兴趣。蒋介石审时度势，决定退居幕后，让李宗仁出来过渡一下。1949 年 1 月，蒋介石发表元旦文告，透露了准备下野的意向。1 月 21 日上午 10 时许，蒋介石在官邸召开文武百官紧急会议。会上，蒋介石宣告退位，由李宗仁“继任”总统。

1 月 22 日，李宗仁发表就任代总统文告，声称要为“和平建国之方针，为民主自由而努力”，表示愿与中国共产党进行和平谈判。蒋介石不愿李宗仁与共产党谈判，因此为孤立李宗仁到处活动，使李宗仁处于战不得，和不成的境地。

李宗仁派出了以张治中为首的 6 人谈判团，于 4 月 1 日赴北平重开谈判。但他的隔江而治的思想，与共产党“无论和战，人民解放军都要渡江”的要求相距甚远，因此谈判最终破裂。1949 年 4 月 20 日深夜，中共中央发出向全国进军的命令，人民解放军百万大军强渡长江。

万般无奈之下，李派甘介侯赴美求援，但遭到杜鲁门总统的拒绝，此时，李已到了绝望的地步。

1949 年 10 月 12 日，中国人民解放军已兵临广州城下。13 日，李宗仁乘飞机离开广州，当晚停宿桂林，14 日继飞重庆，躲进了西南腹地。

国民党残余势力自广州逃往重庆后，蒋介石凭着他的嫡系部队控制着重庆城以及川东的防务，为所欲为。此时，李宗仁只身雾都，一举一动都在蒋氏的监视之下，如堕瓮中，任其摆布。

李宗仁预感到问题的严重性，于是，三十六计，走为上计，11 月 2 日，率随员数人，飞往昆明，11 日下午，离开昆明往桂林。

李宗仁感到国民党统治已到了无以挽救的地步，心情坏到了极点；加以连日奔波，过度疲劳，致使胃病大发，便血不止。为了保住一命，同时也可摆脱困境，于是他决定赴美就医。12 月 5 日上午 8 时许，李宗仁偕其夫人郭德洁、长子李幼邻、次子李志圣，以及李汉魂、私人医生、秘书等人，从香港启德机场坐机赴美。

正当李宗仁的健康不断恢复的同时，1950 年 1 月间，李宗仁接到国内报告，大陆已解放，蒋介石逃往台湾。

李宗仁虽然估计到国民党最终的失败和共产党的胜利，但他心里是不愿意承认这个事实的。

因此，当他得到大陆解放的消息，思绪万千，为了复兴国民党，重振旗鼓，很想去台湾再干一番，以“作恢复大陆的准备”。只是不久，蒋介石在台湾自行“复正大位”的消息，使他心灰意冷，未能如愿。因为他知道，一旦自己回到台湾，便会失去人身自由，成为张学良第二。但作为国民党的拥护者，他又不甘寂寞，在美施展外交活动，企图借美国政府的力量，给蒋施加压力，以蒋介石是否离台作为援助台湾的条件。不料美国国内政界掀起了“谁丢失中国”的争论，李宗仁的“如意算盘”，又成了泡影。

在美国纽约城郊，李宗仁一住就是10年。因不谙英语，平时他很少与当地的居民往来，日常只是以阅读些书报杂志来消磨时间。闲极无聊之余，在妻子郭德洁女士的劝说下，开始对自己所经历的政治、军事生活，进行了系统的回忆，并在美国哥伦比亚大学校长克尔克博士的要求下，在唐德刚博士的协助下，完成了《李宗仁回忆录》一书，受到了中外史学工作者的关注。

1957年秋，李宗仁见到程思远的女儿程月如后，使他泛起无限的思乡之情，立即写信给程思远，表达了希望回国的愿望。1963年底，周恩来总理通过程思远，代表祖国和人民，殷切地慰问了李宗仁，向他表示，欢迎他回到祖国的怀抱；回来后也可以再去美国。总理真挚的关心，诚意的感情，使李宗仁激动不已，他决心回归祖国。

李宗仁毕竟是有过影响的政坛风云人物，他的一举一动，不但受到台湾蒋介石特务的监视，而且还受到美国当局的控制，稍有不慎，就有永远失去人身自由，甚至有丧失性命的危险。因此，他回归祖国的安排，都在秘密中进行。

1965年4月22日，李宗仁到纽约郊区约华克城移民局申办出境旅游签证，说要去欧洲小住，为期约3个月。早在1963年，他去过欧洲度假，并准时归来，因此对李宗仁的要求，美国当局没有发生怀疑，6天后签证就送到了他的手中。6月13日，李宗仁只身飞欧，开始返回大陆的第一步。这次行动，除李宗仁的妻子郭德洁女士和吴尚鹰外，没有别人知道。李宗仁动身后1个星期，按照预先的计划，21日，郭德洁女士通过一名新泽西州的律师，把住房卖给了一位美国人。23日，她飞抵瑞士，与丈夫会合。在祖国政府的安排下，他排除险阻，远渡关山重洋，经雅典、贝鲁特、卡拉奇，于7月18日上午7时许，回到了阔别16年的祖国。

回到祖国，李宗仁受到中国共产党和中国政府最高领导人真诚的欢迎和热情的接待。1969年1月，他因患严重肺炎，于23日去逝，终年78岁。

1968年7月27日，毛泽东主席在中南海接见李宗仁夫妇

"南天王"陈济棠

一、蓄志从戎终成将

陈济棠是广东省(今属广西壮族自治区)防城县人。1890 年 2 月 12 日,出生在一个亦耕亦读的家庭。父亲名谦受又名金益,系清末秀才,在乡间设私塾,教书多年。大哥陈维周,早年在防城东兴做过星相业,笃信阴阳之道,对陈济棠的影响极大。陈济棠六岁开始入私塾读书,八岁丧母。他性孝,待人接物总显示出一片忠诚,故颇受人称颂。十六岁时应乡试,榜列第三。因感于国家外侮频仍,清室行政腐败不堪,他无心再求仕进,蓄志从戎,曾先在县城习警政,后于 1907 年入广东陆军小学。次年春,他由陆小教官邓铿介绍加入同盟会。辛亥革命后他转入陆军速成学校步兵科。

陈济棠在陆军小学时,成绩较差,特别是正步老走不好,每逢校阅,他都被留在室内搞卫生。陆小毕业时,他是最末一名。在毕业祝酒时,各同学都向名列榜首的梁安邦祝酒,说梁前途远大。梁喝得醉昏昏,听得乐滋滋,便忘乎所以地说:"大家都有办法,除了陈伯南以外。"当时有位同学说:"不要小看陈济棠,他可能比别人走得更远"。梁一听气愤地说:"伯南如能出人头地,我给他捧靴。"说得陈济棠面红耳赤,默不作声。后来,陈济棠掌握了广东军政大权,梁为谋取职务,只得来找陈济棠说:"伯南!伯南!我给你捧靴来了。"陈济棠说:"老同学何必开玩笑,现有一个交通团团长缺,未知你肯屈就吗?"梁喜出望外,但一直当了八年交通团长未升迁过。

陈济棠故居

1913 年,陈济棠在广东陆军速成学校步兵科毕业后,在广东地方部队任排长,不久升任连长。1915 年,他参加讨袁(世凯)倒龙(济光)战争。失败后,辗转到肇庆投护国军的林虎部。1917 年,他奉命率部驻防阳江剿匪。乱平后,他率先以兵工作修桥建设,因而积功升任营长。1920 年粤桂战争中,他脱离了林虎部。11 月,粤军参谋长邓铿组建粤军第一师,他应邀在该师任第四团(团长陈铭枢)第一营营长。1922 年 6 月,陈炯明策动反对孙中山,并要挟广东所有部队参加他的反叛行动。团长陈铭枢因参与反对孙中山感到内心惭愧,不久离职去南京,第四团暂时由陈济棠统领,回驻肇庆。年底,孙中山联络滇军杨希闵、桂军刘震寰入粤讨伐陈炯明,陈济棠表示支持孙中山。此时，奉陈炯明之命去梧州指挥打滇桂军的叶举，路过肇庆，逼第一师将领饮鸡血酒发誓表明同心打滇桂军。在李济深的布置下，陈济棠与邓演达、张发奎发起兵变，配合滇桂军合力进攻，击败了陈炯明的叛军，重新占领了广州。1923 年 1 月，陈济棠升任第一师第二旅旅长，率部随师长李济深移驻江门整训。

4 月，桂军沈鸿英部进攻广州，第一师奉命讨伐，溯西江追击。陈济棠指挥第二旅配合张发奎、邓演达部攻破肇庆城，并乘胜占领了西江。7 月，两广革命势力在梧州会师，成立西江督办公署，李济深任督办，陈济棠兼任督办公署参谋长。此后，他奉李济深之命与徐景唐等曾三次率部入广西，协助李宗仁、黄绍竑、白崇禧收拾桂局，助其解决了沈鸿英、陆荣廷势力，统一了广西，并与他们建立了深厚的友谊。

1925 年 7 月，国民政府在广州成立，粤军第一师扩编为国民革命军第四军，李济深任军长，陈济棠升任第十一师师长。该年秋冬间，陈率部参加第二次东征和南征战役，一直打到海南岛。

北伐时，陈济棠率部驻防高、雷、钦、廉地区，兼任钦廉警备司令，从事南路的绥靖工作。他对孙中山联俄、联共、扶助工农三大政策内心抵触，在他驻北海期间，压制工人、农民运动，排斥进步青年，又使其胞兄陈维周承办各项捐务，牟取暴利，引起各方不满。陈看到这种于己不利的形势，便与他的亲信师参谋长李扬敬、师政治部主任林翼中密商，决定出国考察，借以缓和气氛和博取进步的外衣。1926 年冬，他便请准去苏联和一些欧洲国家进行考察。

陈济棠正在苏联考察时，蒋介石发动了“四一二”政变，在上海广州进行大屠杀，第十一师也从钦、廉、高、雷地区调回广州，担任警备，配合清党行动。陈得知这一消息，认为这是回国复职寻求发展的大好时机，便于 6 月间回国。他一到南京，就向蒋介石呈报反苏反共意见，又在“总理纪念周”上作反苏反共报告。他说：“共产党是本党的反对党，是危害本党的惟一敌人。”“赤色帝国主义者的苏联，是我们最大最可恶的敌人。”宁汉分裂后，他回到广州，一面以他的心腹李扬敬、林翼中、林时清等向各方疏通；一面请广东省财政厅厅长古应芬向李济深进言，给他复任第十一师师长职务。

陈济棠复职后，利用广东正在扩编军队的机会，把与他有矛盾的副师长邓世增调离第十一师，改任余汉谋为副师长，并把所属各团、营长换了一些亲信人物。他在各种场合，极力宣传要继承邓铿师长和孙总理的遗志，建设三民主义的中国。同时，他又做了些改善官兵生活的事情，巩固他在第十一师的地位。

这年 9 月，“八一”南昌起义部队进入广东，陈济棠与徐景唐、薛岳等师驰赴潮汕，阻击叶挺、贺龙率领的起义军。陈部属东路军，由河源东进，寻求起义军主力决战。28 日，陈部与叶、贺起义军主力在汤坑东南的白石遭遇，激战三昼夜，使起义军伤亡 2000 余人，无力再战退出战斗。

11 月，张发奎、黄琪翔在汪精卫的唆使下，率领第二方面军第四军部队，由九江南下广东。打着“护党救国”的招牌，驱逐李济深，并把部队调驻惠州、肇庆、江门前线，企图独霸广东。后陈济棠又支持李济深，率部在东江上游参加对张发奎部作战。在老隆一役中，陈率部与张发奎部在三百米内激烈搏斗，击毙张部骁将第二十六师师长许志锐，击伤教导第二师师长黄镇球，使张部伤亡惨重，全线溃败，退出了广东。

1928 年 1 月，李济深将驻粤军整编为三个军，陈济棠升任第四军军长，兼任西区善后委员，统辖余汉谋的第十一师、香翰屏的第十二师、陈章甫的第二十五师，驻防广州。

此一时期，陈济棠以西区善后委员的名义，将所部分驻广、肇、罗三属各县从事绥靖工作，肃清“土匪”，改进行政基层组织，修筑公路，发展珠江三角洲航运业，以及改良各城镇，装设全区电话网等，以扩大社会影响。同时，他加紧与广东省财政厅长冯祝万、南京国民政府文官长古应芬的联系，并通过古向胡汉民买好。因此，在国民党第三次全国代表大会时，他得以当选为中央执行委员。

二、取代李氏初称王

1929年初，陈济棠利用蒋、桂酝酿战争的机会，取代李济深第八路军总指挥的职位，进入他独霸广东的“南天王”统治。

这年1月，蒋介石在南京召开编遣会议，以裁兵建设为名，削弱非嫡系武力，引起各路新军阀强烈不满。3月，蒋桂酝酿战争。李济深与李宗仁、白崇禧以广西同乡关系联成一气，以武汉为抗蒋根据地，各自集结兵力，互相呼应，但仍不敢公开反蒋。蒋介石则一面集结兵力向武汉进迫，一面以金钱官职收买桂系李、白的部属俞作柏、杨腾辉、李明瑞等，瓦解李、白势力；同时派吴稚晖来粤，诱骗李济深到南京出席国民党中央执监联系会议，以便加以扣留，破坏粤、桂合作。陈济棠分析蒋桂相争的形势，认为这正是他夺取广东军权的大好时机。于是，通过古应芬、胡汉民、冯祝万向蒋进言，从而得到蒋的默许，同意他取代李济深，掌握广州军权。当他接到古应芬的通知后，便故作镇静，一面下令把所属部队开往粤北集中，伪作李济深的后盾；一面怂恿李前往南京。为坚定李的信任，他与李同赴南京出席会议。

李济深在南京被蒋扣留后，陈济棠被蒋任命为广东编遣区主任，南返广州。因当时广东军的余汉谋、香翰屏、陈章甫、云瀛桥、李务滋、陈维远、戴戟、蔡廷锴，均主张武力救李济深，推徐景唐为总指挥，出师讨蒋，所以陈乘海虎舰到达省河时，不敢贸然上岸，呆在舰上分别请各将领谈话。他对拥护李济深的将领说：“李、白拥兵自大反对中央，固然不对，而蒋介石把持中央剪除异己，穷兵黩武，动摇国本，罪恶尤大。为使广东能摆脱战争的旋涡，从事三民主义建设，展堂(胡汉民字)、勷勤(古应芬字)两先生和各元老，都劝我不要灰心失望，应该回广东去负起责任，安定各将领心情，徐图补救。现任公(李济深)已失自由，本人只得忍辱负重，和大家寻求新的途径救国救民，并可营救任公出险。”

4月初，在北平的白崇禧部和在武汉的李宗仁部均已被蒋军打败，广东各将领见反蒋大势已去，只得由陈济棠摆布。陈济棠见各将领没有什么动静，才由海虎舰上岸，来到广州，接管广东编遣区主任办事处，下令限驻粤桂军二十四小时内离境，命林时清设立广东宪兵司令部，接收李济深的宪兵营，并将其扩编成九个中队，保卫各军政机关和他的公馆。不久，陈济棠又被蒋介石任命为讨逆军第八路军总指挥，取代李济深统辖驻广东的陆、海、空军，与拥蒋的省主席陈铭枢分治广东。为了表示拥蒋，他以9500元购买青翠玉石送往南京，供刻制国民政府和国民党中央党部印章。

陈济棠刚刚掌握广东军权，在蒋桂战争中失利败回广西的李宗仁、白崇禧、黄绍竑，便倾全桂之兵，向广东进攻，于5月上旬占领了西江各县。拥李济深的粤军第五军军长徐景唐也举兵响应，直逼广州。陈济棠深感“广东存亡，在此一战”，遂以保境安民为号召，动员全部粤军同桂军决战。他采取各个击破的战略，以一部兵力(蔡廷锴旅)牵制徐景唐部，集中主力于花县的赤坭、白坭地带向桂军进行全力反攻，经过苦战终将李、白部打败，并乘胜追至广西边境，以香翰屏旅会同蒋介石的第四路军分途入桂。打败李、白部后，陈增兵粤东，反攻东江的徐景唐部。当徐部向赣南退却时，陈令蔡廷锴、香翰屏统率十团兵力跟踪追击，于7月10日将徐部四面合围于信丰，全部歼灭。

陈济棠对桂系作战的胜利，取得了蒋介石的信任。他趁机将广东部队整编为五个师，以余汉谋、香翰屏、李扬敬、蔡廷锴、蒋光鼐分任第五十九、六十二、六十三、六十、六十一师师长。

是年12月初，张发奎在湖北宜昌反蒋战败后，退入广西。李宗仁、白崇禧、黄绍竑、张发奎联合反蒋，在南宁成立了“护党救国军”。为夺占广东为反蒋基地，张发奎率第三路军(四个师的编制)，由四会、清远入花县、从化，担任左翼攻击；李宗仁率第八路军循西江经肇庆，攻粤汉路正面的军田，并分兵一部攻佛山。陈济棠一面以蒋光鼐、蔡廷锴两师分路阻击，一面急电请蒋介石发兵支援。不久，蒋派第六路军朱绍良的三个师入粤助战。陈济棠待援军来到，即展开全线反攻。在争夺两龙墟的激战中，陈部以主力于正面，配属空军支援，连续挫败张发奎部多次冲锋，并以蔡廷锴师从张部左翼迂回包围，予张部以重创。此时，张部旅长黄镇球、团长欧震、李汉炯均已负伤，营连干部伤亡过半，部队损失三分之二，被迫后撤。张部的溃败，李宗仁的第八路军翼侧受到威胁，遂全线后撤，拟固守梧州。陈济棠当即督部长驱直追，并以海军抢先占领了梧州，李、张军主力只好后退到平乐、荔浦一线集中整顿。陈济棠见李、张军主力已集中，未敢深入桂境，就在梧州设立总指挥部，军队就地休整，以待时机。

1930年3月，陈济棠坐镇梧州，指挥粤军继续向广西腹地进攻。命蒋光鼐、蔡廷锴两师经梧州藤县进占三和墟，向北流的黄绍竑的十五军发起攻击，于16日将黄部和赶来支援的张发奎部第四、第十二军击败。此次历时两昼夜的恶战，双方伤亡重大。张部营、连、排长伤亡殆尽；陈部损失亦大，继占领大河(浔江)下游和玉林五属一带后，不敢再进，与桂军形成隔江对峙的局面。

1930年5月，中原大战全面爆发。李宗仁、白崇禧、黄绍竑和张发奎，为策应冯玉祥、阎锡山作战，乃放弃广西，挥军入湘。陈济棠获悉桂军入湘后，即命余汉谋至贵县接替蔡廷锴师防务，将蒋光鼐、李扬敬、蔡廷锴师调至韶关一带，集中待命。6月3日，张桂军攻占长沙，前锋进抵平江、岳阳，蒋介石急电陈济棠派兵入湘，截击张桂军。陈即任命蒋光鼐为前敌总指挥，率第六十师(师长蔡廷锴)、第六十一师(师长蒋光鼐)、第六十三师(师长李扬敬)入湘作战。6月10日，粤军突然进占衡阳、衡山、安仁一带，把张桂军拦腰斩断，使其首尾不能相顾，迫使张桂军于15日放弃长沙，退驻醴陵。时其后续部队黄绍竑部，也被堵截，屯聚于祁阳。

陈济棠见张桂军回师攻衡阳，当即命令蒋光鼐将三师兵力集中于衡阳附近、湘江东岸东阳渡一带，赶筑阵地，坚城固守，以待援军。同时，命令后续部队于九峰、乐昌、韶关间，择要扼守，捍卫粤北。24日，张桂军展开对衡阳的围攻战。陈部顽强扼守，战至27日，连续挫败张桂军的多次冲击，使其屯兵于坚壁之下，久攻不克，遗尸遍野。28日，何键的第四路军李抱冰师赶到衡阳接防，陈即命蒋、蔡、李三师反守为攻，一举将张桂军驱至七、八、九圹一带。30日，双方集中兵力，激战于七圹地区。陈部三个师又一旅的兵力，采取正面攻击，翼侧迂回的战术，于7月1日将张桂军全线击溃，并击毙其师长梁重熙，重伤杨腾辉，毙伤和俘虏张桂军一万二千余人。事后，李宗仁在回忆这次战役时说："衡阳久攻不下，而敌人援军云集。……不得已，再向广西撤退，情形狼狈不堪。官兵对战事都十分消极，情况的艰窘，实我军作战以来所未曾遇过的。"

陈济棠部正在追击向广西退却的张桂军时，蒋介石已命云南的龙云兵分两路，进攻广西的南宁和柳州。东北的张学良入关袒蒋，冯、阎败征已见。陈济棠鉴于这一局势的变化，担心广西的张桂军一旦被解决，广东将受到滇军的威胁；更害怕大战一结束，蒋介石会回过头来吃掉自己。所以，他此时想联合桂系，取得对蒋的威胁作用，以保持自己在广东的地位。自此，他对张桂军作战采取消极态度，只派第二纵队司令余汉谋，率三个师做虚张声势的追击，以应付蒋介石，并对自己的一些亲信说："蒋介石用金钱官职收买对方的部下，使之倒戈相向，互相仇视，进行火并，最后是兔死狗烹，蒋则坐收渔利。"

7月上旬，当余部进到宾阳后，他又令其停止追击，派信使与李宗仁、白崇禧、张发奎联系，表示修好，并让李、白部队从上林和宾阳之间进到五圹，集中兵力向南宁城外龙云部猛攻。龙云要求陈济棠派兵支援，陈部按兵不动。龙云怕两广军队联合起来对付滇军，于是立即率部退回云南。

同年夏季，蒋介石为加速消灭冯玉祥、阎锡山的军队，要求陈济棠抽调粤军继续北上作战。陈济棠趁机命陈铭枢的旧部蒋光鼐、蔡廷锴两师，北上组成十九路军，开赴山东、河南同冯、阎两部作战。陈济棠和陈铭枢的矛盾由来已久。早在1929年夏初，当李、白军进占西江，陈济棠在北江下游设防抗拒的紧张阶段，陈铭枢为了搞垮陈济棠，得以兼摄广东军政，便捏造余汉谋(时为陈济棠的得力旅长)反蒋事实，说余暗中与徐景唐勾结反蒋，并驱逐两陈(陈济棠、陈铭枢)，连电向蒋告密，要求将余扣留。陈济棠初时信以为真，接蒋电后，便将余调回广州扣留。后来，陈济棠发现这是陈铭枢要的阴谋，才把余汉谋释放，重返前线打败了李、白军。从这一事件起，陈济棠对陈铭枢常存怨恨，伺机报复。这次把蒋、蔡两师调走，全部削去了陈铭枢在粤的势力，使广东军成为他清一色的嫡系部队。但陈铭枢也不示弱，立即大肆招兵买马，从德国、捷克购进大批新式武器，增编了广东省政府直属的保安队四个团，以填补他在粤的实力真空。从此两陈的矛盾进一步加深了。

同年冬，陈济棠也以同张、桂军作战，任务繁重，兵力不足为借口，经请准蒋介石，增编了两个直属独立旅、三个直属独立团、三个师属教导团、六个旅属特务营。中原大战结束后，蒋介石要求他裁减军队，削减军费，蒋支持的省主席陈铭枢又同他明争暗斗，更引起他的不满。

1931年2月，蒋介石以中原大战的余威，宣布准备5月5日召开国民会议，制定训政时期宪法，选举总统。立法院长胡汉民表示反对，蒋就于28日将胡汉民扣留于南京汤山。消息传开，军政各界都极为震动。胡派首脑人物古应芬等逃往广州，到处点火，掀起了反蒋高潮。陈济棠认为这是反蒋的大好机会，既可博取伸张正义、维护国本的美名，又可以乘机壮大势力，独霸一方。于是他就和古应芬联合，驱逐了亲蒋的陈铭枢，夺取广东政权，树起了反蒋旗帜。

陈铭枢离开广州后，转到庐山投蒋，企图指挥蒋光鼐、蔡廷锴的十九路军回师进攻广州，扑灭陈济棠的势力。陈济棠乃一面发兵收缴陈铭枢驻扎黄埔的翁照垣、黄固的两个保安团的军械，以绝后患；一面派香翰屏前往赣州，游说蒋光鼐、蔡廷锴，劝其勿为陈铭枢、蒋介石所利用，得到了蒋、蔡的同情和答允。

陈济棠手书

为了壮大反蒋力量，陈济棠派林翼中、香翰屏为和谈代表，迅速与李宗仁、白崇禧达成妥协，将驻广西的粤军撤回广东的肇庆、韶关，使多年的粤、桂之战，顿时峰回路转，化干戈为玉帛，组成了两广联合反蒋阵线。同时，他以巨款接济古应芬，去联合国民党内各派反蒋势力。4 月 30 日，国民党粤方四监委邓泽如、肖佛、林森、古应芬等联名通电弹劾蒋介石。5 月 3 日，由陈济棠领衔，十名广东高级将领通电表示拥护。26 日，陈济棠与李宗仁、白崇禧、张发奎、李品仙、余汉谋、唐生明、薛岳、吴奇伟等两广将领二十余人联衔通电，限令蒋介石于 48 小时内下野。该日，陈济棠还发表了出师讨蒋通电。电文中说："现邓、林、肖、古诸公，认定首都同志，已受蒋逆武力威胁，失其自由，中央职权，已不能行使国家法律与本党纪纲，已全失其功能，非以革命非常手段，不足以挽救党国于垂亡，而恢复革命大业于将堕。"

此时，与蒋介石有矛盾的汪精卫的改组派、孙科的太子派、李宗仁的新桂系、古应芬和肖佛成的元老派、邹鲁的西山会议派，都陆续涌到了广州。27 日召开了国民党中央执监委员会非常会议，发表讨蒋宣言，另组一个与南京对抗的国民政府，陈济棠被选为广州国民政府委员、军事委员会常委、第一集团军总司令。接着，粤桂军向湘赣进兵。南京方面也调兵遣将，准备在湘、赣一线进行堵截，战争有一触即发之势。

不久，"九一八"事变发生，全国一致要求团结御侮，宁、粤双方在广大人民群众"内息争端，外抗强敌，雪耻救国，收复失地"的呼声和压力下，才不得不以"共赴国难"的名义，互派代表到上海议和，达成了蒋介石下野，广州结束非常会议的协议。非常会议撤销后，在广州设立国民党中央执监委员会西南执行部、国民政府西南政务委员会(简称西南两机关)。表面上，全国党政复归于统一，但两广仍维持半独立局面。此时，古应芬病死，胡汉民只主持西南政务，陈济棠实际上已成为握有军政大权的"南天王"。

三、整军经武治广东

宁、粤复合后，陈济棠为了巩固其地位，防止蒋介石报复，他把"整军经武，改革政治，发展经济，阐扬文化"，加强对广东的控制，作为当务之急。他将余汉谋、香翰屏、李扬敬三个师扩编为三个军，各辖两个师，另增编教导师一个、独立师二个、独立旅五个、独立团八个和炮兵团、战车营等，使陆军兵力猛增至 15 万人。为使广东海、空军将领反对蒋介石，他把历来由陆军节制的海、空军划分出来，独成体系，直属西南政务委员会管辖。任命陈策组织海军司令部，接管各舰艇队、海军学校、修船厂、仓库等，并组建一团陆战队，驻守琼崖；任命张惠长成立空军司令部，接管两个飞行大队、空军学校、一团地勤部队和飞机场等。这样海、空军将领都皆大欢喜。

1932年4月下旬，他又以节省军费为名突然下令撤销陈策的海军司令部和张惠长的空军司令部，以武力接收，并以他的亲信张之英和黄光锐分任海、空军司令，独揽了广东海空军大权。接着他购买了四艘鱼雷快艇装备海军；将空军扩充为四个飞行大队，各种飞机130余架，在全省各要地分建中型飞机场十多个，大大加强了海空军的战力。

他在扩编部队的同时，还扩充了军事学校，把培养军事干部作为发展军事势力的基本问题。他说："军队之基础，建筑在下级干部。如各个班、排长自身都不振作，那这种军队就不能用，不能替党国效力。"早在他任第四军军长时，就设有军官教导队，到任第八路军总指挥时，他把教导队扩充为军官学校，自兼校长。此后，他又将军官学校改为广东军事政治学校(简称燕圹军校)。每年招收三四百名学生，在复试时要经过他兄陈维周亲自逐个看相，认为有福气而无反骨的才加以录取，编入步、骑、炮、工、辎重等兵种，施行定期教育训练，毕业后分派到各部队任下级军官。他将部队行伍出身的尉级军官分期分批调进该校补充班受训六个月，提高其组织指挥和学术水平。在该校还设有军事深造班，将各军机关和部队的校级军官，分批调训。他认为这样做可以自成一个军事系统，保持本集团的部队不至被其他军事派系所渗入而起分化。他亲自规定选拔军事干部的五个条件：第一要立志，要有做非常的事业之志。能刻苦耐劳，努力奋斗，眼光远大。第二要锻炼身体，具有金刚不坏之身。规定干部每天早晚都要到野外出操，锻炼身体。第三要明白主义，为"三民主义"而战，"顺逆攸分，为胜败攸分"。第四要有团体生活的意识。在本团体内要亲爱精诚，同患难，共生死。意识统一，行为统一，保持团体的生存。第五要有牺牲精神。要能捐弃个人的私利私见，把个人的自由牺牲，把个人的知识技能献给团体。第六要得到人民的同情。要具有不要钱、不怕死、爱人民、爱国家、服从命令、严守纪律的军人的人格。陈济棠还亲自担任军事政治学校的"心理改造"课讲授。他提倡道德修养，要注意八大要点："孝悌、忠信、礼义、廉耻、仁爱、和平、公正、守法"。能力方面的训练要注意三大要点："求知识、习技能、重力行。"

为满足扩军的需要，陈济棠亲自抓全民军训。他在"对各机关军训公务员的训词"中强调说："举国人民都要能够服兵役，不能单靠少数的军队单独负起卫国的责任。如果单靠少数的常备军队以卫国家，那就是很危险的。""侨居我国的外国人，无论其为商人或教授等等，一接到国家命令，便即回去，担负军事责任，而他们何以能够随时为国家服军役呢？当然是由于平时受过军事训练的缘故。反观我国，平素没有这种训练，因此当国家有事时候，只管举国沸腾，怎么热烈，但因没有军事的常识与技能，所以不克担负战争责任。"他规定广东各级政府机关、军事机关和中学生普及军事训练；举办全民训练骨干队，训练期满后，分配到全省各高级中学，担任军训领导骨干，实行军事管理。他还与省主席林云陔分别担任正副主任，领导全民军训。

1931年秋，陈济棠着手整理行政基层组织，改革民政机构。他在广东省府各机关长官僚属欢宴会上，提出要"改革陋习，刷新政治，造成模范新广东"。强调"西南情形特殊，地处国防前线，毗连香港澳门，还有众多的华侨，南京方面的决策和所颁布的法令未尽适合实际，应该有所损益。"他批评全国政象：无论何省，未尽根据总理所定政策而行，遂至散漫无序、步骤紊乱，缺乏一个具体计划；负责政治者缺乏革命之一贯精神；中国之荐人，乃替找生活，觅碗饭，故各机关中之公务人员，缺乏为国民义务之责任心；因循陋习，不以创作为目的。他认为挽救危亡，建树新的广东,随军事进展之后,应为政治建设。第一步要勤慎服务,先得人民之同情;第二步须开诚布公,期与人民通力合作。不久,他授意林翼中(民政厅长)将琼崖抚黎局改建为三个县,以提高少数民族的社会地位;将三县地方的一些不合理的“插花飞地”,分别划归所在地的县管辖,解决了长期以来的行政和社会纠纷;将杂乱的行政基层组织形式和职责不明的机构实行改革,规定在县以下,一律设置区乡村公所(中、小县不设区),明确其职权。

他认为“为政在人”,“政治的优劣,在乎官吏的良否”。规定甄别、考试、训练、奖惩诸项,审核全省机关现行公务人员,分别去留。设立公务人员考绩委员会,对县长、局长等人员,实行考试,以资选拔。将热中利禄的青年知识分子,吸收到广东军事政治深造班受训(最多的一期为500余人)。毕业前,以三个月时间进行实地考察社会动态,然后派任县、市长或县、市政府的秘书、科长等职务。在燕扩设立行政人员训练所,将各县现任区、乡长分期分批调所轮训,学习行政知识,提高行政效率。

他主张“军民分治”,“然军事、政治当局则应通力合作”。把广东省划分为五个绥靖区,分兵驻守。每区设立一绥靖公署,以当地驻军高级将领一人任委员。令各县、市设警卫队。他说:“现在的民团,这乡与那乡彼此不能逾界,逾界时候,又发现牵牛捉猪担谷抢家私等等毛病,不守纪律。像这样的民团——不能统一的民团,哪里可以把地方保护得好呢?所以现在就得赶速把它编为警卫队。在同一编制之下,受统一之指挥,达到统一地方人民武装的目的。”到1935年2月,广东全省都有警卫队,共8800多个中队,2700多个独立小队,官兵总数约106.8万人,增强了对广东各地的控制,同时也扑灭了各地打家劫舍、勒收行水的土匪。特别是他藉以为荣的,是肃清了徐闻山的积年匪帮二百余人,维护了社会秩序。

1932年夏,他着手整理面临破产的财政。他认为:“财政为凡百事业所取资,更为政治建设的命脉。过去政治之病态以财政无根本解决之方案为百病之泉源。”“本省财政,窘枯已达极点”,“无论如何困难,如何痛苦,务求达到收支适合之目的。”提出整理财政一要开源节流,二要廓清积弊,并拟具惩治贪官污吏条例。当他发现财政厅长冯祝万以筹款应急为名,将好些税捐项目压低定额,批给奸商承办后,即将其免职,改任比较公正的区芳浦为广东省财政厅长。区上任后,秉承陈的意旨,随即进行整顿各项税捐,开征洋米、洋糖入口等新税,保护农业的发展,很快改变了冯时期的状况,财政收入从每月500万元,逐次增至每月800万元。自此,陈在扩军情况下,也不再积欠军费而可按月清发了。

同年9月,陈济棠在西南政务委员会上,提出并经决议通过了广东省三年施政计划。他说:“三年施政计划的惟一目的,是要建成三民主义的新广东。其中一切计划,都是根据总理的建国大纲而制定的。一方面,依照训政时期的需要,积极地训练人民,使有相当的政治知识能力,藉以促进地方自治,以期人民能够行使四权;在另一方面,注重民生建设,以期满足人民衣食住行四大需要;以下政府力量,为人民造产,并以适当的方法,使国民经济均匀发展。”三年施政计划的主要内容包含:吏治、财政、乡村建设、城市建设等方面的具体项目;三年经济建设的范围也很广,包括农业、林业、畜牧业、水产业、矿业、冶金工业、化学工业、纺织工业等轻重工业以及公路、铁路、航运等。

在办工业中,他认为要投资少、利润多、收利快,才是及时解决军事费用的切实办法。因而,他采纳了岭南大学农学院教授冯税的建议,大力发展广东的蔗糖业,并委任冯为农林局局长,同意冯将广东全省分为广州、惠阳、潮汕、徐闻、琼崖五个蔗糖区,各划定若干耕地改种高产的渣华蔗种,在两年内就建成了顺德、番禺、东莞、惠阳、揭阳等日榨量为1500吨的七个制糖厂和附设的酒精厂。同时,他扩建和新建了获利大的一批造纸厂、纺织厂、麻袋厂、硫酸厂、饮料厂、水泥厂、玻璃厂和发电厂。从这些方面取得了巨大的利润,为他解决了庞大的军费开支,扩建了石井兵器制造厂和新建了琶江制炮厂。他利用民力修筑了广州港和公路7000公里,修建了壮丽可观的中山纪念堂,海珠大铁桥和市府公署三大建筑。

南天王陈济棠一家

陈济棠在治理广东时,对办教育具有浓厚兴趣。1932年10月,他在广东省第三次教育会议上说:“教育是立国之本,是永久的事业。”“一国之内,如不尊重学者,试问学术从何进步?文化从何增高?”“国将从何而立?”在三年施政计划中,规定教育方面实行“训育主义化”(三民主义)和“教育职业化,学生劳动化”二原则。他认为:“现代求学者仍末脱科举时代之恶劣心理,以服务于军政机关为惟一之出路,其危险实不忍言……基于此目的,中上学校须增设职业课程,并增设职业学校。大学之文法、政、经等科之扩充,应适可而止,并悉力扩充农、矿、工、商等。乡村学校尤须实行农场化。”他确定乡村教育实施厉行强迫国民教育,扩充平民学校及成年男女补习学校,实行学校农场化和设立图书馆;城市教育为职业化,学生劳动化。严格训练人民,使社会纪律化,并奖励专门技术之研究及发明。他提倡民办中、小学校,在施政计划施行的三年中,全省小学增加了400余所,学生人数增加14万余人;中学增加64所,学生人数增加16000余人;又筹集巨款,收罗人才,兴建了华南著名学府中山大学,筹办了勷勤大学的工学院、师范学院和商业学院,后又在西村大稻山开办了一所相当于大学的广东陆军军医学校和陆军总医院,培养了大批军医人才。在职业教育方面,有由教育厅直接举办的省立第一、第二、第三农业学校和第一职业学校。他不仅主张教育要以三民主义为中心思想,培养民族精神,同时,提倡尊孔读经,规定学生读经时间,将《孝经》列为中等以上学校的必修课。设立学海书院,请民社党的张君劢、张荪分任正副院长,聘教授来讲授《大学》、《中庸》,宣传四维八德。

陈济棠在统治广东期间,对广东的政治、经济、文化教育等方面均有重大影响。1980年9月,邓小平同志在接见陈的儿子——陈树伯博士(美籍华人、电子学家)时说:“令尊治粤八年,确有建树。有些老一辈的广东人还怀念他。”

四、步步为营逼红军

陈济棠在统治广东期间，因他不是蒋的嫡系，时时怕被蒋搞掉，所以，他一面利用国民党内反蒋的元老派与蒋介石之间的矛盾，作为自己的政治屏障；一面又暗中与蒋勾结，接受蒋的贿赂，并几次派兵“剿共”，为蒋效劳，以保持他“南天王”的地位。1932 年 3 月，蒋介石准备对中央苏区进行第四次“围剿”，任命陈济棠为赣、粤、闽、湘边区“剿匪”副总司令(总司令蒋介石)。初时，陈犹豫重重，迟疑不决，一怕派兵入赣必被红军纠缠，难于摆脱；二怕蒋介石乘粤军在赣南与红军作战之际，突然由湖南进兵袭取广东。后来，防守赣州的蒋军马昆旅长频频来电告急，蒋介石又催他履行上海的议和决定，火速出兵，陈才派范德星旅由南雄出大庚、南康，去解救赣州蒋军之危。但范旅到达新城时，遭红军伏击，损失了两个营。陈为顾全面子和保卫粤北，遂派余汉谋指挥六个师又一个旅担任福建、赣南、粤北地区的“清剿”，配合蒋介石对中央苏区的“围剿”。但陈对余部交待，同共军作战要特别慎重，各部均要加强县城或镇的防御工事，以固守为主，非有必要不能派大部队出击“扫荡”。不久，陈又派黄任寰的独立一师进驻闽西，参加蒋介石对江西、福建红军的“围剿”。

1933 年 9 月，蒋介石调集 50 万大军向中央苏区进行第五次大规模的“围剿”。陈济棠被任命为南路军总司令，指挥十一个师又一个旅，构筑碉堡，扼守武平、安远、赣县、上犹地区，阻止红军向南发展，相机向筠门岭、会昌推进。11 月，福建人民政府成立，李济深、陈铭枢、蒋光鼐、蔡廷锴电粤桂方面，请一致行动。陈济棠怕失掉广东地盘，表示“不忍苟同”。不久，他派兵入闽，配合蒋介石镇压福建人民政府，把十九路军最后编成的黄春和旅缴了械，杀害了该旅政治部主任。

“围剿”红军中，陈部鉴于蒋介石“中央军”迭遭歼灭的教训，和红军行动迅速，难于摸清情况，乃采取“步步为营，稳扎稳打”以及“不求有功，但求少受损失”的策略，规定其部队每天行程不超

蒋介石嫡系多出自黄埔军校

过 40 华里。其总的计划是:“先进攻筠门岭,俟巩固占领后,候机向会昌城进攻。以主力从寻邬、吉潭经澄江、盘古隘,向筠门岭正面攻击;另以一部从武平的岩前经武平向筠门岭东南侧攻击,并掩护纵队主力右翼安全。”1934 年 7 月上旬,粤军才向筠门岭分路推进。但扼守筠门岭的红军没有决战企图,仅以很少兵力据险抵抗,逐步撤退,所以粤军只攻占了一座空城,毫无所获。但陈却大肆宣扬筠门岭之战获得重大胜利,向蒋报功。蒋“传令嘉奖”和赏洋 5 万元“劳军”,并令陈部攻打会昌。

10 月上旬,正当陈济棠指挥其南路军由筠门岭向会昌推进,企图进而占领宁都、于都、瑞金以围歼红军时,中央红军已从瑞金出发,开始了向湘西的战略转移。此时,陈济棠害怕蒋介石乘机进兵广东,一面令余汉谋的第一军由东向西追击红军,一面命李扬敬纵队等在赣部队,立即撤回粤境,撤销纵队组织,各部归还建制。并在广州近郊和粤东的惠州、淡水、平山、老隆、兴宁、焦岭、丰顺、潮安、汕头等各要点,赶筑半永久防御工事或野战工事,以准备抗日为名,积极防备蒋介石攻粤。他还以粤北缺乏防御兵力为由,将在同红军作战中已残破的范德星旅,扩充为第三独立师,不久又改编为第二军第六师;以独立二师改编为第一军的第三师;以独立四师改编为第三军的第九师;把驻琼崖的警卫旅调防从化。各军师以团为单位就地集中进行教育训练,并补充了大量新武器,以加强战斗力。

五、“两广事变”大遗憾

1936 年 6 月,陈济棠联络李宗仁、白崇禧,以抗日为名,发动了反蒋的“两广事变”。在此之前,李、白曾多次劝其反蒋,但陈怕反蒋不成,反丢了地盘,始终不肯贸然相从。但在这一年,日本帝国主义进一步侵入华北。蒋介石高唱“攘外必先安内”,决心结束两广半独立局面。陈济棠也已派其兄陈维周到南京刺探到蒋对西南的新政策,探悉了蒋解决西南的三大原则,即:彻底解决广西的李、白,由中央协助广东出兵;驱逐肖佛成等反蒋的元老离粤;广东仍维持原来局面。陈济棠认为,“蒋既可授意广东解决广西,又何尝不可反其道而行之?”“与其坐待中央部署妥当,各个击破,何妨抢先一步,采取主动呢?”但当时,他惟一可以借口向中枢作兵谏的,便是举起抗日大旗,要求中央抗日。

5 月 12 日,胡汉民在广州病死,白崇禧由广西来到广州吊丧,陈济棠就两广共同反蒋问题同白崇禧密商。他在与白交换对形势的看法时说:目前蒋介石的军队绝大部分部署在黄河流域,既要防备日军的进攻,又要防止山东的韩复榘、山西的阎锡山、陕西的张学良和杨虎城发生异动。更重要的是还要部署兵力向陕北红军包围进攻,蒋介石无余力可以南犯。因而,只要西南作出抗日姿态,登高一呼,全国必定响应。蒋如不顺从民意,则必然垮台无疑。白崇禧早就对他既想扩大地盘,又怕丢了老本,患得患失,迟迟不肯毅然反蒋的态度不满,这次见他被蒋介石所逼而反蒋,也就乐得推波助澜地说:“我们这时候进行反蒋抗日,在政治上军事上和外交上都是绝对有利的,广西方面决定以全力支持。”白的表态,更坚定了陈的反蒋信心。

陈济棠每逢疑难之事，总是要阴阳术士翁半玄、詹天眼扶乩，以乩吉凶。这次反蒋前，他又请翁、詹乩得了“大运已到，机不可失”的吉言，更受到煽惑。他从小受其兄的影响，笃信阴阳命相，曾听其兄言，以高价买得花县芙蓉嶂洪秀全的祖坟，以安葬其母骸骨，说这里是出天子的圣地。陈维周经常逢人便说：“伯南生得一对其软如棉的朱砂掌，是大贵之相，前途不可限量。”陈济棠也自信他之所以飞黄腾达，全是命里注定。自他当连长时，与私娼莫秀英结婚以来，一直官运亨通，说这全是莫“八字相夫旺子的关系”。所以，他最听莫的话，连修建的要塞炮台，也要取名“秀英炮台”作为吉利兆头。他还在梅花村公馆专建一个厅奉祀吕祖先师，朝夕祷拜以求护荫。1935 年，他派其兄以述职为名，专程去南京见蒋介石，看蒋的相格气运；去奉化察看蒋介石祖坟的风水。陈维周回来后，就兴高采烈地对陈济棠说：“蒋的祖坟不如芙蓉嶂的龙势远甚，而且蒋的气运将终，明年肯定要垮台，一蹶不可复振，代之而兴者便是伯南。”回想起他兄的这番话，更认为这次反蒋是定胜无疑了。

5 月 16 日晚，他找余汉谋、张达、缪培南、黄任寰、黄延桢等到梅花村公馆密商。首先，讲了他与白崇禧对抗日反蒋形势的共同看法，然后说：“我认为这是值得考虑去干的，请各位好好研究再作详谈，但要严守秘密，不宜外传。”此后两天，他分别找各高级将领征求意见。当时，有的表示赞成抗日反蒋，有的表示怀疑，有的说：“白崇禧虽然有小诸葛之称，但他为人不老实，要提防他，免得中了他的诡计。”26 日，陈济棠又召集余汉谋、缪培南、张达、黄任寰、李汉魂等二十余名将领开会，重申他的主张，并强调说：“抗日反蒋是我们一贯的主张，这是救国要道，舍此莫由。环顾国内只有我们可以担当这个重任，也是义不容辞的。”在场的多数将领听了他的话，都感到惊讶，默不作声，余汉谋却突然站起来，打破了死一般的沉寂。余说：“关于党政方面，总司令很清楚，我现在只就军事方面提些意见，供参考。蒋介石的军事力量居于绝对优势，又有平汉、粤汉、津浦、浙赣铁路和海上，可以迅速运兵南下，和他较量，我们没有必胜的把握，请总司令详加考虑。”陈济棠却说：“我已再三再四地考虑，认为时机的确成熟了。广西的李、白确实诚意合作，我看他们不会假；湖南的何键同意我军到衡阳，接近株洲后，亦一同出兵合攻武汉。我准备第一军或者加上第三军，由赣州向吉安，挺进南昌，很快就可将江西全省拿下来，我们的第二军和广西军队，再加何键的湘军，会攻武汉而占领之，当然不成问题。”接着他又召集各将领到燕扩军校宣誓，并由邓泽如“监誓”。宣誓前，他派人在军校礼堂上方安置一个皮制假人，上书“蒋介石”三字。宣誓时，陈亲自唱名，各将领逐一起立，宣读“余决心效忠党国，抗日反蒋，拥护陈总司令，以后如违誓言，必遭天谴。”读毕，即趋至假人之前，举起一把木剑，向“蒋介石”身上连刺三剑，以表示仇恨和决心。肖佛成就此事曾对人说：“陈伯南的荒唐落伍，愚不安愚，一至于此，如何能成大事。”

27 日，陈济棠通电反对日本增兵华北，以激起全国反日情绪，争取舆论的同情。6 月 1 日，他指使西南执行部和西南政务委员会作用决定，委他与李宗仁组织抗日救国军西南联军，并任他与李为正副总司令，公开揭起抗日反蒋旗帜。2 日，西南两机关对南京发出冬电，呈请中央领导全国抗日，并通电全国，呼吁党政军民一致督促中枢领导抗日，同时发动两广国民党各级组织各民众团体通电响应。由于抗日口号深得人心，全国震动，不少人表示同情。4 日，陈济棠与李宗仁以第一、第四集团军总司令名义，率领西南将领三十名通电响应，要求明令派兵北上抗日收复失地。

此时，陈济棠已将第一集团军扩编成五个军、十五个师，约 20 万兵力；李宗仁的第四集团军扩编成四个军，约 10 万人。两广的兵力共计约 30 万人，飞机 190 余架，江防舰艇数十艘。他命刘斐和白崇禧到东江、北江等粤桂边境地区，视察地形，拟定作战计划。确定对福建和贵州方面采取守势；对江西、湖南方面取攻势；粤军主力集中大庾、韶关地区，准备进攻江西；桂军主力集中在全州、桂林地区，准备进攻湖南。9 日，其先遣部队进入湖南，分别占领了永州、郴州，欲一举下长沙而趋武汉。蒋介石一面电陈迅速撤兵，一面急调兵入湘，于 10 日抢先控制了衡阳。西南联军北上计划受阻。

6 月下旬，蒋介石布置召开国民党五届二中全会，请西南派员出席，以作缓兵之计，同时暗向西南调集军队。此时，被蒋派到广州活动的蒋伯诚，分化和收买陈的部下也收到效果。7 月 4 日，陈部军队余汉谋由广州到大庾，召集第一军将领商议，一面打电报给南京政府，向蒋介石报告请示，一面集中兵力准备向南雄、韶关推进，对陈济棠进行兵谏。6 日，第二军副军长兼东区绥靖主任李汉魂挂印离职赴香港，翌日通电反陈。此时，西南两机关的肖佛成、陈融、刘庐隐、邓青阳、杨熙绩和广东省主席林云陔、广州市长刘纪文等纷纷出逃，陈济棠借以发号施令的西南两机关随即解体。13 日，陈济棠被南京国民党政府免除本兼各职。14 日，余汉谋在大庾宣誓就任蒋介石任命的第四路军总司令和广东绥靖主任，并发表通电，敦促陈济棠于二十四小时内离开广东。同日，第二军军长张达也被蒋收买，声明服从“中央”，并着手迎接余汉谋来广州上任。18 日，空军司令黄光锐、参谋长陈桌林分乘三架飞机于香港机场降落，各种飞机 72 架先后飞到南昌机场投蒋。

陈济棠见众叛亲离，大势已去，只得于 18 日电余汉谋以广东治安相托，并发表告袍泽、告同胞书，声言下野。随即，他前往香港。至此，纷扰了五十多天的“两广事变”遂告结束，同时也结束了陈济棠对广东的割据局面。

六、出洋回国逃台湾

陈济棠到香港后，蒋介石派黄镇球去安慰他，说将来借重他的地方还多。此后陈即出洋考察。这年冬天，南京政府发起对蒋献机祝寿。陈济棠乘机把从前 200 万元购买军火机器的定单和光洋 1000 万元献给南京政府，对国家捐献之多，为下野军人之冠。

1937 年全面抗战爆发后，陈济棠由欧洲回国，任国民政府委员及最高国防委员和战略委员。1940 年春便任国民政府农林部长。1942 年，又被任命为国民党中央执行委员会常务委员会委员。

日本投降后，陈济棠奉命为两广宣慰使，由重庆回到广州。他一面使林翼中进行谋取广东省参议会议长一席，一面和一些文武旧部，共同创办了珠海大学、海洋渔业公司和一个供失业的中上级旧部居住的新村，借此恢复势力，重掌广东政权。

1949 年 4 月，陈济棠被国民政府任命为琼崖行政长官。就任后，他大力改善海南岛的落后状况，成立琼崖行政长官公署，内设军事、交通、民政、教育、财政、实业、农林、卫生和秘书等处，并将琼崖十七个县划分为三个行政区。同时，他还以私人资财支援地方建设，企图以此岛作为国民政府反攻的基地。他命令各县市编练必要的保安部队，由区保安司令直接指挥，“进剿”中共领导的人民游击队。行政长官公署编练两个美械装备的陆军师。10 月，广东绥靖主任公署、广东省政府及其所属机关和陆军三个军，像潮水般向海南岛撤退。薛岳、余汉谋分任琼崖防御正副总司令，陈济棠则专管民政。此时，他见大权旁落，便把他的嫡系部队两个师调防榆林港，准备逃往台湾。

第二年 4 月，海南岛解放，陈济棠去了台湾，任国民党中央执委会委员及总统府资政。他正欲在台设德明中学校，以纪念孙中山先生，不料于 1954 年 11 月 3 日在勘察校址时，突患脑血栓去世，终年 63 岁。

武功过人的龙云

一、武术超群做侍卫

龙云

龙云的父亲，彝名纳吉瓦蒂，原是四川凉山彝族奴隶主等级的成员。龙云幼年时，父亲病逝，家境沦落，流浪于云南昭通与四川凉山的金沙江两岸地区，拜江湖术士马得胜为师，学了一手好拳法。

辛亥革命爆发不久，云南响应起义。魏焕章带领龙云、卢汉、邹若衡等人投入滇军谢汝冀梯团，被委为候差员，随部入川支援川军。回滇后，龙云被保送到云南陆军讲武堂第四期骑兵科学习。

1914年秋，昆明来了一个法国大力士(拳师)，自称“打遍天下无敌手”，在云南陆军讲武堂摆擂比武三天，扬言：“有谁打败我，我就不在昆明立脚；无人打败我，昆明就是我的武术天下。”开头两天，大力士获胜，耀武扬威。到了第三天，龙云穿了一双草鞋，走上擂台。他漫不经心，把脚一提，草鞋从大力士头上飞过，接着就是拳打脚踢，大力士颇感意外。在混战之中，龙云采取了“和尚撞钟”的方法，双拳和头部一齐向大力士撞去，将大力士撞翻在地，随即一扑将其压住。法国拳师只得认输，卷起行李，灰溜溜地离开了昆明。龙云出人意料的胜利，轰动了昆明，引起了云南都督唐继尧的注意。

这年底，龙云从云南陆军讲武堂毕业后，被分配到昭通独立营任中尉排长。次年底，蔡锷率护国第一军向四川进军前，要调唐继尧身边的随从副官邹若衡为副官。邹便推荐龙云作唐继尧的副官，并对唐说：“此人能力胜我十倍，可以保护都督。”唐想起龙云打败法国大力士的情景，即委任龙云为副官处中尉侍从副官。这成为龙云跟随唐继尧发迹的起点。

龙云很机灵，深得唐继尧的赏识，很快从近卫军第二大队中队长、补充第一大队大队附，提升为佽飞军(唐继尧的警卫军)副大队长、大队长。

他由佽飞军副大队长升任大队长，中间有一段至今仍是谜的小插曲。一天凌晨，佽飞军突然紧急集合，拉到一个山头上进行军事演习。返回营地时，忽然发现军旗没有了，派人沿途寻找，皆未找到。唐继尧听说佽飞军军旗遗失，大为震怒，认为是不吉利，下令枪决了佽飞军大队长，当即宣布龙云接任佽飞军大队长。后来,原队长夫人扬言,这是龙云设的计谋,要报仇。龙云即付给她一笔巨金,此事才不了了之。

唐继尧就任靖国联军总司令后,以商讨北伐为名,于1918年9月到重庆召开川、滇、黔、鄂、豫五省联军会议,就任"五省联军部司令"。龙云为唐赴重庆进行了"精心导演":这一天,重庆全城戒严,所有码头的渡船均勒令停靠对岸海棠溪。自太平门到学院衙门行辕,沿途断绝交通;商铺及高楼上的窗户一律勒令关闭,每一铺户站一武装哨兵。仪仗隆重,前列为护卫骑兵;次为御用的佽飞军,头戴钢盔,身背十响枪,手持方天画戟;再次为掌旗官,乘高头骏马,手掌杏黄滚金丝穗帅旗,上绣斗大的一个"唐"字;殿后是佽飞军大队长龙云护卫,前护后拥,浩浩荡荡,进城时鸣炮二十一响,俨然是帝王巡视的仪仗。龙云对唐继尧的忠诚,在这里表现得淋漓尽致。

1920年,唐继尧在川滇战争中失败。滇军第一军军长顾品珍率残部回滇,迫唐下台。次年2月,在唐众叛亲离的情况下,龙云率领百余人卫队,护送其离开昆明,经蒙自到越南,转香港。途经蒙自时,唐任命龙云为近卫第十一团团长,与拥护唐的第二卫戍司令兼蒙自道尹李友勋,同驻蒙自地区,为将来返回云南创造条件。

二、势力渐大成诸侯

唐继尧到达香港后,积极筹划,准备返回云南夺权。这年秋天,龙云被委任为李友勋旅的团长。他们恐遭顾品珍的暗算,乃借响应孙中山讨伐桂系军阀陆荣廷的名义,进兵广西。在攻下柳州后,龙云担任柳州警备司令,积极拥护唐继尧"打回老家去"。

这时,唐即令所有在两广的滇军,迅速脱离北伐大本营,开往柳州,与其亲信李友勋、龙云等部汇合。1922年2月,将集中在柳州的四千余人编为第一、二、三、四军。龙云任李友勋第一军的前敌司令,率部返滇攻打顾品珍部。回滇途中,李友勋为广西自治军所击毙,龙云即代理第一军军长,继续向顾品珍部进攻。同年3月,顾品珍战死,唐继尧返回昆明,重掌云南大权。论功行赏,龙云被委为第五军军长,兼滇中镇守使,驻昆明。从此,他开始掌握滇军的实权,并成滇军中举足轻重的人物。

1925年初,唐继尧趁孙中山北上病危之机,忽然通电就任副元帅之职;并与粤军陈炯明、桂军刘震寰部相勾结,派三路大军,假道广西,声称前往广州视事。龙云奉命率第五军从南路进攻广西,于2月23日占领南宁,因北路滇军进攻柳州时,被桂系李宗仁部打得大败,全线溃退。龙云被迫于6月退回云南。

滇军从广西退回云南后,唐继尧趁机撤销各军番号,加强亲信近卫部队,而龙云被另行任命为昆明镇守使。他对唐这种专横独裁、排斥异己的做法不满。1927年2月6日,便同胡若愚、张汝骥、李选廷三镇守使联合举行"兵谏",派兵进逼昆明,并提出清发欠饷,惩办贪污,摒除宵小,驱逐唐三(唐继尧),与广州方面合作等项条件。事变当日,他派兵把守昆明各城门,在重要街道站岗放哨,逮捕了"通电"所指的贪污宵小二十余人。这就是推翻滇系军阀唐继尧统治云南14年的“二六政变”。

政变后，于3月5日，成立省务委员会，推胡若愚为省务委员会主席兼军政厅长，龙云为委员兼云南陆军讲武学堂校长，张汝骥、李选廷等为委员。从此唐继尧便成为有名无实的“总裁”，在当年的5月23日病死。

“二六政变”之前，龙云、胡若愚分别被蒋介石任为国民革命军第三十八、三十九军军长。省务委员会成立后，名义上是四镇守使联合统治云南，实际大权操纵在胡若愚、龙云之手。张汝骥拥有兵力三个团倒向胡若愚一边；李选廷只有兵力一个团，感到力量太弱，不敢与之相争。这样，龙与胡、张三军对垒，为争夺云南的统治权，矛盾日益尖锐。

唐继尧

6月14日夜，胡若愚、张汝骥突然派兵攻击了龙云的住宅(在昆明翠湖东路)，一颗小型炮弹在他住宅的花园爆炸，击毁了门窗。龙云的一只眼睛被玻璃片砸伤，顿时鲜血淋漓，束手就擒。胡若愚把他关在铁笼子里，眼睛没有得到及时治疗，后来成为终身残疾。

龙云虽然被囚，龙部的主要将领卢汉、朱旭、高荫槐、周文人以及暂时投靠龙云的孟坤等人却趁混乱之机，逃到了滇西。因此，他的军事实力，并没有受到多大损失。逃到滇西的龙云各部，邀请滇军元老胡瑛代理第三十八军军长，指挥部队反击昆明，与胡部在祥云县清华洞、禄丰县城郊展开激战。龙部击溃胡军后，乘胜进逼昆明。胡若愚被迫于7月24日挟持龙云撤离，并遣副官将云南省政府主席的印信，送交省务委员周钟狱，希望三十八军尊重和平，请勿追击，他将保证龙云的人身安全。

胡瑛率三十八军于7月25日进入昆明。胡若愚退至昆明东郊大板桥时，恐三十八军跟踪追击，乃向龙云表示言归于好，双方达成了“板桥协议”，商定龙云回昆明主持省政，胡、张即行北伐，由龙在后方补充饷械。8月13日，龙云回到昆明，接任了第三十八军军长兼代云南省政府主席，并重新改组了云南省政府。

龙云重新掌权后，命卢汉、朱旭等部将胡若愚、张汝骥部包围于曲靖。此时，唐继尧的旧部唐继虞趁昆明城防空虚，由大理提兵进逼昆明，先头部队已到城边，昆明危在旦夕。龙云一面督队固守，一面派代表向胡、张疏通，表示不再为难，请维持“板桥协议”，率师北伐。说成后，乃将朱旭部调往昆明，将唐继虞部击退。

胡、张被解围后，却与贵州周西成相勾结，求得黔军支援向昆明反击。龙云任命胡瑛为三十八军前敌总指挥，在曲靖城郊之廖角山，将周西成之黔军击退，进而战胜了胡、张两部。

龙云在军事上取得节节胜利，1928年1月，被蒋介石指定为云南政府主席兼国民革命军第十三路部指挥，从而在云南的地位逐渐巩固。

1929年初，龙云为报周西成黔军进犯滇东之仇，乃以胡瑛代理省主席，自率朱旭、张凤春等师进军贵州，势如破竹，大败黔军，在黄果树附近，将周西成击毙。

同年夏，胡若愚、张汝骥与脱离龙云的孟坤重新联合，分别从川南、滇东北，率部直扑昆明。龙云急调入黔军，星夜赶回昆明，同时采用参谋长孙渡所献之离间计，写信孟坤并使之送往胡若愚、张汝骥处。信中说："愚兄与吾弟所商之事已奏效，现时机已至，望吾弟即按原协议执行，以竟全功。"胡、张阅信后，对孟坤大为怀疑。当龙部发动反击时，胡、张让孟坤部断后，拒绝支援，致使孟部在昆明近郊碧鸡关几乎全军覆没。胡、张此时方知上当，但已悔之晚矣，只好退至川南一带。龙云又通过关系，买通川南的木里土司进行夹击，张汝骥被俘，押到云南下关枪毙；孟坤渡江，翻船淹死；只有胡若愚一人只身逃往上海。从此，龙云统一了云南，确立了在云南的统治地位。

龙云为了稳定自己对云南的统治，既依附蒋介石，"围剿"工农红军；又排斥异己，以建立忠于自己的滇军体系。

龙云在云南得势的这年秋天，蒋桂战争爆发，蒋介石任命他为讨逆军第十路总指挥，出兵讨桂；并许诺给他开拨费港币100万元，参与讨桂的部队军饷每月法币30万元；攻占南宁之后，委派卢汉为广西省政府主席。当时，龙云想："投降小军阀，不如投降大军阀。"他不惜得罪近邻，与蒋介石搞政治交易，欣然接受委任。次年5月，他令卢汉为前敌总指挥，率三个师共十五个团约2万余人进入广西，抄袭李宗仁的后路。7月，包围南宁。然而由于气候恶劣，水土不服，疾病流行，军心怠惰，士气沮丧，攻打南宁城三个月而未下。10月后，李宗仁、白崇禧、张发奎等部从湖南撤回，驰援南宁。滇军腹背受敌，乃大败而退。1931年2月，撤回昆明，经过整编，仅剩下六个团了，损失大半。

这时，龙云借整编之机削弱异己力量，提出"废师改旅"的整军方案，规定旅为承上转下的机关；龙云对旅、团分令，团对龙、旅分呈。这样，他可以直接指挥团长。卢汉、朱旭、张凤春、张冲四个师长不服，于3月10日以"清君侧"为名，进行倒龙。龙云为了避免"二六政变"时唐继尧的下场，以"扫墓"为名，离开昆明，回昭通，实际只到寻甸羊街躲避风险。但四个师长由谁来当主席，议论纷纷，争执不下。卢汉、张冲只好把龙云请回来当省主席。

龙云重返昆明后，宣布四个师长"以下犯上"之罪，下令全都扣押起来；立即撤销各师番号，实行废师改旅。不久，他又将卢汉、朱旭、张冲释放，另行安排工作。未获释的张凤春不服，讲话激怒了龙云，当场被打了两耳光，一直关押到抗战初期。

在这期间，龙云追随蒋介石，在云南进行了"清党"。同时，又与蒋介石保持一定的距离，逐步建立起忠于自己的滇军系统，成立军官学校，直接向法、德、比、捷等国购买军火，武装滇军。

1935年初，龙云被蒋介石委任为"第二路军总司令"，对路过贵州、云南的中国工农红军第一方面军防堵追剿。他令孙渡为第三纵队司令，率四个旅进入贵州，解蒋介石之围，被夸为"勤王之师"、"救驾部队"。后来，龙部刘正副旅在宣威虎头山阻击红军，蒋介石立即电令嘉奖"滇军忠勇善战"。

5月10日，蒋介石和宋美龄等亲自来到昆明，监视、督促龙云追剿红军。他表示对中央的忠诚，愿意服从蒋介石的每一指令。同时，他还与薛岳结拜为把兄弟，然而却婉言谢绝了薛岳所率"中央军"进驻昆明的要求。

1936年3月，红二方面军长征路过滇黔时，蒋介石又委龙云为"滇黔绥靖公署主任"。龙云仍派孙渡率第三纵队开往贵州，配合"中央军"堵击红军，并尾随追击过滇红军。当时，张冲曾向他建议："蒋介石要搞清一色的一统天下，可能借追红军之机，解决云南政权。贵州王家烈，可为

龙云与蒋介石在一起

前军之鉴。滇军要以防‘中央军’为主，对红军只能表面应付，不可与红军打硬仗，自损滇军实力。”但他慑于蒋介石的威势，仍派兵尾随红军。

三、抗战出兵二十万

“七七”事变后，龙云先后担任军事委员会委员长昆明行营主任、军事委员会驻滇干部训练团副团长、陆军副总司令等职，在云南组织人力物力，支援全国抗战。

8月，龙云在南京出席国防会议期间，与周恩来、朱德、叶剑英等见面，受到巨大鼓舞。他在会议上当即决定云南出兵20万人；另方面又与朱德交换了电报密码，与延安建立了秘密联系。他“代表云南一千三百万民众表达爱国护国之赤诚及愿将全部人力物力贡献国家，决心为国家民族神圣抗战奋斗牺牲到底”。

回到云南后，他不到一个月的时间，即编成3万人的第六十军，以卢汉为军长，下辖第一八二、一八三、一八四师，分别以安恩薄、高荫槐、张冲为师长，开赴抗日前线。该军在台儿庄战役中，以禹玉山为中心，坚持了二十多天的阵地战，粉碎了日寇的多次进攻，给敌人以沉重打击；自己也损失了1万余人。接着，云南又新编成第五十八军和新三军，与六十军合组为第三十军团，仍以卢汉为军团长，再赴前线，参加武汉保卫战等。滇军出师，先后20余万人，英勇抗战，得到了全国人民的好评。1938年8月21日，朱德给龙云的一封信中说“抗战军兴，滇省输送二十万军队于前线，输助物资，贡献于国家民族者尤多”。

同年12月，第三十军团扩编为第一集团军，下辖三个军，龙云兼总司令，卢汉为副总司令、代总司令职务。不久，龙云辞去总司令，由卢汉任总司令，高荫槐为副总司令。1940年9月以后,日本侵略军占领河内。龙云以防守滇省边境为由,要求将第一集团军中的两个军调回云南,蒋介石只同意调回六十军,成立滇南作战军,以卢汉为总司令。年底,滇南作战军总部改为第一集团军总部,而原第一集团军总部改为副总部。1942 年 5 月,日寇从缅甸入侵滇西地区,占领怒江以西约 3 万平方公里的土地。滇西军民毅然抗击日寇的侵略,龙云带领地方政府在指挥军民作战、改善交通等方面,作了巨大的努力,使日寇始终未能突破怒江天险。最后经半年的艰苦反击战斗,于 1945 年 1 月全部收复滇西国土。这时云南的第一集团军扩编为第一方面军,卢汉为总司令,名义上辖第一、第九两个集团军,但龙云、卢汉只能控制第一集团军,而第九集团军是蒋介石嫡系关麟征部,实际上起着监视滇军的作用。

四、支持民主遭软禁

在抗日战争时期,昆明的民主运动在中国共产党地下组织的领导下蓬勃开展。龙云经共产党的帮助,对民主运动逐步采取了支持的态度。

1938 年,中共云南省工委根据中共中央南方局的指示,向龙云提出了十条建议,希望他坚持团结抗战,支持民主运动,警惕蒋介石的中央军,搞好社会秩序和办好地方经济。在抗日战争时期,他基本上是按照这十条建议办事。

抗战之初, 军统特务康泽来滇, 要龙云拿办中共地下党员。龙云说: “拿出证据来, 我可以办。”康拿不出或不愿拿出证据,此事不了了之。“皖南事变”后,蒋介石又派特务刘健群来昆明,强迫龙云限制中共地下组织的活动。他表面上答应,实际上却没有采取任何措施。

1943 年, 中共中央南方局周恩来、董必武派华岗到龙云身边工作。这一时期, 龙云通过华岗、罗隆基、缪云台等人与民主党派保持着密切联系,不仅在政治上给予必要的保护,而且在经济上也给了不少帮助。1944 年“五四”前夕,西南联大地下党决定组织“五四”座谈会,被何应钦所知。何对龙云说:“只要牺牲几个警察,就可以把这些活动镇压下去。”示意他派国民党特务杀死几个警察,给学生栽赃,然后进行武力镇压。他回答说:“这件小事嘛,交给兄弟我去办,一定不会发生什么问题。”把这件事敷衍了过去。约在这年底,他秘密加入了民盟。

1945 年 8 月,蒋介石命令第一方面军全部开往越南,接受日军投降。龙云对滇军全部调出,颇为踌躇,要求暂编第十九师、第二十三师、第二十四师留在云南,蒋不予准许,只同意留第二十四师。

当滇军开往越南后,蒋介石即坐镇西昌,亲自指挥昆明防守司令部司令官杜聿明,以武力改组龙云的云南省政府。10 月 3 日凌晨,杜聿明部队突然占领昆明市各要害地区,包围了龙云在昆明威远街的住宅。龙云毫无准备,逃上五华山,指挥仅有两个连的警卫部队,进行抵抗,并立即发出了戡乱电报,说杜聿明叛变,令卢汉率部回攻。然而,通讯线路皆被切断,电报未能发出去。

3 日清晨,杜聿明派人给龙云送去蒋介石的命令,免去他军事委员会昆明行辕主任、云南省政府主席及所兼各职;任命他为军事委员会军事参议院院长,由杜聿明接收云南地方部队。

龙云称这次武力改组云南省政府的行为是“小偷式政变”，非常气愤，拒绝离昆明去重庆，形成僵局。蒋介石先后派陆军总司令何应钦、行政院院长宋子文来劝驾。最后迫于兵临城下，于10月6日，他乘飞机前往重庆，就任军事参议院院长，从而结束了在云南的统治。

龙云与家人

龙云不甘心这种“明升暗降”，形同软禁的任职。同年12月，他秘密策动到重庆开会的滇军将领，反对蒋介石把滇军调往东北打内战的决定，要他们保存实力，等待时机，返回云南，公开反蒋。1946年5月，他随国民党政府“还都”南京。不久，军事参议院撤销，成立战略顾问委员会，何应钦为主任，他以副主任代主任职，即使如此，仍然受到监视。这年秋天，他要去杭州游览、观潮，蒋介石不准。次年夏天，他准备去上海，送独生女龙国璧到美国留学，蒋亦不许可。

这一时期，龙云心情抑郁，甚至常对友人说：“此路行不通，去找毛泽东！”

1948年秋，龙云得到消息，蒋介石要劫持他去台湾，因而坐卧不安，乃决心脱离南京。他先秘密与上海的中共负责人吴克坚联系，拟坐汽车到上海，再乘船前往解放区，但淞沪一线的船完全被国民党部队封锁起来，计划无法实现。他又派其秘书刘宗岳等人前往上海，找在行政院救济总署空运大队队长、美国人陈纳德商议。抗战时，陈纳德在昆明与龙云有较深的交情，所以答应帮忙。12月8日，龙云乘飞机秘密离开南京，经上海转广州，9日晨，乘轮船到达香港。

五、脱离虎口回祖国

龙云到达香港不久，曾发表长篇谈话，公开抨击蒋介石的阴谋。1949年3月，代总统李宗仁希望龙云能回南京，“共商国是和云南的一些问题”。何应钦又打电报约他去南京。4月11日，他在香港住宅举行记者招待会，公开了他给李宗仁、何应钦的一封信，拒绝了回南京“共商国是”的要求，并力劝李宗仁接受中共所提出的八项和谈条件，即日签字，付诸实施。与此同时，他在香港加入了中国国民党革命委员会，成为民革中央负责人之一。

龙云在香港，时常关心云南的局势，多次派人去云南劝说卢汉早日起义，并表示“滇事由弟主持，外面接头由兄负责”。8月15日，他同黄绍竑等44人，在香港发表《我们对于现阶段中国革命的认识与主张》的声明，表示脱离国民党反动集团，归向人民，受到中国共产党和人民群众的欢迎。

龙云与政协委员在一起

9月21日，中国人民政治协商会议在北平隆重开幕，龙云被列为特邀代表。10月1日，新中国诞生，龙云被委任为中华人民共和国中央人民政府委员。

1950年1月3日，龙云离开香港，沿途经广州、武汉，受到热烈欢迎。1月18日，龙云到北京，最终回到了人民的怀抱。他在《难忘的经历》中回忆说："从昆明到北京的漫长之路，也就是我与蒋介石彻底决裂，逐步走向人民的革命之路"。

建国以后，龙云历任中央人民政府委员、人民革命军事委员会委员、西南军政委员会副主席、西南行政委员会副主席、第一届人民代表大会常务委员会委员、国防委员会副主席、中国人民政治协商会议第二届、第三届中央常务委员会副主席、委员等职。1957年，他被错划为右派分子。1962年6月27日，因病在北京去世。28日，他被摘去右派分子帽子。1980年7月，中共中央决定给他予以平反。

1984年11月19日，在龙云诞生一百周年之际，民革中央举行座谈会。中共中央政治局委员、书记处书记习仲勋在座谈会的讲话中，称龙云是"我国近代史上有影响的、为人民做了好事的爱国民主人士"，他的一生"是一个光荣的爱国者的一生"。

龙云与邓小平、贺龙等合影

争霸四川的杨森

一、战火纷飞悍将出

杨森祖籍湖南衡阳草堂寺，1882 年农历一月二十四日出生于四川广安县龙台寺一个小官吏家庭。其父当过清朝小吏，家中每年能收租谷 100 多担。杨森兄弟姊妹五人，他排行居长，两个弟弟都在川军中任过职，两个妹妹亦嫁给他的部属。

杨森与蒋介石视察部队

杨森幼年就读于广安县紫荐书院，后考入南充市联合中学。1906 年毕业时，适逢清朝四川总督锡良扩建新军，成立四川陆军速成学堂弁目队，他应试录入该队。1907 年，又考入四川高等军事讲习所。次年，该所改为四川陆军速成学堂，学成后，被分到成都新军十七镇当排长。因他对士兵训练认真，在该部组织的会操、考核及比赛中，他的排多次夺魁，故 1910 年被晋升为四川陆军三十三混成协第一营右队队官。是年他秘密加入了孙中山领导的同盟会。1913 年夏，杨森在王陵基部队任营长。这时，孙中山领导发动了第二次讨袁战争，驻防重庆之四川陆军第五师师长熊克武率部响应。王陵基团奉袁世凯之命讨伐熊克武。杨森考虑自己是同盟会员，便私下跑到熊克武部参加倒袁。可是开战不久，重庆为袁世凯所派滇军师长叶荃部、混成旅长兼前卫司令黄毓成部攻破，杨森被俘。黄毓成在集合俘虏时，见众俘虏都甚为惶恐，惟独杨森显得毫无惧色，有胆有识，又见他身材魁伟健壮，声若洪钟，便对他产生好感，留他在司令部当副官。1915 年 1 月，黄又将他推荐到云南讲武堂任队长。这期间，他与许多滇军军官交上朋友，逐步活跃起来。

同年 12 月，杨森由黄毓成推荐到护国军第一军第二梯队赵又新部任中校参谋，随部队进至川南，与袁世凯驻川部队作战。他两次带领部队在纳溪和泸州附近牛背石，将袁军张敬尧师之吴新田、金汉鼎部打得大败而逃。袁世凯垮台后，北洋政府任命熊克武为四川督军，统领四川境内各军。驻泸州滇军赵又新的第八师被改编为靖国军第二军，赵任军长，杨森任参谋长。

不久，川系与滇系两军为各自利益产生矛盾，继而发展为互相火拼。杨森初始参与滇军一边对川军作战。他所在滇军驻守泸州时，川军刘存厚率部攻打泸州，赵军因杨如轩团丢失外围阵地，被迫放弃泸州，杨如轩为推脱责任，借杨森原为川军因战败被俘而参加滇军之事，诬告他通敌，铸成滇军失败。但赵又新与杨森私交甚笃，未轻信杨如轩之诬告，还将新编的一个混成团交给他指挥。后来，赵率部反击川军，重占泸州，川军赖心辉又乘其立足未稳，领兵三千偷袭泸州，正当滇军将要兵败城破之际，杨森率部赶到，向川军侧后发动猛烈攻击，将其击溃，泸州转危为安。赵又新对杨森此举赞赏不已，更加器重，杨森因此在滇军中以能战之将扬名。

随着战事的进行，川滇军的矛盾越来越大，唐继尧决定对四川督军熊克武全面开战。杨森受赵又新之命去合川策动川军第二师师长刘湘联合倒熊。他向刘表白，自己身为四川军人，前因被俘，迫不得已而在滇军中谋事，但身在曹营心在汉，决不会做对不起川军的事。当他再次去策反时，即与刘湘私下商定，暗中联合对付唐继尧。川、滇军战事爆发后，刘湘则虚称支持滇军作战，并伪请赵又新派兵增援。赵即派杨森独立团前往助战。他摆脱滇军控制后，便转投川军，被熊克武任命为川军第九混成旅旅长，后又提升为第九师师长。

同年8月，川滇两军大战于龙泉山。杨森首当其冲，带领全师攻打滇军，虽然身上三处负伤，仍指挥部队猛攻。滇军大败而逃，他穷追不舍，连续七十二个小时，追击五百多华里。接着，他率部奔袭泸州，将赵又新军击败。赵仓皇逃跑被击伤。杨森赶到，令人将赵抬回城内，赵旋即毙命。杨森深感内疚，亲备棺椁收殓，并出资由赵之侄运灵柩回云南安葬。此役之后，杨森便在川军中崭露头角。

二、争霸四川有得失

杨森在川军中站稳脚跟后，为了独占四川，便投靠吴佩孚，依靠北洋军阀势力，与川军各部角逐六年之久。

1921年，北洋军阀吴佩孚以武力控制湖北后，两广及湖南等西南、华南各省纷纷举兵讨伐吴佩孚。四川督军熊克武企图乘机向外发展，决计出兵援鄂，任命刘湘为川军总司令兼援鄂军总司令，同时任第二军军长。杨森没有当上军长，心怀不满，便私下与吴佩孚联系，表示愿意投靠吴之门下，9月14日，援鄂军与吴军大战宜昌，杨森按兵不动，遂使川军溃败，撤回四川。熊克武、刘湘互相推诿责任。刘湘迫不得已，任命杨森为第二军军长，自己退居幕后。

杨森接任军长后，遂与刘湘密谋，决定首先消灭第一军，然后统一四川。

1922年7月，杨森带领3万多人马，分水陆两路向驻忠县之第一军进行突袭，同时请求吴佩孚派兵相助，第一军却采取“故示以弱，诱敌深入”的策略，主动撤离驻地。他自恃骁勇，又恃有吴佩孚作后盾，便一味挥部猛攻。8月9日，他率部至达梁山西郊，第一军稍作抵抗便又撤走。他认为第一军不堪一击，便分兵穷追不舍。当其部王兆奎旅追至大竹锦屏铺佛尔岩时，遭第一军伏击，损失惨重，李树勋旅追至渠县附近，亦被第一军第一路指挥官刘伯承部夜袭歼灭。这时，第一军乘势发动全线反击，杨森亲率之第九师亦被击溃，只得向重庆撤退，途中又遭川军另一部邓锡侯袭击，被包围在老关口，幸得王陵基出兵相救，才回到重庆。8月16日，川军赖心辉又举兵袭破重庆，他仅带少数部队逃往川东奉节县，值逢吴佩孚所派援军刘汝明旅赶到。正当杨森设宴为刘旅团长以上军官接风时，不料刘伯承率部追至，冒雨袭击，将其部打得四下溃逃，他只带了几位随从，仓惶逃往宜昌。

杨森不甘心失败，便去洛阳拜谒吴佩孚，请求再发重兵相助，打回四川。吴佩孚图谋四川已久，便答应了他的要求，同时任命他为北洋军陆军第十六师师长，让其充当武力占领四川的“先锋”。

8月，吴佩孚令杨森为前敌总指挥，王汝栋、赵荣华为援川军正副总司令，率领第十六师、第七师和第八师的两个混成旅，大举反攻四川，同时，还令滇军袁祖铭率五个混成旅进兵川东，前四川督军刘存厚由陕南进兵川北，援助杨森作战。

杨森率部由利川偷渡磨刀溪、箭竹溪袭取万县，守军第一军第六师独立旅倒戈投降。随后，他串连川军将领刘存厚、陈遐龄、邓锡侯、田颂尧、刘文辉等联衔通电讨伐熊克武。第一军为保成都，便从重庆撤出，他又兵不血刃占领了重庆。接着，他挥部直趋简阳，企图越过龙泉山夺取成都，但遭赖心辉部及第一军的夹击，被迫退至隆昌、泸州一线，双方依山相峙。

熊克武见杨森势力越来越大，便求援于滇军总司令唐继尧。唐为控制四川，以实现其“西南王”之目的，便派胡若愚率16个团经贵州入川。这样，战局为之大变，杨森率部退出重庆。吴佩孚见四川战事成胶着状态，又给杨森增拨枪弹、军饷，同时委派刘湘为四川善后督办，统驭反熊克武的各路川军，协同杨森反攻。杨部再次夺取重庆，并乘势进击三台，继克成都，将熊克武等逐至川南。

杨森占领成都后，便以第二军军长名义兼摄民政，操纵军政大权，成为直系军阀吴佩孚控制四川的代理人之一。

1924年5月，北洋政府任命杨森为四川军务督办(相当督军)。他为了巩固和发展自己的势力，加紧扩军备战，开办四川陆军讲武堂，大力培训下级军官；委派王兆奎兼任四川省团务督办，训练所控制的地方武装；建立兵工厂，日夜赶造枪支弹药。他还以武力夺取了自流井盐税，每年可收税918万至1398万元，增加了军费来源。正当杨森的势力日益强大的时候，吴佩孚在与奉、皖军阀相争中垮台。临时摄政的段祺瑞惟恐杨森坐大不好统驭，便电令其交出自流井盐税，他根本不予理睬，并立即在督署召开“出征”大会，向军官许愿：“统一四川后，提高官兵待遇，参加作战者一律升官。”即日分兵五路，向其他驻川部队进攻，仅用两个月的时间，就占领了72个县，其军队也扩充到19个师又12个混成旅。

段祺瑞见杨森咄咄逼人，便于1925年5月明令免去他的四川军务督办职务，调往北京署理总参谋长，以刘湘取代其军务督办之职。杨森知道，一旦脱离自己的势力范围，兵权旁落，便会受制于人，于是不肯离川，在成都遥领参谋总长职。

杨森留在四川，刘湘深感于己不利，便拉拢滇军袁祖铭组成倒杨联军，同时与川军邓锡侯、赖心辉、刘成勋等亦实现联合。公推袁祖铭为联军总司令，刘湘为联军副总司令。7月上旬，联军与杨部激战。开始杨森获胜。后来，他急于寻求联军主力决战，疏于算计，结果其王兆奎师被邓锡侯部击溃。7月21日，联军全线发起进攻，杨部不支，当晚被迫退据沱江右岸。正当杨森调集兵力，准备反攻之际，其一师师长王缵绪倒戈反杨，公然通电指责杨森排除异己，企图统霸四川。与此同时，北洋政府亦电令杨军各部让出东大道，静候命令。8月4日，联军强渡沱江，全线推进，杨森无力再战，退守嘉定。随后派员与刘湘联系。联军头目认为，杨森是个野心很大反复无常的人，要他交出全部兵权，只保留一个营到白帝城“托孤”。在走投无路的情况下，杨森只好接受彻底解除兵权的条件，表示愿只身出川游历。11 月 1 日，他便乘船离开夔门去武汉。

杨森到达汉口，正遇吴佩孚打出讨伐奉系军阀张作霖的“十四省讨贼联军总司令”的旗号，招兵买马，杨森即被任为讨贼联军川军第一路总司令，回川收集旧部。这时川内滇军袁祖铭、川军邓锡侯、田颂尧等因与刘湘分赃失和，也希望杨森回川共事倒刘，他见此良机，遂决定钩挂三方，借助他人力量，再次打回四川。

这时，袁祖铭已带兵占领重庆。刘湘的部队被分别隔于上、下川东，不能集结，进退失迭，被迫向杨森谋求合作。杨森急欲打回四川，两下一拍即合，在武汉签定了“丙寅公约”，归还原来杨森所属的兵权，同时商定由他统驭所部及刘湘所属部队驱逐滇军，收复重庆，下川东则为他统治范围。

杨森既得反刘派的支持，又与刘湘达成合作，便于 1926 年 2 月从武汉西返四川。随即，他玩弄着“三角同盟”的权谋，恢复扩张自己的势力，先是派黄莘牧为代表到重庆，与袁祖铭商筹吴佩孚所委“讨贼”事宜。经袁许可，他假道重庆，将驻防在上川东的旧部郭汝栋、白驹、吴行光、包晓岚、范绍增、杨汉城在万县集结，使部队迅速扩充到 10 余个师，约 60 多个团，人枪 7 万之众。接着，他以“兵多地狭”为由要求刘湘所部让出广安、长寿等地，同时派兵进占开江。袁祖铭见杨森气势逼人，考虑滇军客驻四川，脱离根基，恐为其所算，遂率部返滇。至此，杨森的实力和地盘大为扩展，控制了下川东各县，但终未实现其独统四川之目的。

三、北伐时期骑墙看

杨森再次打回四川不久，国民革命军开始北伐。当时，刚从德国留学回国的共产党员朱德，与杨森同系四川籍，并曾在蔡锷之护国军中共过事，有一定旧谊，此时受北伐军委派，回四川争取杨森支持北伐。开始，杨见北伐军势大，便取脚踩两只船的策略，既接受北伐军任命的国民革命军第二十军军长兼川鄂边防司令之职，并欢迎朱德任其军党代表，又暗地里继续担任吴佩孚之“讨贼联军第一路军总司令”。不久，北京国民革命委员会负责人陈毅，因身份暴露，不能安身，通过与杨森有私交的北京中法大学校长李石曾介绍，也来到杨部司令部工作。

1926 年 8 月 29 日，英国太古公司“万流”、“嘉禾”号等轮船，在长江云阳、涪陵流域，横冲直撞，多次撞沉民船和杨森部队的船只，淹死数人，沉没银元数十万元。在人民群众强烈要求下，杨森听取了朱德、陈毅的建议，命部队扣下了英“万通”、“万县”两艘轮船。可是，英方拒不认错，不但不赔偿损失，反而要求赔偿扣留两轮的所谓损失费 200 万元。当无理要求遭到杨森的拒绝后，便派军舰“柯克”、“威警”号武力劫船，并炮击万县的南津街、李家花园、万县中学，还发射燃烧弹，造成大火。杨森即与朱德、陈毅一道指挥部队奋起还击，将英军舰击伤，大长了中国人的志气，灭了帝国主义的威风。

这一事件发生不久，刘伯承等在顺庆举行泸州起义。在这过程中，杨森得知朱德、陈毅是共产党员，害怕其二十军被"赤化"，便以组织参观团到武汉国民党总部参观学习为名，把朱德、陈毅"礼送"出川。

6月底，北伐军与吴佩孚军激战于汀泗桥，吴电令杨森火速出兵"援鄂"。他权衡利弊得失后，采取暧昧的态度，借"出师北伐"之名，进兵鄂西。此举一则可以援吴，一旦吴军获胜，便以吴为后盾，继续图统四川；二则吴佩孚在鄂西的力量甚为弱小，难以同北伐军持久抗衡，可乘机而入，把鄂西置于自己的控制之下；三则一旦吴佩孚战败，便可借北伐之机，扩大自己的地盘与势力。

8月13日，刘湘、赖心辉等四人在四川通电讨伐吴佩孚。杨森惟恐四川被他们乘势独占，便扔掉"出师北伐"的假面具，公开在万县通电接受吴佩孚的委任，就职四川省长，并自封为"援鄂川军总司令"。随即在吴佩孚部队的配合下，带兵从北伐军手中夺取了鄂西的枝江、松滋、公安、石首等县；继而兵分两路，向湖北的监利、新堤，湖南的常德、岳阳推进。11月初，被国民革命军击败。其部有的被消灭被击溃，有的倒戈投降国民革命军。他见大势已去，于12月中旬，带领残部狼狈回万县。

四、内战之中自算计

1927年4月，蒋介石以占有汉阳兵工厂为条件，电邀杨森出兵鄂西，攻打武汉国民政府。他见此举有利可图，于5月5日以"奉命出兵，讨伐武汉"为名，带兵自万县东下，抵达宜昌。当时，武汉国民政府之独立第十四师师长夏斗寅被蒋介石收买，见杨部到来，即率部顺流而下。杨部不费一枪一弹，占领宜昌，继而毫无阻挡进驻荆州、沙市。

5月21日，杨森令部队进至仙桃镇，向汉阳紧逼。武汉国民政府急调唐生智部向仙桃镇反攻。杨森见其一部被围，亲率部队增援，遭唐生智截击，几乎被全部歼灭。他只带了少数残兵败将逃回四川。可是，刘湘已派兵进驻万县，将他拒于夔门之外，杨森欲归无路，进退失迭。正在这时，邓锡侯、刘文辉等乘虚袭取重庆，刘湘见势不利，方同意杨森回万县，以共同对付邓锡侯等部。

是年11月，吴佩孚被北伐军击败后，辗转入川。杨森对其倍加关照，为其设宴接风，修缮房屋。这一举动，遭到四川各界人士激烈反对与指责。蒋介石也甚为恼火，明令免除了他兼任的各种职务，由其部师长郭汝栋取代其军长之职，并密令刘湘、赖心辉等对他"共张挞伐"。

杨森为巩固自己的权力，抗拒蒋介石的命令，千方百计削弱郭汝栋的力量。先杀害了反对他的部属杨嘉劳，继而赶走陈兰亭，使其部属将领人人感到自危，终酿成郭汝栋、范绍增等联合倒杨。杨森带领亲信部队将其击败，宣布自己仍为第二十军军长，蒋介石无可奈何，只得改为对他"免予查办"。不久，杨森又与刘湘争夺地盘发生激战，败于铁山坪、张关一线，所部仅剩六个残缺不全的旅，所属川东二十余县亦被刘湘所占。他只好带领残部避居渠县，偃旗息鼓，积蓄力量，准备东山再起。

杨森在渠县，经过近五年的经营，力量再次得到恢复。在这期间，他奉蒋介石之命，围追堵

红军强渡大渡河纪念馆

截工农红军。

1935年,当中央红军长征进入四川境内时,杨森派其驻南京代表主动向蒋介石请命,表示愿意交出川北,听蒋调遣。他按照蒋介石的指令,派其第一、四旅在叙永堵截沿川黔边境北上的中央红军;又派其第二、六旅开到大渡河,阻拦红军渡河,但均遭红军猛烈打击,损失惨重。此时,他心理矛盾起来了,既要投靠蒋介石,又怕自己的部队被红军打光,失去以后生存的本钱,便写信给朱德,要求与红军互不侵犯。朱德回信给他指出,阻止红军北上抗日,是违背国家与民族利益的。只要不参与蒋介石堵截红军北上抗日,红军也不主动打他。从此,他便派部队尾随红军之后,假装追击,以图保存实力,应付蒋介石。后来,他又奉命拦击红四方面军南下,在绥(靖)、崇(巴)、懋(功)战役和宝兴战役中,遭到红军沉重打击,只好停止堵截红军的活动。

五、抗日战场显身手

1937年8月,杨森奉命率领第二十军东进抗日,参加上海保卫战。10月14日所部抵达上海。在淞沪战区司令长官薛岳指挥下,防守大场、蕴藻浜一线阵地。日军白川大将指挥第九师团、禁卫师团猛攻大场。杨森指挥二十军官兵,与敌激战三昼夜,杀伤敌人大量有生力量,致使敌军终未能攻破大场。坚持到第四天,才由广西部队接防。随后,杨部又奉命开赴苏州、常熟一线,掩护上海军民转移。在辛庄至常熟附近一线阵地上,杨部与在飞机掩护下的日军步兵激战两昼夜,完成了掩护任务。杨森被蒋介石提升为第二十七集团军总司令兼第二十军军长,调往安庆补训。

不久,日军陆海军各一部,沿安徽向湖北推进,杨森受命阻击日军西进。他以第一三三师开往巢县、无为、庐江拦截日军南下;以一三四师向巢县出击,歼敌一部。这时,日军的另一部从水陆两路钳击安庆，由于驻防合肥的国民党军何成濬部不战而走，使杨森部腹背受敌，被迫放弃安庆，撤退到汉口。随后，他带领第二十集团军到湖南醴陵、江西萍乡等地整训，后进驻湖南平江。

在日军三次进攻长沙时，杨森率部三次参加长沙保卫战，但士气远不如抗战初期。1944 年 8 月，二十七集团军总司令部在茶陵地区被日军包围，他率部突围后退守广西桂林。

同年 11 月，杨森调任贵州省主席。在此之前，他把第三个女儿嫁给了蒋介石之侄竺培丰为妻，与蒋攀上了亲家，彼此关系更加密切。

六、反共到底死台湾

杨森在 1939 年 6 月带兵驻在湖南平江时，秉承蒋介石密令，派特务营长何学植将新四军设在平江县嘉义镇的通信处包围，枪杀了通信处主任涂正坤，并将通信处副官罗梓铭等六人及家属四人全部活埋，制造了震惊中外的“平江惨案”。

1947 年，杨森调任重庆市长，同时兼任西南军政长官公署副长官，在此期间，他不断调兵对川北游击革命根据地进行清剿，配合蒋介石进犯解放区。1949 年，他伙同败逃重庆的李宗仁、阎锡山等四十人，发表“反共戡乱”声明，参与制造重庆“九二”火灾案和杀害爱国将领杨虎城及其秘书宋绮云一家。重庆解放前夕，杨被任命为重庆卫戍总司令。这年 11 月 16 日，蒋介石亲飞重庆，与国民党头目商定“军政一元化”的作战方案，决定由杨负责川中作战。之后，杨便发布了“紧急维持治安办法”十六字杀令，企图与人民对抗到底。但不久重庆解放，他逃往成都。人民解放军以不可阻挡之势横扫西南，他见大势已去，便于 12 月 18 日乘飞机去了台湾。

1950 年 4 月，蒋介石任命他为总统府上将国策顾问。1960 年又任命他为中华全国体育协进会理事长。在以后的十几年中，他主要以发展台湾体育为名，沽名钓誉。

1977 年 5 月 17 日，杨森在台北市稻仔圆别墅去世，享年 96 岁。

心狠手辣的盛世才

一、科班武夫素怀大志

时任新疆省主席的盛世才

盛世才，辽宁省开原县人，1892年1月8日出生于一个地主家庭。属汉军旗人。少时在西丰县小学、沈阳第五高小就读，青年时始进入辽宁省立农林中学，后考入上海中国公学专门部政治经济科，1915年毕业。1917年得亲友资助，东渡日本，进入东京明治大学攻读政治经济学。

“五四”运动爆发后，盛世才被留日东北学生同乡会推选为代表，随回国请愿代表团回上海，参加全国学生总会组织的争取收回青岛的活动。他看到中国政局纷乱，决意弃学从戎，图谋前程。不久，便考入广东李根源主办的韶关讲武堂。受训期间，他与该校教官郭松龄交结甚密，到毕业时，恰逢郭挂鞭到奉军任旅长，他便紧随其后，投在郭的第八旅中任排长、中尉连副等职，后升任东三省镇威上将军府警卫团上尉连长、中校参谋。此时其妻病故，郭松龄充作月老，将义女邱毓芳介绍给盛，不久便喜结良缘。邱后来成为一位能干而有政治活动能力的人，平素参加盛世才的重大政治活动，是盛的一位得力助手。他们婚后生有三子二女。

第一次直奉战争后，张作霖锐意整军，选派少壮军官出国深造，经郭松龄保荐，他被张作霖选中，携眷再次东渡，进入日本陆军大学学习。1925年，郭松龄倒戈反奉，邀盛回国协助举事。盛应命回国，在郭部任营长。郭举事不久，即被张作霖打败，郭本人兵败身亡。盛世才仓惶逃返日本，但被张作霖取消了军费留学资格。后得孙传芳、冯玉祥资助，得以在日本陆军大学完成学业。

1927年，盛世才回国，先在国民党军贺耀祖部任参谋，后调任国民党革命军总司令部任上校参谋，并兼任中央军校附设军官团教官。翌年任代理行营参谋处科长，1929年，调参谋本部第一厅第三科上校作战科长。他曾对同乡说：人不能作“既不能令，又不受命”的“绝物”；要想干“革命”，就得“能令”，取得“能令”的起码条件；尽管你“能令”的范围不大，你总可以找机会把它变大。

因此，他不甘久屈一个小小科长职位，经多方活动，先于1930年回沈阳拜谒张学良，想谋得东北讲武堂教育长的职位，未果，便到南京窥伺时机。这年夏，适逢新疆省主席金树仁派其秘书长鲁效祖到沪、宁延揽军事人才，他便通过鲁交结甚厚的彭昭贤介绍，与鲁结识，表示愿去新疆，为鲁所接纳。是年秋，他辞去参谋本部科长职务，整束行装，携眷西行。路经大连时，对密友赵铁鸣说："革命也得有资本；有了资本，纵然没有革命组织关系，革命组织也会来找你，只要你表示革命。""此行乃破釜沉舟，有进无退，吾必远到边疆另创一个局面，将来或作一东亚总司令亦未可知。"

二、远赴边疆图谋大业

1930年底，盛世才抵达新疆，在鲁效祖家住了一个星期，金树仁素对南京参谋本部的军官怀有戒心，故不愿见他，也未给职务予他。后经鲁说项，才勉强委他为督办公署参谋处中校参谋、上校参谋主任兼卫队营教练等闲职。盛本意到新疆一展抱负，却只得了个备而不见用的参谋，所遇非所期。加之他常以军事专家自诩，到新后一举一动十分矜持，颇为同行嫉视，便想谋取一任县长做做，名分不成，先发笔小财后，回内地另谋出路。但来新时的一腔宏图，又不甘就此作罢，遂隐忍待机，转而处之勤谨小心，委曲求全，对金树仁惟命是听，以求逐步博得金的好感。经过一段时间努力，被金委任为军官学校战术教官。他便利用这一接触军队军官的机会，蓄意经营，作深远图谋。当时，他是新疆惟一受过正规高等军事教育的人才，在学校表现得十分谦恭下士，对人特别客气，尤其对学生极力拉拢，以先进的军事技术教育学生，很受学生欢迎。他即以学生为基础，培植自己的势力，这些人后来大都成了他夺权和统治新疆的骨干力量。

1931年2月，哈密东小堡镇的卡官张某强娶维民阿布都的女儿，激起了维民的公愤，杀了这个卡官和他的爪牙，群起反抗官府。这一事件发生时，也正值哈密郡王因王权被夺，遂与金树仁政府发生了严重矛盾；其所属维族农民在"改土归流"中又受到金树仁政府的巧取豪夺，对金政府益发仇视。小堡暴动发生后，哈密王府的上层分子——王府军官和加尼牙孜、总管尧乐博士，利用维民仇恨官府的心理，取得了这个自发的农民反抗运动的领导权，乘机掀起了一场大规模的民族仇杀和卫护王权的武装暴动——"哈密事变"。事变发生后，金树仁令驻哈密的省军师长刘希曾派兵镇压，为维民所败，后增兵一团往剿，途中也被和加尼牙孜追袭，几乎全军覆没。和加尼牙孜邀请甘肃马仲英率部入疆。马部首先攻占哈密，接着把矛头指向乌鲁木齐。金树仁又派鲁效祖为援军总司令，盛世才为总司令部参谋长，带兵开赴哈密，与马接仗，被马打得大败而归。金树仁鉴于局势严重，改派伊犁屯垦使张培元为前敌剿匪总司令，仍派盛世才为总司令部参谋长，联合以巴品古特为团长的白俄"归化军"再度向哈密进攻，9月，把马仲英击败。马部败退甘肃，和加尼牙孜亦率部退避八大石山。

1932年，新疆战端再起，盛世才被金树仁任命为东路"剿匪"总指挥。其时，马仲英已率部投归陕西省主席、第十七路军总指挥杨虎城。但马并未放弃夺取新疆的企图，再度派遣部将马世明、马占仓领兵进入南疆，同和加尼牙孜联合进攻哈密。7月，盛世才统率省军与“归化军”，深入南北山中“围剿”和加尼牙孜，经过四十余次大小战斗，攻破八大石山，摧毁了和氏的主要根据地，迫其逃亡国外。8月，和氏得到外国一批军械物资的援助后，又回到南疆集结部众，与马世明相配合，向鄯善、吐鲁番进攻，南疆形势危急。盛世才又奉命率部进军南疆，很快打败了马世明与和加尼牙孜，夺回了鄯、吐两地。

1933年1月，马世明纠集残部，以突袭动作攻占乌鲁木齐之咽喉要地达坂城，接着挥兵直捣乌鲁木齐，于旧历除夕围攻省城，省府告急。盛世才奉命北上解围，在六道湾与马军遭遇，一场短促激战，将马军打败。在这一系列的作战中，他屡战屡胜，被誉为“常胜将军”。

盛世才从担任东路军总指挥独掌兵权开始，在作战与治理部队方面，都采取了一些独到的做法。在作战中，虽然仗打的次数多，但本身所受损失少；与敌方小接触多，主力决战少，胜不穷追，败不骤退。他还采取各种手法收揽人心，瓦解敌军。在管理部队中，采取恩威并重。行军时，与官兵同甘共苦，不贪财爱色，不吸食鸦片，不私苟取一物，不侮辱妇女，以此树立声誉，博取部下的拥戴；同时他以作战利益说服部下。在部队经过的地方，胜利时不骚扰，败退时不抢掠，对伊斯兰教人民与俘虏进行抚慰，不打不杀，并不惜重金收买拉拢居民、俘虏为己所用。有时对俘虏许以高利厚禄，派其深入各地，刺探军情，拉拢敌方官兵，离间瓦解敌方内部团结。这些做法，使不少地方民族与俘虏对其发生好感。一时声誉鹊起，威望大增，不但受到部队的拥戴，使人对他刮目相看，甚至有人以一睹从前线回来的盛总指挥为荣。他也凭借这个资本，来往于各衙门之间，对有地位的官僚和握有军权的军官深相结纳，得到了军政界的重视，也得到了金树仁的器重，从而初步打开了他在新疆的局面。

三、抓住时机窃得大权

由于金树仁自1928年执掌新疆的统治权后，对新疆各民族的压迫、剥削和奴役十分残酷，其所使用的甘肃河州同乡和亲信党羽骄横跋扈，助桀为虐。当时新疆各族人民讥讽这些人为“早晨学会河州话，晚上就把洋刀挎”；又说：“只要学会河州话，一任县长满载归。”他们强种强占民地，霸占强娶维民妇女，横行新疆，激起了新疆各族人民对金政权的仇视与反抗。

继“哈密事变”后，各地民变相继而起，蔓延新疆全境，加之从土耳其留学归来的喀什人沙比提大毛拉利用宗教关系，在喀什组织东土耳其斯坦共和国，企图借机使新疆脱离中国版图，其自封为国务总理。拥兵喀什，攻陷阿克苏，占领库车；和阗的夏满素尔亦在美帝国主义者扶植和唆使下，在和阗组织回教国，自称和阗王。盘踞和阗，进攻巴楚，占领莎车。当时全疆各地除省会以西县城尚在金树仁的控制下以外，南疆、东疆各地县城全部独立，交通电讯完全断绝，加之乌鲁木齐城内糖煤告罄，市民饥寒交迫，怨愤情绪日益增涨。

金政府的参谋处长陈中，久蓄取金而代之的抱负，认为时机已到，便与迪化县县长陶明樾、航空学校校长李笑天密谋，联络“归化军”的领袖巴品古特和维族牧民于1933年4月12日实行政变，突然包围省政府，金树仁毫无自卫之力，仓惶逃离省城。时盛世才领兵驻扎在离乌鲁木齐城四十里外的乌拉拜，因距省府较远，对事变发生毫无所闻。事变发生后，金树仁派人命盛世才率部火速回城平乱；与此同时，政变领导人之陈中、“归化军”首脑巴品古特亦星夜驰往盛的驻地，要盛支持政变，推倒金政权，共同主持新疆局势。

盛出于对情况莫测所以，决意两面应付，相机行事。第二天，他领兵进占乌鲁木齐城东名为“一炮成功”的地方，见金树仁调集的各路省军与起义军激战犹酣，胜负未见明朗，便居高临下，按兵观望。他打的如意算盘是：如果起义军把省军打败，自己就凭借手中军队势力，因时乘便，分享政变成果，然后徐图独统新疆；如果起义军被省军战败，即率部“剿匪”平叛，金树仁也定会更加倚重于己。

当日，起义军把省军战败，于14日召开了临时维持委员会，商选新的领导。盛世才此时手中握有相当的兵力，而且又近在省城，加之几年来平息“哈密事变”中常打胜仗，在各界人士中树立了一定的威望。虽然政变者都想取代金树仁，但均因力量有限，深知没有盛世才的支持，要想保住胜利果实是困难的。东北义勇军虽然具有势力，但该军首领郑润成等自度所部客驻新疆，势力和声望均不足以收拾新疆这个乱摊子，并且想早还内地另谋出路；且与盛世才有同乡之谊，盛若当上了督办，他们此后或去或留，总有方便，因而对盛自然表示支持。“归化军”首脑巴品古特，军力更弱，为结缘盛世才这样一位势力人物，以作靠山，于是首言提议：“新省局势未定，盛总指挥亲历戎行数年，所向有功，应选为临时督办。事变当夜组成的临时军事委员会即行取消。”巴品古特的提议得到了与会者绝大多数的赞同，盛世才便一跃而成了新疆临时督办。

盛世才从入新几年的经历中感到，虽握有兵权，但不拉拢地方民族中的头领，新疆局势难稳定，不提出一些冠冕堂皇的政纲，不足以吸引和取得民心。当他被推选为临时督办时，故作谦逊姿态，表示愿与大家共扶危局，并提出新政府应广罗各方人士，尤其是民族人士来参加；应取得中央的承认与本省各区军政大力赞助；同时还应提出新政府的施政纲领，铲除金树仁时政的种种弊端，俾一新气象，争取人心。并致电南京政府，陈明事变原因与经过，请中央正式任命盛来收拾新疆局面，从事新疆建设；同时分电省内各区，以汉、维文布告各族人民，号召各方拥护新政府，创建新局面；接着宣布了施政纲领——八大宣言。其总纲为：实行民族平等，保障信教自由，澄清吏治，改良司法，整理财政，实施农林救济，扩充教育，推行自治政策。提出了以反帝、和平、建设三大政策，以后又增加民族平等、清廉、亲苏三项，合为六大政策，藉以安定人心。盛世才的这一套施政纲领颁布之后，乌鲁木齐各阶层，对他寄予很大希望，并自发地举行了一次游行集会，表示对盛新政策的拥护。

盛世才登台以后，便把争取苏联的谅解与援助作为巩固他的政权的主要措施之一。

同年5月，他先派外交署长陈德立到苏联驻新领事馆去见孜拉肯总领事，表示盛政府愿以金树仁与苏联签订的贸易协定为基础，进一步增进两者间的友好关系。之后，他又派陈德立、姚雄去莫斯科进一步洽谈，取得了苏联政府的承诺。

为了进一步取得苏联信任，9月，他设宴邀请苏总领事孜拉肯、副领事甘宁到家做客。饭后共入书房。盛预先特在书架上摆了《资本论》、《共产党宣言》、《列宁主义问题》等书，并向孜、甘说，这些书是他密藏的。他在学生时代就信仰共产主义，即使在金树仁白色恐怖时期他也经常研究马列主义和社会主义。他认为中国只有走共产党的路才有前途。因此，希望与苏联合作，在新疆建立苏维埃政权。孜离开盛府时，盛还向他们每人赠送了一份贵重礼物。孜拉肯回去后即向苏政府报告说，盛世才相信共产主义，对马列主义研究颇有心得。斯大林由于对盛了解不够，未置肯否。盛执政初，危机四伏，得不到苏联支持的肯定答复，颇为焦急，于是再派陈德立直赴莫斯科求援。

但苏联仍对盛半信半疑。11月，改派阿布列索夫为驻新总领事，以甄真伪。盛转而千方百计接近阿，凡事均与阿商议，对阿的话百依百顺，终于取得了阿的信任。阿氏向苏联政府呈文，尽言盛亲苏之诚意。

而当时苏联政府基于其国土与新疆接壤数千里，帝国主义一向把苏联中亚看成是脆弱的地方，从十月革命后就一直未曾间断过向中亚渗透，而新疆则又被帝国主义看成是向那里渗透的跳板。特别是“哈密事变”发生后，帝国主义因利乘便，更加深了对新疆的活动。英国政府、日本天津驻屯军都相继派遣人员到新疆活动，鼓动新疆少数民族脱离中国，并策动大土耳其主义分子，在新疆建立“东土耳其斯坦共和国”的反苏政权。这些事实引起了苏联当局的严重不安，因而盛世才提出的反帝、和平、亲苏等政策，便得到了苏联的重视，亦乐于给盛政策以支援，苏联《真理报》不断揭露帝国主义染指新疆的阴谋，同时报道盛政府宣布了改革行政，实行各民族一律平等政策，可能同变乱各个领袖达成协议，实现和平等消息，以表达对盛政权的希望。斯大林、莫洛托夫还联名打电报给苏驻新疆领事阿布列索夫，要其转告盛世才，苏联对新疆无任何野心，并将继续给新疆以无私援助。

此后，苏联即不断给盛政府提供军事援助，在经济上以及技术人员方面，也不断给予支援，派大量的专家、顾问参加盛政府工作，协助整理财政，计划经济建设，整编军队，开展贸易，帮助建炼油厂、学校、医院。仅一年内就曾给盛政府贷款500多万卢布，其中100万用于修公路，其他用于买武器、办工厂。这些对初创政权的盛世才来说，犹如雪中送炭。

四、巩固地位左冲右挡

盛世才虽然摄取了“四·一二政变”的果实，取得了政权，但地位并不稳固。所占地区实只有迪化、塔城、呼图壁、昌吉、乾德、阜康、偃合远等几座县城；其兵力在乌鲁木齐的部队不过6000余人。此外，还有少数分布在所占县内据点；粮食也严重缺乏，只能维持二三个月。

其时，新疆还有马仲英、张培元两股势力，形成三强鼎立新疆的局面。马仲英占据了北疆的哈密、镇西、七角井、吐鲁番、鄯善及南疆的喀什等富饶地区。盛之所占昌吉、呼图壁、阜康等地也都在马部包围之中。马之所占地区进可攻退可守，其前哨距省城只有五十公里，而且据有万余兵力，势力远胜于盛世才；张培元占据伊犁广大地区，兵力数量不下八千，亦多于盛世才，并与马仲英结成反盛联盟，联合向盛世才进攻，企图摧毁盛政权取而代之。

在此情况下，盛世才对马仲英、张培元连续进行了三次战役。采取了对内蒙蔽入新东北军，利用其打回老家去的心理，许以打败新疆各敌对力量之后，即共同打回东北去，驱使其为自己卖命，对外借助苏联力量，夹击敌部；对敌采取军事打击与谣言离间相结合，迭挫强敌，扫除群雄，初定大局。

在盛世才忙于夺取“四·一二”起义成果的时候，马仲英瞅准他无暇他顾之机，率部进击木垒河，驱逐了省军，直捣乌鲁木齐。当马部进军到七角井时，盛世才始得消息，仓促督领省军、东北军及“归化军”5000余人迎击马军，当抵达三台时，获奇台失守消息，又深恐留守省城之郑润成与金树仁政府遗留下来的人员串通，乘他率兵远行之机，从内发难，故领部匆匆归返省城，即以民众联合会的名义，致电马仲英呼吁和平。马仲英为争取人心，回电同意互派代表进行商谈。盛世才派赵国东等五人为代表参与谈判。6月8日，双方代表在省城谈判。马方代表提出，要盛作省主席，马作督办；而盛世才的条件是请马回南疆，任南疆绥靖总司令，与马平分天下。因双方意见相差甚远，谈判告吹。马仲英便先发制人，继续挥兵进省垣，盛世才率军迎击。6月12日，两军在阜康、孚远间的滋泥泉接触。盛部系省军、东北军、“归化军”三部组成，训练欠精，组织不严，指挥不灵，一经与马军接触，便被打得七零八落。入夜后，两军犬牙交错，进入混战。盛世才带少数卫士隐蔽在一座围墙内，一部分马家军从旁边跑边喊：“督办在哪里？”盛卫士答以“在那边呢。”方骗过敌军，幸免于被俘。正值危难之时，天气骤变，雷雨交加，夜黑如漆，马家军因从三台急进而来，衣着单薄，不堪支持；加之相互失掉联络，竟发生自相混战，先头部队便于黑夜中自垮。次日，盛世才重整部队，意欲再战，但马仲英闻先头部队失利，深恐和加尼牙孜趁机发难，切断归路，便领兵退向吐鲁番，从而为盛世才整肃其内部赢得了时间。

1933年12月，控制乌苏玛纳斯地区的张培元乘新疆四分五裂之机，自伊犁进兵乌鲁木齐，并截获了盛世才自塔城运往省城的军火。新疆战端复起。盛世才为了争取时间，曾两次派广禄等人前往伊犁，与张修好，但未为张所接受，仍兴兵进击。盛世才自度凭己之军力，难以迅速挫败张军。便一面集结力量迎敌，一面派员往苏境，请求苏红军援助。当张部前锋1500余人，由杨正中带领进到呼图壁西三道河子的时候，盛世才任命刘斌为伊犁警备司令，率东北军骑兵4000余人西向迎敌，双方在三道河相遇，仅一天激战，杨正中部败走。时苏联红军应盛所求，突然进占伊宁、绥定、惠远，没收了张培元的军火物资。张培元惊恐万分，无心再战，企图越过达坂南去，当行到铁板沟时，发现部众逃亡过半，见大势去矣，便在一民舍中写下遗书后，举枪自戕，所剩部众转入南疆与马仲英会合。从而，盛世才消除了在新疆的一个最大劲敌。

就在盛世才集中力量对付张培元之际，马仲英乘盛部力量西去，省城空虚之际，于1934年1月12日，统率主力7000余人，一举突破盛部在柴窝铺、芨芨槽、乌拉摆的防线，攻入省城近郊；接着攻占了城东郊机场和电台，将飞机、电台尽数掠获，时省城守军不到5000，难以阻止马部猛烈进攻，盛世才急派外交处长陈德立、航空队长姚雄火速赴苏联，再次请求红军出兵支援。同时利用从马仲英部俘获的日本间谍大西仲为口实，制造舆论，指责马仲英勾结日本帝国主义，号召人民起来反抗，这对团结军民，尤其团结新疆境内东北军抗击马军，起了很大作用。

当马盛两军在省城垣相持之际，苏联红军应盛请求，再次派兵由霍尔果斯和塔城分两路入疆，首先在省城西头屯河击溃进据昌吉的马部，接着向城北马部进攻，马部挡不住苏联红军攻势，于2月11日撤围南逃。盛挥兵大举尾追。于3月6日克复达坂城，8日进入吐鲁番。马部节节南退，一直退到喀什，后转入和平，以皮山为前线与盛军对峙。至此，张培元、马仲英相继瓦解。盛世才在新疆境内已无强力对手了。

五、收揽人心初施新政

盛世才在消灭各敌对派势力之后，便着手恢复经济、改革行政，以巩固其独裁统治。

由于自“哈密事变”以来，新疆全境战乱不断，广大农村饱受战乱摧残，农业生产遭到严重破坏。1933 年全疆春播面积，据不完全统计，已由“哈密事变”前的 1000 余万亩减到 460 余万亩。加之夏天大旱，冬天大雪，牲畜成千上万饿死，冻死，各地都发生饿死人的灾情，连一些中层人士也常常几天弄不到粮食，军队给养无法保障，逼得士兵强闯民宅搜粮，所有这些，引起了新疆社会的全面混乱。

为尽快扭转这种不利局面，盛世才多次召开集会。他在会上说：“新疆的财政收入，主要是田赋、牧税和关税，农牧业生产不恢复，政府的收入便会枯竭，民食军粮问题将无法解决。这样下去，不但社会秩序难以维持，就是县长这个缺也将无人敢于尝试。”于是，他在省政府组设了设计委员会，聘任了一大批官吏为委员，分设军事、建设、市政、农矿五个组，全面规划建设。他先从恢复农牧业抓起，组织专人，进行扩大春耕宣传，并拨出专款与种子，贷与农民，在一些地方还贷与耕牛、马匹。

工作面虽只限于北疆，而效果却相当好，经过两年之后，农牧业生产得到了恢复。1935 年，春播面积较 1933 年增加了近一倍。盛世才还聘请苏联专家哈尔曼等担任财政、银行顾问，还从苏联购进大批新式农具，或售或贷与农民。在一些地方还建立了农牧场。由于农牧业的恢复和发展，对新疆社会的安定及盛政权的巩固起了重要作用。

从盛世才政权建立之日起，军政开支主要是依赖发行纸币，但由于物价飞涨，一般公教人员的月薪收入连自己都养不活。盛世才便着手整理财政，主要从几个方面入手：首先为了稳定公教人员的生活和情绪，设立了公教员消费合作社，把公教人员（包括眷属）的生活必需品由政府包下来，以十分低廉的价格，按定量每月配给；对高一级的官员还发给车马费，由官员自己支配。自采取这个措施后，使公教人员一般都能安心工作。

其次是裁汰冗员。在财政厅苏联顾问的建议下，成立了各机关整理委员会，现场清点各机关人员，彻底清除了兼职兼薪现象。对编余人员和部队编余官兵，或派往外区县，充实地方机构，或资遣回乡务农。编余的军队官兵，大部分被编为屯垦大队，自耕自食外，还给政府提供剩余物资。

再次是财政改革。金树仁当政时期，新疆财政是从不予结算的。盛世才于 1934 年成立了财政委员会，以陈立德为委员长，苏联顾问米哈尔曼为副委员长，并在米哈尔曼的支持下，建立了统一预决算制度。各地财政局的收支预决算，一律由财政厅拨给，专款专用，节余一律上缴。是年，盛世才还成立了财政监察委员会，该会有权随时到各机关检查账目、库存、审核预决算。凡地方官吏、军官贪污款项达 100 元者即行判处死刑。他的心腹团长权中海因吃空额而被枪决了。同时还有几位县长也因贪污而被枪决。

此外，盛世才还下令禁鸦片、赌博、贪污不良风气，并吸收少数民族头领参加政府工作。上到省政府副主席、各厅厅长，下到各行政区、县都有少数民族的人担任副职领导，少数民族学校、报纸均相继建立和发行。各地小学一律官费（包括学生膳食、书籍），政府还资送各民族青年到苏联等国留学，学习先进科学技术。他的这些作法，迷惑了不少人，有的还认为盛政府是开明或进步政府。

六、清除异己心狠手辣

盛世才还认为“四一二政变”的主要发动者陈中、陶明樾是不会甘心把政变所得果实白白地交给他的，因而对他们的行动十分注意。随时都在寻找时机，意欲乘他们羽毛未丰满之际将其除掉。

他早在“四一二政变”发生之时，就注意到国民党政府想乘机染指新疆，他与刘文龙虽然夺取了新疆政权，但南京政府对两人的职务一直未予承认，并在盛马相争之际，派参谋次长黄慕松于1933年6月10日飞抵乌鲁木齐，随即建立宣慰使署，四处活动，广揽人心。他对黄到新之目的实为夺权而来这一点十分清楚，故对黄的行踪极为注意，广布侦探，黄的一举一动均在其掌握之中。

当他看到陈中想通过黄来废除督办制，企图取而代之时，便决定先发制人。6月26日，借在督办公署东北花园召开临时紧急会议为名，约陈中、陶明樾、李笑天前来与会。他预先在通向东花园南便门设以伏兵。当陈、陶、李应邀前来，刚踏上东花园便门时，便为伏兵所擒，不容分说，立即拽入园后枪杀了。当会场听到枪声后，盛便取出捏造的陈中诱惑他的部下卢毓麟、马得山两团长谋叛的所谓“密函”，声色俱厉地说，陈中等在局势未定之际，破坏团结，诱引省军谋叛，已予处决，并声称他本人既无才无德，亦不愿恋此高位，即将率部前往塔城，说罢拂袖归宅。

刘文龙本来对盛是不甚惬意的，见景吓得不知所措，当即痛哭流涕，也表示要辞去省主席职位。其他与会者明白盛这一手，只是故意做作而已，通过他对陈中等人的杀害，无不震慑，便一致对盛、刘恳切慰留，并一齐赴黄慕松处，要求其速电南京，请求维持督办制，对盛、刘职位早日宣布。黄慕松未曾估计到盛如此棘手，一时也莫能为计，为了自身安全计，乃于29日致电蒋介石、汪精卫：“……新疆地处强邻，情形复杂，隐忧四伏，非定重心，难期安靖，查临时督办盛世才、临时主席刘文龙，辛苦维持，业经数月，拟请中央即予宣布。庶名位既正，责任更专，有裨时局，殊非浅鲜，伏祈鉴核，迅赐发表，以定人心。”

盛见目的已达到，自然又出来任事了。6月30日，他与刘文龙联名电报南京行政院与军事委员会，电内首以平定马仲英叛乱“殊功”自诩；接着申述陈中等勾结谋叛，证据确凿，已予捕获枪决；末述新局初定，请中央即派关心边局的陈立夫、彭昭贤、刘光、张凤九来调查真相。刘文龙还另电新疆驻南京代表张凤九，请与中央各方接洽，早日发表对盛的任命。黄慕松见已身遭盛软禁，呆之下去生命有虞，便于7月中旬悄然内返。南京政府对盛亦莫可如何，遂于8月1日发表盛世才为新疆督办，刘文龙为省主席。

接着盛世才又把注意力转到消灭在新疆的东北义勇军将领上面了。

1933年，东北吉、黑省的抗日军在日本侵华关东军优势兵力的围攻夹击、弹尽援绝的情况下，在国境内无法立足，便纷纷转入苏境。是年夏，分八批由苏联假道进入新疆，分别驻扎在乌鲁木齐、昌吉、呼图壁一带，拟稍事休息即续行入关，继续抗日。对盛世才来说，有了这么多的东北同乡，在新疆作一番事业就更无问题了，内心更有说不出的高兴。东北军也为有盛这么一个当总指挥的同乡，对今后在新疆立足或干事也觉有所依恃。因而盛世才在夺取政权之初，以及与马仲英、张培元作战中，也确实利用了东北军的力量，方迭挫对手。

但自南京政府派黄慕松入疆未达目的，8月17日改派外交部长兼司法行政部长罗文干到新疆，再谋夺权。罗入新后，对东北军进行拉拢，以牵制盛世才，加之东北军在一次交战中，悍将刘快腿阵亡，使东北军将领觉得把命卖给盛世才不值得，又虑及在新疆一时难以打开局面，便有部分人员和张培元、马仲英都有联系，企图返回内地另讨出路。张培元拉拢东北军，任命吉林自卫军第二十六旅旅长王孝之作其参谋长，并派人到乌鲁木齐招引东北军军官往伊犁投效，以孤立盛世才。黑龙江省救国军十五旅旅长郑润成，救国军总部参谋长苏国，吉林自卫军总部参谋长杨耀钧、自卫军旅长应占彪、刑占清、徐国光等人，既不愿久留新疆，而平素对政局又多所议论，交结面颇为广泛，有时以客军自居，不买盛的账。

盛见东北军将领怀有异志，已不能为己所用，更害怕其肇事生乱，危及政权的稳固，便决定先发制人。9月下旬，盛亲自率军进攻达坂城，与马仲英交战少许，东北军便溃退下来，有的甚至收拾行装，准备东逃，遂使全局受到影响。盛便决计抓住这一把柄，对东北军首领开刀。10月间，以召集军事会议为名，当场逮捕了郑润成、杨耀钧、应占彪、苏国、徐国光等人，律以临阵脱逃的罪名，将其全部收监，后在狱中把这些人全部绞杀。

盛世才在逮捕东北军将领不久，又软禁了省主席刘文龙。刘文龙是清末以候补知府到新疆的，在经济和政治上都颇具势力，任省主席后，在政见上，尤其对待马仲英的问题上，主张不再动干戈，用谈判来解决问题。这个意见与南京特派员罗文干相一致。当时有的人还主张把新疆划分为二到三个省，以解决割据群雄之冲突。盛见刘文龙有碍自己独霸新疆，便决心把刘搞掉。他先设计逮捕了自己的卫队长颜廉和副官长曾统，施以酷刑，逼使他们自诬搞暴动，谋刺督办，夺取政权，并将此事与刘文龙攀拉上，将刘及其全家软禁，迫令刘辞职，指定年迈多病的老官僚朱瑞墀为省主席。此外，他还借此逮捕平素活动面广、喜谈时事的裘大亨、李凤翔等人，不久将其全部杀害。至此，盛世才已集军政大权于一身，初步实现了独裁统治。

盛世才长得身材魁梧雄健，有着浓密的双眉和粗黑的胡须，圆溜溜的眼睛，谈起话来略为口吃，白眼珠多而且不停地左右旋转，从眼神上反映出他对谈话对象的深刻观察，似乎要从对方内心挖出其所思所想。话中总带着怀疑口吻，给人以阴骛和要对他处处留心的印象。而他的为人也确如其表。他对人常持怀疑态度，为防止别人背地里做出不利于他的事，于1934年春建立了督办公署勘探队，成为其正式特务组织，专事负责监督和惩处他所认为的危险分子。为遮人耳目，他制造了一个又一个所谓"阴谋暴动案"，戮杀了数万人的性命。省银行行长宫振翰以及盛世才的老友赵铁鸣，平时对盛的独裁统治多所议论，不慎被其所知，便冠以非议省政罪名，于1936年将宫逮捕，赵亦同时被软禁。他在召集各机关首脑会议上，就此事借题发挥，警告大家说："赵孟能贵之，赵孟能贱之。"提醒与会人注意绝对服从他的领导，其命运的荣枯全操纵在他的手掌之中。1937年8月间，他感到省副主席和加尼牙孜等人有碍他的政权及所定政策的执行，便制造了和加尼牙孜建立反政府组织，阴谋刺杀督办推翻现政府的"阴谋暴动案"。他先在一次露天大会上，由卫士宣称有歹徒准备跃上主席台谋刺督办，并将已卸任的精河县长张九泉等人逮捕，以严刑逼其供认阴谋刺杀督办。接着要其军法处长冯梁找到民政厅长蓝彦寿,动员其交待参加以副主席和加尼牙孜、省府委员蒙古汗王满楚克扎布为首的反政府组织的经过与反动组织的情况,并要其按照盛预先编好的话来说,说这个组织是由日本帝国主义和国民党所策动的,在新疆吸收了不少人,并且已拨来大批金钱等等。表示只要坦白交待,交出关系,督办一定从宽处理并给予奖赐。对这种无踪无影的事,蓝一再向冯梁表示自己一向拥护盛政府,从来没有参加过什么反动组织。盛见蓝违背己意,勃然大怒,将其逮捕,施以酷刑,使梁屈打成招,按照盛的编造进行"口供",把和加尼牙孜、满楚克扎布等几百人都攀拉上,盛将其尽数逮捕,并于10月下旬在省城召开露天大会,报告该案破获、捕审经过,通电全新疆。电报南京和苏联最高当局,声称这个阴谋组织,是以日寇、托派及乌孜别克民族主义者为背景,受日寇指挥和经济支援,在新疆从事颠覆政府,策应日寇侵华战争,破坏中苏邦交,切断国际支援抗日战争物资补给路线。在致苏联最高当局的电报中,还请苏联派员来新,协助审理。此后,盛又发动全疆各区公安部门将县的大部分行政首脑、地方土绅、大资本家捕押,解送省城,将他们家产全部没收。盛将各行政首脑遗缺,全部选派亲信担任。他所制造的这一"阴谋暴动案",不但把他的政敌和认为靠不住的人尽数除掉,同时也发了一笔大财,新疆各区大财主的金银财宝尽数落入他的私囊。

1940年,爱国民主人士、新疆学院院长杜重远,因多次在集会演讲和刊物上撰文,抨击盛政府政治上的种种弊端。盛世才认为这些言论有损于自己的统治,遂对杜重远深怀恶意,蓄意除之。经过精心策划,他制造了一起称之为"汪精卫系统的阴谋暴动案",将杜逮捕。他对外宣称,新疆又发生了以杜重远为首的"汪精卫系统的汉奸案",说杜重远在抗日战争前就同汪精卫有来往,汪投日后,杜即附汪,携汪秘密使命混入新疆,并陆续把其党羽介绍入新,进行阴谋活动;还说杜把城防营长王兆庆拉入伙,并把省城和外区的军政首脑吸收到阴谋组织之中,准备在1939年"九一八"发动武装暴动,如果准备不及,则延迟到1940年"四一二"举事。盛还把杜的所谓力量分成三支:一支是以公安管理处副处长库尔班尼牙孜为中心的"帝国主义、托匪间谍案",罗织在内的是少数民族中的官吏和商民;一支是以阿山区行政长沙里福汗为中心的"武装暴动案",罗织在内的是阿山区行政、经济、文教等机关首脑和牧民中的头人,宗教界长老;一支是边务处的主要干部和军政界首脑和干部,所牵连者达数千人。盛世才为了炮制这一案子,于1939年秋逮捕了杜重远的秘书孙某及库尔班尼牙孜的随从兵热白都拉等,进行严刑逼供,命其交待杜的"罪行",然后将杜等逮捕。杜在狱中被折磨得死去活来,几次自诬又几次翻供。最后,盛世才令人将其毒死在狱中。被捕的这一大批人,有的被毒打致死,有的被毒死、绞死,有的被枪杀,有的遭长期监禁,成为新疆历史上最大的冤案、惨案之一。

七、反共杀弟投靠蒋氏

1942年3月,盛世才又炮制了一起所谓"空前的带国际性的错综复杂案",逮捕和杀害了新疆的一大批共产党人和进步人士,以作为投靠蒋介石的见面礼。

为了掩饰其目的，他先逮捕了一些人，用毒刑逼迫其攀拉他所计划清洗的对象，给这个案子勾画了基本轮廓。这一次，是以“桃色政治事件”为起点而展开的。“桃色事件”是针对他的四弟盛世骐的，盛世骐时为新疆机械化旅旅长，曾留学苏联。盛世才怀疑四弟是共产党员，加之盛世骐在一些政治问题上与乃兄持不同意见，且人缘关系较善，因而他深恐其弟对自己造成威胁，于是决意借机一道除之。1942年3月19日，经他策划，将盛世骐暗杀。接着他便借此一事，大作文章，先是逮捕了盛世骐之妻陈秀英和省秘书长邱宗浚(盛世才的岳父)的小妾姚执中，施以酷刑，逼其自诬与土产公司经理肖作鑫、马郊通奸，又在肖、马二人的拉扯下与外国人通奸，最后奸夫利用这种关系，使她们刺杀盛世骐和邱宗浚，以造成混乱局面，夺取政权。制造这一案件后，开始了大捕杀。将财政厅长臧登峰、教育厅长李一欧、民政厅长周彬、和田警备司令潘柏南、行政长卢毓麟、喀什行政长陈方伯、新疆日报社社长王宝乾、焉耆行政长于德一、塔城行政长赵剑峰、哈密行政长刘西屏、编译委员会会长孟一鸣、财政监察委员会委员长王齐勋、军官学校参谋长郭德祺、机械化旅参谋长彭焕书、团长赵景棠等逮捕，并于四五月间尽行杀害。

接着，盛世才利用盛世骐被暗杀事件，栽赃为共产党所为，无中生有地称之为“空前的带国际性的错综复杂的阴谋暴动案”。他声称梁寒操在苏联领事馆领导下组织暴乱，并以此为由，于9月5日，通知苏联驻新领事馆，令其撤走全部专家、顾问和驻星星峡的苏联红军。9月17日，将中共中央驻乌鲁木齐的八路军办事处负责人陈潭秋、毛泽民、林基路、李云扬、李宗林逮捕，并将在外区工作的中共党员及其家属陆续逮捕押到乌鲁木齐监狱，施以酷刑，逼其变节。1943年9月27日，将陈潭秋、毛泽民、林基路等主要共产党人杀害。其余人员一直到盛世才离开新疆后才释放出来。在他的一连串血腥清洗中，使人们摸到了他统治的一条规律，即是文官升到厅长，武官升到团长，便要准备后事，等候入狱了。多数政府、军队官员惶惶不可终日，普遍担心今晚脱下的鞋袜，明朝还不知能否穿上。许多人都不愿升官，一升官不是高兴，而是全家抱头悲泣，深恐清洗的厄运降到自己头上。

盛世才在新疆大力开展反共反苏，杀害在新疆的共产党人士等一系列行动，深得蒋介石的赏识。1942年，他被蒋任命为第八战区副司令长官。1943年7月，他又被任命为新疆省党部主任委员、督办公署特别党部特派员、中央训练团新疆分团主任、中央军校九分校主任、西北运输委员会副主任。

8月31日，宋美龄代蒋介石飞抵新疆，对盛世才的归顺表示抚慰。宋到达机场时，盛组织了新疆历史上空前的欢迎集会，成千上万的人在机场摇旗欢呼，对宋表示欢迎。盛亲自到机场迎接，与宋握手寒暄后，迎宋到督署西大楼盛世才的家里，宋的卧房被布置得豪华富丽。当晚，盛世才在西大楼举行盛大宴会，为宋洗尘。宋即席讲话，对新疆在盛督办治理之下，取得的巨大成就非常钦佩，望今后“百尺竿头，更进一步”，以三民主义为依归，把新疆建设成为一个“民有、民治、民享”的三民主义的新新疆。宋在新疆盘桓了一个月后才内返。经过宋的一番活动后，盛世才更坚定了公开反共的立场。

不久，朱绍良又到新疆，与盛正式达成协议：新疆党化。成立国民党新疆省党部，自上而下地发展国民党组织；新疆遴选干部进国民党中央训练团轮训，在新疆传播三民主义(包括开展国民党文化宣传运动)；物资交流问题；对外政策方面，新疆与国民党中央步调一致及新疆内部的整肃问题。是年，国民党新疆省党部正式成立，黄如今任书记长，林伯雅、童世荃、张志智选为委员。

随后，全疆各重要县份都成立了县党部，派遣书记长。

省党部一时成为新疆政治活动的主脑，许多重要的政治集会由省党部召集，省党部书记长和委员与盛世才共同成立了一个党组，随时对新疆省政提出意见，而且省党部的主要负责人还列席或出席新疆省政府的会议，对省政措施发表意见，从而使新疆省党部在当时有很高的权威。因此，许多国民党人自恃有“中央”作靠山，以征服者的姿态出现，轻视本地官员，对新疆省政措施随意加以抨击与指责，不少人本为贪图享受与谋取高官厚禄而来，到新疆后见目的不能达到，在失望之余大发牢骚，有的甚至公开骂盛世才，有的借机溜回重庆，有的装病请假回家，有的则与本地人搞磨擦。

在省党部高级人员中，反对盛世才最激烈的是委员张志智。张自恃是陈果夫的亲信，对省政抨击最烈，其他国民党的高级人员在盛世才共同召开的党小组会议上，更大肆当面批评盛世才多疑，作风不民主。

对盛世才这样一位骄纵成性的独裁者来说，简直是未曾想象过的事。他原想借国民党来巩固自己的统治，对国民党在新人员初始尚能容忍，敷衍应付，时未经久，却已开始戒备了。特别是国民党中央向他提出，要求多派人员到新疆“开发边疆”，企图以大批人员渗入新疆，然后取而代之，使他更觉威胁严重。

盛世才过去一向惟我独尊，不受任何方面约束。他把新疆政府和共产党、国民党合称为中国三大政治集团，自封为“天下英明领袖”；并且把自己的照片和斯大林、毛泽东、罗斯福、邱吉尔、蒋介石并列悬挂，称为世界反法西斯阵线六大领袖；新疆报纸上也称他为“伟大领袖盛督办兼主席”；在各种群众集会上高呼盛“伟大领袖万岁”；在《新疆日报》上，他的照片与毛泽东、蒋介石并列，称他是“蒋委员长的亲密战友”和“毛泽东主席的伟大战友”，俨然以当时国共两党以外的第三领袖自居。可自从投靠蒋介石之后，成了蒋的下属，要向蒋上呈文，再没有人称他是“伟大领袖”，向他高呼“万岁”了，“六大政策”代之以“三民主义”，“六星红旗”代之以“青天白日旗”，他的照片被从礼台上取下来，代之以孙中山遗像；他的命令再也不能通行无阻，处处受国民党人掣肘。这些都为他所不能容忍，也感到“新疆王”宝座摇摇欲坠，越发感到投靠国民党竟成了“引狼入室”，促使他不得不重新考虑与国民党中央的关系和如何对付国民党“开发边疆”的手段了。

当他 1943 年 9 月从重庆回到乌鲁木齐后，对国民党的态度发生了截然不同的变化，便经常托病不出席公开的集会，对国民党人员不再表示亲切，开始采取对策，企图把国民党势力逐出新疆。

八、投苏被拒虎狼离山

1944 年 4 月，他着手驱逐新疆的国民党人。先从清洗新疆政府内部的某些倾向于国民党的分子下手。

他把企图摆脱自己，曾到过重庆受训，时为国民党党部委员、国民党《新疆日报》社社长宋愈慈、副社长郎道衡、乌鲁木齐市政委员会主任委员王乃中、教育厅长程东白等人逮捕。6 月间，盛又开始第二次逮捕。他召集乌鲁木齐各大中学校学生在督办公署大院内训话，一开始就说，现在又发现"阴谋暴动案"，你们中间就有不少人参加，政府已经掌握了这些人的情况，现在给这些人一个自新的机会，凡是参加了暴动案的人，只要能够自首，政府一定从宽处理。说完要学生在铺有白纸的桌上签名自首，但没有一人签名。他便宣布："既然这些人不愿自首，甘愿放弃自新的机会，政府决定采取应有的处理。"接着从口袋里掏出一张名单，凡念到名字的站到一边，一共念了一百多人，这些人都被押送监狱，其罪行定为在教育厅长程东白领导下参加了"阴谋暴动案"。

从 8 月 11 日夜间开始，盛世才正式开始大规模逮捕国民党人员。国民党省党部书记长黄如今、委员童世荃、张志智、林柏雅等被逮捕。他还准备逮捕全新疆国民党军队首脑，曾打电话要国民党步兵七师师长李忠祥到他办公署谈话。李识破其诡计，不但没有去，反命令部队加强戒备，并通知其他国民党部队以防万一，使盛的计划才未得逞。这一次被逮捕的，几乎包括所有国民党省党部委员和大部分机关首脑及县党部书记，还有国民党第一二八师师长柳正欣。

盛在逮捕前，封锁了一切消息，但消息还是被中央迪化分社用自己的电台发到了重庆总社，并报到了蒋介石那里。蒋即令第八战区司令长官朱绍良飞新疆查明情况。朱到新疆后，盛向其说，被逮捕的这些人都是共产党混在国民党内，借国民党派遣人员入新的机会潜入新疆，伺机进行暴动。这一暴动的首脑是梁寒操，梁在迪化期间即在苏联领事馆驻迪化总领事取得协议，暴动由苏联领事馆领导，由外交部特派员公署苏联科科长丁慰慈负责联络，由黄如今、林继庸负责指挥，张志智、林柏雅、童世荃等负责组织，程东白负责联络学生，印刷厂长祁化成供给经费，并通过第一二八师师长柳正欣联络新疆的国民党部队，以国民党在新疆人员(凡被捕者全是"共产党")为主干，策动地方人士一举推翻盛世才政权。

朱绍良把他这番巧说报告了蒋介石，蒋知道盛的做法与动机是针对国民党政府的；加之盛在见到苏联反法西斯战争已取得了决定性的胜利，企图再次投靠苏联，派员到莫斯科，要求与苏重修和好。他本人还打电报给斯大林，表示要"悔过自新"，并且再次表示要加入苏联共产党和将新疆划为苏联的一个加盟共和国。但他的要求遭到斯大林的拒绝，并把其电报转给了蒋介石。

蒋决定把盛调离新疆，另任农林部长。朱绍良再度飞迪化，向盛传达蒋的意见。盛感到抗命于己不利，只好表示接受。8 月 29 日，中央社公布了这一消息，改由朱绍良代新疆省主席。第二天新疆报纸上公布了这一消息，乌鲁木齐全市立即沸腾，人们雀跃欢呼。

盛世才

盛在临走之前，感到所关押在狱的成千上万的人释放出来于己不利，便召集马英奇、盛世骥、邱毓熊商讨要将这些人全部处死。盛对他们说，就说这些犯人准备暴乱，引起监狱大火为借口，把他们全部烧死。他还命令马英奇准备汽油，并派卫士守卫。交待如果起火后谁敢逃跑，就用机枪射死。后马英奇未敢执行他的计划，使数万在押人员才幸免于死。

1944 年 9 月 11 日，盛世才将在新疆搜刮到的金银财物，分装三架飞机，仍未装完，余下的由其弟用汽车运往重庆。他在朱绍良的陪同下与家人乘机飞抵重庆。当时有一首童谣说："盛世才讲清廉，八十汽车没拉完，三架飞机还不算，二千骆驼在后边。"9 月 18 日，盛就任农林部长，蒋介石亲临授印。

1945 年 7 月，深受盛世才迫害的新疆民众掀起了讨盛浪潮，发布"新疆省全体民众讨盛檄文，编写《盛世才祸新纪略》，迭向国民政府控告盛的罪行。迫于舆论压力，国民政府撤了他的农林部长职务，责成法院查办。但他以重金行贿，此案不了了之。

抗战胜利后，盛一度任武汉行营高参。1949 年，他去了台湾，曾被蒋介石任为"总统府"国策顾问。后又一度经商。晚年从事著述。写有《如何顺利达成光复大陆的使命》、《共产主义和资本主义时代的过去，民生世纪的来临》、《牧边琐记》、《新疆十年回忆录》；还和美国学者爱伦·斯·怀汀合作著有《新疆：抵押品还是中枢？》等书。

1970 年 7 月 13 日，盛世才病死于台北。

山东省主席韩复榘

一、冯玉祥一手栽培

韩复榘，1890年出生于河北霸县东台山村的一个小康之家。其父韩静源乃前清秀才，以教书为业。母亲李氏是村庄中颇有贤名的家庭妇女，生五子一女。韩复榘排行第四，乳名“小四儿”。年岁稍长，便入读私塾，10岁时，因其叔父韩洁亭曾参加京奉铁路的修筑，接触过外国人，会说几句“洋话”，被义和团视为“二毛子”而斩首，韩家宅院也因此遭焚烧。自此家境沦落，被迫辍学。于是，他白天出去打柴，晚上挑灯读书。14岁时，父母给他与三兄一起娶了亲，意在节省一次迎亲的花销。其妻高艺珍乃当时北师大古文字教授高步瀛的侄女。

山东省政府韩复榘主席

韩复榘成家后，不务正业，经常外出赌博，而且每赌必输，不久就债台高筑。于是将其妻的衣物首饰窃出当卖还债。1905年，他的父母托人说情，为他谋得县衙门户房当“贴写”的差事。薪俸虽少，但也能混个肚饱。初时尚能勤慎自守，但一二年后就故态复萌。不仅寻花问柳，而且嗜赌如命，弄得声名狼藉。1909年冬的一天，韩在赌场又输了钱，讨债人频频上门。他只得听从引荐人“人走账清”的意见，出走东北，投奔他早年去东北谋生的大哥韩复森，其妻高氏变卖了嫁妆为他做盘缠。

韩复榘去关外投奔大哥，却不知大哥在什么地方，结果在关外辗转月余，没找到他大哥，盘缠倒花得精光。正在他穷困潦倒之时，一位算命先生给他指出可以到兵营去投军。经算命先生引见，他成为新民府清军第二十镇第四十协第八十标第三营的一名士兵。当时该营管带(营长)是冯玉祥，冯见韩面目白皙，又能写笔小字，颇为喜爱，就叫他当了司书生。辛亥革命的前夜，冯玉祥为在部队内结纳同志，组织了“武学研究会”，冯为会长，韩为会员。因韩各项工作能尽心尽力，1910年11月便提升为队官。

次年12月，清廷侦悉京奉路一带酝酿革命，拟调二十镇去镇压民军。为了先发制人，声援民军，韩复榘在海阳参加了冯玉祥等人策划的“滦州起义”，并被任命为滦军左路司令。起义很快就失败了，韩被递解回原籍。回乡后，韩未敢在家停留，多是在亲友家躲避。1912年，袁世凯重新编练军队，名为备补军，冯玉祥被重新起用，被委为二营营长。韩复榘闻讯再度投奔冯部。初当文书上士、军需上士，以后又当司务长，两年后升为排长。这是他做正式军官的开始。1915年，韩随冯开赴陕南，次年进入四川。不久，冯军班师北还，回驻廊坊，韩升为连长。是时，他将妻子高艺珍接至廊坊。韩随冯的这些年来，作战勇敢，多所表现，深得冯玉祥的赏识，与石友三、孙良诚等人并称为冯的“十三太保”。1918年韩升为营副，第二年升为步兵第三团第一营营长。1920年11月韩随冯部移驻河南信阳，次年入陕大败非直系的陕督陈树藩，冯接任陕督，韩也因战功擢升为骑兵团团长。

1924年9月，第二次直奉战争爆发，韩率部参加了冯领导的“北京政变”。之后，按新建的国民军编制，韩晋升为国民军第一军第一师第一旅旅长。

1925年秋天，日军在其本土举行秋操。约请国民军与东北军前往参观，国民军选派七八个军官，以韩复榘为领队，奉军的领队为郭松龄。在东京韩、郭同住一处。获悉奉方拟以承认“二十一条”为条件，商由日方供给奉军军火，进攻国民军。韩回国后即向冯玉祥报告，后与不满奉张媚日的郭松龄磋商，定出联合倒张计划。当时郭还联络直督李景林共同倒张。

是年11月，讨张战争爆发。随后，因直督李景林背约，不仅未出兵援郭，反而积极准备对国民军作战，于是国直战争又告爆发，李景林退守天津时，韩复榘率部攻击，在其他各军的策应下攻入天津，占领了天津总站，韩因攻津有功，遂被提升为陆军第一师师长。

国民军攻津得胜之后，北洋军阀各派共同向国民军进攻。韩复榘作为反攻的主力军，在大城县之南赵扶镇与敌激战数日，给敌以巨创。接着又于3月中旬乘胜追击，连克马厂、兴济、晋县、泊头镇，并回攻沧州，因敌防范严密，久攻未下。后来，国民军因三面受敌，战线过长，加上帝国主义的干涉，不得已先回防天津，于1926年4月15日退至南口天险。在此，部队重新组编，韩先为第八军司令官，后又改为第六军司令官。

5月18日，南口大战爆发，韩复榘任西路军的中路前敌总指挥，当日抵得胜堡，与晋军接触，旋即占领得胜堡，继向孤山进军。在宋哲元的钢甲车和大炮的掩护下攻克孤山。遂攻大同，久攻不克，韩即改变战略，留下一部牵制正面之敌，自己率余部并右翼军石友三去进攻雁门关。后因攻大同的指挥官数人所乘火车与钢甲车相撞负伤，攻城遂告终止，韩攻雁门关亦遭挫。国民军于8月15日撤退至包头、五原一带。撤退时韩复榘与石友三奉命断后。但任务完成两人却不愿随大军西去，原来此前国民军总司令冯玉祥已出国考察，遗职由张之江续任，韩对张极为不满，遂与石友三一起投靠了晋军。投晋后，韩被阎锡山委为晋军第十三师师长，驻包头、归绥一带，归商震节制。

二、北伐“飞将军”

1926年9月，韩复榘了解到冯玉祥返国，重召旧部整军誓师，组成国民联军，于是复投冯。11月初，冯赴包头视察被晋军收编之部队，韩正在归绥医院养病，起初不好意思见冯，经冯打电话再三抚慰，方派代表谒冯，表示今后完全听冯命令。韩部在归绥上车时曾被晋军派卫兵阻拦，韩听说后愤而出院，亲自指挥手枪队拘捕阻拦之卫兵，并扬言"不让我们开走，我们只有开枪打。"晋军只好放行。临走韩又对晋军阻拦的部队说："我们是暂时相投，借个盘缠，你们当是真的投降了不成？"韩、冯重归于好。

翌年4月韩随冯入潼关，7月抵郑州，继方振武任第三方面军总指挥。10月，韩参加了冯玉祥抗直鲁联军的第一次兰封大战，率十四军的两个师于郑州、开封一带，为总预备队。战前韩去谒冯请示军事事宜，冯恐他与担任主攻的孙良诚各争雄长，便郑重其事地问他在前方是愿听孙的指挥，还是叫孙听他的指挥，韩知冯的用意，当即表示，"一切听孙良诚指挥。"10月28、29两日，韩率部在开封东南的松县埋伏。30日，韩将部队分作六路，向敌后抄袭，遂破敌占屯、田康岩、杨因集一带防线，迫敌东溃，为孙良诚的正面攻击创造了条件。在攻归德时，韩部首先从北面攻入，城内敌军纷纷投降，正在缴敌械之际，庞炳勋部即由南门入城并收缴南门敌械。韩乃以自己首先攻下为由，卡住南门，并将庞部所缴军械全部扣留，虽经调解终获解决，但自此韩、庞结怨。

韩复榘得胜后，再三请示穷追敌军，并表示若途中出了危险，亦决不前来请援。冯劝阻不住只得派刘汝明部尾随其后以便策援。当韩部追到徐州附近，果然陷入重围，势极危急，刘汝明部赶至砀山向敌猛烈袭击，才解其围。事后，冯玉祥感慨地说："韩复榘连年战功，却坏在一个贪字上，得胜之际，往往得意忘形，故有今天这个岔子。"

兰封附近大战获胜后，韩依冯玉祥前线各军西撤兰封附近，诱敌深入待机而动之计，将部队一分为二，两个师守郑州，一个师转赴黄河以北。部队频繁调动，张宗昌误以为冯军内部有变，乃调兵分左、中、右三路军反扑。10月24日，韩遵冯令与石友三合为一处，并任总指挥，迎敌中路军褚玉璞，先期打响，冯军其余各路随后向徐州进攻。兰封附近的第二次大战又拉开了战幕。当天韩部列陈于张庄、赵老家庄之线，与敌对峙。至26日韩石两军乘雾向敌猛攻，毙俘六千余人，乘胜追至砀山一带。韩部于12月1日占领砀山，翌日攻占黄口，3日挥师东下，占领徐州车站，16日占领徐州，与北伐军会师。自此即驻守偃城、漯河、许昌一带，监视樊钟秀部。国民军进入河南后，冯玉祥曾自兼河南省主席，因忙于军务，无暇理政，曾先后委托数人代理过此职。韩以多年战功，觉得照轮也可轮到自己了，可冯就是不委任他，韩对冯极为不满。

1928年4月，韩率所部三师及骑兵、炮兵、坦克车队向河北徐口、曲沟集方面之奉军攻击。韩军因过于疲劳且子弹又不敷用，每每冲上去又被炮火打回来。韩一看着了急，即卧地打滚说："我们现在的情形是只有前进，否则总司令必定枪毙我，与其枪毙而死，不如即死在此处。"经他这么一闹，居然人人都激动起来，鼓起勇气冲了上去。鏖战到5月1日，奉军终于不支，全线溃退。随后，韩部进至石家庄，于31日克保定。6月6日，当晋军徐永昌尚未到达卢沟桥，韩部两万余人已首先进抵北京南苑。从"二次北伐"出兵至抵京，时尚不足两月，韩当时曾被誉为"飞将军"。

韩部至南苑，南京政府却不让其入城。原来蒋介石这时准备拉阎制冯，已将平津地盘委阎，同时各帝国主义国家驻京外交使团也以其势力抵制韩部。韩认为这是奇耻大辱，愤愤不平，但又无可奈何，只得暂将所部分驻南苑、通州(今通县)一带，不久就发生了"鲍旅事件"。

鲍毓麟旅是奉军撤退时帝国主义各国公使向张作霖请求，并征得南京政府的同意留驻北京的，担保日后和平退回奉天。晋军入城接替其防务后鲍旅取道通州回奉天，不料通州已为冯治安师占领，只得折回北京。回京后又被南苑的韩军包围缴械，除鲍本人外全旅千余人均被收容。这一事件引起了国际关注，各国外交使团一面责怪南京政府失信，一面推英、美、法、日四国使节为代表与韩交涉，韩复榘光着膀子在一间简陋的屋子里接见了四国公使，以未接到政府的指令为由，拒绝同他们谈判。并说缴奉军的械纯属中国内政，外国人无权干涉，四国公使遭此抢白无言以对，只得怏怏而归。南京政府得知此事，即电请冯玉祥转令韩发还鲍旅枪械。冯当即复电陈述"鲍旅事件"的是非曲直，婉转地为韩复榘开脱。随后转电韩，令其放人还枪，韩打了一个折扣，仅将属于东北籍的780人交了出来。不久南京提出裁军，部队缩编，韩部被编为第二十师。韩驻漯河时，终日沉湎于酒色。一次与幕僚同去嫖妓，遇漯河名伶纪甘青，一见钟情，便纳为大妾。因其年轻貌美，又善结交逢迎，韩甚宠爱，每逢外出，必欲其作伴，可谓"外交夫人"。

三、当上省主席

1928年12月，韩复榘经冯玉祥保荐当上了河南省主席，21日在开封宣誓就职。

韩当上了省主席，冯玉祥仍然对河南省政发号施令。韩不满地说："我当这个省主席仍然在第十六混成旅当新兵一样，甚至还不如。"渐渐地觉得当省主席乏味，于是旧病复发，经常同河南省民团司令何其慎一起吃喝嫖赌。

1929年2月，冯玉祥从南京到开封，当时韩复榘正在开封，听说冯来，托词到许昌"视察"。第二天，冯在省府召集军政人员讲话："现在有些高级军政人员，生活极端腐化。打了几个胜仗，就自以为了不起，今天弄个唱戏的，明天弄个说书的……"并借故把与韩一起鬼混的何其慎关了起来。韩后来得知，认为冯竟不给他留一点面子，感到难堪。冯还乘部队大集合之机当着韩的面大骂嫖赌玩乐之人，并不时瞟来蔑视的目光，使韩复榘如坐针毡。有一次，冯玉祥在洛阳，要调韩最精锐的手枪队给他当卫队，韩不愿给。冯则派人把韩叫来洛阳，一见面就说："你韩复榘当了主席，很威风了，好了，我这里没人守卫，你给我站岗去。"韩敢怒不敢言，只得乖乖地走到冯的门外，站了两个多小时的岗。后经人劝说，冯才饶了韩复榘。韩渐渐感到冯对他不信任，于是暗下决心，等待时机，另谋出路。

1929年3月，蒋桂战争爆发。韩被冯玉祥向蒋介石推荐为讨逆军第三路总指挥，统率七个师南下，他先前统率的第二十师和石友三的二十四师均属他节制。韩领兵出征，事先冯并未言明援桂还是援蒋。当部队进至武胜关，蒋桂战争即告结束。此次战争，蒋桂双方都知道冯并无助己之诚意。蒋趁韩、石两军南下之机，对他们分别进行了收买。当韩部抵孝感时，蒋即派员前往慰劳，接着又邀韩到汉口会晤，见面时蒋介石和宋美龄亲自设宴招待韩复榘夫妇。蒋对韩嘉奖备至，称赞"向方兄战功卓著。"韩受宠若惊。临别时，蒋送韩一张十万元的支票，并说已在上海为他准备了一处住宅，韩欣然领受。

是年5月中旬，韩在冯玉祥策划反蒋的华阳会议上，大唱反调。冯决定将部队先行西撤，待机反击。这时韩已有背冯之心，当即表示："我不放弃河南。再说西北太穷，我们这么多队伍去，恐怕养不活……"冯对韩十分恼火，斥责说："这不是你该说的话，西北饿不死你，真是小孩子见识。"遭此一顿训斥，韩复榘多年来对冯的愤懑一齐涌上心头，遂决定与冯决裂。华阳会议后，韩来到陕州他先前带过的第二十师驻地，该师除师长由李兴中担任外，其余旅长以下军官仍是韩的亲信。韩召旧部密议，决定由旅长孙桐萱任师长，把李兴中等人裹挟到洛阳，部队由甘棠步行东进。

22日，韩由洛阳发出通电，通电维护"和平"，拥护中央，次日又给蒋发电表示拥蒋。蒋突然接到韩的拥戴电报，大喜过望。当日复电嘉奖，并任命韩为西北军总指挥，相许所有驻豫、陕、甘部队都交韩指挥，又送现款500万以作犒赏，同日蒋下令讨冯，韩在洛阳发通电时，把石友三、马鸿逵、庞炳勋的名字都列在上面。石久有反冯之心，通电之后，果然率部由南阳到郑州与韩会合。而庞非但未随韩行动，反而在地势险要的黑石关派兵截击，韩部久攻不克，无奈只得绕道东进。韩本人带了几十名手枪队员回到了开封。蒋介石马上进行慰劳，先是派宋子文为代表来见韩，继派宋美龄以劳军的名义亲自与韩会晤。韩除得到大批慰劳品外，还被允许加强第三路军的武器装备。交谈中，宋称其为"常胜将军"。此后韩每每对人提及此事就说："蒋夫人见到我，总喊'常胜将军'，从不喊我的名字。可我的老上级冯先生见了我总是'韩复榘'长'韩复榘'短地叫我，连个'向方'也不肯叫。"之后，韩派幕僚葛光庭赴京向蒋介石请示机宜，并派唐襄为驻京办事处处长，韩本人则衔蒋命去开封继续当他的河南省主席。

主豫期间，韩复榘对河南省政进行了一些治理，并率先办起了"村治学院"。该院的宗旨，据韩本人在颁发《河南村治学院组织大纲》时说："研究乡村自治及一切乡村问题，并培养乡村自治及其他村服务人材，以期指导本省乡村自治之完成。"学院分设"农村组织训练部"、"农村师范部"、"农村警察训练部"、"农业实业部"以及"村长训练部"，除专业知识外，还讲授"村民自卫常识及技能"、"党义之研究"。

是年10月，蒋冯战争爆发，河南成了主战场。韩的部队刚刚恢复元气，所以尽量避免参战，迭次通电要"解甲归田"。12月蒋唐(生智)战争爆发。韩先是拥唐反蒋，后因反蒋联盟被瓦解，韩见形势不妙，转而助蒋反唐。翌年1月，韩被蒋委为北路军总指挥，率部夹击唐部。3月，中原大战即将爆发，韩一则不愿与冯玉祥兵戎相见，一则怕部下倒戈投冯，便向蒋请命开赴山东以抵御晋军。蒋准其情，要他任冀鲁豫"剿匪"总指挥，韩即由豫向鲁西转移。4月上旬，又与陈调元换防至鲁北，并被委为第一军团总指挥。陈的第二十六军，马鸿逵的第十五路军和刘珍年的第二十一师，统归韩指挥。蒋口口声声说将山东军政全权交与韩处理，并派了个亲信蒋伯诚做联络员。

5月初，韩陈换防完毕，鲁西大战开始。自上旬起，晋军即向平原、禹城一带搜索前进。下旬冯军在陇海路失利，晋军为策应冯军，分三路南进。韩令所属徐桂林旅防守青城，万国珍旅防守东河、平阴，韩本人及孙桐萱、谷良民则率展书堂旅、荣光兴旅赴禹城，御敌正面。韩军刚刚远途开拔到山东，疲惫不堪，接战不久即力渐不支。蒋准其撤守黄河南岸，并拆毁铁桥。6月下旬，晋军全面进攻，韩军为占优势的晋军所压迫，退出济南以西阵地向济东撤退，总部移驻睢县，与晋军隔河对峙了二十余日。在此期间，晋军陆续向胶济线增兵，很快韩复榘就四面受敌进退维谷。在晋军的攻势下韩军伤亡很大，遂下令继续东撤，总部移至高密，并于6月28日发出下野通电，部属再三挽留，韩方答应"再撑撑看"。

就在韩固守胶东待援时，蒋介石在津浦线利用阎锡山压迫韩复榘的有利战机，得以调遣援军大举反攻。8月1日，蒋方津浦路反攻济南之战开始，韩复榘被任命为胶济路总指挥，李韫珩的第十六军与刘珍年两部均归其调遣。3日，李韫珩军全部在青岛登陆，支援韩复榘反攻济南。韩决定以第二十师任右翼，向潍县以北的寒亭挺进；另以第二十二师及手枪旅为总预备队。8日起，两军展开激战。韩部两翼进展快速，晋军不支，全线溃退。韩亲临前线督战，于10日进驻潍县，命令各军乘势追击。3月21日蒋亲飞济南，委韩为北路总指挥。自此韩指挥所属第一军团各路军与晋军隔黄河对峙，至9月中旬，东北军出兵，晋军西撤，韩部乘机进驻黄河以北，与东北军取得联系。

山东战事结束后，蒋介石发表韩复榘为山东省主席。

四、整肃治理山东

1931年，蒋介石拟调韩复榘去江西“围剿”中央红军，遗防由张学良的东北军填充，山东省主席一职即易以东北军第二军军长王树翰。韩当即拒绝入赣。为了缓和关系，韩于4月5日将关押多年的中共山东省委书记邓恩铭、刘谦初等共产党人枪杀，果然获得蒋的嘉许，经韩多方活动，蒋终于打消了调韩入赣的念头。8月7日，韩奉命就任鲁豫清乡督办。

次年5月，国民党内部出现了宁粤之争，石友三于7月20日在顺德誓师讨张反蒋。韩本来是倾向粤方和石友三的，但蒋已发布他为“剿赤军”总预备队集团军总司令，觉得蒋还是信任他的。另外韩此时处境也有困难，蒋在徐州驻有重兵监视，刘珍年在胶东牵制，东北军集结沧州窥视山东，韩的兵力不过六万，自顾无暇，难以助石，于是23日致电石友三，劝其悬崖勒马。25日，又致电张学良表示：“绝不因私废公，自当追随钧座一致进行”，以明讨石决心，不久，石友三即告失败，残部为韩收容。

盘踞胶东的刘珍年早有取韩而代之的想法。1932年8月，韩以“剿匪遭拒”为由发动对刘的进攻，9月中旬展开激战。开战之后的第二天韩才向南京发电，列数刘之罪行，声言自己乃“为民请命”云云。战争猝发，蒋事先毫未闻悉，本来蒋意在利用刘部监视并牵制韩，故而韩攻刘就如同攻蒋，遂命令韩部停止军事行动。但韩一面发电表示“听候中央处理”，甚至“自请处分”，一面继续进兵。蒋当即调集两路大军援刘攻韩。后来，因已与韩关系和好的张学良发出援韩的通电，蒋才觉得山东战事关系重大，被迫停止军事行动。遂决定将刘部调走。至此全国关注的胶东战事乃告平息。

韩在逐刘的同时，还除掉了另一个心腹之患，即宿敌张宗昌。前山东督办张宗昌兵败后图谋东山再起，这于蒋于韩都不利。韩于

韩复榘的宿敌张宗昌

是策划了一个诱张来济刺杀的方案。韩接受了冯玉祥的建议，着省府参议郑继成以替父报仇之名刺杀张宗昌。韩先是以山东“剿匪”司令头衔为饵，诱张宗昌就范，张居然也深信不疑，于9月2日赴济，受到韩的热情接待。韩见张已入彀，即决定等张返北平时于济南车站下手。他召郑继成面授机宜，并派人辅助，又派军队埋伏于车站四周。9月3日6时22分，张宗昌被刺于济南车站。

韩复榘主政山东之后，提出“澄清吏治”、“根本清乡”、“严禁毒品”、“普及教育”四项施政计划。韩给其公务人员规定了严格的工作时间。省府机关规定每周进行三次朝会：星期一为“总理纪念周”，星期三为“勉励会”，星期五为“军事训练”。韩和各厅长、省委委员轮流讲话，并常常点名，点名不到，定受惩罚。有一天，韩事先未打招呼就来到济南市政府点名，上班铃打过了，应点之人寥寥无几。韩一气之下，在花名册上批了“解散政府”几个字，摔下花名册便扬长而去。结果市长被撤职，所有职员同时被解雇，直到半年后再重新组织政府。一次他视察到某县，韩按规定的时间去参加县政府的朝会。有位科长首先到场，而县长却因故迟到，韩马上下条子调科长为县长，而将县长降为科长。其实这位科长是头天晚上打麻将至天明，由赌场直接去会场的。自此这个县就流传开了一夜赌博赢了一个县长的笑话，他还成立了“政治视察团”和“高级侦察队”。韩通过这些所谓“密查员”能随时掌握下边的情况。有一个大雨天，韩在省府问他的高级幕僚们：“你们说，临沂县县长张里元现在在干什么呢？”众答：“这么大的雨，还不是在县府呆着吗？”韩说：“不对，我猜他又出发了。”大家都不相信，但经打电话询问，张里元果然冒雨出发，去“剿匪”了。众皆大惊。以后韩对张十分赏识，被提升为第三专区(临沂)专员。

韩复榘虽然为其官吏制定了严厉的“官规”，但其属下依然贪污盛行，贿赂成风。韩本人贪污也不逊色，主要做法是：其一，各厅报销的经费，每月不下10万元；其二，从各师管辖的各种税收提取若干“特别收入”；其三，各县长各税务局长到任时缴纳的所谓运动费。韩主鲁七年刮的民财难以确计，一说是1亿元，一说是八九千万元。

韩主鲁期间，大力发展军事实力。第三路军与晋军作战后，全军剩下两万来人。但韩通过征兵拉夫和收编土匪，很快就又张罗了六万余人，编成五个师又一个旅。除了正规军，韩还组织了民团军，自任总指挥。

韩对部队人员经常宣传古今中外不惜牺牲的事例，阐发“知耻者近乎勇”的道理。韩曾三令五申，严禁部队聚赌、嫖娼、打牌。部队上街，必须由官佐带领，排着整齐的队伍，高唱歌曲。诸如“军人首要服从，命令何等尊严。纣有兵丁一万，何抵周臣三千”及“三国战将勇，首推赵子龙，长坂坡前逞英雄”之类，歌罢高喊“一、二、三、四”。他要求军官有“廉洁”、“忠诚”、“勇敢”的操行，并设立了训练常设机构。即第三路军军官教育团。每期训练班开业与毕业时，韩都要亲临讲话。如第四期开业，他曾去训话说：“国家纵不能由我而治，亦不能由我而乱；国耻纵不能由我而雪，亦不能由我而增。”他常常将各部队官佐召到济南面训，如1932年8月31日他对军官要求：“第一，遇有公务，必须认真，不能瞻徇情面；第二，国家设官分职，阶级虽有高下，而各人均有应负之责，不过阶级高者应多负责任多做事，阶级低者须尽职，不可放任；第三，须任劳任怨。”

对于部队平日的训练，韩强调学科，术科并重。除“步兵操典”、“射击教练”、“野外勤务”外，还有大刀劈砍，兼以中国拳术武功、跳木马、盘杠子、抛沙包、走荡木。韩经常对各军进行考试和点验，奖优罚劣。训练中韩反对死啃书本，说：“书面上的知识拿到社会上去应用是很难恰当的，”

必须“实事求是地埋头去做，才会有相当效果。”他常令部队举行演习，并亲临现场进行检阅。韩还注重各类球赛活动，令各部队组织足球队、篮球队，如手枪旅即有“博爱”、“精诚”两个篮球队，球艺颇高。韩本人也酷爱篮球，他曾因打球摔折过腿，在西北军(国民军)时有“篮球健将”之称。

韩复榘上任不久，山东境内匪情严重。他先后颁布了《守城剿匪办法》以及各种剿匪奖惩办法。韩亲自任清乡督办和清乡总局局长。

鲁南抱犊崮山区(峄县境内)是土匪活动猖獗之地。韩自任总指挥亲临前线督剿。土匪据天险顽抗，韩令放火烧去草木屏障，前后一个半月，接战数十次，斩获土匪数千人。

刘黑七乃流窜华北七省的巨匪，聚众万余，烧杀奸淫抢掠，无恶不作。韩初派兵进剿收效甚微，遂改剿为抚，将刘部改编为山东警备军，未及半年，刘不听调遣，率部窜入河北，继续为匪。刘过霸县时掘了韩的祖坟，以发泄仇恨。两年后，再度窜向鲁西，继续为匪。韩率军严阵以待，亲督手枪旅赴泰安坐镇指挥。旷日持久未能剿灭刘匪，韩乃向南京递送辞呈，经蒋再三挽留，韩才消辞意，在一次剿匪会议上韩居然声泪俱下，说：“究竟我们还想干不干？”其部属为之感动，刘匪终于被歼。继刘黑七之后，韩又相继剿灭了张黑脸、王子珍、衣来好、徐幸章、薛传峰、顾震等部。到1935年左右，山东大股土匪即告肃清。

韩复榘统治山东，自订法律，草菅人命。他常以山东省主席和第三路军总指挥的名义干预司法，亲自坐堂审案。起先审讯的范围也仅限于盗匪一类的案件，及至后来，便发展到刑事案件、民事诉讼、民事纠纷等无所不包。韩甚至以躬身断案为快。

韩审案一般在每周三、六日上午，地点常设在省府大堂前。正中放四扇屏风，前面放两层台子。韩总是站或坐在第二层台子上。审问时两名法官各抱案卷，分列韩之左右，韩的前面则是荷枪实弹的执法队，地下放一大捆绳子和七八条军棍。一切准备就绪，韩就从里面大摇大摆地走出来，法官喊一声立正，韩稍微点点头，就算是升了堂。审问开始，所有犯人都带到堂前(有时在大门外)，由司法科长和军法处长分别唱簿子，手指堂下犯人，姓甚名谁，案情如何等等。韩有时追问几句，有时一句也不问，高兴时，常回头过问站在一旁的记者：“我问得如何？”记者总是回答：“主席问得好。”韩听完一个案情介绍，便举手加在额上，闭目沉思片刻，然后他的手由上而下一抹，如往左摆，执法队就明白，这是表示开释的意思，随即给犯人松梆，并令其站在左边。如他的手是急剧地往右一摆。执法队即明白，这是主席要将此人枪毙的意思，即令其站在右边。韩的审案，以速审速决出名。几十人乃至上百人的案件，用不了多久就能审讯完毕。其判决非常简单，要么释放，要么杀掉，鲜有被判刑或还押再审的。惟释放的人中有的罚款有的棍责。审讯完毕，韩马上走下座位，用手指向左边的说：“开释！”指向右边的说：“枪毙！”这一宣布，被开释者连连向韩磕头，称颂为“韩青天”，然后扬长而去；被处死的人，即大呼冤枉，哭叫连天，随后便拖上专门载被杀者的八号卡车，运向纬八路的刑场。韩本人即在这一片喧闹声中退了堂，然后骑着自行车在大堂上绕上几周，表示快意。

有一次省府参议沙月波派一个叫小道的雇员去省府送信，小道到省府后，适逢韩复榘坐堂审案，见大堂上吵吵嚷嚷，一时好奇，便站在大堂右边观看。此时正值审讯结束，执法队误将小道也拉上车，小道高声叫道：“我是送信的。”韩以为是给土匪送信的，就说：“送信的也不是好东西，也该枪毙。”行刑后就案查尸，发现多了一具尸体，经查明确是沙月波的送信人。沙闻悉，连忙带小道的母亲来找韩，说执法队误将小道杀了。韩毫无愧色地说：“现在他是小盗(道)，将来就是大盗！我也不叫沙参议为难，给他娘500块钱过日子吧。”事情就这样不了了之。有一次，韩到聊城视察，适逢有十八个村的民众联合大械斗。韩即派军队将械斗的几百人包围缴械，并在县府设案审问。审问时韩并不问械斗情由，只是将械斗的人唤到跟前逐个“相面”。韩将一百多生得粗悍的所谓脸带杀气者挥手站在右边，准备枪毙。韩的随员认为枪毙这么多人既无姓名，又无案情，不好立卷。于是公推沙参议请示韩，韩却说：“你们谁也不用说了，这次就算我缺德了，我看看这里的人还敢不敢械斗。”

五、周旋日蒋之间

蒋介石为了限制韩复榘的发展，除了在军队编制和武器装备上做文章外，还对军饷一再拖欠。蒋本来答应每月给60万元，但实际仅发给一二十万元，有时一连数月分文不给。韩面对庞大的军费开支，无可奈何，曾两次截留山东应上交国库的税款。迫使南京方面不得不让步：山东国税收入按月交存中央银行济南分行，由该行在济就近按月拨付韩部军饷60万元。

1936年6月，李济深、陈济棠发动反蒋的“两广事变”，蒋调集大军前往镇压。韩却发电意谓呼吁和平、反对内战，“希尅日停止各方军事行动”。并对记者说：“国家到如此地步，中央应多为四万万民众作通盘打算，……对内应谋求全国精诚团结，牺牲一切，不能为少数(人)权利惹起内争。”是年12月12日，“西安事变”爆发，韩一面于13、14、15日向南京接连发出“午电”、“寒电”、“删电”，请求设法营救，另一面又于21日发出第二个“马电”。对张、杨扣蒋表示支持，并拟派参议到西安活动。22、23日，蒋伯诚自南京赶回济南，看见韩发“马电”的底稿，即对韩说“蒋很快就要出来，怎么还发这样的电报呢？”韩情知不妙，急忙表白：“那是何克之(何其巩)搞的，我也没细看，就发出去了。”后来蒋介石果然出来了，韩又致“宥电”，表示“庆幸”，并派员前往慰问。

韩复榘特别警惕南京方面派来的人，对国民党“CC”派派往山东的所谓“党棍子”，尤其不欢迎，不惜用暗杀手段对付之。1931年3月20日，韩去沾化县视察，有人控告该县党部常委马某鱼肉乡民，韩一听马是党棍子，遂令将其秘密处死。事后韩才电告省党部说马某“畏罪潜逃”。常驻山东的国民党省党部负责人刘涟漪不相信韩的话，即委人另作调查。韩知道后，以刘“散布流言，攻击省府”之罪名，将其逮捕。刘去职后，陈果夫、陈立夫又派中央候补执委张苇村来山东，张明里向韩献媚讨好，暗里却刺探韩的军政情报，并在韩部挑拨离间，以分化韩的力量。与张苇村同来的还有一个“中统”特务谌峻岑，充任省党部调查统计室主任。韩觉察这两人都是内奸并设法翦除。1935年元旦，韩借组织“新生活运动提灯游行大会”之机，派人利用女色引诱张苇村至僻静处刺杀。1月7日又以缉捕凶犯、搜查枪支为名包围了省党部，在搜查过程中韩发现了由张、谌签发送往南京的关于他的情报底稿，韩当即以谌的手枪中子弹与枪杀张的子弹“相同”为由，将其逮捕入狱并秘密处死。

韩在与国民党政府明争暗斗的同时，也进行了一系列的反共活动。他起先接管了鲁省政府的“捕共队”，继又成立了反共的“特谍队”。1933年韩组织了反共的“肃反委员会”，并亲任主任委员。成立了“山东省临时军法会审委员会”，“山东省反省院”，都是用以审讯或监押共产党人的。中共山东省委因此遭到极大破坏，大批共产党人被残杀。

韩复榘为了积蓄力量，除了拉拢、联合其他地方实力派外，还与日本帝国主义进行某些合作。韩说救国“务要镇静”，下令解散“反日会”。取缔反日宣传，镇压爱国运动。企求利用蒋、日矛盾，在夹缝中图自保。

日本人很赏识韩的所为，但对他也并不处处如意。一次，日方想单方面在胶济路路侧开采矿藏，要韩在合同上签字，韩知道出卖矿藏事关重大，未敢签字。日本驻济武官花谷于是借请客为名设下美人计，引诱韩上钩。韩知道此去不妙，事先作了安排。是日夜韩在日本领事馆被几个妓女左一杯右一杯灌得醉眼蒙眬。正当花谷认为时机成熟拿出合同要韩签字时，韩的部下，省府承启处长和另一参议冲进来，谎称南京来了十万火急的电报，硬把韩复榘给架走了。韩曾对他的厅长们说：“我在前面应付着日本人，你们该干什么还干什么，至于我怎么应付，你们就不必问了。”

《何梅协定》签定后，日本吞并山东的欲望越来越强，于是加紧了对韩的引诱。1935 年的 11 月，日本派天津驻军司令多田骏飞济晤韩，邀韩参加冀察鲁自治的商谈；次年 3 月，日本新任第十二师团留守师团长土肥原赴济晤韩，商议山东“自治”问题；6 月，日驻济领事馆邀韩赴宴，要他表态参加“华北自治运动”；9 月，日驻华大使又到济晤韩，挑拨韩与南京的关系。但韩觉得当“儿皇帝”不如当“土皇帝”，同时也怕当了汉奸遭国人唾骂，因此对多田骏等人的邀请或劝说未作具体答复。而对日本领事馆的宴请，则是做了精心安排才前往的。行前他带上了手枪，并嘱咐部属：“把十五营的重迫击炮拉来，如我 12 时回不来，就往里打炮，不要管我！”然后带上百名武装卫队直入日本领事馆赴宴。

日本人见韩气势汹汹，先是百般逢迎，见韩的酒意正浓时，花谷悄悄地说：“华北自治政府即将组成，本政府的意思是：请山东也加入自治，由韩主席出任华北自治政府的首脑。”韩闻听此语，把酒杯朝地上一摔骂道：“放你娘的东洋屁！你们他妈的欺人太甚了。让老子当汉奸？那你们真瞎了眼！”“什么自治，这是他娘的汉奸！明话讲了吧，让老子当汉奸，没门！”说完一挥手命令部下，“走！”领事馆的几名高级官员连忙拦住去路。韩复榘冷笑一声：“这里是山东地盘，不是华北，不是满洲。本主席手里有权，谁要是惹得老子上了火，别怪老子不客气！”日本领事脸色铁青正要发作，听见一名门卫跑进来报告说中国炮队就要朝使馆开炮，于是急忙跑到二楼观察，见使馆外四周马路上果然停满了炮口对准使馆的炮车，尖啸的指挥哨子声、铿锵的金属碰击声，震得人心发怵。新近由大佐擢升为师团长的花谷曾在上司面前夸下海口，认为说服韩没有问题，没想到竟遭到拒绝，而且眼看要闹出大乱子来，急得流出了眼泪。先在屋内碰头捶胸骂自己说错了话，劝韩息怒，又抽出战刀要在他面前剖腹自杀。韩说：“你我不要闹这套。自治事任谁说也不行！假如你难交差要自杀尽忠，出于朋友交情我给你弄副厚棺材敛尸！”说完在卫兵的簇拥下冲出使馆，登车而去。

蒋介石对韩的何去何从也十分焦急，先是派沈鸿烈去拉韩，继之又写密函给留任的山东省教育厅长何思源，要他影响韩倾向中央。1937 年 2 月，在国民党五届三中全会期间，蒋介石又将何思源找去，说：“你即刻回山东，代表我告诉韩复榘，他只要跟着我走，到哪里我都把哪里的军政大权交给他。”何走后蒋又直接给韩通了话。何返济后即去见韩，一见面韩就说：“我已知道了，我决不会跟日本人搞在一块。”韩在一次对山东《民国日报》等九家报社的社长谈话时说：“如果有谁想压迫山东，我山东亦不示弱。”日本驻济领事会有野学，以山东中学课本中有反日言论向韩递交“关于山东教育的抗议书”。韩对教育厅长说：“不要理睬他！”这期间韩对日商的走私活动也严加稽查，并对热心自治的人厌烦。天津市长肖振瀛曾参与“华北自治”活动，后为其母做寿给韩发一请帖，韩在其上批“送挽联一副”，并说“死在眼前，还做寿呢？”

六、抗日作战不力

上海“八一三”事变后，韩复榘的第三路军，加上东北于学忠的第五十一军和沈鸿烈的青岛守备队与第三舰队编为第三集团军，由韩复榘任总司令，于学忠、沈鸿烈任副总司令。负责指挥山东军事，承担黄河防务。后来日军南犯时，又加委韩为第五战区副司令长官。韩本部编为三个军五个师另一个旅。韩的部署是：孙桐萱师、李汉章师担任济南以北黄河防务，谷良民师担任胶东烟台及周村以北黄河防务；于学忠部在青岛担任海防；曹福林师、展书堂师在鲁北驻防；手枪旅警戒济南。韩还组成“战时工作团”，以何思源为团长，分设宣传、情报、经济、救护、慰劳等组织，赴黄河以北铁路沿线及其东西各县开展工作。

宋哲元

这一年的9月，冯玉祥在冀鲁交界处之桑园设立了第六战区长官司令部，指挥宋哲元、冯治安的第一集团军等部。蒋曾命韩拨两师归冯指挥。但韩对冯的北上，内心并不欢迎，对拨两师归冯指挥更不甘心，后来迫于形势才勉强派曹福林的第二十九师、展书堂的第八十一师援冯。其时日军沿津浦路南犯，宋哲元部未能阻止日军。冯曾求韩将他拨出的两师开到德州一带集中，支援前线作战。但韩不肯救援，并给冯去电说：“窃以为兵不在多而贵协同。”冯气愤地质问：“如何协同，请说一说！”韩却置之不理。与此同时，蒋介石也饬韩移师增援，韩仍置若罔闻，冯只得退守德州，激战两日后，德州于10月5日告失陷。韩不仅未援冯，反而在此时下令保境安民，不准客军(冯指挥之宋部)入境，致冯陷入困境。德州失陷后，韩军沿老黄河右岸布防，与敌对峙一周。12日，日军偷渡老黄河，韩军退守徒骇河一线。当时日军主力集中在山西方面，无暇顾及津浦线，蒋命冯、韩趁此机会，以主力攻德州，并进击沧州，以牵制西线之敌。冯乃指挥展师等部自徒骇河一线向北反击，21日，克复德州、桑园，并一路北进，直指沧州、马厂。正当展师乘胜追击日军之际，韩复榘突然打电话给展书堂，要他立即率军回撤，不得向前再进，并限令十小时内撤回禹城。展初现踌躇，韩即在电话内大发雷霆："让你撤，你就撤！有人想拆咱们的台，咱们凭什么当冤大头？沦陷就沦陷，当亡国奴的反正不只咱一个，撤回来再说！"

韩复榘撤回展师，使冯部战线溃退，其中有一个原因：8月，第五战区司令长官李宗仁在济南的军事会议上，转达了南京方面要韩负责山东对日作战，承担黄河防务。韩复榘当场提出：扼守黄河天险非重炮不能奏效。李当即答复："立时照办。"命驻在徐州的史文桂炮兵旅赴山东辅助防守。该旅有卜福斯山炮两个营，闻说此乃蒋介石新由国外购置而来。正当展书堂师配合冯玉祥部连连收复失地，初战告捷的时候。突然接到蒋介石撤回炮旅开赴南京的命令。韩复榘气得拍案大骂："你蒋介石哪里是在抗日，这不明摆着要牺牲我吗？我才不那么傻哩！"

展书堂不敢违抗韩的命令，急率第八十一师连夜回撤。日军得此良机，真是绝途逢生，于是又分路压迫过来。一路沿津浦线正面南犯，一路从铁路左翼南犯。11月10、11日，庆云、惠民相继失陷，华北地区的国民党军队由胜转败。

南下日军气势汹汹眼看就要逼到黄河北岸。韩的官兵们义愤填膺，一再要求出战。孙桐萱对韩说："如果主席不去打，恐怕三路军官兵不同意，跟主席走的就不多了。"在广大官兵的强烈要求下，韩才被迫亲自出马渡河迎战。13日，他率手枪旅贾本甲团和朱世勤的特务队渡过黄河，与冯玉祥一起到前线督战。冯率韩部之展师、曹师阻敌正面，韩率手枪旅、李师阻敌左翼。此时日军已占领了惠民，正驱兵南下。韩到济阳后为敌探知，遭日军装甲车队的包围和飞机空袭，韩率贾团奋力抵抗，韩本人几乎当了俘虏，后经随从拼死相救，他才骑摩托车冲了出来。当日济阳失陷。17、18日战斗依然激烈进行，韩部曹、李、展三个师牺牲过半。鉴此16日韩乃下令撤退河北防线，拆毁黄河大铁桥改在黄河南岸设防。

战斗间隙，韩派副官专程给其妻高艺珍送去一信，信中说："这次与日寇浴血奋战，伤亡惨重，为我军以往历次战斗所未有，眼前官兵如此伤亡，我心中十分沉重。今后战斗必更加严重，生死存亡难以预料，请再不要为我操心，只要把孩子们照顾好，教育好，我即感谢之至……"高氏读后大哭。

韩脱险回到济南后，采取了下列应急措施：第一，重新部署了兵力。黄河北岸只留赵明远等率领的少数游击队，对敌骚扰，牵制敌人。孙师、展师守黄河桥南岸，准备在日军过河时打一仗。谷师仍守周村以北黄河防线；于部守高密、潍县一带；沈部仍守青岛。拒敌登陆；李师调肥城，作为后备；曹师因有相当损伤，调济宁整理补充；成立戒严司令部，以孙桐萱为戒严司令。第二，令军政机关南移。省府各机关先行撤到宁阳，其他军政机关分别撤到万德、泰安、兖州、济宁等地。韩又令省府各厅长一律撤走，只自己留济。教育厅长何思源、民政厅长李树春要求留下，韩乃照准。与此同时，韩也把他的眷属和家私运往豫西，令济南城内的老幼妇孺也撤出济南。第三，疏通公路交通。将全省汽车编为一个交通团，布置由济南经长清、肥城、单县至河南归德、柳河之交通线。第四，扩大武装。派出军政人员或学生到各县收编地方武装和抽派壮丁。第五，摊派"救国捐"。指定各县长亲自办理，一等县20万元，二等县15万元。三等县10万元。此外还没收了日本洋行财产，派军队炸毁淄川金矿，释放政治犯等。

日军很快就逼到黄河北岸，并不时朝济南开炮，济南形势顿时紧张起来。但日军并未渡河，而是按兵不动与韩军隔河对峙了一个多月。这期间日军除打炮外，飞机也仅来过二三次，丢过几枚炸弹。11月19日的《申报》报道称："济南治安安谧如恒。"这在日方是因为对韩仍抱有幻想，而韩复榘不主动出击则是有自己的想法。对于韩的态度教育厅长何思源曾劝说过，韩反而说：“你知道蒋介石什么时候跟日本人妥协吗？我们就这么几万人，这个家底牺牲完了，那时蒋忽然跟日本人来个什么协定，那华北就没有我们的份了。”“现在虽说是全面抗战，打日本人，但蒋却有先牺牲我们的诡计。他叫我们死守着黄河，派重炮旅支援。但到要用的时候又忽然调走了。他们不守南京，却叫我们死守济南，叫我们用步枪去跟日本人拼吗？”

12月13日，南京、浦口失陷后，第五战区司令长官李宗仁见韩复榘迟迟不对日军作战，就带其参谋长到济与韩作彻夜长谈。初时欢洽，当谈到具体作战计划时，李提出：“第三集团军要以沂蒙山区为后方，如济南失守，就到沂蒙山打游击战，以使日军不敢急剧南进。”韩则反唇相讥：“浦口已失，南路日军眼看要打到蚌埠，北路日军若打过济南，南北夹攻，我们不成了‘包子馅’了吗？”会谈不欢而散。

北路日军等了一个多月未见韩复榘作出满意的举动，遂决定对济南进行“攻略战”。在济南危急之际，韩令已迁到宁阳的省府人员再迁到曹县，各类军需物资则运至河南南阳、舞阳等地，扩编的民团武装则令开到河南漯河。对于此举，韩曾对何思源解释说：“打到底，中国是一定能取胜的，不过我们要最后参战。我已电中央请求往后方调了。”何怀疑这种办法能够行得通否，韩则说：“现在是全面抗战之时，中央顾不得我们了。”韩的这种作法，李宗仁大为不满，当韩运送物资的火车路经徐州时，第五战区曾欲截留，未成功。李曾电韩责问：“豫西非第三集团军后方，为何将物资运往该地？”示意韩不要把后方放在第五战区范围之外。韩看电后即在李的电报上批了几句：“开封、郑州亦非第五战区后方，你为何也将弹药、给养存在该地？”“现在是全面抗战，何分彼此！”参谋处将此批复作为复电拍出，李看了非常气愤。

从12月20日起，日军由周村以北黄河渡口集中炮火强攻黄河，拟进攻周村。22日夜，日军千余人从济阳门台子渡口渡过了黄河，驻守在这里的谷良民师一面抵抗，一面向韩报告。韩给谷回话说：“日军过了黄河，我们没有大炮是抵不住的，你先撤到周村好了。”于是，谷师乃撤退下来。旋即，周村、博山相继失陷。日军沿胶济路向济南进犯，济南危在旦夕。韩令孙桐萱师留济断后，其余各军向泰安、兖州方向撤退。

韩撤退时曾就商于联络员蒋伯诚，谓：“我已决定放弃济南，候中央增援再行反攻。”蒋听后大惊失色。“这怎么能行？日寇仅有千余人渡过黄河，你韩主席辖有四个军十几万部队，只要决意坚守，日本人是过不来的，还是请示委员长后再作决定吧！”韩很不耐烦地说：“现在不是千余敌人过河的问题，而是要考虑保存现有实力伺机反攻的战略目的！这办法也不是我个人想出来的，中央百万部队都能失了国都南京，蒋委员长也是这么做的嘛！”“南京只是受到上海一线日军的威胁就失了，而我现在南北面临夹击，凭什么甘冒两面打击的风险？”蒋见拦不住，只好向蒋介石发电告急。

这个月的下旬，韩复榘下令放火烧掉省府、日本领事馆和济南重要的建筑物，纵兵大肆抢掠在济的洋行、工厂、仓库、银行等，济南全城火光冲天，一片惨象。24日晚8时，韩复榘和蒋伯诚乘一辆豪华的流线型防弹汽车，趁着混乱，悄然地由西门滑出。绕商埠直趋城埠西南之白马山车站，由此换乘备好的钢甲车向泰安退去。蒋介石在接到蒋伯诚的报告后给韩发来了十万火急的电报，命令他不得放弃济南，但韩已到了泰安。25日上午，日军对济南猛攻，26日晚日军向济南炮轰了整整一夜。27日凌晨，孙桐萱的第二十师全部撤走，日军则占领济南，第二天当韩得知日军乘胜进击泰安的消息，乃继续逃跑。蒋又急电韩死守泰安，韩却到了济宁。同行的蒋伯诚问韩说："不是说我们驻泰安吗？"韩答："已到济宁，还说什么泰安呢？"

韩复榘到达济宁后，即令曹师就地驻防，令孙师向曹县集结。因韩军撤向津浦线的侧翼，津浦线上的城镇并未留主力驻守，造成徐州以北津浦线空虚，徐北大门洞开，徐州方面异常恐慌。李宗仁来电责问韩为什么放弃泰安？韩在李的电报上批道："南京已失，何守泰安？"

1938年1月1日，日军占领泰安。4日，占曲阜、兖州。之后分兵两路，一路沿津浦线继续南下，直趋徐州；一路沿兖(州)济(宁)线攻济宁，直趋河南之归德、柳河。这时蒋介石又电韩，说非有命令不得擅自撤退，并严令韩组织反攻兖州。韩亦曾组织过反攻，没能成功。7日，日军桑田部进至济宁东面之八里铺；沼田部进至济宁之东北面。李宗仁下令韩坚守济宁，但韩军"士气消沉"，虽经抵抗，但力终不支，8日晨，济宁失陷。韩曾电李，谓："榘不能守济宁，如榘不能固守济南然。"李回电斥之："尔从未有固守济南之意图！"由于济宁的陷落，徐州、归德吃紧。1月8日的上海《新闻报》称："引起此间的惊异与愤激。"

济宁失陷后，韩所部依次退到巨野、曹县。按他原来的设想是要撤到豫西南、鄂北山区。但到鲁西南后，与之毗邻的河南驻有第一战区的部队，退路受阻，只好暂驻此地，伺机而动。

由于韩军对日军抵抗不力，几天之内，山东大半即沦入敌手。为了惩罚韩复榘，蒋介石召何应钦、白崇禧、陈诚举行会议，决定对韩复榘依法究办，借此鼓励人心士气。

七、被杀以儆效尤

蒋介石诱捕韩复榘颇费了一番心机，他嘱李宗仁先在徐州召集一个会议，然后由李将韩带到开封。1月7日，李宗仁直接在徐州召集第五战区军政会议，韩复榘却借故推托，让何思源代劳。

韩未去参加徐州会议，蒋介石只好马上召开开封会议。会议定于1月11日举行，名为"北方抗日将领会议"，当韩接到蒋介石亲自打来要他开会的电话时，部属们纷纷劝韩不要去。恰巧在前一日夜里，韩做了一梦，梦见自己骑了一匹白马向西奔跑。隐藏在韩身边的南京派遣特务青天鉴赶紧释梦说："这是好兆头，您骑马向西奔跑，定是西方有好运气等着您。开封正是在西边，所以主席还是要去开会，主席此去，定然洪福齐天。"韩居然信之不疑。

1月10日上午，韩复榘从巨野启程。行前他的一个随从副官曾抱住他的大腿不放，大呼："主席不能去！"但韩决心已定，当即踹了副官一脚，说："去你的！"此后无人敢拦。

山东省主席韩复榘因不战而逃被正法

会议于第二天下午在开封南关袁家花园礼堂举行，下午2时许，韩同孙桐萱及随从乘车赴会。到了会场大门口，只见贴着一张通知，上写“参加会议的将领请在此下车”。韩等人下车往里走，到了第二道门口，见左旁的房门上贴着“随从接待处”。于是韩和孙带去的卫兵被留在接待处。韩同一些赴会将领一路谈笑来到副官处，又看到上面贴有一张通知：“奉委座谕，今日高级军事会议，为慎重起见，所有与会将领，不可携带武器进入会厅，应将随身自卫武器，暂交副官处保管。”当时同行的将领纷纷掏出手枪交给副官处，韩不疑有他，也将自己的两支手枪交了出来，然后进入会场。

会议由蒋介石亲自主持，并由蒋首先训话：“抗日这个重大的责任应该是我们每个将领义不容辞的责任，可是竟有一个高级将领，放弃山东黄河天险，违抗命令，连续失陷数座大城市，使日寇顺利进入山东，影响巨大。我问你韩主席，你不发一枪，从山东黄河北岸，一再向后撤退，继而放弃济南、泰安，使后方动摇，这个责任应该由谁来承担？”韩当即站起来，说道：“山东丢失，我有责任。可是南京丢失算谁的责任？”蒋介石气得浑身哆嗦，正颜厉色地一拍桌子：“我问的是山东，不是问的南京！南京丢失，自有人负责！”韩复榘还想反驳，身旁的刘峙拉住他的手说：“向方，委座正在冒火的时候，你这是何必呢？走，先到我那里歇一歇。”不由分说便拉着韩从边门走了出来，这时一辆小车悄悄地开到跟前，刘峙用手一指说：“这是我的车子，请上车吧！”说着把韩推上车，随手关上车门。韩刚上车，汽车前座上两个人即爬到后车厢来，分坐在韩的两旁，出示预先写好的逮捕令给韩看。并说：“奉上峰的手谕，你已经被逮捕了。”至此，韩复榘才大梦方醒。但见车行沿途布满了岗哨，汽车飞快地驶向火车站月台，由两个特务拉着韩的双手，并肩上了一列升火待发的专车。车箱里布满了大批荷枪实弹的宪兵、特务，戴笠亲自当押车人员。专车抵达汉口后，戴笠指挥宪警特务分乘五辆大小汽车，押着韩直达江岸码头，然后由专轮渡江送解武昌，把他交给了“军法执行总监部”，关押在军事委员会办公厅旁边的一座二层楼上。这时已是1月12日的夜晚了。

蒋介石在逮捕韩复榘的同时，还派军警将韩在开封临时下榻的公馆和其部下的住处包围，旋即将韩的卫队缴械，韩运往豫西的物资、弹药也被没收。为了防韩的部属生变，蒋逐一对他们进行了分化安抚。

韩复榘被捕后，孙桐萱等少数亲信曾极力为之斡旋，进行营救，但未济事。孙还派张钺携款6万到汉口活动，多方托人救韩，但也到处碰壁。

韩复榘一案，一直到1月19日才组织高等军事法院会审，何应钦为审判长，鹿钟麟、何成浚为审判官，余业道、贾焕巨为军法官。审前，国民党中央通讯社发一电讯说：“军息，第×战区副司令长官，第×集团军总司令兼第三路军总指挥韩复榘，此次不遵守命令，擅自撤退，蒋委员长异常震怒，并韩在鲁勒派烟土，强索民捐，侵吞公款，搜缴民枪，种种不法，实属罪大恶极。已于十一日在前方令将韩氏革本兼各职，拿交军法执行总监部依法惩治，闻现已组织高等军法会审，开始审判中。”正式审判于22日下午开始，审讯时除审问“不遵守命令，擅自撤退”外，即追问“勒派烟土”、“搜檄民枪”等情由。何应钦问：“政府三令五申禁鸦片，你为什么还贩卖烟土？”韩答：“那是宋明轩老早送给我的一千两，家里女人存着的。”何又问：“山东民团枪支，你为何擅自收编？”韩答：“那也许是民团指挥张骧伍他们办的吧。”何还问：“你有两个老婆，为何还娶日本女人？”韩说：“那是逢场作戏，别人给叫的日本条子。”审问就这样草草收场。这次审问就等于是宣判，此后再也没有审问过。事实上，在逮捕令上，就注明了韩的罪状和革除二级上将及本兼一切军政职务。

1月24日晚7时，两名特务上楼对韩说："何部长请你谈话，请跟我们走。"并问韩："家里有没有事？你写信我们可以送到。"韩回答"我没有家"，遂起身下楼。韩当真的是何应钦找他。哪知走到楼梯半腰一看，满院子都是荷枪实弹的军警，至此他才知道自己死期临头，然而他又机警地说："我脚上的鞋小，有些挤脚，我回去换双鞋。"就在他回头迈步的一霎那，特务们便向其头部开了枪。韩回头说了一句"打我……"话欲未了，头部又中两弹，身上中五弹，当场毙命，时年四十八岁。

蒋介石杀了韩复榘后，中央通讯社发了消息，摘发了国民政府军事委员会高等军法会审判决书，检讨了韩的种种罪过，曰："被告韩复榘……不尽其守土职责及抵抗能事，对于本会委员长先后电饬出师应援德州及进击沧州，牵制敌军之命令，均不遵奉；复因敌军渡河，擅先放弃济南，撤退泰安，委员长继令该被告坚守鲁南防地，又不奉命令，节节后退。迄鲁西济宁，后敌军跟踪侵入，陷军事上重大损失。""处死刑，褫夺公权终身。"

韩复榘死后全国一片唾骂声，不仅全国抗日的各党派对其纷纷指责，一般人们也说他是罪有应得。1938年1月28日的上海《新闻报》发布评论说："中国自作战以来，死法虽然不同，我国已死了不少的抗日将领，赵登禹、佟麟阁、郝梦龄之死，人人为之掉泪，朱耀华之死，尚有人为之惋惜，李服膺之死，亦尚有人为之代抱不平，只有'青天草包'(指韩复榘)之死，人们却认为是死得应该的。""山东人民及北平天津之山东同乡拟捐资为韩铸像，安设在大明湖畔，以彰其恶而平民愤。"

韩复榘被杀后，尸体于1月25日收殓，移往武昌长春观内暂厝。尔后，由其妾纪甘青及其亲信王恺如等，运往豫南鸡公山安葬。

川军名将刘湘

一、沙场骁勇成名将

刘湘

刘湘的老家在四川省大邑县安仁镇。祖父刘公敬，系前清武举。父亲刘文刚，字鉴堂，自幼习弓马，屡试未第，经营贩谷生意。家有水田四十余亩，另还与两户亲戚合营水碾一座。母亲乐氏，生有三子，刘湘居长。妻子刘周书是大邑县苏场的一个农村女子，生了三子(其中两个夭折)一女。

刘湘年幼时，就读乡间私塾。1904 年，考入大邑县立高等小学堂。当时，清廷宣告废除科举，设立文武学堂，编新军。不满 17 岁的刘湘，背着父亲赴雅安应考，卒被四川武备学堂陆军弁目队录取。次年 4 月，考入四川陆军讲习所。1908 年初，升入四川陆军速成学堂。他体格健壮，脸圆额宽、鼻直隼隆，声音宏亮。但性情含蓄，平日少露锋芒，对教官能绝对服从，对同学则虚心求教。因下眼皮久病未愈，被同学戏呼为“刘瞎子”。这时，孙中山领导的同盟会，已在学堂内进行活动，而他却只知埋头出操上课，从不过问政治，不为人注意。在同学中，惟独与刘炳勋友善，假日常被刘炳勋约到家聚会。刘炳勋的父亲系满清八旗军驻成都的官员，对刘湘甚为赏识，特嘱其子深与交结，并常常予以资助。

1909 年夏，刘湘在速成学堂一毕业，即被分配到建成不久的新军三十三混成协(旅)六十五标作见习官。次年春，经队官呈准，被保送到总督赵尔巽刚开办的四川陆军讲武堂深造。1911 年，调任第十七镇六十八标一营前队排长。不久，被派往成都，参与镇压保路同志军的作战。

辛亥革命爆发后，第十七镇改为第一镇。刘湘任第二标张邦本支队的少校差官，随部进驻川北。1912 年，第一镇改编为川军第一师，张邦本支队奉令归还建制。但该支队的第二营管带杨森拒不接受命令。刘湘便与该营督练官孙中华、队官唐式遵、杨国桢等串通一气，甩开杨森，将第二营拖到资中。刘升为第二营营长。随即，将部队开驻泸州。

当时，四川都督胡文澜，是袁世凯的爪牙。1913 年 8 月，国民党人、川军第五师师长熊克武等人响应孙中山的“二次革命”，在重庆宣布独立，组成讨袁军总司令部，决定兵分三路，围攻泸州，首先消灭胡文澜掌握的周骏第一师。交战之前，熊克武特派速成同学傅常等前往策动。战斗打响后，刘湘与侯建国、刘盛恩奉命率领本营阻击讨袁军中路旅长兼第一支队司令龙光所部。在两军遭遇之际，同盟会员、营长侯建国以速成同学的关系，再次劝说刘湘让开本道，放龙光所部通过，直捣泸州。他未听从，仍说："军人以服从为天职。"随即伙同营长刘盛恩挟持侯建国带领三个营的兵力，在立石站、韩婆岭、草街子一带往复冲杀，力敌龙光部，保住了泸州。讨袁军失败后，年仅24岁的刘湘因作战有功，受到奖赏，被提升为第一师第三团团长，调驻重庆，埋头练兵。

1915年8月，袁世凯任命陈宧督理四川军务，为削弱川军，将各师加以缩编，并确定撤换师长、团长。刘湘经周骏在陈宧面前力保，新任旅长熊祥生亦见其朴实无华，才得以幸免撤换。是年冬，又被任命为铜梁、壁山、大足清乡分司令，奉陈宧之命大举搜查革命党人，为袁世凯复辟称帝扫清障碍。

这年12月25日，云南通电宣布独立，护国军第一军总司令蔡锷率部取道四川，讨伐袁世凯。刘湘在熊祥生指挥下，率领全团防守泸州。次年3月，川军第二师师长刘存厚在纳溪宣布独立，称护国川军总司令，与蔡锷所率护国军会攻泸州。刘湘协助熊祥生将刘存厚留守泸州的部队全部扣押，获袁世凯奖赏30万元。当护国军迫近小市和五峰顶时，他奉命率领本团为先锋，在北洋军的猛烈炮火掩护下，突过长江，反攻兰田坝，截断了护国军渡江的归路。经过战斗，护国军遭受挫败。陈宧和北洋军将领张敬尧即特电袁世凯，请对刘湘予以奖叙。3月13日，袁世凯发布命令说："刘湘奋勇督战，连克要邑，肃清江岸，勤勇可嘉，着授陆军少将，并授以勋五位。"嗣后，又给刘湘授予三等嘉禾章。

泸州之战后，两军在大州驿以北相峙。蔡锷特命张鼎和、王学勤等速成同学，前往劝说刘湘，拟委其为川军第二混成旅旅长兼领川东安抚使。他鉴于袁世凯大势已去，且对安抚使一职颇感兴趣，便暗受之。5月22日，袁世凯在四川的代理人陈宧宣布独立。熊祥生见大局如此转变，遂弃军潜回成都。刘湘因资历较深，为众所推，代理旅长。后经督理四川军务的周骏据报，被袁世凯正式任命为陆军第十五师步兵第二十九旅旅长。这时，周骏受曹锟资助，出兵讨伐陈宧，令刘湘就地沿江布防，企图扼阻护国军援助陈宧。但他默察当时形势，深感自己难以抵挡护国军。待张敬尧师刚一撤退，即放弃泸州。

7月20日，护国军攻克成都。蔡锷任四川督军兼省长，电邀周道刚(时在北京陆军部供职)回四川任第一师师长，请委刘湘为该师第一旅旅长。8月，蔡锷因病赴日就医，护国军参谋长兼滇军总司令罗佩金暂署四川督军，黔军总司令戴戡暂署四川省长，执行唐继尧的"大云南主义"和强滇弱川政策，引起川军公愤。1917年4月，刘湘先后两次领衔与川军各旅、团长联名通电，历数罗佩金强滇弱川的九大罪状，要求北京政府主持公平，"速予解决，以弭川乱"。12月27日，他被北京政府授以陆军中将衔。

1918年1月，四川靖国战争爆发。开始，刘湘随第一师师长徐孝刚站在刘存厚这一面，率部与滇黔靖国军大战在内江之田家场、一泗堆、椑子镇、东街子、白马庙一带，企图阻挡靖国联军西进。在一次攻击中，他败退下来，去见徐孝刚。其时，徐因前线失利正在大发雷霆，听说刘湘来了，厉声喝斥道："难道刘旅长就杀不得吗！"刘湘闻言回身就跑，当即带着手枪队，赶赴火线督队进攻，一鼓而下。2月，靖国军攻占成都。他见北京政府对四川已失控驭，又跟随徐孝刚等川军将领，立即倒向四川靖国军总司令熊克武，发出响应"护法"通电。3月，被熊克武委为川军第一师师长。6月，熊克武在成都召开整军会议，将川军编为七个师。他改任第二师师长，管辖永川、荣昌、铜梁、大足、璧山、合川、武胜七县,设师部于合川。从此,刘湘有了固定的立足地盘,一面委派保定速成同学担任参谋、旅长等要职,开始建立速成系集团;一面举办军事传队和军官传习所,加紧培训军中骨干,以期养精蓄锐。他对传习所的军官说,将来要一起"统一四川,问鼎中原"。

二、拥兵自重成复败

川滇黔靖国联军击败刘存厚后,四川局势的演变日益复杂紧张。唐继尧以联帅自居,视四川为附庸,同黔军总司令王文华合谋熊克武。督军熊克武大权在握,成为四川的最高统治者,隐以盟主自命,不为唐继尧所制,可是与省长杨庶堪之间的权力冲突一直无法协调。当时,刘湘拥有三旅之众,枪弹充足,军心亦固,可谓是能战之师。他认为这是自己图谋发展的大好时机,便约集速成同学胡春田、张斯可等密商向背问题。大家认为,滇黔军连年危害四川,军民同受其害。目前只有顺应人心,拥熊送客,自己亦可于中获取利益。但对倒熊的各军须善加以应付,以避免正面结怨为宜。

1919年12月,四川省长杨庶堪趁赴重庆为父治丧之机,与各路民军司令石青阳、颜德基、卢师谛、黄复生等密商了一个倒熊计划,他们认为,刘湘身拥重兵,且与第四师师长刘成勋、第八师师长陈洪范都是大邑同乡,平日联成一气,处于举足轻重的地位,必须争取过来,才可稳操胜算。于是,杨庶堪亲赴合川,劝说刘湘予以赞助,并以川军总司令一职相许。刘湘深知杨庶堪是在川国民党人中资深望重,今以大事相期,重任相许,心中十分高兴。同时,他又忖度熊克武之所以能得到四川军政大权,全仗外有滇黔军的援助,内有民军的支持,而今内外与熊为敌,其必败无疑。因此,一谈即合,欣然向杨表示赞同。但他一点不露声色,仍与熊信使往还,遇事请示一如往常,免其生疑。

在这期间,熊克武对刘湘这支力量也早已密切注意。为了探察刘湘在动荡川局中的态度,特派第一师师长但懋辛为点编刘湘部队的主任,先到重庆收集情况,后去合川,向刘湘介绍、分析了四川局势,力主川军各部必须团结起来,共同对付客军。并转达熊克武将拟推举刘湘统率各军之意。刘湘也当即表示始终拥戴熊克武,愿衷诚合作,共奠川局。随即根据但懋辛的密告,严查所部旅长廖谦与黔军总司令王文华勾结的情况,密报熊克武。1920年3月,又邀速成同学、滇军第二军参谋长杨森协助,举全力围攻廖谦,将其部完全收编,以巩固内部。

与此同时,刘湘又假意和投靠唐继尧的川军第五师长吕超竭诚合作,参加倒熊运动。他向前来联络的吕超代表说,因解决廖谦部队,事前未向熊请准,熊对自己极为不满,处境十分困难,盼吕给予帮助。吕超等信以为真,邀刘湘参加顺庆的倒熊联盟会议。但刘湘自己不参加,只派李树勋为代表出席。会上,他被推为川军总司令,分领倒熊经费现洋20万元,并约定等候唐继尧一声令下,即一致开始行动。

随后,吕超等到离合川不远的潼南双江镇密谋倒熊计划,坚决邀请刘湘亲临面商。他不好推辞，只得前往参加。当时，有人建议当场将吕超等人扣留。刘湘不同意搞阴谋暗算，表面上仍与吕超等虚以委蛇，会同商定进攻熊克武的方略，还抛出了一个作战计划。同时，还与吕超等拜把结盟，赌咒发誓，喝了血酒。其实，他早已派参谋长胡春田去成都向熊输诚，又得到若干现款和子弹。

4 月 21 日，唐继尧通电讨熊，竟以吕超为川军总司令，而以刘湘为副总司令。刘湘见电勃然大怒，破口大骂说："你吕超拿我刘湘扎靶子，你要想当督军就不行！"他即与刘成勋、陈洪范联合御侮，在成都举行会议，决定拥熊联兵讨伐唐继尧。双方交战之前，他给吕超去了一信，说："我已加入熊方，吾弟好自为之"。5 月 4 日，即奉熊克武之命，率所部会同余际唐的江防军向重庆方面的黔军进攻。他兵分两路，一路攻至江北；一路由壁山经高店子，一直打到重庆以西的磁器口。因余际唐部被黔军王文华部赶出重庆，只孤军剧战数日，仍撤回合川。随后，合川为黔军攻占，他即退往邻水与余际唐部会合。这时，杨森脱离滇军，率两个营投靠刘湘，被编为独立旅。刘湘军势复振，又将合川夺回。但见滇、黔、民军三面包围，势难久撑，只得放弃合川，退守安岳。不几天，被熊克武发表为第二军军长。

熊克武通电讨唐后，刘湘任北路总司令，所部与余际唐部围攻南充，一时声势颇振。7 月，讨唐军遭到全面反击，退到阆中进行整编。刘湘仍任第二军军长，下辖第二师、第九师及第一混成旅、第三混成旅和第四混成旅。在筹划反攻时，他建议熊克武把第三军军长刘存厚从汉中请回四川，合作驱唐。他说，如果不把刘拉过来，必然要乘我们两败俱伤之时，勾引北军入川，战事扩大，将更不可收拾。未几，刘存厚自称"靖川军总司令"，率田颂尧、唐廷牧、张邦本、赖心辉等部返川。经商定：在战事未决胜负之前，熊克武、刘存厚均不作四川督军，以刘湘为川军前敌各军总司令，负责统一指挥。

8 月下旬，刘湘指挥各部由阆中向三台地区战略开进：刘存厚部及但懋辛的第一军为右方面军，经绵阳、罗江、沈阳、广汉向成都进攻；第二军为左方面军，经中江、金堂与右方面军会合，并肩攻夺成都。9 月 8 日，攻克成都，熊克武和刘存厚的两个总司令部相继入城。

这时，滇军军长顾品珍、赵又新集中八个混成旅以上的兵力，凭借龙泉山南北的张飞营、山泉铺高地构筑坚固阵地，准备与川军决战。刘湘一到成都，即约集川将领商讨进攻部署，决定以第九师师长杨森为中路军，田颂尧为左路军，刘成勋为右路总指挥，邓锡侯为总预备军。13 日，向在山泉铺、张飞营等处之滇军发起攻击，但初战失利，退守成都休整，再图反攻。17 日，滇军乘胜逼进城郊。19 日，刘湘令城内各部分军出击，将滇军击败。22 日，他亲临前线指挥，命令集中十八门山炮猛轰滇军阵地之一点，打开一个缺口，川军立即蜂拥而上；令另一部川军间道出大兴场、茶店子后背抄袭，致滇军主力全线崩溃。接着，指挥各部相继夺取泸州、叙永等地，将滇军全部赶出川境。随后，又亲赴东道指挥，命邓锡侯、田颂尧等部沿江推进协攻渝南；陈国栋师及陈能芳师之张秉升旅自陆路东进会攻渝北；但懋辛所部及第二军袁彬旅分向合川、铜梁进攻渝北。待三面合围之势部署一完成，刘湘即致电贵州督军刘显世及驻渝黔军总司令王文华，限黔军于 14 日前撤出重庆，以期重修邻好。然而，刘、王不但拒不接受，反令黔军由北道出击，以滇军朱培德部经永川西进。刘湘当即以余际唐师及袁彬旅出嘉陵江左岸，喻培棣、何光烈、张冲三个旅出嘉陵江右岸，会攻合川。得手后，又连克铜梁、壁山及渝北要隘青木关。10 月 15 日，进占重庆，王文华仓皇乘轮船只身逃往上海。滇黔军不支，悉向贵州松坎溃退。

唐继尧等不甘失败，发出通电，对川军进行攻击。11月1日，刘湘以川军前敌各军总司令名义领衔发出通电，痛陈客军在川为祸之深。指出："川人屡年受制，束缚于滇黔暴力之下，受痛如山，积怨成海。"4月，他领衔率各军师旅长向全国发出通电，阐明此次驱逐滇黔军，旨在安川，并促进国家统一。

川滇黔军混战结束后，刘存厚即把北洋政府早任命的四川督军公署招牌打起来，熊克武也在重庆恢复广州军政府任命的四川督军公署，主张"既不附南，亦不附北"。这时，刘湘多附和熊克武，与各军将领一致赞同四川自治。11月5日，他与第一军军长但懋辛出面，会同各军将领商定了解决川局善后办法六项：(一)在国家未实行统一以前，本川人治川之精神，实行地方自治；(二)在施行自治期内，暂由军政各界推选督军、省长，行使职权；(三)厘定军队收束标准；(四)统一财政，量入为出，除行政、教育、实业等项经费外，所余税款，由各军均匀分配；(五)每年举行各军将领参加的军事会议一次，商定应兴应革诸大端；(六)积极筹备实行地方自治，在军事纠葛未结束以前，保持现状。

12月10日，刘湘领衔分别致电刘存厚、熊克武，正式提出自治主张。电文在历数四川自治之理由后，请熊克武、刘存厚在五天之内作出决定。熊立即复电赞同，认为"川军三个军，第一军属于国民党，第二、三军均为旧川军，而旧川军均有被勾引转向北方的危险。新败的滇黔军亦难免不卷土重来。在这种形势下，国民党人外为防止北洋军阀的侵略，内求社会的安定，倡导自治，以维持现状。这是不得已而采取的权宜之策"。12月30日，即通电解除自己的四川督军职务，退居幕后操纵，静待时局变化。而刘存厚却已向北洋政府提出统治四川方案，正待批示，故拒不作答；并将部队由川东南调集川西北，以作应急准备。

这时，因熊克武解除督军职务，四川军民两政无人主持。经各军将领会商，在重庆设立各军联合办事处，暂推刘湘主持其事。可是就在熊克武辞职的那天，北洋政府总统徐世昌，接照刘存厚所拟方案发出命令，责成"该省督军刘存厚、省长熊克武、重庆护军使刘湘等，督饬所属，共策进行"。同时，特任熊克武为四川省长，刘湘为重庆护军使。刘湘认为，这是北京政府悍然扶持刘存厚为其代理人，与四川自治的主张截然相反。1921年1月8日，他同第一军军长但懋辛联名发出通电，宣布四川自治。强调说："在中华民国合法统一政府未成立以前，川省完全自治。以省公民意志制定省自治根本法，行使一切职权，共谋政治革新，为图振兴实业，并在南北任何方面，决不为左护右袒"。21日，再次领衔发电，谴责北洋政府，重申川人自治主张。电中道："今决以川人自力治川，不受何方之支配，不任外力之干涉，顺应潮流，尊崇民意，内以巩固地方之基础，外以促进国家之统一，必自我中华民国合法政府告成，乃能承认其命令之效力"。2月28日，他与但懋辛、刘成勋联名通电，宣布刘存厚违反民意，是四川自治之一大障碍，应予驱逐。随即，三个军一起进发，将刘存厚驱逐出成都。

刘湘随同熊克武驱逐滇黔军，再度赶走刘存厚，力量膨胀，地位增高，成为速成系的首脑人物。这时，邓锡侯、田颂尧等保定系集团也隐然形成，图谋发展。而第一、二军之间的矛盾复渐暴露。在这种情况下，熊克武企图把局面摆平，以维持自己的权益。但刘湘则想出人头地，处处暴露出与熊并肩争霸的架势，川局仍处于动荡之中。

为了削弱刘湘的势力，熊克武、但懋辛暗中支持刘湘的参谋长兼第二师师长陈能芳等保定系将领伺机脱离刘部，并约定除夕前在重庆举事。然而，刘湘鉴于廖谦与黔军勾结之事，对陈能芳等早存戒心，暗中派人严密监视，其举事之情报前一天就已获到，但佯作不知，除夕那天清晨，他偕同陈能芳一起，在浮图关召集第二师在渝全体官兵讲话，首先宣读陈能芳的举事通知书，随后即问全体官兵："你们愿意跟参谋陈能芳走的，举手！"下面无一人举手。又问："愿意跟刘湘的，举手！"立时全场举手。于是，他回头向陈能芳说："参谋长，他们都不愿意跟你走嘞！那就请你休息吧。"当即宣布唐式遵为第二师师长。将陈带回总司令部后，命人暗示其辞职，赠予现款 10000 元，送往泸州，嘱第九师师长杨森妥加监视。其他参与举事的旅长、团长都扣留起来，交由杨森惩办。

这年 6 月，川军各将领在重庆召开善后会议。在这之前，熊克武、但懋辛主张推选刘湘为四川各军总司令兼省长。为了总司令部和省长公署设在成都或重庆的问题，双方争论不休。按惯例，成都是省会所在地，刘湘理应到成都就职。但重庆是四川对外交通咽喉，全省的金融中心。如果要整军经武，筹款借垫，极为方便。为此，刘湘专门召集亲信幕僚进行研讨，他们认为：第一，重庆是最好的事业发展基地，决不能放弃；第二，熊虽下野，实力仍掌握在其代理人但懋辛手中，如果同驻省门，凡百措施，势必受其牵制；第三，第二军部队多分驻在川东南，一旦变起仓促，鞭长莫及，难以应付。他根据这些意见，与但懋辛往返磋商一个多月。双方达成协定后，才召开善后会议。在这次会议上，刘湘被推选为四川各军总司令。6 月 24 日，又被四川省议会和川军各将领推选为四川省省长。7 月 2 日，在重庆通电就职，并通电标榜四川自治，重申与南北政府脱离关系。这时，他的第二军军长由杨森代理，下辖三个师、四个混成旅、两个独立旅，实力与熊克武不相上下。

刘湘掌握四川省大权不久，原鄂军总司令李书城和鄂西总司令潘正道特致电川湘两省当局，请求出兵支援，协力驱逐直系军阀两湖巡阅使兼湖北督军王占元，以便湖北实行自治。与此同时，陕西督军陈树藩正拒新任督军阎相文于潼关，也望川军援陕。面临这种情况，刘湘当即召集所部亲信将领，密商应付办法。他们认为，川军出境远征，可无哗变之虑。若进兵宜昌，已占长江形势之半，声威足以震动全国，进可以抑制群雄，退可扼江自守。于是，刘湘决定对陕暂取静观态度，即刻派兵援鄂进驻宜昌。8 月中旬，他自兼援鄂军总司令，但懋辛为副司令，由第二军的两个旅为长江北岸纵队，第一军的第二混成旅为长江南岸纵队，经恩施向宜昌推进。但由于川军出兵迟缓，北洋政府总统徐世昌于 8 月 11 日免去王占元本兼各职，特任吴佩孚为两湖巡阅使，另派肖耀南为湖北督军，控制了湖北局势。

这年 12 月初，刘湘应吴佩孚所任命的长江上游总司令孙传芳电请，派乔毅夫为代表前往宜昌议和。于次年 1 月，双方达成四项协议：川军分期全部撤回川境，由鄂军派部队接防；以川鄂省界为两军分界线，边境如发生匪患，由双方派兵会剿；允许川盐运销楚岸。

川军劳师动众援鄂，虽一无所获，但刘湘从中找到外援，并在汉口有了立足点。经过互派代表晤谈，与孙传芳结拜为盟兄弟，订下密约：如孙传芳遭受攻击，刘湘出兵支援；如四川发生战争，孙传芳亦以兵力和械弹援助刘湘。随即，他又与肖耀南拉上关系，在汉口设立办事处，派乔毅夫为驻汉口代表，成为对外活动的中心。

熊克武获知刘湘与孙传芳建盟后，感到这种趋势于己不利，便借军饷支援、军队编制、防区划分等问题，煽动川军各部联合与刘湘为敌。刘湘面对这种局势，阳若无事，阴则密谋采用整军手段，逐步削弱第一军力量，然后乘其驻地分散，相机各个击破。这年 1 月，他邀请第一军军长但懋辛到渝商讨裁军办法,决定由第一、二军以身作则,先各裁一个旅。不料代理二军军长杨森意欲扩充自己的实力,搞新二军系,暗中派人鼓动第一军将要裁减的独立旅旅长杨春芳投奔本部。但懋辛闻讯,即急电省方各部首脑,指责刘湘、杨森借改编为名,阴谋诱骗第一军的部队。一时舆论哗然,省方各军群起谴责刘湘,谓其“宰割他人,擅开战端”。

刘湘鉴于川军各部多已站在熊方,只得采取以退为进的手法,于5月14日通电辞去本兼各职,总司令交王陵基代行,省长交向楚代行,所兼第二军军长交杨森接充,并建议邀请各军混成旅长以上将领齐集成都,会商解决川局办法。可是,他在暗中却加紧调兵遣将:令杨森的第九师由泸州和内江调来重庆,唐式遵第二师及李树勋第三混成旅集中开江,袁彬的第四混成旅集中涪陵,魏楷的独立旅调驻垫江,潘文华第四师调驻泸州。随即,亲往万县、奉节劳军,召集官兵训话,鼓励士气。他对士兵说:“只因你们不愿意打仗,所以我要辞职。”又说:“你们的军饷一定按时发放,只要你们肯打仗,我随时都可以复职。”6月,在重庆秘密召开将领会议,研究作战方略。还电令在汉口治购械弹的乔毅夫速返宜昌与孙传芳密洽,请孙即时派兵入川支援。一俟北洋军援兵西上,即对第一军发动进攻。

在这紧要关头,企图组织新二军系的杨森,因谋与第一军合作的计划被但懋辛所拒,便先发制人,集中力量,提前夹击驻忠县和万县的第一军主力,刘湘闻之大惊。当时其部属对杨森之举有两种意见:一者说:“原定计划不能改变,战端不可擅启,若任杨森骄横行事,必败无疑,应立即制止。”一者却认为,杨森是为刘湘打天下,战如胜,归功于刘湘;不胜,有杨森负责,不必大惊小怪。刘湘觉得仗迟早是要打的,果以“杨森跋扈,不听命令”发动战争来表明此非己意,借免遭人责难,听任杨森行事。8月下旬,第二军被第一军和省联军击败,残部退出川境。他则以在野之身,避居重庆王家沱义新纱厂。但仍通过刘文辉这一渠道,与有关方面联系,并暗中派人向其旧部传达“各自图存”的指示。后来,经刘成勋、刘文辉等方面疏解,取得各方面同意,便带着随身仅存的卫队,回到大邑县安仁镇老家,“樵山渔水,息影乡园”。

三、东山再起重主川

刘湘虽遭到几乎把家底丢尽的重大挫折,但毫不气馁。这年10月,他函约自己的股肱之臣张斯可、乔毅夫来到大邑,分析失败的原因,进行从长计议。他们认为,前段失败主要是内部不一致,孤军作战,外援没有配合上,作战无整体计划和指挥冒进。总结起来,就是政治经验不足,各方面的人才太少,朋友不多。张斯可说:“失败算个啥!今后必须从历史上和眼前的成败利钝中寻找经验,多向省内外政治上经验丰富的老前辈虚心请教,要多延揽一些能够决大疑、定大计、办大事的人才,这才得行!”刘湘对此深表赞同。他在总结经验教训的基础上,定下两条决策,对川内,多结友,少树敌;对北京中央,表示投靠,争取支持。以期积蓄力量,待机东山再起。

为了加强省内外联络工作,刘湘决定由张斯可、乔毅夫向外开展活动。其主要目的是:在省内,设法把过去倒向熊克武方面的各部队拉过来;在省外,重点摆在北京,即要取得北洋政府的援助。张、乔奉命即赶赴成都，代表刘湘向刘成勋转达情愫，加深谅解，彼此心中暗许。接着转赴嘉定、宜宾，与陈洪范、刘文辉恳切商谈，双方赞同将来以川南为活动基地。继又往泸州，取得赖心辉的相机合作之承诺。随后，刘成勋、赖心辉、陈洪范、刘文辉等人借为刘湘父亲祝寿为名，同到大邑会晤，相互交换了对川事未来的主张。

与此同时，刘湘又派张、乔前往北京，代表自己与曹锟政府接头，对川省旅京的前辈多半登门求救。有关军事问题，常得到时在陆军部供职的钟体乾、岳辟疆等人的关照指点。在政治方面，则对曾与梁启超同组进步党的蒲殿俊、张澜、胡骏等备加礼重，多所亲近。后来，他们当中许多人受到刘湘的重用。

1923 年春，川战再起。第七师师长陈国栋和第三师师长邓锡侯等将领发动倒刘成勋之战。杨森在吴佩孚的支持下，也率领寄驻鄂西的残部，随同北洋军打回四川，与刘存厚、邓锡侯、陈国栋、田颂尧、唐廷牧等联名通电讨伐熊克武、但懋辛。

刘湘见川战逐步扩大，便把张斯可、乔毅夫从北京召回四川，再次代表自己分别与刘成勋、赖心辉、陈洪范、刘文辉等暗中联络。同时，密令原第二军退驻叙永山区唐式遵的刘光谕旅和寄居陈洪范篱下的潘文华之潘佐团，趁杨森部西进之机，向重庆集结整顿补充。不久，战局逆转，杨森部向重庆撤退，刘湘为了收拾局势，便亲自出马，重整旗鼓。他先后到嘉定、宜宾、泸州一带与各方周旋，并与杨森进行联系。这时，北京政府鉴于川情复杂，认为刘湘还有一定的潜力，便于 7 月 28 日任命他为四川清乡督办。30 日，杨森、邓锡侯、田颂尧、陈洪范、刘文辉、唐式遵、潘文华等十余将领联名通电，拥护刘湘出山，推举他为四川善后督办。

9 月 24 日，刘湘到了重庆，在袁祖铭公馆与杨森、邓锡侯、陈国栋等人会晤，共同召集守渝各部师、旅长开会，重新部署防务。在这前两个月，熊克武已在成都通电就任孙中山发表的四川讨贼军总司令，仍以刘成勋为川军总司令兼省长，委赖心辉为前敌总指挥，吕超为第一路总司令，石青阳为第三路总司令。云南的唐继尧也通电援熊，愿捐弃前嫌，共同讨贼；并令张汝骥、胡若愚分别从云南、贵州率滇军两个师援川。根据这种局势，刘湘等决定只对熊、但的第一军作战。

10 月中旬，张汝骥、胡若愚部相继抵达重庆近郊。13 日，熊克武与滇军配合发动总攻。刘湘见退路将被遮断，于 16 日放弃重庆，向万县方面撤退。23 日，被北洋政府正式任命为善后督办。这时，他的部队和杨森的部队大都集中，并经一度休整，特别是损失已得到补充，士气复振；加上外有吴佩孚为后盾，便将各部分为五路，以杨森、邓锡侯、袁祖铭、陈国栋和田颂尧，分任第一、二、三、四、五路总指挥，率部向熊克武部进行反攻。

刘湘在攻占重庆后，为谋一举消灭熊、但势力，即便暗中派人与刘成勋、赖心辉密图妥协，希望彼此保持友好。刘成勋、赖心辉见第一军前途垂危，便倾附刘湘，致使熊、但处于完全孤立的地位。1924 年 7 月，杨森率部攻克潼川城，直捣熊克武的总司令部。熊退到成都后，深知事已不可复为，于 2 月 2 日向孙中山引咎辞职。5 月底，刘湘被北洋政府任命为川滇边务督办，封为甫威将军。

北洋政府在任命刘湘为川滇边务督办的同时，任命杨森督理四川军务善后事宜，颠倒了刘、杨原来的地位。但刘湘仍然摆出速成系和二军系首脑的姿态，表面上与杨森维持正常往来，借以麻痹杨森，以便密向各方进行探查、分化、瓦解工作，并暗中从容布局。这年 8 月，他趁奔父丧之便，邀集张斯可、乔毅夫、张梓芳等人到大邑乡间密商，确定以“充实部队、联结各方、静以观变、伺机而动”作为行动准则，暗与杨森角逐。

次年，夏，皖、奉、粤三方结成反直系三角联盟。刘湘即派张斯可、乔毅夫上北京，同张梓芳共窥时局发展趋势。他根据直系内部大现裂痕，覆败终不可免的情况，接受了张、乔的建议，决定改走反对曹锟、吴佩孚的道路，即命张梓芳继续留京寻找关系，设法与段祺瑞挂钩；张斯可赴奉天向张作霖通款；乔毅夫南下广州谒见孙中山，表达悃诚。旋即，征得赖心辉、刘成勋、刘文辉的同意，由张英、魏子铣代表“三刘一赖”前往天津谒段，表示拥戴。不久，乔毅夫再次代刘湘赴杭州会见皖系实力人物、浙江善后督办卢永祥，及其督署总参议邓汉祥，并托邓为刘湘向段祺瑞输诚。

冯玉祥在北京发动政变后，曹锟被囚，直系瓦解，段祺瑞被推举为中华民国临时执政。刘湘马上就派张斯可、乔毅夫到京，由国务院秘书长邓汉祥向段祺瑞上言，希望段撤免杨森，把统率四川各军名义给予刘湘，以资号召。不久，段祺瑞召开所谓善后会议，刘湘为表示拥戴之诚，立即加以响应，并派张斯可为出席代表，北上捧场；还献陈调整四川军政人事方案。段见刘湘已归顺，便采纳邓汉祥之言，决意扶刘抑杨。

1925 年 2 月 7 日，段祺瑞参照刘湘的建议，对四川军政首脑进行调整，特任刘湘为川康边务督办，节制四川地区所有部队，委杨森督办四川军务善后事宜；免去邓锡侯省长之职，由赖心辉继任；免去田颂尧帮办之职，由刘文辉继任；又任命刘成勋为西康屯垦使兼管民政。这样，刘湘策划的“三刘一赖”联盟隐然形成。然而，杨森对刘湘在四面八方加紧布局却一直无所觉察。就任新职后，更加积极扩充实力，准备以武力统一四川。4 月 12 日，下令讨伐赖心辉和刘成勋。

在杨森与刘成勋、赖心辉交战期间，刘湘一面从容进行军事部署，一面施展政治手腕争取同盟。他利用第二军的内部矛盾，多次派人潜入遂宁策动第一师师长王缵绪倒杨（森）。为了组织川黔联军对付杨森，加紧在袁祖铭、邓锡侯身上做功夫。当时，邓锡侯正不满丢掉了省长肥缺，刘湘便密向段祺瑞推荐，发表邓为四川清乡督办。不久，他见拼组联军条件成熟，便推出袁祖铭为川黔联军总司令，邓锡侯为前敌总指挥，自己则以后勤总司令自居，退居幕后操纵。

7 月初，川黔联军下达总动员令：袁兼第一路，邓兼第二路、刘文辉为第三路总指挥，分别率领川黔各军分路西进，在永川、大足、荣昌一带与杨森部激战。正当杨森亲赴前线督战，企图挽回败局之际，王缵绪即在遂宁公开背叛杨森，投向刘湘，通电双方停战协商川局，使杨部全线震动，战局急转直下。9 月初，杨森率残部自乐山移驻犍为，通电将所有留川部队概交刘湘节制。10 月 10 日，刘湘、袁祖铭通电各军护送杨森出川。

这年底，由刘湘一手操纵在成都召开第二次善后会议。早在 8 月间，已在自流井举行了第一次善后会议，作出了五项重大决议，按决议刘湘得到的利益最多，接收了杨森部的八个师、七个旅和两个路司令残部；分得重庆、巴县、璧山、江北、大足、永川、荣昌、隆昌、内江等二十余县的地盘。这次善后会议主要是讨论处理兵工厂、分配造币厂所制造的银币和自流井盐款、按照比例裁减军队等事项。在组织川黔联军时，刘湘曾许下杨森一倒，成都兵工厂即尽先为黔军制造枪弹三个月的诺言。可是，刘湘这时又动了“上岸思财”之念，乃暗中发动成都的“五老七贤”大造舆论，反对兵工厂恢复生产。其他议题也遇阻难决，会议草草收场。

这时，刘湘得到乔毅夫从汉口来的密电：吴佩孚将策动袁祖铭联合杨森驱逐刘湘；杨森已就任吴佩孚所授予的长江上游防务督办兼四川讨贼联军第一路总司令，正准备返回四川。他鉴于大局飘摇未定，前途莫测，此时如对杨森拒而不纳，恐将来祸患益多。故即复电乔毅夫与杨森商讨今后合作办法，以期共同对外。乔对杨说："同学之间，总好说话，肉烂了在锅里，若让别人把锅端了，那就大家都没办法了。"经过几番交谈，乔代表刘湘与杨森达成三项默契：刘湘同意杨森收回愿归还建制的部队；同心协力，一致对外，欢迎杨回川，下川东部队由杨森节制。至于吴佩孚和袁祖铭方面由杨森自行设法应付。双方对外必须严守秘密。

1926 年 1 月，袁祖铭趁刘湘尚滞留成都之机，突增调黔军四个团进驻重庆城，并在浮图关、两路口和外围磁器口、歌乐山等地配备重兵。29 日，又支持何金鳌夺回已被鲜英接收改编的第十师；次日，复派兵袭刘湘的重庆城守卫队，占据其督办公署，并接收所有军、警、行政、财务等机关。刘湘突闻渝变，一时几无所措。经再三考虑，认为只有切实联合杨森，才足以压制袁祖铭。乃复向杨森进一步提出合作的具体办法：(一)下川东部队完全交杨森指挥，补充、补给由杨森负责；(二)上川东郭汝栋第九师、白驹第十二师、吴行光第一混成旅、杨汉域第二混成旅、范绍增第九混成旅原属杨森六部，由杨森转令刘湘统一指挥，补充、补给由刘湘负责。并欢迎杨即速回川主持讨伐袁祖铭大计。

2 月中旬，黔军迅速向下川东推进。刘湘见下川东战况逆转，而杨森尚未回川，便一面密电唐式遵、潘文华两师长联系下川东所有川军，拼竭全力坚守万、梁前线，以便杨森回川有地立足；一面用计缓兵，派郭昌明、颜仲卿为代表赴重庆与袁祖铭虚与委蛇，达成四项"和议"：由袁祖铭电邀刘湘返渝，会商一切善后事宜；下川东彼此划出缓冲地带，避免接触；潘文华师、郭勋祺旅所扣黔军械弹，战斗停止即装轮运还；夔、万由川、黔军合驻，但财政完全归刘方经收。3 月 2 日，他在复重庆商会会长曾禹钦的电中说："人虽弯弓相加，我宁唾面自干"。

农历年年底，杨森抵达万县。1927 年 3 月 30 日，川黔军战幕拉开。刘湘认为驱逐袁祖铭的时机成熟，便以四川善后督办的名义发出通电："川军必须一致对外，方能避免生灵涂炭，结束战争"。杨森立即响应，呼吁"以后本省军队，必须一致对外"，接着，刘湘以王缵绪为上川东前敌总司令，统率三路总指挥分攻黔军；另以赖心辉部旅长李章甫为第一路总指挥，率该旅和陈兰亭旅、何济安旅、许绍宗旅向沱江地区黔军进攻，以兰文彬为第二路总指挥，率第十六师和第一师之一部，沿东大路向永川黔军进攻；以朱宗悫为第三路总指挥，率第十四师和罗纬第四师，相机侧击永川黔军。尔后，第一路进出长江南岸，切断黔军退路；二、三路继续向重庆进攻。令刘文辉出兵进击盘踞叙永及川南六属的黔军吕超部。下川东方面，全听杨森统一指挥。并定于 5 月 5 日向重庆发起总攻。

在军事部署的同时，刘湘还发动川中耆老张澜、邵从恩、罗纶、叶茂林等人代表四川地方势力通电责袁，要其"势非交出重庆，撤兵回黔，将公(指袁祖铭)所占一切民政、财权、用人行政之权，完全交还川人，绝无办法"。在刘湘的军事、政治夹击之下，袁祖铭进退维谷。不久，袁祖铭以北伐军左翼指挥名义率部开赴湖南。

驱袁战事一结束，刘湘独占了长江上游运转枢纽重庆。而杨森却取得了江北及下川东长江两岸的 24 县，扼住长江出口的咽喉，时思报复统一战争失败的仇恨。1926 年 5 月，东山再起的吴佩孚又发表邓锡侯为四川军务督办、田颂尧为四川军务帮办，杨森为四川省长，促使邓、田与杨森合作。旋又以北京政府名义，调刘湘入京任参谋总长。

刘湘对吴佩孚的任命置之不理。为了应付复杂的局面，他一面与左右亲信张斯可等密筹团结内部，加强与刘成勋、刘文辉、赖心辉联盟，缓和与杨森、邓锡侯、田颂尧矛盾之策略；一面设法加强军备，以防不虞。同时，电嘱驻汉口代表乔毅夫密切注意局势变化，另寻有力靠山，尽力争取外援，以应付局面的发展变化。

四、叔侄相争侄居上

北伐之初，刘湘在广东方面派往汉口作地下工作的共产党员策动下，曾领衔与赖心辉、刘成勋、刘文辉联名写了两封信，一请邓演达转呈蒋介石，一径呈广东国民政府表示拥护，北伐军攻占长沙后，他见大势所趋，决心藉此完全摆脱吴佩孚的羁绊，乃于 1926 年 8 月 13 日再次领衔与赖心辉、刘成勋、刘文辉联合通电讨吴，并宣称愿出师参加北伐。10 月，被武汉行营主任邓演达以蒋介石名义发表为国民革命军第二十一军军长。受命后，即派其军法处长李子俊到南昌牛行车站谒见蒋介石，请求派遣黄埔学生到川为之整训队伍，以示拥戴之诚。北伐军攻下南昌后，他与赖心辉、刘文辉被蒋介石委为川康绥抚委员，其被指定为主席。

当时，在重庆成立了两个国民党省党部：一个是广东国民党中央派吴玉章回川整党，以杨闇公、李筱亭、肖华清、陈达三、邓懋修等八人为执行委员的左派莲花池省党部；一个是以吕超、卢师谛、石清阳等人组成的总土地右派省党部。起初，刘湘因由武汉政府任命，兼以总土地省党部为首者多系“一军系”的旧人，故站在莲花池省党部这一面。他就职的那天，在莲花池省党部的主持下，举行了一个军民联欢大会。通过了解散总土地伪省党部、取缔国家主义派的麻醉教育、取缔反革命宣传、实行军队党化、实行工农政策、取消苛捐杂税、解散伪市工会等决议案。随后，刘湘开办了一个军官政治训练班，特别聘请莲花池省部的杨闇公(中共重庆地委书记)、李筱亭、肖华清、陈达三、及漆树芬(南薰)等人为教官，对所属的军官进行政治思想教育。还亲自主持每星期一的“总理纪念周”，常邀请杨闇公、漆树芬等人出席讲话。

1927 年 2 月 17 日，刘湘被蒋介石特任为军事委员会委员。3 月 23 日，黄埔生戴弁衔蒋介石之命，带了两个电报来到重庆。一为武汉中央党政联席会议的决议，免去蒋介石国民革命军总司令职务；一为以蒋介石等人的南昌国民党中央常务会名义，通电解散武汉党政联席会议。刘湘早已倾向蒋介石，看了两个电报，便认定蒋介石必将大有前途，手里拿着南昌方面发出的那份通电，当众大声说道：“这才是真正的‘南土’，过瘾！过瘾！”接着表示说：“军人以服从为天职，我服从总司令的命令。”

以英帝国主义为首的各国兵舰炮轰南京，阻止北伐军追歼孙传芳残部事件发生后，莲花池省党部约集二十一军政治部、有关机关法团和各学校代表开会，决定 3 月 31 日在通远门内打枪坝，举行工农商学兵各界群众反帝大会，并游行示威。为了镇压群众，刘湘即在回水沟召集高级幕僚和亲信师长开会，决定一面暗中布置军队，严加防范；一面命军政治部派人向莲花池省党部建议：当前只开大会，示威游行可暂缓举行。他见政治部建议未获各方通过，群众游行不能阻止，便再次召开秘密会议，作出武力镇压革命群众的部署，指定王陵基、兰文彬两人派军警破坏会场。

31日清晨，大会尚未正式开始，预先埋伏在场内的便衣武装，便向到会的万余名学生和群众开枪，制造了骇人听闻的流血事件。据红十字会济难会调查，当场被打死的男学生八十余人，女学生二十余人，工人十余人，踩死儿童二十余人，重伤入医院者在五百人以上，未入医院者约千余人。莲花池党部和中山、中法等学校及重庆四川日报社都被捣毁。遇害的中共党员有《帝国主义铁蹄下的中国》一书的作者漆树芬(南薰)、地委宣传部长冉钧和莲花池省党部领导人杨闇公。

在这期间，刘湘常有两怕：一怕在武汉国民政府的领导、支持下，革命势力继续高涨；一怕“一军系”再起。因此，当蒋介石一发动“四一二政变”，他便抓住时机，立即与赖心辉、刘文辉合力围攻刘伯承领导的泸州起义军；促使王陵基杀害了农民军总指挥李蔚如（曾任熊克武督军署参谋长，大革命前加入共产党)。随即，以戴弁为军政治部主任，在所属各师及辖区各县普遍成立“清共”委员会，大肆搜捕和杀害共产党人，仅在重庆兴隆巷破坏的中共组织案中，就逮捕了傅烈等负责同志11人，杀害9人。

蒋介石在南京另组国民政府的第二天，刘湘领衔，与川中各军长联名发出通电，表示拥护。1927年5月初，被委为国民革命军第五路总指挥，仍兼第二十一军军长。5日，奉南京政府电令，准备出兵进攻武汉。6日，又领衔通电诋毁武汉政府和中国共产党，宣称：“此后武汉政府的命令，一律无效”。当杨森部进占宜昌时，他复电说：“我兄指挥有方，至佩荩筹，攻下武汉，指日可待。”不久，杨部败退，他即以出兵增援为名，令唐式遵部进驻万县，拒杨部于夔门之外，夺取下川东防地。

刘湘进攻武汉受挫后，蒋介石特别嘱咐黄郛(蒋的盟兄弟、亲日派)托日本军舰“比良”号，运送一部短波无线电发报机到重庆。当时这种无线电发报机全国只有三部，其他两部分别设在南京蒋介石总司令部和上海龙华白崇禧司令部。刘湘有了无线电发报机，便可经常与蒋介石直接通电。

1927年11月10日，辞职下野的蒋介石从日本一回到上海，刘湘立即去电请蒋复职，表示说：“际此危凝震撼之局，得公出而主持，团结党徒，能坚共信之心，指挥军事，自收统一之效。”蒋介石复职后，他又电蒋表示拥护说：“湘效命党国，夙瞻马首，谨与激励所部，待令驰驱。”

1928年1月初，刘湘奉蒋介石命令，接收被南京政府免职的杨森所属各部。这时，他认为除杨时机已到，便勾引赖心辉、郭汝栋、范绍增和吴行光，组织“四部倒杨”。2月，借范绍增为父做六十大寿之机，在长寿举行倒杨秘密军事会议，组织“讨杨逮吴联军”，建议请赖心辉兼任总司令。从策略上考虑，刘湘拟暂不公开出面。4月，赖、郭、范、吴四部对万县形成战略包围，杨森退出根据地，将主力向开江转移。刘湘以为大功告成，即电告南京政府。5月18日，倒杨联军在开江任市铺附近与杨森部决战，却惨遭败北。但刘湘在历时两个月的战事中，不但毫无损失，反而坐收渔利，得到了范绍增师的全部武装和江北一线防地。

9月23日，刘湘与刘文辉、邓锡侯、田颂尧三军长在资中县举行会议，就统一意志、裁编军队及组织省政府三大问题达成了协议。经呈报南京政府批准，成立川康裁编军队委员会，刘湘被指定为委员长，刘文辉为四川省政府主席，邓锡侯、田颂尧等为委员。

这时，川军各部将领看到刘湘、刘文辉的实力冠于各军，顾虑二刘合作起来，对其他各部的生存和发展受到威胁；而保定系的将领，又深恐速成系的刘湘、杨森实行联合，于各军产生不利。因此，第一次下川东战役甫告结束，杨森、刘存厚、赖心辉、郭汝栋及邓锡侯所属的李家钰、罗泽洲、陈鼎勋、黄隐结成八部联盟,以图反对刘湘,攻夺重庆。二刘分掌四川军政大权后,更激起各部的恼怒,即组织同盟军,公推杨森为总司令。刘湘看到自己的处境日趋险恶,便决定先运用政治手段化敌为友,以缓和局势,减轻压力;然后再集中优势兵力,对主要敌人予以各个击破。他派张斯可携现款10万驰赴合川为釜底抽薪之谋,许以月收入数万的渝北护商让陈鼎勋接管,劝其暂持观望态度;又派乔毅夫携现款20万前往遂宁以饵李家钰,望其按兵不动,并在赖军侧后略示威胁;再令乔赴成都,阴以"二刘合作,分宰四川"之策,打动刘文辉,并即决定将资中、内江、隆昌等富庶县让出,请其派兵接收。这着棋改变了四面受敌的局势,即把兵力集中于江北地区,专一对付杨森、罗泽洲两个劲敌。1928年底,刘湘发动第二次下川东之役。12月17日,将罗泽洲部击败。20日,又给杨森部以致命性的打击,相继占领下川东二十三县,收编杨森近三万部队。1929年1月15日,南京政府令免杨森本兼各职,听候查办;令刘湘、刘文辉等共同负责善后事宜。此后一段时间,四川遂成为"二刘"之天下。

在这期间,刘湘在镇压群众革命运动、导演和发动下川东之战的同时,还因时乘势着手军政建设。他认为,要图谋发展,必须以武力为坚强后盾,以政治为解决问题的必要手段。他把军事建设摆在首位,重视加强军事教育。先后成立了训练委员会,开办了军官研究班、教育团、军官学校、团务干部学校等教育机构,并派员到国内外考察观摩,吸取先进经验。为了扩充武器,在重庆临江门外杨家花园开办了一个武器修理所,派速成同学主持其事;聘请高级顾问和工程师,赴欧洲考察,向外国订购机器,逐步使修理所发展为能制造步枪、手枪、冲锋枪、小迫击炮、轻重迫击炮、捷克式轻机枪、瑞士式重机枪以及炮弹、枪弹、飞机炸弹的兵工厂和炮弹厂。控制重庆至宜昌的长江水路后,订制和改装了三艘浅水炮舰,组成川江舰队。同时,先后从法国、意大利、英国购买单翼及双翼不来盖飞机10架,以格和瓦格飞机各1架,包得式飞机4架,摩斯机4架。随后,成立空军司令部,自兼司令。另外,还着手筹办重庆市政,延揽各方面的才智之士,特请原段祺瑞政府国务院秘书长邓汉祥为参谋长,负责省外方面的事宜,常驻京沪。

经过整军经武,刘湘和刘文辉的力量不断膨胀,各拥重兵10余万人,都想自己统一四川,独揽权力。这时,摆在他们面前的出路只有三条:一是协商决定谁主掌大权,谁为副手;二是一个向外发展,一个坐镇四川;三是疆场上见高低,胜者为王。经过几个月的商谈,前两条出路都行不通。二刘关系日益恶化。

1929年3月,蒋、桂战争爆发。刘湘认为蒋介石大有前途,即通电拥蒋,被委为讨逆军第七路总指挥,出兵讨伐武汉的桂军。而刘文辉则不然,与唐生智联名通电讨蒋。蒋、冯、阎战争打响后,刘湘根据驻京代表邓汉祥的密报,知道张学良将率部入关助蒋,便在拥蒋上大做文章。而刘文辉却通电反蒋,在政治上又一次陷于被动。中原大战一结束,蒋介石便决定利用刘湘,假以一定权责,在川中形成安定的

刘湘

重心。1930年2月,刘湘被南京政府任命为四川善后督办,奉令对四川各军全权编遣。

刘湘就任督办的第二年春夏间,就决定攻打刘文辉,希望蒋介石予以支持。他拟定了一个"安川计划",认为:"江西剿共军事虽暂有不利,但只要能确保四川不遭侵袭,使工农红军囿处江西一隅,就不致蔓延成为全国之患,且终有被剿灭的一天。惟要达到这一要求,就得先求四川军民的财政的统一。这一要求之所以不能实现,完全由于刘文辉从中作梗"。还要求说:"假我以权责,对邓、田两军予以相当利益,就能形成对刘文辉夹击之势,从而解除其武装,占领其戍地,去掉其主席,达到军民财政的统一。"这个计划很快被蒋介石核定,深受慰勉。同时,又收到曾扩情奉蒋命用个人名义发来的密电:如能有把握在很短期内解决刘文辉,大可便宜行事。

1931年10月1日,驻武汉的罗泽洲新二十三师向驻南充的刘文辉军林云根部发起进攻,揭开了二刘之战的序幕。12日,战幕一起,刘文辉、罗泽洲等纷电南京政府,相互指责对方挑衅,请予制止。这时,刘湘则佯为不偏不倚,电呈蒋介石说:"起衅原因,各执一词,……仍尽力设法消弭,毋往扩大。"其所属将领(包括联盟各军)唐式遵、孙震、李家钰、罗泽洲等94人联名发出通电,提出"治川纲要"十六条,请刘湘、邓锡侯、田颂尧、杨森、刘存厚立莅遂宁,制止战争。

为了缓和局势,刘文辉特派其长兄刘升廷赴渝向刘湘寻求妥协,结果落空。13日,便搬用伦常大义,电责刘湘不以家族为念,相煎过急。又电呈南京政府,指责刘湘"鼓动战乱","恳祈迅颁严令,责成刘军长湘,……勿得借口兴戎,扩大战局。"

19日,刘湘被联盟各军将领推为川康绥靖总司令兼第四路总指挥。23日,他公开通电斥责刘文辉,谓其反复无常,好乱称兵;并说为弭兵计,惟有倾身捍患,简励师徒,与友军左右提携,全力制止。至此,二刘大战全面展开。

开始,刘湘与联军合力并进,一直采取攻势。当时,刘文辉偏重于防御。但防线铺得太长,北起顺庆,东迄永川、江津,绵亘数百里,兵力分散,故交战不几日,即作战略转移,退守沱江沿线,以资中、内江、富顺、泸州四县为主要据点。刘湘即令联军各部自后紧蹑,分道攻取,连克遂宁、江津、潼南、永川、荣昌、合江、隆昌等地。11月1日,他移驻永川指挥。18日,命令所部越过沱江,相继攻占内江、富顺、自流井。同时,他亲自指挥海、陆、空三军,以及"神仙军师"刘从云的所谓"神兵"师围攻泸州,但半月之久未能攻克。后因富顺、内江的刘文辉守军后撤,固守泸州的杨尚周、田冠五旅请求停战,才开城降顺。

12月上旬,刘湘率部突破沱江防线,在荣县、威远地区与刘文辉展开决战。双方参战兵员共达10万以上,历时十多天,胜负难决,双方都打得精疲力尽,亟需休整。这时,他派秘书长杜少棠、师长潘文华与刘文辉派的师长冷寅东协商和谈事宜,签订了停战议和条款。这一役,刘湘夺得川北、上川东、下川南等地区的三十多个县,收编三个旅。

1933年5月7日,刘文辉与邓锡侯在毗河开战。邓锡侯派员赴重庆向刘湘作"秦庭之泣";刘文辉的八个师长也联名电呈刘湘,共保刘文辉,定能"奉令承教,立见实施"。起初,他态度隐晦,致电上海有关方面说:"日来劝告调处,极其困难"。这时,蒋介石正欲责令刘湘一意对付川北红军,继见双方相持不决,遂认为彻底摧毁刘文辉,此正其时,机不可失,便决定"先安川,后剿共"。

6月26日,刘湘秉承蒋介石的意旨,与杨森、田颂尧、刘存厚、李家钰、罗泽洲等联名通电,声称一面会师"剿赤",一面制止刘、邓战事。7月1日,他发表潘文华、唐式遵、王缵绪、李家钰、罗泽洲分别为第一、二、三、四、五路总指挥。4 月，安川战役正式揭幕，荣、威、资、简各地均有激战。刘文辉见举目皆敌，取胜无望，遂于 8 月清晨放弃成都，命所部分向新津、眉山、乐山、岷江右岸地区转移，准备死守灌县至乐山长约四百余里的岷江江岸。

这天，刘湘即发表邓锡侯为西路总指挥，李家钰为东路总指挥，自兼南路总指挥，率各军分道进攻。8 月 15 日，各军先后渡过岷江，进占乐山、眉山、新津、崇庆等县。经此一战，刘文辉的十万之众，立即土崩瓦解，不可收拾，只带领残部退到雅安。刘湘见其大势已定，顾念叔侄情分，不忍置刘文辉于绝路，便令各军停止追击。9 月 6 日，他与刘文辉联名通电，双方停止敌对行动。在这场战争中，刘湘取得重大胜利，为使全川归于统一奠定了根基。不久，他在成都将军衙门办公地方对来访记者发表谈话时说："今后努力目标，不外三端：一是'剿匪'，一是善后，一是开发。"

五、抗拒红军入四川

1933 年 10 月，刘湘在成都宣誓就任蒋介石 7 月发表的四川"剿匪"总司令，集中全力对付从陕南进入川北的红四方面军。

在这之前，刘湘奉蒋介石之命，就曾几度"围剿"过红军。他被南京政府委任为四川善后督办不久，就派参谋长钟体乾赴京谒蒋。当时，蒋对刘湘尤多嘉许，向钟说：两广多有异动，中央须集中力量对付两广，对于鄂西的红军，势难兼顾，请转达刘湘派兵出川，担负清剿鄂西红军任务，将来连武汉都可交给刘湘。他听了钟的转达，非常高兴，认为这是一个向外发展的机会，当即派遣教导师及第三师的郭勋祺、张邦本、李树蕃等部的 21 个团，于 1931 年 6 月分别抵达宜昌、沙市，并向沙市地区的红军段德昌部进击；还派兵分驻利川、施南、巴东、秭归、兴山。7 月 6 日，被蒋介石发表为长江上游"剿匪"总指挥，在沙市设总指挥部，由王陵基兼任参谋长代行职务。1932 年 7 月中旬，进攻红军失利，师长范绍增负伤。15 日，他又令王陵基与鄂省当局何成浚会商重作部署，分左、中、右三路纵队再次进攻红军。后因川中内战将起，便急于抽调兵力回川。

不久，红二军团由洪湖转移到鄂西的施南、鹤峰、咸丰、来凤和湘西的龙山、永顺、桑植、大庸地区，力量逐渐扩大。这时，正值刘湘在荣县、威远地区战胜刘文辉不久，又被蒋介石任命为川、黔、湘、鄂四省边区"会剿"总司令。他在重庆召开四省边区"会剿"会议，制定了加强边区民团及筑碉堡、严保甲等措施。随即调派川东边防第三路司令魏楷率部进驻酉、秀、黔、彭地区布防。1933 年 10 月间，红二军团逼近酉、秀边界。刘湘恐魏楷难胜重任，另派独立第七旅田钟部前往接防，还调陈万仞的第五师进驻忠县、丰都、石柱及黔江、彭水，指挥田旅，阻止贺龙进入川境。陈、田出发之前，他分别嘱咐说，红军不来，决不越过省界，自己惹火烧身；即便受到邻省邀请，也只能虚应其事；但一旦红军来了，那就得硬拼，必须将其打出省境以外，方可罢手。"会剿"历时四个多月，因红军行动捉摸不定，川军东堵西截，顾此失彼，疲于奔命。

这次，刘湘一就任四川"剿匪"总司令，就通电宣称："谨拜新命，克日前驱，誓扫赤氛，用奠邦国"。

当时，徐向前率领的红四方面军，从陕南进入川北，经过近一年的战斗，曾先后击败田颂尧、杨森、刘存厚三个军的“围剿”，已发展到五个军8万多人，建立了23个县(市)的革命政权。在这期间，刘湘正与刘文辉展开第二次决战，只派代表到南昌接受蒋介石“进剿”红四方面军的机宜。当红四方面军在营山一带连破杨森七道纵深防线时，他曾急调重兵驰赴邻水、大竹、渠县增援。

9月，刘湘与亲信幕僚、将领对“围剿”红军问题进行了商谈。他说：“‘剿匪’乃目前当务之急，但与过去一般战争‘能战则战，不能战则不战，不因一时胜负而决定个人一生命运’的情况大有不同。因为‘剿匪’之战一旦发动，就是生死存亡所系，有我就无‘匪’，有‘匪’就无我，是决不能随便得了的事情。因此，只有拒‘匪’于川外，才是上策。”这个月的中旬，他又召集各军将领在成都开会筹划“剿共”计划，确定了军事、政治并重的策略。

10月，刘湘将川中各军编为六路，令邓锡侯为四川“剿匪”军第一路总指挥，率部驰赴广元、昭化、剑阁，向南江进攻，并截阻红军西进；田颂尧为第二路总指挥，率部由巷溪、阆中向巴中进攻，并截阻红军南下；李家钰为第三路总指挥，罗泽洲副之，率部由蓬安、南充向巴中及其东南曾口进攻；杨森为第四路总指挥，王陵基为第五路总指挥，范绍增副之，率部在开县、开江集结，分向南江、万源进攻；刘存厚为第六路总指挥，率部在绥(达县)、宣(汉)前方扼守，阻击红军向东南“窜犯”。共动用兵力110多个团，约20万人；还出动一个拥有五架飞机的飞行队。与此同时，他还在总司令部建立一个安抚委员会，设总务、团务、宣传、慰劳、赈济、调查等组，开展政治工作，俾与军事攻势两相配合。

六路围攻阵线，西起广元，经莲岳、两开、东迄城口，长逾千里。刘湘视之，满以为不难胜算在握，但各军步调不齐，行动参差。10月19、20两日，红军抓住这惟一的契机，攻占了宣(宣汉)、绥(达县)。21日，他赶到重庆调集重兵，亲自策划，责令王陵基克日收复宣、绥。28日，奉蒋介石令，以违令渎职、轻弃重地之由，将第六军总指挥、二十三军军长刘存厚撤职查办。1934年春，又将进攻红军而失利的王陵基撤职，以唐式遵继任第五路总指挥。

1934年5月，刘湘在成都召开第四次“剿共”会议。为了使各军尽皆听命，决定在南充设立“四川‘剿匪’总部前方军事委员会”。示意各总、副指挥公推“神仙”军师刘从云为委员长，处理前方一切作战事宜。刘从云原是乡间测字算命先生，曾创立了一个“孔孟道”，自称道主，竟有道徒一万多人，拉拢了不少上层人物，网罗了四川军阀。刘湘经同学介绍在重庆入了道，例赐道名玉宪，所属将领随之也入了道，其部营以上军官约有90%为道徒。他对刘神仙执弟子礼甚恭，见面必叩拜，尊之为军师，言听计从，并命其统率本部之模范师。省外报纸曾责刺刘湘是“以神治军，以军干政，以政扰民”，讥讽他拥有陆、海、空、神四大兵种。这次，刘从云一宣布就职，便与潘文华同赴南充，用“神术”指挥“剿共”军事，结果20多个旅被红军吸引在万源外围阵地，遭到惨重打击，伤亡官兵8000以上。《大公报》在报道中指出：“此次川中各军失利，‘匪势’坐大之主因，实由于不知军事而妄为计划、胡乱指挥之刘神仙致误。”

败讯传到成都，刘湘一面派三个独立旅星夜驰赴绥、宣、增强防务；一面于8月23日通电辞去四川“剿共”总司令和第二十一军军长职务。9月2日，蒋介石复电勉慰刘湘，盼即复职，电文说：“兄为乡为国，均应允负责到底，虽至一枪一弹，亦必完成任务。此实大局所关，亦即大义所在，中央眷念前功，倚畀尤为殷切，讵可轻率引去，动摇军心。”

在这危机关头，刘湘特派驻沪代表邓汉祥赴庐山谒见蒋介石，提出三项问题请示解决：(一)

各军不听从命令，又有一些黄埔生在四川挑拨离间，请示如何办理；(二)作战经费开支浩大，以川东一隅之地的财源，自顾不暇，应请中央酌拨巨款，以便支应；(三)作战消耗巨大，请即接济若干枪炮弹药，以利补充。蒋当即答复：再电饬川中各军必须服从刘总司令命令，准先撤后报；如有假借中央名义挑拨离间者，准由拿办，并拨给现款50万元，炮弹若干发，迫击炮若干门。望邓转告刘湘即日复职。

10月中旬，中央红军自江西突围，北上抗日。刘湘被蒋介石电邀到南京面商机宜。抵达汉口时，他与事先从上海约来的邓汉祥密商。问邓："你看蒋这回约我来，要谈些什么问题？"邓回答说："蒋表面上必定讲加重你的责任，提高你的地位及如何信赖你等等好听的话。实际上就是要利用你阻击红军西进，以期达到他所希望的两败俱伤的目的。同时，他还会借口防堵红军，调派重兵入川，实行掌握川局。"途中他再次密商于邓，说："我的主意已经打定。红军西来的目的，究竟是拿下四川还是过路，现在尚难判断。假如他们的目的在拿四川，当然我们吃不消；但是以官兵保卫桑梓的关系，又是以逸待劳，也未尝不可一拼，幸而站得住，四川依然是我们的。如果红军只是假道，那就是不成问题。但蒋介石如果借这个机会派军队入川，则我们同红军作战的结果，幸而胜，也是替蒋造机会；若失败，那就更不必说了。所以无论如何，要阻止蒋介石派兵入川。"

泸定铁索桥

20日，刘湘抵达南京。初次见蒋，他为避免见忌，故意装作笨拙的样子，连话都说不清楚。次日，再次谒蒋。随后，与杨永泰、张群、吴鼎昌商谈具体问题。经反复磋商，取消了蒋介石派中央军10个师入川的提议，达成了三项决定：(一)仍由刘湘担任四川"剿匪"总司令，负计划、指挥全责，中央尽量补助饷款弹药；(二)改组四川省政府，以刘湘为主席；(三)组成南昌行营驻川参谋团，任命贺国光、杨吉辉为该团正副主任。12月10月，刘湘返回四川。

1935年1月上旬，薛岳率十万以上的中央军跟追中央红军，直入贵阳。刘湘奉命调集部队，布防于宜宾至江津间的长江南岸，阻击中央红军。并令潘文华为南岸"剿匪"总指挥。这时，他决定北守南拒。在川北，由唐式遵率五万部队，与邓锡侯、田颂尧合作，堵住红四方面军；其部主力，悉数南调，扼守川黔边境，拒止中央红军渡过长江。12日，刘湘把潘文华召到重庆密商。他对潘说，问题的严重不在于红军，而在于中央军跟随红军之后进入川南，我们提不出任何理由加以拒绝。我们同红军固然是水火不相容，但还有一个共同点——都是蒋介石要消灭的对象。因此，我们还有运用余地，这是与过去对红四方面军作战不同的特点，希望朱、毛把蒋介石的大军带走，而不要带进四川。于是，他确定这次的作战原则为：黔北的红军只要不危及我们的政治生命，我们就虚与周旋，保存实力，绝不对消；如果真要深入四川腹地，那就只有不惜忍受蒋介石的控制，与之硬拼到底，在同归于尽中去求幸存。

9日，刘湘奉令派三个师入黔，阻止由桐梓、遵义向黔西北前进的红军。23日，令郭勋祺率两个旅向土城前进，于赤水河右岸地区拉住红军，不让入川。红军再渡赤水后，川、滇边境即未再与红军接触。这时，红四方面军正进抵江油、彰明、安县、北川等地。刘湘恐中央红军渡过大渡河在川西平原两相会师，自己受到致命打击。同时，又判断中央红军有最大可能由宁雅正道指向富林，且由此渡河配合红四方面军。如此，对川西平原威胁极大。于是，他立即调派王泽濬旅星夜驰赴富林；电令杨森率部兼程驰抵大渡河，衔接王旅之左，经金口河至乐山，凭大河天险阻击红军。不料中央红军顺利通过彝族地区，飞渡泸定桥，翻越夹金山，与红四方面军会师于懋功。

1935年9月，张国焘突率红四方面军由阿坝回师，击破杨森主力和丹巴、金汤的刘文辉两个旅，继而分两路南下，一路向芦山推进，一路直指天全。这时，天全、芦山居于战略最重要地位，倘若有失，即将直接威胁川西平原。刘湘见形势顿加紧张，立即进行军事部署，令教导师长杨国桢率部驰援芦山，模范师长郭勋祺率部驰援天全。同时，发表潘文华为南路"剿匪"总指挥，设总指挥部于名山。11月初，由于红军攻势凌厉，天全、芦山相继失守，刘湘准备将部队转移到夹门关、莲花山、伍家垭口、蒙顶山、金鸡山一线占领阵地，阻止红军东进，屏蔽川西平原。可是，杨国桢部没有遵令退向夹门关以南的新阵地，而是自行经飞仙关向名山退走，结果开放了北正面，暴露了名山城，通向成都平原的邛崃要地受到直接威胁。刘湘的部署被打乱后，情况急转直下，前线两个师失控，红军直逼名山，指向成都平原。在这紧急关头，他便亲自出马，率同机枪、炮兵司令，赶到邛崃前线设立"行营"，调集50多个旅和路司令，兵力20余万，决心与红军一拼。他还顾虑红军丢开正面，由北翼直趋成都，特邀省府秘书长邓汉祥到邛崃叮嘱说："军事情况紧急，守边部队已经用光，你回成都立即组织警备部队、警察武装和民团，抢时间修葺城垣，以便凭持环城碉堡，保卫成都。"

刘湘逐步控制名山、邛崃战场后，所调集的增援部队陆续到达。11月下旬，重庆行营主任顾祝同及参谋长贺国光来到邛崃，与刘湘密商"进剿方略"，提出在最短时间将红军完全歼灭。他没有采纳这个"方略"，仍然奉行自己的方针：摆开阵势，扎稳阵足，既须硬打才能把红军送走，又不作围歼打算以避免过度对消。红军一日不走，则持久一日，决不强求所谓"最短期内"的速战速决。

11月24日，刘湘下令向红军发起总攻，虽然展开了主力，但未齐头并进。经过多次战斗，各部小有进展。时当岁暮天寒，高山积雪甚深，红军主力开始向西北山区转移。刘湘所部于12月中旬逼进天台山、伍家垭口后，亦未继续再进。双方在对峙中形成冬眠状态。1936年春，攻势再兴，红军逐步撤离战场，转向懋功。

六、四川一统行割据

1934年刘湘初次赴京谒蒋时，南京政府就确定"改组四川省政府，以刘湘为主席"。为了便于控制川省军政大权，刘湘将新省政府移往重庆。当时，四川被蒋介石划为"剿匪"省份，实施"剿匪"区域行政制度，受南昌行营直接管辖。1935年2月10日，他通电就职，说："窃念受命于危难之秋，经纬万端，纷乱待理。川政亟需统一，安危关系全局，任重才疏，时虞殒越。”

与此同时，刘湘还发表就职宣言。在宣言中，首先举出勤求治理、充实政府、完成四川统一三事与全川各界共勉。在谈到今后省政设施问题时，他说：“……湘期望言起行者：其一，慎选贤良、刷新吏治，设公务员审查委员会公开遴选，以杜幸进；设定期训练班，以培植真材，……务期社会优秀各得效用之途，一经登庸，则依法考绩，用资保障，其治行卓异者，特予升擢；渎职败度者，立予摒弃，并由本府特设惩戒委员会，依法议处。其二，民、财、教、建各厅，拟骄并肩而立、喜事自私之积习，务就人力、财力之所许，求足踏实地立进步……”

四川自演成防区制后，各军各自为政，为所欲为，省令之不出省门者已久。因此，刘湘在就职宣言中首以完成四川统一相期。他就职的当天：立即将自己（二十一军）防区内一切政权交给省府，以示倡率。各军将领鉴于大势所趋，随即电告刘湘，表示拥护统一，愿即交出防区。随即，将各军原委的县长、局长分批调换，暂未调动的便送去省政府县政人员训练所受训。这样，近二十年的四川防区制，宣告结束。

在组成省政府班底时，刘湘抱着“卧榻之侧不容他人鼾睡”的态度，外拒蒋介石的人员插入，内对川中各军系的人闭门不纳。当时，杨永泰向邓汉祥示意说：“为使蒋、刘之间精诚合作起见，顶好以蒋志澄（庐山管理局局长）作为教育厅长，以康泽作保安处长。”刘湘就是不买这个账，要邓设词拒绝。在省府委员及各厅处长中，仅与邓锡侯有关的谢培筠当上了一名委员外，其他都是刘湘平日深信的嫡系人物。省府秘书长邓汉祥和财政厅长刘航琛，是他倚之为左右手的。政治上的问题，都由邓独立应付；财政方面的筹划，则都赖刘航琛出谋设策。

省府班底组成后，刘湘就从各方面实施“剿匪”区域行政制度。为了集权，他实行省府合署办公，各厅、处不得再事独立行使职权。还将全省划为 18 个行政督察区，区设行政督察专员，兼任驻在县县长及区保安司令。各县政府裁局改科，使县长权力集中，便于推行政令。县分区设署，编查保甲，以甲为单位，实行联保连坐。如窝藏或发现共产党人士而不检举揭发，一家受罚，九家连坐。各县的民团，均一律改编为省政府的保安部队。1935 年 10 月，省府颁布“四川省惩治哥老会缔盟结社暂行条例”，严令取缔哥老会。

为了巩固地方政权的根基，刘湘很用心培植基层政权骨干。他先后开办了四川省政府县政人员训练所、四川省政府财务人员训练所、四川省政府保甲干部人员训练班、四川省政府社会军事干部人员训练所、四川省政府区员训练班，受训人员达 7000 多人。刘湘对县政人员训练最为重视。开始，蒋介石要行营在重庆主办四川县政人员训练，毕业后再交由省政府以县长、区长委用，刘湘坚持由省府主办。后来改为行营与省府合办，他兼任主任，由省府秘书长邓汉祥代行负责主持，并谆嘱邓说，要用全副精神来注意此项训练，绝对不要受训练人员走中央的路子。该所先后办了三期，受训人员达 1000 多人，同期出任县长者，有时竟达七八十人。

在这期间，蒋介石的势力也不断伸进四川。追堵中央红军北上那年，刘湘虽然拒绝了蒋介石派遣中央军十个师入川，但随着参谋团入川的还有康泽的别动总队。这个队的任务，一是反共，二是反刘。其队员有相当一部分分配在川军各军、师充任政训工作人员。康泽兼任四川省保安处政训室主任后，又在各专区保安司令部内设政训室，各县设政训员，这一体系所用的都是别动队分子。特别是蒋介石在峨嵋山开办军官训练团，调训川军营以上干部，进行分化和拉拢。这一切，都与刘湘的意愿相悖。一者想割据一方，永为雄长；一者欲一统天下，控制地方军政，这样，刘蒋之间的矛盾一天比一天加剧。

七、防蒋暗算费心思

民国以来，刘湘一直奉北洋政府为正朔，与南方革命政府向少接触，同蒋介石更无历史渊源。北伐期间，他顺应大势，易帜为国民革命军，才与蒋发生关系。但利害不同，日的各殊。在峨嵋军官训练团，刘湘任副长官，与蒋介石、陈诚发生了许多不快事件。他为了缓和矛盾，曾向蒋垂泪而道："湘的胃溃疡病十分严重，自知将有生命危险，来日无多。所以勉强担任川省军政职务者，一因受委员长的知遇，当此国家多事之秋，不忍决然引退；二因受地方父老之培植，在川担任军政职务20余年，无一喜政报答桑梓，故不能不力疾从事。四川是国家后防重地，委员长在川对于国防上的布置，请放物为之：关于军民两政的措施，亦请明白指示，湘无不惟命是听，但希中央在川人员通力合作，方能指臂之效。"蒋介石聆悉后，泛泛地答复说："甫澄兄，你的意思很好。你安心好好养病，以后有事，就叫秘书长、参谋长来见我。"这次谈话，刘湘深感失望，认为蒋介石这条路是走不通的，决定采取两面手法，表面敷衍蒋，暗中则加强防蒋的布置。凡关于反蒋方面的接头事宜，指定总参议钟体乾、参谋长傅常负责；关于敷衍中央方面的接洽，则指定秘书长邓汉祥负责。

以前，刘湘为了表示向蒋介石一边倒，将派到各省接洽的代表一律撤回。现在重新加强对外联络，以取得反蒋势力的声援。他先后派张斯可、李居辉、刘亚林到两广活动，派魏子铣等到湖南接洽。还分别派代表去联络山东的韩复榘、河北的宋哲元、山西的阎锡山、陕西的杨虎城等地方势力。在蒋桂战争时，刘湘通电讨桂。这时，他与李宗仁、白崇禧捐弃前嫌，重修友好，互派代表访问，关系日益亲近。

"两广事变"发生后，蒋介石命刘湘通电指责陈济棠、李宗仁据地称兵，破坏国家统一。当时，刘湘正在大邑安仁镇养息，邓汉祥前往面商，见面就说：四川"输赢吃糖"的机会到了。这回蒋同两广打的结果，必定两败俱伤，无论谁打胜，都非拉四川不可。并主张先打一个冠冕堂皇的通电，再坐观成败。刘湘却不赞同，认为要响应两广，壮其声势。若不然，两广失败，四川更无法对付蒋方。要邓拟一个一百字为限的通电，既使两广看去不是帮蒋，也必须对蒋敷衍。随后，他回成都秘密召集军政僚属商讨应付之策。参谋长傅常等都主张立即派部队包围成都中央军校及重庆行营。邓汉祥则认为采取的步骤应慎重考虑，指出："两广反蒋固然一致，但内部分歧很多，而且蒋介石一贯以挖墙脚的方式对付各省，陈济棠部下是否有人为蒋收买，尚难断定。如果我们马上发动，万一两广内部有问题，不能支持，则蒋介石的矛头，必然会转向四川。目前只能暗中准备，俟双方战事到了重要关头，再采取行动较为稳妥。"刘湘当面同意邓的意见，但散会后仍密令所部当夜向成都、重庆集结。然而，这一行动完全被蒋介石知道了。"两广事变"失败不几日，蒋即电召刘湘到庐山会晤。这时，刘湘非常着急，要邓汉祥代表到庐山一行。他说："现在非去不可。蒋对我们究竟是什么态度，必须探察清楚，才好决定应付之方。"邓不便推辞，赴庐山见蒋，力加解说，否认调兵之事，请蒋写一回信。蒋即亲笔写信给刘湘，略示敷衍。他看了蒋的复信，预料蒋对四川暂时不会下手，始稍释然。

1936年8月24日，成都发生“大川饭店事件”。原来，日本政府要在成都设领事馆。刘湘即复电南京外交部长张群，说：成都既非商埠，亦无日侨，又没有条约根据，且自东北沦陷后，川人仇日情绪日益强烈，请外交部慎重考虑，严词拒绝。23日，日方以旅游为名，派深圳经二、渡边三光三郎、田中武夫、濑户尚由重庆到成都观察动静，下榻骡马街大川饭店。第二天，成都市各界群众举行大会，游行示威，冲进大川饭店，当场把四个日本人打死两个，打伤两个。事件发生后，蒋介石电责刘湘，事前防范未周，事后又不缉凶，应负完全责任。刘湘复电说：此次事件有成都中央人员（指“CC”系和复兴社分子）领导发动，又系爱国行为，事前未便阻止，事后无法缉凶。还将当场所拍各种照片函送南京。蒋介石没抓住刘湘的“尾巴”，只得将此案移交南京外交部办理。

“西安事变”发生的第二天，正在大邑养病的刘湘立即赶回成都，急召左右亲信计议。参谋长傅常等又主张调集部队包围军校、行营等中央机构。邓汉祥不同意这个办法，说：“如果张学良把蒋介石杀了，所谓军校、行营这些摊子还搬得走吗？假使张把蒋放了，我们怎么下台？”刘湘同意邓的意见，并嘱邓去安慰在成都的蒋方人员。18日，他发出通电，提出解决事变的四项具体办法：望各省军政同仁，团结一致，极力拥护中央，以求国家完整；团结力量，排除万难，在公共拥戴之中央领导下，冒百死以御外侮；政治立法赞翊中枢，稳定全局，促成和平解决之办法，以保全御侮救国之实力，以维我国家民族之生存；望中枢当局、各省军政同仁速谋有效之方，促劫持者之觉悟，恢复领袖之自由，俾得继续行使职权，以完成抗敌救亡工作。在这过程中，刘湘一直同情张、杨，而且暗里亦有过部署。后来，他看到“西安事变”得以和平解决，颇感惊异，对部属说：“共产党真是以国家大局为重，不计恩怨……如果把蒋介石杀了，全国不知有几人称帝、几人称王，必然造成混乱局面，徒为日本人造机会而已。这事确是为国家大局着想，抛弃历年同蒋的积怨，标举‘外御其侮’的大义，并且有当家作主的风度，非有伟大的眼光和气魄，决不能做到这步。”

1937年春，蒋介石电令刘湘派个全权代表到南京，说有事相商。刘湘意识到，自己在“两广事变”及“西安事变”中的态度，引起蒋的嫉恨，这次叫派人到京，必不怀好意，但还是派邓汉祥前往。他对邓说：“无论蒋出什么题目，我们总抱定一个‘拖’字来应付，拖一天有一天的机会，总以避免发生冲突为上策。”

邓汉祥一到南京，蒋介石便直截了当地提出一个“川康整军”方案，要把川军的人事、经理、指挥权统直隶中央，并说：“四川一省，相当于欧洲一个大国，甫澄身体多病，兼管军民两政，深恐体力不逮。中央拟派能够同他合作的人去任省主席，让甫澄专负绥靖地方的责任，使他便于休养，对地方和他人是有利的。”当即，邓汉祥代刘湘答复说：“缩编军队，如果四川各军部在一个标准之下同时进行，自无问题。至军民分治，拟请中央再加考虑，……军政、民政由两人负责，恐难收辅车相依之效，转增中央西顾之忧。”刘湘听说蒋对此毫不为动，又提出了一个方案。当时，他已任川康绥靖主任，要求川康各军驻在川康境内时，其人事、经济、指挥诸权应划归川康绥署。至于裁减的军队，可转为屯垦，予以保存。再次派代表刘航琛去南京与蒋介石讨价还价，但蒋始终坚持原案。

1937年6月28日，蒋介石发表何应钦为川康军事整理委员会主任委员，顾祝同、刘湘为副主任委员。7月6日，在重庆召开整军会议。刘湘的部下大多阻止他去重庆，有三个旅长还跪在地上痛哭，说到重庆非常危险，万一被扣，就毫无办法了。他当即与邓汉祥密商，究竟是去好还是不去好。邓说："假使我替蒋介石策划，绝不采取扣留你的办法。因把你扣起来，你的十几万军队仍然会成问题，不如采取用绳索勒的巧妙办法，先缩编军队，再军民分治，最后调你到中央去当个部长，岂不比较省事得多吗！"最后商定，刘湘坐汽车缓缓前往，由邓先到重庆与何应钦密谈，从何的态度再作判断。当邓抵达重庆，向何应钦把问题挑破时，何慨然说："我是贵州人，如果蒋介石真要对刘甫澄下手，我肯来当刽子手，同四川人结下不解之仇吗？"这样，刘湘与何应钦当天就在重庆握手言欢。

这次会议通过了各军及独立师整理案、军费支配案、人事处理案等。原先，刘湘直辖的部队为二十一、二十三、四十四军，共九十六个团。经过整军，缩编为 60 个团(共三个军、两个独立师、七个独立旅)，余部纳于省府保安部队，改成 24 个保安团，实力削弱甚微。

在这次川康整军中，西安行营主任顾祝同特派黄埔生曾晴初分化刘湘部的高级将领，指示曾说："我代表委座，你代表我，回到四川去与他们签订密约，以后保证兑现。"曾晴初在成都约集刘湘部的军长唐式遵、王缵绪及师长郭勋祺开会，商定倒刘后，唐任绥靖主任，王任省长，郭升军长，并得到顾祝同的首肯。与此同时，刘湘部的师长范绍增也受顾祝同、贺国光指示，约集刘文辉、邓锡侯、杨森、孙震、李家钰等在范庄开会，决定在整军会议上对刘湘提出弹劾，将其扣留惩办。后因抗日战争爆发，这些倒刘计划都未实现。

八、联共顺蒋求生存

正当刘湘与蒋介石的矛盾日益加深的时候，中共中央明确提出抗日民族统一战线政策，主张停止内战，一致对外。刘湘认为，一致对外，可以转移蒋介石对准的矛头，从而使受到的压力得以缓减。经同邓汉祥商议，决定改变原所奉行的拥蒋反共方针，联共结友，以图困境中求生存。

早在四川省政府颁布成都开征房捐命令时，刘湘与蒋介石的矛盾就表面化了。1935 年 4 月，他派张斯可赴北平，由原抗日同盟联军秘书长高兴亚陪同前往山东泰山，向冯玉祥面谈刘湘的困难处境，请冯指示应付当前局势的方略，及派员帮助训练官兵，并向各方进步势力解释刘、蒋关系。不久，冯玉祥派高兴亚代表入川，向刘湘转达了两点.第一，必须主张抗日，就可搏得全国人民的同情，联络一切反蒋力量；第二，要与共产党交朋友，敌人应当是"蒋"不是共。他听后向高兴亚表示说："抗日不只是我个人的事，是全国人的事，是全国人渴望的事，也确是我进入全国政治舞台的好机会，虽败犹荣，我不迟疑。原来心中难决的是：蒋介石都斗不过共产党，我敢同'共'打交道吗？冯先生这个例子太好了，我决定这样办。"

1936 年春夏期间，中共派张曙时约老同盟会傅春吾一道入川，一面为配合红军北上做工作，一面相机与四川军政人员建立关系。这时，蒋介石要刘湘将省府迁往成都，以便南京政府参谋团完全控制重庆。刘湘既不愿意放弃重庆，又不愿意违背蒋命。在刘正感为难之际，张曙时劝傅春吾，利用原与刘湘有旧、且为乔毅夫师生之关系，写信给刘湘，阐明中共中央团结抗日的方针，陈述省府迁移成都的利弊得失。刘湘读信，颇中下怀，立即派亲信僚属、民政厅长甘绩镛代往拜会傅春吾，表示决心将省府迁往成都，以摆脱蒋的羁绊。张曙时随之来到成都，暗地继续争取刘湘。

这时，刘湘既怕蒋介石吞并，又怕红军占据四川。宋庆龄、何香凝等发表《中国人民对日作战的基本纲领》以后，中共华东局复派曾任邓锡侯军政治部主任的黄子谷回川，向川中将领及社会人士宣传抗日主张。不久，红军即离川境，北上抗日，给刘湘及川军将领、社会人士留下了"红军果真是志在抗日"的深刻印象。9月下旬，黄子谷又奉派回川，专做刘湘的工作。当时，刘湘在四川的军事、政治上已完全居于领导地位，为了自己的生存，反对蒋介石的控制，对联合抗日表示赞同。10月底，黄子谷、张曙时等接收了《成都快报》，改名为《建设晚报》，用以宣传抗日、提倡民主。刘湘每月给该报补助经费400元。

在这期间，刘湘曾派代表去延安会见毛泽东主席，商议双方合作等事项。他还派张斯可、刘亚休为代表赴广西，与中共代表及李宗仁、白崇禧签订了一个《川、桂、红协定》，主要精神为"团结一致，共同抗日"，如果蒋介石不抗日，仍要打内战，就联合起来进行反蒋。

不久，刘湘派绥署顾问王干青为代表赴延安，商谈联合抗日事宜。随后，中共派罗世文入川，与刘湘会谈，接受了不在刘部中发展党组织的条件。刘湘对此非常满意，聘请罗世文为顾问，担任军事训练班的政治教员。后来，罗专做党的工作，中共中央改派李一氓为代表。他们为刘湘出谋划策，宣传中共主张，策动川军抗战。

"七七事变"后，刘湘到南京参加国防会议，回来时对幕僚们说：这次去南京，会见了全国的英雄豪杰，但同我谈话最投机的、最有内容的是朱玉阶(朱德)。有一次，他接到毛泽东主席的亲笔信。信中说，延安想办一个图书馆，缺乏图书资料，希望能予帮助。经其财政厅长、川康绥署经理处长等具体商定送款10000元。刘湘看后说，10000元未免太小气了。我们要同人家合作嘛，既然合作，就得出点力。立即批了"帮助50000元"。

抗战开始时，刘湘资助车耀先等人为宣传抗日而创办的《大声周刊》及《国难三日刊》。省府为加强抗日自卫力量，适应抗战需要，专门成立"四川省大、中学校战时寒假在校军训委员会"，组织初中以上学生进行战时训练，特邀请共产党员高兴亚、张秀熟担任政治训练处的正、副处长，政训工作人员由其推荐，政治教材由其主编。同时，还派武德会的核心骨干蔡军识到延安，学习共产党的政治工作、组织工作和游击战术。

有一次，刘湘给武德会干部作报告时说："我们与共产党联合，但有一个界限，就是我们不是共产党。"他的省府秘书长邓汉祥也曾说过："刘湘自知力量敌不过蒋介石，为图生存及割据四川，不能不联络蒋的敌对势力，尤其是不能不敷衍共产党，借以自卫"。

九、出师抗日抱病死

"卢沟桥事变"爆发后的第三天，刘湘即电呈蒋介石，请缨抗战。同时通电全国，吁请一致抗日。14日，又通电各省军政首长，谓日军侵略非一省一部之问题，主张全国总动员，拼与一决。

8月7日，刘湘乘飞机赴南京参加国防会议。在会上，他继蒋介石、阎锡山之后发言，说："要抗战才能救亡图存，才能深得民心；要攘外才能安内。日本人的军事力量虽然较我国为优，但其必须利用交通线(主要指铁路)，始能展其所长，离开交通线，不但军队调动困难，给养补充更不容易。我们只要采取正规、游击两种战术，在交通线两侧及其前方后方与敌周旋，即可作持久战。”他表示：“抗战，四川可出兵30万，供给壮丁500万，供给粮食若干万石。”

刘湘从南京回到成都，“八一三”上海抗战的序幕已经拉开。川康绥靖公署决定在四川省政治、军事、经济、文化中心成都和重庆即日成立防空指挥部，作好八项准备：将川康各军高射枪炮集中成、渝，由保安团指挥应战；高射机枪照前项办法办理；设防空监视哨；设听音机；实行灯火管制；积极整理消防；设防空情报班；成立工务队。

8月26日，刘湘以川康绥靖主任名义，发表《告川康军民书》，指出：“四川为国人期望之复兴民族根据与战时后防重地，山川之险要，人口之众多，物产之丰富，地下无尽矿藏之足为战争资源，亦为世界所公认。故在此全国抗战已经发动时期，四川七千万人民所应负担之责任，较其他各省尤为重大。”他还表示说：“湘倘或不忠于抗战，愿受民众之弃绝；抑或各界人士反暴弃阵退缩，湘亦执法以绳其后。”

不久，刘湘被任命为第二路预备军司令长官。按南京政府部署，将编成两个纵队，分两路出川。他以四十五军军长邓锡侯、四十一军军长孙震为第一纵队司令、副司令，下辖六个师；二十一军军长唐式遵、二十三军军潘文华为第二纵队司令、副司令，下辖五个师、两个独立旅。定于9月5日前出发，第一纵队沿川陕公路北上，经西安再东行到许昌集结；第二纵队沿长江东下，经武汉北行到许昌集结。10月15日，南京政府又改任刘湘为第七战区司令长官，兼任第二十三集团军总司令，唐式遵为副总司令；邓锡侯为第二十二集团军总司令，孙震为副总司令。部队编组虽然没有变，但第二十二集团军一到宝鸡，即奉命拨为阎锡山的第二战区指挥，随即转向山西方面投入战斗。第二十三集团军的第一四八师刚到汉口，即接到由武昌行营转来的蒋介石手谕，将该集团军拨为第一战区序列，由程潜司令长官指挥，将总部设在郑州。其第一四八师开往新乡至汤阴一带阻止日寇。不久，该集团军又被蒋介石调往南京以东地区，参加保卫南京的外围战。

这时，刘湘对四川后防的军政事端部署已近完竣，听说本战区的两个集团军尽皆拨付给别人指挥，便急着要赶赴前方将部队收回，在指定地区设立司令长官部，以便担任一个方面的作战任务。他立即召集在川的高级将领商讨自己亲赴前线督师问题。当时，刘湘抱病在身，穿鞋已难曲膝弯腰，诸将领都劝他留川养病。还认为蒋介石极不可信，行止必须审慎。可是，他去意甚坚，说：“我过去打了几十年的仗，报不出账。今天大敌当前，有了抗战的机会，正好尽力报效国家，见信于国人，将来在历史上，也才知道我刘湘是个什么样的人。”

11月12日，刘湘抵达南京，设长官部于赤壁路，由参谋长傅常主持事务。有关第七战区的作战区域、任务、长官部位置及对部队如何指挥、联系等问题，几经请示蒋介石均未得到确切答复。在进退失据的情况下，惟一的办法是尽快与自己的出川部队取得联系，以免完全失控。能通电话的就通电话；知道去向的，就派人前往寻找；来京相见的中、上军官，就一一当面详示机宜。他对唐式遵说：“调你和仲三(即潘文华)来担任保卫京畿外围，这是很难得到的报国机会。今天大敌当前，关系国家存亡，务必发挥我川中子弟兵的特长，圆满完成保卫首都的光荣任务。”还手令所部营以上军官要服从唐副总司令的命令，奋勇杀敌。

这个月的中旬，日军沿京沪铁路和太湖南岸，分两路向南京进攻。刘湘当即向蒋介石请求将川军两个集团军调集起来，愿负责指挥保卫南京。他对左右幕僚说，请求保卫南京，有四点用意：一者，我估计南京能守三个月。日军要夺取首都，必须让其付出很高代价，同时也使全世界知道中国军民不可侮。二者，集中川军协力保卫首都。拟请求仍以晋康(邓锡侯)为副司令长官，我是病躯，倘有不测，前方浴血抗战的川军才付托有人，以免川军分散各地零敲碎打，辜负了将士们的报国热情。三者，我以带病之身，如能与首都共存亡，也是心安理得，含笑九泉的。四者，万一不死，撤往芜湖，以一部正面抵抗，主力向敌后转移，开发游击战争，吸引敌人向芜湖以西进攻，有利于保卫武汉。但此愿未遂，旧疾突发，且濒于危。次日晚，蒋介石携同张群、钱大钧前往探视，劝其出南京疗治。而刘湘则决心要与南京及前方将士共存亡。旋因南京已甚危急，京中军政要员纷纷撤离，刘湘的长官司令部于当晚撤往芜湖。当他从昏迷状态中清醒过来时，叹息说："这也是国家之不幸。若我不病，想必京城最低限度可以多守几天，公私产业不知要救出多少。我现在只要能撑持，决赴前线督师，以付四川军民之望。"11 月 28 日，刘湘在昏迷中被护送往汉口万国医院就医。

12 月上旬，刘湘病情逐渐好转。此间，他经常同前来慰问的董必武、张澜、沈钧儒等，畅谈有关抗日大计；支持组织"武汉旅外川人抗日剧队"，宣传抗日。当时盛传日本通过德国驻华大使，提出和议条件。有记者问刘湘有何意见，他回答说："如果有人要和，我刘湘决定率领四川 7000 万同胞和川军将士抗战到底！"

1938 年 1 月 1 日，刘湘特发表题为《长期抗战中的四川》元旦论文，重申四川支持抗战的决心。这天，武昌行营突然送来一个《日日命令》，其中一条说："第七战区司令长官兼第二十三集团军总司令刘湘所兼第二十三集团总司令一职，无庸再兼，遗缺由该集团军副司令唐式遵补充。"刘湘看了命令很难过，不禁慨叹地说："子晋(唐式遵)要干，说一声嘛，由我们报上去多好。"

刘湘纪念亭

1 月 7 日，刘湘亲笔给夫人刘周书写了一封信，表达了自己在病中怀念家乡的心情。有一天，他在挥毫遣兴时，竟写了两句古诗："思亲泪落吴江冷，望帝魂归蜀道难"。

1 月 13 日，冯玉祥去探望刘湘，长谈了两个多小时。下午 1 时以后，又与何应钦说了一小时多。但何去不久，刘湘就吐血达半痰盂，从此昏迷不醒，病况一天比一天逆转。1 月 20 日下午 8 时，与世长辞，终年 48 岁。

在清理遗物时，发现刘湘曾在一张纸上写有杜甫《蜀相》诗中的最后两句："出师未捷身先死，长使英雄泪满襟"。

1 月 22 日，国民政府明令褒恤刘湘，追赠一级陆军上将。2 月 14 日，国民政府明令国葬刘湘。后因修建墓园费时较久，直至 1939 年 9 月 19 日，才在成都举行国葬典礼。

西康起义的刘文辉

一、军阀混战脱颖出

刘文辉于 1894 年 1 月 10 日出生在四川大邑县安仁镇糖场间。家庭出身大地主。父亲刘公赞，一生务农。母亲高氏，生有六子，刘文辉最小。刘文辉的大哥刘升廷是清末举人，曾任四川省咨议局议员；二哥刘文远；三哥刘文昭；四哥刘文成当过四川省禁烟总局会办；五哥刘文彩曾任川南税务总务兼川南清乡司令，人称“叙南王”。四川“剿总”总司令兼省主席刘湘，是他的嫡堂侄。历任旅长、师长、军长的刘元瑄、刘元塘，历任雷马屏峨屯殖司令及宁属屯殖司令的刘元璋，历任旅长、师长的刘元琮都是他的胞侄。

刘文辉

刘文辉幼年念私塾，14 岁由刘升廷带到成都入四川陆军小学。1911 年，赴陕西入西安陆军中学。“武昌起义”后，辍学返里。1912 年，赴北京入陆军第一中学。1914 年，考入保定陆军军官学校第二期。1916 年毕业后回四川，在川军第二师刘存厚部任上尉参谋。1917 年，经刘湘（时任川军旅长）介绍，到驻防乐山的陈洪范（大邑人）第八师当营长，旋升任团长。这时，他参加了川军联合驱逐滇军出川及熊克武、刘湘、刘成勋、赖心辉进攻北京政府任命的四川督军刘存厚之战。1921 年，刘湘出任川军总司令兼省长时，便乘机指使刘文辉脱离陈洪范率部移驻叙府（今宜宾），委他为第一混成旅旅长，直属总司令。当时，四川已形成防区制的割据局面。各军将领在自己的防区内，自委官吏，自筹款饷，军、民、财、政均为自己所掌握，省署不能过问。刘文辉有了自己的军队和地盘后，便积极准备再向外扩张。他集中全力训练军队，开始了地方军阀的生涯。

1922 年 6 月，为了争夺川省霸权，熊克武联合第三军刘成勋和省联军赖心辉、邓锡侯等部，将以刘湘、杨森为首的第二军打败。不久，刘湘下野。刘文辉率旅由宜宾开赴重庆协助刘湘，负责维持重庆秩序。及至刘湘战败，邓锡侯率联军进攻重庆之时，刘文辉以保定军校同学的关系出迎邓，并与其谈判商定：刘文辉撤回宜宾原防，刘湘由刘文辉护送回大邑原籍。战争结束后，在熊克武的支持下，刘成勋出任川军总司令兼省长。

1923 年初，川军内讧又起，第七师师长陈国栋、第三师师长邓锡侯等起兵进攻刘成勋，直逼成都。刘文辉一面支持邓锡侯等保定同学，调三个团兵力由宜宾来成都参加作战；一面通过四川边防军总司令赖心辉，接受刘成勋的任命，被升为第九师师长兼成都卫戍总司令。刘成勋乃将成都兵工厂、造币厂、四门统捐局税收、成都关监督税收全部交刘文辉接管，其条件是要他将部队带到东门外至龙泉驿一带驻扎，把邓锡侯等部队隔在东门外以北地区，并开放东门，使熊克武、赖心辉和自己能安全向东南西路撤退。刘文辉完全接受刘成勋的条件，即进入成都宣布就新职，并为刘成勋等撤退担任警戒任务。邓锡侯被蒙在鼓内，刘成勋等撤退完毕，刘文辉才开北门让邓部进城。

刘文辉在成都上任后，下令兵工厂昼夜开工，制造了大量的枪支弹药，源源不断运往宜宾，装备新成立的五个团的步兵；同时铸造大量银币、铜币，归为已有。是年4月初，熊克武部反击，又攻入成都，刘成勋复职。刘文辉率部返回宜宾，去抢占川南地盘。

这年下半年，在吴佩孚的直接参与和支持下，杨森部由宜昌返川，刘湘东山再起，组织倒熊(克武)战争。1924年2月，熊率部败退广东。刘文辉虽未直接参战，但以大量金钱支援了刘湘。刘湘获胜后，让他收编了熊克武的一部分残部，并接管富顺、江安、屏山、雷波等地。从此，刘湘在川东，刘文辉在川南，互为声援，形成"二刘合作"。

1925年，杨森以督署统拨盐款为名，突然令其所部王兆奎师进驻自流井，引起川军各部反对。杨借口统一四川，先解决了川西刘斌师，接着分兵向刘文辉、刘成勋、陈洪范、赖心辉各防区进攻。这时，刘文辉部已由一个师扩编为三、四个师，被北京政府临时执政段祺瑞任命为四川军务帮办。7月，川军各部在渝组织联军，共推川黔边防督办袁祖铭为总司令，决定分路反攻杨森。打垮杨森部后，他收编杨森残部及其他归附者甚众，实力大增，防区从宜宾扩展到乐山、仁寿、眉山一带，并率部与邓锡侯、田颂尧两部共驻成都。这年年底，刘文辉等在成都召开军事善后会议，以兵工、造币两厂及盐款为主要目标，实行分赃及划定防地，因分赃不均，袁祖铭又与刘湘打了起来。1926年1月，刘文辉将收编不久的杨春芳师1万余人调往成都，以突然袭击的方式将该师全部缴械改编。同年4月，刘文辉配合刘湘，向驻叙永的袁部吕超师发起进攻，占领了高县、珙县、庆符、长宁、筠连、兴文六个县。

1926年秋，广东国民革命军北伐，刘文辉与刘湘、赖心辉、刘成勋等联名电讨吴佩孚。同年底，他被蒋介石委为国民革命军第二十四军军长，旋兼川康边防总指挥。1927年6月中旬，他出其不意，解决了刘成勋部，遂占领西康、宁远、邛雅地区，并收编了陈鸣谦、陈献周等的部队。同年冬，刘文辉和刘湘合力将赖心辉军击溃，又占领了泸州、合江、江津、永川、纳溪、古蔺等地，迫使赖退至滇境。

1928年初，杨森、李家钰、罗泽洲联合向驻重庆的刘湘进攻，刘湘为了取得刘文辉的援助，乃将资中、内江、荣昌、隆昌等防地交第二十四军接防。于是，刘文辉表态援助刘湘，从而牵制了驻遂宁的李家钰部，以利刘湘集中兵力对敌反击。刘湘次第打败了杨、李、罗之后，统一了下川东，而资、内等县即上川东便成了刘文辉的防区。

四川军阀战争至此演变成被人称为"四巨头"——刘文辉、刘湘、邓锡侯、田颂尧分割的局面，并形成以刘湘为首的速成系(清末四川陆军速成学堂同学)和以刘文辉、邓锡侯、田颂尧为首的保定系(保定军官学校同学)两大派系。

1928年夏，刘文辉倡议"四巨头会商"于资中，经商定推刘湘为四川善后督办，刘文辉为四川省主席。9月，南京国民党政府任命刘文辉为川康边防总指挥。10月，又任命他为四川省主席。

杨、李、罗对刘文辉援助刘湘极为愤恨，于1929年春组织联军，向驻川东的刘文辉部进攻，企图夺取第二十四军驻地，重新打开局面。刘文辉率部激战五天，将联军击溃。随后，乘胜追击，直捣李、罗驻地，占据了北遂宁、南充、顺庆等县。经邓锡侯、田颂尧出面调停，上川东战事遂告结束。1929 年 3 月，四川省政府改组，刘文辉仍任省主席。

二、叔侄相残为政权

刘文辉自宜宾起家，到资中、内江之战，十年之间，不断打败对手，部队发展到 12 万人之多，防地除西康十几县外，在四川则据有上、下川南，上川东及附省之崇庆、双流、新津、华阳、简阳等县，并扩张到顺庆、遂宁一带，共计 60 余县，等于大半个四川，且盛产盐糖的富庶地区又都在他的防区之内。在政治方面，他对各方面负有声誉的人，则并蓄兼收，罗致不少（如胡子昂、吴晋航、段升阶、冷杰生等）。同时，他的政治手腕亦极灵活，同各方面之联络很广。因此，雄心勃勃，“志趣非凡”。不仅图谋统一四川，而且想囊括西南，问鼎中原。

1929 年初，国民党各派新军阀为了争夺政权，大起内讧。刘文辉认为这是控制西南、向外扩张势力的大好机会。他首先支持贵州军阀王家烈回黔主政。年底，又同唐生智等联名胁迫蒋介石下台。但唐很快就失败了。1930 年，他支持滇军胡若愚打回云南，胡军一度逼近昆明，旋因军事失利，遂遭失败。不久，中原大战爆发，汪精卫在北平召开国民党中央党部扩大会议，与阎锡山、冯玉祥合作筹划成立新政府。刘文辉估计阎、冯势将获胜，便特派冷杰生等为代表参加扩大会议。9 月 6 日，通电公开反蒋，并且联合邓锡侯、田颂尧，准备出兵武汉，作为策应。可是这时张学良突率东北军入关，支持蒋介石。刘文辉见事不妙，连忙托邓汉祥（时为刘湘驻京沪代表）通过张群的门路，向蒋介石疏通关系，得到“宽容”。11 月，蒋介石再派曾扩情入川活动，并向他“致以慰问和期许之意”。1931 年 2 月，又任命刘文辉为四川省主席。

刘文辉自主政四川以后，开始对各军采取威胁利诱、蚕食鲸吞的分化政策，企图先彻底解决邓锡侯、田颂尧，然后兼收刘湘，次第达到统一全川的目的。刘首先用金钱贿买、大恩大惠，收买了邓锡侯的第三师师长陈书农和旅长彭诚孚、邓国璋。田颂尧部副旅长兼团长寇澄清，原是四川边防军何德隅部的一个团长，随何投到田部没有升为旅长，因而心怀不满。刘文辉则乘机引诱寇。不久，寇率团由中江归附第二十四军，被任命为军宪兵司令，受到重奖。另外，田部教导师师长王惠巷因把持兵工厂，自由扩张队伍，遭到扣留。刘马上将王新组建的几个营收编为所部一个旅，调驻双流、新津。因此，田颂尧及所部将领十分气愤，决心与之一决雌雄。

刘文辉老屋

这一期间，刘文辉与刘湘之间利害冲突日益尖锐。田颂尧恐众寡不敌，乃先后派其将领余安民、李蕴鼎、曾宪栋到渝与刘湘联系。经再三劝说，刘湘感到田颂尧愿作打刘文辉的先锋，“保定系”内部破裂，自己翻云覆雨的良机来了，于是表示愿出兵相助田颂尧。他们还拟订了统一整理军民各政的纲领及设立战地委员会的组织等方案，并征询邓锡侯的意见。邓表示愿同刘湘、田颂尧合作，还密派师长马德斋到渝向刘湘表明态度，又暗中指使四川江防军总司令黄隐与田部联合行动。为了加强联系，刘湘又先后派其将领王缵绪、张再等到邓、田方面工作，以分化“保定系”，孤立刘文辉。

刘湘本为刘文辉之嫡堂侄，由于他们的军事实力并驾齐驱，争当雄长，已发展到“一林不能藏二虎”的地步，矛盾无法调和。1931年秋，刘湘在川江入口处又扣留了刘文辉从国外购买来的一大批军火。刘文辉乃亲自赴渝与刘湘开诚商谈。刘湘因对刘文辉已有芥蒂，竟至盛气相凌，辗转推延时日，不但协商没有什么结果，反使刘文辉备受刺激，怏怏而返。两方裂痕，由此更大。

在此期间，刘文辉已得到田颂尧与之作战及刘湘已同意田部行动、准备出兵相助的情报。他心里明白，如果同田部作战，两军俱伤，刘湘势必从中渔利；如果田颂尧、刘湘联合起来，自己对付十分困难。于是，一面调集部队，部署兵力；一面请他的长兄刘升廷（为刘湘所尊重）赴渝协商一切，意在挽此危局。但是，刘湘已下定决心作战，其部将领唐式遵、潘文华、王缵绪、张再、傅常等也坚决反对，因而毫无结果。

1931年10月初，刘湘唆使四川边防军李家钰和新二十二师罗泽洲，首先从南充下游李渡场向刘文辉部开火，但遭到第二十四军的迎头痛击。这时，田颂尧调动约30个团的兵力，陆续集结于德阳、新都、成都等地，在城内大修工事，准备同刘文辉决战。

刘文辉深知僵局已不可扭转，惟有用武力首先击溃田部，然后集中力量对付刘湘，乃于11月16日命令驻江津的第一师师长张志和及甫由顺庆撤出之川康边防军第二师师长陈光藻兼程西上，突然袭击田部，以解后顾之忧。在第二十四军强大的攻势下，防守成都西郊箕头桥的田部及黄隐部组成的“西路联军”纷纷溃逃。田部独立师师长刘汉雄向新都撤退，第三路司令何德隅和第五师师长黄正贵则退至成都北门的簸箕街、迎息楼等地。黄部刁文俊、刘应龙两旅尚未展开，即被刘文辉部傅渊希、刘元瑭旅所击溃，分向灌县、彭县撤退。田部龚渭清旅曾一度占领崇庆，准备进袭温江，途中获悉“西路联军”全线崩溃，即向灌县、彭县撤退。刘文辉下令，乘胜占领凤凰山、天回镇等处，截断田颂尧的北道交通线。

在新东门至老西门一线，刘田两部进行了反复的争夺战，尤以煤山争夺最为剧烈。煤山为煤渣堆集所形成，约两丈高。为夺取这个制高点，双方各用兵力达三四个团以上，相互冲杀达四五昼夜之久，不分胜负。两军伤亡官兵达2000人以上，附近民房全成瓦砾。这时，刘文辉部师长张志和率领十个团，向在沙河堡布防之田部杨哲远旅及防守兵工厂之秦奎之旅发起了猛攻，迫使杨旅退至新东门，秦旅退入新东门内，张师得以同追击湾直冲北道之敌及由西部进占北道的其他友军会合，从而对北门簸箕街完成了三面围攻的态势。后经三四昼夜拉锯战，田部于12月初全部撤退至城内，仅凭新东门至老西门的各街道负隅顽抗。

田颂尧被刘文辉打败后，沮丧万状。这时，邓锡侯却出面进行调解，邓要刘文辉放走田部，让其回驻潼州、绵阳原防，而集中力量对付刘湘。刘存厚部第一师师长刘肇乾是刘文辉的保定同学，二人交情甚厚，刘肇乾亦竭力劝他与田言和，全力反击刘湘的进攻。刘文辉经再三思索，感到他们的主张有道理，遂到邓公馆与田会面，互道歉意，随即杯酒言欢。他们商定，刘文辉让开成都北道交通线，田颂尧向新都撤退，只留下一个团在城内，由邓锡侯执行中立任务。之后，刘文辉将所部的大部分兵员东调，与刘湘部作战。他委任张志和为第一路军总指挥，冷寅东为第二路军总指挥，夏首勋为第三路军总指挥；并下令主动放弃南充、遂川、永川、江津等12县，撤至乐山、仁寿、简阳一线。他亲自到眉山指挥作战。

正当刘文辉与田颂尧在激战之际，刘湘乃亲自指挥以唐式遵为总指挥的东路军，潘文华为总指挥的南路军及王缵绪为总指挥的北路军，大举向第二十四军进攻。11月下旬，刘湘部围攻泸州重镇，迫使困守泸城之刘文辉部杨尚周旅、田冠五旅接受改编；同时，驻永川之邓国璋旅，亦叛变投靠刘湘。接着，两军在荣县、嘉定间之马踏井、宝兴场、井研、荣县间之东林场、赖河坝、双古坟等处展开激战，尤以老君台战役最为剧烈。老君台仅有铺房数十间，为争夺这个地方，双方竟使用兵力约2万人，血拼竟日，官兵伤亡惨重。由于刘文辉部顽强抵抗，刘湘部节节后退，转攻为守。这时，刘湘见战局对自己不利，其他友军按兵不动，大有作壁上观之势，即令后方部队在重庆附近构筑防御工事，以预作战事不能支持之准备。同时，派与刘文辉素有交情的杜少棠（刘湘的秘书长）持其亲笔函到眉山求和。

刘文辉原计划在荣县附近将刘湘之主力部队击垮后，由夏首勋指挥所部由荣县、威远县乘胜向东追击，冷寅东指挥所部由自贡直捣富顺、泸州。正在此时，第二师旅长陈鸣谦突然在资中叛变易帜，被刘湘改编为师。邓锡侯、田颂尧竟“背信弃义”，又以黄隐、曾宪栋、董宋珩三个师援助刘湘，出其不意地由仁寿藉田铺袭击刘文辉部后方，同时派陈鼎勋师由简阳侧击仁寿之第二十四军。杨森、李家钰也有再次进攻刘文辉部之动向。刘文辉综观全局，便接受刘湘建议，嘱冷寅东就近同刘湘协商和谈事宜，于12月上旬，在老君山双方签订了停战议和条款。主要内容：（一）刘文辉仍驻节成都，并拥有现存防地；（二）二十四军不得向邓锡侯报复，如进攻邓，则刘湘出兵援邓。根据议和条款的规定，第二十四军即回驻成都。然而，邓锡侯却横加阻挠，直到除夕之日，刘文辉才得以进城。

1933年春，刘文辉在成都召开旅团长会议（只有部分旅长参加），分析与田颂尧和刘湘两部作战的情况，参加会议的人大都认为，邓锡侯实为两次战争的操纵策动者，故对邓极为反感。当时，有些人主张立即举兵进攻邓锡侯，占领其防地；也有人建议设“鸿门宴”，先将邓扣留，然后解放其所部。但是，“保定系”的军官认为，刘文辉这次本可打败“速成系”的刘湘，然而他却放过了这个战机，转而对付“保定系”的邓锡侯，实属不明智之举，因而表示不满。会后，旅长周绍芝向邓锡侯告密。邓乃借打猎为名，潜出北门，奔赴新都，随后下令所部从灌县起，沿毗河构筑工事设防，将沿河所有的桥梁拆毁；将都江堰调节水量之马杈砍掉部分，以增高内江的水位及增大水的流速，从而阻止第二十四军渡江。

刘文辉的五哥大地主刘文彩

刘文辉首先派刘元瑭、石肇武等部进击邓锡侯部，两军相持于毗河两岸。他令师长陈光藻率部增援,因陈原是邓的旧部,故婉言推卸,后来陈师被调驻简州、资阳,去监视刘湘部之动向。这时,邓锡侯又通过刘从云与刘湘取得联系,要刘湘出兵,联合进攻刘文辉。自荣威战役后,刘湘不失时机,将部队整顿就绪。刘湘认为,统一四川的时机已成熟,乃确定再次同刘文辉决战。

1933 年 7 月,刘湘以李家钰为东路总指挥,邓锡侯为西路总指挥,自兼南路总指挥,并对所部作了动员,直趋成都,对刘文辉部发动了大规模的攻势。

刘文辉部师长张志和、林云根、陈光藻见刘湘等再度来攻,都认为是刘文辉自食恶果,表示强烈的不满。他们密邀邓锡侯部的保定同学黄隐、陈鼎勋等到新都三河场开会,主张要“停战言和,刘文辉下野”,并签订了一份密约和一份和约。会后,林云根向刘文辉报告有关情况时,误将自已怀中的密约当成和约交给他。刘见密约,顿时脸色大变,连连摇头,说:“还有什么话说!”第二天,他在成都西御街公馆召集主要将领谈话,哭着说:“几十年缔造艰难,如斯结局,真令人痛心!”并下令放弃成都,退守岷江,以便整理内部。

这时,刘湘部已进逼仁寿、简阳,李家钰、罗泽洲、杨森等部也都乘机进击第二十四军。刘文辉则以张志和、林云根、陈光藻等部扼守由灌县至乐山四百里河防第一线,却将刘元瑭、刘元瑄、石肇武等亲信部队分配于第一线后各段,名曰为预备队,其实起监视之作用。因此,刘文辉部上下猜疑,军心涣散,不愿作战。刘湘以乘胜之势,采用各种诱惑手段分化刘文辉部将领。

第二十四军扼守岷江不到一个月,陈光藻师河防部队营长叶青莲被收买叛变,在温江川心店放开了一个缺口;彭诚学、邓和两部在岷江上游被刘湘收买;林云根所部在彭山青龙场亦先后发生兵变。刘文辉不得不于 8 月中旬放弃岷江而退守雅河。李家钰乘胜猛追,在邛崃俘获刘部师长陈光藻和旅长石肇武。石是刘文辉的干儿子,其无恶不作,民众恨之入骨,刘湘命令将石就地正法,首级运回成都。退守雅河不到十天,师长张志和又接受刘湘的改编,在洪雅下游的冷寅东、夏首勋为刘文辉部中坚人物,见大势已去,也于 8 月下旬先后离开了部队。

刘湘以四川善后督办名义进驻成都后,兼摄四川省政府主席职,下令继续向雅安追击。第二十一军孟清云部首先由雅安下游的大兴场、革坝渡河,占领雅安城东周公山。刘文辉即放弃雅安,向荥经撤退。途中,因无法解决粮饷问题,他同意高育琮、陈能芳两个师去“自谋前程”。

刘文辉抵达荥经时,副官陈耀伦在自家住宅准备了午饭。刘一进门,就发现正厅上挂的匾额上书写“自公退室”四字。他字自乾,人称刘自公。刘文辉认为那四个字犯讳,连饭都顾不上吃,马上率残部向汉源场撤退。当时,梁叔子写了这样一首诗讽刺他:“自乾手腕素高强,此番计划欠周详。惹得全川皆是敌,而今只好赶乡场。”

刘文辉率残部退到汉源场后,刘升廷、冷寅东、吴晋航等纷纷出面斡旋,要刘湘让刘文辉回驻雅安,双方停止军事冲突;刘从云得了刘文辉的“好处”,也大弄玄虚,说是天意已定,刘文辉还应存在若干年。刘湘遂同意将雅安、荥经、天全、芦山、宝兴、名山、洪雅等县划为第二十四军的防地,刘文辉才得以重回雅安。四川军阀最后一场混战至此宣告结束。《上海画报》在描绘这次战争时,曾刊登了这样内容的漫画:“在院坝中,有四根木柱搭一藤架坐一猴子(指邓锡侯),吊一冬瓜(指田颂尧),下有两头牛(指刘文辉和刘湘)在角力死拼,互相冲击,一下将藤架撞垮了。两头牛两败俱伤,冬瓜摔得稀烂,猴子惊得叫唤。”

三、应对红军频失守

刘文辉败退西康后，首先将所属残部2万左右的官兵改编为8个旅20个团。因边区贫瘠，兵源饷源两缺，处境甚为困难。刘采取利用矛盾、广交朋友的策略，一面注意维护民族之间的团结，一面加强同藏族中上层人士及地方力量的联系，使自己在政治上逐步摆脱了孤立的处境。

1935年5月初，中央红军长征经云南突然向金沙江挺进，刘文辉接到蒋介石要其派重兵扼守金沙江各渡口，阻截红军的急电。这时，红军突破了金沙江，接着围攻会理。刘又获悉蒋介石固守大渡河的急电，电云："大渡河之险，共军断难飞渡。薛岳总指挥率领十万大军跟随于后，望兄督励所部，严密防守，务将共军彻底消灭于大渡河以南，如所部官兵敢有玩忽职守，致使河防失守者，定以军法从事。"蒋还派康泽的特务别动队第一大队来到雅安，其中一部进驻汉源，对刘部进行监视。

刘文辉当时认为，红军的力量虽不算很强大，但扫平川康这点部队，却游刃有余，自己的部队2万人左右，拼掉了以后怎么办？但又想到，红军是要打土豪分田地的，万一突破大渡河，覆巢之下无完卵，大家只有同归于尽。同时还考虑到，如果不硬着头皮顶住红军，蒋介石和刘湘借口援应，把他们的军队开进雅安以西，自己这点栖身地盘也保守不住；何况薛岳部进入西康，不只是为了跟追红军，另怀有吃掉自己的歹意。他与所部将领反复商议后感到，只有在堵截红军上出一点力，对蒋介石多少总还有点讨价还价的资本，但惟一的希望是，石达开覆军历史重演，平平安安地把这场灾难度过去。军参谋长杨伯言向他献策说，最好采取"两打"的办法，即一打红军——协助薛岳追军消灭红军于大渡河以南；二打蒋介石——乘机向蒋要枪要弹，来装备自己。刘文辉遂决心固守金沙江、大渡河待援，力求保全实力，保住地盘。他命令川康边防军司令刘元璋率约12个团的兵力及发动地方反动势力，扼守金沙江，确保宁属地区防务，以新编第五师师长陈光藻（被李家钰部俘虏后释放）率部及发动大渡河沿岸反动势力，确保大渡河河防；以驻在康定的余松琳旅一部封锁大渡河的最上游。第二十四军军部（驻于雅安）统一指挥行动，相机策应。

5月3日，红军主力突然在绞车渡过金沙江，直趋通安，这完全出乎于旅长刘元瑭的预料之外，因此，江防大队不战而溃。8日，红军包围了会理。刘元瑭率旅据城顽抗了七天七夜。蒋介石曾乘飞机到会理城上空巡视，投下手令晋升刘元瑭为陆军中将，发犒赏钞票1万元。16日，红军主动撤围，继续北上，蒋又电告川、黔、滇各军，"嘉奖川军刘元瑭守会理之功"。

红军撤出会理后，刘伯承司令员派人送了一封信给驻军旅长许剑霜，希望其不要阻止红军北上抗日。红军乃于17日抵达德昌。这时，刘元璋急调西冕地区土著部邓秀廷进行阻截。刘伯承又给邓一函，说红军北上抗日，彝兵打枪，红军不还枪，但路是一定要过的，要邓考虑。邓见红军人多势众，不敢动武。刘元璋和刘元琮兄弟为了向刘文辉、蒋介石表示"城存与存，城亡与亡"的决心，放大火烧毁西昌西街，以利固守。然而，红军根本没有进入西昌城，而是取捷径往北直插泸沽。之后，红军只一部经大树堡，主力却分两路，一路从安顺场强渡大渡河，一路迂回抢夺大渡河的惟一交通枢纽——泸定铁索桥。

大渡河是太平天国石达开大军覆灭之地，蒋介石决心在这个地方全歼红军，因此，三令五申要刘文辉部确保河防，困扼红军；还下令：(一)收缴南岸渡河船只及可作渡河的材料，全部集中到北岸；(二)搜集南岸民间粮食运送北岸，实行坚壁清野；(三)清扫射界，如南岸居民房屋可资红军利用掩护其接近河岸者，悉加焚毁。刘文辉乃以杨学端第五旅在左，防守富林至安顺场一带，袁国瑞第四旅在右，防守泸定桥附近。原驻康定的余松琳旅，由余率其一部分兵力，进驻瓦斯沟(大渡河右岸康定与泸定之间)，他亲身去汉源城指挥。

5月21日，刘湘部王泽睿(王缵绪的儿子)旅抵达大渡河北岸的富林协助防守。杨学瑞与王泽睿布署防务之后，即率旅部及预备队进至大冲，24日到了八排。这时，红军先头部队以迅雷不及掩耳之势，越过彝务总指挥部营长赖执中所安设的哨所，神不知鬼不觉地于25日拂晓进入安顺场。接着，红军17勇士强渡大渡河成功。顿时，整个大渡河防线发生动摇。

红军强渡大渡河成功，使刘文辉大吃一惊，急令军部警卫旅在汉源城构筑工事，准备固守。为了确保泸定桥方面的防务，他还命令第四旅阻截夹江而上的两路红军，具体部署：以李全山团抢占泸定铁索桥，阻止对岸红军过河，以杨开诚团向下游摆开阵势，挡住在安顺场过河后沿岸溯江而上的部分红军。但是，在红军的勇猛进击下，守军纷纷溃败。红军过荥经、天全、芦山、宝兴，于6月12日间直达川西北部的懋功(现名小金)，与红四方面军会合。

刘文辉在大渡河会战中失败后，返回雅安，将第二十四军按国民政府规定的番号整编为第一三六师(师长陈光藻)，第一三七师(师长刘元瑭)，第一三八师(师长唐英)，驻康定的余松琳旅仍为军直属部队。同年7月，西康建省委员会在雅安成立，南京国民党政府任命刘文辉为委员长。同时，国民党也在西康设置党部筹备委员会，由刘文辉兼任主任委员。

红军主力到达松潘县的毛儿盖后，红四方面军又翻夹金山南下。蒋介石又命令川军各部进行阻截，并令刘文辉大搞“碉堡战术”，以备红军回击。刘将重兵摆在雅安、汉源两城，因城垣坚固，可资防守，以袁国瑞旅驻在天全至紫石关间，陈元琮、许剑霜两旅分驻雅属雅安、汉源及康属玉通河一带。同时，大肆征调民工，筑了很多碉堡。红军占领天全、芦山、宝兴、金汤后，前锋直指川西平原，同刘湘部激战于邛崃、名山之间，对汉源、雅安相继形成围城局面。

11月初，红军攻下史家坡后，把刘元瑭师完全围困在汉源城内。两军对峙近两个月之久，刘元瑭计划来个突然反击，希图一战而胜，邀功受赏。刘文辉为保存实力，严厉制止其妄动。红军主动撤围后，他即令刘元瑭仍驻汉源，调杨学端率聂文清、邹善成两团开赴雅安。他还命令袁国瑞吴岗陵营在9日把雅河浮桥砍断，集中兵力守城，自己坐镇雅安亲自指挥一切军事行动。这时，蒋介石派来监军专员王赓来到雅安，整天在刘部各级指挥机关检查防务，监视他们的行动。这样守了一个多月，但是红军没有来攻城。杨森曾劝刘文辉撤退，刘一怕丢失惟一的地盘，二怕受蒋介石处罚，故不愿撤出雅安。

在这期间，贺龙、萧克率领的红军部队已由云南丽江过江，经康南抵达康北的甘孜。刘文辉驻康西及康北的部队人数不多，又分散驻在各县，红军一来即远远逃避。

1936年2月16日，红四方面军全线撤走，雅安才告解围。不久，刘文辉派代表到南昌晋谒蒋介石，以康境粮食供应困难，建省工作难以开展为由，要求将薛岳等部队调走，得到蒋的同意。是年夏，薛岳等部队撤出西康，刘文辉将原设置在雅安的西康建省委员会移设康定。

四、偏居西康苦经营

1938年春，刘湘在武汉病故，蒋介石则乘机撤销川康绥靖公署，提出派张群继任四川省主席，企图把四川政权控制在自己手里。

张群任四川省主席的消息传出后，立即引起了川康军政界的强烈反应。刘文辉虽在西康，但四川与西康有着唇齿相依的关系。为了保持四川这个地盘不被蒋介石吃掉，刘文辉就和邓锡侯、潘文华及刘湘部几个主要将领联合起来，向蒋要求保留川康绥靖公署，反对张群继任省主席。当时，蒋介石由于迁都重庆不久，立足未稳，又处在抗战期间，需要一个安定的后方，因而对川康的地方实力派不得不作些让步，并采取笼络的政策。开始，蒋一面答应保留绥署，以邓锡侯任绥靖主任；一面提出只派张群独自一人来接省主席，省府委员及各厅、处长人员一概不变动。但是，刘、邓、潘等人仍不同意，蒋不得已，只好改派张群为重庆行营主任，而要四川将领自推一人暂代省主席职。

当时，刘文辉和邓汉祥都认为潘文华代理主席为最适合。潘因体弱多病，不胜繁剧，力辞不就。王缵绪利欲熏心，想主政四川，就极力拉拢刘文辉。王同意自己上任后，把宁、雅两属划为西康，助成刘的西康建省计划，并由四川省府对西康作财政上的援助，这笔交易后来都兑了现。其他川军将领也害怕王缵绪出卖地方而倒向蒋介石。因此，王缵绪被推举为代理省主席。

打这以后，刘文辉、邓锡侯、潘文华、王缵绪和邓汉祥五人每日轮流作主人，借吃饭为名，商讨如何把持川康，保持实力，如何表面拥护蒋介石，暗中多方防制，使蒋对川康无从下手等大计。1938年六七月间，刘文辉、邓锡侯、潘文华又同龙云在成都商讨了川、滇、康三省联合反蒋问题，还签订了秘密协定。然而，王缵绪与军统特务骆德荣等勾结一起，把每天密商的情况全部向蒋介石告密。

刘文辉、邓锡侯、潘文华等很快就发现了王缵绪的阴谋活动，经商定策动了彭光泽、刘树成、周成虎、谢德堪、陈兰亭、刘元瑭和杨晒轩七个师长联名电蒋，历举王缵绪祸川十大罪状，要求撤掉王的职务，以谢川民。尤恐仅此不行，他们调了一部分军队集结成都，剑拔弩张，随时准备动武。蒋介石知道众怒难犯，不得不让步。王缵绪就这样下了台。

不久，将介石提议张群继王为省主席，又遭到刘文辉等人反对，蒋只好亲自兼任该职，由贺国光以省府秘书长身份代行其职权。这年9月，蒋介石满足了刘文辉的请求，批准把西康改建为行省。12月，任命刘文辉为西康省主席。翌年元旦，西康省政府宣告成立。

蒋介石为了控制西康，特在西昌设立“军事委员会委员会长西昌行辕”，委任张笃伦为主任，用以监视刘文辉和龙云。刘则在西昌设立“西康省屯垦委员会”，自兼委员长，与之对抗。不久，复有“甘孜事变”发生。班禅九世在青海去世后，其灵枢移至西康甘孜。在蒋介石的唆使下，班禅行辕与当地藏族土司头人结合起来，将刘文辉的驻军包围缴械，企图占据康北的甘孜、道孚等县作为根据地，再事拓展。事变发生后，蒋介石严令刘不得用兵，听候调处。但刘文辉为了保持自己的地盘，强行用兵收复了甘孜，将班禅行辕赶出西康。

“甘孜事变”后，曾鲁受蒋介石之派遣到西康，利用雅安团管区司令的职权，与雅属各县及名山地区的土匪恶霸勾结起来，委以官职，贿以金钱，大肆招兵买马，准备成立一个师，企图用武力来控制西康。至1941年春，曾鲁已凑成了两个团的兵力。刘文辉认为"细石头可以打烂大锅子"，便趁这两个团尚未发武器时，派所部部分人马将其包围，强迫解散。事后，他电蒋告曾鲁违反"兵役法"，收编土匪，破坏地方秩序，已予紧急处置，请"察照备案"。蒋介石见木已成舟，乃电复"准如所请"，并把曾鲁调走了。同年，蒋在西康设立了第十一补训处，并在当地征兵，成立了三个团。其中驻雅安大兴场的一个团，为了扩充实力，竟招纳土匪，因此，舆论哗然。刘文辉便借口到大兴场捉拿土匪，以搞军事演习作掩护，很快就攻垮了这个团。不久，蒋介石指使兵役署撤销了补训处。同时，蒋介石还在西康设立了一个"经济检查处"，以军统大特务罗国熙任处长。刘文辉牢牢掌握西康的军警力量，与罗针锋相对，使罗不能为所欲为。

1942年，西康籍的中央军校学生朱世农、朱世正在雅属煽动土匪作乱。蒋介石诬为民变，意图调兵到雅安。因刘文辉采取果断措施，迅速平定了匪乱，蒋才表示不派军队前往"助剿"。

同年冬，蒋介石以西藏地方亲英势力阻碍继续抗战、拒绝修筑康藏公路及修建拉萨飞机场为由，密电刘文辉出兵进行讨伐，并打算另派嫡系部队两个师接防西康。刘文辉和参谋长伍培英商讨后认为，蒋实际上是借图藏以图康，应将计就计，借图藏以保康。刘慨然接受对藏用兵任务，并拟订了作战计划；同时开了一个大账单，要枪械，要装备，要经费，要物资，要扩大编制，要补充实力。伍培英还住在重庆坐催，与蒋介石、何应钦等纠缠了大半年。后因英国驻华武官抗议对藏用兵，蒋感到图藏既不能，图康也不易，只好取消了这个计划。何应钦借故说："中央财政困难，负担不了这笔庞大的经费，对藏用兵暂缓进行。"这样，蒋介石借图藏以图康的计谋也就破产了。

1944年二三月间，蒋介石借口西康禁烟废弛，命罗国熙率几个缉私团前往西康。刘文辉获情报后，即派两团兵力集结于邛崃地区，进行阻截。当罗的先头部队抵达邛崃县以东的羊场，即给以迎头痛击。同时，发动地方知名人士电蒋表示反对派军队来西康，并举行群众示威，一时闹得满城风雨。蒋怕扩大事态，被迫下令将缉私团撤回。

1945年9月29日，蒋介石悄悄地来到了西昌，还给刘文辉打了一个电话，说什么"西昌风景优美，我兄政通人和，不胜欣羡"。刘以为蒋要在西康搞什么名堂，直到10月3日才获悉蒋命令杜聿明在昆明出动解决了龙云。这一事变使他大为震动。但与此同时，蒋介石却加委他为川康绥靖公署副主任，用以安抚。

1946年春，蒋介石通过张群向刘文辉转达，要刘丢掉枪杆要政治，丢开地方到中央，去南京当蒙藏委员会委员长。他认为这是蒋的"调虎离山"之计，坚决予以拒绝，表示宁愿到乡下去当老百姓，而不同意去当"一品京官"。

是年7月，蒋介石正式下令将第二十四军改编为整编师，刘文辉表面上执行其命令，以刘元瑄任师长，实际上该部人马未减，一切由他统率。蒋曾多次要该部上前线参加反人民的内战，刘等人以西康边防重地及兵力分散为由，搪塞过去。后来，蒋介石仍恢复了第二十四军的番号。

刘文辉统治西康期间，为了解决军政费用，增辟财源，在宁雅两属广植鸦片，运销内地，引起国内舆论的非议。蒋介石一面发布禁烟的文告，一面派覃维求率"禁烟督察团"来雅安查禁。刘文辉为了应付蒋的"禁烟"政策，乃下令铲烟，并令雅属保安司令部派保安大队前往荥经协助查铲。贩卖鸦片的哥老会头目、地方恶霸、土匪朱世正等组织武装反抗查铲，消灭了一个保安团，并打死了雅属保安司令张律宾。这时，蒋介石派特务朱静泉去西康发动“倒刘运动”，企图以张笃伦取代刘文辉。朱利用南京的一些御用报纸，对刘文辉进行大肆诽谤，把武装叛乱说成是“西康民变”，同时纠集一些人在南京搞请愿游行。朱静泉还从重庆（张笃伦时任重庆市长）运来大批武装弹药，补充给在天全、芦山、荥经等地的反动武装队伍。1947年初，朱世正、朱静泉又纠集两千余人，进行武装叛乱，曾一度攻陷天全、芦山两县城，进迫雅安。由于刘文辉迅速组织力量进行反击，消灭了这些反对势力，平息了动乱，“倒刘运动”随之销声匿迹。

1948年4月，王陵基继邓锡侯为四川省主席后，一切惟蒋介石之命是听，对地方势力概不买账，因而一时闹得天怒人怨。刘文辉和邓锡侯、潘文华等将领联合策定了一个“驱王运动”。1949年春，在省参议会第六次会议上，他们否定了王陵基提出的关于田赋征实及在大巴山设防的两个提案。是年6月，又策动省参议会，联合川、康、渝部分“国大代表”、立法、监察委员和康、渝部分参议员，在成都组成“川、康、渝民意联谊会”，以国民党元老熊克武为联谊会主席，公开反对王陵基，并推派代表向国民政府请愿，要求把王撤职查办。同时成立“川、康、渝民众自卫委员会”，策动民众自卫运动。名义上是保境安民，实际上是反对蒋介石在四川打仗，给蒋的反共军事部署制造困难，因而不久就被蒋下令取缔。

五、反戈一击成正果

1949年12月9日，刘文辉和邓锡侯、潘文华在四川彭县联名通电起义。从此，他走到人民的阵营。

早在抗战期间，刘文辉就同中国共产党有接触。1938年夏季，中共中央代表董必武、林伯渠、陈绍禹等由陕北去汉口参加国民参政会议，途经成都时，刘与他们见了面。通过交谈使他初步了解了共产党的救国方针及有关统一战线的政策。第二年夏天，他同董必武、林伯渠等在重庆曾家岩潘文华家会晤，商谈抗战的问题。

1940年冬，张群坐上了四川省主席这把交椅，刘文辉深感自己的处境岌岌可危，如果不多方寻求政治上的援助，就不能保存自己的地盘。当时，他认为，“自从1930年北平扩大会议失败以后，国民党内部的实力集团垮的垮，降的降，已经不成局面，国内可与蒋政权抗衡的政治力量只有中国共产党”。因此，他就不能不从国内最大的反蒋力量——中国共产党和进步势力那里去寻找政治上的援助。

“皖南事变”后，刘文辉与文化界的进步人士李相符、杨伯恺、邓初民、沈志远、黄宪章、马哲民等建立联系，并资助他们在成、渝两地办起《大学月刊》、《唯民周刊》、《青年园地》、《民众时报》、《华西晚报》等报刊。继而又在成都同他们成立了一个秘密性的政治团体——唯民社，由刘文辉为社长，负担活动经费，但是实际领导人是中共地下党员李相符、杨伯恺等。

1942年2月的一个深夜，刘文辉通过民盟的朋友联系，与周恩来在重庆机房街吴宅秘密面晤。他们畅谈了一个多小时。周恩来向刘表示：“对蒋介石政府的一切反动政策措施，都须给以坚决反对和有效抵制。西南地方力量在现阶段有条件这样做,大胆行动起来,共产党愿意在政治上给以支持。"打这以后,刘文辉同共产党的关系,开始进入实际配合的阶段。是年6月,中共中央特派王少春常驻雅安,与刘文辉保持联系,还设有一个秘密电台与延安直接通报。王少春每天把中共中央的有关方针政策和解放区胜利的消息向刘文辉传达,同时将川康方面的军政动态向党中央汇报。在刘文辉掩护下,这个电台一直工作到雅安解放。这年,刘还通过民盟主席张澜,与民盟建立了合作关系,并在经济上长期给予支持。

刘文辉与其妻

1943年和1944年六七月间,刘文辉曾两次派杨家桢代表他到重庆会晤王若飞。王若飞鼓励刘文辉要克服前进中的困难,坚持反蒋斗争,并指明了努力的方向。

1946年二三月间,正值旧政协会议闭会不久,周恩来将要离开重庆去南京的时候,特嘱民盟的朋友转告刘文辉:"政协决议能否实现,联合政府能否组成,要看蒋介石下一步如何走,现在还不能定。但是无论怎样演变,斗争总是不可免的,对蒋介石一刻也不能放松警惕。"周恩来还特别提醒他说:今后的政权问题完全取决于人民的意志,如果人民不要他,谁也站不住。鼓励他把西康的工作做得好一点,以取得人民的支持。

1948年元旦,中国国民党革命委员会在香港正式成立,刘文辉被推为民革川康分会主任委员,对外化名杨宗义。刘还与李济深、冯玉祥有过多次会晤,共商反蒋独裁、反对内战等问题。

1949年八九月间,解放战争的重心已开始转移到西南。蒋介石亲自坐镇重庆,指挥胡宗南部向川北集结和宋希濂、罗广文、郭汝槐等部向川东、川南集结,企图抗拒人民解放军解放四川和西康。在这种局势下,刘文辉决定配合解放军行动,为解放川康贡献自己的力量。

刘文辉首先通过王少春的电台,与周恩来联系,请示如何行动等问题。周恩来回电指示:大军行将西征,希望积极准备,相机配合,不宜过早行动,招致不必要的损失。为了不暴露自己,刘文辉将西康全省的军事及政治工作重新部署以后,便于10月下旬由雅安去成都,与邓锡侯、田颂尧一起,同蒋介石、张群等进行周旋。

11月30日,重庆解放,蒋介石仓皇逃到成都。当天下午3时,在北校场军校召开高级将领会议,逼刘文辉、邓锡侯"摊牌",要他们同胡宗南合作,进行"川西决战"。刘敷衍说:"委员长总揽全局,我们都是一偏之见,你看怎么好就怎么办。"蒋介石听了点头称好。

12月2日,张群奉命来到玉沙街刘文辉住宅,首先提出了四个问题征询刘的意见:(一)蒋介石应否复总统职;(二)王陵基撤换后由谁来继任;(三)川西大战应如何部署;(四)刘文辉和邓锡侯两部在大会战中如何同胡宗南部配合。刘思考了一番后,说:"我认为,当前要紧的是军事,仗打不赢,一切皆空。今天全靠胡宗南这张'王牌',别的都抵不了事。"他还借此机会发了几句牢骚，说："蒋先生过去对待杂牌军的办法是打死敌军除外患，打死我军除内乱。事到如今，我们实在感到巧妇难为无米之炊。"说着，转过话题说："今天到了这个光景，但有一兵一卒，也得同共产党拼。"最后，他摆出自己的困难："二十四军散处在康、宁、雅三属，纵横数千里，翻山越岭，徒步行军，非有一至两个月集中不起来，怕的是远水难救近火。"

张群见刘文辉采取一推二拖三哄骗的办法，第二天通过邓汉祥提出了两条：(一)刘文辉、邓锡侯同胡宗南合署办公，一起指挥作战；(二)刘文辉、邓锡侯的家眷同熊克武、向傅义、邓汉祥等先去台湾。刘当天晚上就约邓锡侯、熊克武等商讨对策，决定仍用各种托词推迟送家眷去台湾，口头上答应同胡合署办公，但行动上不履行。张群仍没有得到要领，十分气愤。

5日下午3时，张群约刘文辉到励志社，说有要事相商。刘预感事情不妙，便邀邓汉祥一同前往。一见面，张群劈头就问："刘自乾，你究竟打的什么主意？"他即把早编好的一套词拿出来，说："我的主意本来早就打定了，要同共产党拼，万一拼不过，就在西康当喇嘛。近日听说共产党军队已从玉树西进，看来这条路也走不通了，现在只有同共产党拼到底。"这时，蒋介石从北校场打电话给张群，询问刘的行踪，刘故作镇静，反问张群："这几天东路的情况怎样？"张群态度横蛮，厉声说："你不要问东路西路的，问你自己怎么样？"邓汉祥见此情景，就出来打圆场，说："事情很简单，蒋先生要刘、邓两部如何作战，下命令就是了。如果周到一点，先请你约胡宗南、顾墨三和刘、邓商定作战计划，然后再请蒋先生下命令，那就更好。"张群立即打电话找胡宗南，恰巧胡去绵阳未归。

刘文辉从励志社出来，深感斗争已进入关键时刻，就直接去邓锡侯家，研究了下一步行动的方案：一是开会地点今后必须在刘的住宅，因为这里安全有保障；二是态度必须尽量灵活些，违心之言不妨多说。只要打发这群"瘟神"出了门，再另打主意。

当晚7时，张群、胡宗南、顾祝同、肖毅肃、王陵基、王缵绪、邓锡侯等在刘文辉家开会。肖首先"开炮"，说："据报邓晋公命所部集结广汉、新都一带，阻止胡宗南部西进；刘自公的部队已经破坏了邛崃大桥，不许胡宗南部通过。究竟是怎么一回事？"当时，刘文辉部的确在成雅道上作了军事部署，已作决定炸毁邛崃大桥，使胡宗南部不能通过。但是，这一计划尚未执行。因此，刘、邓坚决予以否认，要求派人实地调查，张群等才甘罢休。接着，肖拿出作战态势地图，详细介绍了与解放军决战的军事部署。这时，顾祝同故意询问刘文辉："自乾，你看行不行？"刘回答说："行是行，可惜我同邓晋康的部队在过去大部分被整掉了，假使今天还像当年一样，这个重担子我们两个人都担得起。"胡宗南马上插话："刘先生，你不要灰心，我的40万军队交给你去指挥。"刘即把胡的话顶了回去，说："我们都是行家，你的部队我哪里指挥得动？我的部队你也不能指挥。"最后，张群等逼他表示明确的态度，刘答复得很干脆，说："这还用得着我说吗？事实摆得最明白，你们自己猜也猜得到。我又是大军阀，又是大官僚，又是大地主，又是大资本家，样样占齐了，共产党搞的是无产阶级革命，哪里还会要我。"张群听到这些话很高兴，拍了刘文辉一下肩膀，说："自乾今晚说的是真心话。"张群还脸带笑容对胡宗南说："这回你该放心了吧！"

12月6日，张群突然到刘文辉家里辞行，说要赴云南。同时得知胡宗南的盛文部将于次日晚接管成都市城防的消息。刘文辉判断蒋介石可能即将下手，于是深夜立即行动，乘车离开家里。照预定计划，他妻子和女儿去中医王朴诚家，儿媳带孩子回自己的娘家，儿子刘元彦随他住西御街邹荫萱的家中。

7日凌晨，邓锡侯找到刘文辉商讨应付情况的办法。他们认为，人民解放军已向川西平原进军，在成都这个虎穴再不可以久留了。9时左右，蒋介石的侍从打电话，约刘和邓到北校场，说蒋下午4时要同他俩谈话。刘文辉认为，他俩一去北校场，等于自投罗网。要么就屈服于蒋介石的淫威之下，下令所部参加反共战争，永远作人民的罪人；要么就作阶下囚，长期丧失自由，二者必居其一。因此，他们共同决定立即出走，并商定：下午1时各人从住处动身，从北门出城。在城隍庙会齐，再到梁家巷乘车去崇义桥，然后继续向彭县前进。之所以要走这条路线，是由于东面和北面都有胡宗南大军把守；要西走雅安，王陵基部队又早已在邛崃、大邑一带布防，正与第二十四军对峙，剑拔弩张，一触即发，想安全越过敌人警戒线是很困难的；只有西北角敌人尚无战备，出城不远即为邓锡侯所属黄隐师所控制，可以自由进出，同时这里离成都不远，既便于掌握已经联系好了的川西地方武力，又便于向国民党残部进行策反工作。他们还选定彭县作为起义地点。

刘文辉离开成都，要过两关：一要避开住宅周围宪特的监视，二要瞒过敌人守城部队的盘查。因此，他决定让工作人员个别携带电台和重要文卷先行，到城外指定地点集中，自己不带任何行李，只有两个随从。汽车从住宅大门泰然而出，举止一如平日。这样，第一关就安全度过了。他犹恐出门之后，特务马上发觉再出乱子，还在所经过的路线及工作人员会齐的地方布置了便衣警卫，以防万一。当汽车驶到北门城门洞附近，他怕蒋介石的宪兵、特务盘问时出岔子，就在一个转角处下车，让空车由城门洞开出去，到城外渠家巷附近一处隐蔽的公路等候。如果哨兵盘问，说是他派往凤凰山飞机场去接客的。这时，刘文辉则从左侧城墙的一个缺口翻过去。他正在病中，气喘吁吁，汗流浃背，由两个随行扶掖而行，五步一停，十步一歇，终于度过了第二关。邓锡侯早已在城隍庙等待。二人徒步而行，从田野小径直插停车处，随即登车向崇义桥疾驶。

下午4时，刘文辉和邓锡侯抵达崇义桥。卸下行装，刘即急电西康省军政负责干部告知自己的住处，命令他们按照既定计划步骤准备行动。同时，指示驻在成都武侯祠及成雅道上的部队严加戒备，准备战斗。时民盟和民革的一些同志亦因成都风声很紧来到这里，刘和他们进行了联系。当天晚上，他和邓等商量了初步的军事部署，准备应付可能发生的突然事变。8日凌晨移驻龙桥，分别通知自己在川西各县所掌握的地方武力立即动员起来，相机配合人民解放军的行动。

这天中午，王缵绪从成都来到龙桥。王对刘文辉说："我是奉老头子（蒋介石）之命而来的。他告诉我，他同你们过去的一切都是出于误会，无论如何要请你和晋康回成都去，一切都好商量，如不见信，他可以叫蒋经国来作人质。"王还从身上掏出顾祝同给刘、邓的一封信，说蒋介石决定王陵基辞职，派他俩主持川省军政大计。刘文辉佯对王缵绪说："我们所以要离开成都，为的是反对蒋在成都平原作战，以免地方糜烂，只要蒋答应这一点，旁的一切都好说。但是不能说空话，要过硬，办法是立即免盛文的职。我和晋康保举你继任成都卫戍总司令来负责维持地方治安。"尔后，刘和邓又联名给顾祝同写了一封回信，提出了三点建议：反对蒋介石在成都平原作战；立即免盛文的成都卫戍总司令之职，胡宗南部在两天内撤出城；以王缵绪继任成都卫戍总司令，以四川保安部队来维持地方秩序。还表示，如果蒋介石一定要在这里作孤注一掷，使地方受到糜烂，那么，他们就决率所部与之周旋到底。王缵绪走后，刘文辉和邓锡侯连夜向彭县进发。

刘文辉和邓锡侯抵达彭县，立即成立一个有中共党员和民革、民盟成员参加的政治小组，商讨关于起义的问题。刘力主马上起义，并早日发表起义通电。

12月9日，刘文辉和邓锡侯、潘文华（此时潘也到彭县）联名向毛泽东主席和朱德总司令发出了起义通电。在彭县的电台因不明确中共中央的呼号，不能直发北京，乃电雅安电台由王少春转发。这个起义通电郑重声明，自即日起同蒋介石断绝关系，竭诚拥护中国共产党、中央人民政府和毛主席领导；命令川康军政人员一律尽忠职守，保护社会秩序和公共财产；配合人民解放军消灭国民党残部。同日，第二十四军刘元瑄、伍培英、刘元琮同第二十八军黄隐、潘清洲等将领，亦发出拥护起义通电。

不久，朱德总司令复电刘、邓、潘三人，对他们慰勉有加，并恳切要他们通令所属遵守中国人民解放军总部的约法八章和解放军第二野战军的四项号召，改善军民关系和官兵关系，为协助人民解放军与人民政府肃清反动残余，建立革命秩序而奋斗。这时，西康省的行政领导干部及时把刘文辉等人的起义电文和中共中央有关方针、政策，及人民解放军的有关指示，分别在康、雅、宁三属向各族首领进行了传达。西康省获得了和平解放。

刘文辉在宣布起义前四个月，就着手西康阻击战的准备工作。

1949年8月湖南和平解放时，王少春向刘文辉说："军事形势的发展很快，估计人民解放军两三个月后即可能向西南进军，军事斗争已经提到了首要的议程。"刘完全同意这个意见，并和王进一步作了研究，认为应将自己在军事上的有限力量与人民解放军进行有效的配合；而在进行作战准备时，既要与将来战争的发展相适应，同时又要照顾到目前的主观条件和客观环境，决不能在青黄不接之际，先为优势的敌人所吃掉。之后，他就派军参谋长杨家桢到成都，征询四川中共地下党的意见。结果，商定了如下方案：

（一）如胡宗南部在陕西地区被解放军击溃向川康方面逃窜时，二十四军应截断其去路，配合解放军消灭之。

（二）如胡宗南部未被解放军击破即向川康方面撤退，解放大军在后面尾追时，二十四军应阻止其向西康方面退却，配合解放军夹击消灭之。

（三）如胡宗南部未经解放军压迫自动向川康方面撤退时，二十四军应独立行动，以牵制扰乱的办法，阻止胡部占领和巩固西康，以待解放大军的到来。

（四）二十四军在现阶段，应利用封建的外衣充实民主的内容，从物质上精神上为将来配合解放军作战预作准备。

是年九十月间，刘文辉部着重抓了两件事：（一）在军队内部正式提出了"人民为第一，一切为人民"的口号，并有选择地向中上级军官转达了共产党的工商、土改和统一战线政策；（二）储备了一批粮秣和硬银。

11月初，人民解放军刘伯承、邓小平率领的第二野战军同贺龙、李井泉率领的华北野战军及第一野战军一部，分东北两路，浩浩荡荡向四川长驱直入。同时蒋介石自诩为最后的一张"王牌"——胡宗南部亦从陕、甘南部经川北向川西撤退。刘文辉依据原定的军事方案，以主力封锁成雅公路（成都到雅安），一部封锁乐西公路（乐山到西昌），还在成雅公路沿线配置机动部队和民众武装展开游击战，与正规军相配合，阻止国民党残部窜入西康境内，促使其全部就歼于川西平原。王少春将有关情况报告了中共中央，并得到了指示。王对刘说："中央重视西康目前的战略地位，希望我们打好这一场阻击战，为人民立功。如遇优势敌人压迫情况危急时，可以向东转移。"

原国民党高级将领刘文辉、邓锡侯起义后在重庆各界欢迎大会上

刘文辉等在彭县通电起义之后，西康阻击战的序幕随着揭开了。

12 月 10 日，蒋介石即以西南军政长官公署的命令，限驻在成都武侯祠的刘文辉部于 12 日以前撤退到新津河西岸。该部的主要任务是：掩护中共地下工作人员与中共通讯的无线电台；保护华西坝的广播电台和四川、华西两大学；可能时抢救被特务拘禁的革命同志；根据情况发展配合友军作战。刘文辉认为，这是钉在敌人身上的一颗钉子，能多守一天，对敌人的行动就多牵制一天，而人民解放军就早接近一天，故下令坚守。13 日晚上，胡宗南的第三军出动大量的兵力，附以大炮坦克，对武侯祠守军发动了疯狂的攻击。守军在敌人的重重包围中奋起应战，激战至翌晨 8 时，终因众寡悬殊，阵地被敌突破，大部分官兵牺牲，一部分被冲散，一部分被俘虏。但是，中共地下工作人员和民主人士都已安全转移，幸免于难。接着，胡宗南部把刘在成都玉沙街的家抄了，在住宅内秘密埋下一百多公斤黄色炸药，装置雷管，企图等刘一家重返故居时，炸毁他一家。后因胡部撤走，一些坏分子侵入盗窃残存财物，误触雷管，发生爆炸，三幢房屋被炸毁了两幢，还死伤了一些人。王陵基也把刘文辉在大邑的老家抄了。

这时，胡宗南部米光祖旅一个加强团配合西昌警备部向第二十四军发动了进攻。副军长伍培英鉴于争取敌军起义已不可能，双方力量又很悬殊，乃于 12 日晚率部冲出了敌人的包围圈。之后，按预定计划转移至富林，加强乐西公路的阻击战。其留在会理未撤出的一个营，受中共滇西游击队司令朱光璧指挥，在康滇边区打游击战。

成雅一线是敌军窜入西康的主要路线，雅安又是第二十四军司令部所在地，故这一线的战斗最激烈，压力也最大。当时，军事上由第二十四军代军长刘元瑄在雅安指挥。刘元瑄一面同刘文辉密切联系，一面将情况随时向王少春汇报，王立即报告中央军委。同时，王少春把军委通知的关于解放军的进展情况告诉刘元瑄、杨家桢，并一起商定应对方案。他们采取的作战方针是：正规军与地方武力配合，运动战与游击战配合，节节抵抗，段段抵抗，以此来迟滞敌军的行动，争取时间，让人民解放军赶到聚而歼之。

胡宗南见退路被第二十四军截断，感到非常恐慌，乃由王陵基作开路先锋，以 9 个团的兵力分向洪雅、丹棱、蒲江、邛崃各地进犯雅安。刘文辉的第一三七师奋起反击，于 12 日攻入洪雅县城，再经激战，在 17 日逼近丹棱县城。这天下午，解放军第三十六师与第一三七师会师，并协同作战，敌纷纷向东逃窜。洪雅、丹棱之战遂告胜利结束。第一三七师乃回驻雅安。

接着，人民解放军在邛雅路两侧纵横扫荡，胡宗南的警卫师 7 个营及第六十五军、王陵基部 5 个团，于 12 月 21 日纷纷向邛崃县境的夹关、平落坝、高兴场一带溃退。王化装成老百姓，溜之大吉了。22日，人民解放军与第二十四军在百丈第二次会师。从25日起，解放军连续三天进行扫荡，将胡、王残部全歼于邛蒲、大邑地区。刘文辉的第一三六师也在富林以东的天然险隘黄木厂构筑工事，有力阻止了胡宗南、宋希濂及王陵基残部经乐西公路向西窜逃。

刘文辉在彭县起义前后，还向部分国民党军队进行了一些策反工作。川鄂绥署副主任董宋珩和刘是保定同学，平时关系较好，经数度商谈，董于这年12月21日率三万人马在金堂、广汉地区宣布起义。第十五兵团司令罗广文于12月24日在彭县发出通电起义，事前，刘也曾多次派人到罗部做工作。此外，如陈克非、喻孟群、刘兆藜等部，他和邓锡侯在彭县时亦向他们进行了一些联系及说明工作，后来这几部也走上了起义的道路。

1950年2月，杨森和田中田残部共约两千人突然从丹康公路窜入丹巴。因驻守康属地区的第二十四军大都调往泸定，以策应成雅、乐西两路的阻击战，及镇压天全、芦山一带的胡匪，一时抽调不出，康定曾一度陷入敌手。田中田部还抄了刘文辉在康定的住宅。西康省府被迫转移到康定县境的营官寨继续抵抗。3月24日，解放军进军康定，杨、田残部即四散逃命。西康阻击战也就最后结束了。

刘文辉一家

1950年春，刘文辉、邓锡侯等从成都抵达重庆时，各阶层人士召开大会，热烈欢迎。刘伯承、贺龙等领导同志都先后看望了刘，对他的正义行动给予高度的评价和称赞，还十分关心他一家的生活。

贺龙同志亲自到刘文辉的住所进行拜访，讲了自己的经历，从如何拉队伍，如何当镇守使，如何倾向革命，如何在南昌起义，如何在党的领导下建立根据地，如何抗日，以及如何克服外部的、内部的和自己思想作风上的各种问题……足足谈了一个下午，鼓励刘文辉继续前进。

是年秋，刘文辉到北京参加全国政治协商会议，受到周恩来、朱德等中央领导同志的亲切接见。周恩来还与他个别交谈，语重心长地提出了希望和新的要求。

刘文辉参加到人民阵营后，历任西南军政委员会（后改西南行政委员会）副主席、四川省政协副主席。1959年，刘文辉调北京，担任林业部部长，兼任国防委员会委员。曾被选为历届全国人民代表大会代表（后被选为常委）、历届全国政协委员（后被选为常委）、民革中央委员会常委。

在"文化大革命"中，周恩来总理非常关心刘文辉的健康和安全，特派人护送他到某医院去"疗养"。1972年，刘不慎跌断胯骨，并发肺炎，病情比较危险。周总理指示医院全力治疗，并随时报告病况。有一次会后，刘文辉见到周总理，心情很激动，说："历史上当宰相时间最长的是郭子仪，24年。希望总理保重，超过郭子仪。"

1976年6月24日，刘文辉因癌症在北京逝世，终年83岁。

宁夏军阀马鸿逵

一、将门之后素好武

马鸿逵

马鸿逵，1892年3月9日出生于甘肃河州(今临夏县)韩家集阳洼山村。祖父马千龄，在同治年间陕甘回民起义时，因劝说马占鳌(马千龄的同族侄女婿)降清，被左宗棠称之为“良回”。这就是马鸿逵后来自诩他家“不是造反的回回”一语的原由。光绪初年，马千龄次子马福禄中武举人、武进士。

1895年，河湟地区(今甘肃临夏及青海东部黄河、湟水流域)的回族、撒拉族人民再次发动反清起义，马千龄率其子组织民团，对抗起义军，曾解救被围清军总兵汤彦和。起义群众将马千龄家宅院付之一炬，并到处“捉拿马进士家的人”，马千龄趋避藏区，其次子马福禄和四子马福祥(马鸿逵父亲)率民团辗转到兰州，被陕甘总督陶模收编为步骑两营，加入进攻河州之清军，不久归入董福祥的甘军。这时，清政府整军，董之甘军编为精锐后军，马福禄、马福祥分任其下的统领、帮统。董军奉调北京附近驻防后，八国联军进犯津、京。马福禄率部在正阳门同八国联军战斗时身亡。马福祥率余众护驾慈禧、光绪到西安。

马鸿逵父亲马福祥先后任清政府西宁镇总兵兼阿尔泰护军使、绥远都统。1925年，依附冯玉祥，任西北边防会办(冯为督办)。1928年，马福祥转投蒋介石，历任国民政府委员、北平政务分会委员、蒙藏委员会副委员长、青岛特别市市长、安徽省主席，旋调任蒙藏委员会委员长。1932年病卒于涿州琉璃河旅途中。其政治手腕灵活，长于交际，善于游说，常以在政争中当“调人”自居。这些都为马鸿逵进入军界政坛打开了广阔的门径。

马鸿逵8岁在西安行宫中得见慈禧、光绪、隆裕、李莲英、小德张。12岁，其父马福祥以1000两纹银为他买得“蓝翎知县”虚缺。1909年，马鸿逵结束在家塾的中学学习，赴兰州考入陆军小学堂。学习期间，他对于军训体操及军事学科，均感兴趣，惟不喜欢英文、日文，考试前辄往教官处索题。教官莫奈其何，只得为他圈定“重点”。1912年，马鸿逵在其父部下任营长，继升宁夏新军统领。1914 年至 1917 年，马鸿逵在北京先后为袁世凯、黎元洪当侍从武官，对统治阶级最高层官场的活动，颇多了解。袁氏称帝，马福祥错估形势，上京劝进，被封为男爵。及张勋复辟，马鸿逵将北京情势预为电告，马福祥通电拒绝复辟"朝廷"委其的甘肃提督的任命。此后马氏父子对前事讳莫如深，对后事则大肆宣扬。其时，马鸿逵还悄悄离开北京，跑到天津，参加段祺瑞的马厂誓师，当了讨逆军的中将参谋。段祺瑞重新上台后，欲收马鸿逵为羽翼，拨给日式轻重武器及经费 6 万元，授他为第五混成旅旅长，令其扩编宁夏新军。

二、左右逢源军阀间

1920 年 7 月，直皖战争爆发。马鸿逵与其父在这场斗争中，开始一直不作表态。恐有所失。直系获胜后重新任命各省督军时，马福祥被提名甘肃督军。后因甘肃地方军阀意见不能相一，遂作罢。

1922 年 4 月，第一次直奉战争爆发，双方都想拉拢马福祥父子。马氏父子均以模棱两可的态度应付。当直系要求马鸿逵出兵助战时，他们即以"防地匪患未清，不能调离"为辞作复；当接到张作霖请求派兵支援的信后，也以"绥远地方不靖"，一旦大军离去，"匪势坐大，不可收拾"作藉口，婉言拒绝。可是当奉系败北的消息传来时，马福祥立即通电讨伐张作霖，呼其为"胡匪"(指土匪)，直揭张的老疮疤。

1924 年 9 月，第二次直奉战争掀起。这次，曹锟、吴佩孚先发制人，在进行部署时即派马鸿逵为骑兵总指挥，令率部开往热河前线。马氏父子故伎难施，只得成行。战争进行中，冯玉祥倒戈，返回北京，囚禁贿选总统曹锟，并发出了呼吁和平的通电，是为"北京政变"。马鸿逵闻风转向，权衡得失后也尾随冯玉祥撤退，把部队带到北京。这时，参加推翻曹锟、吴佩孚的奉系张作霖也来到北京。马鸿逵急忙前往拜谒，乞求谅解。张作霖一开口就说："前次我与曹、吴之战，曾请你父亲派兵支援，你父亲未答应，实在对不起我！"使马鸿逵甚为尴尬。

1925 年 3 月，冯玉祥正式就任西北边防督办后，开始着力经营张家口以西地区。马福祥父子迫于冯军势力，仍采取以退求存手法，对冯表示顺从。马福祥将绥远都统交给冯军大将李鸣钟，自己担任了没有实权的西北边防会办，其部队则交马鸿逵带领。冯为安慰马氏父子，委马鸿逵为第七师师长。

这年 10 月，冯玉祥部的第二师在刘郁芬率领下进入甘肃。时马鸿逵部队驻守宁夏的金积、灵武，他特地赶往兰州，引介甘肃回军其他人物马麒、马廷勷等与刘郁芬见面。这样，一方面狐假虎威，借冯玉祥势力，在地方军阀面前抬高了自己的身价；另一方面又借回军力量，向冯玉祥部队显示了自己的重要。

1926 年 9 月，冯玉祥游历苏联后返国，举行五原誓师，宣布响应南方北伐。在冯要求下，共产党人刘志丹被组织上派到马鸿逵部(时扩编为国民联军第四路军)任政治处处长。马部当时在刘志丹积极开展的革命宣传的影响下，参加进军甘、陕，在西安解围战斗中，官兵牺牲甚众。马鸿逵晚年谈到这一段历史时说："刘为人做事，精明能干，学识广博，又能吃苦耐劳，对本部贡献甚大。"

1927年初，马鸿逵任冯玉祥的国民革命军第二集团军第一方面军第四军军长。5月，冯军东出潼关参加北伐。马鸿逵部主力配属孙良诚指挥。当战事胶着之时，马部骑兵第一师第一旅，联合郑大章之骑兵师，由龙门以南登封通过京汉线，迂回到开封以东，破坏陇海铁路，切断奉军后援，冯玉祥部队遂占郑州、开封。

冯玉祥与蒋介石在徐州会谈后，声明反共，"礼送"第二集团军的共产党人离去。马鸿逵逼刘志丹离开了开封。此后马受冯、蒋指挥往山东一线作战。

1929年春，蒋介石一手包揽大权的编遣会议和国民党"三大"召开之后，新的军阀战争开始酝酿。当冯玉祥与蒋介石的矛盾已隐隐可见，但尚未公开时，马鸿逵颇为如何自处而苦恼。他怕开罪于冯玉祥，不敢贸然接近蒋介石。为此，对于蒋介石在公开场合向他表示的关怀均佯装不能会意。有一次，冯玉祥在南京召集其部下军长以上将领18人听训。每晚讲话，多抨击南京时政，并要求每人听后结合白天参观见闻，写出心得。马鸿逵托词"读书不多，不会作文"婉拒。当这些人集体拜谒蒋介石时，蒋对马说，"我们在归德见过一面"，又问他是否已见过父亲和家人(马福祥时住南京)，马装作不懂其奉化方言，蒋只好"啊啊"而过。隔日，蒋、冯设宴招待他们一行，他人纷纷前去，到蒋、冯及宋美龄、李宗仁座前敬酒，惟马以"不善饮酒"为词未去。马鸿逵还辞谢了蒋介石通过其父转达的单独召见的邀请。但北上山东驻地后，他却写长信派人密送蒋介石，信中除"对在京若干失礼之处，深致歉意"外，还报告了冯玉祥言行，最后声明，自己"决不参加背叛中央之任何军事行动"。

1929年5月，冯玉祥决定反蒋，命所部由山东、河南向郑州、洛阳集中。马鸿逵部到开封时，韩复榘从潼关赶来，两人密议反冯投蒋之事。然后韩先返回洛阳预作准备。马鸿逵率领部队到洛阳，即参加联名通电拥护"中央"，维持和平，署名者尚有石友三、庞炳勋等。韩、石、马倒戈，打乱了冯玉祥的作战计划。

马鸿逵公开依附蒋介石之后，为摆脱冯玉祥的军事围困，率兵东走郑州；并沿途炸毁桥梁，以阻冯军追击。郑州是冯玉祥军需供应中心。马鸿逵在此获得大批军火、粮秣。冯玉祥为扭转局面，屡电马鸿逵，温婉慰劝，望马部归返。蒋介石闻讯后，即派钱大钧、贺耀祖、邵力子等前往郑州宣慰，给马鸿逵带去百万元的重赏，并在南京召见马。款待马的宴会，甚为隆重，宋美龄及国民党政府各院、部长均出席。最后又拨款几十万补充马的部队。因此，马鸿逵决心投靠蒋介石。不久，马部奉蒋介石之命调驻徐州。

1929年12月，唐生智联合韩复榘、石友三酝酿反蒋。韩以徐州重地，需要争取马鸿逵、石友三支持。韩又怕马中途变卦，派了一旅人马开往徐州。马鸿逵表面应诺韩的要求，暗中立即向蒋介石报告一切，并条陈应付之方。蒋得到马的报告，一面设法稳住韩复榘，一面急调大军进攻唐生智。韩以局势不利，不敢助唐行动。唐军覆没后，马鸿逵让其父在蒋面前奔走调停，请蒋介石允许石友三"悔过"。

1930年3月，豫、鲁、皖上空战云密布，一场军阀大战迫在眉睫。马鸿逵严密控制津浦、陇海两线，为蒋介石部队输运军火、军需。其时，铁路专供军运，客、货运输几近停顿。马自己乘机贩运倒卖海盐，牟利以百万元计。对此，蒋故意不追不究，分化马与韩、石关系。5月，中原大战爆发。冯玉祥、阎锡山联合反蒋。蒋介石调顾祝同之第二军进驻徐州，马鸿逵部则被调到兖州、泰安一带，以隔开韩复榘部队与冯军的接触，避免韩部阵前倒戈。接着，蒋发表韩为山东省主席，使其脱离战场；马鸿逵调驻鲁西及山东陇海线右翼。这时，石友三复叛蒋投冯，进攻曹州(山东菏泽)甚急，马奉蒋令驰援，石部退向东明，马部亦调往陇海线作战。这时马部已正式扩编为讨逆军第十五路军。当晋军在傅作义指挥下，攻入济南时，马鸿逵部队大部分撤至邹县、滕县布防。蒋介石令韩复榘反攻济南，韩在青岛摇摆不定，大有被阎、冯拉去可能，韩如一旦有变，则马鸿逵很有随韩而去之虞。蒋因此多次致电给马，以"岁寒知松柏，板荡识忠臣"相勉，并请马鸿逵去青岛说服韩复榘，稳定其心。

7月，战况变化，蒋介石的部队重新集结，攻陷亳州，解除了侧背威胁；月底，大举反攻，马鸿逵军复占泰安。蒋介石论功行赏，马部增加了两个旅的编制。

1931年1月，蒋介石"围剿"鄂豫皖苏区时，调马鸿逵部到河南许昌、漯河一带。马鸿逵设总指挥部于信阳，指挥其部参与了对鄂豫皖革命根据地的进攻。但他鉴于黄杰和曾万钟部俱被红军击溃，岳维峻被红军活捉的前车之覆，一度装病，迟迟其行，招致蒋介石的不满。后又发生刘峙部包围马部的事件，主要原因是马鸿逵丢失了鸡公山，堂堂"国军"败在了共产党的一支游击部队手下，不能不使身为河南绥靖主任的刘峙大为震怒。后由马福祥出面斡旋才罢休。

三、扩军独裁敛钱财

1932年8月，蒋介石已任命马鸿逵为宁夏省主席。但马鸿逵希冀河南省主席一职，长期滞留中原，宁夏省政由他人代理。蒋介石亦曾有意给他河南地盘，一是利用马鸿逵积极参加对红军的"围剿"。二是以慰马氏家族失掉甘肃之抑郁(马鸿宾正式就任甘肃省主席20天即因"雷马事变"而下台)。后来因刘峙报称马鸿逵贻误军机，蒋介石改变主意，不仅不发表新职，反以刘峙压迫马鸿逵，马处境窘迫呼援无门(马福祥于1932年夏死)。恰这时甘、宁政局紊乱，蒋介石要他回宁夏就职，于是急急赶回西北。

离开河南时，接蒋介石的命令，马鸿逵部队基本不动，由马鸿宾接带，马鸿宾在宁夏部队则交马鸿逵，双方互换番号。马鸿逵借蒋允其可带直属部队返宁为理由，连夜选拔精壮人员，密藏优良武器，于隆冬寒天，将部队运往包头，再由包头步行，星夜兼程进驻宁夏。留在河南的队伍，只是一些老弱病残而已。后马鸿宾又托词留在了宁夏。此后，两马之间为地益和军饷产生了许多矛盾。

1933年初，马鸿逵正式就任宁夏省主席职务。他摆出一副励精图治的姿态，提出了"实行三民主义"、"消灭烟毒土匪"两大施政目标，手订公务员"行为准则"的八项要求，甚至连官吏、职员的着装都有规定(必须一律短装)。马鸿逵真正的信条是他常说的一句话："有兵就有权，有权就有钱。"他的一切活动无不是以"抓兵"、"抓权"、"刮钱"为目的展开的。

马鸿逵不断地扩充军队，由1933年仅1.2万兵员扩大到40年代末的10万人，占宁夏人口的七分之一。富户雇人当兵,后因可雇壮丁越来越少,“兵价”也水涨船高,达到白洋三四百元。贫户则举家逃亡,或自残身体,凄惨之景,处处可见。为了控制士兵逃跑,马鸿逵规定了兵逃罚主户(出兵的人家)及严惩逃兵的许多具体办法,并常常成批枪毙追回来的逃兵。

为了独自控制地方政权,马鸿逵处处安插亲信。宁夏当时交通落后,生产极不发达,加上位置边远,蒋介石感到无须控制太严,决定宁夏省政府委员、各厅、处长,除教育厅长外,其他均由马鸿逵自行提名保荐。尽管如此,马仍然一连赶走了五个国民党政府派来宁夏的教育厅长,最后由他自己保荐亲信杨作荣上任。马鸿逵以军管政,以政管党,国民党宁夏省党部及各县党部,都在他的操纵之下。

马鸿逵嗜财如命,他抓钱的办法有:“清丈土地,增加征粮征款,垄断宁夏贸易和金融,缉他人走私,自己则走私烟土;开办工厂,搞官僚资本主义企业敛财;借整顿税收之名;行增加税款之实,一时局卡林立,百物皆税;克扣军队及公务员薪饷,马部士兵,津贴一向低得不能再低(一元至一元半),后不得不提高后,又强行“储蓄”,扣而不发;收地租房租,他除在宁夏占有土地房屋外,房产布于平、津、宁、沪、渝,以及西安、兰州、包头等地,有的作商号,有的开金店,办澡堂,其余专收房租。

1934年初,孙殿英在蒋介石诱使下,移兵西来,声言借道宁夏前往就任其青海柴达木屯垦督办之职。马鸿逵深恐孙来西北夺了自己的地盘,一方面说动甘肃绥靖公署主任朱绍良请求蒋介石收回成命,另一方面调集大军,严阵以待,决心与孙一决雌雄。当孙军兵临宁夏(今银川)城下时,马鸿逵、马鸿宾全力阻击,同时向蒋介石、朱绍良以及国民党军委会北平分会委员长何应钦电报告急。朱绍良迅速调兵增援,马步芳先已派兵进驻宁夏,此时也亲来督师。战争愈益升级。其间,蒋介石下令双方“停战”,但毫无效果。由于马鸿逵以重金收买了几个孙军将领,孙殿英部队全线动摇,孙不得不于3月19日下令总退却。阎锡山出兵截孙后路,何应钦指挥五省兵力进剿。孙殿英在绥西一筹莫展,宣布离军,余部三万余人,被阎锡山、胡宗南收编。借拒孙之战,马鸿逵增编了三个团级警备大队,又收编孙殿英处过来的杨干卿旅。

“西安事变”发生后,马鸿逵心惊胆战,恐怕失去靠山,但不能预料事态发展动向,不敢表态。他恐张学良、杨虎城从此得势,自思不能预留地步;又虑胡宗南、关麟征等蒋之嫡系军队近在肘腋,一旦响应张、杨,日后必被消灭。此时,他心里矛盾重重,竟见人就哭。及各方态度明朗,蒋介石有释放可能时,他乃以倒填日期的办法发出通电,主张讨伐张、杨。“西安事变”结束,马鸿逵仍喋喋不休,先后发出十次通电,向蒋介石献殷勤,得到了蒋的好感。

马鸿逵抗日的态度是消极的。宁夏地接绥远,当华北危机日趋严重的时候,日本间谍先是潜入绥、宁交界地区活动,进而深入宁夏各旗,并通过这里向甘肃酒泉、武威发展活动。马对此一度知而不问,助长了日本间谍的气焰。相反,马对蒋介石堵截红军的命令却执行得很及时,中央红军到达陕北后,马鸿逵即以防备和阻遏陕甘宁边区的发展为己任,多次向蒋介石呈进“意见书”。蒋介石曾亲飞宁夏,布置防务。马在此前在宁夏省城中山公园内,专修“怀远楼”,以宣扬蒋的“关怀”边陲。蒋到后,他亲自担任守卫,表示忠诚。蒋走后,马立即划分全省为三个警备区,此后不断骚扰陕甘宁边区,一度攻占三边(安边、定边、靖边),但很快被红军逐出。整个八年抗战期间,马鸿逵直接掌握的部队未进入对日寇作战的战场。他以第八战区副司令长官兼十七集团军总司令身份从事的活动,除了巩固宁夏地盘,就是对付陕甘宁边区。

在民族宗教问题上，马鸿逵为了迎合蒋介石，创新奇说，到处讲“回民是回教，不是回族”，另一方面，他却不肯放过任何一个机会，利用回族身份拉关系，拢人心。1940年，马秉承蒋介石之意，促成“中国回教救国协会”的成立，由白崇禧当了理事长，白反过来立即聘马步芳和马鸿逵当名誉理事长，三个人都提高了身价。

蒋介石利用白崇禧联络西北诸马，可是又不愿白的力量伸向西北，马鸿逵善体此意，暗拒白崇禧设法来西北“主持军政”的活动。但马也了解白在国民党军政界，特别在桂系中是有影响的人物，能接近时就接近。他率先在宁夏成立“中国回教救国协会宁夏分会”，通过该会控制宁夏近2000名阿訇，发给他们规定的津贴。这样，既利用宗教加强了自己统治，又在白崇禧面前获得了好感。

1943年，马鸿逵乘内蒙伊克昭盟盟长沙克都尔扎布与国民党军陈长捷发生矛盾，以协助第八战区长官朱绍良调停为名，派兵入鄂托克旗之阿拉庙。后虽退出，但却以该旗保卫者自居，向该旗发展势力，外运该旗特产冰碱、皮毛、甘草等，把鄂托克旗变成了自己的敛财之地。

马鸿逵在宁夏长期实行所谓“合署办公”，其总司令部和省政府的主管各部门的人员，每天早上到马的办公室外等候召见。前者出，后者进，依次问安、汇报、请示。马鸿逵高坐太师椅上，根据自己的好恶发号施令。他的办公桌旁不另设椅凳，召入者只能站着回答，如同蒙童背早课。僚属们谓这种作法为“上朝”。马遇事外出，军政事务则由其次子马敦静代行。马敦静每于此时昂然出入省政府办公厅，执笔乱批公文，各属官恭敬听命之态，一如对马鸿逵本人。

四、显赫威风随风去

西北军阀马鸿逵

1945年冬，蒋介石违背刚签订不久的《双十协定》，调遣傅作义沿平绥线推进，包头以西空虚。马鸿逵奉命进驻河套地区，策应绥(归绥，今呼和浩特)、包，抵挡贺龙指挥的人民解放军向绥、包的反击。马认为这是占据河套的大好机会，拟派主力前往，但旋得到原驻该地区内的何文鼎被歼的消息，就只派副军长马全良领两旅骑兵前往，并嘱相机行动，以免损失实力。后在蒋介石一再催促下，进驻包头附近。董其武提议将宁夏骑兵与绥远骑兵统一序列便于指挥。马鸿逵则坚决拒绝，后把宁夏部队渐次全部撤回。

1947年3月，蒋介石集中34个旅对陕甘宁边区实行重点进攻，并命令马鸿逵同时进兵，攻打三边。马初按兵不动，后在人民解放军主动放弃延安，转移外线作战时，乘机派主力部队占领盐池，进攻三边。4月初，马部占领了三边地区。

1947年冬，人民解放军第二次围攻榆林。榆林为陕北重镇，如果失守，包、绥和西安、宁夏形势，就会顿时紧张。因此，蒋介石电令马鸿逵全力援榆。马怕损兵折将，乃以种种藉口拖延观望。后拟派第一旅第一团援榆，以敷衍蒋介石。旋又考虑解放军善于围城打援，去的部队太少反会被吃掉，乃以主力前往。但指示说："能打就打一下，不能打就退回宁夏。"援榆部队于11月7日向榆林进发。行军之初速度缓慢，蒋介石空投手谕，严责马敦静："如果榆林有失，惟你父子是问。"这才加速前进。13日到达距榆林120里的袁大滩一带，与解放军第三五九旅一个团相遇激战。互有伤亡。马部遂在袁大滩筑起野战堡垒群。再度激战后，人民解放军主动撤退，马部则绕道向榆林地域转进，人民解放军乘机猛攻，俘虏2000多人。马鸿逵的两个儿子马敦静、马敦厚(长子)率残部狼狈逃往榆林。由于人民解放军撤围，马部方得喘息，不久藉口粮秣困难及解放军可能进攻三边，返回宁夏。归途中为避免解放军截击，取道榆林以北沙漠地区，兼程前进。粮秣吃尽后，宰杀运输军骆驼，胡宗南也派机空投，马鸿逵又从宁夏派骑兵驮运接济。狼狈之相，可想而知。

1948年11月，绥、包又被解放军包围。马鸿逵部再次援包头。马鸿逵用无线电随时掌握前方情况，严格约束部队，要求"多方拖延，不能冒险前进"。1949年2月底以前，部队先后撤回宁夏。

1949年春，因西北军政长官张治中北上参加和谈，所遗之职，遂为马鸿逵与马步芳争夺目标。马步芳军阶虽不如马鸿逵高，但是所部作战实力强于马鸿逵军，同时又不惜巨资大肆活动，抢先达到成熟程度。马鸿逵只好暂作退让，与马步芳在青海享堂会见，主动提出由他保荐马步芳就任西北军政长官，交换条件是马步芳保荐他为西北军政副长官(原任)兼甘肃省主席，两人举行伊斯兰教"抓经"仪式，信誓旦旦。

是年5月，两马部队扑向陕西，进攻关中的解放军，马鸿逵的部队受到打击后节节撤退。马步芳和其子马继援对此十分不满，但却无可奈何。8月，兰州战役前夕，马步芳派其秘书长马骥到宁夏洽商，要求出兵赴援。马鸿逵时在广州，派少将参议张蔚野回宁夏商组援兰兵团。但他对马步芳一度食言自肥、不保荐自己就任甘肃省主席职，反而暗中活动，企图以其子马继援取而代之一事，无比忌恨，所以意存观望。

8月26日，兰州解放后，马鸿逵打算让其部队在宁夏顽抗。他对部下说："要效法阎锡山，损失尽净也在所不计，最后阎锡山还是当了行政院长嘛！"另一方面，他早作了逃跑准备，外运黄金，亲自到台湾布置房产。9月，马敦厚、马敦静也先后乘机离宁。马鸿逵部队在马全良、卢忠良率领下，于9月通电宣布接受宁夏问题和平解决。

这年9月底，马鸿逵到了台湾，原国民党西北军政要员郭寄峤与马步芳父子等纷纷责其要对西北败局负责。受命为"国防部"次长的郭寄峤，在马鸿逵前去祝贺其乔迁新居时竟拍桌大骂，马只好忍辱徐退。当晚，宪兵到招待所搬出马的行李，令其自寻旅社。后来台湾当局又公开发表给予他"撤职查办"的处分。马鸿逵处境艰难，自谓"落得在台无容身之地"。他心灰意冷之下，设法请准"赴美就医"，以后长期居留美国洛杉矶。1954年，台湾召开"国民大会"二次会议，马鸿逵以尚存的"国大代表"资格打算返台出席，忽闻"监察院"委员苏锦泉提出弹劾，说他已被"撤职查办"，不能与会。收拾好行装的马鸿逵只好却步。

1970年1月14日，马鸿逵病逝于美国洛杉矶。

“青马”马步芳

一、马家父子宁海军

马步芳

马步芳生于1903年，籍隶甘肃河州(今临夏县)白藏乡。他的祖父马海晏，早年贫穷，靠在河州、兰州之间“驮脚”(畜力运输)为生，尚武，广交游。同治年间陕甘回民起义时，他投入马占鳌部下反清。1872年太子寺战役，马占鳌先诱敌深入，继以“黑虎掏心”战术，一举打败清军30个营。当起义群众要求乘胜攻取清军统帅左宗棠设在安定(今定西县)的大营时，马占鳌却主动投降清军，说：“打了胜仗，比打败了投降好得多。”马海晏时为马占鳌左右手，力赞其议，促成“受抚”，共同用起义人民的鲜血给自己换取了 “红顶子”。左宗棠改编马占鳌部为马队三旗，任马占鳌为三旗督带，马占鳌之子马安良、马海晏为中旗正副旗官。清廷又授马安良、马海宴七品军功顶戴。1900年，马海晏随董福祥甘军入卫京师，在抵抗八国联军的进攻时，曾与其子马麒(马步芳之父)守卫正阳门(今前门)左侧，与攻城之侵略军血战。马麒由哨官提升接任了其父的旗官职务。慈禧逃难在晋南风陵渡过黄河时，马安良、马麒亲自掌舵，护驾过河，博得了慈禧的赏识。“义和团运动”后，马麒返抵甘肃，驻扎在巴燕戎格厅(今青海化隆县)的扎巴镇，不久升循化营参将，御赐花翎副将衔。

辛亥革命爆发，陕西革命人举行起义，攻占西安，宣布独立。陕西巡抚升允逃逸兰州，与陕甘总督长庚匆忙组织“东征军”讨伐，并妄图迎銮西来，把西北作为重振清室的基地。当时，马安良出任“精锐西军”总统，马麒任帮统，所部除原有之众外，又在河州、循化、巴燕戎格、乐都等地征抓壮丁，组成了有步兵五千、骑兵一千的24个营旗。兵锋一度指向宁夏、陕西，镇压革命。直到1912年2月清帝退位，马安良、马麒才回驻兰州。1912年夏秋间，西宁镇总兵空缺，一时成为回军将领角逐目标。听闻马璘(字玉卿)有可能获取这一职位时，马麒采其幕宾李迺棻建议，派其弟马麟(字勋臣)夤夜单骑赴甘南拉卜楞寺嘉木样活佛的管家处，借金佛一尊及黄金一批，贿送甘肃都督赵惟熙，攫取了西宁镇总兵。从此，马麒抛开了依靠多年的马安良，着手创建完全由自己掌握的军队，又罗致汉族官绅知识分子组成专门替他出谋划策的“智囊团”，开始了家族割据事业。

1915年，马麒巧施伎俩，揭发青海办事长官廉兴“窝藏清廷余孽”(升允以亲戚关系住其处)，打起“保卫民国根基，粉碎廉兴复辟阴谋”的旗帜，把廉兴拉下了马。北洋政府裁撤青海办事长官，事务改由马麒兼办；后又改设甘边宁海镇守使，统辖宁、海地区军政，马麒水到渠成地登上了这个重要位置。几年中，马麒招募兵勇36个营，任命其弟马麟、堂弟马宝、其子马步青、马步芳以及其他亲属为营长。马麒的这支家族武装号称“宁海军”。

二、隐忍以待据青海

马步芳幼在家中成长，9岁随父马麒到西宁，曾在东关清真大寺当“满拉”(学习经文的小学生)，经名“呼赛尼”。后稍长，他看到兄长马步青任宁海军马队管带(营长)，出入前呼后拥，声势显赫，与自己在清真寺的孤单生活，形成对照。遂不安心于在寺学经，一再请求马麒为其安排军职。1917年，14岁的马步芳给其兄当了帮带(营副)，后任步兵第十五营管带。1920年，马步芳转任骑兵营长。马麒为了巩固势力，把老巢河州与西宁联成一气，令马步芳驻兵巴戎县(巴燕戎格厅改置，后改名化隆)。马步芳利用民族、宗教关系，招兵买马，网罗部卒，一时河州、循化、巴戎等地逞强之徒，纷纷投奔。马步芳此时仿照新式操兵法，训练部队；又在甘都修建一处“公馆”，作为向循化、隆务寺(今黄南)、河州、拉卜楞等地联络的据点；对附近藏族部落，或笼络，或武力征伐。仅三四年之久，马步芳练成了一支自己的“孩儿军”，这一带各族民众，也不得不俯首其下。马步芳在化隆使用的“以教治回”、“以回制汉”、“以藏制藏”等统治手段，成了他后来统治青海的“法宝”。

1928年秋，冯玉祥命令孙连仲部挺进西宁。孙以高树勋、安树德两旅先行。马麒派出以汉族幕僚朱绣为首的代表团前往迎接。马步芳兄弟对恃才自傲、视己辈为武夫的朱绣早就不满，此时朱绣又极力主和，更使他们反感，于是暗作布置。朱绣等人行至乐都老鸦峡之莲花台，预伏的“匪徒”七八人突然袭击，随行卫队也立即哗变，朱绣被枪杀。马步芳此举主要意图在于打击主和派，防止他们假戏真做；同时向国民军表示宁海军“非马莫属”，提醒他们到西宁后不要逼己太甚。如此则实力可存，后图有望。高树勋、安树德两旅进驻西宁时，举行了颇为壮观的入城式。随后，孙连仲到达西宁，马麒迫于形势，交出大权，西宁局势遂为国民军控制。同年12月，国民党中央政权决定将宁夏、青海分别建省，任命孙连仲为青海省主席，马麒只捞了个省府委员兼建设厅长。

孙连仲为稳定西宁以外的青海形势，派高树勋率部前往化隆、循化一带“清乡”，借机监视和控制这里的宁海军。时在化隆的马步芳(已升任团长)对高曲意奉承，拼凑银元15万两、骏马100匹，作为对高的“进见礼”。为了表示自己的无“二心”，马步芳对高惟命是从，对高之随从，也“优礼款待”，博取好感。为了使高进一步信任自己，马步芳残酷地杀一些无辜农民，诬之为“匪”，将割下的头颅悬挂树上，说是他的“清乡”战果。更有甚者，他亲自出面诱捕两个族叔，交高惩杀，以示自己"大义灭亲"。

高树勋返回西宁后，在孙连仲面前对马步芳大加赞许。不久马步芳被提升为旅长。马步芳乘机向高提出整顿宁海军原有部队的建议，经高疏通孙连仲，获得批准。他遂有恃无恐地在化隆、循化大肆网罗兵员，组编了三个团，两个独立营，实力大增。1929年9、10月，冯玉祥调孙连仲率部东移，决心与蒋介石在中原进行决战。孙由西宁启行前，把马步芳调入西宁。及行，其代理青海省主席一职又交马麒暂理(1930年初得到正式任命)。到此时，蛰伏一段时间的马麒父子，以自己原先都未曾预料到的速度获得复苏，不但恢复了他们对宁海地区的统治，而且实现了他们多年来梦寐以求的青海单独建制省区的愿望。

孙连仲

中原大战前后，马麒、马步芳一面暗中活动，加强自身力量；一面积极搜集蒋介石与冯玉祥、阎锡山双方的情报，伺机应变。交战初期，谁胜谁败难以卜定，西北又尚在国民军控制之下，马麒父子仍表示拥冯倒蒋，派马步芳率骑兵一旅随冯军进军陕西，并以"前防接济费"名义向冯每月解银5万元。然而，背地里却派人同蒋介石联系，为在一旦蒋胜冯败时得到蒋介石的谅解创造条件。

1930年9月，冯、阎反蒋失败，马麒父子立即易帜拥蒋反冯，致电蒋介石："麒倾心向南，惟冯部来甘，遂致倾向之诚，无由上达。冯且蓄意剪除异己，只得曲意周全而已。"又请马福祥代为说项。蒋介石以西北鞭长莫及，一时无力顾及，决定利用"青马"，承认了他们在青海的统治地位。

马步芳从这时起，处心积虑向蒋介石靠拢。他以在西宁组成的青海暂编第一师为资本，布置对国民军余部的进攻，又征得蒋介石方面同意，参加了追剿马仲英部的战斗。先以所属第九混成旅第一团由西宁开凉州(今武威)；1931年4月，又亲率部众，自西宁经门源、扁都口进战甘州(今张掖)和肃州(今酒泉)。马步芳节节进迫，马仲英退处敦煌、安西、玉门，不久进入新疆。马仲英于败退中曾派人要求马步芳缓攻，马步芳回答："这是公事，不能以我们是兄弟(二马同一个曾祖父)，以私废公！"在甘州时，原属冯玉祥部雷中田旅的雷振邦部队仍驻该地，马步芳托词训话，将该团官佐200多人诱至原甘州提督院内，令部下用大刀砍杀，无一幸免。当时尸骸狼藉，血肉模糊，事隔数月，腥气不去。

时隔不久，马麒病笃而死。马步芳跃跃欲出，企图继承其青海省主席地位。不料青海官僚人物黎丹等人反对，并推马麒之弟马麟继任。此时，南京方面传来消息，蒋介石欲接受于右任建议，准备让青海民政厅长王玉堂暂代省主席。马步芳当即表示："先人创立的基业，岂能拱手让人？"遂与黎丹等计议，以青海省省府委员联名推荐方式，请将照准马麟继任省主席。同时电令青海省驻京办事处处长以紫羔皮、鹿茸、麝香、红花等地方特产遍贿权要和眷属。终于，蒋介石改变初衷，明令马麟为省主席，并发表马步芳为省政府委员。

马步芳从河西返回西宁时，蒋介石已委其为新编第九师师长。这年，马步芳以川军刘文辉与藏军在西康发生冲突为由，派马彪率骑兵一旅，在玉树设立了司令部，进一步加强了对玉树地区的武力控制。1932年初,胡宗南的中央军第一师进驻天水。胡深感马步芳势力日增,决心剪除,乃派副师长彭进之往青海窥探虚实。马步芳立时看透了蒋介石、胡宗南对自己的戒心,又自忖非胡部对手,于是挑起青藏战争。受西藏所派僧官主持的玉树昂欠尕旦寺,因货物价格问题与青海商人发生纠纷。马步芳授意马彪挑动商人争执,迫使尕旦寺僧侣转请昌都藏军支援。马步芳进一步设计诱藏军深入,包围结古(玉树县治),形势顿时紧张。为了转移蒋介石视线,马步芳大造舆论,致使蒋方寸动摇,转而委令马步芳出兵打退藏军。胡宗南进占青海的计划也只好搁浅。青藏战事历时一年有余,当地人民受害弥深,马步芳却借此渡过难关。马步芳为此大为得意,令人编纂《玉树战事记》铭其"武功",炫耀于世。

岂料一波刚平,一波又起。1933年,孙殿英被蒋介石任命为青海柴达木屯垦督办,率部前来"开发"柴达木。孙殿英率部7月中旬抵包头,9月继续西进。这一下震动了甘、宁、青三省的统治者。马步芳明白这是蒋介石玩弄"以异灭异"的手段,青海是他一家独霸的天下,"卧榻之侧,岂容他人鼾睡",不由怒火中烧。同时,马鸿逵、马鸿宾,亦虑孙殿英假途灭虢,决心堵截。时任甘肃省主席兼驻甘绥署主任朱绍良认为,孙殿英系一赌棍、土匪出身的地方军阀,反复无常,野心勃勃,西来后势必难以节制,不无担忧。青、宁"三马"乘机活动,鼓动朱领导他们拒孙。马步芳曾使政客谢刚杰以医生身份接近朱妻。朱妻嗜好鸦片,家用奢侈,因此大量收受贿赂。在得到马步芳不少黄金、珍贵土特产后,朱妻向丈夫大吹耳边风,促成朱绍良向蒋陈情。马步芳见时机成熟,遂亲自率兵前往宁夏,协同马鸿逵、马鸿宾与孙殿英血战。蒋介石出尔反尔,又收回孙殿英前往青海柴达木屯垦的成命。孙殿英哪甘罢休,在宁夏掀起大战。1934年3月,孙殿英师老兵惫,败下阵来。宁夏作战期间,马步芳在青海把原来以诱骗手段为主的募兵法,改成了挨户征兵的强制办法,扩大了部队。在战胜孙殿英后,他又派人在何应钦、陈立夫、朱绍良等处活动,使其新编第九师扩编为新编第二军,下辖一个师和两个骑兵旅,兵力增加到二万五千多人。

三、"剿"杀红军逞凶顽

红军长征到达川、康时,蒋介石以十万火急电令马步芳在青海、甘肃南部"阻击红军,不得贻误"。马步芳一方面估计红军主要借道西康东北,再经阿坝北上,不会深入青海,打算保存实力,对蒋介石命令采取消极敷衍态度。另一方面,为防红军可能进入青海境内,以及不得不向蒋故作积极姿态的缘故,乃命令新二军参谋长马德等人,布置了青甘之间堵截红军的三道防线,自西向东,绵亘千里。为了取得蒋介石好感,宣布亲赴第一道防线上的苏乎卡要隘视察,成立前线指挥部,并电呈蒋说:"步芳亲赴川青边界之交,布置防务。……防务巩固,堪以告慰。"实际上他住在离西宁二三百里的贵德南海殿,避开干扰,正静心考虑如何扩充势力的问题。他命令各县大规模抓丁派款,进行军事训练,并打出"军事民众化,民众军事化"的旗号自饰。为了预防蒋介石借堵截红军名义派部队入青,他打电报给蒋:"本省兵力尚足调遣,请勿远虑。"

1936年7月,红军二、四方面军由甘孜出发时,为掩护主力前进,另分兵数千人进军青海果洛地区的斑玛、久治一带，击溃了马步芳部队的喇平福团和马騄团，以及当地头人牧主的“民团”武装，完成任务后于8月退出果洛，赶到甘南岷县一带与主力会合。马步芳急忙召开甘都军事会议，命令马彪、马朴等旅向甘肃临洮、岷县一带截击红军。此次在与红军接火中，喇平福、马騄禀承马步芳旨意，在青、川边地屠杀红军伤病员1000余人，对被俘红军也残酷杀害。后在甘南临潭等地的战斗中，马步芳的部队连战连败，退回青海同仁境内。正当马步芳惊恐之时，红军折向东北方向前进，使他暂得喘息。

10月，红四方面军的第五、九、三十军在兰州东北的靖远县西渡黄河，组成西路军，进军河西走廊。蒋介石为利用马步芳消灭西进红军，授其为西北第二防区司令兼第五纵队司令官。马步芳设立前方总指挥部，派出代表联系“宁马”，企求协同一致，消灭红军，以消除胡宗南乘隙而入的威胁。在一条山、镇虏堡、大靖、土门等地激战中，马步芳主力遭到痛歼，他的骑五师少将参谋长兼前敌总指挥马廷祥被击毙。马步芳为使主力不再受到重创，遂打出“保卫桑梓，安定西北”的幌子，大量征调民团，充当作战前躯，下令“作战不退，无命不回”。后为扩充实力，索性并民团入军队。

红军突破马步芳设置的防线，进入河西走廊腹地，在古浪、永昌、临泽、高台等地又与马部血战。马步芳气焰嚣张、狂叫“宁死一万人，不失一寸土”，围追堵截，欲将红军全部消灭。红军排除万难，在1937年4月，从安西星星峡进入新疆，西路军渡黄河时的2万多人这时只剩700多人了。马步芳在张掖就杀害西路军俘虏3000多人，其中活埋2000多人，枪杀500多人。他的兄弟马步瀛，还把30多个红军的胆取出来做了眼药。对被俘女红军战士除了枪杀、活埋外，从马步芳起进行强奸，然后分给部下做妻妾丫环，甚至转卖多处，使她们受尽百般凌辱。高台战役，红五军军长董振堂、政治部主任杨克明于指挥战斗中牺牲。

河西战役期间，马步芳借此扩充实力。但他深恐加深蒋介石疑虑，因此千方百计掩盖，如广发文告、小册子，声称他的武装是“国家的军队”；又曾以“恐有贻误”为辞，电蒋要求辞职；对于蒋派来青海宣慰的大员，则极力奉承，遣其回去在蒋面前多多美言。红军曾揭露马步芳军队的本质，称其为“马家军”，马步芳感到恐惶，极力诡辩。蒋介石虽知其奸，然而为了进一步利用马步芳，仍然为其加官进爵。1937年夏，蒋将马部由新编第二军扩编为第八十二军，下辖第一百师和三个骑兵旅，任命马步芳为军长兼第一百师师长。1938年3月，又正式任命马步芳为青海省主席，取代了原任主席马麟。叔侄之间长达七年之久的争权斗争从此结束了。

四、诡计多端虢兄权

抗战初期，蒋介石敦促马步芳出一个骑兵师上前线。他表面慷慨应诺，然而却从马步青骑五军中要一旅又一团人马，再补充以大通等地民团，组成一个8000人的骑兵师。该部武器残缺不全，在师长马彪带领下开拔。出发前，马步芳煞有介事地举行检阅，宣扬其“抗战之诚”，并开了欢送会。会后他对高级部属说：“虽然派了这一师人马，我们的主力并未变动，这段时间我是费尽了心思的。”马步芳还阻止了蒋介石派人担任该师参谋长的打算。又叮嘱马彪离青海后“相机应变”行事。马彪当即表示：“中央是中央，我们是我们。不管将来怎样变化，我们对军长的命令永远服从。”马彪的骑兵暂编第一师先后驻防于陕西、河南、安徽等省，明里由卫立煌、汤恩伯、李仙洲指挥，暗中却受马步芳遥控。在抗日热情的鼓舞下，该师官兵虽不乏英勇战斗甚至捐躯疆场者，但因马彪深恐违反马步芳“相机应变”的指示，力避与敌交锋，以保存实力，故未能充分发挥抗日寇的战斗力。相反，却配合蒋介石反共高潮，屡与新四军摩擦，内耗了抗战力量。

马步芳(立) 马步青(坐)

汪精卫投靠日本后，马步芳曾派人去北平参加汪逆召开的扩大会议。还利用青海商号“公德堂”与“德兴海”与日伪方面做生意，换取枪支。

在对抗日采取消极、观望的同时，马步芳努力巩固、发展他在青海的统治力量。他以满装黄金的空心铜佛一尊送国民党副总参谋长白崇禧；又与马鸿逵一起把白抬上了“中国回教救国协会”理事长的位置，博得了白的好感。他还展开多方面内线活动，取得吴忠信等人的支持，改变了蒋介石调他去绥远当主席的打算。1941 年太平洋战争爆发后，日本增兵中国战场，蒋介石鉴于形势，安排西北后方部署，在兰州召开军事会议，已经坐踞青海“土皇帝”的马步芳，自然又受到格外笼络。1942 年 8 月，蒋介石飞抵西宁。马步芳事先为“迎驾”作了周密的准备。所有礼节和仪式，均由其亲自安排，反复练习。市容粉刷一新，悬旗结彩，道旁陈列鲜花，重要路口和机关门前以鲜松枝结扎牌楼。蒋来后临时住所的桌布椅垫，也由马亲自选择。及蒋莅临，马步芳一改平时多着便装的习惯，每日军服挺括，马靴铮亮，手套雪白，并时而顾镜自盼，或与马步青互相检查，一心给蒋留下个好印象。他还亲自为蒋当警卫，对蒋的一言一行，均表倾心敬服，间或装出一副憨态，以示愚诚。蒋介石离去前，马步芳以自己名义献骏马 500 匹，以蒙藏王公千百户名义献骏马 3000 匹和鹿茸、麝香等十多箱；送与蒋偕行的宋美龄紫羔皮裘二百件，并径行空运重庆。马步芳外憨内奸，使得蒋介石松弛了对他的戒备心理。马步芳事后说：“现在不是表现富贵的时候，礼当(礼品)越简略越实惠好，穷了人家不注意。军马、羔皮都是土产，既本分又实在。”蒋指令军马就近交军政部军马场后离去。

1943 年 7 月，蒋介石把第八十二军与骑五军合起来编为第四十集团军，任命马步芳为总司令，马步青为副总司令。次年春，马步芳的第八十二军军长由其子马继援接任。这时马步青的骑五军也驻西宁。马步芳乘机说动其兄：“我俩任正副司令，担子够重。我看事情交给青年人去办省事得多。再说，你当军长与侄子处于一个地位，也不好看。”接着推荐马步青的女婿马呈祥接任骑五军军长。马步青不知是计，表示同意。马步青交权后，马步芳逐步改变原先对兄的亲昵态度。马步青受冷落只好以养军鸽作为消遣，最后带一营老弱残兵去察汉乌苏开垦，转而南去向蒋介石投状“控诉”马步芳，兄弟二人从此势同水火。

马步芳早有觊觎新疆之意。在盛世才取代金树仁、击溃马仲英，统治了新疆之后，他看中了尧乐博斯，以其为进入新疆的媒介。尧乐博斯也因受盛排挤，想援引马步芳为后盾，保持他“哈密王”的地位，两人勾结日密。1944 年盛世才在新疆的统治衰落，国民党政府调盛去就农林部部长的闲职。吴忠信入主新疆，以中央军力量不足，提出让马步芳派一些部队进驻。马步芳遂遣派马呈祥于 1945 年率骑五军入新，行前授“跃马天山第一峰”锦旗。马步芳扩张新疆的野心，于此已隐隐示人。

五、西北解放马四散

抗战胜利后，蒋介石忙于派人赶赴各地“接收”，无力西顾。马步芳乘间购买军火，并利用蒋有驱其参加内战的打算，请求拨给军械，得了一个整师的美式装备。野心称王西北的马步芳，这时深为自己在青海的统治已经巩固而踌躇满志，认为条件具备，机不可失，决定东进，为蒋介石反共卖力，换取更大权势。

1947 年 3 月，配合蒋介石内战部署，马步芳的主力整编第八十二师由马继援率领，开往陇东平凉。平凉群众深畏马家军的骚扰，埋藏物资，逃避入山。马继援承马步芳“军事治标，政治治本”的指示，规定了所谓“八不”方针：不占民宅，不入民房，不接近妇女，不拿民财，不组织还乡团，不过问土改，不问民事，不找基层干部。企图笼络人心，骗取群众信任。同时，马步芳迭令马继援发动军事攻势，以向蒋介石邀功。马步芳个性自恃，指挥作战往往以正面攻击为主，不愿采取迂回运动战术。这次仍令马继援稳扎稳打，猛进直入，进攻陕甘宁边区。蒋介石为了给马家军打气，恢复第八十二军建制。马继援的先锋旅马步銮部，由庆阳、盘克镇进攻合水，遭到惨败。继以马全义旅再攻合水，并由增派之第二四八师、第一〇〇师的部队协同作战，在受到重大损失后

马步芳旧居

攻占了合水。

占据合水后，马步芳父子志骄气矜，以西峰、合水、宁县为据点，调集第八十二师、第二四八师、骑八师、第一〇〇师等部再向边区进攻，由马继援任总指挥。人民解放军主力适时作战略转移，马继援屡扑屡空，并无战绩。

1949年4月，马继援改变战术，命第二四八师（马得胜为师长）以运动战方式向东推进，为自己占据泾、渭河谷开辟局面，并声援节节败退的胡宗南部队。耀县一战，马得胜被击毙，蒋介石下令“国葬”，并改耀县为“得胜县”，以鼓励和刺激马家军为自己卖命。马继援乘马鸿逵部队进攻乾县之机，令骑八旅马英攻打永寿南北地区，企图打通已被解放军截断的西（安）兰（州）公路，结果失败。马继援又以韩得胜的第二四八师增援，在付出重大伤亡后占领这一地区。其时，骑十四旅马成贤在与解放军回民团交战中，略取小胜。马步芳一时自命非凡，自我吹擂为“西北支柱”，下令进军咸阳，一举攻克西安。咸阳一战，人民解放军凭借坚固的工事，英勇拒敌，西安解放军源源增援，马家军大受挫败，伤亡甚众，只好撤退。

这年6月25日，人民解放军由陕西挺进甘肃。马步芳原以为西北地盘，几近唾手可得，不料形势骤变。对此他岂甘罢休，于是调动第八十二军所属的骑十四旅，会同第一二九军、骑八旅集结在陕西西部陇县的固关，以及关山岭、庄浪、隆德一带，抵抗解放军西进。28日，解放军前锋于清晨前向固关发起攻击，第一排炮击就打中了守在这里的骑十四旅指挥部，旅长马成贤臂部受了重伤。经过约十个小时左右的战斗，骑十四旅被歼。

固关战役前一月，国民党政权陷入朝不保夕的境地，不得不乞求于“西北诸马”，为他们再一次加官进爵，换取他们全力抵抗人民解放军的行动。考虑到马步芳是一匹“野马”，作战实力亦强，便将其提升为代理西北军政长官。马鸿逵作战上是一匹“滑马”，所以只许诺以西北军政副长官改兼甘肃省主席（原为宁夏省主席）。马步芳利令智昏，一再给部下吹嘘说：“先人没办到的事我们办到了。”顾盼自雄，不可一世。

7月12日，人民解放军发动扶（风）郿（县）战役，歼胡宗南主力4万余人，西北战场形势彻底改观。为了挽救溃颓之势，马步芳召开静宁军事会议，时马鸿逵慑于人民解放军军威，已退入灵武一带；胡宗南所属周嘉彬第一二〇军，以及王治岐的第一一九军，也龟缩天水一带，都怕引火烧身，彻底覆灭，抱消极态度。这使马步芳父子打消了在陇东孤注一掷抵抗的打算，不得不决定将主力集结兰州，妄图借兰州防御工事坚固，与西宁毗邻、接济便利的条件负隅顽抗。

同月，马步芳被正式任命为西北军政长官。时任国民党行政院院长的阎锡山为调解他与马鸿逵由来甚深的矛盾，电召二人到广州，并正式批准了马鸿逵为甘肃省主席的职务。二马在广州爱群酒店抱着《古兰经》发誓：“同生死，共患难”。及归，仍然矛盾丛生，继续勾心斗角。

兰州襟山带河，为沟通西北之要冲，黄河贯于北，皋兰山峙于南，可谓形势险要。马步芳父子根据地势，积极布置战守。北面集结第八十二军、第一二九军及各师的直属骑兵团，扼守河防；东面由第一〇〇师谭呈祥部把守东岗坡据点；西面在狗娃山构筑碉堡壕沟，由马振武的第一〇九师把守；南面派韩得胜的第一二八师占守皋兰山。另有总预备队及外线部队。8月20日，人民解放军西进大军在兰州城外会合成东、西、南三面包围之势，在榆中定远镇附近设立了兰州战役指挥部。马步芳24日飞往西宁，行前自觉败局难挽，叮咛马继援布置撤往西部，岂知想撤也撤不出了。兰州之战，马步芳主力被歼。25日，马步芳飞逃重庆。26日晨，兰州解放。马步芳来兰州就职时鼓吹的“破产保产，拼命保命，挽救危机，确保西北”口号，成了对他绝妙的讽刺。9月5日，西宁解放前，马步芳家族的重要成员马步青、马继援等，均匆忙从西宁乘飞机逃往重庆，转赴香港、台湾或国外了。

马步芳军阀集团在大溃败时内讧迭起，互相指责。固关之败，马成贤委罪马英不予增援；宁夏之失，马步芳加罪于韩起功作战不利，手令处决(部下未执行)；兰州大败，马步銮等推罪于马振武、马英，马振威也遭到枪毙的威胁。西宁解放前后，官员中无法南飞者皆自行逃跑。残部余众和各地民团，更是纷作鸟兽散。马步芳总结其家族军阀统治的经验时说：“我们的官是从血里捞起来的。”到此时，作为他升官资本的军阀武装，在甘、青地区已输得精光。进入新疆的马呈祥率领的骑兵部队，继9月下旬陶峙岳、包尔汉率领国民党新疆军政人员起义后，接受改编，归向了人民。马呈祥本人不愿参加起义，陶峙岳考虑大局，于宣布起义前允其所请“礼送”出境(经南疆出走国外)，减少了新疆和平解放的阻力。马步芳家族拥有的武力全部瓦解了。

马步芳本人到重庆后，国民党政府责其“擅离职守”，给予“撤职议处”的处分，但了无下文。离开大陆后，马步芳辗转到开罗，购置产业，读《古兰经》作寓公。他利用蒋介石反攻大陆的幻想，诡称由大陆去沙特阿拉伯朝圣之人，皆为当地“游击队”之代表，请他回去领导，以此抬高身价，求取地位。1957年，台湾当局给了他“驻沙特阿拉伯大使”一职。1960年他辞职。

马步芳子马继援，去台前已升任西北军政副长官。

1965年，马步芳病故于沙特阿拉伯。

佛教将军唐生智

一、起兵驱赵启北伐

1889年10月12日，唐生智生于湖南省安东县的白木町。唐家系当地望族，其祖父唐本友，出身贫苦，以放鸭为业，青年时投入湘军，以战功升迁，官至清朝政府的广西提督，曾被清朝皇帝御赠过黄马褂。父亲唐承绪，在辛亥革命前任过湖南省盐务署署长，辛亥革命后，曾任湖南省资兴县、零陵县和湘乡县县长，后调任湖南省政府实业司司长。

唐生智

唐生智于1905年考入湖南陆军小学，后又进武昌军官学校。1911年爆发了推翻清朝封建专制统治的辛亥革命，他离开学校投入了革命洪流，先后在上海都督府和烟台都督府任科员和参谋。1912年进保定军官学校步兵科，因学习成绩优异，成为校长蒋百里的得意门生。

1914年，唐生智于保定军官学校毕业后，分配到湖南陆军混成旅任见习排长，旋代理连长，参加了讨袁护法战争。1916年7月，升任湘军第一师第二旅第三团第三营营长。经过湖南独立战争和援鄂之役，他迭年升为第三团团长、第二旅旅长。

1923年8月，广州大元帅府建设部部长谭延闿奉孙中山先生之命，任湖南省省长兼湘军总司令，由粤返湘讨伐附庸北洋军阀吴佩孚

唐生智故居

的湖南省长赵恒惕。谭任命湘军第一师师长宋鹤庚、第二师师长鲁涤平、衡阳镇守使谢国光、宝庆镇守使吴剑学、湖南陆军第五混成旅长陈嘉祐、沅陵镇守使蔡巨猷分别为第一至第六军军长，与拥赵之湘军展开了拉锯式的战争。唐生智奉赵恒惕之命，配合贺耀祖、叶开金等部将谭军赶出衡山。正当赵部继续进军时，原坚持中立的朱跃华团突然攻占长沙，谭军又乘势反攻，赵军首尾不能相顾，纷纷溃逃。唐生智见势不妙，就与贺耀祖部一起退兵至湘阴一带保存实力。

是年10月，北洋军阀吴佩孚调遣入湘的北军马济、谭道南、葛应龙等部向粤汉、株萍铁路进逼，进驻长沙、常德等地，赵恒惕得大量北军后援，即大举向谭军反扑。唐生智立即率部打败了谭军谢国光部，乘胜包抄到谭军后路，迫其退却。接着，他又奉赵命进攻蔡巨猷部。受命后，他即率部乘浓雾渡过湘江，以突袭战术将蔡部包围，激战一月余，蔡部不支而溃。当谭延闿奉孙中山之命回师广东讨伐陈炯明叛军时，吴佩孚令唐率部追击，进兵广东配合陈部叛军，他反对北洋军占据长沙而拒不受命。

这年11月底，谭、赵战争结束，赵把留在湖南的湘军整编成四个师。唐生智任第四师师长，兼湘南善后督办和水口山矿务督办，率部驻衡阳。自此，他在湘南据地自雄，着力训练部队，扩充实力，逐步脱离赵恒惕的控制。

首先，他开办了第四师军官讲习所，自兼所长，以师参谋长周斓为教育长，何键、李品仙、刘兴三旅长为副所长，轮训营以下干部。为提高教育效果，他不仅提倡结合实战经验，开展互教互学活动，还同三个旅长轮流到讲习所任教。讲习所除轮训现职军官外，还从地方招收部分青年学生，施行以老带新的方法，加速基层战斗骨干的培养。他对部队的制式教练尤为重视，每天清早，他总是先于部队到达操场，监督部队操练。他不但自己笃信佛教，主张“佛化党化，二位一体，唯心唯物，两极相通”，还重用其密友佛教密宗居士顾伯叙对部队进行“精神教育”，令全体官兵摩顶受戒当佛教徒，佩戴“大慈大悲救世”胸章，并实行五戒(不偷盗、不妄语，不乱杀，不邪淫、不酗酒)，以此维系军心，整肃军纪的精神力量。其次，他大力扩充部队，更新装备。他以湘南善后督办的名义，先后任命宾步程、邓寿荃为水口山矿务局局长，经营开采锌矿。将卖出矿砂的收入，仅以小部分给省，大部分截留下来，作为买枪费用。同时，他令何键旅围缴了宋鹤庚部进至汝城的一旅部队；命刘兴旅于零陵、通县一带，将由广东沿湘桂边界返四川的李棪旅包围缴械。所获两旅枪弹全部充实本部。所以第四师很快发展到5万人枪，成为湘军中装备最佳、训练有素、人数最多的一个师，所以，他的第四师在北伐时改编为国民革命军第八军，成为战斗力最强的主力之一。在北伐军攻克长沙后的阅兵式中，第七军军长李宗仁评论说：“在几个军中，唐生智的第八军阵容格外壮观和整齐，制式训练十分有素”。阅兵时，唐生智将自己的一匹骏马让给蒋介石骑。当蒋检阅到第八军时，第八军排头的军乐队立时奏乐，各种乐器金光闪闪，乐声大作；紧接着十几个号兵举号吹奏，号声宏亮震耳欲聋，蒋的座骑受惊，长嘶一声，前蹄高举，向校场中心狂奔，蒋勒缰不住，翻鞍坠地，狼狈不堪，只得徒步检阅，一颠一跛，勉强将阅兵式举行完毕。蒋坠马一事，从此也成为信奉佛教的第八军官兵的窃窃私语，流传着“蒋总司令将爬不过第八军这一关”。

1924年，广东国民政府执行孙中山先生联俄、联共、扶助农工三大政策和创办黄埔军校后，唐生智派人与广东革命政府建立了初步联系，并将其胞弟唐生明和一批优秀青年送去黄埔军校学习。湖南省省长赵恒惕见唐生智的力量不断扩大，又得知其与广东革命政府联系，便与吴佩孚密谋，除掉唐生智。1926年春，赵恒惕以迎接白喇嘛到长沙，主办所谓禳灾祈福的金光明法会为名，召唐至长沙参加法会。唐察知赵的用心，谢绝参加，使赵预谋破产。接着赵又以召开财政会议的名义，邀唐至长沙开会，唐又托词拒绝到会。这时，湖南人民在共产党领导下，由夏曦、郭亮等在长沙召开万人大会，掀起了轰轰烈烈的讨吴驱赵运动，并提出"打倒赵恒惕"、"组织代表民意的政府"、"督促湖南军队讨伐吴佩孚"和"请求国民政府北伐"等二十四条主张。唐生智便加入了人民的驱赵行列，于是年3月初，起兵向长沙进发，讨伐赵恒惕。12日，手无兵权的赵恒惕，自知势不能敌，在人民的压力下，被迫通电辞职，推荐唐生智为代理省长。

3月15日，唐生智至长沙接受省长职务，即电邀第一师师长贺耀祖、第二师师长刘铏、第三师参谋长张雄舆(师长叶开金称病请假)及各师旅长以上军官来省，共商善后事宜。贺耀祖是唐湖南陆军小学时的同学，关系密切，他便首先找贺商量。他对贺说："革命形势迅速发展，北伐战争即将举行，广东方面我已派人秘密接头，他们内定我为国民革命军第八军军长，你是第九军军长。只等北伐军进入湖南，就可以发表新命。"当贺问刘铏、张雄舆等人怎么办时，唐说："如果他们听话，希望一起来搞。"贺又问："他们不听话怎么办呢？"唐说："到了那个时候，我们不干掉他们，恐怕他们也会收拾我们。"他见贺耀祖仍然犹豫不决，便于25日以召开军事会议为名，当场扣押了第二师师长刘铏、秘书长肖汝霖、第三师参谋长张雄舆、旅长刘重威等人，派贺耀祖兼任湘西善后督办。

张雄舆是唐生智保定军官学校时的同学，有勇有谋，刘重威也是一员猛将，均为赵恒惕所器重，唐见他们被扣后仍然坚持跟吴佩孚走，考虑到"如果把他们放出去，将来出师北伐，又会多一些麻烦曲折，拖延一些时日"，因此，他下令将张雄舆、刘重威、肖汝霖三人枪毙。接着派兵攻占了叶开鑫部所踞的岳州(今岳阳市)。从而揭开了北伐战争的序幕。

二、直捣武汉初获胜

唐生智到长沙接任代理省长后不久，吴佩孚调遣部队，增防鄂南，准备对湖南用兵。并派谭道南到长沙，要唐宣布"讨赤"，或者率部回驻湘南，让叶开鑫部回到湘西原来的防地，恢复赵恒惕被迫出走以前的状态。唐直截了当地对谭说："我们湖南人生就的硬脾气，要干就干。历史上的事不是哪一个能够做得完的，人生在世，只能做好一件事。我生平不会虚伪待人，也决不欺骗人，既已答应了广东方面，就决不会去跟吴子玉(吴佩孚字子玉)走。讨赤不干，回湘南也可以，'省宪'恢复不恢复，待广东北伐军来了再说吧！"当谭道南还要为吴佩孚辩解时，他就干脆地说："吴子玉不要小看湖南，他如进攻长沙，我就直取武汉，胜则饮马长江，败亦不住租界！"

谈判破裂后，吴佩孚以援赵为名，任命叶开鑫为"讨贼联军"湘军总司令。北军监视其后，向长沙进攻。唐生智一面派人去广东，催促国民政府赶快出师北伐，一面准备迎敌。1926年5月初，唐部在湘北失利，在长沙又只一个旅的兵力，遂率部退出长沙，集中兵力于衡阳、洪罗庙、国庆、樟木市一带，固守待援。

正当唐生智与叶开鑫、贺耀祖及吴佩孚的北洋军阀作战时，广东方面先后派来白崇禧、陈铭枢和李宗仁的夫人郭德洁，与唐联系参加北伐的问题。6月2日，唐在衡阳宣布就任国民革命军第八军军长兼北伐军前敌总指挥。随之，他将原来的旅改为师，以何键任第一师师长，李品仙任第二师师长，刘兴任第四师师长，原警备旅改为教导师，仍以周斓代理师长，从此正式参加了革命行列。

6月下旬，两广的北伐军叶挺独立团，第四军第十师、第十一师、第一军的教导师、第七军和第三军先后到达湖南。北伐军入湘后，唐生智以前敌总指挥的名义，指挥各部立即展开全线反攻。7月12日，第八军第二师沿湘江直下，首先攻占长沙，其第四师、第一师向汨罗江之线压迫前进，一直追至岳阳一带，迫使湘军贺耀祖部接受改编；其教导师同时夺取益阳，向常德推进。在北伐各路大军合力反击下，连战皆捷，吴佩孚的北军狼狈溃退，"讨贼联军"湘军总司令叶开鑫则一气败退到汨罗江北岸据守待援。北伐军因此一举成名，全国震动。

唐生智重进长沙后，宣布废除省宪法，解散议会，成立省政府。他鉴于湖南工农运动蓬勃发展和对北伐战争的有力支持，为了巩固在湖南的统治，采取同共产党合作的态度，容许开展工农运动。国民党湖南省党部于8月召开全省第二次代表大会，他被选为执行委员。

8月12日，北伐军总司令蒋介石到达长沙举行军事会议，讨论北伐第二期作战的战略计划。当时北洋军阀的三个主要派系吴佩孚、孙传芳、张作霖的兵力共约75万，而北伐军的基本力量仅仅10万余人。若要扫荡军阀，统一全国，则必须确定正确的战略主攻方向，采取灵活机动的战略战术，集中兵力，各个击破。但首先攻谁，意见不一。有的主张对鄂取守势，将主力移向江西，对孙传芳取攻势，首先，平定东南，剪除后顾之忧，以巩固广东革命根据地。唐生智则极力主张对鄂取攻势，继续向北进军。他认为趁正面敌人吴佩孚30万精兵与张作霖联合夹击冯玉祥的国民军时，北伐主力北进至少有三利：一则可牵制吴佩孚的兵力，支援冯玉祥的国民军突围；二则可乘吴佩孚疲于两面作战之机径取武汉；三则暂且稳定了孙传芳（北伐主力进入湘东，孙传芳已通电保境安民，表示中立），可集中兵力伐吴。为此，他同李宗仁对蒋介石力陈：要乘吴佩孚的主力尚在华北，首尾不能相顾之时，直捣武汉，截断长江中游，再顺流东进，那时孙传芳的五省地盘为革命军三面包围，抵定东南，指日可待。结果，蒋介石同意了唐生智、李宗仁的作战计划，即以主力先攻武汉，对赣暂取监视的态势。

8月中旬，开始两湖战场的第二期作战。唐生智任中路军前敌总指挥，率第四、第七、第八军和叶挺独立团等部直趋武汉，夺取武胜关。他以第八军攻南渡、岳阳；第七军经浯口，抢渡汨罗江，攻克长乐街后，向平江以西进击；第四军和叶挺独立团克平江后，直取通城、崇阳、进击粤汉路，截断岳阳至武汉间的交通。8月19日三路军齐头猛进，连克平江、岳州等地，接着进入湖北。此时，在北方指挥作战的吴佩孚星夜南下，调动二万主力部队死守汀泗桥。汀泗桥是粤汉路上的军事要隘，三面环水，一面高山矗立，易守难攻。北伐军集中主力与敌军激战终日也未能攻克。27日，叶挺独立团在当地群众带领下，穿过高山，抄小路绕到敌人后面，出其不意地发起猛冲，突破了敌人的阵地，正面攻击部队乘机一起猛攻，敌人才仓皇溃退，弃阵而逃。接着，北伐军乘胜追击，又攻克了鄂南另一战略要地贺胜桥，打开了通往武汉的大门。这时，吴佩孚率刘玉春等主力部队约10万兵力退守武汉，表示要"城存与存，城亡与亡"，誓与北伐军决一死战。并以靳云鹗为"讨贼"联军副司令兼武汉警备总司令，负责武汉防守事宜；以湖北督军陈嘉谟、第八军军长刘玉春同驻武昌城内，指挥其第八军、第三十五师、第八师、第三师和第一混成旅等残余部队，据城固守待援；以刘佐龙师守汉阳、高汝桐师守汉口，形成犄角之势。吴佩孚坐镇汉口，调度由北南下的援军。同时，吴还电促孙传芳出兵湘、鄂，妄图截断北伐军后路，以解武昌之危。

9月2日，唐生智偕同李宗仁、陈可钰等人到达武昌附近的余家湾车站，策定攻城计划。唐生智鉴于武昌扼湘、鄂长江要冲，为兵家必争之地；城墙高两丈，城郊平坦，又有敌重兵把守，易守难攻，遂主张以第四军、叶挺独立团、第七军、第一军第二师主攻武昌；以第八军的何键师和刘兴师分别自嘉鱼、金口渡江，袭击汉阳，攻占汉口，进军武胜关，截断敌军南下增援，并拟定于3日拂晓发起总攻。

第八军的何、刘两师渡江后，势如破竹，9月7日，得到鄂军刘佐龙部内应，何师一举攻克汉阳，刘师占领汉口，进驻广水，直逼武胜关，捣毁了靳云鹗的司令部，扼制了鸡公山要点，使武昌孤悬江东。与此同时，第四、第七军包围武昌城，并连续发起三次大规模攻击，均未成功。此时北伐主力将转移江西战场，武昌城又硬攻不下，唐生智主张改变部署，采用围困战术，待敌粮绝弹尽之时再发起攻击。结果困敌一月之余，守城之敌，果然是内绝粮弹，外无救兵，军心大乱，时有官兵出城投诚。10月10日，唐生智即命第八军、陈可钰的第四军和邓演达部乘势攻进了武昌城，俘敌陈嘉谟、刘玉春等高级将领及部卒2万余人。至此，吴佩孚的主力基本上被消灭，北伐军取得了湖南、湖北战场上的决定性胜利。

三、兵发河南再试锋

当北伐军占领武汉、南昌、九江后，蒋介石在南昌召集会议。唐生智应召于会。在讨论整编军队时，他见蒋私心很重，从此对蒋不满。回到武汉后，他根据南昌会议的决定，利用战场上的缴获，趁势将第八军扩编为第八、第三十五、第三十六、第二、第十七军，分别以李品仙、何键、刘兴、叶琪、周斓为军长，并撤销前敌总指挥部，成立第四集团军司令部，自任总司令，控制了两湖的军事大权。

1927年初，北伐军继续分三路进军。唐生智任西路军总指挥，率部进入豫南。这时，北伐军出师不到十个月，就消灭了吴佩孚、孙传芳的主力部队，从广东打到武汉、南京、上海，把革命从珠江流域推进到长江流域，席卷了半个中国，沉重地打击了帝国主义和封建军阀在中国的统治。但是，在北伐战争胜利发展的过程中，出现了宁汉分裂局面。4月17日，武汉国民政府免去蒋介石国民革命军总司令之职，任命唐生智为总指挥，继续北伐。

唐生智接任后，命其第四集团军全部投入作战部署。他以第三十六军担任正面作战任务，由广水出发，沿京汉铁路前进；第三十五军为总预备队，在三十六军的后面赓续推进；以第八军卫戍武汉；以贺龙的独立第十五师和张发奎的第四军沿铁路线的右翼前进；以直、奉系反正过来的庞炳勋、魏益三、樊钟秀、梁受凯四个军沿铁路左翼前进。当时，敌方为奉系三、四方面军团，军团长为张学良和韩麟春。奉军以遂平、西平和上蔡三个县城为据点，凭城固守。4月27日，武汉方面的北伐军进占驻马店，并准备集中兵力于驻马店地区向奉军发起总攻。唐生智面对优势的奉军，采取集中兵力、各个击破的战法，从5月20日起，在汝南、遂平与奉军激战，并压迫奉军于郾城、许昌之间。28日，在临颍大战中，击溃了奉军主力，连克颍河、郾城、临颍、许昌、新郑。6月1日，与第二集团军冯玉祥的部队会师郑州，4日占开封。至此，武汉政府的第二期北伐胜利结束。

在唐生智率部北伐的同时，被蒋介石收买的夏斗寅师和杨森部乘虚进攻武汉。5月21日，夏部占领咸宁、汀泗桥、贺胜桥，直趋武汉。叶挺率第二十四师奋力反击，将夏部击溃。唐生智也急令第八军对进至仙桃镇的杨森部实施围歼，战至6月8日，全歼杨部七个团，杨森只身逃跑。

夏斗寅在宜昌叛变时，唐生智的部下第三十五军军长何键，亦约第八军军长李品仙、第三十五军副军长张国威、湖南省代主席张翼鹏发动事变。他得到周斓报告后，立即饬令何键严加制止，并限令何键所属部队全部按时开赴驻马店待命，继续北伐。何键无可奈何，乃指使长沙的三十三团团长许克祥发动"马日事变"，解散了湖南省工会、农会等一切革命团体，屠杀共产党员和革命群众。事变发生后，武汉国民政府汪精卫、谭延闿、孙科三位主席派周斓去湖南代理省主席，处理善后事宜。周不愿就任，乃请示前线的唐生智。唐回电说："现在前方军事正在发展，我无法兼顾湖南政务，三位主席当能秉一贯政策指示办理的，你代我去好好搞罢。曹伯闻想去就让他去，但你不能跟着他和何键跑。"

6月26日，唐生智到达长沙。此时分共的命令已经公布，但他仍认为"马日事变"是驻长沙的部队自由行动，非立即查惩首要以肃军纪不可。许克祥闻之，遂率部逃窜湘南。唐派部追剿时，许又窜粤北投靠蒋介石，被蒋委为师长。

四、两番倒蒋均失败

汪精卫、谭延闿与冯玉祥举行郑州会议，策划南下反蒋后，唐生智便奉汪命将部队撤回武汉地区，准备东征讨蒋。1927年8月13日，蒋介石受到各方面的压力，宣布"下野"，宁汉对立局面表面有所缓和。但唐生智坐拥重兵，仍坚持东征，配合张发奎部南下广东共同反蒋的行动。因此，他以两湖为根据地，全力向长江下游发展，想一举吞并东南。

是年9月，他令第三十五军军长何键为江左军总指挥，第三十六军军长刘兴为江右军总指挥，夹江东下，占领了安庆、芜湖、进窥南京。这时，南京方面的李宗仁、何应钦联名电请武汉方面中止东下之师，迎汪精卫、谭延闿等到南京协商宁汉统一。

汪精卫抵达南京后，宁汉双方在南京组织"中国国民党特别委员会"，改组了国民党政府和军事委员会。唐生智被推为特别委员会委员。但汪、唐等汉方代表未能取得党政实权，汪乃返回武汉，与唐生智计议，确定依靠鄂、湘、赣三省，反对特委会。10月初，宁方再派代表与汪精卫磋商合作，但所提"汉阳兵工厂的枪支经由军委分配，不得自由提取"，"安徽党政机构应即改组"等条件为唐生智所拒绝。这样，南京政府于10月20日以"通敌叛党"罪名免去唐生智所兼各职。24日，特委会又决议永远开除唐生智的党籍，解除其党内一切职务。

11月初，南京政府派李宗仁、程潜、朱培德分别为三、四、五路军总指挥，率领西征军对唐部进行讨伐。唐生智见在安徽的部队有被截断的危险，即下令何键、刘兴两军撤出芜湖、安庆，向武汉地区集中。此时，在河南的冯玉祥之樊钟秀、方振武等部向鄂北挺进；鲁涤平部由宜昌顺流东下，方鼎英的新十三军和李福林、范石生等部从广东进兵湖南；广东的李济深、贵州的周西成也都起来反对唐生智，武汉已面临四面包围之势。11月11日，唐生智只得准备下野，召集李品仙、何键、刘兴等高级将领开会，他说："各方队伍都要向我们进攻，我们不能对付，我只好暂时离开部队到日本去，但这只是短时间的，不久我还要回来的，至于今后的问题，由你们三个人负责商量进行，暂时撤回湖南去，把湖南搞好。"正在谈话的时候，第八军副军长兼第一师师长张国威走了进来，报告其军队部署的情况，张国威没有说几句话，唐生智就叫他退了出去。并说：我在南京方面进攻武汉前，就派人去了解了情况，得知程潜与张国威有联系，还委任张为第八军军长，张接到委任也不向我报告。这话一提，暗中与程有过联系的何键吓得发抖。唐生智就劝何键说："大家今后要搞好团结才有办法"等等一大套话。接着宣布了向湖南退却的部署，然后退出会场，命令副官陈复初处决张国威。陈复初受命后，立即把张国威请到唐公馆隔壁的一栋房子里，用绳子把张勒毙了。当晚，他就乘日本军舰前往日本。所属部队退回湖南后，大部被改编为桂系统辖，由白崇禧率领参加1928年初夏开始的第二次北伐，进驻河北省唐山、开平一带。

1928年冬，唐生智从日本到香港，转回上海寓居。次年3月蒋桂战争爆发，蒋介石派刘文岛与唐生智联系，请唐去唐山接收白崇禧所指挥的军队。这时第五十三师（原唐生智部第三十六军改编）参谋长周武彝正好来到上海，向唐生智汇报第五十三师、第五十一师（原唐部第八军改编）全体官兵反对白崇禧，欢迎他回原部谋图东山再起的情况，唐遂决定即日动身北上天津。

正当唐生智搭乘日本轮船到达塘沽的同一天，白崇禧因发现部队出现"打倒桂系"、"打倒白崇禧"、"欢迎唐总司令东山再起"等标语，非常恐慌，害怕走出去被唐生智旧部扣留，即匆忙化装，由五十三师师长廖磊（白的同乡）亲自护送至塘沽，搭乘轮船赴日本，转回广西老巢。

唐生智从塘沽下船后，在天津住了几天，他见五十一、五十三两师的旅、团长都来津欢迎，便同欢迎的人们前往唐山，住魏镇凡旅部。当廖磊向他求见时，他拒不接见。廖便对李品仙痛哭流涕地说："我是始终拥护老长官的，我保住团体，没有动一个人，总算对得起老长官。我对白健生（白崇禧别号），碍于同乡情面，不能不应付他一下，我原想向老长官说明我的苦衷，今既不见谅，只得离开。"廖磊离开部队后，唐生智乃命刘兴为五十三师师长。这时蒋介石发表唐生智为第五路军总指挥，唐即将总指挥部设于北平顺承王府。

1929年5月，冯玉祥亲赴山西拉阎锡山反对蒋介石，李宗仁也在广西打出"护党救国军"旗号，联合以汪精卫为首的改组派反蒋。蒋介石对唐生智怀有戒心，遂于6月1日任命唐为军事参议院院长兼编遣会编组部主任，到南京任职。10月，蒋冯战争爆发，蒋介石之徐庭瑶的第一师、顾祝同的第二师和魏益三等部，在河南南阳一带被冯军打败，乃派唐率旧部至偃师、登封之线作战。他为了消除蒋介石的疑心，亲至第一线，将指挥所设于西村一座关帝庙里，指挥旧部第五十一和第五十三师，在西村、黑石关与冯军刘汝明等部激战三昼夜，将其击败，迫使冯军纷纷向洛阳方向溃退，扭转了整个战局，受到蒋介石的传令嘉奖。

11月，对冯战事刚一结束，蒋介石就亲到郑州车站慰问唐部官兵，在列队欢迎的队伍前十分亲切地拥抱唐生智，并对欢迎的人们赞不绝口地夸奖唐说："孟潇有军事天才，这回打得很好，我不及他。大家往后要听他的指挥，听他的指挥，就等于听我的指挥一样。”并随之下了手令，命令所有参加这次战役的部队，都归唐生智指挥。

当天晚上，蒋介石又把唐生智请到他的专车上谈话，要唐统领杨杰、杨虎城、蒋鼎文、徐源泉几个军，坐镇西安，担任西北边防军事长官，负起建设西北的责任。唐生智不以为然地说："西北军队还多，地方军阀连年叛乱，建设一事谈不上，我看起码是三十年后的事。”蒋见唐不愿去西北，就要他负责训练军队或到国外去走一趟，唐都以让他考虑一下而加以拒绝。

不久，唐生智又接到蒋介石的密电，要他在郑州扣留韩复榘接替韩任河南省主席一职。接着蒋介石又派俞飞鹏来到郑州，给唐送来一部分弹药和军费。随俞飞鹏之后，韩复榘也从开封来到郑州向唐领取弹药。唐这时正在酝酿再度反蒋，便把蒋的密电递给韩看，韩接过密电一看，吓得脸色陡变，恐惧万分，双膝跪在唐的面前，哀求地说："请总司令救命！”唐双手将韩扶起，并说："你怕什么！我如果要为难你，又怎么会把这个密电给你看呢？不要怕，今后我们一起来反蒋吧！”韩非常感激地说："我以后绝对服从总司令，您叫干什么，我就干什么！”并建议唐把俞飞鹏扣起来。唐生智说："这没有必要，何必打草惊蛇。”

唐生智将韩复榘放回开封后，又与冯玉祥达成谅解，决定一致反蒋，并与阎锡山、刘文辉、何键、夏斗寅、杨虎城商妥，由阎锡山领衔通电反蒋。但当石友三在浦口反蒋的炮声一响，唐生智怕被人抢了先，12 月便迫不及待地行动起来，由自己领衔在郑州通电反蒋，将主力部队集结于驻马店、漯河一带，准备沿平汉路南下，夺取武汉。20 日，唐电第二路军总指挥刘峙让出武汉。蒋介石立即下令解除唐生智所兼职务，通缉法办，并命刘峙部北上讨唐。27 日，唐军对蒋军发起总攻。因当夜突降大雪，气候严寒，部队无法行动，被阻于遂平、确山间。这时，原与唐达成一致倒蒋的何键、刘文辉、夏斗寅等部，因见反蒋通电上领头的是唐生智而不是阎锡山，估计有了什么变卦，都按兵不动。阎锡山则被蒋介石收买，委任为陆海空军副总司令，赴郑州督部南下夹击唐军。在唐军孤立无援的情况下，杨虎城也为蒋任命为新编十四师师长，率部由南阳突然袭击唐生智的总司令部，占领了驻马店，把唐军拦腰中断，首尾不能相顾，从而受到致命的打击。1930 年 1 月 9 日，唐生智再次被迫通电下野，化装潜至开封，转乘火车到天津，然后流亡香港、澳门、新加坡等地。从此，他就脱离了自己长期经营的部队。

1931 年，唐生智回国参加了陈济棠、李宗仁在广东成立的国民政府和军事委员会，任国民政府委员和军事委员会常务委员。他负责策动湖南的部队，做反蒋的准备。“九一八”事变后，由于各界纷电宁粤双方息争对外，才达成协议，复归统一。

五、临危受命守南京

宁粤合作后，唐生智去到南京任职。1932 年初，他被任命为国民政府军事委员会委员，兼军事参议院院长，以后又兼军事委员会第一厅主任、训练总监部总监。1935 年 4 月，他被国民政府授予一级陆军上将衔。“何梅协定”签订以后，全国人民要求抗日的呼声更高，唐生智任军事委员会执行部主任，专负筹划抗日的准备工作。

唐生智经常同他过去的校长蒋百里讨论抗日策略，主张"抗日持久"，做好"拖死日本人的准备"。在执行部，他主持起草了上海、南京的抗战计划，负责领导构筑江浙各线的工事，做战场准备。"八一三"上海抗战开始，他胃病很重，还是经常出席军事会议，参与调动军队的工作。

1937年11月12日，上海失陷，日军乘胜西进，直扑南京。而国民党军队刚经失败，损兵折将，未及整补，很难组织坚强有力的抵抗。为此，蒋介石曾先后召集三次幕僚会议，研究对策。讨论中，李宗仁、白崇禧、何应钦、刘斐等多数人主张不守南京，或只以少量部队作"象征性的防守"。唐生智则大声疾呼："现在敌人已迫近首都，首都是国父陵寝所在地，值此大敌当前，在南京如不牺牲一二员大将，我们不仅对不起总理在天之灵，更对不起我们的最高统帅。本人主张死守南京，和敌人拼到底！"他还主张以有力部队坚守南京，方能"掩护前方部队的休整和后方部队的集中，以阻止和延缓敌人的进攻。"

唐生智在他守卫南京的思想为蒋介石接受后，又以带病之躯，主动承担了防守南京之责。他当面向蒋保证"临危不乱，临难不苟。"当蒋介石交待他能守多长时间就守多长时间时，他又向蒋表示了"没有统帅的命令，决不撤退，誓与南京共存亡"的决心。11月19日，他接到蒋介石任命的手令，20日，就任南京卫戍司令长官职，组织卫戍司令部和调整防卫部署。他以罗卓英、刘兴为副司令长官，周斓为参谋长。按照重点防卫，固守南京的作战思想，将主力部队11个师和教导总队共十万大军，分外围阵地和复廓阵地二个梯次配备。其外围阵地，以第七十四军之第五十一师和第五十八师，占领板桥至淳化镇之线；第二军团徐源泉所部之第四十一师和第四十八师，守卫孟塘至龙潭线。其复廓阵地，他命第三十六师担任狮子山及城北一带防卫，第八十八师防守城南安德门至雨花台段，第八十七师警戒河定桥至工兵学校段，教导总队占领紫金山至蒋王庙一线。此外，还部署第六十六军之第一五九师和第一六〇师，第八十三军之第二师占领汤水镇东西之线，阻击沿京杭公路北犯之敌。

11月25日，日军以八个师团分三路向南京进攻：右路敌主力沿沪宁路西进；中路由宜兴经溧阳、句容进逼南京；左路沿太湖南侧迂回，截断南京守军退路，再向南京合围。南京守军在唐生智的指挥下，首先在外围阵地同敌军进行了激战。扼守淳化镇的王耀武之第五十一师，从12月5日起，与敌血战三日，阵地屡失屡得，"其中五营官兵几乎全部壮烈牺牲"。7日，围攻南京的敌军向南京复廓阵地进逼，至9日，战况愈加惨烈。日方记载："在血战三日的猛攻中，部下死伤颇多，疲劳困苦已至极点"。9日正午，日华中方面军司令松井石根，利用飞机，在南京上空撒下了《投降劝告书》，内称"百万日军已席卷江南，南京城处于包围之中，由战局大势观之，今后交战有百害而无一利"，并扬言"贵军苟欲继续交战，南京则必难免于战祸，是使千载文化尽为灰烬，十年经营终成泡沫"。唐生智在敌大军压城，势不可挡的险恶情势下，拒绝了敌人的劝降，报之以坚决的还击。于当日傍晚，以破釜沉舟的决心，下达卫参作字第三十六号命令："本军目下占领复廓阵地为固守南京之最后战线，各部队应以与阵地共存亡之决心，尽力固守，决不许轻弃寸地，动摇全军。若有不遵命令，擅自后移，定遵委座命令，按连坐法从严办理；各军所有船只，一律缴交运输司令部保管，不准私自扣留"。他还派第七十八军军长宋希濂负责指挥沿江宪警，严禁部队、散兵私自乘船渡江，违者即行拘捕严办，倘敢抗拒，准以武力制止。

日军劝降不成，恼羞成怒，遂于10日下午一时，开始对南京城实施总攻击。唐生智率领南京卫戍军，依托古老的南京城垣，在复廓阵地与敌进行了更为激烈的战斗。他不顾敌机轮番轰炸和重炮弹在寓所上空爆炸，拒绝去地下室，坚持在百子亭寓所指挥战斗。他的行动，更激励了守城部队的决心。据守东北郊杨坊山阵地的某部三营官兵，与敌步兵反复混战，除营长重伤获救外，余均壮烈牺牲。教导总队于紫金山麓，居高临下，据险固守，屡次击退日寇之冲锋。当光华门阵地被一部敌军突破时，唐生智立即令第一五六师挑选敢死队员乘夜暗缒城反击，猛袭通光营房，逐出敌军。防守雨花台、中华门的第八十八师，与敌在激烈的巷战中，展开顽强的白刃格斗。11日，全线都展开了激战，唐生智命令各部增厚城防，作巷战准备。是晚，他接到蒋介石弃守南京，向津浦路撤退的命令，但他仍悉心部署坚守阵地，积极抵抗。12日守卫西南郊赛公桥的第五十一师部队，同大批敌人发生猛烈战斗，虽伤亡1700余人，仍守住阵地直至奉命撤退。但这时，坚守中华门外重要据点雨花台的第八十八师，因伤亡惨重而至雨花台陷落。敌占雨花台后，以猛烈炮火向中华门阵地及城内新街口、中山东路等处袭击，许多建筑物被轰毁、数处起火、黑烟冲天、爆裂声响震全城、一片混乱。唐生智急忙召见宋希濂，命令宋维持部队正常的战斗秩序，并对宋说：“下关通浦口为我军后方惟一交通，该军应竭力维持秩序，禁止散兵游勇麇集，以确保要点，七十四军在上河镇与敌激战，其后方交通由汉西门与城内联络，禁止一切散兵及部队通过三汊河退入下关”。

12日下午五时，战事紧急，唐生智召开军事会议，下达撤退命令，他鉴于人多船少的客观情况，确定了“大部突围，一部渡江”的原则，规定只有卫戍司令部各机关及直属部队、第三十六师由下关码头渡江，其余部队均由正面突围(含第二军团就地渡江到六合)。但到正式宣布撤退令时，他又补充口授命令要旨，“八十七师、七十八军、七十四军、教导总队如不能全部突围，有轮渡时，可过江向滁州集结”。这样一来，顿时形成“大部渡江，一部突围”的局面，许多原定突围部队，均蜂拥至江边，挹江门前，“人马愈停愈多，堵塞无隙地，不独车辆不能进退，人与人之间已无法转动。”渡江时，人多船少，秩序极为混乱，“人人争渡，任意鸣枪，船至中流被岸上未渡部队以枪击毁沉没者有之，装载过重沉没者亦有之”。许多求船不得的官兵，拆取店户门板，自作木筏，或缘木以泅，冒险渡江，其淹没江中者，数以千百计。在一片慌乱中，卫戍司令部机关的官兵五百余人，“已渡江会集者仅约百人”。负责维持秩序和掩护机关及直属部队渡江，占有渡江有利条件的第七十八军，也只有四千余人得以渡江，尚有七千名官兵留在江边。数万未及渡江的官兵，后来均惨遭日军屠杀。

南京大屠杀

13日，敌军入城后，纵兵放火，大肆奸淫屠杀。“全城内无论妙龄的少女或老年的妇女，多数都被奸污了”。并以“杀人竞赛”取乐，全城无辜同胞被杀害的人数约30万人左右，造成现代战争史上破天荒的残暴记录，在人类文明史上留下了最野蛮最可耻的一页。

唐生智于12日晚上9时渡江，次晨乘车抵滁州。后转到汉口见蒋介石，自请处分。不久，他回到湖南东安，在家乡创办耀祥书院，潜心研究佛学、哲学、中国古代学术思想及古典文学等。以后又办了一所耀祥中学。1939年，他任军事委员会运输总监，因有职无权，不久便辞职了。在闲居重庆和东安时，蒋介石怕他与共产党以及与杂牌军联系，在地方另拉部队，于是特派有宪兵加以“保护”，并安排一个宪兵出身的人给唐当副官。没有蒋的许可，他是不能随便到哪里去的。唐在重庆时，故将他住的地方题词：“红岩小筑”，自称“重庆雀子”。

六、湖南起义迎解放

1949年2月，李宗仁代理总统，何应钦任行政院长，李、何派人请唐生智到南京任职。唐这时正在积极谋划湖南的和平起义，因而他直截了当地对来使说：“王八蛋才参加他们的内阁。”

抗战胜利后，唐生智就不愿帮助蒋介石打内战，带领全家仍回湖南东安老家办学。那时，他开始接触进步书籍，读了《辩证唯物论与历史唯物论》，毛泽东主席的《新民主主义论》、《论联合政府》、《湖南农民运动考察报告》，以及刘少奇的《论共产党员的修养》。他还常去自己办的耀祥中学作报告，谈民主与和平，并举办哲学讲座，宣传辩证唯物论与历史唯物论的基本知识。他的举动，引起蒋介石、白崇禧的注意，不久学校就被封闭了。他在乡居期间，对人民的疾苦也有所感触，促使他重新思考和选择自己的道路。

1948年秋，蒋介石请唐生智到南京晤谈。他一到上海就找总统府参军李觉和刘建绪陪同他去南京见蒋介石。当李问他为什么这时去见蒋时，唐生智劈头盖脑地说：“现在不光是大局危急，而是国民党整个垮台，我是去为蒋介石送终的！临终前有个把朋友去看看他，总是好的，说不定还会给我一个什么名义回湖南去活动活动哩！”他还说：“这次到南京，主观上是想要程颂公（程潜字颂云）把绥靖主任或省主席让一个出来，让哪一个都行。如果办不到，就设法搞一个湘粤桂边区总司令，你来当参谋长。如果这也搞不成，颂公又不合作，那我们就自立名义干起来。我邀你们同去，借以表示还有旧部在为我捧场。”

唐生智与蒋介石见面后，蒋要他到衡阳任绥靖主任，他见自己的愿望落空，就转而建议蒋介石与共产党停战言和，予民休息，拒绝了蒋之任命。

他从南京抵上海后，见到了副总统李宗仁，当李宗仁的外交秘书甘介候谈到司徒雷登，希望李出来挽回颓势时，唐说：“蒋搞起了内战，老百姓希望民主、和平。他的军队又被八路军打垮了，蒋垮台是一定的。继起的人非谋和是没有办法的。”在李宗仁讲到能战才能和，和时才能对等时，唐又说：“老蒋的嫡系部队那么多，但是他违反了民意，就没有办法。我看只有一心一意地谋和，才是正道。”此后，他与共产党上海地下组织的人员进行了秘密接触，进一步了解共产党的政策。

不久，唐生智回到长沙，公开大声疾呼：“湖南人民走湖南人的路”，“湖南是湖南人的湖南”，号召反蒋。他回到老家东安后，就立即约来周斓、刘兴等会晤，对他们说：“蒋介石顽固到底，自取灭亡，我们要走和平自救的道路。你们回去后，要抓起义武装和筹措活动经费”。1949年4月底，他应省主席程潜的邀请，到长沙共商湖南和平解放大计，他再次发出了湖南人民应团结自救的呼声，促使湖南各界推派代表成立“湖南人民自救委员会”，并亲自担任该会的主任委员。

5月，武汉解放，白崇禧窜湘。唐生智见白还是坚持与人民为敌，又得知白要扣留他，便悄悄回到东安，联系道县、零陵等地的部队，袭扰湘桂路，截击白崇禧部队退守广西的后路，并对桂系部队进行策反工作。8月4日，湖南38名高级将领，由程潜、陈明仁领衔发表起义通电。唐生智亦领衔发表湖南各界人士104人的响应通电，并呼请西南、西北速采取一致行动。这时，桂系部队聚集在衡宝、湘桂一线，妄图固守。李品仙衔李宗仁、白崇禧之命来到东安找唐生智，请他到广州任考试院长之职。唐不但不受命，反而劝告李品仙说：“老蒋都垮台了，你跟着李、白有什么搞头，不要执迷不悟跟他们跑了。”

李品仙走后，白崇禧又派第一二六军军长张湘泽来找唐生智，唐拒不相见。张走后，唐把家人叫到一块，嘱托家人说：“他们几次找上门来，威胁利诱，手段用尽，我都没有依他们的，看来他们是不会就此罢休，今晚我就要走了。”并说：“从我几十年的经验看，共产党是为老百姓谋幸福的，得到老百姓拥护的，我愿站在他们一边，我们也只有跟共产党才有出路。”当晚，他就趁黑夜离家出走了。

果然不出他所料，第二天白崇禧接着就派来了第一二六军第三〇五师师长谭琦，率部进驻离唐家八里路的芦洪司，层层包围，搜捕唐生智。这时唐生智并没有走出去，而是在当地老百姓的掩护下，躲在第三〇五师司令部附近的一家农民的柴堆里。谭琦搜了半个多月也没搜到唐生智，就把唐夫人霍福光和孩子六人押到桂林软禁。唐夫人和孩子后转到香港，直到1951年才回到祖国，全家人得以团聚。

全国解放后，唐生智历任湖南省人民政府副主席、副省长、政协湖南省委员会副主席、中南军政委员会委员，当选为全国人民代表大会第一、二、三届代表和第二、三届常委，任政协全国委员会第一届委员和第二、三、四届常委，并任国防委员会委员、民革中央常委等。他支持抗美援朝，拥护土地制度的改革，拥护社会主义改造和社会主义建设。在文化大革命中，他主持正义，拒绝书写陷害我党老同志的材料。他拥护党和政府有关统一祖国的方针政策，在动员和团结原国民党及与国民党有历史关系的人士参加社会主义建设、社会主义改造和反对国内外敌人的斗争中，发挥了积极的作用。他关怀台湾同胞和台湾的故旧，盼望台湾早日回归祖国，多次书写对台广播稿件和信件，为统一祖国贡献了自己的力量。

1970年4月6日，唐生智因肠癌在长沙逝世。

贵州省主席王家烈

一、投笔从戎成师长

王家烈1893年7月10日出生于贵州省桐梓县一个耕读之家。父亲王大章,在乡设馆执教数十年,后任区保长,利用权势敲诈勒索乡里,家资渐丰而积怨颇多。王家烈七岁时,随父就读,14岁时其父病逝。1909年,考入桐梓县立高等小学。因家道中落,经济拮据,只读了三年就被迫辍学,前往遵义谋事,给富有人家当家庭教师借以度日。

三年之后,王家烈感到家庭教师地位低下,经济收入微薄,更无远大前程而言,为出人头地,必须另谋职业。遂于1914年投入贵州陆军步兵第六团一营三连当列兵,后升为下士、副班长。次年8月,进入黔军贵阳模范营学习。1915年12月,回原部参加护国战争,编入陆军第一混成旅步兵第二团二营五连,任少尉排长。12月26日,护国军第一军总司令蔡锷率部分左、中、右三路向四川进军,他随戴勘率领的右路军,于1916年1月14日攻入四川綦江,后又退守黔边与北洋军形成对峙,年底进驻成都。袁世凯倒台后,护国军返回贵州,他又进入贵阳讲武堂继续学习。1918年4月毕业,回部队任中尉排长,驻扎在湘贵交界的铜仁县。1918年6月,随部队进入湖南,参加护法战争,于1920年4月返回贵州。其时,第一混成旅营长周西成为了培植个人势力,以图发展,便大力提拔同乡。王家烈被提升为连长。以后,他便随着周西成的桐梓势力的形成、壮大,而逐步爬上高位。

1922年,周西成已任黔军旅长,为发展自己的势力,便串通桐梓同乡,率部前往四川,投靠了军阀石青阳,王家烈随即被任命为营长。同年6月,经石青阳介绍,他加入了国民党。不久,杨森部一千余人由重庆东下,前往鄂西,行到涪陵时,被周西成部队拦截。他协助周西成将这千余人收编过来,使周的实力得到扩充,自己被提升为团长。1923年初,他随周西成率部入黔,占领遵义,接着又协助周收编了罗成三旅两个团,将旅扩编为师,周任师长,他被提升为旅长。同年4月,他率部再度进入四川,在江津地区包围了北洋军两个多营的兵力,将其全部缴械,并编入自己的部队。事后,他奉周西成命令带兵进驻四川叙永县,专事部队的军事训练,养精蓄锐,历时两年。周西成于1926年3月担任了贵州军务会办,王家烈随之率部返黔,被提升为第二十五军第二师师长。6月,周西成担任了贵州省省长兼第二十五军军长,掌握了贵州军政大权。他也率部进到贵阳,协助周进行军政活动。这时,他觉得自己跟随周多年,为周的发迹,竭尽效力,立下了汗马功劳,而周未给自己更高的职位,却在其妹夫毛光翔之下,因而极为不满。他便向周哭诉,要求主持公道,"合理"调整自己的职务。周对他这一举动甚感恼怒,一气之下,便罢免了他的职务,以示惩戒。但不久,周念他多年追随鞍前马后,也算忠心耿耿,于1927年春又重新任命他为团长,并令其带兵进驻铜仁。同年夏,便恢复了他的师长职务。

1927年8月,王家烈受周西成之命,率部进抵湖南沅陵,进攻毛泽东领导的秋收起义农军,可是尚未同起义农军接触,就因与湘系军阀熊震、陈汉章等争夺地盘而相互火拼。他因所部远离根基,客籍他乡,孤军深入,在争夺中屡屡失利,无法立足,便将情况报告周西成。不久,他即遵照周之命令返回铜仁。1928年春,周西成看到四川军阀有向黔发展的企图,便命王家烈为第九路军前总指挥,率兵进驻四川綦江、东溪,以配合黔边的赖心辉、郭汝栋部,防止川军进攻贵州。

二、"剿共"卖力受恩赏

为了吞并周西成这一股割据势力,蒋介石曾屡次挑起贵州内部和滇黔两省的战争。1928年冬,蒋指使第四十三军军长李桑回黔倒周。周西成委王家烈为酉阳、秀山一线的前敌总指挥,率蒋在珍等部,与李军激战于龙潭、秀山、铜仁、松桃等地。李部不支,求助于云南龙云。龙云立即派大军入黔助李桑作战。双方混战一直持续到年底,双方伤亡都很严重,周西成于黄桷椏阵亡,王家烈也身受重伤。周死后,其副军长毛光翔被国民党中央政府任命为贵州省政府主席兼第二十五军军长,王家烈被升为副军长。

1929年冬,张发奎、李宗仁联合反对蒋介石,蒋特委王家烈为国民军讨逆指挥官,并将军政部第四电台拨给他使用。他便对蒋竭尽效力,出兵黔桂边境,牵制李宗仁、白崇禧后方。接着,他又逼走四川军阀赖心辉,占据黔东南一带。

这时,毛光翔怕王家烈的势力得到发展,危及自己的统治地位,便设计夺取王家烈的兵权。

贵州侗乡

1930年4月,毛诡称滇军袭黔,急电王"轻骑来省,指挥作战"。他识破其计,便拒绝了毛的要求,而且进一步占据了铜仁、松桃以及黔东北一带,扩大地盘。

同年7月,王家烈奉蒋介石之命出兵湘西,配合中央军"围剿"湘鄂西革命根据地。因"出兵积极,会剿有功",被蒋任命为湘黔边区"剿总"司令,驻兵洪江。蒋介石每月发给他军饷3万元,湖南军阀何键每月接济他2万元。第二年7月,他又率部进驻湖南西南部的靖州、绥宁,伙同湘军章亮基等部堵截北上与中央红军会师的李明瑞、张云逸率领的红七军。由于他"围剿"红军卖力,深受蒋的赏识,当面夸奖他"剿共很有成绩",赏予迫击炮16门,子弹20万发。11月,他出席了在南京召开的国民党四届全国代表大会。在南京,他还与何应钦、张群及四川刘湘、刘文辉的代表拉上了关系。

王家烈被蒋介石拉拢后,与蒋不即不离的毛光翔,却每每在人面前贬低他,不公布他任副军长的命令。这样,毛、王之间矛盾日愈结深。此时,正遇湘西发生兵变,王家烈受当地政府请求,带领直接掌握的何知重第一师所属各团人马,进驻湘西洪江,兼任湘黔边区司令。洪江原是贵州鸦片出口必经要道,国民党中央在此专收"黔土"过道税,收入颇丰。他便把这笔钱拿来作为自己的军饷。参谋长何知重系王家烈的姨母兄弟,为了帮他扩充势力,便策划买枪买弹,招兵买马。蒋介石得悉这一情况后,便召他到南京,予以热情接待,慰勉有加,并发给他德国新式步枪1000支。他在蒋介石的资助下,三年多的时间里,积极扩充部队,新增加几个团,进行了装备更新,并创办沅洲军士教导队。这时,王家烈认为自己羽翼丰满,遂梦寐以求,希冀入黔主政,便公开与毛光翔决裂,决心夺取贵州政权。

三、夺得省长忙享受

1932年春,王家烈在蒋介石的怂恿下,在洪江兴师动众,率其精锐特务团和第一、二、四团由洪江直趋贵阳。他将特务团派驻独山,防守并负责堵击滇军,其余一、二、四团分驻贵阳城郊,对贵阳形成包围之势,胁迫毛光翔交印让权。当时,毛部不少师长、旅长主张对王开战。但毛光翔之母(系周西成之姑母)力阻,她说:"这支军队是大家创建的,王绍武是出了大力的。以前周继斌(周西成号)曾说过,他之后,依群(毛群麟—即毛光翔)、绍(王绍斌)、佩(江佩)、用(尤用依)的次序继承下去。继斌干了三年,你(指毛光翔)也干了三年,现在应该让王绍武来干。你们决不能为了争权而打仗,破坏团体,伤害百姓,自毁继斌和你的功德。"毛即遵母命,将权交给了王家烈。国民党中央立即任命王家烈为二十五军军长兼贵州省主席。

1933年4月,被赶下台的毛光翔在遵义与尤国才、蒋在珍、宋醒、车鸣翼等暗中密谋,联合倒王。他们将部队在黔西鸭池河会合,然后集中兵力直捣贵阳。王家烈在贵阳只有四个团,他以三个团对付蒋在珍,一个团对付宋醒,双方在鸭池河展开激战。宋醒战败,溃退至毕节被彻底消灭。蒋在珍部亦不能阻挡王部的攻势,节节败退。王即率部追到遵义城下,正准备攻城时,王部副军长尤国才乘虚袭击贵阳。这出乎王家烈意外。原来,王、尤情感密切,王没有想到尤会反对自己，直到前两天，还接济尤3万元。因此，对尤毫无戒备。这时，王家烈无力应战，只好撤出留守贵阳的部队，在榕江集中部队，并令参谋长何知重率部从洪江赶来增援，然后合兵反攻，一举夺回了贵阳城，至此平息了叛乱。王即以布告安民，社会秩序初获稳定，局势稍告平静，王家烈入府举政，蝉联继任贵州省长。但当时贵州的倒王集团对王并未诚服，原属毛光翔的几个师长仍各霸一方，各自为政；尤国才割据盘江八属；侯之担割据赤水、仁怀、习水、绥阳等县；蒋在珍割据正安沿河各县。他们对王虽口头上表示拥护，但王并不能直接调动他们的部队。此时，王家烈的防区仍辖黔南十几个县和黔东几个县。

王家烈掌握了贵州省党政大权后，惟我独尊，终日沉溺酒色，尽情享受，昏庸度日，不理政事。他老婆万淑芬（铜仁县人）便乘机干预军政，很快掌握了八个团的兵力，并往返于南京、两广之间，到处活动，大量安排万氏家族和同乡，形成铜仁系。这样，桐梓派与铜仁派之间互相争权夺利，斗争十分激烈。而王家烈不闻不问，致使贪官污吏比比皆是，兵匪横行，税收多如毛牛，军队成了"双枪兵"（步枪、鸦片烟枪），人民陷入深重灾难之中而怨声载道。当时，有人作了两副对联讥讽王家烈的统治：一副是王纲堕地；万恶滔天（王指王家烈，万指万淑芬）；另一副是：理讲诸公、狼公、狈公、饕餮公、公上加公。公心何在，公道何存，无非借公谋私利；团防总局、饭局、赌局、洋烟局，局中设局。局内人甘，局外人苦，何日了局庆升平。横额为：军阀万税。

四、红军打来连溃败

1934年8月，中央红军长征进入贵州境地。蒋介石电令王家烈率部择要堵截。他当时只掌握何知重、柏辉章两个师计15个团的兵力，自觉力量单薄，难以同红军抗衡。同时，他也很清楚因曾与陈济棠、李宗仁订立三省互助联盟，暗中反蒋的密约被蒋介石所获，担心蒋这次将乘机派兵入黔，摄取贵州，吃掉自己。因此，他采取对策，以求自保。一面执行蒋之命令，尽力堵截红军，迫其早日离境；一面暗与两广之李宗仁、陈济棠联系，求其援助。于是，对部队亦作了相应部署，一旦形势不利，便向广西李宗仁部靠拢。

1934年8月，红军将领萧克率领第六军团、贺龙率领第二军团相继进入贵州，王家烈在湘桂军李觉、廖磊两部的协同下，对贺龙、萧克两部进行追剿。10月，贺龙、萧克部队离黔，进出于四川酉阳、秀山、黔岭、彭水。王家烈正部署进攻时，于思南途中接蒋介石由牯岭发来的电报，说红军主力已离开瑞金西进，其先头已到大庾县属聂都附近，有沿萧克部队路线进入贵州模样，命王率领部队择要堵截。王即由思南转回贵阳，着手考虑全盘计划。

王家烈听说红军有四五万之众，自觉力量单薄，无法抗拒红军，又感到蒋介石图黔之心已久，对自己不怀好感，自举黔以来，尽管尤国才、蒋在珍与王作对，屡屡发难，但蒋介石并不将此二人调离贵州，用心叵测。为自保计，王家烈一面将贵州土产鸦片烟运出，通过两广换回武器补充实力；一面同陈济棠、李宗仁订立三省互助联盟，暗中反蒋。后这一密约被陈济棠之部属余汉谋盗出，向蒋告密邀功。事发后，蒋更视王等为眼中钉，时时都在制造机会，企图废黜王等，摄取贵州，控制西南各省。这次，蒋之中央军乘"追剿"红军之机衔尾进入贵州，王无力抗拒，遂决定执行蒋介石的命令，一面尽力攻击红军，迫使其早离黔境；一面相机与两广联系，保存实力，以图生存。其初步计划是：将乌江以北的防务交由侯之担负责；乌江以南的防务由王本人和尤国才负责。王本人担任贵州东南路的指挥作战；以便为蒋所逼，万不得已时，向广西靠拢。随之派员与两广联系，其结果：广西李宗仁、白崇禧派第七军军长廖磊，带领覃连芳、周祖光两师开进贵州都匀、榕江策应；广东陈济棠答应派其第二军军长张达率军推进至广西桂平，必要时进到柳州策应。他们并说，若再远离其各自的省境，他们自己的后防就感空虚，办不到了。

1934 年 11 月上旬，王家烈在贵阳召集第二十五军和贵州省政府高级人员开会，进一步商议堵截红军入黔之对策。王与尤国才、侯之担商定：执行蒋介石的命令，对红军进行防堵。其具体部署：侯之担部防守乌江以北；尤国才开到乌江以南，负责平越、瓮安之线，并委尤为东路之左翼指挥；王家烈指挥所部，担任东路之右翼作战，并视情况发展，相机推进。所用兵力，除王直接指挥的 15 个团外，另有侯之担四个团及尤国才两个团，共计 21 个团。

12 月中旬，王家烈与尤国才率军部指挥所人员进驻马场坪，得悉中央红军主力沿萧克之红六军经过的路线，取道湘西而入贵州黎平、剑河附近，有经镇远、施秉、黄平向北行进模样。薛岳军衔尾跟进，王深感红军自江西出发，一路西进，长驱直入，势不可挡，又察红军意不在图黔，自进入黔境，并未兵指贵阳，而是由余庆向北，目的是渡过乌江。王自度为其自保，不必与红军硬拼，便与尤国才率军部转向贵阳，取观望态度。王抵贵阳后，进一步得悉薛岳率八个师尾随红军，其先头已到湘西洪江，薛岳还电约其在平越县马场坪会见，共商"追剿"红军事宜。

1935年1月初，王家烈抵达马场坪面晤薛岳。薛岳对王说："你的政治上的敌人是何敬之(应钦)，以后要对他取远距离，应该走陈辞修(诚)的路线。"随后，商定了王部与中央军配合"追剿"红军事宜。王即返贵阳，得悉红军分路渡过乌江，进逼遵义。王命侯之担部拼死抵抗，均为红军所败，遵义为红军所占领。红军占领遵义约半月后，薛岳派郭恩演接管贵阳城防，并发表郭为贵阳警备副司令。中央军反客为主，连王家烈本人进出城垣亦经盘查。王自度处境艰难：贵阳被蒋军占据，已不能立足，遵义又被红军占领，未见有撤离迹象。遵义地区资源比较富裕，若被红军占领太久，将地方民团枪支搜尽了，以后想恢复就更不容易了。黔北为自己桑梓之地，应该恢复黔北，到不得已时，再向川、滇、黔三省交界处找地盘求生存。

为达上述目的，王便以各种理由劝说薛岳，应以全力即日收复遵义，并表示："我愿亲率所部，打过江去，成败在所不计。"但未能为薛岳所接收。

大山深处的列宁街

薛说："目前部队少了，不会成功。等四川方面的中央军郝梦龄、上官云湘等部出动，南北夹击，才易奏功。"1月中旬，蒋介石任命王为第二路军第四纵队指挥，尤国才为副指挥。王见借助中央军力量恢复遵义之计不成，便召集何知重、柏辉章两师长商议。王对其二人说："贵阳已为中央军掌握一切，没有我们的地位了，惟一办法就是即日收复遵义桑梓地方。如果你们愿意去攻遵义，我负责筹备伙食。"何、柏二人均表赞同，即率所部取道修文，由黄沙河渡河，先取刀靶水，再攻遵义。但当何、柏两部到达刀靶水时，红军为了调动敌人，主动撤离遵义，转向川黔边界行动，何、柏两师进驻遵义。

2月21日，王家烈在贵阳接到蒋介石电报，意为：红军回师东下，已到贵州赤水之土城附近，似有取道川黔边界往酉阳、秀山与贺龙红二方面军汇合模样，命王亲率所部在柏坎以北、赶水之线堵截。王接电后即由贵阳出发，至刀靶水时，得悉红军复渡赤水，再入贵州，先头部队进抵娄山关，已与所部杜肇华旅激战两日。王闻信驱车急达遵义。

至遵义后，了解到蒋介石一面派兵尾追红军，一面乘机摄取贵州军政大权。薛岳既断绝了他的财政收入，又不发第二十军的军饷，同时不让他集中所属的部队，他只能指挥第一、第五、第八三个团的兵力，因而内心惶惑不安。他想，红军不下四五万之众，此番回攻遵义，势在必得。要与红军硬打，众寡悬殊，无异于以卵击石，自取灭亡。若不打吧，身边有蒋介石所派督察专员路邦道、潘壮飞随行，言行受其左右。他便暗中对遵义的绅士们说："共军力量大，我的力量单薄，我打算离开遵义。你们为了安全，赶快疏散"。随之对防守遵义作了如下的布置：命第八团开赴遵义城北十华里之董公祠一带构筑阵地，准备对红军迎击，并掩护由娄山关退下来的刘鹤鸣第六团；命江荣华第一团在董公祠以西飞来石一带构筑阵地，准备抵抗；李维亚第五团迅速在遵义城垣集结待命。

27日拂晓，红军以迅雷不及掩耳之势，猛袭遵义，遵义复为红军所得。王家烈所属各部纷纷退却，王本人率手枪排出南郊往忠庄镇，面会前来增援之吴奇伟。下午，两人在忠庄镇交谈遵义战况。吴说："我带的第四军(两个师)正在行进途中，大约再过一、二小时可到。我们现在的任务是反攻遵义，应协力作战。"王说："何知重师长已带三个团追击未回。第一、五、六团现在马坎集结，我身边只有第八团。"吴接着说："现有两师零一团兵力，足够反攻，你看怎么打法？"王进计道："当前形势，我们的主力应由西侧隐蔽地向桃溪前进，首先将红花岗占领。"两人商定如下：川黔公路以西，由吴部向红花岗进攻，川黔公路以东一带高地，由王部第八团坚守。28日上午10时，吴、王两部开始进攻遵义，吴奇伟两师钻进红花岗山麓谷地，遭红军居高临下四面围击，溃不成军，狼狈逃窜，人马辎重、武器尽数为红军俘获。王家烈亦率残部逃至金沙，后又带军部人员转到黔西。

王到黔西后，适逢滇军将领孙渡引兵至此，时王心灰意冷，在孙面前大发牢骚，说："中央军对贵州人，比帝国主义对待殖民地还不如。帝国主义虽然凶恶，但非在不得已时，不会板起面孔，露出凶恶面貌，而中央军随时搭拉着脸皮对人，好像不如此就不足以表示他的威严一样。真是欺人太甚！我们贵州人今天实在有亡省的沉痛感觉！如果不得已时，我只有向云南跑的一条路。到那时，恳云南暂划几个县给我作安身之所。"王家烈并请孙渡将此情转达给龙云。

五、遭蒋暗算丢兵权

蒋介石对王家烈接连丧师失地极为不满，予以严厉训斥，决定赶他下台，完全控制西南。

长期以来，蒋介石认为川、黔、滇三省各自为政，极不利于其独裁统治。为了实现其统一西南的企图，早就挖空心思要从势力薄弱的贵州开刀。为逼王家烈下台，他采取三大步骤：第一步，蒋介石提出要改组贵州省政府，征得王家烈同意后，即由国民党中央派何应钦之弟何辑五任贵州省民政厅长，双清任建设厅长，以图逐步把王架空，后取而代之。但由于王旋以贵州人之名义，指控双清是何应钦等先年在贵阳失败出走时屠杀熊铁岩、郭子华等人的策划者之一，发电反对双清入黔，蒋的第一步棋未能实现。第二步，蒋介石派李仲为代表，到贵阳向王家烈说情，要王将省主席或军长让出一职，王未表态，蒋的第二步棋也未取得结果。第三步，蒋介石复派何成浚到贵阳，向王明谕，任其在省主席和军长两职中选择一职。王家烈迫于无奈，即召集手下文武官员商定取舍。其文职官员主张留任省主席，让出军长。理由是没有了政权，军饷无着，军长也要垮台；而武将们则主张留任军长而交出省主席，理由是没有军权，空头的省主席会垮台得更快，他权衡利弊得失后，认为自己是军人，不宜搞政治，遂向何表示，愿让出省主席而专任军长。蒋介石立即下令免除王的贵州省主席职务，派其亲信吴忠信接任。同时任命王为二路军“追剿”总指挥。

王家烈常去的贵州水口寺

广西李宗仁、白崇禧获悉王家烈交出省主席职后，曾派专人送信给他，说：“你已交出省政，蒋介石可能以军饷卡你，我们决定每月接济你30万元以及所需枪弹等，你即将部队集中在黔南一线，与廖磊部取得联系，蒋如进逼，就与他打。”王家烈看完信后，不以为然地说：“算了，抽猴子上得了树，抽狗是上不了树的，我不能干。”

这次，蒋介石乘追堵红军之机，要彻底解决王家烈。当王部被红军击败逃往黔西时，遂派薛岳部队以武力控制了贵阳，吞并了侯之担师。接着，蒋介石以督师为名到了贵阳。当时陈诚主张把王杀掉，蒋考虑到王家烈之第二十五军尚有2万之众，杀了他其他部属难免有兔死狐悲之感，弄得不好会发生暴乱，不利于以后统驭，便未同意杀王。他对陈诚说：“王绍武个大心直，本人并不坏，坏在他的左右。”蒋虽未杀王，却采取隐晦手段逼他自动下台。

第一步，以军饷卡他，令他将其所属两个师五旅15个团缩编为两师辖六团。因王部分驻各县，蒋又不让集中部队，便无从整编，而不整编便不发饷，后蒋虽同意发饷，但规定部队未经中央点编前，只发给每月伙食费 10 万元。而当时王部有官兵 2 万余人，这点钱连吃饭都不够，更不言其他所需费用了。就是这 10 万元，蒋亦只是一个空头支票，实际分文不给，使王家烈处境艰难。

第二步，煽动王部官兵闹饷，反对王家烈。蒋介石用重金收买了王部师长何知重、柏辉章，然后由此二人怂恿部属向他闹饷。一天，该部一个团由外地开到军部驻地，他前往看望，该团士兵受人指使，当着他的面满街叫骂："王吞扣我们的欠饷"，"他不发饷，抠他的屁股"。

在内外逼迫下，他即嘱秘书连发四次辞职电给蒋介石，蒋即召他到贵阳，他对蒋说："我要求免去军职，出外考察。"蒋介石见去王的目的已达到，便假心假意稍作挽留后说："辜负你了啊！在国内各地看看就行了。"第二天，蒋给他一个军事参议院中将参议的头衔。恐他留在贵阳节外生枝，几天后又召见他，说："明天张汉卿副总司令飞汉口，你可不可以同他一起去？他的飞机大，你去还可带着眷属。"王家烈当即答应。蒋介石即送他旅费 3 万元。1935 年 5 月 3 日，他带着爱妾梁氏飞往汉口。

1935 年 11 月，蒋介石让王家烈免试入南京陆军大学高级班学习。1938 年 8 月，日军进攻广州、武汉，蒋介石派王家烈到鄂南，任汤恩伯的第二十军团副军团长，未及两个月，蒋介石怕他一旦重新掌兵，身怀二心，不好控制，又调他到重庆任军事委员会高级参谋闲职。1942 年，改为军政部参事。1946 年 5 月，他退役回遵义闲居，从此结束了他的军事生涯。

1947 年，王家烈曾被桐梓县选为"国大代表"。1948 年，他在重庆接受民革负责人杨杰的策动，准备在贵州暗中活动反蒋，回黔后惟恐遭蒋帮特务暗害，未敢举事。1949 年 7 月，他去贵阳治病，被当时省主席谷正伦委以绥靖公署副主任。尚未上任，贵阳即告解放。

新中国成立后，王家烈历任西南军政委员会委员，一、二、三届贵州省人民代表大会代表，省政协副主席，省中苏友协理事等职。

1966 年 8 月 11 日，王家烈在贵阳病逝。

"倒戈将军"石友三

一、小个马夫成军长

石友三

石友三,字汉章,乳名文会。1891 年出生于吉林省长春县东卡伦。其父石玉琨为当地大户人家做长工,赶大车,膝下子女五人,石友三居长。他小时经人介绍曾在长春城里东大街毕家粮坊学徒,与毕家少爷毕广垣结识,并建立了密切关系。后入长春东关龙王庙小学读书,商震时为该校教员,二人之间遂有师生之谊。

1908 年,因家境不佳,石友三辍学从军,投陆军第三镇吴佩孚营当兵,随部从长春移驻河北省廊坊。不久,第三镇发生兵变,他无路可投,离队流落北京。1912 年,袁世凯的京畿武卫左路备补军在北京募兵,石友三应募再次投军,因身材矮小,被编入冯玉祥的前营权充马夫。他天性机灵,逢迎得体,很快受到冯的赏识,被调去充任贴身护兵。从此,就随着冯玉祥的升迁而擢升。1919 年升任十六混成旅(冯玉祥为旅长)模范连连长,1920 年升任该旅第三团二营营长。当时他与营长韩复榘、刘汝明、孙连仲、孙良诚等 13 名军官,颇受冯玉祥信赖,遇事可以越过主官直接见冯,被人们称为西北军的"十三太保"。

石友三在作战中,有股不怕死的劲头,常常手提马鞭,不弯腰,不弓背,在前沿阵地督阵。每逢战事不利,他就带领二营充当打硬仗的"刀尖子"。石友三提升营长这年,冯玉祥与陕西督军陈树藩争锋,冯部在兴平璞阳村遇阻,各团、营屡攻不下。冯则命石友三啃下这块骨头。石从二营挑选 40 名奋勇队员,给每人的荷包里塞进三块银元;然后带着队员,一攻而入,立下战功。第一次直奉战争时,两军在长辛店相持不下。石友三奉命率领一个混成营,一夜急行军 120 里,绕到奉军的侧背,借夜幕掩护鼓噪打枪,使奉军不知虚实乱了阵脚,随即率主力猛袭,大获全胜。这样,冯玉祥以二营为骄傲,每当"总统"黎元洪,以及日本公使、美国牧师等外宾到冯部视察时,都亲自陪同到这个营检阅。

1923 年,石友三被提拔为第八混成旅一团团长,更加注意效法冯玉祥的治军作风,一面加强学术科训练,一面抓紧风纪整顿。当时,他正在陆军检阅使署高级教导团受训,每天都要听取团部副官、军需、书记等人的汇报,一听说各营、连有不妥之处,便夤夜赶回营地,集合下属军官一顿斥骂,甚至罚打军棍。石友三对杠架、木马、天桥、浪桥、攀绳、爬城、劈刺、射击等科目无一不精。在训练中,亲自督率,以身示范。部下无不折服,挨打受罚也不敢异言。他还经常举行训练科目比赛,给优胜者奖些袜子、毛巾、肥皂之类;对优胜的连排还要赏钱吃肉,以此鼓励先进。石友三对部下虽然暴戾,但下级军官逢有难处向他借钱,总是有求必应;即使阶级相差悬殊的部属,一见面也要唠上两句,嘘寒问暖,让官兵感念不忘,虽然身体受罚,却无生抱怨。

1924 年,冯玉祥在北京政变,把所部改称国民军,石友三被任命为第八混成旅长。1925 年春,该旅扩编成第六师,他又升任师长,成为冯部的主力之一。随着权势的扩大,生活也愈加荒淫无耻。

他一生有几大嗜好:一是女人。冯玉祥西北军向来严禁部下嫖妓蓄妾。初期,他受其约束,尚不敢明目张胆的胡来;随着地位的提高,他不仅娶了五房姨太太,还公开在军中嫖妓。二是爱玩马。他当团长时就任其族弟为马厩副官,养了几匹名马,一有空闲就去观赏骑练。直到任军长后,有了汽车,还养了几匹马专供玩耍。他的马每天都要洗刷一次,夏天备有马衣,只露耳眼,以防蚊虫叮咬。马夫侍候稍有不周便是一顿毒打。三是吸大烟。冯玉祥在西北军中严令不准吸食鸦片,违者严惩不贷。石友三不敢有违。但投靠蒋介石后,便顾忌皆消,用人参水熬大烟吸食;后来吸大烟觉得不过瘾,便注射吗啡。四是迷信。他崇信卜课、扶乩、摸骨、看相等,聘请麻衣相士充当顾问,每逢行军、打仗,甚至娶姨太太也要卜课算卦选定黄道吉日,卜定前程无虞方可行事。

二、叛冯归冯几反复

1926 年春,奉军、直军、直鲁军联合向国民军发动进攻。4 月,奉军与国民军在南口相持。山西军阀阎锡山派商震、傅作义、张培梅等部向大同、天镇及绥远方面进兵;直系军阀吴佩孚率靳云鹗、田维勤等部沿京汉线向长辛店进攻,进窥京绥线,致使国民军四面受敌。时为国民军第六军军长兼第六师师长的石友三,奉冯玉祥之命率部一举攻下左云县,再克岱岳,直逼雁门关。因后援接济不上,屡攻不下,双方形成对峙。后来,他得知国民军第八军军长兼第一师师长韩复榘在大同与晋军暗中达成息兵休战协议,也通过小学读书时的老师、晋军前敌总指挥商震的关系,达成双方互不侵犯的默契。

1926 年 7 月,奉军汲金纯、汤玉麟等骑兵从热河向西迂回进攻,相继攻陷多伦、沽源。时冯玉祥已入苏考察,张之江、鹿钟麟、宋哲元代理指挥,不敢力敌,下令撤出南口,沿京绥线向西转移。石友三即率部撤退,因与晋军早有妥协,一路上未受阻拦,沿途收容了许多散兵,将第六师扩编成三个师。

国民军残部撤至归绥、包头以后,张之江等将领主张继续西撤,进入甘肃根据地。石友三虑及沿途多为荒凉不毛之地,难筹粮饷,继续西行恐军心紊乱,而归绥一带则殷实富庶,可屯兵养势。同时,他看到冯玉祥入苏未归,张之江、鹿钟麟、宋哲元等将领不足以慑服,内部分裂已在所难免,便同商震联络,暂投阎锡山。

同年9月17日，冯玉祥从苏联回国，电召石友三到五原开会，计议响应北伐。他因叛冯前愆，不敢前往。冯特派国民革命军总司令部内防处长张允荣等人前往规劝。张对他说：冯总司令认为南口失败，石、韩等部归山西方面收编，乃形势所迫，对各将领概不追究。石的父亲也严责他忘恩负义，不应叛离冯总司令，要他赶快去五原向总司令悔罪。经众人劝说，他首先把所属韩德元师改为冯的卫队师开赴五原，随即部署部队跟进，自己则乘车赶到总司令部，一见到冯玉祥便扑身跪在地上，大哭不已。冯见此情景，立即把他扶起来，并对他说："过去的事一概不谈。我们从今天起从头干好吧。你先回去点验部队，过两天，我就到包头去看！"

五原誓师后，冯玉祥决定平定甘肃，东出潼关，石友三为第五路司令，屯驻包头、五原防御。1927年初，移驻平凉，因在行军中部队纪律松弛，其师长张凌云、旅长米文和、团长时念新等被冯玉祥撤换，他极为不满。5月，冯玉祥的第二集团军与奉军激战于河南，石友三率部参加攻克洛阳、郑州、开封等战役。这时，冯玉祥考虑石友三是吉林人，为防不测，将其部编为总预备队，亲自控制，并把他的参谋长张隆华撤差，派自己的高参李秉璇接充，石认为李无异监军，更出疑虑。

1928年春，石友三在鱼台大败孙传芳部，收复济宁，受到蒋介石的传令嘉奖，赏洋7万元。他受宠若惊，密派其秘书长刘郁周持函到徐州谒蒋致谢，蒋又赠他10万元。适时，参谋长李秉璇因骑马跌落路旁，打骂马夫，马夫不服，反唇相讥。李诉之石友三，意欲严办马夫。他却一笑置之，并说：一个参谋长和马夫打架，真是笑话。李盛怒之下坚请辞职。他怀疑李察知自己与蒋暗通之事，乃于李辞职离去之时，电告驻民权车站的师长孙光前将李扣下，然后派其亲信副官蒋家安持密信交孙，孙随即将李及其随从活埋于民权车站附近。事后，冯玉祥几次追问，他佯称不知，便把这件事情掩盖了过去。

石友三叛冯投蒋

北伐战争结束后，在冯玉祥论功行赏时，以战功超人自负的石友三什么也没有捞到，便牢骚满腹。特别是看冯把孙良诚捧到第一位，常在各种场合夸孙为常胜将军，又赏给孙一个山东省主席的位置，不满之心尤深。在编遣中，石部缩编为陆军第二十四师，他降为师长，率部移驻河南的信阳。

不久，蒋桂战争爆发，石友三奉冯玉祥之令，率部向襄樊推进，待桂军全线溃败，冯玉祥通电拥蒋讨桂后，他和韩复榘又奉命向武汉进兵。但蒋介石不容冯玉祥坐收渔人之利，一面致电石、韩停止进兵，并邀其赴武汉晤叙；一面派要员携巨款赴孝感、襄樊等地慰劳石、韩诸军。石友三惟恐冯玉祥见疑，未能贸然前往，派亲信副官李志明密赴武汉。后来，他得知韩复榘在武汉受到蒋介石和宋美龄的"热情"宴请和重金赏赐，感激涕零，便暗中与韩计议，准备寻机叛冯投蒋。

1929年5月，冯玉祥将所部改称护党救国军，联桂反蒋。石友三被委任为第三路总指挥，统率自己的第二十四师和第二十六师、二十九师，总兵力5万余人。随即，他和孙良诚、韩复榘等将领接到冯玉祥的命令，各部从山东、河南西撤，"收回拳头打人"。韩复榘反对这一命令，遭到冯申斥，于是擅自率部进入洛阳，于5月22日通电："主张和平，拥护中央"，并把石友三、马鸿逵及其部队旅长以上军官都列名于通电上。

这时，石友三已率部从南阳西进，得知韩电后，即发出紧急命令："武汉发生重大变化，部队星夜集中南阳待命"。并派参谋长唐邦植乘车将3位旅长、11位团长统统找到南阳开会。他说："今天把诸位请来不为别的，因为韩主席通电主张和平，可是把我的名字也列上了……我跳到黄河里也洗不清。我考虑再三，只有解甲归田，做一个农民，才是最好的办法。因此请大家来商量一下，共举一个旅长来接我的事。"诸旅、团长听出石友三话里的意思，一个个面面相觑，不知所措，谁也不敢直言表态。等到第二次开会时，12名荷枪实弹的手枪兵围住会场，石友三满面"温和"地问大家推举哪位旅长接事。可是谁也不敢提这个茬，一致请求石友三切勿"弃职出走"，并表示愿意追随石"赴汤蹈火"。

6月1日，石友三率部向许昌开进，并派其参谋长柳建夫带兵一部往禹县迎接韩复榘前来会商投蒋事宜。到达许昌后，他首先撤换了亲冯的三个旅长和五个团长。

这时，蒋介石的私人代表钱大均也到许昌劳军，石友三率领众军官拥到南关外恭迎，当晚大摆筵席，团长以上军官作陪，还找来四名妓女"调节"气氛。冯部军官素来布衣素食，许多人还是第一次参加如此盛宴，真所谓"土包子"开洋荤，人人嗟叹不已。在欢迎宴会上，钱大均交给石友三五百万元犒赏费，宣布蒋介石的命令，委任他为反逆军第十三路总指挥。他也深恶痛绝地宣布了冯玉祥的"十大罪状"。许多军官听了心殊不快，对石友三的此举不以为然。

三、险些捉住蒋介石

1929年秋，石友三奉蒋之命将部队开赴亳州点验，继而开往山东的德州。时安徽省主席方振武因反蒋解职，他被蒋委任为安徽省主席，率部向安徽挺进。可是刚一抵达蚌埠，蒋又电令其抽兵一部南下讨伐李宗仁、陈济棠。他立即意识到这是蒋在拆散自己的实力。于是,在 11 月 27 日专程赴南京谒蒋,请求取消此任,蒋却毫不松口。他为保全实力,索性提出全部队都南下赴粤。蒋则顺水推舟,不仅同意其部全部南下,还许诺事成后委其为广东省主席。并令他的部队速到南京北岸的浦口集结,然后分批乘船到上海,再从上海乘轮船往广东。

石友三回到蚌埠后,连日对蒋的决定困惑不解。恰在这里,唐生智派顾问袁华选前来拉石共同反蒋,广东方面也派邓芝园向石游说反蒋:"蒋很可能利用你军全在船上的机会,中途个个消灭。"石友三听邓这样一点破,顿时恍然大悟,确定在浦口起兵,与广东方面合作反蒋。随即派员同唐生智联系,约定其部在湖北、河北等地策应;并且照会韩复榘,以及同时降蒋的西北军马鸿逵,准备一起发难。经改组派上海总部多方斡旋,他与唐生智分别被委任为"护党救国军"第五、第四路总指挥。

12 月 1 日,唐生智在郑州领衔通电讨蒋。第二天,石友三故作"顺从"蒋介石,把部队带到浦口"待船"。当晚,他突然在浦口车站召开紧急会议,宣布起兵反蒋。立即把蒋介石的代表兵站总监卢佐扣押起来。随后将数十门大炮排列在长江北岸,一齐向南京轰击。这时,事先潜入城里的便衣队也乘机袭扰。顿时,南京城乱成一团,政府各院部大员狼奔豕突,纷纷迁逃,市民也颇多罹难。

次日,石友三发出通电,列数蒋介石的罪行,声称:"兹奉中国国民党第三届中央执行委员会特任石友三为护党救国军第五路总司令,因奉此遵,即于江三日在滁州军队敬谨宣誓就职,谨率十万健卒直取南京"。但是,他自知实力薄弱,随即率部北撤,将沿途其他驻军全部缴械,把津浦线的车皮全部带走,向韩复榘、马鸿逵部靠拢。17 日,在蚌埠组织安徽省政府,自任主席。怕蒋介石兴师问罪,又率部移驻河南商丘。蒋介石看到石友三与韩复榘、马鸿逵连通一气,惟恐事态

战乱中的惨象

扩大;同时,要把主要精力对付唐生智,故未派兵深追。后来,韩复榘感到商丘距南京太近,石部久居其地会使蒋难以容忍,乃劝他移驻豫北的新乡一带。

石友三起兵反蒋后,冯玉祥即派沈克赴新乡,劝他重归冯部。他表示"得间当以报汉",并留沈为本部副军长。不久,他见唐生智被蒋介石击败,急忙与韩复榘商量。他说蒋与冯、阎的势力,各方都很雄厚,胜负难料,为将来计,我们应各投一方。于是,他率部投靠阎锡山,韩复榘仍依靠蒋介石。12 月 21 日,阎锡山发表反唐拥蒋通电。第二天,石友三也急急忙忙发出通电,表示"主张和平,反对改组派",又直接致电阎锡山,表示"嗣后举动,均惟马首是瞻"。蒋介石见石友三归阎指挥,也顺水推舟,令其参加讨唐之役,并表示不再追究炮轰南京的过失。

1930 年春,冯、阎酝酿讨蒋。鹿钟麟秉承冯玉祥的意旨,派李炘为代表,劝说石友三一致行动。随后,阎锡山也派赵丕廉为代表前来拉他,并许以山东省主席和第四方面军司令之职。石友三均衡利害,考虑依赖韩复榘供应军队粮饷弹药,终非长策,炮轰南京之祸,蒋介石决不会善罢甘休,便同意与阎、冯携手,回到冯玉祥的麾下。

5 月,中原大战爆发。石友三任第四方面军总指挥兼山东省主席,率 10 万之众从兰封坝头渡口渡过黄河,首先攻下新旧考城,击败了陈调元的第二十六军,然后又连续攻下了贺村集、土山寨、五大瓢、琉璃阁、吕寨、吴庄寨等地,乘势向济宁推进。蒋介石急调陈调元、马鸿逵等部反扑。石友三主动撤出考城,然后组织反攻,大战一周,将陈、马部击溃,控制了鲁西南地区,牵制了蒋介石的大量兵力,为晋军南下山东打下了局面。8 月上旬,石友三又率四方面军转入陇海线作战,一举攻破通集,乘势突击曹家庄。这时,他侦知蒋介石正在距此庄三十余里的柳河车站督战。立即分兵进攻该站,企图活捉蒋介石。但天降大雨,部队行动滞缓,受先期赶到的陈调元部阻击,计划未能实现。

四、投阎投张旋即反

在中原大战中,石友三一切军械粮饷均靠晋军供应,起初尚能得到及时补充,但数月以后,供应便常常中断,最后屡呼不应,他对此极为不满,大发脾气说:"大敌当前,危急存亡之秋,竟这样不关心我们,才回婆家尚且如此,将来还会有什么好果子吃?"他更为恼火的是自己虽然担任了山东省主席,并派人代理坐镇济南,但晋军每占据一县便自委县长和税务局长,自己一点实惠也没有捞到。于是,下令部队撤到琉璃阁、吴庄寨一带,消极观望起来。不久,他听说张学良要出兵助蒋,眼见反蒋军"气数"将尽,便于 8 月 25 日致电张学良,表示即行"撤兵北上,服从东北,愿效前驱"。并把俘获的副团长糜藕池秘密释放,托其携密电给蒋介石,表示愿意撤防。经蒋同意,就近与金汉鼎部商洽后,即令部队北渡黄河,撤回新乡、安阳、顺德一带。1930 年 9 月 18 日,张学良率大军入关。石友三立即通电响应,带部队进据河北省南部和北部的三十余县,自委县长,就地筹饷,俨然成为一方小诸侯。

石友三虽然在河北占据一块地盘,但兵多钱少,入不敷出,且名义不正,感到终非长远之计。

张学良担任全国陆海空军副司令后，坐镇北平，执掌北方军政大权，他便利用自己是东北人的关系，竭力向张学良靠拢，特派亲信参议毕广垣为驻北平办事处处长，与东北军联络感情。1931 年春节期间，石友三亲赴沈阳谒张学良。张应允将其部改编成第十三路军，委其为总指挥，先发给饷银 20 万元。

他欣喜万分，一再请求张学良派员到本部协助。张派石的同乡张云贵任该部秘书长，宋光烈为副官长。就在这时蒋介石密电张学良将石友三扣押起来，并解决其部队，以恢复南北交通。他闻悉这一情况后慌了，急忙向张学良辞行。张一面挽留他再住几日，一面同蒋往来电商，替其开脱。石友三却不解其意，对张顿生疑心。

石友三从沈阳回到归德(今邢台)后，其部随即被张学良派员点编成两个甲种师(每师三个旅)，四个乙种师（每师两个旅）和骑兵、炮兵、工兵，手枪等五个团，以及一个钢甲车大队，拥有兵力 64000 多人，每月领取定额军饷 60 万元。这样，他就名正言顺，虎踞平汉路中段。为了向北扩展，争夺华北王的宝座。他派军长沈克，参议毕子光、应敬斋等分别同孙楚、宋哲元、庞炳勋、孙殿英、李鸣钟、韩复榘等进行联系，密商大计。因这些人多主张南攻蒋介石的刘峙等部，故未取得结果。但是，他仍令其部在防区附近，暗地里大兴土木，筑堡挖壕，以对付张学良部。这一举动传出后，引起北平方面的怀疑。他便放风说：“本军修筑沟壕等为防御水患，以兵代工，外间传言，乃系不明真相”。还派其参谋长唐邦植，驻北平办事处长毕广垣谒见张学良，一再表示他绝对拥护“中央”，服从东北。张学良即严肃地回复他说：“东北军矢志和平，汉章谅所深悉，如有存破坏和平者，实为天下公敌，外间谣传，固不足信，惟望汉章深体余意而行。”

1931 年 5 月，汪精卫、陈济棠、李宗仁在广州另行组织国民政府，特派李汉魂到顺德，委任石友三为委员和第五集团军总司令。他虽接受此任，但仍主张首先攻占天津，把张学良驱逐出关，将晋、冀、鲁连成一片，然后挥兵南下。并派人恳求孙楚进兵天井关，占领黄河铁桥北岸，阻止刘峙部北上，韩复榘部进兵河北沧县，遥相呼应；晋军出娘子关，从石家庄沿平汉线北上，以协同其部行动。得到应诺后，立即在豫北、冀南等地，大力征集壮丁，催索粮草。还屡次电催张学良，增加军饷，制造难题，以作为倒张的借口。

这时，张学良的堂弟张学成自北平到顺德劝石友三攻打北平。张学成对张学良素有积怨，早想借石的力量取代其兄的地位。闻知石的倒张活动正在谋成，特赶来告诉石友三说，张学良患重伤寒病，已死在协和医院，密不发丧。他闻知大喜，当即调回其北平办事处长毕广垣询问真实情况。毕说：张学良住协和医院病重不见客是实，但未闻其死。并劝他说：“我们历次表示服从东北，拥护中央，东北军亦待我们不薄。大丈夫立身处事，应以信义为重。且你联系的人虽多，而皆趋利避害之徒，战事一起，未必真能出兵。”石友三疑毕私通东北，便欲除之。当日深夜，门外排着手枪队，召见毕，但一言不发即进入室内。毕知其意，跟入室内，声泪俱下地对他说：“白日所议，出于一片忠诚，言或不当意极纯正。你既决心打张，我无不从命。”在石友三身旁的二姨太黄凤姿也劝他说：“七哥(毕行七，石素以七哥相称)是咱们的好朋友，一向忠心办事，遇事应和七哥好好商量，切不可闹意见。”这样，他才放弃了杀毕之念。

6 月，石友三秘密致电给张学成说：“弟部即将进攻平津，后图东北，希兄即与日方密切联系。”这个密电被张学良的副司令行营破获。当时，代理张学良职务的万福麟急忙派于学忠以平津卫戍司令的名义到顺德试探真情。石友三矢口否认，还专门派人持自己的亲笔信回谒万福麟，声称“举国渴望和平统一，友三决不为人唾骂，因谣炽，各师暂停训练”。而在部队内部，却加紧备战，剑拔弩张。为防备泄露真情，他下令将张学良派到部队来的秘书长张云贵于夜间活埋，以绝后患。在行动前，他还请人扶乩。得乩语：“有鼠乩虎，虎病不武，鼠众先武，虎不如鼠”，石友三见此乩语大喜，以为张学良这只“病虎”必不如“众鼠”，反张定能成功。遂将部队扩编成九个军，命孙光前、米文和、程希贤、沈克、张学成、梁方起、王心斋、唐邦植为军长。

7 月 18 日，石友三在顺德宣誓就任广州政府所委的第五集团军总司令，通电讨伐张学良。准备一取石家庄，二占保定，三进平津。当天，他就以孙光前、程希贤两军为先锋；沈克、唐邦植两军居中；米文和军殿后，督率各部沿平汉路北进，一举攻占内丘县，第三天抵石家庄。

7 月 24 日，南京政府下令免去石友三所兼各职，并通缉拿办。同时以刘峙为总司令组成“讨赤南路集团军’，下辖三个军团；东北军也以张作相领衔，组成“讨赤北路集团军”，下辖两个军团；还从老家调来四个精锐的国防旅参战；晋军商震等部也加入北路讨赤军行列。南北两方将领，分别由刘峙、张作相领衔，通电讨石。张学良也以副司令的名义致电华北各将领，谴责石友三。而事先约定与石友三同时起事的晋军孙楚等部却一直按兵未动。

面对这种局势，他心中恐慌，急派黄广源往见孙楚，催其履约出兵，孙等却支吾其辞。就在这时，韩复榘发来“十万火急”电报，劝他悬崖勒马，停止军事行动，答应代其向蒋介石、张学良转圜。然而，石友三不甘就此罢手，率部兼程前进，渡过滹沱河，在保定、望都一线与东北军于学忠部遭遇。他采取纵深锥形战术，集中兵力突破于部中央防线，攻克张秋镇，乘胜进至南大冉。东北军急调援军、飞机力抵，双方激战三昼夜，石部伤亡颇重，仍不得寸进。于是，他又令沈克第四军从完县迂回侧击。而东北军则在完县一带实施疑兵，沈恐中计，未敢贸然深入。

这时，晋军商震等师出娘子关，截击石部后路；刘峙部之胡宗南师袭占石的老营顺德。石友三见腹背受敌，势难再战，乃于 7 月 31 日下令撤出战斗，转路退回山东，以求韩复榘的庇护。时天降大雨，山洪暴发，河水猛涨。石部捆扎木筏，强渡滹沱河，辎重车马全部遗弃，官兵淹死无数。孙光前部逃至深泽县南小阵地区，被东北军陈继承部截住缴械，孙被俘枪决；米文和部至东鹿县辛集地区亦被缴械，米被活捉；沈克部在唐县投降了东北军。这样，石友三率残部逃到德州，归韩复榘收编。

五、投日反共甚猖狂

石友三寄居韩复榘省府别院不久，“九一八事变”爆发，日本特务头子土肥原坐镇天津，到处收拢失意的政客、军人，为日本侵华政策服务，不甘过蛰伏日子的石友三多次与韩复榘计议，要潜入天津与日本人联系，以图东山再起。遭韩反对后，他便隐蔽地进行活动。原部参议陈敬斋与日本特务凑开一相识，他便派陈前往联络。1932 年秋，经过一番秘密筹划，他扮成日本人，由凑开一保护，从烟台乘船潜入天津，住在日本租界。

到了天津后，石友三在日本租界鸿吉里和法国租界积善里各买楼房一所，计房 90 余间；在英租界购楼房一所，并盖新房100余间，自名“世界里”，出租赚钱。他分派妻妾住在各宅，过着穷奢极欲的日子，还常与天津名妓王双喜来往，度夜钱竟达10000元之多。为了挥霍方便，在英租界特设冀鲁钱号。

在天津，石友三与土肥原拉上了关系，他借助日本势力，勾结天津大流氓刘髯公和曾任吴佩孚秘书长的白坚武以及失意军人任应岐、刘桂堂、刘辊等，组织队伍。指派原部团长罗自臣、张国乾等伙同日特凑开一，联络上土匪头子冯寿彭等，在冀东玉田县一带活动，组织河北战区“保安队”骚扰华北，为日本侵略军开辟道路。

《塘沽协定》签字以后，蒋介石在华北成立冀察政务委员会。石友三立即派亲信张化南往见二十九军军长兼冀察政务委员长宋哲元，表示愿意“辅佐”宋维持冀察局面。宋哲元即委任他为冀北保安司令，将其收拢的杂牌军编成保安第二旅，另调两个团编成保安第一旅。这样，石友三手中又掌握了兵权。不久又扩充成了三个旅，驻防北平清河。

“七七事变”后，冀察政务委员会垮台。石友三部改编成宋哲元的第一集团军第一八一师，他任师长，在日本侵略军强大压力下，率部随集团军撤到山东的德州，与侵占济南的日本接触。后因宋哲元有令，被迫继续撤到清丰、南乐一带。1937年11月初，第一集团军出师反攻邢台，他奉命率部驻守卫河沿岸掩护，日军从邯郸发兵突袭宋哲元部之后方，一举攻占大名，与石部隔河对峙。石友三不敢御敌，将部队撤往道口、滑县一带，一路上大量收容溃兵和流亡学生，扩编成一个特务团和学生队。年底，被蒋介石委任为六十九军军长，并将高树勋的新六师划归该军建制。

1938年初，石部集结在豫北孟县一带整训。不久，奉蒋介石命令开赴台儿庄参加大会战。可是到达徐州时，李宗仁、白崇禧等部已撤往安徽、河南。石友三只好又听从蒋的调遣，率部进入鲁南的沂蒙山区，进行“敌后抗战”。是时，张友渔率领青年学生广泛进行爱国宣传教育活动，发动民众奋起共赴国难，鲁南地区的八路军也积极开展敌后游击战。在强烈的抗战呼声下，石也接受了部下的建议，在六十九军成立政治部，聘请张友渔担任部长，听其将青年骨干派到团、营、连充当政工人员，开展思想政治工作，启发官兵的爱国热情。同时，主动与当地的共产党、八路军联络，争取群众的支援。这样，粮饷兵源等困难都得到解决，在鲁南地区站住了脚。不久，被蒋介石电委为第十军团军团长，他则将第一八一师扩编成两个师，高树勋的新六师扩编成新八军。

1938年冬，石友三被蒋介石改任为第三十九集团军司令，开赴冀南“敌后抗战”，归冀察战区司令长官兼河北省主席鹿钟麟指挥。在这期间，他接受八路军介绍的共产党员张克威为第六十九军政治部主任，负责同徐向前副师长联络，还吸收百余名抗大学生担任各级政工干部。这一举动引起各界的关注，有的报馆以《今日的石友三》为题大加宣扬。

然而，蒋介石却极不放心，将其部政工人员电召到重庆受训，改派复兴社分子臧伯风为第六十九军政治部主任，并带来石友三的族弟石友信、总参议毕广垣等20余人，安插在教导总队充当总队长、教育长、大队长等职。石友信于1928年在空军学校毕业后，由石友三一手培植，先后充任团长、师长等职。石友三反张垮台后，投入东北空军，历任队长、科长。这次，蒋介石将其掏了出来，亲自召见，面授机宜。到六十九军后，被臧伯风委为教导总队长。随即赴南宫面谒其兄，密告蒋介石之机宜。

石友三从这位族弟口中，得知蒋对自己主持华北“倚重”，领会到蒋决心消灭共产党、八路军的“上意”，立即以集训政工人员为名，把张友渔及其秘书等300多名各级政工干部调到司令部，由石友信率教导总队押解后方。接着，以臧伯风为首的政治部组成特别党部，强迫官兵一律加入国民党，宣誓效忠蒋介石，查抄进步书刊，散发反共宣传品。还将亲信安插到各部队，组成特务网，对稍有不满现状或亲近共产党者，就列入黑名单，进行暗害杀戮。蒋介石见石友三反共积极，大加嘉奖。令其加紧行动，务要消灭冀南的八路军。批给步枪 800 支、机枪 30 挺，子弹 100 万发及半年饷银，加委他为冀察战区副总指挥兼察哈尔省主席。同时还把戴笠在山东组建的忠义救国军第八队调往南宫，归其指挥。

1939 年 12 月，蒋介石发动第一次反共高潮，石友三便不断派兵进犯袭扰八路军的抗日根据地，制造摩擦事件；逮捕活埋征收给养的八路军士兵。同时横征暴敛，大量印刷伪钞，随意屠杀、抢掠民众，被时人称为“石阎王”。1940 年 3 月，他指挥部队在平汉路以东进攻冀南、冀鲁豫的八路军。失败后，率领总司令部人员和残部逃到河南濮阳，于 4 月被当地自动组织起来的群众和八路军围歼 10000 余人。最后逃到山东曹县青堌集、崔坝一带。他电请蒋介石，要求越过陇海铁路南撤。蒋原想以这支杂牌军为钉子牵制八路军。今闻其放弃冀南，大为恼怒，复电严令禁止。

石友三见蒋不容南撤，便派石友信往见伪军的日本顾问松室孝良和日本驻军司令官佐佐木，在开封签订了互不侵犯、互通情报、互相协助为内容的“共同防共协定”。随后，听命日军的指使，率部进驻山东的范县和河南的濮阳一带，伙同“摩擦专家”朱怀冰、张梧荫等人，配合日军进犯八路军根据地和边区，捕杀八路军官兵、伤员和村干部，抢掠粮草，焚烧民房。鲁西一带民众深受其害。

六、结怨太多被活埋

石友三与日军勾结后，其部下众叛亲离。他派师长程希贤劝说新八军军长高树勋一起投靠日军，并多次令高率部进攻八路军，都遭到高的拒绝。就在这期间，石友三令其部队进攻八路军，被围于下坡寺，迭电高树勋增援，而高按兵不动。对此，他极为不满，便挑动日军偷袭驻山东定陶大陈楼的高部，高树勋闻知其内幕后，对石更加衔恨在心。

1940 年 6 月，石、高两部分别派兵去河南周口接运粮饷弹药。石部安然无事，而高部的护运部队却遭到日军袭击，一个旅只剩下六七百人。这样，石、高之间的矛盾日深。与此同时，师长米文和、张雨亭等人也对石友三不满，几次同高树勋联络，要伺机除石。政治部主任臧伯风和被特务头子朱家骅收买的总参议毕广垣，便利用这些矛盾，与高树勋等人策划，寻机杀石，以除大患。

时任鲁西行署主任兼游击主任的孙良诚也是西北军出来的人，闻石、高芥蒂日深，便主动充当和事佬，为其说合。石友三表示愿与高言归于好。

12 月 1 日，石友三随同孙良诚，率骑兵一连来到高部驻地河南濮阳柳下屯。高树勋率领旅长以上军官将他们迎进会议室。在谈笑风生之际，臧伯风跟踪而来，径入高的太太内室。不一会，勤务兵进入会议室对高说：“太太有事请商。”高离开半小时后，四个手枪兵突然闯进会议室将石友三架走。当日夜里，他就被活埋，终年 49 岁。

民国土匪系

中 国 军 阀 土 匪 大 结 局

"东陵大盗"孙殿英

孙殿英(1889—1947),名魁元,乳名金贵,河南永城县小马牧集孙家庄人。陆军中将。曾因挖掘慈禧太后和乾隆皇帝的坟墓,盗窃国家珍宝,被人们骂为"东陵大盗"。后投降日军任伪集团军副司令。解放战争中被俘,病死狱中。

一、赌术高超大毒枭

孙殿英于1889年出生在永城县西杨村他的外祖母家里。父亲是个不务正业、游手好闲之人,因惹是生非,被当地政府关押。母亲对孙殿英十分溺爱娇惯,使他从小就养成了顽劣捣蛋的性格。他七岁开始入私塾,常寻同学斗殴。有一次受到老师责罚,他不服气,竟放火烧掉学校的房子,被赶出校门。他母亲只得带他返回老家,靠乞讨为生。不久孙殿英得了天花,留下满脸的麻坑,人们背后都称他为"孙大麻子"。

东陵大盗孙殿英

在流浪期间,孙殿英结识了一些流氓赌棍,他们经常鬼混在一起,出入赌窟、钱庄。起初他只是一名大赌棍的助手,做些"传宝盒"、"看台子"一类的事。凭着脑袋的灵活,等其窥见此中奥秘之后,很快就成了一名赌场高手,从此闯荡江湖,以赌为业。他先后到商丘、洛阳、西安等地开设赌局,骗取财物。

孙殿英有着娴熟的赌博技能。他经常把麻将牌、天九牌等赌具当作研究对象。他用棉布擦拭牌的背面,然后察其纹理,辨其异同。无论是什么样的牌,只要经他短时间的把弄,就能够记清每一张牌的暗记,不看牌面,能知牌名,信手拈来,绝少差错。因而玩牌时,他能在知己知彼的有利条件下,立于不败之地。往往一场赌博可赢得几千元,甚至几万元的巨款。此外,他口袋里还经常装着一副骰子,一有空闲就投掷起来。天长日久,居然能够随心所欲地要几点就掷几点,很少有失误的时候。这一习性,以后他当上了军官乃至高级将领依然未改,他的办公桌上经常摆着麻将牌、天九牌和骰子之类的赌具,一坐下来,就爱不释手地细心赏玩。

孙殿英常以赌会友,他的客厅里经常高朋满座,酒足饭饱之后,照例有麻将、牌九之类的所谓“余兴”。对于一些有权势的人物,他经常利用赌博作为联络的手段。如对待山东军阀张宗昌的亲信和东北军、西北军的将领们就常常把赢来的钱退还给输家,甚至有意识地把牌打输,以取得他们的欢心,好替他在上司面前说好话。因此,孙殿英常对朋友说:“赌博这玩艺儿,并不是什么坏事。我可以从中看出每个人的性情,可以针对每个人的性情结交许多朋友,这些朋友能帮我很大忙,纵然有的不肯帮忙,至少也不至于说我的坏话。我是个粗人,没有真才实学,如果连这点子办法也没有,我凭啥混呢?”因此,赌博一道,成了孙殿英生活中必不可少的一项活动。

1914 年,孙殿英投到豫西悍匪、绰号“仁义张平”的手下,初当伙伕,后充勤务。孙每月不但不要薪饷,还拿出自己的钱孝敬上司,很讨张平的喜欢。尔后,他就打着张平的旗号,到河南、陕西等地贩卖鸦片烟。他甚至自己动手制造鸦片,印上“殿鹰”商标,销往山西、北京、天津、上海等地,很是捞了一把。后来,孙殿英回忆这段历史时,称之为“最红火最得意的时候”。这个无人不知、无人不晓的“东陵大盗”,世人皆以为他是靠盗墓发的财,贿赂权贵显要才官运亨通、步步高升的,殊不知,贩大烟才是他飞黄腾达、平步青云的真正奥秘。可以说,贩卖鸦片是孙殿英一生中最重要的活动。

年轻时的孙殿英

起初,他购买了一部分烟土,掺和其他药物,在极简陋、肮脏的磨坊制造了一种叫“红丸”的鸦片混合剂,捏成条状或块状,后又经改造,在封口上印上一个飞鹰标志,称之为“殿鹰”牌海洛因,在陇海铁路沿线出售,毒害广大人民。老百姓恨之入骨,骂他是害群之马。当时,凡是在豫西贩烟的贩子都曾遭到孙的抢劫,他不允许别人在自己的地盘上出售烟土。

1922 年,孙殿英投奔河南陆军第一混成团团长兼豫西镇守使丁香玲,被丁委任为机枪连连长。从此,他更是借着军官的名义大干贩卖烟土、白丸的勾当。他贩毒的范围,北抵热河,西及河南,规模数量都相当庞大。

中原大战结束后,孙殿英投降张学良,率部退到山西,驻防晋城一带。在这里,他为了继续制造烈性毒品,派他的两个亲信李之朴、常川到陕西收购了大批制毒原料运往晋城,制造三种毒品,即白面(海洛因)、金丹和“二两三”。孙殿英买通华北铁路沿线各个关卡,烟土车都有宪兵押送,一路通行无阻,烟土行销河南、山西、北平、天津甚至远达上海。人们都认为孙是靠东陵盗宝发了大财,其实黑金(烟土)比黄金、白金不知贵重多少倍。孙本人曾对人夸口说,贩运烟土,华北各地乃至上海帮会都有他的面子,是他一生最得意的一件事。

孙殿英的军队士兵多吸鸦片,以致兵无斗志,遇敌即溃不成军。孙每到一地,都向当地倾销鸦片,毒害人民,牟取暴利。人们因吸鸦片而倾家荡产者不胜枚举,一个县城少说也有几百户。孙的军队因嗜烟成瘾,久之军纪松懈,到处扰袭百姓。他靠烟土发了大财,也因此把自己送进了坟墓。

孙殿英购买烟土、制造海洛因都是为了赚大钱,牟取巨额利润。鸦片的畅销,使他生意兴隆,财源滚滚。一时间,阎锡山、张宗昌,张作霖等割据一方的大军阀都与他交朋友,拉关系。

孙殿英用什么办法打通这些难关呢? 这分两种情况:

一是孙殿英与华北不少军警官吏、地方势力都有勾结,由晋、陕、到天津、上海都有他的狐朋狗友。他贩运的毒品,遇到有关系的地方,只要押运人出示他的一张名片,即可通行无阻。

二是当地没有熟人。对于这种情况,他就先派出亲信,逢关遇卡,详细调查、摸索岗卡情况,探查当地头目的好恶。人家喜欢烟土的送烟土,喜欢钞票的送钞票,喜欢文物、古玩的就依着他们,一句话,就是投其所好。孙殿英经过仔细研究,认识到"一物降一物、大虫吃小虫"的道理和妙用,先挑选大头头送钱送烟,然后再层层下送。大小关卡、头目一律都有。每到一处,不等人家开口,烟土未到,钱先送到。当地大小头目得了好处,心里清楚,自然不会张扬,还在外面讲孙殿英是江湖上的好汉、够意思。一回生,二回熟,这些地方被收买以后,就更方便了。给各地这么多钱,从哪里出呢? 当然,羊毛出在羊身上。这样,大宗烟土、海洛因运到天津、北平后,他转手倒卖,一本万利,除掉沿途送出的一小部分,孙殿英得到的仍然是大头。

为了进一步"打开市场",孙殿英瞄准了上海租界这块风水宝地。他认为中国人想要钱,外国人更想要;中国人赚小钱,外国人赚大钱,所以下决心把烟土生意做到租界里去。

20世纪30年代的上海是流氓、政客和帮会、道门以及各种军阀控制的世界,租界里的生意更是一片混乱。这里的码头、烟土、妓院、赌场都被黄金荣、虞洽卿、杜月笙、吴四保、张啸林等控制了。孙殿英虽在华北各地畅行无阻,初到沪上,也挤不进去。孙殿英苦思冥想,想了个主意,以重金收买了天津帮会头子,通过他的周旋与黄金荣挂上了钩,先用名片向其问好,因孙殿英曾制造东陵盗宝案,臭名远扬,国内许多大军阀都想从他那里弄到宝物。黄金荣接到孙的名片后,没有轻视,礼节性地回了一张名片。

黄金荣知道孙殿英制造的毒品很畅销,不久之后,从上海汇给孙殿英10万元,要他帮助代买烟土。孙殿英极有心计,他大喜过望,觉得这是个千载难逢的机会,可以乘机和黄金荣套上关系,把上海滩的大门打开,便拿出老本为黄金荣买了价值相当于10万元的烟土,同时又将黄金荣汇来的10万元原封不动地寄回,并亲自送货上门。

这一招确实管用,黄金荣叹服孙殿英的"义气",也领受了孙殿英的盛情,他答应孙殿英,孙的烟土今后在黄金荣的"辖区"内可以畅销无阻。就这样,孙殿英打通了上海的销售渠道,他在上海销售的烟土比天津还多。

二、投靠军阀成军长

孙殿英赌博和贩鸦片烟,虽然发了大财,但他仍不满足。他想,要在社会上站住脚,不仅要有钱,而且还要有势,才能吃得开。于是处心积虑去发展自己的势力。1916年,豫西地方纷纷组织各种封建会道门。孙殿英发现这些会道门在民众中颇有影响,一旦有事,便可纠集成百上千的人进行活动,觉得这会道门大可利用。于是摇身一变,成了豫西会道门之一的庙会道会员。

当时这个庙会道的头子叫李凤朝，孙殿英就拜他为师。为了达到利用和操纵庙会道的目的，孙玩弄了一个骗人的把戏。有一次，他当着众会员的面说：某日夜，他做了个梦，梦见祖师指点说：某庙宇里藏有太阿宝剑一柄，是神赐给他的，要他赶紧去取。如得了此剑，就可逢凶化吉，纵横天下。这个梦连做两次，他觉得好生奇怪，于是起床前往某庙，果见庙内灯光闪闪，进门一看，原来是神剑放光。他拜谢神恩，捧剑而归。从此这柄剑就挂在他的寝室里，夜夜放光，并且还说只要神剑铮铮作响，就预示某处在杀人，灵着哪！一通神吹，愚昧无知的会徒们居然深信不疑。自此逐渐取得众多会徒的拥戴，终于当上了庙会道的头目。后来，孙又不知从哪里拾了把拂尘，也说成是神赐的，能消灾化凶。他将宝剑和拂尘用黄布细心裹好，每遇行动，总是叫亲信背负而行，直到他执掌数万大军时，也没有离开过。他的徒子徒孙们都相信"老师"有着天赐神授的远大前程和非凡业绩，因而能死心塌地为他卖命。

按庙会道的规矩：凡是收徒或治病，都要摆香堂，正中挂着"上上姜尚转卯中，枝授天蔽踵微音，才育八八原有定，弓长苗裔白何心"的咒语，供桌上陈列着祭品，焚香燃烛，行跪拜礼。之后，"老师"端坐供桌旁，由一人代神发话，谓之"口"。充作"口"的人发话前先用凉水净口，少顷，即假装神仙附体，装模作样，口念咒语，接着发话。愚昧的会徒们便把这些胡说八道看作是神的旨意，唯命是从。孙殿英就是利用这个神的代言人作为他纠集赌徒、发展势力的工具，他的队伍因此而逐渐扩大。

1922年，直系军阀吴佩孚驻在洛阳时，曾严令逮捕制毒犯。孙殿英在此站不住脚，乃逃往陕州躲避。由于他曾在贩运毒品时结识了河南陆军第一混成团团长兼豫西镇守使丁香玲部的官佐，因而混得了一个副官职位。之后，他勾结丁香玲，依然贩运鸦片和制造烈性毒品，并且以此取得了丁的信任，不到半年，就升为机关枪连连长。孙殿英趁机收容豫西土匪、流氓赌徒以及过去的庙会道会徒，开始形成一股亦兵亦匪、不伦不类的混合体。

东陵大盗孙殿英

孙殿英即以这样一个集团为基础，在豫西一带频繁活动。他利用第二次直奉战争时驻豫西直军开赴前线的机会，率领他的机关枪连并纠合丁香玲部的一个骑兵连在陕州哗变，东窜洛阳，抵达彭婆镇。利用当地庙会道作内应，攻破寨垣，大杀大抢。又收庙会道信徒入伙，队伍进一步扩大，达数千人之多。继窜临汝镇，破郏县，克禹县，自封"襄郏旅长"。

1925年春，憨玉崑收集豫西土匪同国民军胡景翼部作战。孙殿英部被憨玉崑收编，委为第五混成旅长，驻防密县。憨玉崑战败后，孙又改投国民军第三军副军长兼第二师师长叶荃部，任旅长，旋升为师长。在第三军由河南开赴陕西时，孙又脱离该军窜入伏牛山，继续收买土匪，引诱庙会道势力入伙，发展队伍。

孙殿英为求发展，对"胡匪"出身的张宗昌(时任山东军务督办)早有向往之意。他听说豫西地区的县长曹之度与张宗昌颇有深交，立即托曹荐见，说明率部往投请予收编的愿望，张宗昌欣然应允。这年的秋天，孙率部开始了大流窜，由豫西穿过豫中，经安徽亳州。复经豫东，窜往山东。沿途所经之地，奸淫掳掠，无所不为。特别是攻下亳州后，孙部大索三日，城内商业繁华地区，如白布大街，爬子巷，南京巷等地，全被焚掠殆尽。已故毅军统领姜桂题家中所存枪械、弹药、鸦片烟和金银财物也洗劫一空。安徽当局陈调元派20个营的兵力将亳州重重包围。但孙却扬言：如果城外放一枪，城内就杀一人，以为要挟。围城部队投鼠忌器，一直不敢攻城。最后孙架走男女"肉票"数百，乘隙突围窜往山东济宁，被张宗昌委为第五师师长。

孙投到张宗昌门下，开始整顿队伍。先前，孙殿英部总人数不过五六千人，竟编了九个旅，而九个旅长只有两人听指挥。于是在张宗昌的帮助下，孙殿英请驻在济宁的褚玉璞以农历除夕请客为名，将不听调遣的七个旅长一并擒拿枪决。九个旅被编成为两个旅。自此，孙殿英就在张宗昌的卵翼下逐渐发展成为一个流寇式的军事小集团。

东陵大盗孙殿英

1926年春，在河北沧县一带，孙殿英师参加了张宗昌与李景林联合向国民军反攻的战斗。袭击了国民军第三军所属徐永昌部，为张宗昌立下了第一次战功。战事结束，张感于孙为他出了死力，将孙部改编为直鲁联军第三十五师，旋又扩编为直鲁联军第十四军，由孙任军长。翌年春，孙在直隶军务帮办徐源泉的指挥下，在南京附近参加了孙传芳对北伐军的战争。不久，又调往直隶大名，兼任大名镇守使。是年秋，国民革命军第二集团军冯玉祥部向奉军发起猛烈攻势，直鲁联军之一部开始往豫北增援，张宗昌派孙殿英参加这一战役，并且拨给他一个白俄骑兵团，以加强他的战斗力。不久奉军和直鲁军战败，向北溃退。孙率残部，先退天津，后退蓟县、马兰峪一带。这时何成浚奉蒋介石之命策动孙殿英投降，他走投无路，只得接受改编，被蒋任命为第六军团第十二军军长。从此，孙就打起了青天白日的旗帜，成为国民革命军的一部分了。

三、东陵盗宝惊中外

1928年，孙殿英率部驻防在蓟县的马伸桥，此地离清朝的东陵仅有一山之隔。东陵乃明清两代帝后陵，地宫葬宝难以数计。孙看到规模宏大的陵寝，顿时贼心一动，想作挖坟盗墓的勾当。

偏巧在奉系军阀收编的土匪军中，有个惯匪名叫马福田，探知东陵地区无人看守，就伙同其他匪徒窜到东陵盗宝。孙殿英闻讯，抓住这个千载难逢的时机，连夜调动一团兵力，开到马兰峪，打垮了马匪的队伍。是年6月中旬，他借口防匪护陵，将队伍开进东陵，占领了各皇陵和妃嫔园寝，控制御路神道、沙山隘口。为了掩人耳目，在东西沟村、大红门及马兰峪、苇子峪一带，张贴布告，声称“举行军事演习”，三十里内禁止通行，并在东陵四周警戒，严密封锁，又令炮兵对着昌瑞山放了几炮。周围的村民都吓得心惊胆战。

这月下旬，孙殿英命令其工兵营长颛孙子瑜执行挖墓的任务。一天夜晚颛孙子瑜督饬士兵先挖慈禧的坟墓。找到第一道石门后，颛孙子瑜令士兵先用硝镪水浸蚀此门，经试无效即改用钢钻凿开了一个洞，爬进数人砸断了堵门的自来石，才把门推开。石门被打开以后，工兵在孙殿英的亲信人员监视之下进入停放灵柩的金券。金券的正中有个石座叫做宝床，上面停放着慈禧的棺椁，众人七手八脚地把金椁劈开，只见里面还有一层红漆填金的内棺。士兵用刺刀撬开棺盖后，只见棺内光彩夺目。孙殿英在回忆这段往事时说：“老佛爷(慈禧)像睡觉一样，只是见了风，脸才发黑，衣服也拿不上手了。”士兵们悉数拣取慈禧周身珠宝及棺底的宝物，多是一些珠宝翠钻之类。慈禧的凤冠是用很大的珍珠以金钱穿制而成的，衾被上有大朵的牡丹花，亦全用珍珠堆制；手镯采用大小钻石镶成一大朵菊花和六小朵梅花，澄澈晶莹，光彩夺目，手里握着一柄降魔杵，长约三余寸，为翡翠制；脚上穿着一双珠鞋。她口中含的一颗夜明珠，分开是两块，合拢是一个圆珠，分开透明无光，合拢即透出一道绿色的寒光，夜间可照到百步之外。另外，在棺中还放置着 17 串用珠宝缀成的念珠和几双翠质手镯。共耗白银 2000 万两以上。拣完棺内宝物之后，士兵们又把尸体扯出棺外，并将棺椁移开。在棺下的“井”中，又搜罗出一些宝物。原来这个“井”并非盛水之井，乃是慈禧生前亲自点的一个风水“穴”位。

接着，颛孙子瑜又带领士兵挖开了乾隆的墓。孙殿英曾回忆说：“乾隆的墓修得堂皇极了，棺材里的尸体已化了，只留下头发辫子。陪葬的宝物不少。最宝贵的是颈脖子上的一串朝珠，有 108 颗，都是无价之宝，内中最大的两颗是朱红的。一柄九龙宝剑，有九条金龙嵌在剑面上，剑柄上嵌了宝石。”此外，还有许多字画、书签、玉石，象牙和珊瑚刻的玩物及佛像之类的东西。挖开这两座坟墓整整用了三夜的时间。宝物盗出时，孙殿英乘汽车由蓟县来到墓地，将宝物检视一遍之后，满满地装了五只大皮箱，由孙亲手将皮箱加封、盖章，交给他的亲信送往蓟县司令部。

清东陵

不久，马兰峪的满族人发现慈禧和乾隆坟墓被人挖掘，即报地方当局查办。后来，孙派人携带一部分珠宝到北平秘密出售，被侦缉队抓获。孙部原师长谭温江适在北平，受此牵连也被平津卫戍司令部拘捕审讯。

孙殿英盗掘东陵的消息很快传到全国，各地报纸纷纷揭载。溥仪闻讯，立即召集清朝遗老开会，联名向国民政府提出申诉，要求严办孙殿英。孙看到形势严重，乃多方设法，力求解脱。他从赃物中选出一部分稀世珍宝托徐源泉转交宋美龄，请她庇护。溥仪在《我的前半生》中提到宋美龄拖鞋上那颗夜明珠，正是慈禧口中含的那颗。接着又将从乾隆墓中挖出的九龙宝剑托戴笠转送给蒋介石，并把108颗朝珠中最大的两颗送给戴笠，慈禧枕头的翡翠西瓜送给了宋子文，孔祥熙夫妇得到两串朝鞋上的宝石，其他一些高级官员也都得到了贿赂。这样层层贿送的结果，虽然原告迭次催促，全国舆论对此案亦极重视，而孙殿英却依然逍遥法外，没有受到任何处分。因销赃而被捕羁押在铁狮子胡同旧陆军军部内的谭温江还得到当局的优待。当时的平津卫戍司令阎锡山，虽然对此组织过军法会审，并派商震为审判长主持其事，但商早已知“最高当局(指蒋介石)”的意思，且商与谭原本相识，因此会审时不但不认真追究，商反而对谭说：“请你委屈一时吧！”这样，所谓“军法会审”就成了一幕逢场作戏的闹剧。此后，阎锡山为了利用孙殿英，即将谭温江偷偷释放，派北平宪兵司令楚溪春送到车站。从此哄动全国的孙殿英东陵盗宝案遂不了了之。

孙盗掘东陵之宝物，除层层贿送之外，有一大部分由他的军需处长李德禄带往上海出售，正在接洽中即被人盗走。孙自己收存的一部分，在他以后进攻宁夏时，曾拿出一小部分由他的部下杨明卿经手，交给驻在包头的晋军旅长田海泉代为保管，后来据田说这批东西遗失了。另外，在抗日战争胜利后，王仲廉进驻豫北，孙殿英以巨额黄金和墓中宝物贿送王。孙殿英连卖带送，竟然使这批价值连城的国宝糟塌得荡然无存。

1943年，孙殿英向原湖南省缉私处处长文强谈到了东陵盗墓这件事，他煞有介事地说，满清杀了我孙家祖宗三代，不得不报仇革命。孙中山先生有同盟会、国民党，革满清的命。冯焕章有枪杆子逼宫。我的枪杆没有几支，只好磞皇陵，革死人的命……不管盗墓不盗墓，我是对得起祖宗的，对得起大汉同胞的。

四、军阀混战附阎冯

孙殿英盗墓之后，率部移驻延庆、南口一带。部队缩编，军团缩编为师，各军都缩编为旅，孙任第四十二旅旅长。1929年初，孙率部到达山东齐河县境，藉口追剿土匪，由济南向东遁去。

这时，张宗昌余孽张明九匪部二千余人盘踞章丘一带，烧杀掳掠，无所不为。章丘有个村庄叫作九军，是我国北方著名的“八大祥”之一瑞蚨祥绸缎行业资本家孟家故乡。孟家因不堪张明九匪部的扰害，曾向孙殿英请求解决张部，为民除害，并许于事成之后酬洋十万元。孙仅将张部收编，并未予以消灭，孟家见孙未践前约，仅给他送了“万民旗”、“万民伞”，以资敷衍。孙对孟家此举极为不满，于是唆使张部哗变，将孟家金银财宝和细软抢掠一空，烧毁房舍百余间。孟家吞不下这股恶气，于是向各方面运动、控告。时任山东省主席的陈调元迫于形势，命令孙将张明九押解济南正法。孙以途中怕出问题为由，请求就地执行，陈同意并派人监督。当陈的人派来后，孙推说白天将张枪杀，恐激起兵变，要趁天黑秘密执行。次日拂晓，张明九和他的参谋长被绑赴刑场，他们一路上大骂孙殿英不讲义气。及至到了刑场，奉命执行枪决的范聚宝，将枪放在张明九的肩上，"叭"的一声，范用脚将张踢倒在地，这时张才恍然大悟，装死不动。范假装验尸，把先前打死的参谋长身上的血抓了一把，往张脸上一抹，蒙混过了关。陈调元派来的人虽然在跟前监视行刑，也不知道孙殿英玩的把戏。待天微明时，当场拍了照片回省交差。范又将张明九用苇席卷着装上牛车，假装去掩埋，张即逃之夭夭。

此时的孙殿英成了举世皆知的盗陵罪犯，但他毕竟还掌握着一部分队伍，在当时几个军阀集团明争暗斗的形势下，竟成了各方面争取利用的对象。孙也就利用这个环境，权衡利弊，挑肥拣瘦。他本来抗拒了蒋介石的命令，没开赴皖北，而是逗留在胶东，且与张宗昌、褚玉璞勾结在一起，但蒋介石并未责怪于他，而是三令五申调他去蒙城。孙明知在胶东干过对不住蒋的事，自度此去凶多吉少，因此发电向蒋辞职，退避羊角沟。由于蒋介石派人慰留，才又回到部队。蒋即把孙部扩编为新编第十师，增加饷项，补发被服，并将移防地点改为河南商丘，旋即开往洛阳一带。孙殿英利用部队移防机会，在运兵车上满载海盐，运往许昌的"襄八公柜"拍卖，从中获取暴利。

1930年春，在中原大战酝酿时期，孙殿英看到反对蒋介石的势力较大，便有意依附阎锡山、冯玉祥。阎、冯也希望将孙争取过来以为己助。孙殿英便毫不费力地从阎、冯那里取得了第四方面军第五路总指挥兼安徽省主席的重要地位。孙殿英即令所部开赴豫东、皖北布防，自率一部进驻亳州城内。在此期间，他常从亳州到郑州和鹿钟麟、孙良诚、宋哲元、徐永昌、杨爱源等大赌其钱。一次在大同路中国银行与孙良诚、徐永昌、石友三打麻将，故意输给孙良诚四千余元。并将孙派来的刘曾若任为安徽省民政厅长以表示友好，暗示孙良诚在冯玉祥跟前替他说话。

有一次，孙殿英参加冯召集的军事会议。当他和冯见面时，冯紧握着他的手说："殿英老弟，你的革命精神我很佩服!咱们是好朋友，好同志!在反对满清这一点，我革的是活人的命(指驱逐溥仪出宫)，你革的是死人的命(指掘墓盗陵)。要说挖墓有罪，挖平民墓也有罪，清朝皇帝过去扒了我们多少墓?现在在我们中华民国的土地上，哪能让那死去的皇帝蹲着?你干得好。"孙听到冯的鼓励非常高兴，对人说："冯总司令真伟大，要是叫我卖命，孬种才会含糊!"

中原大战开始，蒋介石认为反复无常的孙殿英有随时袭击津浦、陇海两路交通线的可能，对其威胁很大，曾派王均、叶开鑫、秦庆霖、金汉鼎等部共八九万人向孙部防区进攻。因孙在亳州防御周密，致使王、叶等部久攻不克，后来蒋介石派张钫、王翰鸣先后到亳州劝降，也都没有结果。当张钫到亳州的消息传出后，鹿钟麟曾电孙，要他把张钫押解开封。因孙想在蒋介石面前留条后路，未能照办。但最后他以张钫为人质，向蒋索得一笔巨款，才将张放走。后来战事日趋激烈，孙向阎锡山、冯玉祥求援，冯派孙连仲率五个师驰援亳州，内外夹攻，城围始解。亳州城自4月被围至7月解围，历时90余日。

亳州解围后，孙殿英率部退至朱仙镇时，让部下王实平代他指挥。不久，所部被蒋介石击溃，狼狈逃过黄河。孙怕冯玉祥说他临阵脱逃，便躲藏起来，伪称"失踪"。同时又派人面见冯玉祥代为说项，报告作战经过。冯说："殿英的队伍太老了，胜败乃兵家常事，殿英既然能够平安退了过来，没有遭受什么损失，这就很好。”并要来人回部队劝孙好好练兵，等待时机。孙这才敢出来见人。

中原大战结束时，孙殿英看到战局前途对阎、冯不利，乃派谭温江赴沈阳见张学良，表示输诚。起初张对谭不大理睬，对他的部下说：“孙殿英竟派个盗墓小子来，未免太看不起人!”后来改派王实平、胡捷三去，才算有了结果。不久，张学良率部入关，阎、冯失败，孙殿英率部退到山西，驻防晋城一带，张学良任命孙殿英为第四十师师长，“九一八事变”后，又升任为第四十一军军长，从此，孙殿英又投到了张学良麾下。

五、热河抗日堪自许

1933年2月，日军动员了熊本第六师团、弘前第八师团、旭川第十四混成旅团和丰桥骑兵第四旅团全部兵力三万余人向热河进攻。孙殿英奉张学良之令率所部第四十一军由山西驰援热河，并被任命为华北第九军团长，归张作相节制。

孙受命后，召集营以上军官讲话，他说：“我们的军队确实有不少污点，有些人骂我们是土匪队伍。这次出发热河抗战，正是洗刷我军污点的大好机会，我们一定要像样的干它一场。可是抗战必败，我们不能完全牺牲在那里，要预先计划好退路，最好退到西北，那里不但安全，而且容易发展。”孙率部经古北口进抵热河围场，即以围场为根据地，派刘月亭旅驻守，自率丁锌庭旅向赤峰前进。

这个月的下旬，日军开始向开鲁、北票、凌南等地发动进攻。驻热北、热东一带的部队未作抵抗，即望风而逃。与孙殿英一同进入热河的汤玉麟部素质极差，根本不能打仗。另一部万福麟与敌一接触，也放弃了凌源、平泉等天险要隘，溃退到喜峰口内。日军如入无人之境，全国舆论大哗。当孙率部进抵赤峰，尚在部署未定之际，日寇两个旅团及伪满军张海鹏部向孙军猛烈进攻。孙殿英当即在赤峰展开阻击敌人的战斗，相持达七昼夜。继因受到敌人优势兵力的压迫，又率部转移到猴头沟门新阵地，利用复杂地形，继续与敌作战十余日。只是到了日寇将孙军截成数段，分段包围，孙殿英才从重围中突围而出，绕道北山、人庙一带返回围场。不久，日军进逼围场，孙率残部向察哈尔的沽沅转进。旋经大阁镇、沽沅县退驻独石口，不久又移驻沙城一带。

孙部在赤峰和猴头沟门抗战，当地人民送粮送水，救护伤员，抗战情绪热烈。孙殿英说：“友军不友，义军不义，都不及热河的人民。”孙的热河抗战，一方面使人民原谅了他过去的罪恶；另一方面，他的部队虽然在抗战中受到很大损失，但他却吞并了汤玉麟的两个骑兵旅和一个步兵团以及义勇军李纯华的部队，依然保持着一定的实力。为了扩大影响，借以抬高自己的地位，他敦请国民党进步人士李锡九为高等顾问。这样第四十一军的声势就越来越高，又成了各方面争取的对象。

六、兵困计穷下野去

1933年5月，冯玉祥、方振武、吉鸿昌等在张家口成立察哈尔民众抗日同盟军。当时孙殿英的防地与同盟军的防地正好接壤，冯玉祥曾派人与孙接洽，争取他参加抗日同盟军。何应钦秉承蒋介石的旨意，对此极力阻挠和破坏，曾两次三番派刘健群、戴笠前往接孙，并以察哈尔省主席为饵。孙殿英对冯、何两方面的争取都没作明确的表态。他认为，如果参加抗日同盟军，抗日失败了不好办，同盟军是参加不得的。如果听从何应钦的唆使去攻打抗日的冯玉祥，则刚刚由热河抗战换来的名誉又要彻底破产，遭人唾骂，同盟军是攻打不得的。此后蒋介石为了杜绝他和冯玉祥的结合，使用调虎离山计，发表他为青海屯垦督办，令孙部离开察省，前往边远的青海。孙殿英欣然接受，率部西上。

1934年春，孙率部向宁夏推进。当时包头有一支土匪武装约二千余人，都是骑兵，非常剽悍，首领为杨猴小，阎锡山对其也毫无办法。但杨和孙的关系很好，接受了孙对所部的改编。这样，孙部就号称有五万之众，浩浩荡荡地往宁夏省城推进。在孙殿英率部西上的同时，蒋介石已密令宁夏的马鸿逵对孙部予以中途截击，并密令阎锡山见机行事，一俟孙部在宁夏打响，立即抄其后路，彻底予以解决。

孙部进至五原、临河、陕坝等地后获悉马鸿逵严阵以待，不得不停止西进。这五原一带本属于晋绥的势力范围，阎锡山自然不欢迎这位不速之客染指。但由于中原大战时孙曾出过力，不便把他驱逐出境，不得已许以补充弹药等物质的支援。当孙得到阎的枪支弹药补给后，对他的部下说："阎老西不愿意叫我们在这里过冬，给我们补充弹药，就是叫我们赶紧走路。"

此刻的孙殿英，留既不能，行又被阻，不得不寻求外援，以壮大声势，为尔后的发展开辟道路。他要李锡九前往天津邀请南汉宸到包头共商西进计划，希望通过南汉宸的关系与陕北红军和杨虎城连成一气，共同经营西北。南到了包头，被孙聘为高等顾问，起草了一份关于陕北红军、杨虎城和孙殿英三方面合作的通电，并经有关方面审阅同意，准备待孙部到达陕甘边界时发表。孙殿英为了表达自己的诚意，还打算送给陕北红军步枪两千支，轻机枪一百挺，约定红军派遣部队到黄河渡口接运(因孙部攻宁夏失败，红军未能收到这批枪械)。

正月20日，孙部已到达石咀子，包围了平罗和中卫，接着又攻占了五响堡和馒头桥。孙为达到速战速决，定下了"明攻李岗堡，暗袭宁夏城"的作战计划。杨猴小的骑兵深入敌后，切断马鸿逵和外面的联系，步兵很快占领了宁夏城外的两道堤岸。本来胜利在握，不料孙的一位亲信团长听说宁夏的警备司令已内定由旅长杨干臣(回族)担任，于是心怀嫉妒，不战而逃，攻城未得手。到第二次夜袭宁夏城时，由于马鸿逵利用民族关系收买了杨干臣，杨把孙的作战计划完全泄露，以致宁夏省城久攻不克，马又把蒋介石要他消灭孙殿英的电令告诉杨，迫杨投降。旅长于世铭也和何应钦勾结，企图赶走孙殿英。何应钦此时一面对孙部停发饷项给养，一面授意庞炳勋等人致电孙殿英，劝其早日交出兵权，解甲归田。同时，派侯城与阎锡山商洽由晋、绥出兵，截击孙部，断其归路。国民政府明令撤销青海屯垦督办公署，免去孙殿英本兼各职，有人甚至当面劝告孙离开部队。

孙在四面楚歌之中，被迫东撤，于4月初返抵包头，残部为阎锡山收编。他将李锡九、南汉宸送走，自己则前往太原晋祠。

七、复出投日悲下场

山西晋祠本是风景宜人、避世静养的胜地，但孙殿英不甘寂寞，他正另打主意，图谋再起。

1936年2月，在冀察地区的宋哲元邀孙到北平，给他发表了察北保安司令的名义。但孙的这个头衔，既无地盘，又无队伍，完全是个空架子，每月仅发给经费四千元，这点钱当然不能满足孙的欲望。孙有一个老幕僚刘某向孙秘密建议，说善国寺内藏有金砖48块，每块重52斤。孙即派亲信路士俊和该寺方丈还真和尚联络，并在那里贴了一张“察北边区保安司令部驻平办事处”的纸条，又把一部分马匹牵到那里喂养，意在乘机盗挖金砖。后被宋发觉制止，孙的盗金企图才被迫放弃。

“七七事变”发生，宋哲元又加委孙为冀北民军司令。宋离开北平后，孙前往房山县城竖起了冀北民军司令部的招牌，沿铁路线、公路线派出大批旧部收容由北平溃退下来的士兵、警察、土匪。孙在顺着平汉路节节南撤途中，竟由一个“光杆司令”裹挟了三四千人马。当撤退到了冀南山区武安、涉县一带时，乌合之众已发展到五六千人。加上旧部来归者众，最后竟达一万多人。孙踌躇满志，眼看又有了一番局面。此时，他觉得自己这个冀北民军司令从冀北逃到冀南，不伦不类，但河北民军总司令的招牌早被张荫梧抢先打了出来，而孙又不甘心居张之下，受其节制。于是向时任河北省主席的鹿钟麟疏通，想通过鹿搞到一个更为合适的有前途的头衔，几经交涉不得要领。之后，又转向刘峙、程潜献殷勤，仍然希望渺茫。如此屡经钻营不通，又转念到戴笠身上。

1938年夏，孙、戴在武汉会晤，两人一拍即合，沆瀣一气，拈香拜把，结为兄弟，孙年长为兄，戴年少为弟。戴还敦聘孙为“中国人民运动委员会”委员。并引荐孙面见了蒋介石。见面时，蒋叫他坐，他不敢坐，一连叫了四五次，他才“坐下半边屁股，表示这是见了皇帝，不敢正坐正视”。这次接见，蒋给了孙一个暂编第五军的番号，孙乍听说，倒地便拜，称蒋为“再生父母”，从此“忠心不二”云云。

1939年，孙部由冀南之武安、涉县撤至豫北林县，改为新编第五军。以刑肇棠、康祥任副军长。翌年庞炳勋部开抵林县后，孙部即归庞指挥。孙利用庞的庇护，避免与国民党嫡系部队第九十七、第二十七军直接冲突，也利用刑肇棠同八路军的联系，在太行山根据地里扩展部队。当鹿钟麟、张荫梧、朱怀冰袭击八路军的时候，孙和八路军来了个互不侵犯的默契。孙为了避免与八路军接触，还让路让防。姚村一役，由于孙殿英从河涧镇撤防，使鹿等部队完全陷于八路军的包围之中，损失极为惨重。这一期间，孙与庞炳勋关系极为密切，孙亲自用海洛英和鸦片混合起来给庞熬烟膏，使庞非吸孙熬的大烟不能过瘾。庞的日常生活费用，孙也竭力供应。每隔一个时期，庞便对副官长说：“殿英应该来了，你们打电话问问。”

孙殿英初任新五军军长，曾利用刑肇棠等人给他和共产党拉关系，其时，八路军虽然艰苦，还给他配发过不少军装，解决他的部队冬季服装的困难。与此同时，孙又和日本鬼子勾搭，初派时任涉县警备司令的亲信路传远率部三百余人投降日寇，被编为汪伪和平军第二十三师。继又派亲信刘光德率数百人投敌。之后，路、刘就不断地给孙与日本人作些牵线的活动。

1945 年 4 月 15 日前后，日寇动员了三个师团到五个师团约 20 万人，集结到太行山区，严密封锁铁路、公路线，于 21 日拂晓开始了所谓分进合击的攻势。这时，日军轰炸机群飞到新五军所在的临淇镇上空盲目地投弹和轰炸，但对新五军军部却一点也没有惊动。第二天，日本飞机复来，投下几大包宣传品。其中有一份是通电，大字标题写着："孙殿英将军通电拥护和平反共救国主张，战地率部起义，弃暗投明"。事已至此，孙殿英依然说："这是天大的冤枉，有人捣鬼。"

23 日上午，日军的四面包围越来越紧，除了远处听到有枪声外，孙殿英部防地已无枪声。到下午 3 时许，四面包围的日军互相呼应。这时孙殿英喊叫道："大势已去，不投降也得投降，否则，玉石俱焚，不知要死掉多少人。"他这番话是故意说给蒋介石派遣到孙部工作的"军事委员会高级参谋"文强听的。他在拍给副军长康祥的电报中说："梗日所余部队无多，死亦不可，走亦不可，久与戴雨农所派之文强同志商洽，暂时屈就，图报将来。"下午 4 时，孙交给秘书李国安一个一尺多长的纸筒，要他持纸筒去与日本人接头联络，并告诉他说识别联络的东西在纸筒里。

孙殿英投敌后，日寇即将他送到新乡，在敌人的监视下，准许他组设新五军司令部，在全衔上加上"和平反共救国"六个字。新乡的汉奸报纸，公开登载了孙殿英所发的拥护和平反共救国的通电。随后，日寇要孙殿英诱降庞炳勋。孙知道庞有脚疾，行动不便，且年老体衰，尤其抽惯了孙亲自制成掺有海洛英的鸦片烟膏，据此断定庞最多只能在山上隐一周光景。于是孙殿英带着李国安和日本特务亲自到彭城镇附近搜索。不出两天，果然有了线索。庞熬不过烟瘾，要其副官化装成老百姓到镇上购买烟土和食物，落入孙布置的圈套。孙、庞投敌后，日、汪依然给他们以"二十四集团军"的番号，庞仍任总司令，孙任副总司令，均驻在新乡。

1945 年 8 月，日寇投降，蒋介石又将孙部改编为新编第四路军，调在京汉铁路沿线新乡至安阳间与八路军为敌。这时，孙殿英勾结国民党控制运输飞机的要人，在北平和大后方之间，大做买卖黄金的生意，着实发了一笔财。他以这笔钱，又玩起了"钱能通神"的把戏，极尽贿赂勾结之能事。

当蒋介石进行全面内战时，孙部已缩编为一个纵队，驻防汤阴。他抓民伕，拆民房，构筑工事，准备与解放军顽抗。这个一贯奉行"打得赢就打，打不赢就降"方针的孙殿英，这次却一反常态，当解放大军围攻汤阴时，孙竟然据险顽抗，死不回头，直至城破被擒，关入河北战犯管理所。

孙殿英本人是个大烟鬼，他虽然穿着草绿哔叽军服，但脸色惨白，骨瘦如柴，形同尸骨。初进战犯管理所，孙殿英烟瘾发作，寻死觅活，解放军从人道主义出发，特批供应他一定的鸦片，争取帮助他逐步戒除毒瘾，但他气数已尽，心情抑郁，身体越来越糟，1947 年，孙殿英病死于战犯管理所。

“狗肉将军”张宗昌

在近代中国，土匪和军阀往往在不同的时空条件下互相转换，土匪可能转化为军阀，军阀也可能转化为土匪，或者干脆二者兼任。

在奉系军阀中，有一个重量级的人物，那就是绰号“狗肉将军”、“长腿将军”的张宗昌。张宗昌身高六尺，满脸横肉，两个牛眼，一副凶光，外貌凶恶，杀气腾腾。众所周知，他是一个军阀，其实，张宗昌也曾是土匪。

一、“绿林大学毕业”

张宗昌经常对人讲：“俺是‘绿林大学’毕业”。虽说他这样讲是不以为耻，反以为荣，可是，这话也确实是真的。

张宗昌

张宗昌字效坤，1881 年 2 月 13 日（清光绪七年正月十五日）生于山东省掖县祝家庄。他的父亲是喇叭手、剃头匠，母亲是巫婆。

张宗昌十二三岁的时候，就开始帮助其父掌铙钹混饭吃。十五六岁的时候，随其母赴营口，在一家“宝棚”（即赌场）做赌佣，给赌徒端水送茶，跑腿打杂，昼夜与赌棍、小偷、扒手一类为伍，因此，当地士绅视其为害，将其赶走了。张宗昌无处栖身，到处流浪，流落到北满，当上了修筑关东铁路的工人，不久就沦落为胡匪，在胡匪的绺子里，张宗昌学会了江湖上的多种手段，特别是土匪的凶狠狡猾。这时，他的母亲只身一人在营口，相继与洗澡堂子的老板、补鞋匠以及卖布的货郎姘居，混了一段时间后，就回山东去了。张宗昌东走西转，到了海参崴，在华商总会当上了门警的小头目。

辛亥革命爆发后，张宗昌趁资产阶级革命党人在关东招兵买马之机，率胡匪百余人到了烟台，投奔山东民军都督胡瑛。不料，胡瑛和革命党人拒不收留，于是，他跑到上海，当上了光复军团长，被派往丰县、沛县、萧县和砀山一带。

二次革命期间，张宗昌背叛了革命党，投降了北洋军江淮宣抚使冯国璋。1916 年 5 月，他通过冯国璋的关系，接受了袁世凯的金钱收买，18日，密派其部下的营长程国瑞刺杀了进行反袁活动的中华革命党的重要人物上海都督陈其美。从此，他深得冯国璋的信赖，先后升任为旅长、军官教导团团长等职。是年11月，冯国璋任副总统后，他又被委派为侍卫武官长。

曹锟

1918年初，张宗昌任江苏第六混成旅旅长，率部随湘赣检阅使张怀芝假道江西进攻湖南，4月下旬，与护法军在攸县以南地方交战，结果，一触即溃，大败而逃。他的军队与护法军作战不是对手，士气低落，但对老百姓却如狼似虎，溃退途中一路烧杀淫掠，无恶不作。在由醴陵转至湘南途中，他收罗大量溃兵，改为暂编陆军第一师，自任师长。

1920年6月，张宗昌率部退入江西，驻防宜春。1921年，张部在吉安闹饷，陈光远派重兵将其包围，悉数缴械，然后遣散。张和陆军部清算军饷，一下子领到了二十多万元的现款。

当时，权倾朝野，炙手可热的人物是直鲁豫巡阅使曹锟。于是，张宗昌决定去投靠曹锟。曹锟办的漕河军官教导团教官许琨与张宗昌是老相识。他便以许琨为引线，趁曹锟在保定举觞祝寿之机，用手中的二十多万元钱，铸造了八尊金仙寿星作为寿礼，献给了曹锟。

这八尊金仙寿星，摆在保定巡阅使公署的寿堂大案上，显得格外绚烂夺目。曹锟见到如此贵重的礼品，自然是心满意足，为了收揽他，对他大加赞许，并当场答应把直皖战争中直军缴获皖军的一部分枪械拨给他，允许他再拉起一个师的队伍。可是，张宗昌只身一人，无能为力，虽有枪械而无人领取。

这样，日复一日，消息被吴佩孚知道了，他不仅坚决反对给张宗昌一枪一弹，而且还主张连个名义也不给。张宗昌又通过许琨与曹锟的参谋长多次磋商，都因吴佩孚从中作梗而未果。张宗昌门路未进去，还白白搭上二十多万元，十分沮丧。于是，许琨在盛怒之下对他说："此地不养爷，自有养爷处，咱们走！"

二、绥芬河崛起

张宗昌往哪里走？这时，他想起在给曹锟拜寿时，曾与奉天代表张学良有一面之识，如今，虽说是并无深交，但也只能厚着脸皮走一趟了。

张作霖在第一次直奉战争失败之后，蓄志报复，为此，大力网罗、接纳所有直皖失意军人和政客。可是，张宗昌到后，大概是因为他名声太臭的缘故吧，张作霖对他却未像传说中的那样"礼贤下士"。过了很长一段时间，张作霖才给了他200支破枪，编了一个宪兵营，隶属于宪兵司令陈兴亚。堂堂一个师长去带领小小的一个营的兵，显然是大材小用了。对此，张宗昌大为不满。但人在屋檐下，怎敢不低头？他无可奈何，忍耐等待。

这时，直奉之间大战虽然已经结束，但战争状态并未停止。直系军阀吴佩孚为了在“联省自治”的张作霖后院放一把火，便利用曾被张作霖赶走的吉林督军孟恩远及其外甥高士傧妄图借张作霖失势之机夺回原来地盘的心理，任命其为吉林讨逆军总司令。于是，高士傧取道海参崴，抵达绥芬河，策动其旧部卢永贵起事。

1922 年 5 月 26 日，绥芬河山林游击队司令卢永贵宣布独立，并要乘火车一鼓作气冲进哈尔滨。这对于刚刚战败、喘息未定、元气未复的张作霖来说，确实构成了一个不大不小的威胁。张作霖在无兵可派之时，忽然想起了张宗昌，便说：“他花了我几十万元，让他去打高士傧。”

张宗昌奉命带着一批乌合之众到了绥芬河后，竟很快就占了上风。原来，卢永贵的山林游击队里的大小头目多是当年和张宗昌一起当筑路工人的山东老乡，可谓老相识了，他们对张宗昌颇有好感，觉得他很讲义气，于是，就纷纷调过头来帮助张宗昌，使其不战而胜。高士傧、卢永贵因为山林游击队土崩瓦解、溃不成军而落荒而逃，最后被擒处死。随后，张宗昌将七零八落的山林游击队改编为三个团。这样，他为张作霖解除了后顾之忧，也受到了张作霖的器重，认为他知难而进，非等闲之辈，就委任其为吉林省防军第三旅旅长兼绥宁镇守使。

在此期间，由于帝国主义列强对俄国十月革命的武装干涉遭到了可耻的失败，盘踞在远东和西伯利亚地区的白匪军也无立足之地，作鸟兽散，纷纷逃入中国境内。张宗昌发现有利可图，便擅自收容了白匪军 10000 多人，得到步枪 8000 多支、机关枪 50 多挺、大炮 10 多门。他还把一些有专门技术的白匪军官兵挑选出来，组成工兵队，利用他们制造出一批在铁道上行驶作战的铁甲车。这样，张宗昌的实力骤然大增。

有了如此雄厚的资本，张作霖也更加看重张宗昌了。从此，张宗昌不仅在奉系军阀集团中站稳了脚跟，而且还具有了举足轻重的地位。

三、奉系军阀中的打手

1924 年秋，第二次直奉战争爆发。奉系军阀组织“镇威军”，张宗昌为第二军副军长，率部在热河一带作战。攻下凌源后，他由第三旅旅长升为暂编奉天第二师师长。

不久，冯玉祥发动“北京政变”，直系军队防线动摇，被迫后退，张宗昌趁势攻下冷口。10 月 23 日，他先于奉系“镇威军”各部，由冷口插入关内，进占滦州，切断了榆关方面直系军队的退路，将直军四个旅的六七万人缴械后收编，使他的军队一下子就扩大了七八倍。为此，他将原来的营长、连长、排长一律提拔为将校级军官。由于提拔的人多面广，时间仓促，来不及更换新肩章，就以假代真，用锡箔纸糊成黄色肩章，手工粗糙，戴上后，一个个像演戏的，令人捧腹。

张宗昌升任“宣抚军”第一军军长，继续南下，进兵江苏，去抢占直系军阀齐燮元的地盘。

张宗昌南下的第一关是徐州。徐州镇守使陈调元，在江苏都督冯国璋手下当宪兵司令时，

张宗昌

就与张宗昌有交往。因此，张宗昌一枪未发地占了徐州。之后，他又直逼浦口，分路渡江。当他抵达南京下关时，齐燮元早已逃之夭夭了。

张宗昌狼吞虎咽地占领了江苏后，便与盘踞浙江的军阀孙传芳对峙。张宗昌在上海，虽是故地重游，但今非昔比，处处摆出胜利者的姿态，天天吃喝嫖赌，大有乐不思蜀的样子。

段祺瑞执政府1925年1月任命张宗昌为苏皖鲁三省剿匪总司令，驻徐州。在张作霖的关照下，张宗昌于4月24日又当上了"督办山东军务善后事宜"。

张宗昌占据了山东地盘之后，更加穷兵黩武，好战成性，几乎是哪里有他，哪里就有战争；他走到哪里，就把战祸带到哪里。

1925年10月，孙传芳受到奉系军阀的威胁，率部反奉，发动了浙奉战争。奉系将领杨宇霆、姜登选、邢士廉等仓促应战，不堪一击，大败而逃。为此，张作霖大发雷霆，召集张宗昌、褚玉璞、施从滨等重要将领开会。会上，张宗昌自告奋勇，要求亲率白俄匪军收复南京，于是，张作霖当即委派他为江苏督办。

张宗昌先胜后败，11月初，被迫放弃了徐州，退回山东境内。

1926年1月5日，张作霖与吴佩孚又互相谅解，共同"讨赤"，并由张宗昌代表奉系与吴佩孚的代表靳云鹗在泰山订立了合作条约。于是，张宗昌指挥直鲁联军和奉军共同行动，夹击冯玉祥的国民军，渤海舰队也北上助攻。

3月23日，直鲁联军和奉军进占天津。4月28日，他们又进入北京，国民军退至南口。张宗昌对国民军咬住不放，联合吴佩孚、阎锡山的军队继续向南口发动进攻。8月，国民军为了保存实力，放弃南口后撤，张宗昌于14日首先率部进入了南口。

由于他在镇压进步力量的过程中，成了名副其实的打手和急先锋，所以受到反动势力的格外青睐。19日，经吴佩孚向北京政府荐举，授予张宗昌"义威上将军"衔。当时，就连早已被抛进历史垃圾堆的清朝逊位的末代皇帝溥仪也写信赞扬他，鼓励他，甚至把复辟的希望寄托于他。

四、中外姨太太队

张宗昌代替郑士琦为山东督办，虽说是以暴易暴，换汤不换药，但统治黑暗的程度还是不尽相同的。张宗昌督鲁后，山东人民遭受了历史上空前的洗劫和严重的灾难，痛苦之深，为全国之首。自从他到了山东，年复一年、日复一日地加捐、招兵、打仗，形成了一种恶性循环。

他搜刮民脂民膏的办法五花八门，无奇不有。他不但明目张胆地要在大明湖建生祠、铸铜像，而且还公然征收“修张宗昌生祠捐”、“铸铜像捐”。他还通过滥发纸币、制造金融混乱来大发横财，所谓“山东省银行票”、“军用票”、“金库券”，不一而足，其数不下几千万，商民不堪其苦。有家买卖拒绝使用军用票，张宗昌知道后，大为震怒，下令将店主抓了去，不但严刑拷打，而且还枪毙了。他为了筹措军饷，经常向济南各银号、各商会“借款”，名为借款，实是勒索。因此，济南的许多银号、商店不得不关门闭店，经理携眷逃之夭夭了。

在他的统治之下，山东的政治黑暗、腐败更是到了极点。官府里和鲁军中，到处都由他的亲戚、亲信把持着。他最宠爱的七姨太监护省署印信，凌驾于省长之上，所有公事均须经她同意方可办理。全省财政大权也由这位姨太太的哥哥掌管着。他不仅随意安插自己的亲戚、亲信，而且同乡、邻居也是从不论贤愚老少，都有求必应，捞个一官半职的。当时，有人说：“学会掖县腔，能把师长当；学会掖县话，能把洋刀挂”，这并不夸张。

不过，他的老乡也有倒霉的。有一次，他的一些老乡来到济南向他求官做，他仓促召见，满口答应，并写了一道手谕。正当这些人为有了出头之日而兴高采烈的时候，执法处竟把他们全抓了起来，战事一紧，又把他们全杀了。原来，张宗昌想把这些人全派到执法处去，不料，手谕竟误写成“全抓执法处”。就这样，一字之差，他们的出头之日变成了杀头之时。

张宗昌还是一个极端奢侈、糜烂、腐朽的家伙。他有一个“姨太太队”，达数十人之多，中外妇女皆备。这在近代中国的大大小小的军阀中，是名列前茅的，也是创了记录的。可是，这仍满足不了他的兽欲，他还在光天化日之下，随时随地抢劫、蹂躏妇女。他挥金如土，更是数一数二的。他的那位七姨太买了一只卷毛狗花了 3000 元，做了一双珍珠鞋用了 5000 元。因此，人人都说他有“三不知”，即“不知有多少兵，不知有多少钱，不知有多少姨太太”。这对他的丑恶与罪恶既是高度的概括，又是形象的揭露和辛辣的讽刺！

张宗昌不学无术、愚昧透顶也是绝无仅有的。他处处模仿封建时代的帝王之尊，出门时，必净街，禁行人。在济南督办公署前的大马路上，经常是五步一岗，十步一哨，布满荷枪实弹的士兵，洒过清净的水后，他的汽车在一百多名骑着高头大马的白俄骑兵的护卫下行进。如此耀武扬威，他十分得意。他也和其他军阀一样，在打仗前要请巫士算卦，问凶吉，因此，巫士十分受宠，常被赐以金钱，授以显职，奉为上宾。因为那时军阀们都迷信，这并不值得大惊小怪。出奇的是他竟干出了“炮击青天”的新鲜事。

1927 年夏，济南一带地方大旱，滴水未落，田间庄稼干枯而死，收成无望。张宗昌心血来潮，下了一道命令，禁止屠杀牲畜，并亲自到龙王庙去参拜，祈求天降大雨。可是，龙王爷就是不给他赏脸，一片云不飘，一滴雨不下。他暴怒不已，咆哮起来，竟向龙王猛击了数掌，惩罚其敢不听他的话。接着，又把军队拉了出来，架起大炮，连续向天上轰击了几个小时，发泄怒气，抖抖威风。结果是，老天不买账，求雨未成，反而留给人们一个大笑话。

五、恶棍的末日

张宗昌统治山东期间，正是中国人民反对帝国主义、反对封建军阀统治的革命高潮之时。他极端仇视革命，竭力反共反人民，肆意逮捕和屠杀共产党员、革命青年、进步人士和无辜群众。他杀人不眨眼，视为儿戏。他有两句杀人的黑话，一是叫“切开亮亮”，就是把人的脑袋当作西瓜，切开晒太阳；二是叫“听听电话”，就是把人头割下来，挂在电线杆子上，像是在听电话，真是令人毛骨悚然。

1925年5月，张宗昌按照日本帝国主义的旨意，电令胶州督办温树德调集军队三千多人，开到青岛郊区四方，开枪打死工人8名，打伤17名，轻伤无数，将三千多名工人押解回籍，制造了骇人听闻的“青岛惨案”。在汶上地方，老百姓对他的黑暗统治忍无可忍，密谋反抗，为此，他派大量军队清剿，不论男女老幼，见人就杀，见房就烧，使这里尸骨遍野，村庄尽为灰烬。

1926年4月，张宗昌率领直鲁联军进了北京后，立即把他在山东的种种暴行施之于北京。正当张宗昌在北京横行之时，北伐军迅速推进，势如破竹，吴佩孚、孙传芳被打得落花流水、狼狈而逃。声势浩大的革命洪流，使张宗昌预感到灭顶之灾即将到来。11月，张宗昌和张作霖以及来天津乞援的孙传芳举行会议，组成了安国军。12月1日，张作霖自任安国军总司令，张宗昌和孙传芳任副司令。

1927年初，张宗昌在济南召开了军事会议，调集17万人马，兵分两路，一路由前敌总司令褚玉璞率领，直扑南京、上海，接替了孙传芳部队的防地；一路在他的亲自指挥下，进取皖北。在皖北，他连遭重创，败回济南，心情十分懊丧。3月上旬，北伐军推进到上海附近，中国共产党为了配合北伐，领导上海工人举行了第三次武装起义，张宗昌的反动军队同起义工人展开了激战，最后被赶出了上海，退回山东。4月，蒋介石背叛了革命，宁汉发生分裂，张宗昌、孙传芳乘机发动反攻。孙传芳再次夺回徐州等地，直抵长江北岸，准备进攻南京；张宗昌在津浦、陇海铁路沿线与蒋介石、冯玉祥的军队作战。8月初，孙传芳在龙潭惨败，元气大伤。10月末，鲁军在河南兰封一带被冯玉祥的军队打败。

1928年4月，蒋介石、冯玉祥、阎锡山的军队发动了总攻击。30日晚8时，张宗昌在济南实行了紧急戒严，断绝了一切行人交通，然后逃出了济南城，西窜冀东。在冀东，张宗昌惶惶如丧家之犬，处境十分狼狈。他经常对褚玉璞说：“我把山东赔光了，来到你们直隶，我在这里是吃劳金的。”现出了一副可怜相。6月4日，张作霖在皇姑屯被日本关东军埋设的炸药炸死。兔死狐悲，张宗昌如丧考妣，在滦州为张作霖设灵堂、穿孝袍，日日上祭，天天举哀，失魂落魄，无精打采。这时，他企图把自己的残兵败将撤到关外，但遭到了张作霖权力继承者少帅张学良的拒绝。不久，白崇禧的军队开到冀东，将张宗昌包围。9月19日，在滦河一带，张宗昌的部队被白崇禧部队击败，张宗昌进退失据，不得不化装潜逃，弃军而走，从滦河口乘小船逃到了大连。

直到这时，张宗昌仍贼心不死，妄图东山再起。他冒充中华民国代表，与日本帝国主义的走狗谢米诺夫订立了所谓的《中俄军事协定》，寻求外援。逊位清帝溥仪不断为他打气，派人到旅顺慰劳他，还送给他《臣鉴》一部，以示厚望。

1929年初，张宗昌在日本帝国主义的支持下，纠集一批散兵游勇渡海在山东烟台登陆，企图夺占山东，但被击溃。张宗昌仓皇逃往日本，住在自己在东京购置的别府。在这里，他虽然表面上当起了寓公，但是，暗地里仍没有停止政治活动。

1931年"九一八"事变后，他打着"抗日"的招牌，大摇大摆地回国了。1932年9月，他又以回籍扫墓为名，从北平窜到济南。当时的山东省政府主席韩复榘发现他阴谋重新占据山东，便决心除之。

从目前所知的资料看，韩复榘除掉张宗昌至少有两个方案：一是让山东省政府参议员郑继成以为其叔父郑金声报仇的名义，在济南火车站伺机暗杀张宗昌；二是在火车站的兵车里埋伏士兵，组成暗杀队，以防郑继成暗杀不能成功。

张宗昌部队

9月3日这天，对济南来说，虽是初秋时节，但已充满了浓浓的秋意。秋风萧瑟，黄叶飘落，死神的魔影也开始跟随张宗昌，张宗昌却全然不知。当时，为张宗昌送行的人很多，郑继成也夹在里面，手放在裤兜里，紧紧地握着已上膛的手枪，正在寻找暗杀的时机。就在张宗昌向送行的人一一告别时，郑继成认为时机已到，悄悄地掏出手枪，举枪向张宗昌的心脏部位扣动了扳机。或许是过于紧张的缘故，结果，枪没打响。张宗昌发现后吓得直冒冷汗，腿也在不由自主地哆嗦，但逃生的欲望很快占了上风，只见他丢开了送行的人群，仓皇逃到了火车上，但郑继成显然豁出去了，马上追了上去。张宗昌又逃到车下，郑也追到车下，沿着铁轨追赶惶惶如丧家之犬的张宗昌，不料，郑被铁轨绊了个嘴啃泥，手枪被摔出一米开外，"砰"的一声响了，但没能击中张宗昌。几乎是在同一个时间里，停在站里兵车里的韩复榘预先埋伏的士兵举枪将跑在前面的张宗昌击倒在地，跑在后面的郑继成快步赶上前去，朝张宗昌的脑袋"砰砰"就是两枪，张宗昌当即身亡。

凭心而论，张宗昌是有一定军事才能的，但他的那种匪徒性格，使他变得异常残暴、腐朽、贪婪，荒淫无度，老百姓对他早就恨之入骨。当时在济南火车站看到张宗昌被击毙一幕的老百姓，无不拍手称快，看到尸体横卧在站台上的张宗昌，也没有人去抬，最后还是由官府出面将他抬走，但没有哪一家棺材铺的老板愿意卖棺材去装殓他。这可以说是人们对一代枭匪张宗昌的最真实的评价。

雁北巨匪乔日成

一、胆大又心细

乔日成，字化文。1910 年出生于山西省应县下社村乔堡一个农民家庭。幼时因出麻疹，脸上留有小麻子。

乔日成自幼胆大异常，且鬼心眼儿特别多。他 5 岁时，一次在街上围观一个摆摊的铜匠，见摊子上有颗漂亮的小铜铃，十分喜爱，拿在手上把玩一阵儿，却无钱购买。他小眼珠子一转，想出个鬼点子：趁铜匠不注意，他把铜铃装入一个比他还小的娃娃兜里，随即推了那个孩子一把，让其走开。待铜匠发现丢了小铜铃后，即向乔索要。乔毫不胆怯，主动提出让铜匠搜身，结果一无所获。乔日成反把铜匠骂了一顿，然后走开，追上那个孩子，将铜铃要去归为己有。

山西应县的净土寺一瞥

1921 年，乔在城内高小读书。是年暑假（阴历六月），正值五台山历年的骡马交易大会举办时节。其父欲买匹好种马，于是带他同去五台山。乔氏父子在马市上转来转去，终于看中了一匹高头宽胸口轻的好儿马。因当时有几个买主，于是卖主便设标箱让众人投标，最后看谁出的价高，就将马卖给谁。乔父寻思，投少了怕买不到手，投多了又怕吃亏，便下意识地问了一句年仅 12 岁的乔日成。乔日成略作思索便说道："这好办，咱在票上不写多少钱，只写一句'我比别人投的最高价多一元'。"说罢，他即代笔写好标底投入箱内。开箱之后，他的父亲果然买到了那匹好马。

1924 年，乔日成高级小学毕业，考入右玉县省立第七中学读书。该校英文教员王藩与乔同乡，且校内师生中唯有他们二人为应县人。因为这层关系，所以王、乔两人感情接近，平日也多有往来。

1925 年暑假，七中部分学生为一些人所鼓动，借口王藩教英文学生听不懂，要撵走王另换他人。一天上午，四五十名学生涌到王藩宿舍，硬把王拉了出来，还把王的行李搬出，要将其赶走，乔日成上房揭瓦，打散众人，后被开除。

王藩是应县刘义村人，与乔堡仅相距 10 余里。王家在民国时期是应县有钱有势的新兴大地主。王氏兄弟四人均为大学毕业。老二王辅，保定军校和陆军大学毕业，当过山西阎军少将旅长，后任中央军副军长。经他保荐，1926年春，17岁的乔日成到太原上了阎锡山的北方军校。

军校不收学费，且公家供给衣食，毕业后即有差使可干。乔日成进入军校后，想到日后可谋个一官半职，真是春风得意，如愿以偿。

乔日成生性放荡，不受拘束。于孝先之胞兄于绍先与乔自幼相好，时任晋军连长，因犯军法被扣押于太原陆军监狱。1927年春，乔闻讯往探，方知于已获释住在正太街大丰栈旅店。为与其见面，乔请假未准，遂于一天夜间从军校大营盘的厕所爬墙而出，后被校方知悉，将乔开除。

乔日成被开除后，暂住于处。他因手头拮据，觉得总花于的钱也不是滋味，一日便拿了于的手枪去抢钱。

大丰栈与火车站相距不远。一天，乔刚出栈房街门，就见一个大腹便便的洋人提着皮箱朝车站走去。他疾步上前，用手枪逼着洋人进到栈房于的住处。洋人见状，心里发呆，只好乖乖地让乔、于二人搜身翻箱，将其所有贵重物品掠去。随即，乔、于二人离开大丰栈，移居他处。当晚，山西省政府得到该洋人的控诉并电报了北洋政府及外国使馆。翌日，晋阳日报登出有两名军人在大丰栈抢了一个瑞典传教士的新闻。此事轰动了太原城，引起国际交涉。当局马上通令太原军营及宪兵严查流浪军人，但终不得结果。

二、学生抢学校

乔日成初次抢劫得手，第一次感受到了有钱的快乐。他每日里下馆子，逛妓院，上赌场，看名旦，好不快活。只几个月光景，将钱挥霍殆尽。在于绍先的劝说下，年方18岁的乔日成又从友人处借得一张初中文凭，考入太原私立中山高中。

是年冬季，奉军攻打晋军并占领了雁北地区，致使在太原求学的雁北籍学生因邮政和交通阻断而无法得到家庭接济。山西督军兼省长阎锡山下令给每个学生补助30银元，由学校造册领取。乔日成见有机可乘，除领个人的一份外，还开据其他不到校的雁北籍同学名单，向校方强要代领。会计不准并与之争吵，乔怀恨在心，于当天下午身着军装持枪到校财务室将会计打死，抢走银钱若干。

一不做二不休，乔从学校出来后又转到原所在军校王教官家。他看王太太一人在家，就说是王教官让他来取钱发饷。王太太吓得魂飞魄散，赶忙开柜拿钱，还将手上的金戒指取下给乔。临走，乔让王太太趴在地上，不许起来和哭叫，然后他即逃之夭夭。

乔跑到北门外一家旅店换上便衣过夜，第二天又抢了邮差的一辆新自行车，骑车跑到口外的绥远省。时隔不久，太原宪警将于绍先抓捕到案，复转阳曲县政府审理(太原城归阳曲县管)。该县县长杨楷也是应县人，清末举人，听于叙说借给乔的文凭考入军校等情况，方知抢匪真名是乔日成。加之杨县长也知于的三个哥哥均为现役军官，于是将于绍先释放，并上报省政府另行通缉乔匪。

乔日成接二连三的抢劫，一时成为全省奇闻。阎锡山即给各地军政下达通缉令，并严令应县政府务必将乔追捕归案。

三、拒捕杀警察

绥远省是奉军势力范围，乔日成逃到那里，就犹如进了保险区，阎锡山再也奈何他不得。乔用抢来的钱结交了不少地痞流氓，整日包娼嫖妓、吃喝玩乐，并学会了吸食鸦片。如此约一年光景，乔的口袋里所剩无几。

1928 年腊月间，乔日成悄悄回到老家下社村。他用银元买通了区长，在家中居住月余。

不知何人告知县里，翌年正月的一天夜里，应县公安局 30 多名警察突然来到乔堡，包围了乔的住宅。四五名警察上了房顶，十几人进入院内堵住门窗准备入室抓人。当时，乔正躺在炕上吸大烟，听到杂乱的脚步声响，立即提枪走到外屋，慢慢将房门拉开一条缝，瞄准院内警察连发射击。当即数人倒地，几个带伤的也惊慌惨叫而逃。房上和院外的警察还未搞清咋回事，亦随之撒腿跑散。乔见状迅即上房，又向街上警察射击一阵，跑散的警察才作还击。乔越过邻院房顶，趁夜幕掩护逃出村外。

此次公安局抓乔未成，反死伤十多人，便把气都撒在乔父身上。他们硬说乔父包藏匪儿打死打伤众警，要他抵命。当场把乔父打个半死，然后叫民夫抬进城内投入狱中。乔父两次受儿之累，决心与乔日成断绝父子关系，出狱后便将乔日成的妻儿分居别院。

乔日成打死打伤警察后并未远遁，而是躲藏在附近村子亲友家中，暗里让人探听告他的人。

山西大院

不久，搞清了到县里报告的是本村一男人，他便在一个白天窜回村中将那人枪杀，同时警告村上的人们，说谁再报告就打死谁的全家。之后，他又跑到口外避风去了。

四、军官重为匪

中原大战前的1929年冬到1930年春季，阎锡山在山西大搞扩军。正是在此时，乔日成投到阎军第十五军第三旅，当了王辅旅长的贴身副官。

大战前一阶段，阎军和冯军进展顺利，不到半年工夫即进占了半个中国。危急中，蒋介石以金钱和地盘为条件，诱使张学良出兵山海关包围了阎冯军的后路，使整个战局急转直下。蒋介石转败为胜后，迫使阎冯下野。阎军由张学良代蒋收编，由原来的15个军缩编成4个军。所有编余军官共8000余人，在太原成立了一个编余军官教导团收容之。王辅亦在编余之中，担任教导团教官。乔日成被编余后不愿入团受训，带着一个护兵闲住太原。

到1931年，年仅22岁的乔日成因断绝经济来源，又变得囊空如洗，再度陷入困境之中，于是重操旧业。

乔原所在三旅三团的团长邓兰友家是太原附近一有名的地主和兼营煤窑的资本家。在部队时，邓曾与乔发生过争吵，故乔对邓怀恨在心，一为抢钱，二为报复，乔此次将抢劫对象定为邓兰友家。

这年夏季一天上午，乔与护兵全副武装，乘马直奔邓家。乔让护兵守住大门，监视院内外动静，他独自假冒邓团长同事入院，劫得两包银元烟土，他们各挎一包，骑马朝北飞奔而去。

邓团长听家人述说匪之相貌特征，知是乔日成干的，遂直接呈报了山西省主席徐永昌。徐严令应县政府缉乔归案。应县县长周敦信派出大批警探到下社侦缉，根本不见乔的踪影，又将乔父带到县城讯问未果，只得将乔父放回。

乔日成抢了邓团长家后，由太原径奔绥远省省会（今呼和浩特市），换成便衣，把马卖掉，又尽情享乐起来。

乔到绥远后，先住进妓院，结识一雁北籍妓女张玉玲。此人颇有姿色，与乔相处非常亲热。初时，乔独占包房，张不再见客；继则乔出钱将张赎出，二人以夫妻相处，移住一旅店中。如此过了两年有余，手中银钱花尽，又将首饰等物卖掉维持了一段时间。乔觉得如此下去不是长久之策，于是决定将张玉玲另作安排，然后自己好去谋一条生财之路。张也知乔是赫赫有名的土匪，对乔如此安排也很理解，虽依恋不舍，但不得不照此而行。

是年秋季，乔日成离开绥远城来到杀虎口外，开始了护送大烟贩子出关的保镖行当。雁北各县尤其是应县的烟贩子，都知乔日成的厉害，所以大都愿雇他保镖。每次过关进口时，乔领队在前，独自先到关卡门口堵住卡警，如未发现即行通过；如被发觉，乔即送礼说情请求放行；若不放行，乔即开枪对抗，打死执勤人员护送烟贩子们安全进口。那时，关卡人员多靠吃黑钱发财，送上门的钱大都乐于收下，这样也免得双方交火造成伤亡。一来二去，乔便与关卡人员交上了朋友。

乔干了一段保镖后，总觉得挣钱太少，来得太慢，很不过瘾，于是也干了一桩抢劫烟贩子的买卖。

五、疯抢又滥杀

乔日成抢劫了烟贩子回到家中，官府抓捕他的风声已经过去。因此次抢劫是黑吃黑，无人告状，所以他在家中得以安然居住。

到了1935年秋季，乔日成的手又痒痒起来。于是便与其兄乔日昌合计，准备做个大买卖，目标是离应县不远的浑源黄崖村的张凯家。张家是当地最有钱的大地主，以放高利贷和种黄芪发财，有护院家兵。

乔日成将同他抢过南山的两个小匪召来，连他哥哥共四人各带手枪一支，夜间出发，次日上午到达黄崖村。他们进村后找到张家住处，察看了进出村的路径、街道情况及张家收晒黄芪的场院，然后开始行动。

乔日成独自从容地走进张家前院，经过厅直至后院的正庭，见到了张老太爷。他假称是买黄芪药材的客商，与老太爷寒暄后即谈论起黄芪价钱，并约定秋后再来收购，然后辞别出村。

乔与同去的三人见面后，商定当天下午待村民和张家长工都下地后即行下手。他们四人潜伏村外，吃过干粮休息一阵子后即奔张家而去。乔让两个小匪守前院和街门监视院内外动静，让其兄守卫过厅监视内院。布置停当，他独自走到正房。

当时，老太爷和老太太正在午睡，乔掏出手枪照老太爷头部砸了一下，随即砸了老太太背部一下后厉声说："快把你家的金条法币银元全拿出来，不然开枪打死你们两个老狗！"乔又说道："我们是土匪，来的人很多，已经把你家包围了。"两个老人哪见过这阵势，老头子忙催老婆子开箱取钱交给乔。乔还亲自砸开一个大板箱，找出一些金银、钞票和烟土。然后分成四包，将其兄和两个小匪叫到屋里，每人背上一包逃之夭夭。

乔等四人走出村外四五里许，有十多人从后边追来，用步枪朝他们射击，将乔日昌击伤，行进不得。乔日成开枪，一梭子弹将跑到前面的几个人撂倒，双方成对峙状态。乔将其兄伤口包扎后，吩咐两小匪掩护其兄就地对抗，待天黑再作打算；自己便悄悄返回村中，窜至张家晾晒黄芪的场院，放火将场中黄芪茎点燃，顿时火光冲天。张家追击抢匪的人见场中起火，急忙撤回救火。乔日成亦趁机返回原地，令两小匪搀扶其兄先走，到前面村子雇一毛驴将乔日昌送至家中。

乔日成掩护其兄脱险后，独自趁星夜走出数十里宿在浑源县一小村庄。张家人伤了他的哥哥，他决意再进行报复。翌日下午，他酒足饭饱之后重返黄崖村。天近黑时，他窜到张家场地，见不少人正整理被烧焦的黄芪，掏出手枪就朝人群射击，当场打死打伤五六人，场中乱成一团。乔复仇目的达到，趁乱扬长而去。

这起抢劫案和枪杀案使浑源县上下震惊，成为全省的大案。经查，此案又是乔日成所为。除浑源县派警察四处巡查追捕外，阎锡山亦下令各县严密侦察并悬赏重金通缉之。

谁能料到，乔日成此次带上金条元宝烟土和银钱，连夜跑到阳高县，化装成商人乘火车往北平天津游玩去了。“拾来的孩子不怕摔死”，乔日成到平津后，住的高级饭店，吃的山珍海味，包的高级妓女，看的四大名旦，凡是好玩有名的地方都去观赏游玩，真是随心所欲，大开了眼界。

此案发生后，受阎锡山之命，应县政府再度派警察到乔堡抓人未果，就将乔父并其兄抓去拷问。乔父言道：“我痛恨这坏小子比你们当官的还恨，他每次回村我都报告官府，你们抓不住他，扣我有什么用。我跟你们发誓，如他再回来，我一定杀了他！”县长当堂嘉奖他大义灭亲，便即开释。随之审讯其兄乔日昌时，判定四名匪中有他，乔日昌无言可辩，供认不讳，遂被押往浑源县处决。其他两名小匪早已闻风逃匿。

六、活埋老父亲

乔日成在京津混荡了一年多光景，不仅目睹了有钱阔人的奢侈欢乐，也看到了破衣烂衫、露宿街头的穷人的苦难，从而使其思想受到刺激，尤其是“一二·九”学生运动中爱国学生的抗日激情使其受到感染，萌生了做一番正经事业的念头。乔认为山西可能已不注意他这个土匪了，遂于 1936 年秋季返回应县。

其父见他回家，如仇人相见，顿生杀子之念。一天夜间，乔父带一把菜刀潜入乔日成所居宅院，从窗孔窥见匪儿与其妻在一条炕上头朝外躺着，正在吸大烟，便轻轻撬开房门，举刀朝乔的头部砍下。

乔日成已听得门响并机敏地移身起坐，枕头被劈烂了，却未伤着乔的一根毫毛。乔随即拿起手枪对准其父的脑袋说：“念你生养我一场，这一刀饶了你，如再行凶，我崩了你！”吓得其父抱头鼠窜，也不敢进城去报告官府了。一日，乔日成进城联络故旧，听到官府要抓他，便越墙而出，渡过桑干河，再度到绥远一带避风去了。

逃难

1936 年秋，乔日成在口外的绥远、包头等地联络了许多朋友，其中有他应县的老乡，也有兵痞、匪痞等一些无正当职业的人，为成立一支队伍作了必要的准备。

绥东抗战爆发后，他认为时机到来，便急速返回家乡准备举事。当他走进下社村后，见村里驻满了军队，是阎锡山的六十一军七十二师，师长陈长捷，师部驻扎在乔堡的天王寺大院，与乔家邻近。乔认为军队不管政府通缉他的事，加之官兵们又不认识他，便毫无顾忌地回到家中。

万没料到，乔父见儿子回来，便悄悄到师部报告了陈师长，陈师长遂派出特务连于拂晓时包围了乔堡，以一个排的兵力进入乔家院内并上了房顶喊话。乔在酣睡中惊醒，知是大军来抓难以脱逃，如抗击拒捕定会危及老婆孩子的性命，遂开门投降就擒。

乔被带到师部后，陈师长端详一会儿说："好样的，可惜不走正路走了邪路。"乔幽默答道："世上哪有正路邪路之分，成者王侯败者匪嘛。"说得陈师长慨叹良久无话可说。经师部军法处讯问毕，便将乔五花大绑押往城内交应县政府处理。应县申报到省政府，说是乔在本县查无抢案又无原告，最近犯案的地方在浑源县，应移交浑源县对案审理。到1937年春，省里复令将乔转解浑源县。

乔被解往浑源后，其父认为除了一害，感到松了口气。其母却整日哭哭啼啼，寻死觅活，为其两个儿子都被送往浑源县处死而痛心至极。她终于急疯了，日夜厮打老头子，说是他害了全家。不久，老太太即喝大烟自杀了。

乔到浑源县被下在死牢。待县政府将全部案情调查完毕，已是入春时分。在县长坐堂提审时，不少官民纷纷来到大堂围观。升堂后，乔戏谑道："你们当官的贪污受贿了多少钱，也请向观众详细供出。"气得浑身发抖的县长便令衙役掌嘴，打得乔口鼻流血。

1937年夏季，7月7日，爆发了卢沟桥事变。

到1937年9月间，日军沿平绥线进攻，侵占了天镇、阳高、大同等地。所有驻防雁北的部队纷纷溃退，各县政权随之土崩瓦解。浑源县政府官员准备撤逃之际，自行决定届时将死刑犯枪决，其余的释放。

值此当口，一天下午放风时，乔对众囚说："外面情况不好，日军快来了，县政府要把我们犯人都处死，他们就撤到关南逃难去了，咱们赶快打开监狱跑吧。"众犯听后都很惶恐，一致表示听从乔的指挥，立即行动。

乔让两个没带刑具的犯人把开监房门的看守拉住，连劝带威胁，让其把五六十个带刑具的刑具砸开，由乔带二三十个年轻力壮的犯人冲在前边，其余200多犯人紧随其后。到狱门后，两个守卫的警察还没弄清咋回事就被缴了械。然后冲到警察班宿舍，抢了十多支步枪及子弹、手榴弹等，冲出了监狱，在乔的指挥下，众犯安全逃出浑源县城。当晚，众犯人同宿城西一小村庄，由村长安排了饮食招待。经过商量，有6人愿随乔到应县成立部队，有7人表示先回家探亲然后再到应县。至此，乔已拉起有14杆枪和7人的队伍了。翌日，大家各奔西东。

乔日成回到家乡时，地方上已是一片混乱，老百姓惶惶不可终日。他们既怕日军来了烧杀，又怕散兵土匪来抢劫骚扰。下社村民见到乔日成回来，并带有十几支枪，非常高兴，一致拥护乔当队长，即日成立保家队，雇用30多名青壮年，搜集起30多支步枪、冲锋枪，还有2挺轻机枪和一些弹药交乔使用（这些武器都是溃兵遗弃的）。乔组织了4个班的一支武装部队，指挥所就设在他家。

乔父听说儿子越狱回来，还带有人、枪，觉得无颜相见，遂跑到村外跳井自杀。但井水不深，未被淹死，村人发现后将他捞出，并报告了乔日成。

乔日成说："他既自寻无常，就让他痛痛快快去吧。"当即派从浑源跟来的6人带上铁锹，在村外井旁挖了个坑，将自己的亲生父亲给活埋了。

七、夺得美人归

乔的保家队迅速扩大。1937 年 8 月，日军侵占应县城。乔日成初时不愿投敌，后日军派伪县长王相（乔念高小时的校长）亲与游说，乔乃于 1937 年 12 月间接受伪职队长，改为南乡保甲队，武器弹药由日军补充，粮饷服装就地自筹，受日军节制。

乔的野心是很大的，他明里降日当了伪军，暗里又投靠了国民党察省主席张盛生，张给乔挺进纵队番号，委乔为纵队司令，令乔发展势力。

乔毕竟入过军校并在部队干过，因而对带兵是不陌生的。他对部属既能严格要求，又能与之同甘共苦，这为其部队的巩固和迅速发展奠定了基础。他不断收编散兵游勇，吞并其他小股武装，加之他乡的保家队主动投归，到 1939 年上半年时，其部队已发展到 2500 余众。

为利用乔的势力对付雁北的八路军，1938 年间，日军特加封乔为“雁北剿匪司令”。于是，乔借机组织司令部，下设军法、军医、副官、参谋、秘书、稽查、军械、军需等八大处，将部队改编为 4 个大队和 1 个特务连，一时称雄雁北，乔队也改称乔军了。乔虽接受了日军加封，但受编不受调。

应县南河种村有一美貌女子，名次淑贞，15 岁时即长成如花似玉的大姑娘，加之读过三年小学，略通文墨，聪慧伶俐，令人见之倾心。后由父作主，嫁给应县城一名医之子田俊为妻。婚后二年，抗战爆发，田俊远去南方参加抗战工作。淑贞在家独居，空房寂寞，春心萌动。日军占据应县城后，随军翻译孔仲文与次淑贞结为露水夫妻。一次乔到县城开会，在老相识周焕家遇次淑贞。乔一见倾心，并提出娶之为妾。在次回家时，乔即尾随其后，后二人同居。当时，乔已 30 多岁，而次仅十七八岁，故乔如获至宝，夜夜合欢。孔翻译后知此事，但惧乔威势，也只好退避三舍，忍痛割爱了。会议结束后，乔即带次到下社村，终日形影不离，正式纳次为妾。

1938 年，日伪政府下令雁北各村农民种植罂粟，这给乔日成提供了一个发财的机会。他凭借自己的实力，逐渐控制了应县的乡村政权，除向农民征收烟税外，还大做烟土生意，聚财甚多。乔利用搜刮来的钱财，除进一步扩充兵源、增加实力外，还开办了兵工厂、修械厂、木器厂、铸铁厂、被服厂等小型工厂。

八、对抗八路军

乔日成独霸应县乡村政权后，将这一带视为一己之天下，既抗拒日伪政府插足，又阻碍破坏抗日政权的建设。

乔军司令部驻地新堡常驻一个大队和特务连的兵力，约计700余人。下社村南5里许的小石口村，亦常驻一个大队互为犄角。乔军在新堡构筑有防御工事，构成上中下三层防御体系和交叉火力网，易守难攻。

1939年7月，八路军三五九旅奉命由河北调回延安，途经应县时，应晋察冀边区政府之请求，同意攻打新堡，拔掉乔日成这颗钉子。王震旅长命令七一七团突袭下社新堡，激战整夜亦终未攻入堡内，因返延安时间紧迫，所以便撤围西去。雁北支队亦未攻克小石口，复上南山。自此，乔日成便与八路军完全敌对了。

此日战斗结束后，乔日成将战报报到大同日军师团部，并有驻防应县日军连夜发去的电报证明，乔日成再次得到日酋的赞赏和重视。

乔日成设计将抗日失利来投的结拜兄弟王天存杀死，吞并其队伍，并电告日军。大同日军师团长派来汽车拉走王的尸体验证后，又转送张家口日军军团司令部验明正身。日军对乔此举再次大加奖赏，将乔的“雁北保甲队”队长升为“晋北挺进军长城南境剿共总司令”。

九、恶战日本人

乔日成解决了王天存的部队后，备受日军重视。日军不仅给乔不少武器弹药、纸币等物，还给乔派入一名日军准尉军官当顾问，派来6名曹长（上士）当各大队的指导官，旨在控制乔军。

待7个日军士官到达乔部后，乔把他们安置在司令部另外一个好房院集体居住，不往各大队分配。从村里雇了7个年轻姑娘，陪他们夜宿昼乐，教会了他们打麻将、吸大烟。这些下层日军士官，哪里享受过这般花天酒地的日子，故对乔无不十分感激，惟命是从。

1940年夏季，乔日成吞并应县另一铁杆汉奸王国相部，遭到日军干涉，并形成对抗。

1941年2月18日，日军派驻大同的师团长黑田中将亲自指挥一个日军机械化师团约8000余众和伪蒙一个骑兵师、一个步兵师约6000余人，三路大军合击乔军。次日拂晓，黑田所率日军到达城北10里的桑干河木桥，用计骗开城门，占领应县。

劝乔投降不成，黑田即下令向乔日成的驻地新堡发起攻击。飞机、大炮、迫击炮齐发，轰击堡墙和堡内民房，顿时地动山摇，房倒屋塌，整个新堡成为一片火海。战斗十分惨烈，一直打到黄昏，日军始终不能攻进，双方伤亡都很惨重。与此同时，四乡外围据点也都处于激战之中。到天黑战斗停息后，守卫新堡的乔军1500多人，阵亡近千人，重伤200多，尚有战斗力的仅剩下300余人。半夜时分，乔日成将所余人马分为三路突围。出敌意料的夜袭，使日军指挥部混乱不堪，并死伤不少中高级军官。乔军官佐及家属组成的第三路得以乘隙安全向西转移。

翌日拂晓，日军拥入新堡和乔堡，挨户搜查，见人就杀，无论男女老少全杀光。此次日乔之战后，日军在新堡、乔堡等地大屠杀四日，共计残杀1650余人，烧毁房屋850余间，奸污妇女、掠夺财物难以数计。

乔日成率200人于半夜突围后，次日晨到了南山八路军的根据地。然而乔始终不愿归属八路军。他要收集失散官兵，重整旗鼓，以图东山再起。乔即刻派人下山联络散众，不多日即收罗回散兵300余人。

日军在残杀中国俘虏

日军在新堡受到重创后，又从蒙疆各地调来大批伪军，重新组织兵力开往南山，一面扫荡八路军根据地，一面追击乔日成。

是年秋季，乔部转移到草垛山附近，日军以一个连的步兵和一个师的伪军包围了草垛山。双方战斗打响后，乔部利用有利地形与日军周旋，采用“分兵诱敌、合兵歼敌”战术，使日军腹背受敌，伤亡很大。

乔日成突围到水磨村，收集散兵，又至500多人，他将这些人马编为5个连队，直接接受其指挥。

在草垛山追剿乔部的日伪军发现乔部突围后，继续搜寻追击。当乔队在水磨村扎定不几天，日伪军又以四路同时向水磨村扑来。这次战斗，从上午直战到黄昏，乔部终因寡不敌众和弹尽而大部分战死，但日军死伤更为惨重。

天黑后，乔日成身边仅剩下7人，后突围而走。乔对身边的几个人说：“我现在没有兵了，不能在此抗日了，只好先到国统区去。”于是，乔到了绥远去找张盛生和傅作义。

十、临阵挨黑枪

张盛生时任国民党察哈尔省主席兼晋察绥边区抗日挺进军司令，但当时张在绥远实是寄傅作义篱下，所以很难满足乔的要求，便推荐他到重庆中央高中级军官训练团受训，并让他设法见到蒋介石，求蒋给补充兵员和武器。

1942年正月，乔去了重庆，到中央军训团受训。他托人引荐，晋谒了蒋介石，并提出补充兵员请求，蒋听后很不耐烦。最后只得到军委发给的一张“华北剿匪军少将司令”委任状和一张奖状，仍是令其自行发展。

1942年夏，乔在重庆受训结束，即返回绥远。他又想投归二战区的阎锡山，阎接连传见他三次，并于之促膝交谈，待他为上宾。阎先令乔在洪炉训练3个月，还参加了阎的铁军组织。受训毕，阎委乔为“第二战区雁北挺进纵队中将司令”。

乔到绥远后，发展队伍也并非很顺利，所以直到1945年日军投降时，才仅发展到300多人。按阎锡山的指令，乔即时开进雁北。

1945年8月17日，乔率部开进雁北。抵大同城外时，乔通知城内日军投降。日军听说是乔日成，便紧闭城门不予理睬。乔部不足一个营的兵力，无法占领大同，遂联络旧部张朴率伪警备队500多人一起奔回应县。

抗战胜利后，共产党领导的人民政府在应县农村发动群众，组织民兵、农会、武委会等，开展“减租减息”运动，进行土地改革。这一时期，乔日成一直盘踞在应县城，并不断派部队到城外活动，进行抢掠和报复，杀害革命干部和群众。同时，不断加固城防，时刻提防着解放军攻城。

1946年7月20日，晋察冀军区命令解放军四纵队第十旅旅长邱慰、政委傅崇碧指挥全旅3个团，加之雁北军分区部队的配合，进攻应县城，一举攻占了东西两关，把乔的部队包围在城内。

驻军应县城的乔匪成了瓮中之鳖，但他们多是些亡命之徒，匪性不改，因而凭借着坚固的城防工事负隅顽抗。在7月20日，我人民解放军发起了三次攻城大战，但终因抵抗强烈，未能攻下，我军伤亡很大。第十旅的攻城将士们只得先行包围，再谋攻城之计。但令攻城将士没有想到的是，在我军发动第三次冲锋，攻城双方正激战之际，乔日成被他手下的一个连长岳中正用枪击伤，生命垂危。

岳中正是乔日成部下的一名连长，在乔的匪部发展的鼎盛时期，即1940年前后，岳中正当上了乔的一名排长，其妻章氏生得颇有几分姿色。一天，乔日成到岳所在的连队去视察，偶遇章氏，即被其美色所迷住。但碍于岳的面子，不敢轻举妄动。十余天后，乔瞅准机会，走到岳的住处，对章氏提出非礼要求，章氏对乔日成平日颇有好感，在半推半就之中完成了苟合之事。在以后的日子里，乔日成更是一发不可收拾，霸占岳妻达半年之久。最后此事终于被岳中正得知，其妻羞愧难当，自尽而亡。岳中正与乔日成由此结下了深仇大恨，只是因为乔匪强壮有力，又是自己的首领，岳也奈何不得。为了安慰部下，乔日成让岳中正升任连长，但岳的仇恨并没有消除。

正当解放军对乔匪发动第三次冲锋，激战正酣之际，乔日成也俯身在垛口后面疯狂地向我军射击，岳中正认为他此时没有防备，正是报仇雪恨的大好时机，于是近距离地端起手枪，瞄准乔的腹部“砰”地就是一枪，乔日成应声倒地。

乔被击中腹部后并没有立即毙命，而是命令贴身卫士将他秘密抬下，并且严令内部人员对此事要严守秘密，以免扰乱军心，影响匪徒们的士气。乔日成被抬下后迅速送到匪军医所，匪军医们马上组织手术抢救，但由于子弹射穿内脏，伤势过重，两天后，乔日成终于不治身亡。

乔日成死后，我军第十旅的攻城战士们也迅速攻占了应县县城，乔匪的部下非死即逃，真正呈现了土崩瓦解之势。岳中正被俘后因不愿投诚，被我军就地遣送。

鲁地巨匪"刘黑七"

刘黑七，出身于一个贫苦农民的家庭。他的童年和少年时代，是在地主的长工屋中度过的。他像旧社会广大的贫苦农民一样，饱受过黑暗统治的痛苦，遭尽地主恶霸的盘剥和欺凌。痛苦的人生，不幸的遭遇却没唤起刘黑七的深思和反省，他草率地走上了一条与人民为敌、成为匪首的道路。作为敌人，他最后终究没能逃脱人民的惩处。这里，并不是哀叹刘黑七的失足，为其罪恶的人生惋惜，而是想通过对刘黑七这个罪人的剖析，揭示出在旧社会，反动者是如何作恶多端、鱼肉人民的，广大劳苦民众又是如何图存挣扎的。

一、一场特殊的战斗

1943年12月的一个夜晚，鲁南山区的上下柱子村，发生了一场特殊的战斗。当时正值隆冬季节。老天似乎专与人作对，天气冷得出奇。

夜里，大地静悄悄的，北风偶尔呼号几声，枯叶瑟瑟作响，残枝吱吱颤抖，使人不寒而栗。这更增添了冬夜萧瑟的气氛及这场战斗的神秘感和艰巨性。

说这场战斗神秘，是因为执行这次任务，由鲁南军区政委王麓水和鲁南区委张书记亲自率领着三团和五团，其打击对象则是一个叫刘黑七的土匪头子。这家伙神出鬼没，多次逃脱我军的追捕。说这次战斗艰巨，是因为上下柱子村是刘黑七的老巢，他对此地了如指掌，虽然已经溃不成军，仍负隅顽抗，而且，这出奇寒冷的夜晚也给我军行动增添了不少困难。

夜漆黑，伸手不见五指。部队冒着严寒，迅速包围了柱子村。一切准备就绪，政委和书记交换了一下眼色……一声令下，步枪、机枪同时爆响，腾起火光一片。部队向刘黑七的老巢发起了猛烈的攻击，一场激烈的战斗打响了。

刘黑七经过前几次同我军的较量后，所剩残兵为数不多，但都是他的心腹，死命效力，顽固抵抗，加上他处于有利地形，双方一时僵持不下。我军战士勇猛顽强，连连发起进攻，逐渐改变了双方的相持局面，迫使刘黑七步步退守。最后，我军终于攻占了刘匪师总部，取得了胜利。可是，现场并没有发现刘黑七其人，只是活捉了刘匪最宠爱的小老婆。

我军又继续四处搜索。

原来，在激烈的战斗中，我军步步进逼，包围圈越来越小，刘黑七见大势不妙，带上两个护卫，仓皇跳墙而出，逃往山上。我军在搜索中发现，有人突围逃跑，由于夜深天黑，无法辨认，便派出三名战士紧追不放。一直跑出一里多地，我军开枪打死一个，在朦胧的夜色中，只见前方仍有两个人影在晃，高的瘦，矮的胖，两个人没命地继续向前奔跑。忽然，这两个人分开，各自朝一个方向跑去。我军战士根据经验判断，矮胖者可能是官，于是二人追胖子，另一人追赶瘦子。在追击的过程中，矮子回头连连向我战士射击，最后在弹尽的情况下，便施展了放羊的本领——掷石头。一块石头不幸击中了在后面紧追不舍的我军战士通讯员郝荣贵的鼻子上，他顿时鲜血直流。郝荣贵忍着疼痛，连开三枪，黑影倒下了。经过辨认，此人正是我军追捕多年的匪首刘黑七，恶贯满盈的巨匪刘黑七终于受到了历史和人民的惩罚。

刘黑七是何许人也？他又是怎么成为一代枭匪的？

二、从羊倌到土匪

刘黑七，原籍平邑县铜石区南锅泉村，名叫刘桂棠，字兴田。因为他与其他土匪结拜之交排行老七，人又长的黑，所以才有“刘黑七”这个绰号。

刘黑七的父亲名叫刘相云，老实善良，家境贫寒，因而也落得个一无所有。刘相云 32 岁时才找上邻村一寡妇为妻，三年后，生下了刘黑七。

当时，刘家寸地无有，仅有两间破房。为了养活一家三口，刘相云昼夜给村里打井，赚点辛苦钱，家中时常是吃了上顿没下顿。为了活命，刘黑七刚落地，就和母亲一起，沿街乞讨，到处流浪。8 岁那年，他成为本村地主孙安常家的小羊倌。孙安常刁钻狡猾，心狠手辣，稍有不如意，就对刘黑七拳脚相加，皮鞭抽身。

有一次，孙安常半夜听到几声羊叫，便大为恼怒，认为刘黑七放羊失职，使羊饿了肚子，半夜叫唤，影响了自己的睡眠。等第二天刘黑七放羊回来，孙安常就让管家把刘黑七绑起来，罚其跪上一夜。生性好强的刘黑七紧咬着牙，就是不跪。孙安常见他拒不认错，更加恼怒，命管家把刘黑七反吊到房梁上，痛打了一顿。转天，刘黑七仍被迫出去放羊。像这样的遭遇，刘黑七不知经历了多少次，但是为了生活，想到家中忍饥挨饿的父母，刘黑七还是在孙安常家忍气吞声地干了 8 年羊倌。

20 岁时，刘黑七跑到青岛去谋生。那个年代，社会黑暗，民不聊生，哪里又有穷人的幸福可言？刘黑七漫无边际地溜达了一个多月，仍没有找到活儿。后来，在一个同乡的引荐下，他去码头扛大包，卖苦力。所得工资相当微薄，拼死拼活干上一天，也仅够自己吃饭。刘黑七断断续续干了一年，仍旧两手空空。迫不得已，他又回到平邑县的老家，给地主当长工。

1911 年，辛亥革命爆发，但最后只赶跑了一个皇帝，广大民众的生活没有多大变化，仍旧生活在水深火热中。在最下层的民众中，有的占山为王，成为打富济贫的的绿林好汉；有的寻求先进组织革命理论，走上革命的道路；也有少数人因为各种原因，走上与人民为敌的道路，并最终被历史抛弃，刘黑七就是这类人的一个典型。

1915 年，刘黑七走出家门，群聚为匪。起初，他约集同村的林传聚、赵春荣，三人弄了一把鬼头刀、一支马冲子，东抢西夺。不久又联络了当地的地痞流氓夏兴德、李满、苏四等 8 个人，占山为王。当时正是兵荒马乱的年代，人民难觅活路，附近一些无业游民纷纷投奔刘黑七，做起土匪。这样，人越聚越多，4 年的功夫，就发展到三四百人，有了钢枪，有了人马，活动范围方圆达 100 余里，成为沂蒙山区的一条毒蛇。

三、南孝义村的控诉

1927 年 2 月 10 日，刘黑七向南孝义村（今山东平邑县柏林区）勒索钱粮。

这时，接连三年大旱，群众逃荒的逃荒，讨饭的讨饭，在家里的早已是吃树皮、嚼草根，路边横七竖八地到处躺着饿得不能动的人，甚至出现了卖人肉的。平邑县西北有座小山，山上出一种可以吃的土——“面石”，四面八方的饥民都来挖，回到家里上锅一炒，当面吃。可吃了以后就干结，大便不通，没办法，大便时只好用挖子向外挖，痛苦不堪。

就是在这样的年头，这样的情况下，刘黑七还逼钱要粮，老百姓到哪里去弄？南孝义村更是拿不出粮食、银元。村里群众一商量，反正都是死，抗交！

刘黑七看到南孝义村竟然敢违抗他的命令，拒交钱粮，怒不可遏，带领全部人马将南孝义村重重包围起来，开始攻打。南孝义村的男女老少被迫奋起自卫，手持镢、锨、刀、棍一起上阵。土匪攻进去，被村民打出来，又攻进去，又被打出来，杀了个七进七出。后来土匪终于攻进了村。他们见人就杀，见房就烧。村民徐立修尚未出嫁的姐姐，被土匪捉住以后，用刺刀捅进肚子，剖腹开膛，取出心肝五脏，填入石头。村民王宝成的弟弟才 10 岁，被土匪捉住后，用七寸长的挖耳刀子（挖车耳用的）猛地从左耳穿进，从右耳穿出，钉在墙上，这个机灵的孩子就这样活活地被扎死了。21 岁的村民梁兴成被砍掉腿，砍掉手，而后又被大卸八块。村民宋士谦的 3 个孩子被活活杀死，他老婆被 20 多个土匪轮奸而死。徐立修的老婆抱着孩子，躲避大火，被土匪捉住，孩子被土匪一把夺过扔进火里，母亲去抢救孩子，被土匪一脚蹬到火里，和孩子一同烧死。当时，尸堆如山，血流成河。有的老人、妇女不能忍受土匪的残害，纷纷投井自杀，先投的填于水中，后投的积于水上，满满一井。土匪发觉后，把碾砣子滚进井里，把人砸烂……这个村共 136 户，735 人，除了在外面逃荒要饭的 300 多人外，没到半天功夫，就被刘黑七匪帮杀害了 346 人。经过这次大屠杀，有 41 户死绝。姓郭的共有 8 户，26 人，被杀 25 人。土匪在大屠杀之后，将东西一扫而光，全村化为灰烬。

四、“我的马爹呀……”

人常说:“一人得道,鸡犬升天。”仗着刘黑七的势力,他的亲属也为非作歹,鱼肉百姓。

1938年深秋,刘黑七的侄子刘小起驻保定庄村。他骑的马死了,埋在村外。当时群众都吃糠咽菜,有时几天都断炊。村民陈德祥、刘昌富等几个农民饿得急了,偷偷在夜里扒了那匹死马,剥下一部分肉回家煮着吃了,不料这下可惹了大祸。

刘小起知道后,集合队伍封锁全村,进行大搜查,200多户,挨家挨户,盆里缸里全搜到,寻找马肉。因为当时各家早已无油吃,所以只要发现谁家锅里有油星,拉出去就打。搜到陈德祥家,把马肉找了出来,当即把陈德祥、刘昌富等8人捆起来,在梁上吊了一天一夜,打得死去活来。

后来他们托了地主说情,刘小起看了地主的“面子”,答应给这8个人留条活命。他原指望从这几个人身上发一笔财,恰恰这几个人都是穷得锅底下长蜘蛛网的赤贫户。刘小起便命令他们为自己的死马送殡,哭马爹。因为这几个人买不起棺材,又挨了毒打,最后刘小起才发了“善心”,免了棺材,让他们买了新席,将马包起来出殡。

送殡那天,他们挎着纸香,陈德祥在头里,依次跟了十余人,都披麻戴孝,拄着哀杖,大声哭:“我的马爹呀,我的马爹呀……”前后左右,刘匪持枪跟随,刺刀相逼,苦主们走一步挨一棍子,谁不卖力哭就加倍打,一直打到埋完马。

五、“你不是我的”

作为土匪头子,刘黑七过着荒淫无耻的生活。他从当土匪起,每到一处,就奸污妇女。不论是行军,还是走路,只有看到哪个妇女相貌好,就立刻派兵抢来奸污,奸后推出。相貌特别好的就抢来做他的老婆。

他在天津日租界时,包了一所四层楼,大吃大喝,有三四个老婆陪着,每个老婆住一个上等房间。这还不行,他经常找来三四个妓女住在他那里,刘黑七每月花几百银元,把她们包下了。他走到胶东,看见一个女中学生貌美,不问她愿不愿意,就派他的卫兵抢来,做他的老婆。

有一次,他带兵走到临沂,路遇一个叫陈尚兰的妇女,看见这个妇女长得标致,硬要拉去做自己的老婆,但陈尚兰已是有夫之妇,家有丈夫及3个孩子,为了保持贞节,始终不从。但刘黑七心狠手辣,不达目的心不死。他命令卫兵把陈尚兰的丈夫和3个孩子押来,一并加害,并烧毁了房子,以绝陈尚兰的后顾之念,刘黑七终于遂了愿。

至于刘黑七到底奸污了多少妇女,连他的随身护兵都数不清。他的老婆娶了丢,丢了娶,最后剩了12个。他的12个老婆,每人都配有丫环,前后不离,跟随伺候。老婆们终日搽脂抹粉,怪象百出,因得不到刘黑七的宠爱,只好与护兵私通。他的第四个老婆就跟他的护兵逃跑了,第

天津劝业场

五个老婆也和护兵私通淫乱。刘黑七公开指着他儿子说："你不是我的，不像我的样子。"逢年过节，这帮匪婆子都得给刘母叩头，叩一个头赏 100 银元。刘匪娶儿媳妇时，儿媳妇给 12 个婆婆叩头，每人赏 300 银元；丫环陪着叩头，赏丫环 50 银元。

1941 年，刘匪为给他娘过生日，便四下通知，当地士绅更是巴结，各村各庄在豪绅的命令下，捐款集资，为刘母上寿，刘黑七借这个机会又发了一次大财。据管事者说，光外村送的猪、羊就有 2000 余头，糕点 30000 余斤。大摆寿堂 10 天，条儿上摆了刘黑七他娘的像，接着一溜八仙桌上摆满了金条、金砖、金八狗子、玉石人等珠宝玉器。请了 200 多个厨师，大办酒席。10 天共杀猪羊 2000 多头，杀好了，垛了 6 间屋那么大一垛。买酒 15000 余斤。3 间屋的糕点，来了客就拿，拿了又有人送来，吃了 10 天还没见少。这 10 天究竟有多少客人，不知道。只知道每桌酒席 7 个人，光正式的燕翅、海参席就吃了 2800 多桌。为了吃席，刘匪派兵到 50 里以外要碗、碟子。

六、刘韩恩怨

刘黑七人多势众，自然引起了军阀们的重视。但是刘黑七生性反复无常，故而引出了一段刘黑七与韩复榘间的恩怨史。

韩复榘主政山东，当然是数一数二的人物，为了在地面上扩充自己的势力，他很早就看中了刘黑七这块臭肉。韩复榘曾花了 17000 块银元和 2000 袋面粉收买刘黑七，刘黑七光接受东西，但不投韩。韩复榘很生气，捉去了刘黑七的老婆吴宗兰。吴宗兰曾和刘黑七的一个连长私通，险些被刘黑七枪毙，刘黑七很不喜欢她。韩复榘见抓了她这个不吃香的老婆不管用，便放了回去。

1931 年，刘黑七投奔了张学良，被编为新编第六混成旅，驻大名。蒋介石命他的嫡系部队刘峙、展书堂等 3 个师 1 个旅围攻大名，血战数日，刘黑七只带了 2000 人马突围，返回山东。而后又东去鲁南沿海，攻打日照县城。刘黑七在攻打日照时，韩复榘便密派费县地方武装包围了刘黑七的老家南锅泉村，捕捉刘黑七的眷属，刘黑七的娘被捉去。

当年10月，刘黑七西转费县、新泰、泗水三县交界地带。这时，韩复榘仍千方百计地想笼络刘黑七，以便扩充自己的实力，便派部下陈席之和刘黑七联络。陈席之早就和刘黑七要好，和刘黑七一谈，刘黑七果然有投韩之意，韩复榘听说后心中大喜，首先放回刘母，还封官许愿。12月，刘黑七被招安到韩复榘部下，任山东新编警备军副指挥（韩自任总指挥），下属四个旅，又发展到5000余人。刘黑七虽受了招安，但不接受韩复榘的约束，不听调动，仍是乱抢乱夺，因此韩就停止了对他供应弹药粮食。不到半年，他又反韩。韩复榘便杀了刘黑七在济南的联络处全部人员，陈席之也被枪毙。

刘黑七反韩后，率师北上，出山东，过河北、热河，于1934年又回到山东。韩复榘新仇旧恨，恼怒交加，下决心非打垮刘黑七不可，便派了大批部队，并附有4架飞机追剿刘黑七。在曹州一战，汶口一战，刘黑七大败，匪徒逃亡很多，仅剩下4000余人。刘黑七见势不妙，立刻东进，到达江苏，打开了赣榆县城，后又北上，回到了山东沂水、莒县地界，韩复榘部紧紧追赶，赶到诸城，才将刘部重重包围，血战20昼夜，把刘黑七打垮。

刘黑七抛下残兵败将，自己带随从跑到天津日租界蹲起来，他的部下却散居各方，准备东山再起。韩复榘得知，便花了6000块银元买通刘黑七过去的一个连长徐一龙，与韩复榘的亲信刘耀廷去天津刺杀刘黑七。有一天，他两人趁刘黑七在日租界赌博的机会，一梭子子弹，将刘黑七打倒，两人乘机而逃。其实，刘黑七是故意倒下的，并没有被击中要害，只打伤了脚和嘴。刘黑七在天津治好了伤，仍与散居各地的土匪密谋联系，而刘、韩却自此结下了难解之仇。后因刘黑七被镇压，一切才算了却。

七、有奶便是娘

1928年，蒋介石的嫡系何应钦北伐来到山东。何应钦也看中了刘黑七，便派人和刘黑七联络，劝其“改邪归正”，编成正规军队。刘黑七虽留恋土匪生活，但一想，还是有个名牌好，便投到何应钦部下，编为国民党新四师，刘黑七当了师长。何应钦命刘黑七开拔，刘不得不从，便率众10000余人，由平邑经费县、临沂、莒县、日照，而后至胶东，又西转张店，乘车南下河南禹县。刘黑七到达河南禹县，正值阎锡山、冯玉祥联合反蒋，何应钦命刘黑七攻打阎、冯，刘黑七为了卖弄一下他和部下的本领，在禹县打败了冯玉祥的一部分军队，一下子扬了名。蒋介石拍电报祝贺，国民党报纸大字标题赞颂，称为“铁四师”。

而阎锡山也想把刘黑七收留手下，扩充实力。便派了一个叫王胡子的参谋钻到刘黑七的内部，当了刘的参谋。王胡子和刘黑七说：“你跟蒋介石一月只拿20万元，跟阎锡山一月能拿60万元，还给一些机枪大炮……”此时，刘黑七刚打完胜仗，又得到蒋介石的通令嘉奖，满以为会给个省主席当当，不料不但没当上省主席，连个军长也没升上，很生气，又经阎的拉拢，于是1931年2

月倒蒋投阎。当时阎锡山大加欢迎，给了刘黑七 14 门钢炮、12 挺重机枪、144 支冲锋枪、200 万元钱，把刘部编为二十五军，下设 3 个师，刘黑七当了军长。

抗战爆发后，1938 年，刘黑七以“反共抗日”的名义，被蒋介石改编为三十六师。他打着抗日的旗子返回山东。可是他土匪成性，反复无常，不到一年就又反复了。原来他是以抗日为名，避免八路军的打击，先安下营盘，落下脚，其实他早就和平邑镇的鬼子勾搭上了。他一面对八路军说共同抗日，一面又满口答应鬼子反共，鬼子供给他大量枪械弹药。刘黑七还在平邑镇鬼子的首脑机关设立了联络处。刘黑七施下这一计，取得了鬼子的信任，保证了鬼子不打他。反过去又答应蒋介石曲线救国。国民党蒋介石又定时从安徽阜阳供给他弹药。他先后又勾结国民党五十七军、九十二军，互为利用。这样，明着，刘黑七是国民党三十六师；暗着，他又是鬼子的皇协军司令。老百姓称他是“双保险”，其实他是一个地地道道的惟利是图的走卒。

八、罪有应得

1940 年春天，刘黑七公开了他的反共面目。他配合鬼子，对我费南、费北抗日根据地进行残酷“扫荡”，到处捕杀抗日人员，封锁我抗日根据地。

刘匪在费北木石沟袭击了我津浦三团，团长续志先以下 200 余人全部牺牲，续志先被俘。

我费南抗日第七大队，在刘匪的武力压迫下，叛徒王西贵率全部武装投敌。

1941 年 5 月 1 日，刘匪勾结鬼子，突然包围了我费南二区区公所。我百余人在区中队指导员唐伟和队长赵克伦同志的领导下，奋勇抵抗，打败了敌人多次攻击，一直战斗了 12 个小时，恶毒的敌人施放毒气弹 100 余发，我许多战士中毒，唐伟、续河午等 50 余人光荣牺牲。

同年秋天，刘匪配合鬼子 2000 余人，又突然包围了费南郑城附近的一个中共中央干校。这个干校仅有费南三团保护，当时，一个营护送干校转移，两个营把敌人引向苏家崮山上，展开了激烈的战斗，我军奋勇抗击，打得非常激烈。弹药没有了，展开肉搏战，许多人砸坏枪支，抱着敌人跳了崖，120 名抗日战士壮烈牺牲。三团 24 岁的政治部主任陈山峰同志，身上负伤 10 处，两腿被敌人机枪打断，仍坚持指挥战斗，光荣牺牲。

不久，刘匪 3000 人突然包围了费北杨谢一带的我八路军一一五师六八六团，激战两天，我英勇善战的六八六团和地方武装配合，展开了反击，一举消灭了刘匪 500 余人。刘匪恼羞成怒，大肆捕杀我地方抗日人员，用分割、包围、蚕食、封锁等方法，打击我地方武装，缩小解放区，并企图割断我鲁南与鲁中的联系。当时，滋临公路是鲁南和鲁中的分界线，也是沂蒙山区和鲁南山区的中心点，是鬼子的进攻要道，鬼子、汉奸沿滋临公路修筑碉堡，刘匪也配合鬼子在白马、公利、四皋等地到处安营布兵，封锁我解放区，致使我地方区、乡政权大部被搞垮。

当时，我费南县政府驻在老持峪村，被刘匪包围，一场激战，捕去我干部 24 人，县长马健光着膀子杀出了重围，县政府损失很大，最后被迫撤至邹东山区。刘黑七通令缉拿马健，扬言捉住马健赏银元 12000 元。

费南县政府撤至邹东以后，刘黑七又率全部 3000 人马包围了我费北行署，将费北行署和费北大队共 400 余人围困在沂蒙山的深山中。刘匪亲自指挥，四面包围，严密封锁。我行署人员突围不成，没有粮食，只好边抗击刘匪，边挖些野菜吃，一直坚持了 7 天。我全部人员在政委刘次恭和行署主任徐源泉同志的领导下，英勇不屈，顽强战斗。总务股长杨钟璐等 4 人在山洞里坚守阵地，7 天只吃了 3 斤花生饼。后来，我费北行署派人调来六八六团，打退了刘匪的包围。

刘匪撤出后，到处捕杀我抗日人员，被捕到的，都是被逼着自己挖坑，再刀刺破腹，而后活埋，或者土埋胸膛，刀刺头顶，放血花取乐。

另外，凡是他认为有八路嫌疑的，一律活埋。六八六团的山西、河北籍战士，后脑勺稍平，刘匪见了后脑勺稍平的人，就说是六八六团的“密探”，一律活埋。这年，鲁北乐陵县闹灾荒，不少人逃到沂蒙山区来，恰巧这些人后脑勺都很平，刘黑七用假放粮的办法，把灾民骗到一块进行活埋。乐陵县人被活埋的有几百人，大井村就被活埋 200 人，手段之残忍达到了令人发指的地步。

“多行不义必自毙”。巨匪刘黑七一生恶贯满盈，激起了广大人民的切齿痛恨，革命军队和革命群众在鲁南、鲁中区党委领导下，决定铲除这个鲁南山区的毒瘤。

鲁南和鲁中是两个大区，刘黑七杀人放火的重点就是鲁南的费南县和鲁中的费北县。这两个县是鲁南、鲁中的分界线，又有滋临公路贯通东西。这一带，除了鬼子在平邑、仲村、柏林、铜石、上冶、地方、费城等大集镇设兵布防，控制点(据点)线(公路)外，其余重要集镇均由刘匪控制。

1943 年，鬼子的大势已去，龟缩在窝里不露头了，只有刘匪和九十二军不断与我军作战，劲头也不是那么地足。这年夏天，刘匪在郯城一带被我鲁南三团和尼山支队阻击，两军相持一月之久。刘匪见势不妙，向北逃跑。刘匪刚到三阳、白壤等地，又被我鲁中军区部队迎头痛击。刘

人民军队剿匪

黑七又率部向西逃，正中我三团的伏击。这两仗，刘黑七损兵折将1000余人。我军乘胜追击，主力军、地方军、民兵，布下了天罗地网，刘匪到处挨打，到哪里都不敢住上3天。

此时鬼子自身难保，许多据点被我军拔除，没有力量援助刘黑七了。其他各路土匪，如王洪九、申宪武等，也都处在我军民包围之中，自顾不暇。刘黑七穷途末路，窜回老巢，破坏了苦心经营多年的军事设施，把老婆眷属送往天津，拉出军火，东奔西走，开始了游击活动。

刘黑七非常狡猾，一会儿穿军装，一会儿换便衣，他找了七八个和他相似的矮胖子，和他打扮一样，充当他的替死鬼。他行踪不定，不易捕捉，我内线人员把情况搞到以后，等到报告部队，往往捕到的是一个假刘黑七。但他走到哪里，我军追到哪里。

刘匪军心涣散，弹药不足，经过半年多的打击之后，人员已减少一半。秋天时，刘黑七逃到鲁南山区的上、下柱子村，安下营来。

刘黑七的这一行动很快被我军侦知，于是发生了本文开头的那场战斗。刘黑七，这个流窜10省、活动29年的鲁地巨匪，终于走完了他罪恶的一生。

中原悍匪“老洋人”

一、遭天灾当兵为匪

“老洋人”并非真是洋人，他本名张庆，出生于河南临汝县一个贫苦农民家中。因他身材高大，黄发深目高鼻，颇似洋人，所以后来人们给他起了个绰号叫“老洋人”。民国以来，土匪中最早绑架洋人的大概也就是他了。

张庆10岁那年，父母先后病故。他跟着哥哥张林艰苦度日，自小胆大，好打抱不平。1911年夏秋季节，他家乡豫西一带连遭天灾，官府征敛不已，张林、张庆哥儿俩跟着乡亲们一起投奔白朗领导的农民起义军，转战豫、陕。到1914年，张林牺牲，白朗起义也遭失败。张庆返回临汝老家，后改名张廷献，投入河南督军赵倜之弟赵杰率领的宏威军中当兵。

1922年5月，第一次直奉战争中，赵倜企图联奉反直，结果宏威军被直军冯玉祥部打败，退往豫东中牟县，又被吴佩孚勒令解散。该军部分退往山东，大部则拖枪为匪，成为河南重要匪源之一。这时，张庆（张廷献）已在宏威军中当上了连长，也率领所部及散兵300多人拉杆起事，当起了土匪。

他从中牟南下豫西，一路经过宝丰、鲁山、栾川、卢氏等县，然后向北直指陕州（今陕县）。这沿路各县普遍是地瘠民贫，素来是土匪产地。伏牛山、外方山、熊耳山、崤山几条东西走向的大山脉，从南到北依次排列，又成为土匪们与官兵周旋的大好场所。因此，“老洋人”的队伍一路前进，一路不断有许多贫苦农民和人少势单的匪股加入进来。1922年7月中旬，“老洋人”杆子到达陕州城下时，人数已达数千人。

陕州守备丁保成闻说前来攻城的杆首名叫张廷献，便派人打探此人是否就是当年驻守灵宝县的张连长。得到肯定答复之后，丁保成便开门请降，并邀“老洋人”进城叙旧。原来丁保成当年曾在灵宝县巡缉队担任副领官，与驻军张连长时相过从，关系甚密。当下，丁保成置酒宴请“老洋人”，并宣布全体士兵加入张匪队伍。“老洋人”喜出望外，立即任命他为自己的参谋长。在此稍事修整后，杆匪按原定进军陕西的计划，西攻灵宝县，逼近潼关。驻守潼关的憨玉琨奉陕西督军刘镇华之命，率部东进援救灵宝守军。在陕、豫军的内外夹攻之下，丁保成建议“老洋人”放弃入陕的打算，沿豫陕边南下，就在豫西广大山区活动。

不久，“老洋人”队伍中已先后加入了张得胜、李明胜、任应岐、崔二旦、李老末、常建福、韦凤岐等大小30余杆土匪，达到七八千人，匪势大炽。“老洋人”被称为“老架子”，又称“总架杆”，也就是总杆首、总司令的意思。

“老洋人”的活动，使直系军阀首领、直鲁豫巡阅副使吴佩孚和河南督军冯玉祥大为不安。他们制定了三路合剿的计划，企图在豫西将“老洋人”股匪一举歼灭。但“老洋人”撕开重围，于10月23日向东逃窜，在官军的围追堵截中，10天之内，横贯河南省，从豫西一直打到皖西。其间，数千名匪徒高举着“河南建国军”的大旗，呼喊着“打富济贫”、“替天行道”的口号(以历史上农民起义口号作幌子)，沿途经过鲁山、方城、叶县、舞阳、郾城各县境，在京汉线上打垮了靳云鹗陆军第十四师的阻击，进入豫东。豫东各县驻军根本未曾料到匪队来势如此迅速，措手不及，以至上蔡、项城、沈丘、新蔡诸县城，相继被“老洋人”攻占。

二、破阜阳大肆烧杀

“老洋人”杆匪在新蔡县盘下(即住下)后，他便找来几十名精明强悍的土匪，令他们装扮成客商、小贩模样，各人给了一些银钱自去置办行头、货物，如此这般地交代一番之后，让他们离去。11月2日夜，“老洋人”大队人马来到皖西重镇阜阳城下。

当时阜阳是倪家的天下，是皖系军阀、原安徽省督军兼省长倪嗣冲的老家。倪嗣冲从1913年起就在安徽担任最高地方长官，被封为安武上将军，所部称为安武军。至1920年直皖战争中皖系失败，他才避居天津。这些年中，他搜刮了大量的民脂民膏，在阜阳开了倪萃恒、倪瑞恒两家钱庄。他的女婿、时任皖南镇守使兼第三混成旅旅长的王普也在这里开了一家汇昌和钱庄。县城里驻有安武军一个团，团长倪金镛是倪嗣冲本族子弟；另有一个地方保安团，团长倪道煦则是倪嗣冲的亲侄子。“老洋人”劫城的前几天，城内就流传着土匪往这里流窜的消息。可他们却忙着盖倪嗣冲的将军府，乘机搜刮民财，根本不把匪情当回事。土匪乔装打扮成民工或小商小贩混入城内，刺探情报，作为内应。城里居民对此毫无觉察，未做丝毫防范。

这天中午，倪道煦在城内请“花会”，满城有头脸的人物都到场，妓女们个个打扮得花枝招展，官员士绅们倚红偎翠，丑态百出。晚间，两台大戏同时开场：德胜楼唱《九江口》，得月楼唱《白马坡》。戏刚开场，城外的安武军营长派人送信说：“老洋人”直奔阜阳城而来。听戏的士绅们认为，城内有两团士兵，土匪乌合之众何能轻易攻得进来。但他们哪里知道，安武军的倪金镛团长到乡间去购买田地，至今未回；而保安团的倪道煦团长花会之后，即挟了两名妓女鏖战多时，此刻正在温柔乡酣睡哩。驻防的士兵只是依例派人上城值勤而已。

民初妓女

“城上的士兵兄弟听着，我们是‘老洋人’的杆子。今夜想把阜阳城盘下，请你们打开城门！”城南门外，一个大嗓门的土匪隐在暗处对着城墙上喊道。

“不行啊！”城上有人答话，“咱们井水不犯河水，你们还是走吧！”

“都是扛枪吃粮的，是朋友就帮个忙！要多少开门钱，咱照给！”大嗓门继续喊道。

城上城下，言来言去，过了好一会儿，渐渐变得粗野起来，于是开始对骂。听到一些戏谑或诨话，匪群中不时发出阵阵哄笑。突然，城上打下来一梭子机枪，打得泥土直溅。城下土匪也开始向上打枪，双方便交上火了。相互射击不多一会儿，城内火光顿起，传出一片混乱嘈杂之声，城门被打开了。“老洋人”派遣的土匪，假扮的客商小贩，早已暗携武器，在白天混入城内，此时听见枪响，便乘机动作起来。于是，杆匪大批人马顺利进城。

杆匪们由南向北，沿街见门就砸；砸开后，便放手抢劫；有时，抢罢还放火烧屋。他们进入各大商店后，便把在店的职工抓来，讯问大洋和烟土藏在何处。倪萃恒、倪瑞恒两家钱庄经理不在，汇昌和的经理爬到屋顶躲着，匪徒们就到处敲打，找仓库。找到之后，他们砸开库门，将白的、黑的一掠而空。

在一家茶庄，匪徒找到经理家的两名姨太太，一名姓张的匪首当众就在二人身上摸摸捏捏。一名老职工忍不住说了一声：“造孽啊！”匪首大发雷霆：“你们在这看什么？”厉声喝令全体滚蛋。

“老洋人”在阜阳不仅搜掠到大批银元、烟土，更大的收获是得到了倪嗣冲藏匿的大批武器——3000多支步枪、13挺机枪、200多万发子弹，甚至还有几门大炮。这对于经过长途跋涉、艰苦战斗的土匪们来说，无疑是比什么都更宝贵的。临行前，他们还架走了县知事陈祖荫，王普的五弟，阜阳天主教堂神父，意大利人马福波，以及一批男女肉票。

后来，王普的五弟在土匪逃跑时，被带往河南，家人用1000块大洋赎回。汇昌和钱庄的职员常兴周也被架往河南，因家境不宽，无法筹措1000元，白天被逼着帮助匪徒挑抬赃物，晚上则被吊打、灌辣椒水，两条腿肿得老粗。后来他谎称近日将送钱来赎，得免再打，遂乘乱逃出。60多名花票被土匪带往豫西，根据家境分别勒赎金万元、数千元不等，最低的也需500大洋。有钱人家派人从阜阳到豫西去赎，至于那些贫民无钱赎人，最后只得将亲生儿女弃置不顾。

匪徒开始在城南搜劫时，城北尚无动静，保安团士兵正准备集合早操，见有难民跑来，便问何事，得知土匪进城后，竟一古脑儿往北门外溜走。团长倪道煦在睡梦中，连衣裳也未穿好，被两名勤务兵架起来就逃。县府一枪未放就缴了械，县长陈济尘也被土匪当肉票掳走，安武军驻军也早逃之夭夭。直到4日，曾任安武军统领、时任安徽督军的马联甲闻报老上司家乡遭匪，才急令皖北镇守使殷恭先率领25个营的官兵大举进剿。

“老洋人”见官军人多势众，情知不敌，便下令连夜纵火焚烧阜阳城。一时间，城内火光冲天，在商民一片哭喊声中，数千名杆匪背着、抬着劫掠的财物离开阜阳，于5日拂晓返回河南境内。随后数日内，土匪士气大振，先克息县，架走基督教牧师、美国人巴牧林父子；再陷正阳县，架走基督教伦敦会牧师、英国人贺尔门；继而挖掘京汉铁路明港至信阳的一段铁轨；然后沿京汉线北上，相继攻下遂平、郾城等县。每当遇到官兵围剿时，“老洋人”就下令将抓来的真洋人推向第一线，迫使官兵们不敢开枪，眼睁睁地望着匪徒们呼啸而去。

三、绑洋人驰骋豫皖

三个国家的传教士被绑架，引起了列强的抗议，北京政府自然是诚惶诚恐，直鲁豫巡阅使曹锟在保定发出命令，任驻扎河南的陆军第十四师师长靳云鹗为豫省剿匪总司令，负责统一指挥河南省内各军，围剿“老洋人”。

靳云鹗在北洋军队中是一名比较厉害的战将。11 月 14 日，他指挥所部在汝南县境内，与“老洋人”激战 6 小时之久，迫使匪众经上蔡县向西南退却。这时，新任河南督军张福来派其嫡系陆军第二十四师一部，自开封南下，进至西华县夹击。吴佩孚的嫡系陆军第三师的一个团也从洛阳南下豫鄂边境，设防堵截。湖北督军萧耀南则派出湖北陆军第一混成旅旅长潘守蒸率两营兵力，沿京汉线北上，至信阳长台关一带助剿。靳云鹗自信剿灭“老洋人”股匪指日可待，便以剿匪总司令名义通告各军，悬赏缉拿“老洋人”，生擒者赏现大洋 1 万元，击毙者赏 7000 元，能救出外国人的，奖赏从优，加官晋级。

“老洋人”见已陷入四面重围，形势十分危险，便召集各匪首领商议对策，最后决定化整为零，分散官军力量，打破其合围全歼的计划。他将匪众分为三股：第一股由李鸣胜率领，窜向豫东南大别山区，进入光山、固始等县；第二股由他和丁保成率领，向西钻入泌阳县境山区中的母猪峡；第三股由张得胜带领，往南进入桐柏山区。这兵分三路的动作，不仅迫使官军分散了兵力，向四下里追击而去，而且彻底打乱了他们原来的部署。到 11 月底，“老洋人”、张得胜两大股匪帮在官军重新调遣、部署的缝隙间，竟返回豫西会合，活动于鲁山、宝丰、郏县一带，并打出“河南自治军”的旗号，以“老洋人”为总司令。

12 月下旬，靳云鹗亲自率领第十四师官兵，在飞机、大炮、骑兵、工兵的配合下，进驻“老洋人”控制的几县地盘。杆匪们经过一个多月的转战，枪械损失很多，子弹也极匮乏，而且因作战死亡、沿途分兵等原因，人数也减少到 3000 左右，实力大减。但在他们的票房中，外国肉票已经达到 7 人。这是他们对付官兵的特殊武器——既可用来充作战场上的挡箭牌，也可用“撕票”来威胁官军不得过分追逼。官军所担心的也确在于此，所以靳云鹗在铁桶合围之后，除以飞机示威之外，并不急于发起总攻，而是派人前往招安。

经过几天往返磋商，官、匪双方终于达成协议：“老洋人”释放所有洋票，匪部改编为正式官军两个游击支队，共 12 个营，由“老洋人”、张得胜分任支队长，仍驻宝丰、郏县一带。靳云鹗还举行了接见仪式，并宴请两个支队营长以上的军官。席间，他以关圣爷，岳武穆为例，希望大家忠心报国，并建议每个人姓名的中间一字改为“国”字。靳云鹗当场兴致勃勃地为两个支队长改名，张庆（老洋人）改为张国信，张得胜改为张国威。

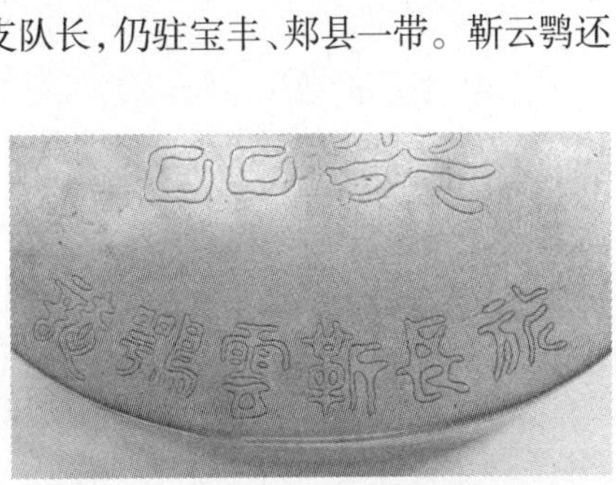
靳云鹗所制奖章

靳云鹗任务完成后，便返回防区鸡公山，再也不管什么游击支队了。“老洋人”以担负剿匪为名，收缴附近各县团防的枪械，吸收其中的人员，借以扩大力量，同时向上催要军饷。靳云鹗答复要他们“就地筹饷”，“老洋人”便堂而皇之地向当地官府和地主士绅们派粮派款。部下往往于夜间外出重操旧业，得手后即悄然返回营房。无论是派粮派款，还是偷鸡摸狗，首当其冲的都是大户人家。这些人往往与县里、省里、洛阳城里的官吏有些关系，他们便联名上书吴佩孚，恳求让“老洋人”移防。吴佩孚考虑让“老洋人”离开豫西老巢，可防止他复叛，便令该部“赴豫东就食”。

四、受招安复又反叛

1923年春夏之际，“老洋人”被任命为豫边游击司令，率部移防豫东归德（今商丘）地区，辖区包括宁陵、柘城、鹿邑、夏邑、永城等县。这一带较豫西略富裕些，该军在此一如豫西，令各乡村交粮交款，每亩地税从往年五角，猛升到一元几角。豫东素来栽种鸦片，“老洋人”以保护烟苗为名，每亩征收大洋6元。军服全交农妇缝纫，不付分文。

这里是苏、鲁、皖、豫四省交界之处，大小股匪如毛，“老洋人”暗中与各方联络，要求各匪首积蓄力量，待机大举。因此，当时在豫东，确实兵匪难分。本地土匪蜂拥而起，所过村庄，要庄户人每亩地捐麦2斗；外地土匪被追剿急了，以此为渊薮，休养生息。各县乡镇中，稍有钱财的都携家带口逃往县城借居，竟致县城房租骤涨。留下来的贫苦农民只得忍气吞声地受着土匪和变为官兵的土匪们的蹂躏。

这些情况，自然通过当地官府士绅不断上达于吴佩孚、张福来，就是苏、皖两省也时有电报，通知河南当局注意“老洋人”，以免后患。这也就可以解释，为什么这年7月间，当徐州地区巨匪萧春子被苏鲁剿匪司令陈调元追剿逃到永城时，“老洋人”竟一反常态地将其诱杀。因为“老洋人”深知，像萧春子这样的巨匪进入他的防区，是无法隐瞒的，苏鲁两省必定通报豫省。为取得吴佩孚等人的信任，维持自己尚不雄厚的实力，他不得不背着江湖骂名将萧春子杀掉。

但吴佩孚仍不敢信“老洋人”，这决不仅仅是因为“老洋人”在豫东扰民，因为这种问题在当时即使是正规军也是惯有的。作为直系军阀的吴佩孚担心的是，这个颇有计谋、懂得战术的土匪会被皖系或奉系军阀收买、利用。当时社会上正纷传皖、奉两系在游说山东、河南的各股土匪联合起来，骚扰直系统治地区，并说临城劫车案就是一例。而事实上，土匪在军阀斗争中举足轻重的作用，在当时四川军阀内战中，确已明显表现出来。作战双方都极力拉拢、收编土匪，扩充自己实力。而那些未曾收编的土匪，只要随意在任何一方的背后骚扰一下，就无意中帮了另一方的大忙。左思右想，吴佩孚决定化不利因素为有利因素。10月间，他命令“老洋人”所部开到四川去，帮助站在直系一边的军阀杨森打仗，借此削弱甚至消灭这支招安队伍。

“老洋人”当然聪明，他看透了吴佩孚的打算，借口饷械缺乏、部下蛮横，公然拒绝了吴大帅的命令。而吴佩孚自临城劫车案发生以来，就一直主张对土匪不能妥协、招抚，非痛剿全歼不可。此时，他不仅深悔当初招安“老洋人”，而且也获知，奉系已通过赵杰秘密联络“老洋人”，策动其倒戈。因此，他决心彻底解决这一问题。他一面对“老洋人”好言劝慰，一面暗中下令苏、鲁、皖、豫、陕五省调集 4 万军队围歼。

10 月上旬，山东郑士琦、江苏陈调元、安徽马联甲的军队从三个方向往豫东运动，驻守洛阳附近观音堂的陕西军队和驻河南的靳云鹗、胡景翼等军则从西面的三个方向向豫东进发。吴佩孚的计划是，各路官军分赴“老洋人”部众驻守的几个县，各个包围，勒令交械，然后给资遣散。然而，“老洋人”的探子遍布各地，“老洋人”探知官府将有大举。10 月 16 日，他连夜下令各县部属迅速集中到鹿邑。第二天，永城、夏邑两县人马到达鹿邑。宁陵县的人马于 18 日晨正准备出发时，探子来报，山东军队已越界赶到。该部急行军奔往柘城，同那里的一股会合，将县府库存钱粮和商店劫掠一空，并打开监狱释放出囚犯，随后直趋鹿邑县集中。

10 月 19 日，“老洋人”重新拉杆起事。他下令在鹿邑县城内放火，放纵部下抢掠，然后分作两股，分别由他和张得胜率领，向西窜去。苏、鲁、皖三省军队紧追其后，但仅能攻击匪队后卫，收效甚微。靳云鹗坐镇许昌，指挥第十四师守卫京汉线，防止“老洋人”越过铁路窜回豫西老巢。他估计匪队一定会避开许昌，而从西南方向越过京汉线，因此特别命令郾城、遂平、确山等县驻军加强戒备，并备有运兵列车以便随时往来增援。却不料杆匪恰恰就从许昌附近插入。“老洋人”一股沿西华、扶沟、鄢陵、临颍等县，从许昌以南直趋京汉铁路，在临颍虽遇官军迎击，颇有损失，但终于越过铁路向西逸去。当该股杆匪经过铁路时，沿途车站急电许昌，以致许昌南下的火车开出后又吓得退了回去。张得胜一股则绕到许昌以北，从官亭越过铁路，虽也遇到官军阻击，却掳走了官亭车站站长。至此，吴佩孚的五省军队解决“老洋人”的计划彻底失败。

五、攻鄂北势达三万

10 月下旬，“老洋人”重返豫西，在宝丰、鲁山至南阳一带的伏牛山中恃险顽抗。虽然在突围过程中，他的人、枪、子弹损失不少，却很快得到了补充。他在攻打鲁山县城时，仅用喊话形式，允诺给以金银钱财，便换取了守城官兵的开门揖盗，并获得了大批枪械子弹。而活动在豫西的其他杆匪则纷纷前来合杆，例如原在苏鲁边界的范明新股匪，窜入河南后，屡遭打击，范明新死后，余匪全部投入“老洋人”麾下。又如，一向在登封、伊川之间活动的姜明玉，也率众南下合杆。因此，“老洋人”杆的势力不仅很快恢复，而且得到扩大，人数达到六七千人。

“老洋人”复叛，成为洛阳吴佩孚的肘腋之患。保定的直鲁豫巡阅使曹锟也大为震惊，因为根据情报，皖系政客已派人与“老洋人”联络，并邀请丁保成到天津设置通信机构。曹、吴下令，限期捕获“老洋人”。河南督军张福来亲自坐镇许昌，指挥官军进剿。靳云鹗则奔走前线，视察敌情，随时调度。“老洋人”仍采取分散官军兵力的做法。他指派姜明玉率 2000 余人向西北突围，自己则领着 4000 余人南下。姜明玉一杆分出后，最后又与张得胜合杆，暂不叙述。这里仅记“老洋人”一杆的情况。

“老洋人”南窜的目的，是企图暂时避开河南官兵的追剿，而进入湖北。从 11 月 4 日至 14 日，他带队从鲁山出发，经叶县、方城、南阳、泌阳等县，抵达豫鄂边界的湖阳镇。这段路并不是很长，但杆匪竟用了 11 天时间，与 1922 年 10 月他们用 10 天时间横贯豫省相比，一方面表明了此次官兵的围堵使匪队行动受阻，另一方面则说明了匪势似乎确也不如当初之盛大。杆匪到湖阳镇后，即受到湖北襄郧镇守使所部的阻击，被迫向东进入泌阳县母猪峡，以桐柏山为中心的豫鄂两省大小杆匪纷纷前来合杆，一些乡镇团防也被迫携械投降，“老洋人”股匪势力猛增，竟达万人左右。

“老洋人”与丁保成等商议后，决定避免与官军正面交锋，取道湖北进入四川，利用川省军阀混战的形势，重新打出一个局面来。他们自母猪峡冲出，沿豫鄂边界向西，一路经过唐河、新野、邓县，不时越过省界试探一下，企图窜入湖北。河南官军获知“老洋人”准备出省，于是在匪队后不紧不慢地追赶，意在将土匪送出豫省了事。而湖北军队则沿边界处处设防，不让土匪进入鄂省。杆匪在两省军队的挟持之下，左右动弹不得，愈加焦躁起来。

11 月 23 日，“老洋人”股匪兵临豫南淅川县的李官桥镇，该镇隔丹江（汉水支流）与鄂省相望，镇中居民凭寨墙顽强抵抗土匪的进攻。入夜，杆匪头目们指挥匪徒抬来绑扎好的长梯，数百名“灌手”（即攻城敢死队）短打装扮，手持盒子枪，背插大刀，站在子弹打不到的地方，等待时机冲上去。

“灌啊！灌啊！”陡地，喊声从四野里轰然响起，夹着密集而猛烈的枪声，制造了一股杀气腾腾的恐怖气氛。

云梯上去了，“灌手”们哈着腰紧跟着，借着射击时的亮光，可以看见有人倒下。但“灌手”们并不后退，他们顺着云梯，向寨墙上攀登，不断有人从梯子上掉下来。在一片“灌啊”，“杀啊”的吼声中，“灌手”们终于翻过寨墙，打开了寨门。大队土匪冲进李官桥，见人就杀，见屋就烧。尤其令人发指的是，杆匪竟将死尸掷填江中，企图叠成人桥而过。鲜血染红了丹江，尸体随波浪冲去，寒风怒号，江水呜咽，似在控诉土匪为祸之惨烈。据后来的统计，仅淅川一县被烧房屋就达 2.6 万间，被杀人民达 4326 名。

“老洋人”股匪终未能渡过丹江，于是继续沿边界西进，并勒逼着在李官桥附近掳来的百姓肩扛、背负土匪沿途抢来的物品。凡不胜负荷者，便一枪打死在路旁，沿途弃尸遍地，惨不忍睹。

11 月下旬，匪徒终于在官军堵截的缝隙间进入湖北省境，直抵郧阳（今郧县）城下。土匪仍企图以甘言诱使守城官兵开门并提供子弹，但未成功，便架炮轰击，用云梯攀城。守城刘营长率 500 名士兵奋勇抵抗，土匪连攻三日未克，只得在四乡劫掠一番离去。

与此同时，另一部分匪徒则攻进了郧西县城，布满四乡，盘踞多日，作为休整。

他们除勒令乡民供应饮食之外，还四处搜寻年轻妇女，挟到营地进行轮奸。遇有怀抱婴儿的少妇，杆匪就

人民流离失所

将婴儿夺过，弃置于地，然后挟妇而去；稍有反抗，即被戕杀。匪徒人数众多，动作野蛮，被奸妇女几乎无不致残。一名孕妇遭多人轮奸，当场血崩身亡。另一名 12 岁幼女被奸后，气息奄奄，次日丧生。据不完全统计，在这次郧西匪祸中，幼女妇人被奸致死者达二三百人之多。土匪为害社会，由此可见一斑。

当"老洋人"盘踞郧西时，豫陕鄂各地小股杆匪纷纷前来投伙。一些霸将（零星散匪，以凶残横霸得名）更是乘机混入打劫行凶或加入大杆。因此，匪势迅速增至惊人的程度：人数超过 3 万，拥有骡马 2500 头，新式来福枪 5000 枝，手枪 800 枝，机枪、小炮各数架，其余则为旧式长枪、鸟枪、大刀等。但尽管人多势众，毕竟是乌合之众，且子弹不足，影响作战能力，因此"老洋人"打算西南行、入四川的计划难以实现，却被湖北官军驱向西北，进入陕西境内。

六、杀洋人震惊中外

陕西军队吴新田和张治公、贾济川等部早已闻讯设防阻击，大军将"老洋人"股匪围困在商雒山中的龙驹寨（今丹凤县）。这时，西北地区军阀，如甘肃的张兆钾、宁夏的马鸿宾、青海的马麒等人，听说"老洋人"入陕，也惊恐万分。因为一则当年白朗起义时，即是循此道路而深入甘肃的，二则这几个省区都有各自的匪患，所以他们担心一旦"老洋人"继续西进，各地匪势猛烈地高涨起来。于是各省军阀纷纷要求加派驻军，架设军用电话，以防万一。

再说商雒山，它属于秦岭山脉的东段，山势险峻，隘口极多，官军极难攻入。明末李自成起义时，即以此山为根据地之一，屡扑屡起。"老洋人"在商雒山中与官军周旋了大半个月后，猛然挥师东南行，返回湖北，沿郧西、郧阳、丹江（今均县）、老河口（今老河口市），直逼樊城（今襄阳）。匪队浩浩荡荡，首尾不相望，沿途县镇村寨无不战战兢兢，惟恐焚掠之祸临头。樊城及各县的外国传教士和侨民昼夜避居于汉水船舶上，一旦有事，即驾船远驶。湖北官军只敢远远追踪、守望，认为土匪人数实在太多，不能贸然进攻。"老洋人"在官军的"护送"下，经过樊城，进入枣阳地界。

12 月 26 日夜，"老洋人"率众攻陷枣阳县城，焚毁县署和数百间民房，打死、打伤商民、士兵 200 余人，绑架人票数百名。尤其令中外震惊的是，杆匪架走了美籍女传教士吉伦，击伤美国传教士贺福夫妇，贺福教士不治而死。

杆匪随即北窜入桐柏山区，在豫南各县分小股骚扰，以等待说票。吴佩孚和鄂、豫两省当局函电交驰，调兵遣将，悬赏一万元，急欲救出吉伦女士。教会方面则派人与匪徒接洽说票。土匪开价 10 万元，另加步枪、手枪各 500 枝，双方无法谈成。这时已是 1924 年初，在鄂、豫、陕各军前堵后追的严厉打击下，杆匪深感子弹不足，先后来合杆的小股土匪也纷纷离去。恰巧赵杰派人前来告知，他在豫东尚藏有大批枪械弹药，可供使用。"老洋人"遂派出一股匪徒前往豫东提械，自己则率大部人马，挟持吉伦女士北上，准备返回豫西老巢休整。匪徒到处张贴布告，声称回家过年，明春再来。

往豫东的一股在靳云鹗第十四师的打击下，未能如愿，便从京汉线石桥站与临颍站之间折回豫西。匪势之大，使护路军警退避三舍，仅用电话通知京汉线上下行的列车回避。当时南下的5次车停在许昌，北上的4次车停留偃城，各达几小时，待匪队通过后，方才开行，造成随后数日的火车误点。此事为中外人士获知传播，一时诧为奇闻。

七、起内讧部下火并

再说“老洋人”一股历尽艰苦战斗，总算返回豫西，却已成强弩之末。他们从1923年11月初南下开始，至此时已经两个多月，其间奔窜豫、鄂、陕三省3000余里，昼夜行军，连续作战，实已疲惫不堪。尤其是返回豫省之后，所到各地，商民畏之如虎，坚壁清野，逃亡一空，匪徒人数庞大，无从就食，人心浮动，怨声渐起。1924年1月上旬，杆匪被官军围困在郏县西北山中的老爷顶，穷困日蹙。“老洋人”脾气变得极为暴躁，动辄发怒。1月12日这天，“老洋人”忽然传话召集各杆匪首议事。

也正是这次会议，葬送了“老洋人”的性命。

在这次会上，“老洋人”的本意是要通过惩治暗通官兵的李二黑，来整顿浮动的军心。“老洋人”待众匪首愁眉苦脸地刚刚落座，就来了个先发制人，只听他大吼一声“李二黑”，李二黑只得赶忙站了起来，此时的“老洋人”愤怒异常，他圆睁双眼，用手指着李二黑的头大骂道：“你个狗娘养的，胆敢背着我私通官军！”

李二黑赶紧辩解，但“老洋人”根本不听，他冷笑一声说：“想瞒我老洋人，你是做梦！给我带下去砍了！”

这时参谋长丁保成和一些匪首纷纷起身求情。“老洋人”一挥手：“这不干你们的事！我不能让这小子坏了规矩！”然而，“老洋人”错了，他不知李二黑的事正与丁保成相干。原来丁保成见目前形势千钧一发，曾几次婉转向“老洋人”试探，可否与官军谈判招安。但“老洋人”自当年收编险遭官军暗算之后，就定下规矩：本杆绝对不许提及招安之事。丁保成遂暗中与几名亲信匪首商议，与其坐以待毙，不如先与官军谈判；事成之后，“老洋人”也许能顺水推舟，同意收编；若他执意不从，那么或允其自寻生路，或干脆逼他就范，迫不得已时也可用武。于是，李二黑奉派与官军接洽，不料行动为“老洋人”手下侦知。“老洋人”不知这已是众望所归，认为仅是李二黑一杆的行动，故决定杀一儆百，以固军心。所以他坚决不从众人所请，执意要杀。

“老洋人”话音刚落，只见丁保成“刷”地站了起来，向四座的匪首扫视了一下，大声喊道：“既然如此，咱们散伙！”“老洋人”做梦也没有想到跟随他多年的得力助手会喊出如此的话，更没有想到正是丁保成的暗中鼓动，才促成几杆匪首去私通官兵，当下气得青筋暴出，头发昏，陡地从座位上跳了起来，掏出手枪，想当场击毙丁保成，以正军心。“老洋人”的这个举动，将丁保成吓得手足无措，闭着眼睛等死。

岂知螳螂捕蝉，黄雀在后。由于“老洋人”执意除掉私通官军的匪首，这遭到了另外一些主张私通官军的匪首的怨恨和不满。就在丁保成和“老洋人”起争执的时候，一名主张招安的匪首握枪在手，随时准备应变不测情况。就在“老洋人”掏枪的一刹那，这名匪首早已扣动了扳机，随着“砰”的一声枪响，“老洋人”大叫一声跌倒在地，当场身亡。但仍将两只贼眼圆睁着，似乎在告诉人们，他对如此殒命很不甘心。

“老洋人”被打死后，丁保成当下对众匪首说：“我们数人已决定向官军投诚。诸弟兄愿意跟咱一道的，当然欢迎，不愿意的，人各有志，也不勉强，可将自己的一杆人马拉走。”众匪首见“老洋人”已死，失去中心，于是部分人带领本杆径自逃窜，其中有的被官军消灭，被绑架的吉伦女教士也因此被官军救出。丁保成等人则率领部分杆匪向南阳镇守使马志敏所部尤营投诚。投诚的匪徒得到官兵供应的食物，因饥饿多日而狼吞虎咽，有的食之过多，竟致撑死数十人之多。马志敏得到部下报告的喜讯后，立即发电报向河南督军张福来请功，电称该部“生擒老洋人之伪参谋长丁保成”，“老洋人在老爷顶被魏营及尤营击毙”。

“老洋人”匪祸是民国时期为害最烈的匪祸之一，其人数之众、时间之长、范围之广、杀人之多，都已到了令人咋舌的程度。然而若不是两次掳架了洋人，以及有可能受奉、皖两系军阀的利用，曹锟、吴佩孚和豫、鄂两省当局也未必会如此认真地追剿。但就是在击毙“老洋人”之后，该股土匪势力也远未肃清。从 1924 年 1 月中旬开始，无论在豫在鄂，在城在乡，“老洋人”余部各股杆首大多仍打着“老洋人”的旗号，一时间两省似有百十个“老洋人”同时为祸。其中，“老洋人”的副杆首张得胜收容了残部，与姜明玉股合杆，继续在豫西打家劫舍，焚掠绑架，人数迅速从 1000 人发展到 3000 人，到这年年底竟又达到 1 万余人，他们仍号称“河南自治军”，横行于洛阳以南的嵩山山脉中，附近官军闻风丧胆，竟不敢前往围剿、交战，这是后话。

河南嵩山

滇西恶匪“张结巴”

一、卖身葬祖母

民国初期，云南省境内以唐继尧为首的各派地方军阀，为了争当云南王，连年用兵，相互厮杀，致使民生凋敝，财源枯竭，民不聊生。一些散兵游勇、地痞流氓等为求生存，纷纷结伙为匪，四处流窜，打家劫舍，并参与军阀混战，祸乱民间，社会秩序混乱，黑暗到了极点。

在众多匪股中，滇西北洱源一带匪首张结巴，纠集了千余人占山为王，大肆烧杀抢掠，涂炭百姓，手段残忍，凶恶至极。至今人们提到张结巴，仍谈虎色变，可见其对当地人民为害之深。

张结巴，原名不详，后顶替别人以张占彪之名当兵，因其口吃，故有“张结巴”之绰号。他是兰坪县人，生于1899年，从小父母双亡，由祖母抚养。后来由于天灾，家乡无法生活，祖母带着他和他的大姐到剑川羊岑、鹤庆牛街打短工，有时也沿门乞讨。

张结巴9岁时，其大姐嫁到牛街乡下，他就在牛街给人放羊。一日，羊群被豹子咬死十来只，主人硬逼着让他赔，他没有办法，逃到灵应山落刹洞躲藏。他的祖母一气身亡，被抛在仙人掌丛中。为了埋葬祖母，偿还羊价，他从山上回来，自愿卖身。恰有一邓川焦石洞商人路过牛街，见此情景，遂生怜悯之心，出资给他办了事，并将其带往焦石洞。到了焦石洞不久，他被瓦窑头村无儿无女的汉炳林夫妇以1500文铜钱赎出做养子，并为他改名为汉结苏。

他在汉家的头几年很勤快，放羊砍柴种地样样都干，汉家夫妇也还喜欢他。不料后来汉炳林夫妇一连生了三男二女，对他就冷淡起来，而张结巴也自觉在汉家无指望，便整日赶着羊群在山上生活，直至把羊杀光吃光也不回汉家。

二、逃兵“爬龙背”

这时，他与永北人长毛老二、尖嘴老三相识，三人便在鹤庆北衙山上“爬龙背”(匪语，即当土匪)。汉炳林为甩掉张结巴，便以此为由报知县署。这时县上正在募兵，县署里有一卫姓哨长亲戚张占彪也在应募之中，卫哨长遂以张结巴顶替自己的亲戚。张结巴便当了兵，并在其后沿用了张占彪之名字。

此时张结巴20岁左右，在邓川常备队服役。他不愿受军纪约束，常外出游荡，惹是生非。有一次他约了几个人到酒馆喝酒，调戏酒馆姑娘，并借酒撒疯。回队后，他受到严厉的训斥，挨了40军棍，并被关了禁闭。一天夜里，他将卫兵打死，拐带枪支，越墙而出，逃回焦石洞。然后，张结巴又找到了长毛老二、尖嘴老三，并约了喻东狗、罗全友等60多人，打制了一批长矛、大刀、匕首，正式上山“爬龙背”去了。众人推他为匪首，干起了拦路抢劫杀人的勾当。

他们头一次抢劫，便显出了张结巴极残忍的性格。这天，他带着众人到鹤庆西园，路上遇着40多人的娶亲队伍，他一声令下，众匪将这些人全部杀死，财物一掠而光。

为扩充力量，他又令喻东狗带200元到大理买枪支弹药，招收人马。岂知喻东狗到了大理，吃喝嫖赌，将200元钱花得一干二净，不敢回山交差。张结巴等不到喻东狗，恼怒之极，遂带领几人到喻家，将其妻子及两个儿子杀死。半年之后，喻东狗才回到家中，也被诱杀。张结巴叫人将喻东狗的心掏出炒熟，边吃边说：“今天我吃了这条狗的心，方解心头之恨！”张结巴如此残忍狡诈，真是世间少有。在他一生土匪生涯中，一直如此行事，成为滇西一带为害极烈的恶魔。

三、独立建山头

不久，官兵剿匪，将张结巴的股匪打散，张只身一人来到兰坪城，拜了清帮大爷杨文龙的码头，并得到杨之青睐。由于他了解行帮规矩，又胆大妄为，不久就当上了“管三”。

张结巴设计将杨文龙杀死，然后带领十几人投奔了漾濞山匪首朱石宝（绰号朱队长）。

1921年6月，张结巴与罗高才、赵石掌结拜为异姓兄弟，以罗为长、张第二、赵第三，并决定自立山寨，招纳土匪。罗高才是洱源县大松甸彝族人，曾当过兵，回家后受人诬陷无法存身，逃亡中恰遇张、赵二人，一拍即合当了土匪。赵石掌是兰坪人，清末文生，受张结巴网罗为匪。

张、罗、赵等三人决定自立山寨后，在永平城里纠集了些喽啰，并探察清了县城团防队的情况，欲设法抢劫该队的枪支。

一天夜里，他们带领一群凶徒，摸进了团防队。罗高才只身挨拢卫兵，用力一掌，将卫兵打倒在地，又在脖颈上使劲一踩，卫兵登时气绝。他提着卫兵的枪守住大门，张结巴、赵石掌带人冲进寝室，各用菜刀砍死了正在睡梦中的勤杂人员十多名。这时团防队的官兵都外出逍遥未归，其全部枪械即为该伙土匪劫得。接着，他们分头行事，张结巴火烧团防队营房；罗高才带人杀进县衙门，县官和他的老婆惊惶之中抱着烟枪，赤身裸体逃出后门；赵石掌砸开监狱，放出囚犯。罗高才大叫：“愿跟我们爬龙背的领枪上山！”一些囚犯一涌上前，扛起了枪支。罗整顿人马，计有百十之众，随即领人上山，罗成为该匪股的匪魁。以后这股土匪势力越来越大，在洱源附近各县打家劫舍近两年。

四、匪类自相残

罗高才日久渐生归顺之心。1924年元月初，朱石宝派头目“草上飞”来找罗、张匪股，约他们共同抢劫漾濞城，以抑制省军对土匪剿办。罗大喜，认为这是杀朱石宝受招安的大好机会，遂欣然同意，并决定朱石宝攻打城北门，他攻打南门，两股会合于县衙门，时间定在初六夜间。

初六晚上，大约亥末子初，漾濞城南门外火光一闪，张结巴、赵石掌即猛攻南门。朱石宝到北门附近听到南门枪声甚急，便不顾一切向北门攻来，冲到距门不远的一片松林里，即为罗高才所率亲信匪众包围。罗高才手举枪响，“叭”的一声，朱石宝仰面朝天，脑浆涂地。朱手下众匪见“龙头”已死，一阵慌乱，以为是省军来剿，纷纷逃窜。罗高才趁势冒充省军，将朱匪众打得溃不成军。接着，罗高才告诉张结巴，说朱石宝被省军伏击，已被打死，让张马上停止攻击，立即回山。

次日晨，罗高才宣布接受招安，此后，这股降匪名曰“洱源保卫大队”，以罗高才为大队长，张结巴、赵石掌为洱源县保卫大队副队长，驻在洱源城内财神殿里。

五、施计图不轨

张结巴自招安后当了保卫大队副大队长，心里一直不痛快，张结巴表面上不像过去那样放荡不羁，为所欲为，实际上常到城外观看虚实，勘察路径，结帮纳伙，图谋不轨。

火把节快到之时，罗高才要张结巴同回罗的家乡大松甸设宴招待乡亲和众弟兄们，仅少数人留住城里。张结巴觉得这是一个好机会，心中定下暗计。

火把节这天他欣然同罗至大松甸，竭力为罗捧场。至半夜，张结巴提枪在外放了一枪，并大声喊道：“逃，逃兵，抓，抓逃兵！”旋即返回席前，报告罗高才，要求带上一班团兵去抓逃兵。罗高才不知是计，且已醉意三分，便由张结巴去了。就这样，张结巴带着十多个心腹，重新反水为匪。

张结巴带人在罗坪山遇到了原朱石宝的部下陈克武和李翊伯等小股土匪，遂结成一股。张结巴被他们拥为匪首。其后，他们在洱源、邓川、鹤庆等地，大肆收罗溃散匪徒，纠集流氓赌棍，并指名道姓逼勒青壮年当匪，还强派各村送粮送枪，违者就遭打挨杀。就这样以种种手段，聚集了数百土匪，重操抢劫杀人的勾当。

六、恶魔吃人心

是年秋，张结巴率匪部窜到洱源东山南大坪一带，意欲攻打县城。他听说县城开来省军一个连，即设计将其调开，随后将匪部分为三股：他亲率一股悍匪攻打罗高才的老家大松甸（罗一直未回县城）；陈克武带领一股准备在打下大松甸后进攻洱源城；李翊伯、杨老幺率一股在清水河策应。

罗高才已知张结巴要攻打县城、大松甸，除报大理镇守使要求省军增援外，还在大松甸周围布置好了埋伏，准备迎战。张结巴带着土匪连夜窜到大松甸附近，于拂晓派出三个匪徒下山侦察。突然间，埋伏的保卫队哨兵从树丛中窜出，举起缅刀将他们杀死，然后又人不知鬼不觉潜回原地。

张结巴等众匪不知前面发生变故，继续向前赶来，走入了保卫队的埋伏圈。保卫队官兵举枪齐射，土匪伤亡大半，余众抱头鼠窜。

张结巴见状大怒，暴跳如雷，亲自驱赶着剩下的顽匪进攻，占领了几个据点，将保卫队逼进村中。双方一直激战到中午，不分胜负，各有伤亡，张结巴的左肩也中了一弹。他捂着伤口，圆睁红眼，狂呼乱喊着指挥土匪进攻。

正当他带人由村东冲进村时，西北方向传来了密集的枪声，原来是省军派出一个排来大松甸支援，张结巴即下令撤退到村西树丛中。

这时在山坳里正有三个老人放羊，张结巴看见，即令手下捉来，以泄未攻进大松甸之根。他们把老人绑在树上，张结巴疯狂地叫喊："剜心！我，我，我要吃！"他将老人的心剜出来烤熟，和几个土匪分吃了。这时，省军逼近大松甸，将张结巴击溃，另两路土匪亦不敢露面，窜回山中。

洱源茈碧湖

七、建立匪巢

几天后，他们派出匪探到洱源侦察，得知省军已回大理，城内兵力空虚，县长王用中到大理去开剿匪会议，保卫队主力随罗高才在大松甸，只有保卫队、政警队等50来个官兵守卫，便决定乘机洗劫洱源。

农历九月十一日，张结巴匪部由清水河倾巢而出，向洱源城扑去。到达时已是半夜，洱源居民正在酣睡中，守兵亦在抽鸦片赌博之后睡大觉，警惕松懈，无人站岗放哨。土匪摸进北门城堡，连砍十多名团兵，余下的团兵不能抵抗，蜂拥逃出东门外。只有保卫队曹教练带着三个伙夫与匪徒死战，守住保卫队队部。此时城中枪声四起，火光冲天，匪徒肆意抢劫，民财被抢掠一空，还掳走了近百人，连县长王用中的小儿子也被抓走。随后张结巴下令：清点所抓之人，勒索赎命费，限期交清；清点被抓女子，任匪徒奸污。于是城中群魔肆虐，妇女们惨叫呻吟。

匪情传到大理，官员们惊慌失措，镇守使李廷选急派人送县长王用中星夜返回洱源县署，另写公札派邓川补充大队助剿。该补充陈大队长马上检点兵马，向洱源出发。

张结巴听说官兵来了，即派陈克武带20个顽匪堵击，李翊伯带着抢来的财产回山，他自己和其余土匪将被掳的70余勒赎之人全部就地杀戮，无一幸存。王用中的小儿子也被割平睾丸，身子被剁成两节，摆在“神灵寺”的供堂之上。

张结巴退走以后，陈大队长才赶到，只见城内尸体遍地，血流成河，火光一片，残垣断壁。满城百姓怨声载道，哭声阵阵，其状悲惨至极。

两天后，王用中回到了县署，看到自己的儿子被害，丢官又在所难免，心中愤懑，就决定杀几个通匪的人来解解心头之恨，于是将土匪杨老幺的父亲和哥哥以及哥老会大爷王春荣抓走，在年底到来之前全部砍了头。此后，县长由一个年轻的文人严宝成继任。

张结巴率匪众退出洱源城后，紧接着又来到鹤庆松桂街、鹤庆城内烧杀抢掠，然后才带着从鹤庆抢来的“压寨夫人”大乔及众匪窜入永北山中，吃喝作乐。

1925年的春节时分，张结巴遭到了永北山中另一股悍匪的袭击。张匪及匪徒们当时正在行赌玩乐，毫无防备，结果被那股悍匪抢走银元6驮子，长短枪15支，烧毁粮食无数。

遭此一劫，张匪元气大伤。1925年农历四月初八时，他们在抢劫象眠山一带村庄时，被鹤庆团防队赶入黑泥哨山中，后来又被省军围剿，溃散成两股。张结巴带领一股，杨老幺、李翊伯带领另一股。

经过一段时间流窜，他们才会合于洱源罗坪山北段的清水河，并在这里建立匪巢，裹胁了一批百姓强逼为匪。张结巴的气焰又开始嚣张起来，他分封手下杨老幺、陈克武、李翊伯、草上飞为“四大金刚”，并扬言要抢洱源、攻大理、占昆明，独霸云南。

张结巴把匪部分为两股，一股在清水河，由陈克武、草上飞为首；另一股驻扎在马鹿塘，以杨老幺、李翊伯为首，他自己则带着“特务队”（以金牙齿为头目）不时来往于两大股之间。

为恢复元气，扩大势力，张结巴向匪巢附近的各村庄强派壮丁、枪支弹药及各种物资，整得罗坪山人心惶惶，鸡犬不宁。

八、血洗洱源

不久，张结巴听说省里要派一旅军队来滇西进剿，便决定在省军未到之前先下手，把洱源搜刮干净，抢劫一空，给省军来个焦土空城。

自此，洱源百姓可遭了大殃，张结巴匪部大肆烧杀抢掠，杀人如麻，抢劫无数，手段残忍，令人发指。

从农历五月初一开始，张匪就开始袭扰洱源。张匪头目杨老幺率一股土匪来到宁北区，乘五充街赶晚集之际，突然冲进去，掳走百姓30余人，抢走大量财物。李翊伯率领另一股土匪在几日内先抢劫了蕨菜、横水、哨平等一带村庄，然后扑向茈碧湖西岸，先后抢劫了24个村庄。土匪所到之处先抢后烧，一片片火海吞没了村寨，不知多少财产化为灰烬，多少百姓死于非命。

张结巴为抢到更多的财物，不断变换方法，手段日益残暴。开始时，他们每到一处，烧杀劫掠一番就撤走，后来他发现抢得的财物由土匪自己背着，影响转移和作战，就逼着老百姓将财物背到山上匪巢里去。后来，他嫌这样也麻烦，干脆改为抢人做肉票，把大批老百姓赶上山去，逼着其亲友拿钱物去赎人。

五月二十四日中午，张结巴和陈克武带着匪众掳掠了宁南区。他们劫掠一番后，退到赵夫子庙东边沙坝山休息时，有一名叫赵锡保的小头目要求到炼城村去"扛红旗"(即抢劫)，以报当年该村欺负他父子之仇。张结巴即应允说："快，快，快去！狠狠地整！"赵锡保于是带人冲进炼城村，放起大火，顿时蔓延开来，全村一片火海，有24户人家40多间房屋化为灰烬。土匪临走时还掳掠百姓20多人，其中杨全美母女三人，因不愿受奸而被杀死。

六月五日，张结巴与杨老幺又率匪众抢劫了凤羽街，掳走50多人。当天正是赶集的日子，在慌乱之中被杀死、踩死、打死、吓死的百姓有十多人，还有八座民院、三座古庙被焚毁。沿途各村均遭抢劫。在黑潓江两岸的村村寨寨，张结巴手下的草上飞、段丙功、罗秉义等从北向南、从南向北来回烧杀，将乔石井一带17个村子、潭溪村一带的房子财产全部烧光抢空。在这一段时间里，张结巴匪帮连续袭扰，洱源大部分地区均遭匪患，百姓的生命财产受到很大损失，苦难深重，叫苦连天。

经过一段时间的烧杀抢掠之后，张结巴匪帮分别驻扎在深山老林中的清水河、马鹿塘、荒甸坝、篁竹山四处，称为"四大华堂"，把各地掳去的几百百姓关押在那里。在这些百姓被绑架上山的时候，土匪为防他们逃跑，就用绳子藤条把他们捆成一串驱赶，强壮的人被逼着为土匪背抢来的东西，一些老人和孩子，则被用细麻绳穿着耳朵，10人一串地被牵着前行，走不动跌倒的被踩死，逃跑的当场被杀死。

九、兽行劣迹

在山上，张结巴拟了几条命令，由陈克武代为向大小土匪宣布："众弟兄辛辛苦苦跟占彪干了这些年，现在让大家痛痛快快玩半个月。从明天起：一、点毛子送方（毛子指被强掳的肉票，送方指用钱物赎人）；二、自己取财妈灯火（指妇人女子）；三、自由裁（杀）毛子。各华堂要搞出新花样。我们不留给广乌龟（指省军）一个人、一斤粮、一文钱，叫他们进得来，回不去。"

他一说完，众匪大吼："听大爷的！"张结巴大叫道："我，我，我今天，先裁几个给弟兄们看看！来，把，把，把他们三个拉，拉出来！"

小匪徒绑出一个老人、一个团兵、一个姑娘，将他们捆在树上。张结巴问老人："你，你，你为何挡住我的去路？"那老人反问："我打中了一只豹子，你为何抢走？"张说老人反抗，用老人的猎箭，直戳老人心窝，顿时鲜血如注，老人惨死。

屈辱·惨死

他又对那个团兵吼道："土，土，土乌龟（指地方团保队），你，你，你裁了我多少兄弟？"团兵哀求道："没杀过，大王饶命！"张结巴上前去，一刀就砍下了那个团兵的脑袋。

他又走近那个姑娘问："牛街姑娘，你，你，你为什么不，不愿做我，我的压寨夫人？"那姑娘大骂："土匪！"还吐了他一脸唾沫。张结巴恼羞成怒，一刀削去姑娘的鼻子，再想砍一刀，杨老幺拦住他说："不让她死，再来个两刀四眼，留个纪念，放回示众。"张结巴"嘿嘿"两声，在姑娘左右臂上连戳两刀，姑娘疼痛难忍，昏了过去。自此以后，四大华堂的土匪开始折磨人质，勒索钱财，其残酷手法花样百出，前所未有，惨不睹闻。四华堂成了人间地狱。

被掳之人冷了饿了，被迫向土匪要求吃饭烤火。张结巴下令烧起三堆大火，把人们拴在四边的木桩上，抬来大桶大盆滚烫的肉、油。在人们俯身添吃之时，土匪趁势把人头按入桶中，将人活活烫死。匪徒们将50多人拴成一串，围成一圈，在四面点起大火，活活烧成黑炭。而土匪则以此为乐，在一旁哈哈大笑。之后，又将已死及半死之人投入火堆，烧成灰烬。更有甚者，他们活活剥掉200余人的人皮，做成枪皮带和人皮鼓，还将活人的心肝眼睛挑出吃掉。

一个甲长李某，接到张结巴的通知，让他前去赎命送方。他好不容易凑了钱粮肉菜油等物，用五匹马驮着到匪巢，土匪仍说不够，将其吊打一夜。次日回村时，押解他们的土匪问："你们昨晚吃的炒肝好吃吗？"甲长说："好吃。"土匪告诉他说："那是你们要赎的那些人中三个人的心肝。"甲长听后如五雷轰顶，呕胆吐血，竟气绝而亡。

一个老人前去送方赎子，因晚了半天，他的儿子就被杀掉。老人在一堆死尸中扒出儿子的尸体，亦悲愤地死去。

有一个穷村子，因无钱无粮送方赎命，推选一个老人去清水河请求放人。张结巴说他们村里的人爱用匕首，就令匪徒用尖刀戳死26人，个个都是从耳根后戳进去，这个老人也一去未还。

被掳到四华堂的妇女姑娘，更是受到惨绝人寰的凌辱与摧残。在清水河畔，匪徒把拼死不从的20多个妇女拉出来，当着他们亲人的面轮奸。在马鹿塘，几十个姑娘衣服被剥光，手脚和头被捆在木桩上，被匪徒轮奸。在篑竹山，有30多个妇女被奸后处死……

十、诈死逃生

张结巴的残暴行为罄竹难书，传出之后，城里乡下无人不怕，谁家的孩子哭闹，只要听大人说："不要哭，张结巴来了。"孩子立即不敢哭闹，躲进大人的怀中。

滇西的一些达官贵人士绅更是害怕，纷纷上书云南督军唐继尧，要求派兵来剿。

滇西北不断传来告急匪警，正在与顾品珍争权夺利的唐继尧不得不引起重视，于1925年年底致电大理剿匪司令部，派出独立营史华部赴滇西，专剿张结巴。

张结巴闻知，即施展狡猾伎俩，分一股土匪至沙溪，扬言要困毁沙溪，吞吃鹤庆，企图把史营调开，他自己则率主力躲进西山伺机而动。但是张结巴诡计失算，正当他带着匪众南窜时，撞到了史营枪口上，双方展开激战。史营兵精将悍，张匪乃系乌合之众，经过半天恶战，张匪被击溃。这一仗张结巴的土匪被打死145人，史营缴获了160支枪，200驮银元、烟土等。张结巴手下恶名昭彰的头目杨老幺也被击毙，其首级被挂于凤翔镇上。老百姓听说后，无不拍手称快，盼望张结巴也落此下场，千刀万剐方解心头之恨。

张结巴吃了败仗，没命地逃窜。几天之后，他又纠集残匪，并在兰坪收罗了一些土匪，又去抢拉鸡井。拉鸡井是个盐场，在附近一带算是较富裕的地区，井区有一保井中队，训练有素，武器精良。他们侦察到张结巴来到附近，便做好迎击准备，并设计引诱张结巴前来攻击。张结巴中计，又一次打了败仗，溃逃回山中，一面继续抢劫，一面整顿匪部。

1926年5月，前大理镇守署副使罗树昌，打出反对唐继尧的旗号，大肆招兵买马，收编地霸土匪武装，扩充实力，并从永北挥戈南下，进攻大理。其所部陈大光先进鹤庆，又直捣邓川。罗树昌此前曾招安张结巴，但张一直未加理睬。待陈大光攻下邓川后，罗又来招安张结巴，并许其攻占大理后委以旅长要职。张结巴这才点头同意，但却不下山，准备见风使舵。

这期间，罗树昌挥兵猛攻上关，而守兵仅史华一营，兵力分散，渐不能支。张结巴这才出击，将史华布置在苍山脚下防堵他的一个连打散。罗树昌遂夺取上关，然后张结巴又马不停蹄直捣喜洲，攻进去后狂抢一通，退到南中休整。这时陈大光的先遣中队也来到南中，在张结巴的驻地附近待命。

先遣中队队长邱回才，是张结巴的死对头，其父曾被张结巴勒赎杀害，抛尸旷野。此时与张结巴近在咫尺，不由勾起他报杀父之仇的念头。正巧陈大光来令，让他与张结巴会谈。他考虑再三，决定与之会谈，到时见机行事。张结巴也接到了陈大光会谈的命令，他根本未把小小先遣中队放在眼中，也不知对方是自己的仇人，遂同意会谈，但提出只谈一个时辰，来者只身一人与张结巴会面，余者要在场外。

邱回才强压心头之火，来到会谈地点，见到张结巴只随便说了几句，就猛地拔出手枪一梭子打过去。只见张结巴已应声倒地，其余的土匪吓得呆若木鸡，会谈地点周围的土匪及与邱随来的官兵也不知所措。邱回才以为张结巴已死，大仇已报，遂大喊："不要怕，是枪走火，弟兄们安静。"然后带人回到自己的防地。

邱回才刚走，张结巴就一骨碌爬了起来，原来张结巴是诈死。他狡诈过人，邱回才一拔枪即被其发觉，他立即弯腰随枪声倒地装死，再加上邱的手枪是河西土造拉七，枪管大，火力散，只将张结巴的左臂擦破了几块皮。张结巴爬起来后，即指挥众匪向荒甸坝方向逃去。这次挨黑枪，他还以为是陈大光借邱回才之手杀他，做梦也没想到是自己种下的祸根。

十一、称霸滇西

是年 9 月，罗树昌反唐失败。唐继尧派陈维庚（被任命滇西剿匪司令）、唐继麟（唐继尧的弟弟、省军第三团团长）等进驻滇西。唐胜罗败，张结巴不但没有丝毫受损，反而在这一场混战中极度扩充了匪势，不但收编了罗部大批残兵败将，还抢劫枪械、粮饷、被服，匪巢中堆满了这些物品。

此时唐继麟的步三团辖区是大理以北各县，其任务主要是剿灭张结巴。但是张结巴盘踞在深山老林里，行踪飘忽不定，牵得唐团团乱转，剿匪未能收到真正成效。

张结巴得意狂妄之余，忽发奇想，企图进占大理，独霸滇西。为此他决定接受招安，还掳来了宁山应山铺一清末遗老吕咸熙（外号吕进士）老先生，为他向陈维庚招安疏通牵线。

这时云南各派军阀为巩固自己的地位，扩大实力，均在收罗土匪武装，张结巴的招安要求一说即成。唐继尧还委任给他一个既大且长的官衔：大理、邓川、洱源、剑川、鹤庆、丽江、兰坪、云龙、漾濞、永平 10 县游击统管带兼"北伐后援军"独立第二混成旅旅长。张匪将自己匪部千余人编成三个团，制作了绣有"福国大昌"的大旗，到处得意洋洋耀武扬威的炫耀，并吹嘘说："我，我，我有这么多雄

大理古城

兵猛将，滇，滇，滇西谁是对手！”并还自封为“军长”“省长”等，其野心愈发不能抑制。他虽已受了招安，但其残暴本性并未改变，经常反复无常地寻找借口杀人。

1927年上半年，云南军阀争权夺利的混战加剧，唐继尧在云南的统治被胡若愚、龙云、张汝骥、李选廷推翻，尔后，胡、张、龙三派又发生火并，战祸殃及全省，最后结果以龙云胜利告终。

就在军阀们兵戈相见的时候，张结巴虽为唐继尧的“北伐后援军”的旅长，但并不卖力作战，只要见势不好，他即拉走队伍避战。唐军失败后，龙云势力尚未到达滇西，大理暂时成为一座空城，张结巴乘隙进驻大理。

称霸滇西是张结巴蓄谋已久的，乱世之中他忽而匪，忽而兵，保存扩充了力量，并进驻了他向往已久的大理城。大理原为唐军所据，官吏亦为唐继尧所派。唐继尧一派失败后，城内军队官吏均作鸟兽散，给了张结巴一个极好的机会。他打着招安军的旗号，名正言顺地开进大理。

为了盘踞此城，他进城后不烧不抢，反而一反常态，下令不扰民，实行公平买卖，使提心吊胆的大理人民暂时安定下来。随后他召集了大理所属的10县洪帮头目开会说：“我张占彪招安进城，是，是，是要10县人民清，清静，请众，众，众兄弟来捧捧场，日后绝不亏，亏，亏待你们！如，如若有我们洪门子弟不守纪律，破坏，坏我的名誉，你们就抓来旅部，我，我给他下油锅。”他这一串不伦不类的行帮话，听得这些洪帮头目不由暗笑，但表面也不敢露出丝毫，依然唯唯诺诺，点头称是。

事后，他招待这些人大吃大喝，同他们弟四哥三、大爷长老幺短的，借此笼络这些地头蛇，以巩固自己在大理的地位。

此外，他又将大理枪械局库房里的旧枪破刀，悉数搬出，偷运至他在鹤庆牛街的旅部中去。

不久，在诸军阀角逐获胜的龙云，为了巩固自己的统治，肃清地方匪患，派出一零一师张冲部来到滇西，剿抚土匪。

张冲字云鹏，绿林出身，自归附龙云以后为其立下汗马功劳，不仅在军阀混战中出了大力，还收编了三迤众多土匪，对付土匪很有一套办法。他到滇西楚雄后收编了前唐继尧的近卫二十团，并委该部军官史华为一零一师副师长，史华即是前面所提到的追剿张结巴的史营长。接着他在滇西剿灭了李济川、铁卤、独角牛、张良等数千土匪，一时颇得人心。然后，他率师西进大理。

就在张冲快要抵达下关时，张结巴慌了，不知张冲此番前来是吉是凶。他急忙召集手下干将李翊伯、陈克武、杨光培、段丙功、罗秉义等开会计议，在大家七嘴八舌地发表意见后，张结巴说：“现，现，现在不忙打，也不要守，而要退退，让他张冲进城，我抖抖点威风给他瞧瞧，给他端辣子汤叫他尝尝，才晓得我张，张占彪的厉，厉害！”

随后他们定下计策，决定先节节退让，直到鹅卵哨为止，并设一鸿门宴请张冲来，若其不敢来，就师出有名，杀他个人仰马翻；若张冲来了，就提些条件进行要挟，逼他就范，如若不从，就掷杯为号，大杀一场，重新上山。计议已定，众匪分头布置。

张冲来到下关后，获知张结巴从大理撤往喜洲，并掳走了城内几个外国传教士。他正在揣摩张结巴此举的意图，这时又收到了张结巴的一封信，邀请他去喜洲，声称要为他“洗尘”。

当晚张冲召集团以上军官，做好安排，遂于次日偕同与张结巴有交情的洪帮大爷、大理盐税局局长郭邵宗，仅带5名卫士，前往喜洲。

不料到了喜洲，不见张结巴的踪影，只见其留下纸条，要张冲于第二日到鹅卵哨会谈。原来狡猾的张结巴防了一手，又把队伍拉到了鹅卵哨。

第二日，张冲等7人前往鹅卵哨。几里地外，便已是张结巴布置的人马，十步一岗，五步一哨，气势汹汹，戒备森严，杀气腾腾。张冲久在江湖，并无惧色，从容前行。

到距离会谈地点本主庙不远时，张结巴手下几十名卫士分别用长矛、缅刀、刺刀交叉搭起，阻住去路，这是要给张冲一个下马威。张冲举起指挥刀，一路拨将过去，打开一条通道，走进了本主庙大门。

一进去，张冲就发现院中、墙角、门背后都布满了埋伏，有意无意地露出枪管刀尖。张结巴坐在大殿中虎皮椅子上，叼着牙骨烟嘴，装作未看见张冲。

张冲见状，先声夺人，怒斥道："哈哈，我听说你张结巴是条好汉，才来会你，我单枪匹马，你却摆出这么大的架势，想来吓唬我。我告诉你，怕死的不来，来的不怕死！"

接着，拍拍胸脯又说："听说你是一个杀人不眨眼的魔王，杀吧！要是在你面前皱一下眉头，就算不得好汉！"边说边逼近张结巴。

张冲的举动震住了张结巴，他感到此人不同于一般的"广乌龟"，于是从座位上一跃而起，翘起大拇指说："有胆量，有见识，好，好，好汉！"还装模作样地斥骂左右："哪，哪，哪个叫你们这样干？还，还，还不快给老子滚开！"说着就请张冲就座。

张冲趁势劝张结巴道："占彪，你我都爬过龙背。我以前在滇南爬龙背时，老百姓送德政碑，你在滇西北爬龙背，老百姓恨入骨髓。这是你要深省的。现在招安了，以后好好干，走正道，不要贻人口实，给绿林豪杰蒙羞。"

张结巴听了，虚情假意地迎合道："张师长，兄弟我服你。"

张冲恩威并施，说服张结巴接受招安，郭邵宗在其间周旋，张结巴原来准备的方案全没用上，他的手下几次欲掷杯，都被他用眼色制止。最后他终于慑服于张冲，答应服从调遣，放回外国传教士。张结巴还提出与张冲结拜，被张冲婉拒。张冲送其两支枪，张结巴亦回赠两支。这时郭邵宗又以洪帮规矩劝张结巴一番，张结巴均点头称是。

临别之时，郭邵宗使了个眼色，张冲站起来，上前一把抓住张结巴的右手腕，拉着就走，口中说道："我们一起去看看弟兄们。"郭邵宗及张冲的几个卫士也凑上前，拥着张结巴向外走。

张结巴猝不及防，多年江湖生涯从未被人挟持过，一时害怕起来，只好乖乖地向外走。张结巴的手下及埋伏的人马都被吓住，呆若木鸡，看着这几个人向外走去。

出了大门不远，张冲对张结巴说："占彪大哥，好好待弟兄，好好干！后会有期！"旋即放开手扬长而去。张结巴好不容易才缓过劲来，气急败坏地大吼道："威风扫地！快，回，回，回旅部！"

十二、暴尸示众

自鹅卵哨会谈后，张结巴被省军委任为鹤（庆）丽（江）游击司令，并命他即日赴防。张结巴得令后退出大理，但却盘踞在邓川焦石洞和鹤庆牛街一带，拒不北上，并派人分赴大理、邓川、洱源等 10 县，请来洪帮头子和地方士绅，威逼他们呈文挽留他。

这些人慑于张结巴的淫威，遂马马虎虎写了呈文一报了事。张结巴于是按兵不动，等待下文，但那些呈文却如泥牛入海，没有反应。张冲得知后，即改调张结巴去楚雄，并再三勒令他速往。张结巴无奈，只好收整人马上路。为防止张结巴反叛，张冲亲自率精锐轻骑在前，另派两团劲旅在左右监视。

几日后，张结巴的队伍行至宾川牛井处，其先头部队两个团已抵达姚安，他手下的团长陈克武、李翊伯、杨光培突然跑来向他报告，说弟兄们不愿去楚雄，已跑了三分之一，并煽动说，张冲诱骗他们到楚雄是为了解决他们，去楚雄是死路一条，主张赶快反了，重新上山。

张结巴一时拿不定主意，正在这时，手下抓住一个"奸细"，并搜出一封密信，信的内容是等张结巴所部到达姚安某山谷时，前后夹击，将其全部剿灭。张结巴一看，怒火中烧，一把枪毙了抓来的"奸细"，大吼道："反，反，反！"立即命令所部退回。

实际上，此"奸细"和这封信究竟是真是假，还是疑问。一个说法是：这是前洱源县王用中为报杀子之仇，收买人写假信，好借用张冲之刀杀掉张结巴；另一种说法是：这是陈克武、李翊伯等为了激反张结巴，设计的假象。但不管如何，张结巴的本性就决定了他早晚也要反，"密信"事件不过是一根导火索而已。

张结巴在宾川牛井反叛后，向着邓川方向窜去。这时监视张部的一零一师两个团早有防备，分别从东西两面包抄过来。张结巴慌忙逃窜，又被另一伏兵打了伏击，结果众匪被打死打散过半。张结巴狼狈万状，带着残匪窜入深山。时值阴雨季节，张结巴等人蜷缩在石洞中，以为安全了，可以高枕无忧了，又做起了东山再起的美梦。其余众匪亦各自寻欢作乐，赌钱喝酒。他们没有想到张冲所部龙霖团赵源清营的"蓑衣队"已逼近了他们的匪巢。

张结巴率匪逃窜到深山后，赵源清营尾随其后。当地百姓听说追剿张结巴，无不鼎力支援，送来了干粮、草鞋、长矛、棍棒等，还自告奋勇带路直捣匪巢。当时下着倾盆大雨，老百姓送来了蓑衣篾帽，有 50 名官兵穿戴上，组成了蓑衣队，连夜冒雨向张结巴躲藏之处摸去。到了洞外，他们伪称是从焦石洞来送吃的，把匪哨干掉，接着和土匪激战起来。张结巴等匪魁见势不好，急忙从另一洞口爬出去逃跑了。天明了，土匪被击溃，蓑衣队也返回营地。

张结巴如惊弓之鸟带人窜进另一深谷，清点人数，所剩不多，决定分头活动，分三股流窜，然后至老君山会合。张结巴带着一股，直窜老君山；杨光培带 20 多人化装成军队模样，潜回洱源应家铺，拼凑人马，筹集资金；段丙功、罗秉义等去邓川西山腊坪哨，收罗散匪，以备后会。

但是他们的如意算盘又落了空，杨光培、段丙功等没窜出多远，即分别受到地方联防队的阻击，将他们再次打散。段丙功等逃至腊坪哨，杨光培等下落不明，只有张结巴顺利逃出。这时，张结巴原来东下楚雄时的先头两个团，也在省军的围攻之下溃散。张结巴的整个土匪队伍已经瓦解。

张结巴此时身边只有 50 多人，匪首有陈克武、李伯翊、草上飞等，每人各有长短枪一支，子弹所剩也不多。他们先潜到牛街、三营一带活动，后又到兰坪坝抢劫；被龙霖团赶入老君山以后，又窜至鹤庆坝子抢劫。张结巴在省军及地方联防队的追剿之下日暮途穷，难以生存，遂派其手下吴老三到牛街联系当地哥老会和士绅杨葆元，以做他图。

但吴老三一到牛街即被人认出，遭到逮捕。龙霖根据他的口供，派赵源清等 10 人化装成土匪，打入张结巴的匪巢；另派一排官兵化装成商人、农民模样，前往右所、焦石洞一带策应赵源清等人。同时，他与洱源县长张笏商议，请张去杨葆元处，定计诱杀张结巴。杨葆元曾任丽江、永北县长，后来告老回乡，在地方上颇有威望。

腊月二十日，杨葆元与张结巴一起吃完早饭，又在烟床上躺下抽大烟，这时张妻大乔正与杨夫人在外院天井里逗张结巴的儿子玩耍，张的贴身警卫除头目草上飞之外，其余三人到村外闲逛。团防中队长杨子昭此时带着几个人手提火腿、鸡鸭、小菜、糕点等东西来了，说是来送年货，请杨葆元到厨房过目。杨葆元不耐烦地"哼"了一声，便下床到厨房去了，只剩下张结巴仍在烟床上过烟瘾。

这时，杨子昭手持名片走到烟床前说："大爷，彭团首上剑川，要我们代他向大爷辞行。"张结巴起身用右手接名片。说时迟，那时快，杨子昭一步上前，用双手猛然卡住张结巴的脖子，用劲往烟床上按。张结巴拼死挣扎，回手去抓枕头底下的手枪。随杨子昭同来的李品芳、柯副官见状猛冲上去，对准张结巴的心窝连打两枪，其余的人也拿刀在张的身上连捅几刀，混世魔头张结巴顿时一命呜呼。

值勤的草上飞听到枪声，急忙奔进来，正碰上杨葆元，杨佯装惊慌得上气不接下气，说："不好了，快……"草上飞问："哪里打枪？"杨葆元说："那里，那里！"推着草上飞说："快跑，张大爷在门外，你们快去跟他！"草上飞跑出去后，杨葆元在他身后将大门关死，回屋等待消息。

草上飞被哄出大门后，即遭伏兵追击，但他逃出追捕，窜回东山。其他三名土匪有一人被击毙，另外两人也逃向东山。张的老婆大乔及儿子也被打死，尸首都解往大理。张结巴的首级先解往洱源，悬挂示众，随后又与尸身解往大理，验明正身。后头身被缝合，绑在木桩上示众。

在张结巴的土匪老巢焦石洞，龙霖团长与赵源清营长里应外合，全歼残匪。匪首陈克武、李伯翊、罗秉义三人首级被割下来，悬挂洱源县城中示众。

至此，横行滇西肆虐多年杀人如麻罪恶罄竹难书的恶匪张结巴匪帮彻底被消灭，广大群众拍手称快，举杯相庆，那些惨死的受害者的亲人和遭受张结巴匪帮欺凌迫害的群众欣喜若狂，那些冤死的人们九泉之下也能够瞑目了吧。

湘西巨匪姚大榜

许多人可能都看过电视连续剧《湘西剿匪记》，这部电视连续剧描写的是新中国成立初期我人民解放军剿灭乌龙山土匪的历史事迹，剧中有一个著名的大土匪头子"田大榜"，他奸诈狡猾、凶暴残酷，令观众印象深刻。既然这是一部历史题材的电视剧，那么，历史上到底有无"田大榜"这个大土匪？

"田大榜"在历史上确有其人，也就是电视连续剧《湘西剿匪记》中田大榜的原型，他叫姚大榜，确实如电视剧中人物田大榜那样凶残阴险、恶贯满盈，也确实最终没能逃脱人民的法网，在革命武装的围剿中死于非命。

一、姚匪家世

姚大榜，字必印，号占彪，1882年生于湖南西部的晃县(今新晃侗族自治县)方家屯乡杨家桥的牯牛溪。这个姚大榜不像许多土匪那样缺乏教育甚至大字不识几个，他小时候上过私塾，待到长大成年，还考进了贵州铜仁的讲武学堂，接受了正规的军事训练，但他却当起了土匪，而且成为历史上有名的大土匪，这到底是怎么回事？

姚大榜，其父姚德钦，其母杨氏，祖辈均是忠厚老实人家，务农为业，耕种几十石谷田，没出过邪恶之人。

姚大榜年幼之时，浓眉大眼，愣头愣脑，是一个健康聪明的孩子，因两膀宽大，父母疼爱，大家叫他"大膀"，"榜"与"膀"谐音，于是他得名大榜。

那时，姚大榜一家七口，除父母外，一个哥哥早夭，一姐二妹留在家里吃斋当老姑娘，一生未嫁。姚大榜年龄最小，哥哥夭折后，他成为独子，被家里视为传家之宝，娇生惯养，于是，他日益顽劣，好逸恶劳、

新晃侗族

惹是生非，年龄渐长，在当时世风的熏染下，他又染上吃喝嫖赌等各种恶习，结交一些鸡鸣狗盗之徒，成了一个四乡闻名的痞子。古今中外，许多坏人之所以变坏，幼时家人的过度溺爱、环境对其的纵容是重要的原因。

父母为了这个姚大榜能成器，送他去私塾读书。姚大榜认了字，看些杂书，特别是被那些杀人越货的绿林好汉的故事所吸引，并将那些“强人”视作榜样，加以效仿。父母看到儿子如此胡作非为，净干那些遭人唾骂痛恨之事，给祖辈丢脸，十分伤心，但也管教不了。母亲死后，父亲被他给气疯了，时间不长，也撒手而去。姚大榜更加肆无忌惮。

姚大榜16岁时，进了贵州讲武堂，在那里学得一身玩刀弄枪的本领，奔跑如飞，登山如履平地，从那里回到乡里，他更是有恃无恐。

一次，蔡建狗偷了他一头牛，姚大榜知道后，要其退还。蔡家人多势大，不把姚大榜放在眼里，蛮横地说：“要退，只有拿白鱼崽（方言，指小刀子）退你！”

姚大榜见他们如此狂傲，勃然大怒，掏出土夹板枪就把蔡建狗打死了。尔后，他相邀临近的姚国安（绰号牙生矮子）和姚本富（外号富林麻子），结为一伙，并从当时晃县有名的大土匪唐青云（混名唐大王）那里搞到20多条枪，扯起队伍占山为王，干起了土匪。

起初，姚大榜羽毛未丰，胆子还小，怕在附近作恶难以立足，就带人到贵州岑巩县龙鳌、牛场坡等地打家劫舍，积累了资本，势力日大，又返回牯牛溪。牯牛溪离县城太近，当了土匪，姚大榜便在湘黔交界处的偏僻山区方家屯安营扎寨，此处山高林密，人烟稀少，是土匪隐蔽活动的好地方。

随着抢来的财产越来越多，姚大榜在方家屯一带买田置地，修建房舍，由一间茅棚扩大到一栋正屋、两栋厢房，又在不远的贵州玉屏县的雾程，新修一栋别墅，供他霸占来的老婆蒋冠英居住。姚大榜先后抢来民女龙氏、黄氏、梁氏和彭氏，长期霸占，恣意玩弄。姚大榜的家产由原来的60石田，扩大到1200多石，手下匪众达200多名，并在新民、学堂坪和张家寨等地开办兵工厂，制造枪支，这里俨然一个独立王国，姚大榜成为一个闻名湘黔边界的大土匪、大地主。

二、方家屯的土皇帝

姚大榜从当上土匪到1950年被解放军剿灭，先后为匪50余年，之所以生存和发展下来，自有其“法宝”。

狡猾，凶残，狠毒，就是他的性格特点，也是他在那个弱肉强食的旧社会称王称霸的护身符。

姚大榜知道“兔子不吃窝边草，老鹰不打脚下石”的道理，他不许手下土匪和外人在自己老巢方家屯一带祸害，若有违反，追究严处。有一次，他手下一个姓吴的土匪在他的“保护区”内杀了一个过路的商人，外人都说是姚大榜干的，姚大榜大为恼火，严加追查，终于查到是姓吴的手下干的。吴匪吓得面如土色，全身发抖，“扑通”一声就跪在姚大榜的面前，作揖磕头，连连求饶：“我真该死！我真该死！求老辈子饶命！”姚大榜要杀鸡骇猴，以儆效尤，他佯装不再追究，说了声：“好了，你回去吧！”吴匪以为他大发慈悲，连连磕头谢恩，可没出几步，等他转过身时，背后

“叭叭！”两声枪响，吴匪一头栽倒在地。

离方家屯不远处有家人叫陈老满，一次被贵州土匪潘桥桥抢劫，陈老满告到姚大榜处，姚大榜于是在大年初一就带人将潘桥桥等3人抓来。当然，他不是白玩的，他一边要陈出500块银元的“辛苦费”给他，一边要潘退还陈家财物。待钱物交清，姚大榜又当众将潘桥桥等3人杀了。

附近的村子，国民党不敢派兵去抽丁派捐，青年被抓丁或遇到官司等事，只要给姚大榜送钱，就可以万事大吉。乡里发生纠纷，往往不惜重金，备足酒肉，请姚大榜这个“老辈子”去“主持公道”，不管输赢，都由他说了算。岩上有一个叫“妖婆”的大地主，家有万石谷田，有一年，她出卖百多石，开始卖给张家湾的一个地主，还未成交，晃县大地主杨宗贵与“妖婆”关系较深，又背地里唆使“妖婆”将田卖给了他，两个买家因此发生了争执。双方请姚大榜去解决，姚各收200块银元后，把田判给了张家湾的地主，并当众数说杨宗贵不该中途插手，还给了他几个耳光。从此，姚、杨结下了冤仇。

湖南省新晃县

为了笼络人心，掩人耳目，姚大榜在晃县、玉屏、万山交界处的三角地区，办了一所玉屏中心学校，并自任校长，看起来是解决了附近儿童读书难的问题，许多不知内情的人也认为“姚校长”这是给地方上办了一件好事，殊不知实际上他是以此为据点，与各处土匪勾结联络，明抢暗夺。

1918年，姚大榜匪帮活动十分猖獗，龙溪口的众商家畏惧之余，想出一策，花钱请姚大榜来“保护”自己，幻想着使他碍于面子，不要再强取豪夺，姚大榜于是担任了晃县保商大队的中队长。哪料想，姚大榜当了“官”，匪性不改，他一方面不择手段地向众商家要钱要物。搞到大批钱物之后，他又突然把人马武装全部拉走，与玉屏县土匪头子曹云周会合一起，进驻玉屏县城。

国民党地方政权无奈，对其进行招安，封姚大榜为湘黔边区晃县、玉屏、万山联防办事处的大队长，主持三县治安联防。姚大榜是受封不受管，仍然是独立王国，我行我素，借着被封的官职，他扩大队伍，充实武器装备，掠夺财物，他觉得，还是土匪的生活自由自在，不久又公然反水，上山重操土匪旧业。

在玉屏县长岭乡的汪家溪，旧时的团防局坐落于此处，当时的局长马玉书与姚大榜是官匪勾结，明抢暗夺，坐地分赃。有一次，密探来报，有10人挑着鸦片路过此地。姚大榜与马玉书密商，决定实施抢劫，便设下埋伏，把鸦片给抢了。挑鸦片的10个人，9个当场被杀，剩下的那个人被姚大榜用马刀砍了一刀，滚下田坎，带伤逃脱，他跑到铜仁专署控告。国民党驻铜仁的白师长迅即派队伍来捉拿姚大榜。姚心眼颇多，抢得巨额鸦片后预料会有人来算账，早已躲藏，国民党的军队扑了个空。无奈，白师长就怪罪团防局局长马玉书管理本地治安不力，渎职失职，便把马局长抓走，下到大牢，并押赴刑场陪斩。马以为要杀他，惊厥得一下瘫痪了。姚大榜则一口侵吞了劫得的大批鸦片,任马局长担当罪责去了。

1926 年,北伐军第十军军长王天培在贵州天柱招兵买马,姚大榜便带领手下喽啰投奔,被封为国民革命军陆军新编第十师一团一营营长。得了不少枪弹军饷之后,他又连人带枪带走,窜回老巢,继续当他的土匪山大王。

1934 年,国民党当局为了堵截红军,又一次对姚大榜进行招安,委其为“晃县铲共义勇总队副总队长”。次年 7 月,姚大榜又一次拖枪上山为匪。

1936 年初,贺龙率领红二、六军团长征过晃县时,就曾给姚大榜去信,告诫他不要执迷不悟,与人民为敌,要改邪归正,把枪口对准国民党。姚不听劝阻,反而屠杀了许多红军留下的伤病员和靠拢红军的群众。新合乡农民广志桥,因为给红军当过向导,被姚大榜活活逼死。

在湘黔边区这个特殊的地理和政治环境下,山高皇帝远,国民党对姚大榜数次招安,数次收编,而他服招不服调,受封不受管,反反复复,屡归屡叛,国民党当局对他也是束手无策,没有办法。

三、虎口脱险

1940 年 8 月,国民政府派军队对姚大榜进行清剿,陆军独立一旅三团受命前往。一次,清剿队伍得知姚从万山抢来一民女,在雾城过夜,于是迅即派了一连人,星夜兼程,前往捉拿。

官军队伍靠近姚大榜住的房子,以迅雷不及掩耳之势包围了那里。昏黄的油灯下,姚大榜正与抢来的女子打牌,猛然听见外面有动静,知道事情不妙,他一口吹灭油灯,推开那女子,掏出枪,飞快地爬上屋顶。姚大榜练过轻功,能飞檐走壁,悄然无声,这时他将一床棉絮捆成一捆,往房子的一头扔去。

包围房子的官军看到一个黑影“扑通”落地,以为是姚大榜,喊着“抓活的!抓活的!”都扑了过去,姚大榜则趁机从屋顶的另一头纵身跳下,逃之夭夭,待官军明白上当,回身来追时,姚大榜早已逃远了。

一天,天上下着毛毛细雨,清剿队侦知姚大榜已回到家里,于是出动大队人马,天亮前围住了姚大榜歇息的村子。姚大榜起床后发现情况不好,顺手操起一个斗笠,披上蓑衣,把两支快慢机驳壳枪放在装满粪水的粪桶里,装扮成一老农,挑着粪桶就往外走。没走出多远,清剿队队长抓住他问:“老头,姚大榜在家吧?”姚大榜装着老老实实的样子,一换肩,粪水就往外溅,弄脏了队长的裤子。队长后退一步,又问:“姚大榜在哪里?”姚大榜则用手指着一间房说道:“他刚起床,正在抽大烟哩。”官军队伍迅速围拢过去,将房子层层围住。姚大榜过了两道田埂,把粪桶一扔,捡起两支手枪,迅速逃离。

官军把姚大榜家里搜了个底朝天,只找到他的几个老婆和儿女。清剿队队长问他老婆:“姚大榜在哪里?”他老婆说:“刚才挑粪的不是吗?”队长对着士兵们喊道:“还不赶快给我追!”可这时哪里追赶得上他?

清剿队几经围剿,几度扑空,恼怒至极,便抓走姚大榜的老婆、儿女,将姚大榜抢劫得来的金银财宝全部没收，挑了8担子。

四、阴险狡猾

此后，姚大榜更加警惕，每晚睡觉总是把香火点燃后捆在手指或脚趾上，作为定时器和警报器，待香火烫醒他时，又另换一个地方，往往一夜之间转移数处，这便是他做土匪的一个传家宝。

1942年，晃县爆发了“黔东事变”，组织者之一是晃县“同善社”社长秦宗炳（又名秦良善，绰号善人），他先后联络玉屏县罗殿卿、马和林及晃县姚大榜等人，一同举事。姚大榜是同善社的“天恩”，驻晃县，任酒店塘（地名）汞矿的矿警队队长，掌握百余人枪，枪支弹药充沛。姚爱财如命，假意与秦共同举事，向秦索取大量金钱。晃县敦厚堂药店老板吴敦明是秦的女婿，家有万贯，秦依靠他当做靠山，让吴先付给姚4万银元，以作军费。姚表面答应祭旗出兵，暗地里让玉屏县县长李世家于祭旗之夜出兵镇压。李暗示黄道乡乡长刘元藻率领壮丁事先埋伏。

8月23日，姚大榜、罗殿卿、马和林、黄尚明各带其队伍齐聚玉屏县黄道乡鸡婆田，杀猪祭旗，开始行动。姚心怀鬼胎，乘祭旗时说：“此旗经高人敕赐，法力无边，能避枪炮，我乃试之。”说罢，拔出手枪，对旗而射，连打三枪，将旗打烂，并说：“此乃骗局，吾不信也。”遂将其队伍撤出。刘元藻之伏兵即向罗、马、黄的队伍进行包围射击，未出半小时，罗、马、黄之队伍即被打垮溃散，各奔东西。秦宗炳催姚大榜出兵，姚向其索款不休，先后要去7万余元，仍然不出兵。秦始知上当，自觉羞愧耻辱，仰天长叹，投河自尽。

当时地方国民政府禁止纱布走私，不准湖南纱布运往贵州，这损害了龙溪口各商号的利益，他们暗地寻找靠山，给姚大榜送去大批金钱，让他带人押送纱布货物。狡猾贪婪的姚大榜，多次干出监守自盗、押帮抢帮的勾当。一次，姚大榜带人押运一船纱布往玉屏县，天黑时到达小地村。半夜里，姚派的另一帮土匪把纱布给抢了，他却嫁祸于人，抓来一些无辜的装卸工，硬说是他们所为，当着货主的面，把这些装卸工全杀了，以消货主之恨。如此事例，姚大榜屡屡制造。

姚大榜杀人越货，血债累累，自己当然也怕冤家寻仇报复，整日高度警惕，心怀疑惧，恐遭杀身之祸。他的双枪总是放在衣袋里，与人说话时也手不离枪。平时吃饭时，他也端着碗蹲在墙角，选择有利地形，以防万一。

某日，他与一客商谈话，对方由于感冒，打了个喷嚏，伸手到衣袋里掏手绢，而姚以为他要掏枪，顿时出枪将其打翻在地。其他人拥进店，问出了什么事，姚大榜气愤地说：“你们看看，他的手在口袋里掏枪，我不打死他，他必打死我。”众人扶起死者，抽出他伸进衣袋的那只手，只见手里捏着的是一方手帕，无不为之愕然。

姚大榜年过花甲后，仍能步履如飞。有一次，他和随从数人从芷江回晃县途中，看见一条狗在前面跑，便问随从，谁能前去把狗抓来，随从们个个摇头，没人如此自信，姚大榜说了声：“看我的！”卷起袖子，三步并两步地向前奔去，一会儿就将狗抓来，旁人见了惊愕不已。

五、暗杀张旅长

姚大榜并非没有对手，在晃县，当时有个人就令他敬畏，此人是黄埔军校一期生，任过国民党正规军部队团长、旅长，家在晃县大湾罗毛溪，姓张名本清，又名张文英，外号张老虎，又叫张大炮。早年，张本清曾得到过蒋介石的器重，担任过蒋介石的警卫团团长，后因联名反蒋，遭到蒋的遗弃，回到家乡晃县，担任省参议员。他在晃县参议会第一局一次会议上说："我不允许恶势力发展，我要保境安民，最低限度，上至鲇鱼铺（酒店塘），下至门楼坳，即在晃县境内，我不允许土匪们作乱。谁要作乱，我就杀了谁。"此后，晃县土匪一时不敢放肆，土匪势力的发展也受到遏制。对张本清，县府官员、地方士绅不管赞同与否，都不敢得罪他，因其势力之大，远非他们这般地方财主名流可望可比。

姚大榜视张本清如眼中钉，但又畏惧其人其势，不敢触犯他，表面上还是和睦相处。1939 年，姚与张联合，击败了经营晃县酒店塘汞矿的张平刚，合伙经营汞矿，来往甚密。不久，姚大榜因为在晃县为匪作恶，又支持龙溪口商号的纱布走私活动，遭到国民党独立团的围剿。姚大榜虽然化装逃脱，但其全家被捉入狱。在走投无路的情况下，姚请张本清出面说情。独立团敢收拾姚大榜，却不敢得罪张本清。张本清以他的威望和能量，经过活动，救了姚大榜一家大小。

此后，姚大榜多次宴请感谢张本清，口口声声对张说："张旅长，多亏你的搭救，我今生来世也不忘您的救命之恩。"张本清开玩笑说："杀人算你的，打官司算我的。"姚大榜回答说："我杀了人，就是打赢官司。我的比你的快。"张心中很是不快。又过了些日子，姚、张二人共同经营的汞矿因利益分配问题产生矛盾，姚派姚锡昌当汞矿管办，而张本清又派了一个秀山人杨洪去当管办，姚大榜将杨洪暗杀了，姚、杨的矛盾势同水火。

另外，张本清要娶其堂妹张善芝（又名张学英）为妻，其前妻郭顺清愤而出走。张本清之举被其家族视为败坏家规门风，遭到家族的反对和社会舆论的议论。对此，姚大榜也进行讥讽，在姚、张二人参加的一个宴会上，姚针对张本清娶自己堂妹之事，当着众人说："牛栏立在田坎上，粪水不落外人田。"张面红耳赤，真是哑巴吃黄连，有苦不能言，心里甭提多记恨姚大榜。加之又有胡积善（又名胡惠卿）从中挑拨，姚、张二人的矛盾更加日益激化。

张本清回到家乡晃县之后，为发展家业，在龙溪口开了一家本善公司。该公司占用了江西帮的房子，江西帮要求归还，张本清置之不理。张还大量收购桐油等产品，生意兴隆，加上经营龙溪口码头，大肆征收码头税，夺了江西帮等各商号的财路，江西帮对他仇恨万分，决心除掉他。

江西帮物色杀手，谁能当此大任？他们看中了姚大榜。姚大榜爱财贪财，大家都知道，只要给钱，他什么都敢干，况且他与张本清已势同水火，找他收拾张本清是再合适不过了。于是江西帮不惜重金，收买姚大榜，私下送给他白纱布数十匹，银元数千块。芷江土匪头子杨永清趁火打劫，极力支持姚大榜剪除张本清，并为姚出谋划策。

1949 年农历二月十四日，正逢龙溪口赶场（集市），人多拥挤，姚大榜派了手下得力亲信、分队长吴玉清（外号吴麻子、斗鸡麻子，曾在张本清手下做过事，后暗投姚大榜），带领吴本军、吴本众、姚应林以及姚大榜的舅佬龙永安、彭秀才等人，化装潜入龙溪口。姚大榜还派人在进出龙溪口的必经之地——杨家桥的土地坳、龙溪口的坳上等地进行接应。没过多久，张本清带着一个警卫来到江西街。张指使警卫去办事，自己一人来到斌星街口小摊买烟。等候在这里的吴玉清上前喊道："张旅长，你买烟啊。"

张一回头，身着长袍的吴玉清从肘下拔出手枪对准张的太阳穴就是一枪，紧接着又窜出两个随从，在张的后脑勺和腰部又各开一枪，张顿时毙命。街上随即一派混乱，吵吵嚷嚷，人群中有人喊着"打死人了！打死人了！"吴玉清等人趁着乱劲，急忙逃走。张本清，这个姚大榜的救命恩人，就这样被姚大榜暗算掉了。

张本清一死，姚大榜实现了称霸晃县的美梦。不久，在一些绅士、商人的簇拥下，姚带其匪部进驻龙溪口，以壮声威，随即成立晃县保安第二团，自任团长，并兼任晃县治安委员会副主任，晃县第一警备大队大队长。

地位巩固以后，姚大榜把杀人的目光投向了自己内部，竟向跟随他多年的亲信吴玉清、姚国安开刀。吴玉清受姚的指使，带人刺杀了他原来的主子张本清，解除了姚的心腹大患，可算是为姚大榜立下了汗马功劳，可他不曾想到，正是因为这件事，姚才对他起了杀心。姚大榜借吴玉清之手除掉了张本清，心里总想着，这家伙连他的老上司张本清都敢杀，说不定哪天也会对我姚某人下黑手，此人不除，我日夜不安。于是，姚大榜借口吴玉清霸占别人妻女，安个罪名，将他杀了。姚也不问问自己霸占了多少别人的妻女！姚国安在外抢了别人的东西，也被姚大榜借机枪杀在玉屏县的白马山。这才是鸟尽弓藏，兔死狗烹。姚大榜这是卸磨杀驴，过河拆桥。

六、对抗共产党

1949年冬，解放战争的脚步逼近了湘黔边区，人民解放军进入晃县剿匪，数百年历朝历代不能根除的匪患走到了历史的尽头。

在解放军的追剿和人民群众的配合支持下，土匪陷入重重包围之中。为阻挠人民解放军解放湘西，芷江警备司令、"复兴楚汉宫"的双龙头杨永清于1949年8月、10月先后两次窜到晃县，与姚大榜策划扩大"楚汉帮会"，发展土匪势力。姚大榜遂以晃县"楚汉帮"龙头大爷、开山主的身份相迎。杨、姚二匪密谋拼凑"芷晃剿共游击总队"，杨、姚分别任正副总指挥，率领匪众隐藏于贵州玉屏县的樟寨，以及玉屏、万山和晃县三县的交界地——六龙山，伺机反扑。

我人民解放军考虑到姚大榜为匪50余年，历经清末民国二朝，在旧社会那个社会氛围里上山为匪有它的历史背景，希望他在新的人民政权建立后能改邪归正，所以也试图对姚进行政治争取，请进步人士、晃中教员胡秀琰（姚是胡的救命恩人）去劝其认清形势，回归人民，向政府和解放军投诚。

姚大榜也看到了解放军和新政权的威力是自己无法对抗的，曾有回心转意下山投诚的打算。经过大量的争取工作，有一次，姚表示吃过早饭就动身下山，抬他的滑竿也准备好了。因为姚大榜爱吃鲤鱼，村里人的鲤鱼都要送给他。这时，一个乡里人给姚送来两条活鲤鱼，每条约有二三斤重。送鱼人喊:“姚公,鲤鱼!”狡诈多疑的姚大榜一见到鲤鱼,脸色突变,嘀咕道:“妈的,鲤鱼上钩,歹的兆头。去不得,去不得。”就这样,他对解放军的政治争取和熟人劝说,都加以拒绝。

姚大榜的长子姚应科曾就读于贵阳大学,接受了进步思想,看到解放军进入湘西以后,各地大小新老土匪纷纷落网,数次劝说姚大榜不要再干下去了,应该放下武器,求得人民的宽大处理。而刚愎自用的姚大榜谁也无法说服,甚至,劝说者还会遭殃。

姚大榜见姚应科屡次来劝,心中恼火,他眉毛倒立,圆眼大睁,露出杀人魔王的狰狞面目,大骂姚应科是逆子,说了声“人说虎毒不食子,今天我就要吃了你!”掏出手枪便打姚应科。身旁的手下忙拦了一下,把他拿枪的手抬高一点,“叭!”的一声,子弹从姚应科的头顶飞过。

姚应科没想到父亲对自己的儿子也会这么凶恶,这是捡了条命,赶紧逃命吧。从此,这父子二人分道扬镳。姚应科暗地里将国民党晃县县党部给姚大榜的24条长短枪支交给解放军,自己到贵州当教员去了。

湘西剿匪

七、淹死河中

1950年春,姚大榜趁人民解放军驻晃县部队主力去怀化支援中心区重点剿匪之机,联合肖宗淮、蒲老翠、杨国政等匪首,率匪众600多人攻打晃县县城,妄图乘虚而入,不料被解放军四一九团副团长王满昌率领守城留守部队击溃。

1950年秋,姚大榜主要活动在玉屏县的板山、黑岩场等地。有一次,县大队抓到一名叫黄东生的土匪,黄匪供出了姚大榜的藏身之处,并带路去捉拿。县大队会同民兵100多人,连夜奔袭,赶到那里,才得知姚头一天率土匪队伍从酒店塘过河,逃往扶罗、新寨、凉伞等地。

8月30日,湘黔边界5000多名土匪蚁聚凉伞,姚大榜身任“湘黔边区反共游击司令部副司令”,妄图在凉伞(土匪称之为小台湾)与人民解放军决一死战。这些乌合之众,根本不是铁的解放军的对手,解放军实施“雪凉合围”战役,数千土匪基本被歼被擒,姚大榜从驻地新寨的龙寨带残匪逃往壕庆湾。

解放军穷追猛打,在壕庆湾咬住了姚部,一场恶战,将其基本歼灭。姚的儿子、匪营长、机枪射手姚应金被击毙,姚大榜的老婆彭氏和女婿杨宗振、舅佬龙永安等被活捉,姚大榜仅带着几十名匪徒逃脱,窜往中寨,后过禾滩,逃到波洲上面的十家坪。

在这里，姚大榜又纠集了一些溃散的土匪，妄图由此处偷渡汽水河，返回六龙山老巢继续作恶。解放军和地方武装跟踪追击，紧咬不放，土匪日夜溃逃，疲于奔命，几天没有吃上东西，一个个狼狈不堪。

12 月 25 日，姚部土匪逃至十家坪的当晚，姚大榜召集土匪支队长、连长以上紧急会议，商讨下一步怎么办。他声嘶力竭地对众匪首说："我们好坏、死活就在这一夜，如能过河到六龙山，就有安身之所，大家要同心协力，成败就在此一举。"也许是预感到末日来临，从不掉泪的姚大榜说着说着竟掉下几滴浊泪。

土匪们按照姚大榜的吩咐，作好渡河准备，晚 12 点，开始偷渡。

姚大榜残匪渡河逃窜的消息事先已被我军侦知，在中共晃县县委书记杨建培的指挥下，十家坪的河对岸埋伏了阻击姚匪的部队和民兵。

当两船土匪渡河到河中间时，阻击部队开枪射击，船上的土匪顿时慌作一团，一只船掉头回逃，姚大榜乘坐的那只船被踩翻，船上的人都掉进河里。

第二天，民兵从河里打捞出 10 多具尸体，其中有一具尸体上还挎着一支快慢机手枪。经辨认，他就是赫赫有名的为害湘黔边界 50 余年之久的巨匪姚大榜，原来，在先天晚上落水后，这个魔头被淹死了。

姚大榜一死，晃县人民奔走相告，喜形于色，这也标志着千百年来的土匪之患在晃县宣告结束，姚大榜这个巨匪在当地创下了为害程度、范围、时间的纪录，但也是土匪最后的辉煌，他也成为晃县的末代匪首。

湘西"坐地虎"张平

张平是湘西的股匪头目。民谣说:"天见张平,日月不明;地见张平,草木不生;人见张平,九死一生。"这是对张平的真实写照。当地百姓称他为坐地虎、杀人魔王。张平一生,作恶多端,血债累累。

一、溺爱纵容成恶少

张平原名张大治,古丈县李家洞张家坨人,生于 1906 年 4 月,他的祖父张朝玉,是张家坨的大财主,家有水田 160 亩。张平出世时,其父张廷舟因科举不中,吞服鸦片身亡。其母向桂莲改了嫁。从此,张平由其祖父抚养。

张朝玉对他娇生惯养,宠爱纵容,使张平从小野蛮成性。张平 9 岁在李家洞读书时,用砚池把老师向正学砸得头破血流,因行为恶劣,先后被李家洞、桐木溪、芭蕉冲等学堂开除。此后,张平在家不务正业,玩枪弄棍,寻事挑衅,成为李家洞地方的小恶霸。

1921 年,张平 15 岁,娶沅陵桐木溪向和甲的女儿向丁丁为妻。婚后,向丁丁服侍有不周,张平便拳脚加身。一次,向丁丁被张平无辜毒打,走投无路,只得丢下不满周岁的女儿张桃英自杀身亡。

1922 年,张平花 100 多块银洋买了一支汉阳枪,成天扛枪游荡,狩猎打靶,当地百姓都不敢惹他。

1923 年,李家洞印家坨财主印培植打着"保乡安民"的名目,买些枪支成立团防局,印培植自任局长,叫张平当副局长,印培植之弟印培林是张平的亲姑爷,也扛起汉阳枪。一次,召集甲长议事,张平不在家,印培林说了些瞧不起张平的话,张平得知后,把印的汉阳枪抢了。印培植一家怕张平再下毒手,便收拾金银细软,连夜逃上金华山。在山上修碉堡,筑土墙,防御张平

湘西古丈坐龙溪

袭击。张平从此自任团防局长。这时,18 岁的张平,吃喝嫖赌,样样沾染,并且开始拉队,干起烧杀掳抢的土匪勾当。

二、奸淫杀人如儿戏

李家洞团防副局长张廷富,知道张平长期奸污自己的婶娘和绑架奸淫过路的妇女,因此曾经劝导过张平。张平对此却怀恨在心。

1924 年冬月十九日晚上,大雪纷飞,张廷富一家围着火塘烤火。张平邀集张大美等三人闯进张家,将张廷富夫妇及其父母和小弟枪杀。当时,张廷富的妻子已临近分娩,被打死时婴儿流产出来,也遭残害。张廷富有个 19 岁的弟弟张廷胜,当时未被张平击中,昏倒在他父亲的尸体下,这样才幸留一命;他的妹妹躲在门角里,才免遭杀害。张廷胜连夜逃到永顺石堤西,后来改名换姓,做工糊口。

张平杀害张廷富一家六口,社会舆论很大,便跑到沅陵县桐木溪他的姑妈家避风。张平走后,经张朝玉出面安葬了死者张廷富等。张平在外鬼混了一年多,到 1926 年才回到李家洞。

逃到永顺石堤西的张廷胜,请人写了状纸,上告永顺县政府(当时李家洞属永顺县管辖)。县府委派石门寨团防局长张兴楼设计擒拿张平。

一天,张兴楼主动提出石门寨同李家洞办联防局,张平不知是计,欣然同意。1926 年 4 月,张兴楼带领几名团防兵,一路埋伏在白路界,一路到李家洞,假传召开保甲长会议,把张平的人都派下去喊人,张兴楼和张平靠在火床上吸鸦片烟。

团防兵张敬柏趁机从门缝中对准张平连开两枪,不料都是“水”子,反被张平发觉。张平和张兴楼一同跳下床扭打起来,从房里打到堂屋,从堂屋打到坪场,张兴楼一个手指被卡断,仍扭住张平不放,叫张敬柏开枪。张敬柏左瞄右瞄怕伤着张兴楼,正犹豫时,张平抽出小刀对准张兴楼的心窝,张兴楼松手躲闪,张平趁机得以逃脱。

张平逃到岩坳他的姑妈家。当时,岩坳属沅陵县,李家洞属永顺县,沅陵不管永顺事,张平遂平安无事。他在姑妈家闲住七八个月,曾在芭蕉冲向国茂家读书,又经人撮合,与向国茂隔壁的向三妹订婚。到了冬天,张平见风平浪息,又窜回李家洞。

1927 年,张兴楼探得张平的行踪,向永顺县府报告,加上已当上保安团参谋的印培植也告状,于是省里派出刘本洲保安团一个排的人马,从沅陵乌宿出发,并有沅陵县利平乡几十名乡兵配合,到李家洞捉拿张平。

一个姓罗的排长带人包围了张家坨。这时,老百姓已闻风而逃,张平还在睡大觉,枪声响了,张平慌忙爬起来。一个保安团兵从窗口射击一枪,恰巧张平弯腰穿鞋,未被击中,蚊帐上穿了两个洞。张平夺门出去,一阵乱枪,保安团士兵不敢拢边。张平冲出重围后,躲在后山岩洞中。这时,洞中躲满了老百姓,大家要张平另找地方,张平黑着脸不言不语,抱着枪坐在洞口。

保安团兵在张家坨杀猪宰羊,吃喝一顿后,罗排长命士兵攻岩洞。一个偏脑壳的团兵刚到洞门前，张平射击一枪，偏脑壳兵应声倒下岩坎(后来，叫此洞为偏脑壳洞)，其他团兵不敢上前，只是远远地朝洞里放枪，并烧辣椒烟熏洞。

正紧急时，李家洞的麻脸保长张朝连领着六七人前来营救张平，罗排长不知虚实，下令撤到金华山。张平与麻脸保长会合后，仗着本地人熟悉地形，反转攻打金华山，保安团被打死打伤10多人，丢了几支俄造枪，撤退到沅陵乌宿。

保安团退去后，张平感到自己势单力薄，到头来免不了挨打。因此又离开了李家洞，去另寻靠山。

三、有了靠山更疯狂

1928年，张平经人介绍到一二八师旅长舒安卿手下当副官，给舒安卿看守沅陵清水坪的庄园。1930年，张平与沅陵向三妹成亲，不久叫向三妹回李家洞老家，后又被张平一纸“休书”逼回娘家。

张平在清水坪舒安卿家守庄园时，暗中筹划对张兴楼报仇，得到舒安卿赞同。张平买了一支套筒枪藏在李家洞，多次摸黑没有碰上张兴楼。一次，探得张兴楼在永顺县城开会，张平背上一斗荞粉粑粑，躲在吴家坪的后山坡，一连等了七天，终于等到了张兴楼和他的助手张廷胜，将张兴楼击毙在稻田中，张廷胜被打伤后逃脱。

张平依仗舒安卿为非作歹。一次，在丫角山场上，拿一个叫花子做“活人头上打碗”的表演，张炫耀自己的好枪法，一声枪响，碗被打碎，叫花子吓得死去活来。

1935年，张平随舒安卿部到永(顺)、保(靖)一带“剿共”，后来驻在永绥县城，在这里又强行与摆杂货摊的16岁少女杨炳莲结婚。

抗日战争中，舒安卿部在浙江嘉善、嘉光一带抗日，同日军血战七天七夜，因缺乏弹药和粮食补给，几乎全军覆灭，舒安卿带着伤残兵员回到沅陵后，张平为舒安卿熬汤煎药，阿谀殷勤，博得舒的好感，被收为“义子”，并由舒安卿推荐当上了古丈县警察局巡官。不久，又当了警察中队长。

挂在衙门口的头颅

野心勃勃的张平，当上中队长并不满足，仍为非作歹，扩展势力。警察中队只20多人，他虚报10多人的薪饷，中饱私囊；又对城内旅社宿客，每晚征收200文户口税；还以抽壮丁、禁烟赌博为名，攫取民财；打着“剿匪”的幌子排除异己，杀死保长石姜成；带领警察打麻溪乡村武装时，打死无辜百姓，抓去伯球等人，缴得10条枪，私藏花机关枪1挺；剿宋家寨向雪清，打死保长向先银，捉去向雪清父子三人在古丈杀害。

更恶毒的是张平挑起地方武装势力互相残杀，从中渔利。李家洞附近的胡家岭，有胡小衡、胡小芸兄弟，势力很大，张平认为对自己是个威胁。1938年，张平指使杉树坡宋太仁偷走胡小衡两头水牛，并带领十几人，攻打胡氏兄弟，打死了胡小芸的儿子胡锦杰，把头割下挂在树上。胡氏兄弟被迫搬到金华山，并从石门寨请来张安绪、张安成兄弟保镖。

1939年5月，张安成看农民插秧，张平指派徐永耀等人马上占据了金华山。张安绪为了替兄报仇，和胡氏兄弟从沅陵清水坪请来保安团，打死了徐永耀，也将首级割下挂在树上，一把火烧了金华山的古庙，烧死徐永耀的两个小卒。这年冬天，张平指使宋太仁从淘金溪、杉树坡、徐家岭等寨纠集几十人，围攻胡家岭胡氏兄弟，打死了胡小衡的儿子胡锦泽。胡氏兄弟又从乌宿请来保安团攻打张平，反而被张平打败。胡氏兄弟斗不过，只得归顺张平，成了张平随时可吃的“窝边草”。

由于张平残害百姓，危害地方，百姓纷纷向永顺专署和沅陵专署告状。永顺专署布告各地通缉张平。1940年10月，张平被撤去警察中队长职务，他带着妻儿和心腹打手回到李家洞老巢，又重新为匪。

四、金华山上称大王

张平回到老巢首先做了三件事：第一，组织武装。他邀集宋太仁和“七阎王”向国万、“八阎王”向国年等，焚香盟誓，结拜28个老“弟兄”，纠合人枪100多，在金华山落草。第二，在化江溪边悬崖绝壁上的岩洞里筑墙建屋，准备安全之地，防人暗算。第三，把老“弟兄”派出去放“边棚”（暗哨），拦路抢劫，打家劫舍，坐地分赃。张平的野心和打算是：当不上司令当草寇王，占不了古丈占李家洞。

为了独霸李家洞，石门寨的人财主张楚才便成了他的头刀肉。张楚才在北平上过大学，后来随父经营木材生意。张平对张楚才的田园家产，垂涎三尺。1941年，吴家坪的保长舒鑫，受到张楚才的欺压，怀恨在心，他找到张平说：“张楚才砍了几百码子木材，准备运往鹦鹉洲出卖，要买回枪支打你。”张平听了火冒三丈，决定攻打石门寨。

1941年6月14日，匪首张平聚集100多人，分两路包围了石门寨。寨上，20多户100多人听到枪声，纷纷外逃，张楚才一家跑到岔拉避难。张平一伙冲进石门寨，打死了张楚才的保镖张厚其、李大皮、李皮皮等，全寨39头耕牛以及生猪、鸡鸭、粮食、衣物被掳劫一空，然后一把火，整个石门寨浓烟滚滚，一片火海。老百姓房屋被烧后，有的住岩洞和古庙，有的背井离乡。收割季节，谁也不敢开镰。张平又派匪徒将石门寨所有稻谷全部抢收。

第二年年初，张平派吴家坪的胡开书等10多人在鱼儿溪、吴家坪一带放“边棚”伏击张楚才。

湘西市古丈县

一次，在鱼儿溪过河时，胡开书一伙当场把张楚才妻向氏及其儿子张敬柏打死，两个媳妇跳水后被捉。后来张平又带人在吴家坪油房打死张楚才的母亲和木匠张璜初、汪友庭三人。进而霸占了张楚才在老官坪、李家洞、中柱岭的三个庄场，共计500多担稻谷的水田。

张楚才斗不过张平，被迫在老官坪摆酒设宴，与张平取和，并送给张平几百担谷，要求返回石门寨。张平一来怕张楚才在外活动，说他的坏话；二来张楚才在自己管辖的地盘上，要搞掉他易如反掌，便允许张楚才搬回石门寨。一次，张平派张老五暗杀张楚才，张老五过了半年未下手，张平怕走漏风声，派人在镇溪将张老五打死。一直到1945年，张平把暗杀张楚才的任务交给他的心腹、吴家坪保长舒鑫。一天，张楚才在鱼儿溪扎木排，舒鑫派人在晚上缠住张楚才，在打“包十和”牌时，将张楚才绑了用刺刀剖腹然后捆上石磨，沉入酉水河中。张平表面上假装派人调查，把替张楚才守屋的张延江抓走。张延江因替张平承担了罪名，坐牢有肉吃，家里还有800斤稻谷，只关上几个月便放出来了。

五、歹毒凶残无人比

张平为了谋求官职做护身符，托人送鸦片给国民党古丈县党部及县政府大小官员，官大多送，官小少送。这样，张平便于1943年2月在古丈加入了国民党，土匪头子一下成了国民党党员。

同时，张平还用鸦片换枪，扩充势力。这事被古阳镇镇长全锐发现了。张平便派亲信粟道机杀死全锐。古丈县长追查凶手时，恶人先告状，伍廉泉说是张世炎派人干的。于是县警察局把张世炎抓了。张平怕走漏风声，为了杀人灭口，又派人将粟道机暗杀。

1943年调整县界，古丈县由7乡1镇扩充为12乡1镇，李家洞划入保安乡。张平给县长送鸦片，于是当上了保安乡乡长。张平原名张大治，便是这时改叫张平的。从此张平成为李家洞的坐地虎。

他命全乡种鸦片，按株定产，按产抽烟税。保安乡百姓因交不足税而被杀害的有15人，逼得卖儿卖女的有12户，弃家讨米的有13户。而张平家里装满了几大缸鸦片烟，成了张平升官发财的资本。他用鸦片换枪，又把枪高价卖给百姓，美其名曰买“自卫枪”，规定家家要买，不买不行。他还用从老百姓手里刮来的鸦片，购置不少田地。张平的苛捐杂税多如牛毛，有土地捐、人头税、出谷税、存谷税、火坑捐、子弹捐、碉堡捐等，许多农民因交不出捐税，被其惩罚。

张平特别爱吃猪舌头，沅陵县桐木溪有个向二老，因忘记给他留猪舌头，张平拿着刺刀说：“没有猪舌头，你的舌头也一样。”一刺刀戳进向二老的嘴巴。可见张平是何等的凶残歹毒。

1943年，张平用搜刮来的钱财，在李家洞修建住宅，建筑碉堡和石围墙；后来又重修金华山，上设碉堡、粮仓、水池和弹库。张平强迫每户农民出七个白工，逼老百姓下自己屋上的瓦，拆自己的壁板，为他修建公馆。

这年10月，张平新屋上梁，大摆酒宴，晚上打夜靶，凉水坡财主瞿生振的儿子瞿永茂，打靶百发百中，此人是张平的外甥，又是胡小衡的女婿。张平见他枪法好，很是忌恨。第二天当他辞行后，在淘金溪界上，张平派人将瞿永茂击毙。

瞿生振怕张平灭九族，携带家小逃到沅陵控告张平。1944年3月14日，国民党七十四军一个连进剿张平，刚到天台山，被张平的匪徒打死一个排长。七十四军便扬言要踏平李家洞，剿灭张平。张平见势不妙，跑到古丈县城给新任县长陈立谟送鸦片，请他游说七十四军。同时，派人抬两缸鸦片到沅陵“酬劳”，七十四军也以四箱弹药作为回赠，接着收兵回省。后来，有人说七十四军进剿，是与下张家村向开运、向开国和土墙坡的向丁浩有关。张平便派人将向开国一家5口、向开运一家3口、向丁浩一家3口全部杀害。

新任县长陈立谟为了在古丈站稳脚跟，利用和依靠张平的势力。1944年10月，古丈县成立清乡司令部，陈立谟担任司令，叫张平任副司令兼河防大队长。接着，又向省主席薛岳密荐张平为古丈县自卫团副官。在陈立谟的支持下，张平如虎添翼。

1944年7月，古丈县政府成立土地陈报处，丈量田土，征收田赋。丈量员在西南乡、仁爱乡受阻，从而爆发了一场大规模的以向爱国为首的土家农民反土地陈报运动。参加这场斗争的农民达1500多人，他们同时拥有730多枝枪。9月21日，他们分别从杨家河、业者湖出发，经梳头溪、翁草、河蓬、草塘、清水坪、荷花池等地，于25日直逼李家洞。张平纠集的400多人在枫香塘狙击失利，退至干田坳，向县长陈立谟告急。在驻永顺王村和潜阮乌宿的国民党独立团的配合下，参加斗争的农民有700多人被屠杀，尸横遍野，还捉去押了250多人，其中一次就杀害80多人，有100多人被顶作壮丁，仅有50多人用钱赎了出来。

这场斗争，张平的一个心腹和两个“老弟兄”被打死。张平命令从捉来的人中，挑选两个年轻的祭坟，凶残地用尖刀把这两个年轻人杀死。

在干田坳一仗中，张平获枪500多支，机枪2挺，白朗宁手枪1支，还夺得大批财物。张平凶恶亦如此昭著，却获得国民党“清剿”总指挥傅仲芳“记功”奖励；“四省绥靖”主任彭元华，也在黔江召开的县长会上夸奖张平的“干田坳之役”；永顺专署专员孙常钧除通报“表扬”张平外，并于1945年8月15日，亲自到古丈为张平"庆功"，授旗三面；连省主席薛岳也送了锦旗。这年11月，张平就这样成了古丈县参议员。

六、解放大军摧顽敌

1949年湘西爆发"三·二事变"。事先，湘西各县军政头目在古丈开会。张平于2月上旬在古丈发难，占领县政府，赶跑县长王天龙。为掩人耳目，张平未马上接任，而由孙习林代理县长。接着，2月27日，张平自称司令，率1300余众，从古丈出发，经古丈河蓬、泸溪浦市到辰溪抢劫兵工厂，抢得步枪400余支，机枪数十挺、子弹若干和追击炮3门等。

4月初，省府决定进剿湘西土匪，派保安第五旅周笃恭部由沅陵向古丈进军。张平的喽啰龟缩在李家洞，坐山观虎斗。这时的古丈县政府失去武力庇护，偏安在断龙山上的泽土库。直至湘西各地武力纷纷赶赴古丈，如乾城的梁光湘，保靖的徐世弟，永顺的汪援华、和振亚、罗文杰等，对周笃恭部形成由南到西的弧形包围，战场拉了30余里，整天枪声不断，迫使周笃恭部撤离古丈。省府自认无力，改变了对湘西用兵之举。

"湘西事变"使张平得以"腾达"。1949年6月，国民党委任张平为湘西自卫军沅(陵)、古(丈)、泸(溪)边区总指挥，他成立了由小队、中队、大队到支队的反动武装组织，并在沅陵、泸溪两县成立4个支队。总指挥部设在古丈张平的公馆内，下设副官处、参谋处、军需处，由手枪队、特务队、直属大队、游击队、6个常备支队和8个后备支队组成，共有2800余人，各种武器1900余件。

7月中旬，张平以武力迫使县长孙习林辞职。8月1日，张平率手枪队占领古丈县政府，自封古丈县县长。国民党反动派土崩瓦解之时，张平被封为国民党"暂编第十一师"师长，他将6个常备队扩编为3个纵队，面向沅陵方向构筑工事，布下三道防线，死心塌地地与人民为敌，妄图与我解放军相对抗。

1950年3月初，我湘西行署和中国人民解放军湘西军分区，顺应人民的迫切要求，决定消灭地方匪患，派解放军分三路进军，合围李家洞，粉碎了张平的三道防线，围住了张平的老巢。

正月十五这天，不知死活的匪首张平在家里大摆宴席，正在举行闹元宵活动。我人民解放军的剿匪部队接到上级命令，决定乘此机会端掉张平的老巢，除掉匪首。但狡猾的张平早有提防和准备，在外围的匪徒和解放军部队交上火后，张平听到枪声，连忙丢掉酒壶和正在啃的猪舌头，拿起早就准备好的老太婆衣服，化装成老太婆模样，携带了大量的金银同妻儿乘乱从小道逃跑。土匪的狡猾由此可见一斑。

张平从李家洞逃跑后，先后流窜到李家寨、保靖、龙山等地，但都遭到了我人民解放军的追击。所到之处，张平继续收买残部，制造事端，残害军民。7月上旬，张平又潜回他的家乡李家洞。

7月10日，张平这条罪恶的生命也到了该结束的时候。这天，他藏身在李家洞附近的杨家岭小里溪，中午时分，张平的鸦片瘾发作，再加上一天没有进食，迫使他出来冒险。他翻过一条

湖南省剿匪战斗的部分解放军指战员

田垄，发现了正在耕田的农民张学意，于是拿出手枪对他进行威逼，要他立即去为他拿饭，取鸦片烟。张学意被这突如其来的变故惊呆了，但立刻又缓过神来，站在面前的不正是那个杀人不眨眼的恶魔，被我人民政府通缉的匪首张平吗？

面对张平的淫威，张学意假意顺从，但暗中通知他的父亲张高升立即去报告区人民政府。得到报告后，区人民政府立即组织军民对张平展开包围，狡猾的张平察觉形势有了变化，也顾不得鸦片瘾的发作和饥饿的折磨，潜藏到小里溪一个较为隐蔽的洞中，准备故伎重演，伺机逃跑。

下午3时左右，我人民解放军的包围圈逐渐缩小，对张平形成必擒之势。区人民政府也告诫剿匪军民：一旦遇到抵抗，就地处决。4时左右，我军剿匪支队的一名士兵首先发现了张平的藏身之地，大叫一声：“缴枪不杀！”哪知张平狗急跳墙，一个箭步冲了出来，跳过一道田埂正欲潜逃，眼尖手快的我人民解放军当场将其击毙在稻田中。张平死后，其尸体在稻田中泡了整整三天，也无人去收。最后由人民政府出面将其草草掩埋。

这一年，张平刚好44岁。

击毙恶匪张平的消息传开后，四乡八里的老百姓无不拍手称快，自发地买来鞭炮庆贺人民政府为老百姓除了一个大害。

冀豫边顽匪郭清

一、钱混子

在冀豫边区一带，民国时活动着一股大土匪，匪首名叫郭清。清者不清，这个郭清可不清，他是个为非作歹十恶不赦的顽匪恶匪。

郭清，字井泉，乳名玉宝，1906 年出生于河北省临漳县柏合乡大营村一个地主家庭里。父亲郭廷玉，是个与土匪素有来往的青皮混子。郭清五岁时，父亲去世，留下他和母亲、妹妹三口人，占有土地 120 亩。

10 岁时郭清在本村入私塾。由于娇生惯养成性，不守学规，爱打架斗殴。14 岁就辍学，开始赌钱，钱赌光了就去偷，再输光再去偷。后来因钱输多了，只靠偷解决不了问题。就去劫道，砸明火，绑票要钱。郭清由于嗜赌成性，家产和土地逐渐被输掉。到 1932 年郭清 26 岁时，遇付村唱戏，郭清窜进张老局开设的赌场，不一会儿输了好多钱，当场耍赖，被张老局甩出赌场。

二、拉杆子当土匪

郭清因手中无钱，落了个丢人现眼，愤然跑到东五岔口一个老乡王自成家借了支枪，就开始干起行窃劫道勾当。他觉得自己一人太孤单，就伙同本村李金斗、张蒜辫子抢了大营村四支枪，拉杆子成立武装土匪。

从此，郭清率匪帮到处流窜，食宿异乡，很少回家，后来逐渐与土匪赵金华、宋天成相识并结交，三股土匪合成一股，附近村庄深受其害。

郭清为了在本地立脚存身，满足发大财的欲望，就广交匪友，联合土匪势力，先后又结交了梁国富、刘自祥、韩治和、姜勇、刘平贵、谢安度、刘生只、王自全、薛广宗、李德善、老殿、杜二保、赵保才等土匪头目，拉大杆向远处抢掠。

1934 年，郭清的土匪武装发展到八九十人，常驻大营、付村，活动猖獗。石友三的队伍从此路过，这股土匪在付村几乎全部被歼，活捉了 30 多名匪徒，都砍头示众。郭清逃跑后，短时期内被吓得不敢抛头露面。

后来郭清跑到河南安阳吴庄刘生只那里，受到器重，刘死后，刘匪部众连人带枪都归了郭清。

刘的两员大将金凤鸣、周治敬，对郭清是忠心耿耿，成了得力助手。但只有几十人，不能与其他土匪抗衡。于是，1936 年，郭清以维护地方治安为名，在家乡一带向各村要枪 100 多支，扩大自己的土匪势力。

1937 年“七七”事变后，日军大举南侵，国民党军政人员纷纷南逃，地方治安更加混乱。郭清趁机在漳河南油房村设立据点，安起大锅，很快就收罗了地方民枪六七百支，又联合程希孟、大根、老殿成立了土匪总部，郭清自称司令，到处派粮要款，不给就抢。

这时国民党想收编郭清等土匪武装，派赵保才（1929 年被国民党李旭东部收编委任为副师长）以副师长的名义回到临漳，在柳园和集廷家委任郭清为旅长，程希孟为副旅长，程文选（外号半截砖）、李德善（名大根）、杜二保为一、二、三团团长。这些土匪虽被收编，但不愿随李旭东部队走。赵保才企图未能得逞，自感回去无法向国民党交待，他也留在临漳充当土匪。

1938 年初，从抗日前线南撤的国民党二十九军一个营驻在回隆、吴庄一带，郭清狂妄自大，想收这个营的枪，结果被打得一败涂地，退到漳河以北。

三、奸淫掳掠

郭清与正规军作战无能，抢劫讹诈老百姓却是好手。1938 年 4 月 26 日早晨，郭清的土匪武装闯入了成安县的东范町，抓人、抢物、要枪，仅这一次就抓去 30 多人，搜枪 40 多支，抢牲口 30 多头、大车 20 辆，劫回财物不计其数。对绑架的“肉票”以人定价，拿款赎人。农民赵忠、林贵堂、林付臣、林玉贵、林太保、纪庆太、纪庆兰和他的儿子等人，因定价太高，拿不起钱，被毒打后全部活埋。张跃林通过人说和卖了家产，凑够 254 元现大洋，才保住性命，抢来的民妇都被奸污糟蹋。

同年初夏，郭清的营长范进忠奉命带领十五六名骑兵，从漳河南油房村出发，到田村讹枪支弹药。程凯抗拒不拿，郭部便把其父子分别枪杀在场里和街上，并进家把其不满周岁的小孙子摔死。被讹户目睹惨状，只好破财保命。范珍买了两把盒子枪，范贵买了 200 发子弹，程明拿出 200 块现大洋，范玉明拿出 130 块现大洋，交给郭清才算了事。

1936 年到 1946 年，郭清匪部活动频繁，抢劫成风，绑架肉票，奸淫妇女，胡作非为。据知，曾先后到协王村、申村、三宠村、南东坊，成安县的辛义、杨岗、东范町、豆公，魏县的回隆、北皋，内黄县的楚旺，磁县的前后弯漳、尹家桥，峰峰矿区的彭城、薛村、和村，安阳县的辛集一带多次抢掠、杀人、放火。危害极大，人民群众饱尝匪祸之苦。

郭清向东行动，常遭到杨二宽的干扰。杨二宽是魏县杨岗村人，受国民党大名专员丁树本的收编，委任为北皋村保安大队长，在临漳县东北边界设有据点，是郭清等土匪活动的一大障碍。

1938 年夏，郭清以给赵金华报仇为名，联合张村集土匪韩治和、河南土匪王自全一起去打杨二宽，包围住杨岗村。激战三天，杨二宽寡不敌众，突围逃跑。郭清进村，把杨岗村老百姓的财产抢劫一空，并填井锯树，烧房子，连碾场的石磙子也给拉走，把杨岗村变成了一片废墟。

郭清为了统率众匪，让一个叫苏明启的国民党小军官做傀儡司令。1938 年秋，他把各股土匪集中到贾河口“合大操”，成立总团，推选郭清为团总，操练后各回原地，郭清也带部分人回到他家大营村。

就在这一夜，八路军一二九师东进纵队发动了漳南战役。三八六旅六八八团和骑兵团从肥乡出发，长途行军，当夜包围并攻打了贾河口、大营、东辛寨、张村集等土匪据点，俘虏了苏启明。郭清部在大营被击溃，土匪死20余人，投降被俘多人。在战乱中，郭清见势不妙，光着脚仓皇逃脱。

四、汉奸恶狗

1938年秋，八路军发起了漳南战役，横扫了漳河北四个土匪据点，越过漳河攻占了回隆、柳园，争取了占据崔家桥的王自全，继续南下，痛击了土匪扈全录，直打到新乡，才结束了这场战役。

郭清受到八路军突如其来的沉重打击，成了惊弓之鸟，不敢在临漳地盘久留，遂率残部数百人转移到磁县、峰峰一带活动。

1939年10月，日本为了利用土匪武装“以华治华”，成立“安临特别警备司令部”，任命王自全为正司令，郭清为副司令，郭清还兼任临漳县日伪二、三区区长。从此，郭清由土匪变成汉奸。

1940年春，郭清留金凤鸣驻守北皋，他自己则亲自坐阵贾河口，控制二区五十三村，同时让其弟郭志在冉店成立黑局子控制第一区。其武装力量日益增强，势力范围不断扩大。

1941年4月，日本惟恐郭清不好控制，就预谋收他的枪。

一天日军一个连开进贾河口，命令郭清配合向东南扫荡。行至蒲滩营，日本人以私通八路为名，将以郭清为首的官兵六七百人用汽车带走，路上士兵跳车开小差的不少。郭清被押到安阳，经王自全讲情才给了他几支枪放回。郭清受到了挫折，垂头丧气，表示“再也不干了”。

郭清常驻五十三村，因此对五十三村派款、要粮从轻，每年每亩只要两三升，外地则拿两斗。五十三村的小偷小摸被郭清活埋不少，社会秩序比较安定，还在秤勾集设立“告状斗”，惟他的参谋李绳五能开斗取状，给他口念，平了几家不白之冤，一时赢得了人们的称道。因此，一些保长、大户要求他继续干。

1942年，郭清开始投靠日军，那时日军一个少尉队长佐藤，因腿部受伤，救治不便，奄奄一息，按军律应烧死把骨灰送回国内，是郭清为佐藤说了好话，才免他一死。佐藤感恩不尽，常在日军中说郭清好话，并让郭和驻邯郸日军少将岗田挂钩。从此，郭清又投靠了日军。

1943年5月，日军正式把郭清部队编为“冀南剿共独立旅”，任其为旅长，派懂中国话的日本人石田为军事顾问。随后日军一个班常驻贾河口。郭清受编后，明目张胆地按旅的编制，大量扩充军队，向各村摊派要兵。要一个兵，带一只枪、100发子弹，购置了两部大汽车，50挺轻重机枪，3门小迫击炮，设立了两个团，一个独立营，驻临漳韩步云的保安队400人也属他管，总人数达到2200人。旅部下设军需处、书记处、参谋处、副官处，还有医院、裁缝处、电话室、电灯房、审讯室等机构。同时在邯郸、临漳、成安、安阳还设有办事处，控制范围以贾河口为中心，东到魏县城以西，广平县西南乡，西到临磁边界，南至漳河，北到成安城南，方圆80里。

郭清为旅长后，受命派一个营，去成安县东马村、西马村为日本炮楼助威、"压边"。有一个排在做饭的柴草内发现了300块银元，哄抢一光，护兵李守谦（郭清内弟）得知赶去要全部霸占。在大家反对下，他卡了一半，部队撤回。日本人将此事电告郭清，郭清认为这事发生在日军面前给他抹了黑，非常恼怒，就抓起十几个抢钱人吊打，并咬出李守谦。李虽全部退出银元，仍被打得死去活来。在被吊的人中有一个班长被打死。伪兵靳特（和郭清一个村）被打后枪毙。

1943年日军命令郭清派人去魏县马于村攻打八路军，郭清派周志敬任营长，配合行动。在观察地形时，周拿望远镜在日本人面前夸耀，日军官看到是日本制造的引起了怀疑。事后追查来历，周志敬一口咬定是与日军作战所得。曾任过团长的李德善，投降过八路军，李的四弟在八路军当连长，日军怀疑是李德善从八路军中得来。因此就派郭清抓了李德善，缴了他的械，并把李德善送往邯郸，日军将他装入麻袋刺死，还把他的部下50多人送往日本做劳工。

日军将帅寿内寺一与田俊六在徐州

郭清由土匪当上了铁杆汉奸，公开与八路军为敌，对无辜百姓实行残酷迫害。郭清怀疑大营村陈保善是共产党，抓到贾河口在一棵老枣树上吊打了六个小时，直打得皮开肉烂，绳子勒进肉里，快要死的时候才将其放下。他怀疑贾河口农民靳福堂私通八路，就将他反捆双手吊在树上，用皮鞭沾水打成半死活埋。大营村农民靳志平、靳二贵父子俩耕地占了点路边，郭清看见就气急败坏地命令士兵把两人吊在树上用马鞭、木棍毒打，快要断气时才放下来，并用车拉到贾河口准备用大刑，走到半路死去。据知，仅大营村就被郭清残杀九条人命。

1943年，郭清的部下在魏县马丰头抓住几个农民，本想勒索钱财，一个伪军说了声都像共产党，郭清听了不分青红皂白就下令全部活埋。同年，郭清的队伍闯进成安县辛集村，挨户搜查，把群众赶到街心架起机枪，威胁农民检举八路军干部，只要谁说一声"没有"，就被捆绑吊打。经过逐个相面抓住八个农民，说是八路军干部，无辜被活埋。在贾河口时，有人报告李付堂排里吕念只等四人想带枪去投八路，被抓住活埋。郭清还杀害过女共产党员和八路军南支队长等人。

从1941年到1945年，郭清为了在贾河口修筑寨墙、挖壕沟，保护他的安全，从周围几十里的村庄要粮、要款、要物料，敲诈勒索。施工中，被抓来的农民稍有怠慢，皮鞭木棍随即加身，被打死打伤的不计其数。兵马寨去了100多个民工无一幸免。农民李文重因怠慢被枪托、木棍、皮鞭活活打死在工地上。之后李母气死，老婆改嫁，留下三个孩子，岳母带一个，两个送人。贾河口寨墙又高又厚，外有两道壕沟，每道沟足有两丈多深。

为了对付共产党，日军在临漳县署顾问仁木和郭清的相互勾结下，于1944年3月18日成立了日伪"临漳县剿共委员会"，实行保甲连坐制。

1945年初夏,南东坊抗款不交,触怒郭清,便纠集王自全、韩步云的部队,于5月7日围打南东坊。红枪会头领王吉林指挥村里200支民枪与郭清对峙三天,抵敌不过,弃家逃走。郭清进村后逐户搜查,见人就打,见物就抢,把人赶到街上,使用各种残酷手段,杀害群众58名,其惨状目不忍睹。

1945年6月,八路军二十六团打北皋马丰头,俘虏郭清一连人,经教育释放回到贾河口。郭清气急败坏地命令交枪的兵在街上跪成两行,叫没交枪的兵用鞋打其头脸,还不解其恨,最后枪毙了五人,活埋五人,并扬言"谁要投八路军就是这个下场"。郭清部下有个连长叫李自刚,因看不惯郭清的所作所为,携儿带妻脱身到邢台隐居。郭清便抓住其岳母、内弟顶账,内弟无奈只好把姐夫叫回,继续为郭清卖命。所以在郭清部下当过兵的人都说:"郭清的兵是辈兵,逃跑抓住不是活埋就是枪崩,留下家属亲戚也不能算清。"

据1946年不完全统计,郭清在临漳、成安、魏县三地就残害7000多人。

五、惨无人道

郭清的刑罚惨无人道,随心所欲,实属世上罕见,概括起来有:活埋、割耳朵、奸后枪杀、机枪点名、饿死冻死、坐老虎凳、非刑吊打、火灶烫身等十多种。

1942年从告状斗里取出一张状纸,状告高河口村小生只(土匪马平的人)仗势强奸民妇,并将其夫杀死。郭清得知亲自动手,烧红烙铁,把小生只的生殖器烫掉。

贾河口村有对青年搞恋爱,有人告发是搞不正当关系,郭清知道后,将这对青年抓到司令部,强迫二人脱光衣服,让男的去添女的阴户,然后让他俩刨坑一起活埋。

宋村农民任××因和郭清部下一个士兵争地边,郭清得知后,派人去抓任××,没有抓到,就把其女儿抓来绑在板凳上命匪兵轮奸,奸后用皮鞭毒打、坐老虎凳、火灶烫。第二天来了八个保人,郭清命他们都往女的嘴上尿。八个人怕挨打丧命,只好照办。这个女孩没几天就被折磨死了。

付村有个地主叫傅俊华,到贾河口告发长工付西林、付少堂与自己的母亲和妹妹搞不正当关系。郭清根据一面之词,将一人打死,一人活埋。这时付西林老婆已怀孕,郭清派人对她说:"如果生了男孩,一撕两半,绝了你的后,生个女孩饶你一条狗命。"结果生下个女孩,才幸免于死。

贾河口有个女的与人私通,其丈夫把事情告诉郭清,郭清让买了口棺材把女的装进去活活埋掉。事后郭清对着那女人的丈夫自夸道:"这个女的你多次管不了,看我管她一次就改了。"

张石保在郭清司令部当伙夫,偷了米面,郭清得知将其吊死,还用东洋刀割去他一个耳朵。还有一次从辛店集抓回七个农民,郭清叫他们头对头,连环咬住耳朵狠拉,不用劲的活埋,结果七人都咬掉耳朵。

郭清是个土匪,又是个大毒品贩。他与大毒品贩王自全、和集廷等都有来往。1940年夏,郭清为贩卖毒品,带十几个护兵全副武装,骑着马到崔家桥王自全那里,驮回白料面两包袱。一两白料面兑换100块现大洋。按这个标准来计算,郭清这一次贩的毒品价值4万块现大洋。

1942年旧历五月，郭清带两个护兵以避暑为名到北京，与刘怀德、刘怀真、张祥丰、曹孟林等人贩卖毒品，一次就住了49天。郭清除自己出动外，还指示小王村的李春华常住北京、天津。郭清将贩到的毒品，再通过有各刘村的刘怀德、刘怀真、张路明等人销售出去。郭清实际上是“二刘一张”料子公司的后台老板。

1942年春，郭清在他的管辖区东北20多个村庄开始种大烟，每年种1000多亩，种大烟的地除正常的纳税外，每亩还得交“大烟土”5两，一年就收“大烟土”六七百斤。除此外，还大量从种烟地低价收购烟土，通过有各刘村料子公司，一部分直接销往外地，一部分从天津请技师，加工后出售。

郭清明禁大烟，暗中贩烟种烟，毒害群众，大发横财，置买家业。除大营有他家财产外，还在北京专买了一座四合院，拥有几十间房的公馆。把头房夫人和孩子、儿媳搬到北京去住，有专人侍奉，任其挥霍享乐。郭清又夺人妻女四人为妾，过着骄奢淫逸的生活。郭清的金银财宝不计其数，1948年在安阳他存有大量的金条、金砖，他的四房、五房夫人坐飞机南逃时带走了一部分，其余的不知落入何人之手。

郭清信神、信鬼，当土匪时不断给佛爷磕头、烧香。尤其是1938年八路军攻打大营，他赤脚跑出路过村西南孤寺废墟铁佛前，跪下磕头许愿，如果保佑东山再起，则给修庙、塑像、唱戏。1939年郭清又得了势。为了还愿，郭清修了庙，又增塑了神像，“开光四天”唱大戏五台，一切开支均由各村摊派。

1944年秋，在郭清家一天就娶了三个媳妇，有郭清之子郭建章，郭志之子郭建勋、金凤鸣之弟金凤仙。郭清为了把这件事办得隆重排场，特意从北京、保定、邯郸请了三台戏。说书的来了十几班，同样是搭大棚，吃“流水席”，不仅要民夫帮忙，一切开支都由各村负担。这一天郭清家受礼受款30万元(日伪币)、猪800多头、馒头100多车、双料帐子700多挂，其他钱财不计其数。有个小土匪头目叫和文祥，给郭清送礼1万多元、肥猪60头、馒头15车，还有双料帐子100挂。付村有几个穿破烂衣服的农民来帮忙，郭清一见就破口大骂，让他们滚了回去。临漳城内万盛园等饭庄名厨来帮厨，郭清问“来了几个人”，厨师说“15个”。郭清一听大怒说：“今天是什么日子，你们不来双数，偏来单数，冲喜。要不是今天办喜事，都得活埋。”说着让护兵上去毒打一顿，赶出了大营村。

1942年夏，田村五个有名的财主，给郭清送去两口杀好的大肥猪，猪肉放到司令部厨房。郭清闻到有臭味，大恼，即令护兵埋掉，让送礼人把案板上的血添净，爬出贾河口。这件事传开，都以此为训，以后送礼改送活猪。

六、陪葬国民党

1945年8月15日，日本宣布投降，郭清又投靠了国民党。土匪王自全将自己的势力范围柳园让给了郭清。王自全表面上仁义，实际是让郭清给他当顶门棍。10月12日郭清怕在漳河北被消灭，率领几个连约1500人离开他盘踞多年的贾河口，撤到漳河南王自全的地盘柳园。这时国民党把郭清、王自全、程道生三股土匪合编为安阳地方自卫团，属河南省第三行政长官署行政专员、保安司令、清剿指挥部指挥官赵质良少将指挥。

郭清撤走，漳河以北解放，就逐渐建立了基层政权，组织雇佃户贫农搞减租减息，斗地主分田地。郭清为了保护地主恶霸的利益，对此极为不满，便组织还乡团，过漳河，杀干部，打雇佃。

1947年春天，为打破蒋军对山东解放区和陕甘宁解放区的重点进攻，我晋冀鲁豫军区部队发动了豫北战役。4月间我军攻克柳园，5月6日解放崔家桥，大军直指安阳。郭清率部从柳园败逃后，先驻安阳桥，退守袁宅，又到郭家湾，被国民党安阳驻军任命为“河南省人民自卫队第二纵队”纵队长。5月底，我攻城大军撤出战斗向晋西南挺进。安阳改由地方部队进行围困。在此期间，我方派临漳县知名人士郝庆祯连续三次进安阳做争取郭清的工作，郭最后翻脸，郝几乎有去无回。相反，郭清连续派人对我方偷袭、骚扰，破坏我地方政权建设和土改运动，反动气焰异常嚣张。1948年郭清又被提拔为蒋军三三七师师长兼冀豫边区清乡“剿共”指挥部副总指挥。他的部队又驻防安阳桥和博爱村。

安阳钟楼

1948年9月，国民党驻安阳军第四十军以参加徐州会战为名，撤离安阳。同时，任命郭清为安阳城防司令，统率王三祝的三个团，王景昌的两个团，刘乐先的一个团，程万福的一个营，郭清本部一个团，加上四十军一个辎重营和一个卫生担架队。国民党军让郭清困守安阳这座孤城，用这些土匪部队当炮灰，以期保住这个前沿阵地。

1949年初，三大战役结束后，我华北地区除了太原、新乡、安阳三个孤城外，全都解放。这时驻安阳的冀豫边区“清剿”总指挥赵质臣和副总指挥郭清等辖多股地主武装，同时还有冀豫边界地区十几个县的流亡政权。安阳地区汇集了土匪、特务、还乡团、反动会道门头子，及地、富、反、坏、顽、伪等3万多人。这些逃命之徒走投无路，凭借安阳坚固的城防工事，孤注一掷，作困兽斗。

1949年4月，我四野十三兵团在地方武装的配合下，围攻安阳。在扫清外围据点之后，于5月5日黄昏开始攻城，6日黎明爆破城墙成功，总攻开始，各部先后从北门、大西门突进城内。8时许，全城解放，歼敌14190人，生俘国民党第三行政区专员兼冀豫边区“清剿”总指挥赵质臣以下官兵15182名。敌副总指挥兼安阳城防司令郭清，在我军突进城内后，带了几个护兵从仓巷街逃至东门，受到解放军的阻击。后向南窜出，进了聂家院南屋，被我军包围。郭自杀未遂，后被击毙，结束了他罪恶的一生。

辽西响马杜立三

一、血溅新民府

1907年6月6日，沈阳，新民府后院客厅。欢声笑语，几个人正依依而别，一片欢送宾客的气氛。

一个虎背熊腰的高个子走到门口，转身拱手作揖："大哥，请留步，请留步。"

客厅中央站着满脸堆笑的中等身材的瘦个子，很恭敬地说："贤弟，请慢走。"看那亲热劲，就像多年未见的老朋友。

那大汉跨过门槛回头说："请……"话没讲完，从门外似从天而降般冲过来5个大汉，不由分说将其按倒，下掉手枪。

那大汉还想挣扎，瘦个子一变刚才的笑容，两眼怒射凶光，做了个砍头的手势。只见手起刀落，"喀嚓"一声，那高个子便身首分家，灰色的墙壁顿时喷射得血迹斑斑。整个大院的气氛变得阴森恐怖。

那满脸凶气的瘦个子，就是日后权倾东北的胡帅张作霖；被杀的高个子，便是赫赫有名的辽西巨匪杜立三。

晚清，辽西地区谁人不知道杜立三和张作霖是拜把子兄弟。提起这两个杀人如麻的土匪头子，老百姓都恨得咬牙切齿。可今天为什么张作霖摆起鸿门宴，诱杀杜立三呢？

张作霖

二、土匪世家

杜立三这个赫赫有名的大土匪，是怎样发迹的？张作霖为什么要杀掉杜立三呢？

如果说张作霖是赌棍世家，那么杜立三便是地地道道的土匪世家了。杜立三又名杜立山，他的父亲杜宝增、叔叔杜宝兴、杜宝善和杜宝旺，都是著名的胡子或坐地分赃的寨主。杜宝善是以专劫"皇杠"出名的"好汉"。除杜宝兴是杜立三亲手杀的外，其他几个叔叔，都是被官府拿获斩首示众的。杜立三的母亲能说会道，经常周旋于各匪头之间，为他们排难解纷，是各匪头公认的干妈妈。

杜是辽中县青麻坎人，他家西南约10里有个村子叫三界沟，是辽阳、新民、海城分界的地点，也是杜立三匪帮的老巢。那里沟渠纵横，堤道重重，草木林立，地形复杂，是个易守难攻的地方。杜立三凭着自己的恶势力，在这一带霸占了上等良田800余亩，当地人民每年代种、代耕、代收，不论年景丰欠，对杜家的地租不得短少一粒。周围几十里，都是杜家的势力范围，所有居民都由他来“保护”，外地匪帮不得动一草一木。当冯德麟成立“大团”时，杜立三名义上加入了，实际上对冯德麟只听“请”，不听“令”，分庭抗礼，独树一帜。

杜立三不喝酒、不赌钱、不吸鸦片烟，这和其他匪徒不同。他最喜爱好马好枪，只要谁家有好马好枪，他必千方百计得到手才甘心。各小股匪帮所送的礼品，也以好马好枪为限。杜立三精于骑射，马上打枪，弹无虚发。杜立三心黑手辣，不但地方上老百姓闻名丧胆，就是和他打过交道的匪首，也都惧怕他。

他17岁时，单人在辽河沿岸，用红布缠起一把木头饭勺子，形似土造手枪，威胁水上过往客人，一天之内，劫了16只由营口回航的粮船。那时候，辽河沿岸出产的粮，多半靠船运到营口去卖，回航买回杂货。每到秋季沿河各码头热闹非常。杜立三限令每只船放下“买路钱”，船家不知虚实，或多或少放下银元或元宝，才准解缆上行。后来，他索性在柳条岗子渡口岸上搭起席棚，公然设临时关卡，派人开捐，规定下航船每只2元，上航船每只5元，船商习以为常，没敢过问一声。

杜立三还有一个名字叫杜天意。它的由来反映了杜立三的一段不寻常的经历。

一次，杜立三单人在辽阳城西抢劫，被官兵发现追缉，他跑到了八宝胡同村外，正在走投无路时，遇见一个村民，挑着黄花鱼叫卖，他急中生智，用几块银元买下村民衣裤、鱼筐、扁担，装作小贩，缓步前行，大声叫卖。官兵赶到，问他看见杜立三没有，他说：“不认识，只看见一个带枪的人向前村逃去。”

官兵为他所骗，向前追赶，他便从容逸去。事后他经常吹嘘这段经历，说是上天保佑他。从此，他便用杜天意来报号。

杜立三好马成癖，甚至把马看得比老百姓的人命还重要。一次，杜立三领着一伙人在他姑家吸大烟，警卫忽然来报告，说他的宝马“青燕子”病了。他出去一看，这匹心爱的马病得不轻，立刻派人找兽医治疗。下午，兽医来后，杜立三指着“青燕子”说：“这匹马你能治好吗？如果能治好，我封你为兽医官。”那个兽医听了，心中很畏惧，但事已至此，也只好说：“我能治好。”不料药量用的过大，没到一个小时马死了。杜立三怒火上升，掏出手枪要打兽医。这时他姑母摁住他的手，手枪没有打响。兽医抬腿往外跑，不料被外边的喽啰开枪打死了。

杜立三发迹之后，想给他被杀头的父亲杜宝增建立新坟地，找来一位风水先生。这位风水先生素知杜立三凶恶，在野地里找墓穴时，心慌手颤，左指右划，按不准罗盘针，搞了将近一天，也没找出正穴。杜立三勃然大怒，掏出手枪，要毙他，后经许多人说合，风水先生才免一死。

杜立三生性狠毒，虽至亲亦不饶。他的父亲杜宝增在一次抢劫之后，回到家中，官兵跟踪捕拿，其父隐匿在附近民户。他的叔叔杜宝兴在官兵的刑讯威逼下，供出了杜宝增，杜宝增因而被捉杀头。那时杜立三年纪尚小，并不知道各种详情。1901年11月16日，杜立三为二老婆杜凤扶正(大老婆已走)办喜事,前来贺喜的有的是当地财主、绅士、官吏,还有辽阳、广宁、盘山赶来的举人、秀才,十分热闹。这天晚间客人走后,杜立三的母亲在高兴中说了一声:“咳,要是你爹活着也跟着享福了,你爹死是你三叔一句话。”杜立三听了,面色苍白、咬牙切齿,很长时间没有吭声。他母亲微有察觉,就转了话题。

过了几天,杜立三带着打手肖汉、王福兴等十几个人,骑马直奔王家窝棚,到杜宝兴家。杜宝兴问他吃饭没有,话音刚落,杜立三掏出手枪喝道:“你要吃饭到阴间去吃吧!”一挥手四五个人一拥而上,将杜宝兴和他的儿子一起捆绑,带到村外坝头上。杜立三指使肖汉,先杀杜宝兴。杜宝兴苦苦哀求,可那边枪响了,遂被打死。杜宝兴的儿子见势不好,也跪在地上苦苦哀求,说:“我才19岁,留下我吧!情愿侍奉你一家老小。”残忍的杜立三抱着斩草要除根的想法,甩手一枪便把杜宝兴的儿子毙了。

三、与俄军作对

杜立三家乡青麻坎西北六七里,隔一条辽河有个村子叫小高力房,这里有个豪绅兼地主,叫栾佐廷,人称“栾七爷”,此人在地方上很有势力,他与冯德麟、张作霖均有交往。栾佐廷为保护自己的财产,不断扩张自己的势力,但对杜立三颇有戒心。杜的活动据点,与栾家相距甚近,栾感到大受威胁,便赴大石桥,请来20多名俄国兵,驻防荒地村一带,以防止杜立三骚扰。杜立三与俄军打过几次交手仗,屡次失利,即转到西马场休整。俄军乘杜不防,于某日夜间,摸进杜的住所,刺死了二揽把肖汉。杜的弟弟打死了俄兵班长,自己也受了重伤。杜立三从梦中惊醒,用被子遮挡住刺刀的劈刺,手指亦受伤,抽身逃出。

从此杜立三对栾佐廷怀恨在心,不杀死栾誓不罢休。杜整顿人马,对俄兵发动总攻击,把俄兵赶出荒地村,一直追到插拉村。俄兵被打死10余人,其余的退回大连。当时俄兵在地方骚扰太甚,人民感到打得痛快,便送给杜“包打洋人杜立三”的称号。俄兵退后,杜即派人给栾送信,告诉他“大年三十”晚间见。

这年腊月三十过大年时,栾家严加戒备,四门紧闭,警卫十分严密,往年接神在大门外,这年也改在院子里,并告诉家人不许晚间到族人家中去拜年。但杜立三也十分狡诈,他在接神之前,带12个匪徒到小高力村,摸到栾家大门外隐藏起来。鸡鸣后,东方发亮了,大门外有人叫门,说:“给七爷拜年。”栾的大哥以为没啥大事,就去开门。不料大门一开,杜立三率领匪众随着拜年的人闯进院内。栾佐廷一看事不好,急忙回屋取枪,被杜立三一枪打死在院内。

俄军自庚子年间进占我东北各重要城市以后,军纪败坏,经常骚扰百姓,侮辱妇女,当地群众恨之入骨。

杜立三当然知道这些情况,特别是在西马场被俄军袭击之后,杜立三对俄军更为痛恨,因而专找机会与俄军作对。

荒地村驻着一支俄军炮兵,他们经常三五成群外出,为非作歹,杜立三决定收拾他们。

在一个阴云密布的夜晚，杜立三率领几十个悍兵，偷偷摸到了荒地村，准备发动突袭，不料被俄军哨兵发现，鸣枪示警，俄军炮兵利用修筑的阵地据险固守，使用新式水连珠大枪射击，火力甚猛。杜立三冲不进炮台，且使用的短枪火力弱，被俄军火力压到了村外堤坝下。俄军军官派人侦察，得知来犯者人数不多，便派出一部分兵力绕到杜的左侧，乘其不备，突然袭击。杜立三没料到偷袭不成，反被偷袭，顿时惊慌失措，队伍大乱，损失很大，杜立三落荒而逃，差点丢了性命。

杜立三在荒地村吃亏以后，感到和俄军打阵地战不行，开始变换方式，专找俄军人数较少或未加防备的地区，打了就跑，开展游击战，使俄军日夜不得安宁。对于这股忽隐忽现、出没无常的悍匪，俄军毫无办法，搞得他们每到一处都首先问："杜立三有没有？"生怕遭到一顿冷枪。

1905 年，日俄战争中的士兵

1904 年，日俄战争爆发，俄国海军在旅顺口吃了败仗，死守待援。沙皇派哥萨克骑兵从北满南下驰援。日本为阻止这股哥萨克骑兵南下，派特务桥口勇马、镰田弥助等在辽西和辽南，以土匪为基干，组织了东北军，冯麟阁加入并当上了头目。杜立三、金寿山等成为主力，和日军配合行动，以牵制俄军行动。

杜立三带领一部分骑兵北上，到了洮南，和哥萨克骑兵相遇。他找到隐蔽处，向大队哥萨克骑兵突击。哥萨克骑兵以为遭遇了日军，于是列开阵势，大炮下架，准备迎敌。但经侦察兵搜索，不见敌人踪影，其时杜立三早已率队远逃。哥萨克军整理队伍，再行前进，走不多远，杜立三又依样来一次打了就跑的突击战术，这样多次阻击，使哥萨克骑兵疲于奔命，不得不延迟行程，所以未等到达旅顺，俄国海陆两军已全军溃败，节节向北撤退。

杜立三为日军效力，但不受日军的约束，始终单独行动，能打就打，不能打就跑，俄军对他无可奈何，日本军队对他也没有办法。因为他敢和俄军作对，并且杀过有残暴兽行的俄军官兵，老百姓感到出了一口气，对他有一定好感。

四、张杜虎狼斗

日俄战争后，杜立三的势力是越来越大，他自称为马上皇帝。在他盘踞的地方，随便封官许愿，群众见了他，呼之为“杜大人”，这更增加了他横行霸道、掠夺民财的胆量，但是他有时感到当地一些小财主太小，搞来搞去也没有多少油水，满足不了自己的胃口，就派人到辽阳、营口、盘山等地强抢硬要，甚至公然到军营去抢军火。一次，在辽中县抢得快枪300支，子弹万余粒。至于在辽西掠夺民财、霸占民女的恶行，更是司空见惯，习以为常。

杜立三这样无法无天，不仅侵害了老百姓的安全，而且也威胁了地主、豪绅和官府的安全。他们接二连三地向东北总督控告。东北总督徐世昌权衡再三，决定“以毒攻毒”，派受抚不久的张作霖前去剿灭杜立三。

徐世昌任用张作霖，可谓知人善任，正中张作霖下怀。上文不是说过张作霖是杜立三的拜把子兄弟吗？从他们俩结义的过程便不难理解张作霖的心思。

当时，在辽宁有两股悍匪，一是张作霖，一是杜立三。俗话说一山藏不住二虎，张和杜虽然都有自己的保护区域，但两人都不安分守己，都常到区域外勒捐绑票，特别是杜立三，更是恣意抢劫。两股土匪时常发生冲突。张作霖在没有受抚前，仗恃人马比杜立三多，势力比杜立三大，曾经缴过杜立三越界勒捐的小股土匪的枪，这下可触怒了杜立三，他明知彼众己寡，但他自恃强悍，倾巢出动，在辽阳，双方打了遭遇战，势均力敌，但两强相遇勇者胜，张作霖是被迫应战，缺乏准备，打了一阵就支持不住了，只好狼狈逃走。杜立三放马穷追，由辽阳追到镇安县十七户。十七户有一个大地主“汤二爷”，是汤玉麟的叔叔，平时与张、杜两人都有交往。张作霖率汤玉麟、张作相、张景惠等逃到这里，请求汤二爷保护。杜立三也追到了十七户，经汤二爷出面调解，两人均认汤二爷为义父，并结“金兰之好”，海誓山盟。两人分手时，张作霖又是贤弟长，又是贤弟短，再三邀请杜立三到他府上去做客，汤二爷也在一旁说：“不打不成交。”其实，这是张作霖的权宜之计，其内心里恨杜立三恨得咬牙切齿。

张作霖

如果说杜立三凶悍残暴，是只恶虎，那么张作霖则是条狡猾的狼。他接到命令后，欣喜若狂，因为既可名正言顺地除掉心腹之患，又可向徐世昌邀功请赏。

这样，他把张景惠、张作相、汤玉麟找来，一起谋划，他们都认为杜立三枪法好，帮伙甚众，防备极严，如带队前往，会打草惊蛇，难于奏效，而且还会被杜立三反咬一口。经再三研究，乃用调虎离山之计，引蛇出洞之策。

张作霖采取的第一个步骤，是以结义兄弟关系，派人到青麻坎向杜立三贺喜，说奉天总督府派员来向他招抚，给他的名义比自己还高，请他速来新民觐见委员，以便筹备一切，一同晋省。杜立三同他母亲和弟弟商量，都认为到新民风险太大，凶多吉少，张作霖这家伙心毒手狠，别上他的圈套。于是杜立三傲慢地回话说："张为官，我为匪，我们是走两条路的人了，已经没有什么交情可言了。我们是有骨头的人，看他升官好了。"

张作霖见杜立三不来，第二步便请杜泮林出来说劝。杜泮林，黑山县人，是杜立三拜认的同宗叔父，深得杜立三信任。晚清时关外文化水平不高，社会上的读书人很受人尊敬，结识者多引以为荣。张作霖和他是义父子关系，对他特别尊重。

张作霖甜言厚币将杜泮林接到新民府，重情相托，并引见徐世昌派来的委员，证明确是上宪招安。又在新民街上，为杜泮林另设招待处。张作霖总去套近乎，说：

"我和立三都是绿林朋友了，我现在归附官府，有了一个好出路。但贫贱之交不可忘，因而想劝立三也洗手不干了。凭立三的才干和力量何愁不青云直上，可是立三却认准一条路走到黑，我劝了几次都不听。前几天徐总督带着一师兵到奉天，发誓一定要剿灭立三的人马，我一听很着急，几次禀徐总督，暂缓用兵，让我先疏通疏通。我特地让部下摆了几桌席，我们哥俩叙一叙，我进最后忠告，可惜他误会了，不但不来，并且说些闲话。现在立三的处境不好，我也不计较这些了。这次请老人家来，就是替立三想想办法。"

张作霖见杜泮林被他一番话打动了，又装出十分诚恳的样子说：

"过去立三在辽河一带打家劫舍，我们都是自家朋友，彼此可以心照不宣，相安无事。现在他再这样干下去，徐总督便会大动干戈，兴师讨伐的。我是力主招安的，只要我跟徐总督说一声，他受抚是没有问题的。老人家如果同意，可以亲自邀他前来，以免发生误会。"

杜泮林听了这话，大为感动，认为张作霖这个人很够朋友，人家对于自己的侄子这么诚心善意，自己做叔叔的还有什么好说的，遂慨然挥笔写了一封信，有"游侠非终身之事，梁山岂久居之区；一经招安，不仅出人头地，亦且耀祖荣家"之语。

五、中计献首

杜立三见到叔叔亲笔信，感到讲得有道理，替他想的也周到，不得不信。但为稳妥起见，杜立三临行时做了周密布置：第一是通知附近匪帮和留守的亲近匪众 200 多人，准备发生意外时，让他们驰援；第二是由青麻坎到新民 200 里途中，安置 4 个哨所，每所有 10 名骑匪，如有风吹草动，立即快马传报，由杜老疙瘩率队接应。他自己精选 13 名崽子，作为随身护卫，一同赴新民府来会张作霖。

张作霖的布置更加周密，在杜立三动身之前，密令张景惠带骑兵 500 人绕道八角台暂待，派人探得杜立三动身后，进驻新开河镇（距青麻坎 15 里），一面准备进剿杜立三的老巢，一面防止外匪增援；另遣一部分骑兵准备消灭路上的哨所，并防备杜立三回窜。在新民府街上兴和店为杜立三设招待处，店内伏下便衣队伍。新民府后大院做为会谈场所，重门深入，潜伏士兵，张开天罗地网。安排妥当，只待这个巨匪进入牢笼。

杜立三一行人走到新民府城郊外，张作霖派人前去迎接，安置在招待处。不多时，张作霖来招待所拜会，便衣简从，只带两名护卫，杜立三感到惊讶。张作霖同杜寒暄几句，便招呼上酒席，与杜共进午餐。他频频举杯，庆贺杜立三这次进省一帆风顺，升官耀祖。随同杜立三来的13名警卫人员，经招待处大酒大肉尽情招待，皆大欢喜。饭后，张作霖同杜立三到新民府大院共商招安事宜，杜立三见张作霖只带两名警卫，也只好带两名警卫，其余的都留在了招待处。

杜立三和张作霖进到新民府大院后不久，便演出了本文开头的那一幕。杜所带来的一行保镖也全部被缴械。

张景惠接到杜立三被正法的消息后，立即率队驰往青麻坎，将杜立三的老巢层层包围，同时下令收拾了杜立三沿途布置的哨所。张景惠先派人进杜家，劝杜母"改邪归正"，不要抵抗，可以保住全家性命。这时，杜立三的大哥正在田间，乘机逃跑。杜老疙瘩不肯投降，要为杜立三报仇，拼命到底。杜母见杜立三已死，大势已去，劝小儿子暂时忍耐徐图报复，然后打开大门，迎接张景惠队伍进去。

张景惠先头部队进院时，持枪布岗，气势汹汹。杜老疙瘩忍耐不住，开枪射击，其余匪众也加入战斗，双方均有伤亡，但张景惠的大队随后涌入，形势很快一边倒。杜老疙瘩的枪栓因发热发生故障，束手就擒，立即被张景惠拉出院外砍下头来。

杜立三被斩首示众，杜泮林才如梦方醒，知道中了张作霖的诡计。杜指责张作霖卖友求荣，无信无义，要和他拼命。张作霖厚着脸皮故作斯文地说："杜立三凶狠残暴，恶贯满盈，我奉总督之命令为地方除患，这正是大仁大义。事前所以不同老人家说，因怕事机不密，就要大动干戈。这样以来，所全者大，所伤者小，老人家为了侄儿，情固有所难堪，如从大义灭亲的道理去看，也就心安理得了。这次兵不血刃而为地方除了巨患，完全是老人家的力量，我张作霖决不能贪天之功为己功，一定要报请徐总督从优奖叙。"杜泮林气稍平和，回答说："我没料到你会这样欺骗我，我已老了，苟全性命，不求显达，所最痛心者，由于我诱骗了侄儿，侄儿虽不是亲手所害，却死于我手。"言毕老泪纵横，泣不可抑。张作霖极力安慰，并保证对老人家晚年生活负全责。杜泮林见事已至此，也无可奈何。

人常说：人上有人，山外有山，强中更有强中手。杜立三，这个驰骋辽西的一代悍匪，最终死于另一个虽不如他剽悍，但却比他狡猾聪明的土匪张作霖手上。

张作霖何许人也？他后来称霸东北，进占关内，一度把持北京政权，达到中国最高统治者的颠峰地位，从他计除杜立三这件事上也可以看出其阴险、凶残。

自古道：窃钩者诛，窃国者诸侯。杜立三，张作霖，都曾为土匪，不过前者被土匪兄弟杀了，后者土匪做大了，成了军阀；前者抢了不少钱财，后者抢了数省地盘，甚至一度窃取了国家中枢政权，这种土匪，比前者更厉害呀。

冀北恶匪宋殿元

一、兵痞前身

在察北坝上(今河北省坝上)一带,民国年间诞生并发展起一股流氓土匪,匪首外号叫“小五点”,当地居民家喻户晓。他的真名叫宋殿元。

宋殿元迅速兴起,长期为害,恶名远播,百姓痛恨、畏惧,他是何许人也?

宋殿元其貌不扬,并非三头六臂或身高马大,他身高不满五尺,胸无点墨,目不识丁,文不能看书写字,武不会打仗用兵,他带领过的土匪人数,少时一二十个亡命之徒,多时二三百名乌合之众,但这个兵痞土匪头子对察北、察盟(内蒙古)一带的人民祸害太深,老百姓对他恨之入骨。

有言道:“乱世出英雄。”但在乱世,也出了不少恶棍败类流氓土匪,宋殿元便是典型的一个。

清末民初,政权更迭如演戏,政治动荡如海潮,社会黑暗无天日,外敌入侵无止境,阶级剥削和阶级压迫异常严重,贫富悬殊,老百姓生活困苦至极,揭竿而起的不乏其人,但土匪多,真正的革命者少,直到革命理论和革命组织的建立才逐渐改变了这种状况。

那个时代,黑白颠倒,良莠并生,泥沙俱下,鱼龙共游。一些地痞、流氓、赌徒、恶棍纷纷浑水摸鱼,拉帮结伙,磕头拜把,明抢暗夺,杀人越货,有的还披上或官或兵的行头,骑在人民头上作威作福,实则都是祸害百姓的土匪、蟊贼,有的还投靠外敌,充当汉奸卖国贼,更是罪上加罪。宋殿元就是这么一路货色。

宋殿元,原籍河北省崇礼县忽出太村,民国三年(1914)出生于张北县疙瘩素村,后迁居张北土木营子、康保新庙子、张油坊、麻尼图村。他乳名叫“五套子”,人送绰号“小五点”。“小五点”兄弟姐妹 9 人,宋殿元行五。其长兄“大套子”28 岁即病故;次兄宋殿臣,乳名“二套子”,从小在康保县麻尼图务农,1947 年借五弟宋殿元之势当上康保县通顺乡乡长,1951 年“镇反”被捕,后病死于康保监狱;三兄“三套子”20 岁即病亡;四兄宋殿明,乳名“四套子”,日伪时期当过察盟直辖警察队警长,1951 年被镇压;六弟宋殿林,乳名“老套子”,1945 年跟随曹凯部队到绥西,1946 年往回逃窜时被打死;有三个姐姐,均嫁到外县。

宋殿元出生于一个贫困的农民家庭,父亲宋荣,母亲姚氏,均是普通农民百姓。宋殿元从小受到父母兄姐的娇惯溺爱,不受约束,放荡成性,将打架骂人、偷鸡摸狗当作本事,10 来岁时便染上赌博的恶习,经常偷拿家中物品出去,变卖后参加赌博,而且十分无赖,输赢都要。家里没人能管住他,乃父没办法,就将他送到张油坊给地主张秉忠当小长工。后来,他又给红围子的王奉钧(外号王二毛)放马。在赌博中,宋殿元将家里输了个掉底儿,父亲终于大怒,将宋殿元撵出了家门。宋殿元走投无路,便投奔王奉钧当了兵。王奉钧的队伍后来被改编为东北抗日义勇军,宋殿元吃不了那个苦，当了逃兵。回家后的宋殿元仍不务正业，终日游手好闲，以赌博为业。

二、流氓成性

1941年，宋殿元到华山给日本人做劳工，挖山洞时挖出了枪，“大精字”（当年土匪用“字”而不用名）带着他们70来号人拉了出来，跑到张北县，每人又搞到一匹日本人的马，当起了土匪。

没多久，宋殿元另投到东地杆子（土匪队伍）“林字”部下。“林字”被打死后，宋殿元带了20多人拉起杆子，在宝昌、张北、化德、崇礼、康保等县窜扰劫掠。

宋殿元从小没念过书，说话办事粗野鄙俗，害人手段却别出心裁，吊打、马鞭抽、火铲烫、绳子勒、开水浇、拿子弹头刮，刑法多种多样。

他们将绑票叫“请财神”，这是常干的勾当。先是派出暗哨打探，寻找目标。一旦绑了票，要钱要东西不拿来是决不罢休的。

平日里，宋殿元每到一村，就是要枪、要马、要大烟，碰上就抢，不给就打；有值钱的抢值钱的，没值钱的，见到什么拿什么，拉牛、赶羊、抓鸡、捉鸭，就是几件破皮袄也不放过。抢得的东西，宋匪除了自己用外，剩下的交给“背手”（专门给土匪背东西的人，相当于后勤）变卖成钱，买房、买地、买牛羊。解放初期，康保县还有宋殿元的70多只羊、5头牛、1头骡子、1匹马、1辆皮车和不少土地，在张家口上堡还有他的13间房。

宋殿元有三大爱好：抽烟、打牌、玩女人。他每月要耗用大烟100来两（折合7市斤）。他的第一个女人是娶的他老姨的女儿，后来又先后霸占了3个女人。1944年春节前，宋殿元来到康保五福堂乔风祥家，看中了乔风祥的后儿“二铁匠”的女人，硬抢来做了他的二房姨太太。第三个女人是阎油坊王大所的儿媳妇，也是硬抢来的。第四个女人是宋殿元给日军当警察队副中队长时从张北大囫囵强娶的一个姑娘。

宋殿元十分淫亵，奸淫成性，凡被他看上的女人决不放过。1942年7月25日上午，宋殿元带领六七个匪徒在白旗一带抢劫后，窜到康保范家营村，要草料、要大烟，在村中祸害了一天，临走时还要把村民范有的二儿媳妇绑在马上驮走。范有哭喊着，拽住宋殿元的马缰，抱住宋殿元的腿死活不放。宋殿元火了，瞪起眼睛骂道：“你个老小子，敢拉五爷的马头，让你尝尝老子的厉害！”说着冲手下人使个眼色。他手下一个叫小张有子的匪徒，掏出手枪朝着范老汉的右腿就是一枪，把范有的右小腿骨打断了。正在这时，蒙古马队从白旗赶下来追剿宋殿元，宋殿元见情况不妙，仓皇逃跑，范有的儿媳妇才没被驮走。

1944年，宋殿元带领众匪徒来到满德堂村，见到一个妇女有几分姿色，便让手下人给他拉到马家房中强奸一夜。第二天仍不死心，硬要这个有夫之妇和他拜天地，差点将这个女人逼死。村人再三求情，宋殿元这才作罢。

有时，宋殿元的拜把兄弟们也觉得他做得有些过份，劝他适可而止。宋听了后，竟不知羞耻地哈哈大笑。据他自己交代，他强奸妇女约有300多人，其中闺女就有120多人！

三、沦为汉奸

1942 年，察哈尔盟公署任命曹凯为警正，扩充地方武装。宋殿元与曹凯在张北曾同村居住，素有来往，曹凯便将宋殿元匪部收编，组建一个中队，宋殿元任中队长(警佐)，驻扎在张北二台，土匪摇身一变成了警察。

1943 年，宋殿元与曹凯被日军收编，改为察哈尔盟直辖警察队，宋殿元仍担任中队长。从此这个“有奶就是娘”、没有礼仪廉耻、没有民族气节的兵匪草寇便积极为日军效劳，多次带兵围剿我崇礼县抗日根据地，杀害我村干部和革命群众多人，成为日军手中的一条恶狗。1945 年 7 月，在崇礼县庄地村杀死村民李文，在巴图营杀死村民张三，在张北工会一带还杀死 4 名无辜老乡。

惨杀

在此期间，宋殿元曾和曹凯闹翻，又带了他的人马拉了三个月的杆子。其实，他穿上什么制服，都是土匪，投降日军后，宋殿元仍然经常带人出去抢劫，匪性一点不改。

四、投靠国军

1945 年，日本投降后，宋殿元就随曹凯的部队到绥远武川县境，投到国民党十二战区，在骑五旅当排长。同年 8 月，宋殿元持着国民党委任他为骑兵暂编团长的委任状，带领 20 余人来到康保县境，招兵买马，收罗了康保县的警察乡兵 200 余人。宋殿元自任团长，王玉成任团副，周志胜、卢巨恺、郭士杰、柳士林为连长。宋殿元带着这帮人在康保县周围窜扰，伺机袭击我区村政权，杀害我方干部和工作人员，破坏和抢夺抗战胜利成果。

9 月 14 日，宋殿元在张油坊住宿时，抓住了丹清河区工作员张云涛，第二天(农历八月初十)，进驻离丹清河区不远的武大郎村。中共丹清河区政府发觉后，便向武大郎村鸣枪。宋殿元依仗自己人多，立即下令围攻丹清河区政府。当时，丹清河区政府刚刚建立，人员不多，寡不敌众，只得边打边撤。撤退时，区长李明、区小队长张玉林、战士米文生不幸被俘。饭后，宋殿元命令他的副官高宗义将李明、张玉林、米文生和张云涛处死。当时，宋的部下有和张云涛一起当过警察的为张求情，宋一概不许，四人随即被同时杀害。惨案发生后，宋殿元害怕中共县大队前来围剿，即刻撤离丹清河，向北逃窜。

9月24日，宋匪到了六区郝家营村住宿，将郝家营村的牛、羊、骡、马洗劫一空，值钱的东西全部抢光，受害者达40余户。之后便带领他的队伍开回绥远。是年底，宋殿元的连长卢巨恺、郭士杰、柳士林等带领200余人窜至化德县骚扰，在阿恼山被我军包围后全歼，卢巨恺、郭士杰、柳士林被活捉后镇压。

1946年3月，宋殿元跟随国民党二战区中将司令（号称长城防共自卫军）张甲清（张承德之子）来到坝上，在镶黄旗收集了袁焕、李文斌、岳风鸣等土匪队伍300余人，到处残杀革命干部和群众，疯狂地进行反攻倒算。这伙匪军在康保县阎油坊王家营住宿时，被我骑二团发觉后立即追击，一直追到康保县与宝昌县交界处的尖尖山上，将张甲清击毙，余匪全部溃散。宋殿元逃回老家崇礼县，隐藏起来。

五、猖狂反共

1946年9月，国民党军队向我解放区大举进攻。宋殿元认为时机来了，从崇礼县收罗了十余名土匪来到康保县，又收集了孙占山、岳风鸣、刘启金、李金贵、贾增贵等散匪200余人，猖狂向我解放区反扑，反革命的气焰十分嚣张。

10月7日，宋殿元带人窜到离康保县城8公里的赵家营村，抓住了县城的居民于尚有，将于捆绑吊打了一天一夜，拷问八路军的情况，离村时还抢走了6匹马、4头牛和皮袄、棉衣等物品。

10月12日晚，宋匪200余人住在了三义公司区政府附近的碌碡洼村，阴谋袭击三义公司区政府。翌日早上，宋殿元派人向三义公司区政府做假报告，佯说"刘二营子住有五六个土匪，共三四支枪，子弹也不多，马也不好"，将解放区武工队诱去。其中一路发现情况较早，很快撤离，未受损失；另一路30多人被宋匪200余人追击，宣传部长晋拓东等19名同志被包围在刘二营村，虽顽强抵抗，但因力量悬殊，终于失利，除一名同志幸存下来，另外包括晋拓东等在内的18名同志全部遇害，这就是当时惊动四方的"刘二营惨案"。

1946年11月，我军战略转移，暂时撤出了康保县城。曹凯和宋殿元的队伍开进了康保县城。曹凯任国民党骑二纵队纵队长，下属六个连，宋殿元是第一连连长。一进城，宋殿元便连夜带人挨家挨户地查户口，追问谁是八路，谁家是八路军家属，对我八路军家属和区村干部用惨无人道的手段进行镇压屠杀。

城里一家姓王的地主，向宋殿元告发南关赵氏兄弟曾分过他家的东西。宋殿元一听，立即一拍桌子说："限他三天交齐，交不出来，拉出去挣了折口子（指用绳子勒死）！"赵氏兄弟三人被绑了三天，家人四处奔波筹措，将钱凑齐如数交来，并求人说情，才免于一死。

据不完全统计，仅1946年被宋殿元亲自杀死的干部群众就有100人之多，被他打伤、烫伤、致残者不计其数。

六、疯狂掠夺

宋殿元的土匪队伍驻在县城，几百人的花费全由民间负担，摊到各家，谁要一时拿不出来，便遭一顿毒打。宋殿元本人是三句话没说完，耳光就上来了，稍有不满之情，他的马靴就上来了。

一次，宋殿元到农民张德家里要官粮，张德一时无车，送不了，宋殿元便说他有意抗粮，命人立即把张德捆起来，脱光衣服，烧了开水就往他身上浇，把张德烫得满身燎泡，疼得死去活来。其家人一个劲地好言求饶，答应立即找车送去官粮，才算了事。

县城东关开面铺的宋贵，宋殿元给他摊派了500斤莜面，让他当日交去，宋贵一时凑不齐，便被抓起来，定了个抗粮不交的死罪，经多方求人说情，把面交上，才放了人。宋殿元的匪军在康保县驻扎两年多，康保人民被压迫、残害得苦不堪言。

1947年1月，我军攻打康保县城，宋殿元带领自己的一帮匪徒把守东门，我攻城部队20余人牺牲于他们的阻击枪口下。

1948年5月，宋殿元和曹凯不和，曹凯被编到骑五旅，离开了康保。这时康保成立了保警团，宋殿元先后担任连长、营长职务。在此期间，宋殿元整日横行于康保街头，走东家，窜西家，抽大烟、打麻将、嫖女人，明夺暗抢，还和他人合伙开了饭馆，大捞外快，干尽偷鸡摸狗的勾当。

1948年12月，国民党失败已成定局。宋殿元见大势已去，随曹凯一同撤到绥远，在十二旅当连长。

七、潜逃被捉

1949年9月，绥远和平解放后，宋殿元在我军中受训三个月。当时，他自知罪恶深重，便脱离了部队，住在绥远市通道街，和他人一块开“永成店”。

研究剿匪方案

然而，狗改不了吃屎，宋殿元这个惯匪怎能那么老实地就金盆洗手、弃恶从良呢？他恶性不改，暗地里继续为非作歹，干着土匪的本行。1950年5月，宋殿元伙同牛富仁抢劫我军用物资，被打散后，宋殿元便逃往包头市，改名王贵，在西脑包40号大店隐藏起来。

1951年4月，我察哈尔省公安处侦察到宋殿元的下落，公安人员即刻奔赴包头进行抓捕。当40号大店的店掌柜带领公安人员将店院内的一间草屋围住时，宋殿元正在屋里和他的女人及两个小孩说话，觉察到有人来抓他，他“腾”地一下跳起来，装腔作势地喊他老婆：“快拿我的枪来！”其实，当时他屋里根本没有枪。

我公安人员见他如此顽固，便朝着屋内打了一梭子子弹，喊话让他出来，可宋殿元就是不肯出来。为了不伤他的女人和孩子，就让店掌柜进屋去将他抱住抓获。

4月底，罪大恶极的冀北恶匪宋殿元被人民政府押解回康保县执行枪决，结束了这个群众恨之入骨的大土匪的罪恶的生命。公判会上，受害者字字血、声声泪，控诉了宋殿元的累累血债、桩桩罪行，广大群众欢天喜地，感谢共产党为民除了一大害。

川北恶虎黄清沅

一、混蛋父子

黄清沅家族在解放前的四川梓潼重华场、青灵口一带是大族，有很大的封建势力。黄清沅的父亲黄德斋是光绪末年的秀才，因生平包揽诉讼，略通文笔，人称“烂秀才”。其人矮胖，淫荡不羁，群众称呼为“骚土地”。民国时期，曾任一届梓潼县参议员。原有出租土地60多亩，因抽烟和日嫖夜赌，至民国十六年、十七年，只剩20余亩。黄德斋共生了4个儿子：长子黄清沅、次子黄庸如、三子黄复初、四子黄燎如，人称“黄家四虎”。

黄清沅，又名黄正培、黄三元、黄澄、黄中、黄本利。他生于1898年农历三月十四日，曾任梓潼县公安局长，防护团副局长，保安局长，梓潼县商会主席，国民党梓潼重华区分部书记长，国民党四十一军咨议员，江（油）、彰（明）、梓（潼）、平（武）、青（川）、剑（阁）6县联防团第三区指挥官，梓潼公社总社长（下设41个分社，3000多人参加），甘陕反共救国军顾问，梓潼县禁烟委员会主任，江油、梓潼、剑阁3县边界土匪集团头头。他所组织、控制的哥老、土匪势力拥有枪支2000多支（不包括公有枪支）。他个人占有好田4100亩（四弟兄共有田地7600多亩），开铁厂2个，锅厂1座，共有工人330多人，利润甚大。当地人称“一股银水流向黄家”。他还开大山货铺“本利昌”，经营蓝靛、鸦片烟、木耳、皮毛，运往成都、重庆销售，并开茶馆、烟馆和饭馆、赌场。

黄清沅的父亲黄德斋，长期与当地哥老、劣绅乡保人员喝茶酗酒，打牌抽烟，深谙反动统治阶级勾心斗角、尔虞我诈的处世之道。“人无横财不富，马无夜草不肥”，他长期想发横财，偏偏自己家底不厚，又加上烟瘾大，三五天要抽一两膏子（比较纯的鸦片烟），祖上流传下来的60多亩田地，为抽烟卖了40多亩。黄德斋常说：“一个光棍，三个帮衬；要打三班鼓，离不了五行人。”他想：自己搞不出来，就是势力单薄。于是他和老婆陈氏商量培养长子，因为黄清沅口齿伶俐，很有“培养”前途。

1914年5月20日，四川梓潼县，杨公阙

民国二年一个秋天的上午，夫妇俩把黄清沅打扮得整整齐齐，头戴毛织贡瓜皮帽，身穿青哗叽夹袍，足登新式操鞋，领他到靖安乡长、坐堂袍哥大爷敬俊卿家里拜把，口称："老表，我把大娃交给你了，希望你提携提携。"黄清沅规规矩矩给敬大爷磕了三个响头，从此入山。

以后他天天给敬大爷背梆梆枪，跟着大爷的屁股转，保护敬大爷。在敬家的第二年，在正月里的"迎宾会"和五月十三日的"单刀会"上，敬大爷给弟兄伙打招呼："黄老幺是落教的，以后兄弟伙维持维持。"黄清沅就这样与袍哥管事、大小土匪混熟了。黄清沅还意外地练得一手好枪法，百步外打红皮子萝卜，百发百中。他接待外面来的"外交管事"、"边棚客位"，有迎有送，八面玲珑，敬俊卿很满意。

民国五年，黄清沅已经满 18 岁，打扮成一副"绿林"英雄模样，头戴卷顶的亮草帽（夏天），身穿白绸敞褂子，腰系红带子，足登丝耳子草鞋，腰杆上斜插一枝勃朗宁（手枪）。有一次，川北著名的大土匪谢宴富（人称谢司令，活动在四川边境青川、平武、剑阁、梓潼一带）指着黄清沅对敬俊卿说："这个小伙子是青龙码头（浑水袍哥）的好兄弟。"便把他要去当拜弟，敬俊卿平时仰仗谢司令做后台，也情愿把黄清沅转送给谢宴富当拜把兄弟。

二、自立堂口

黄清沅如鱼得水，就在谢司令手下大显身手，"摇钱子"（探视路过有钱的客商）、"拉肥猪"（绑票）、打家劫舍，招呼应酬，练得一身"好"本领，胆子越来越大，横财越来越多，声势越来越显赫，20 来岁就吃得开了。民国十一年（1922），黄清沅 24 岁，重华场镇担心土匪洗劫，请他负责街上治安，当了联保主任。他把他兄弟黄庸如找来在街上巡查。

黄清沅心想：唱戏要有自己的班子，要想出名就要干"大事"，吃人家的残汤剩菜（指在别人手下得点小恩小惠）是搞不出头的。他找了与其知心的土匪头头黄文旭、刘定三商量，要做一桩大买卖。他们计划夜袭江油团防总队，那里有几百支枪，弄到手后就可以在附近几个县耀武扬威了。

在一个深秋之夜，他们带领几十个弟兄，打伤了代理江油团总欧奎，捞到了几十支枪。后来专署和县府严加追查，既要还枪，又要交出土匪头头，黄清沅知道"水涨了"，县、区、乡人员都不敢包庇，只得求情跑到蹇家山蹇幼樵家躲藏。蹇是川北很有声望的士绅、哥老头目，和国民党省、专上层人士有密切关系。经过蹇的说情，黄退枪、赔款、赔情道歉，还"抛出去"几个弟兄才算了结。但黄清沅却因"敢吃团防局"而声名远扬。

第三年（1925），黄清沅 27 岁就自立堂口，称大同公总社，当年升为梓潼县重华区副团总，结交了附近几个乡镇的乡长、乡队副、袍哥大爷，作互相吹捧、狼狈为奸的集团势力，如中坝场的雍文固、青灵口的何子元、马角坝的张杰夫、后坝的唐伯常、文胜的李道仙、兴胜的邱心斋等，并经常来往于梓潼县城及江油、盐亭、剑阁等县。同时，他还与梓潼城内的党、政、军、袍哥等"著名"人物高梓琴、邹少华、薛礼堂、张寿之等礼尚往来，社会交往日益频繁。

他与几个“提起脑袋耍”的青壮年歃血为盟，结为金兰弟兄，所谓“重华七子”，即冯子才、杨子会、张子厚、吴子英、刘子中、黄子玉及黄清沅，这7个人，人人有枪，个个有钱，打家劫舍，烟酒嫖赌，吹捧抬举，无所不为。他们在黄清沅指使下，干了不少坏事。至后，因贪色争风吃醋，分赃不平，黄清沅叫他的弟兄李明顺、黄复初等把张子厚、冯子才杀了。杨子会、吴子英、刘子中害怕黄清沅下毒手，离开重华场跑滩去了。

1929年黄清沅因为“剿匪”有功，当上了梓潼县的清乡团长。他叫弟兄伙协助梓潼县国民党县党部大土豪张受兹、哥老大爷陈高元收渔税、屠宰税和贩烟，拜陈高元为把兄，又当上了梓潼县商会主席。

三、黄家四恶虎

这段时间，黄清沅利用哥老、乡团总势力在青灵口、后坝、马角坝买卖矿山，雇佣他的佃户和附近农民100余人（包括背运铁矿石）办了两个矿厂，一个锅厂、铧厂，一个炼铁厂，一年牟利几万银元。他又开了一个山货铺，铺名“本利昌”，经营蓝靛、鸦片烟、皮毛等。

重华地区山大多雨，土质肥沃，鸦片烟驰名省内，名叫“堰坭”（当地又名重华堰）。黄发动他的佃户（此时他已买了千多亩田地了）和附近农民种鸦片烟。当时国民党也挂名“禁烟”，黄清沅说：“说是我黄清沅叫种的，没有人敢摸边！”因此重华、青灵口、马角坝、文胜种鸦片烟由原来的两三百亩发展到一两千亩，收了烟土还要给黄大爷“上寿”。

1930年黄清沅因有钱有势，有人（哥老）有枪，国民党采取以匪治匪的方针，黄清沅就当上了梓潼县剿匪督练长，兼马路局长。1931年，青灵口团总（暗地的匪首）邓云龙的弟兄伙与黄清沅的弟兄伙发生争执，黄清沅藉剿匪督练长的势力“拿梁子”（土匪之间的报仇），把邓云龙“丢翻了”，吃掉了邓云龙几十杆枪。

当时蹇幼樵当了梓潼县长，保举黄清沅当公安局长。头一两年，为了发展他的私人势力，每年只有四五个月住在城内，他说“台基稳了，不怕水涨”（水涨是指官兵包围）。后他又兼国民党重华区分部书记长（次年，他把区分部书记长交给他三弟黄复初），他兄弟黄燎如当了副乡长，黄复初当了保安团督练长。

黄燎如在区乡“擦滥污”更为毒辣，奸淫妇女不计其数。当地农民结婚，如果新媳妇略有姿色，“初夜权”即归其所有，人称“脚猪子”。抢劫、拉壮丁、敲诈勒索，他都直接出手。黄清沅在“羽毛丰满”后，才把重华区7个乡的势力交给他的三弟、四弟。

1932年，吴二大（音代）王（据说是吴佩孚的兄弟，在北方站不住脚，带领部分人枪从甘肃到四川）路过重华，先给黄清沅“拿上咐”（联系），黄清沅满口欢迎，却暗地里布置了六七十人在场口民房上，架上机关枪，房内可以瞄准街上，街上却看不见人、枪。

黄清沅、黄燎如等亲自到场口放鞭炮迎接，并叫他的大管事欧欣亭喊：“请到江西馆（场内的大茶馆）吃茶、造粉子（即哥老语的吃饭）。”吴二大王的兵刚进场内，就被机枪、卡宾枪打死了七

四川绵州

八个，黄清沅的弟兄伙高喊："缴枪不杀，缴枪不杀！"就这样吃掉了吴二大王 100 多条枪。大匪吃小匪，本地匪吃路过匪的武器，黄清沅就搞了好几起，国民党政府还说黄清沅"剿匪"有功。

1934 年国民党二十九军田颂尧部黄正贵（师长）驻扎绵阳地区，召集各县公安局长开会商讨"剿匪"事宜（实际是防止红军北上），黄清沅趁机拉拢，称哥道弟，并暗地送黄正贵 200 余两好烟。黄正贵送黄清沅 10 支卡宾枪、手枪及子弹等，并用小汽车送黄清沅回县。从此，黄清沅声势更大，人人畏惧，都说："黄师长与黄清沅是拜把兄弟。"他趁此带队剿匪，又把川北另一大土匪邓天王吃掉了。吃掉土匪的枪支弹药，并未报入公安局，都散发给他的哥老弟兄，作为私人财产。同年公安局改为保安局，黄继任保安局长。

次年正月（1935），国民党当局力阻红军北上，绵阳专署成立江、彰、梓、盐、青、平 6 县联团指挥部，蹇幼樵任总司令，黄清沅任第五区指挥部司令，负责剑阁至梓潼、梓潼至江油这一地区的防务。除原公安局武器外，梓潼各类地方武装组织（如门户练、保卫团、保甲训练班）都统一归黄清沅指挥。此外，又临时增加一个特务中队。指挥部用地方筹款和上面拨款，购买 100 多支新式枪支（黄从中增派捐款，贪污银元 1 万多元）拨给黄清沅。

1935 年红军突破嘉陵江直向剑阁、梓潼进发。农历二月底，红军红四军和三十军以及红九军一部从剑阁、梓潼南面的金仙、元山、王河向梓潼进发。邓锡侯部驻梓潼的一个旅向元山逃窜，黄清沅的 1000 多地方武装在农历三月初八也全部离开梓潼，调到他老家重华。到重华后又遇红军，他闻风退往江油，再由江油退往安县，保住他的公安部队和哥老土匪部队，接受涪江左翼民团总指挥杨选福指挥。

黄清沅不战自退，被梓潼黄祉生、王蕴朴、薛少叔、任清华 59 名士绅、教师联名告发。绵阳行政督察专员公署转报成都保安处，保安处派人将黄清沅逮捕，1937 年 1 月 27 日判处黄清沅无期徒刑，剥夺公权（相当于今"政治权利"）终身。黄清沅即令他四弟黄燎如、三弟黄复初和梓潼保安团第一大队长肖尔瞻、公安局大队长唐靖一等将留在他家里的鸦片烟 3000 多两、银元 20000 多元和银锭、金子共值 10 万多银元，运到成都活动，贿赂贺国光、邓锡侯、孙震等。黄清沅因此被无罪释放，又回到重华。

1937 年起，为了扩充自己的势力，黄结交附近几个县的大土匪，大袍哥和国民党的军政人员，互相送烟、送女人、摆赌场、做生意。这时，黄已有枪 2200 支，哥老成员有 3400 多人，势力主要在重华区 7 个乡场，方圆 300 多公里。

四、欺男霸女

黄清沅利用其攫取的权力及土匪、哥老等恶势力，穷凶极恶，杀人如麻，奸淫成性。其杀人手段有枪杀、刀砍、绳吊、火烧、水淹、棒打、轮奸、毒药等。群众说："黄门四虎，虎虎吃人，躲过初一躲不过初二。"

民国二十三年冬，重华乡小学教师张华沛，年终应补领薪谷 1 石 4 斗，因黄清沅包管公粮粮谷，其管家用小斗量了 1 石 4 斗，又多是秕壳。张华沛到城里暗暗告了黄清沅，旧官府与黄清沅完全是相通的，把状纸转给黄清沅。在冬季的一天，在重华街上，张华沛被黄清沅的狗腿子拉去，口塞棉絮，浑身用旧棉絮捆了两层，外面浇上煤油，活活烧死，烧死后扔进砖瓦窑内化成灰。

重华街上居民何天舟死后遗下寡妻，略有姿色，有房屋数间，瘦田数亩。黄清沅的儿子受其父命，晚上去奸污何天舟的妻子。恰巧黄清沅的兄弟黄燎如也正在那里，侄儿与幺叔碰了头，一句话不对便要开枪。有人给黄清沅报了信，黄清沅把儿子和兄弟叫回来训了一顿，说："大家都不要，把那婆娘丢了。"隔了两天的一个晚上，两叔侄跑进何天舟屋里，用猪尾巴把何氏活活折磨死。

民国二十四年，黄清沅被四川军法处软禁时，黄清沅另一狗腿子欧阳德亦被军法处传询，对证黄清沅材料。黄清沅知道欧阳德证实了自己的一些罪恶，便写信给他兄弟和知心兄弟伙，趁欧阳德回重华时路过山垭，拦路捆了欧阳德，用木棒打死。过后，黄清沅释放回重华，将欧的家具、农物、钱财全部抢光。

民国二十四年初，原国民党重华区区长彭越生，原来常给黄清沅上"寿"。当时所谓"匪情"（指红军路过）紧张，每晚由区长亲自带领兵丁清号（查旅馆），彭越生不知道重华街上一家旅馆是黄清沅的狗腿子开的，按"规矩"清号时，要旅馆老板把旅客亲自带到门口排成队，点名清查。当夜旅馆老板蒋铁匠向黄清沅求情，黄清沅叫蒋藏起来。过后，黄清沅反诬彭越生"借查号为名，私自抓蒋铁匠"，命令兄弟伙把彭越生拖出来用砖块打得半死，丢下粪坑。后来彭越生爬回家，不久死去。

民国十九年至二十三年，黄清沅的兄弟伙在山垭路口多次抢劫来往客商，有一次抢了成都某大官的烟土，绵阳专署要清查，黄清沅把他的兄弟伙杨天宽、欧进"丢出去"枪毙了。

公安部队剿匪

黄清沅奸淫成性，动辄“丢翻”，强奸、骗奸、诱奸妇女难以数计。他杀人后，再奸淫其妻、女，甚至先奸后杀。他还把年轻妇女当做商品送给或卖给外地哥老、土豪官僚。其弟黄燎如奸淫行径不逊其兄，据1950年群众揭发，经过核对的受害者有54人。在重华、文胜、青龙等地，黄燎如有所谓“初夜权”，手段之卑劣，令人发指。

解放初期，反动透顶的黄清沅率领众匪居然与人民为敌，抵抗解放大军的进军步伐，但这无异于以卵击石。他的部下被击溃后，黄清沅欲逃往香港避难，但沿途的群众对可疑行人盘查很严。在逃往家乡梓潼后，黄清沅冒充商人，想从梓潼蒙混出境，结果被他当初手下的一名土匪、现已改邪归正的盘查人员认出。只听这名盘查人员大声呼叫：“快抓住他，这人就是黄清沅。”黄清沅见身份已完全暴露，顿时露出了一脸的凶相，两眼射出凶光。只见他迅速地抢过盘查人员手中的木棍，接连打倒几人后，遁入人群中逃匿。这次他仓皇逃到南充，在此隐匿起来，再也不敢轻易露面。

1951年2月间，黄匪认为风声已过，准备从南充潜逃香港，经过一番精心化装，黄匪出现在南充车站，但仍被人认出，公安人员以迅雷不及掩耳之势将其抓捕归案，随后被解往重华公审。

1951年2月底，天气异常寒冷，一万多人参加了在重华体育场召开的公审黄清沅的大会。在公审大会上，人民捶胸顿足，哭泣控诉黄匪的血腥罪行。在这些人中，有的人家父母被枪杀，兄弟姐妹被残害；有的人家妻子、女儿、儿媳被奸污或轮奸；有的人家被绑票、勒索，后又被撕票；有的人家的妻子、女儿或媳妇被当做商品或送或卖给外地的哥老、土豪官僚。黄匪罪行，罄竹难书，令人发指。人民政府根据老百姓的强烈请求，在公判大会上，当场处决了罪大恶极的黄清沅。黄清沅死后，人们手掷火把投向黄匪的尸体，当场将其尸体焚烧，并一致高呼：除了黄虎，人宁家富。

“陕南匪霸”周寿娃

民国年间，在陕西南部商洛地区，出过一个著名的作恶多端的土匪，他叫周寿娃，人送外号“周狼”。

周寿娃，又名周兴文，外号“周狼”，陕西省商县大荆周岭人，生于1911年。从1935年开始当土匪，走上罪恶的道路。十多年内，他在商县北区（大荆、腰寺、板桥一带）、黑龙口及洛南县、华县、渭南、蓝田等县边界，烧杀抢掠，称霸一方，干尽了坏事。1950年12月23日，商县人民政府在商县南门外丹江河滩召开万人大会，处决这个罪大恶极的匪霸。祸害即除，人心大快。

陕西南部地区

一、人变为狼

周寿娃小时家境比较贫寒，1930年至1934年前后，在家熬苞谷糖，经常肩挑糖担，串乡赶集，靠小本生意混日子。尽管家境比较清贫，倒也安分守己。他24岁的时候，却选择了玩枪弄武的道路。

20世纪30年代初，由于地方个别人凭着枪杆子欺压群众，称霸一时，周寿娃看得眼红，便产生了邪念。1935年，他混进了国民党联保办公处，先在腰寺镇联保主任李建中手下当镇丁，后又给腰寺自卫队长王益三当护兵。为了达到更高的目的，竟密谋杀害他的主子王益三，夺取自卫队长的职权。不料谋杀未遂，便串通周兴武、周金升、苏世恒等人，流窜马角山、大荆一带，每日神出鬼没，大肆抢劫，并不断纠集同伙，形成了自己的一股势力。

1937年清明节前一天，商县上秦川古世珍（土匪出身，曾任国民党团、旅长、副司令等职，抗日战争末期投降日本，参加日伪皇协军。解放前夕，被西安绥署主任胡宗南处死于西安）。率部千人劫掠西荆、黄川、大荆一带，周寿娃这伙新凑合起来的势力被赶至洛南保安一带。

当时，周寿娃出于争夺地盘、扩充势力的需要，先派人回大荆侦察古部情况，以便寻机将古部逐出大荆。

4月中旬一天下午，周寿娃率领20多人，由洛南向大荆迂回，半夜时分到达大荆。凭着他土生土长、人熟地熟的有利条件，从一人家后院进入大荆街，摸到古世珍留驻大荆的郭金鉴、任怀德两营的驻地，枪弹齐发。郭、任所部对这突然袭击毫无准备，死的死，伤的伤，逃的逃，立即乱作一团。西边山上古部孙振杰闻声前来援救时，周寿娃已全部撤离。这次古世珍部死亡80多人，重伤20多人，被周寿娃夺走长、短枪100多支，损失很大，士气低沉，只好撤离大荆。同时，由于周寿娃这次以少胜多，打败了古世珍，壮大了实力，他的名声很快传开了，也为他牢固地控制大荆地区，并在当地为所欲为创造了条件，真正成了大荆地区的土霸王。

周寿娃的实力壮大起来后，他的族兄周维华（解放前曾任商县北区保甲督导员、陕保三团营长、陕保十五团团长、山阳县长、宝鸡警备司令部警卫团团长等职，解放后潜逃，下落不明）看在眼里，喜在心里，于是便与周寿娃勾结起来，互相利用，狼狈为奸。1937年周维华被委任为商县北区保甲督导员后，为了借用周寿娃的武装力量，便把他拉进保甲组织，当上了大荆镇的保甲自卫队长。为了使周寿娃更多地为其效力，并扩大自己的势力，又提升周寿娃为常备队大队长。至此，周维华如虎添翼，周氏弟兄很快掌握了北区的军政大权。周寿娃直接控制武装后，明派暗抢，摆赌抽头，大肆掠夺人民财产。同时，又把掠夺来的大量财物用以贿赂官府，以求巩固周氏弟兄的宝座。

1938年冬，周寿娃在与蓝田县地方势力李长余合谋攻打蓝田另一地方势力穆自贤后的返回途中，抢劫了华县石头峪丁增华开办的火柴公司，并抢走群众为该公司搞运输的20多匹骡子，沿途又拉票20多人，勒索了大量银元和钞票。嗣后，华县等地群众数十人向省上告发，省上才决定由蓝田、渭南、华县、洛南等县联合出兵围剿周寿娃。但由于周维华四处周旋，四区专员温良儒、陕保九团团长龙凤山等人亲自出面，结果不了了之。从此，周寿娃越发猖狂，祸害人民更为残酷。

1942年周维华被委任为陕西省保安第十五团团长时，周寿娃随之被提升为营长。1943年，周维华率陕西保安十五团赴西安受编时，周寿娃及其亲信坚持按兵不动，继续盘踞大荆，作威作福。

二、土匪当了官

1946 年,新四军一部进入商洛以后,商洛根据地的革命形势愈来愈好,周寿娃曾主动和我游击队长张俊芝取得联系。谈判中,周匪一再表明不与共产党作对;同时,给游击队送吃送穿。但时隔不久,周寿娃又投靠到国民党的怀抱,大干反共反人民的勾当。

1947 年,史直任陕西省第四区行政督察专员公署专员后,又委任周寿娃为专署第六突击队大队长(周树有为副大队长)。

1949 年春,谢辅三(十九绥靖区中将司令兼行政长官)以看望周营长病情为名,亲赴大荆,商县副县长马振立随谢一同前往,召集腰寺、大荆、黑龙口等三镇所有保镇长、地方武装头目等 200 余人参加联防会议,委任周寿娃为商县西北地区联防办事处主任,并送给周寿娃七九步枪子弹 14 箱。

谢辅三在讲话时反复强调说:“现在时局紧张,你们要组织起来,准备打仗。你们都是当地人,为了保卫家乡,必要时可以化整为零,也可钻进秦岭深山去打游击,弹药不足时我们给你们送。”千方百计为周寿娃撑腰打气。

1949 年 5 月间,谢辅三又委任周寿娃为十九绥靖区警卫二团团长,并把自己的吉普车送给周寿娃。

周寿娃接到委任状时,已忘乎所以,说什么团长还没司令大,干脆当司令,遂以自封的司令身份任命一名参谋长(王哲夫)和下属三个团的团长(周培云、杨全林、潘建都)和特务营营长周金铭等。

从此,周司令的名声便很快传开了。其武器装备已有长枪 2500 多支,短枪 290 多把,轻、重机枪 36 挺,六〇炮 2 门。

三、肆意奸淫

周寿娃在统治大荆一带的十多年间,奸污妇女,烧、杀、抢、掠,任意摊派,搜刮民财,聚众赌博,贩卖毒品,残害民众,无恶不作。由于上与官府勾结,下有武装势力,群众敢怒不敢言。其罪行累累,略述如下:

奸污妇女,惨无人道——

周寿娃有六个老婆,除大老婆魏梅系童养媳外,其他五房姨太太均属奸污后霸占得来。虽然如此,周寿娃仍不满足,还仗势到处奸污妇女。据大荆、黑龙口一带群众所知,周寿娃先后奸污妇女最少也在百人以上,其凶残之状,千古罕见。

例如:他在黑龙口强奸一名 15 岁幼女时,其母心疼女儿,宁愿自己受辱,虽经苦苦哀告,但仍无济于事。

大荆李××结婚那天，刚吃晚饭，周寿娃便派人装作到李家拉壮丁。进庄之前，有意先放了几枪，等新郎及其亲友全部逃跑，周趁机闯进新房，强奸了新娘。

1946年周寿娃在强奸×村李××之女时，其女当时含恨欲绝，语言上顶撞了这个恶棍，于是他便狠心地发出狂叫，命令他的六名随身护兵将这一女子拉至山坡上“打排子枪”（此话系他们黑话，即轮奸之意），使这一女子数月卧床不起，险些丧命。至此仍不放手，后又让其部下赵××将此女霸占为妻，长期遭受折磨。

1937年一天晚上，周寿娃闯入闵××家强奸其妻时，竟命护兵将闵绑在小房内的桌子腿上，并出恶言：让你亲眼看看。致使闵气极吐血，过后一年多便死了。更有甚者，周寿娃奸污妇女无论老幼，其兽性已达到六亲不认的地步，是名副其实的“色狼”，所以“周狼”的恶名在百姓中越叫越响，可见百姓对他恨到何种程度。

周寿娃为霸占刘爱娃为妻，曾于1936年春枪杀了刘的丈夫。在霸占张念娃为妾时，也想置张的丈夫于死地，后经人说情，送钱送礼，才得以死里逃生。

四、烧杀抢掠

挖人心为己治病——

1940年，周寿娃眼睛生病，听人说用人的心与胆能治眼病，遂于1941年1月14日派周金升等人在马角山（今商县庙湾乡）把郭树旺杀害，掏其心与胆。后经医生辨认，胆非真胆，即又二次去郭家。当时，死者已经装棺入殓，但他们仍不罢休，将死者从棺材中倒在地下，掏其胆，扬长而去。

放土匪，得财伤主——

1945年4月，周寿娃派部下周树秀、牛江娃等人把西荆张宪殿家抢劫一空，并开枪打死张宪殿父子三人和年仅4岁的小孙子，使张家家破人亡。

1948年8月，周匪派周金铭指挥抢劫砚川丁振汉家时，除抢得银元2500多个、大烟十5斤以及布匹、大麻等物以外，还用木炭火烧死了丁振汉，开枪打死丁的两个儿子、一个儿媳和一名帮工。其悲惨之状，目不忍睹。凡到现场去了的人无不痛心落泪。据当时在大荆中学教书的王玉庆说：“我看了之后说了句‘谁他妈的昨晚干下伤天害理之事？’在场的王哲夫便暗暗踢了我一脚，过后他才对我说，你招祸呀！那是掌柜的（指周寿娃）派人干的。我听后猛吃一惊，很长时间提心吊胆。”

1947年9月，周寿娃派其爪牙周银全、周五娃、闵虎山等人抢劫腰寺杜村杜辉升家时，在抢得大量财物后，仍不满足，声言是要大烟土来的。于是便把杜捆绑起来，吊在屋梁上，用火点燃泼了油的竹扫帚，直烧得年过七旬的杜辉升老人喊爹叫娘。匪徒们临走时又向杜的头部捶一镢背，使杜当即死亡。

五、反革命恶犬

残杀新四军和游击队干部、战士——

1946 年 11 月下旬，新四军五师从大荆经过时，周寿娃率部追击，于西荆太子寺捕获新四军战士八名，即将其中一位排长枪杀，其余七人解送商县，亦被国民党政府杀害。

1946 年，袁树虎（原属周寿娃部下，参加革命后不久被周寿娃杀害，解放后被追认为烈士）等人参加新四军领导的游击队，经常活动在韩峪川大龙庙一线。同年七八月间，周寿娃秉承国民党商县县长杜得霖旨意，千方百计谋害袁树虎，并指示部下王绍灵威逼袁的部下赵志杰（赵系王的妻弟，解放后被镇压）将袁设法打死，否则，就要将赵一家杀绝。赵深知周寿娃心肠狠毒，什么坏事都干得出来，所以犹豫数天后，即趁袁不防，将袁树虎杀害，并割其头奉献“周狼”。

1947 年 6 月下旬，西荆群众牛秀儒，暗地联络大荆地区喻白娃、牛靠山、王德保、梅海娃、王孝忠、李时斌、王靠山、郭代娃等人于同年 7 月 9 日在西荆小蒜凹山地集合，打算投奔共产党领导的游击队。周寿娃闻知后，即派手下干将李元治带头围剿。王靠山还未到达集合地点，就在骡子沟被杀。李元治带人包围小蒜凹后，由于敌众我寡，牛靠山等七人当场被捕（只有王德保持枪越房逃跑）。当天送至大荆镇公所，严刑拷讯。午饭后即派周占鳌等人将牛秀儒、喻白娃等三人枪杀了。牛靠山、王孝忠同时被拉去枪毙。王因开枪后仅划破头皮，即趁势倒向涧下的庄稼地内，乘机逃跑。郭代娃等两人因和周寿娃有亲戚关系，所以当时没有被杀，暂交周金铭管押。后经托人说情，杨、郭二人卖房卖地，拿出 50 万元才了结此事。

六、滥杀无辜

泄私愤，杀害无辜——

1948 年 7 月，华县东坪陈景华托周寿娃为他购买枪支。结果周给了一支坏枪，陈生气将周运往渭南的大烟土没收。周怀恨在心，当即派苏世恒、周兴武等人将陈一家七口连同一名伙计一齐杀害。

1949 年 4 月 29 日，周寿娃命周培云、周百锁率部 300 余人，长驱直入洛南县保安一带，其目的是要把叶振慈、叶振礼两家人杀光、抢光，以解除他统治保安一带的障碍。

适逢叶、董两家在 4 月 26 日发生武力争斗后，叶振慈弟兄预感周寿娃一伙可能插手，故于当日晚上全家秘密逃走。

周培云、周百锁扑了个空，便大发淫威。一阵枪声过后，保安街、窄巷子、北湾村一带到处一片砸门声、孩子哭啼声、女人求饶声、翻箱倒柜声，乱成一片。忽而火光冲天，烟火弥漫，当地群众无不深受其害。可怜自以为与周匪无冤的叶思家一家没有逃走，却受害最深，门里门外，拥满了凶恶的匪徒，家人想逃无路，只好任其凌辱、抢劫。忽然大门外进来一个自称班长的张治华，把叶思家一家老小都吆喝到院子中间，随即举起手枪一阵点发。叶思家的母亲、叶的妻子和弟妻怀里抱的一个小孩、已经出嫁的妹妹、姓何的伙计，一个个都倒在了血泊之中。

周培云在窄巷已抢过叶童生家，当他路过一个生墓（未葬人的墓穴）时，发现内中有人，拉出来一看，原来是叶童生之子叶长安，不由分说，一枪将其打死，并将其头割下拿走。

周向前走不远，又发现对面麦地里有人，遂派人搜索，原来是火烧寨人秦中华，亦被就地枪杀。

在这次枪杀事件中，匪徒中的头面人物个个满载白洋、元宝、绸缎细软、大烟、首饰而归，大发横财。

杀良民，放纵恶人——

1946年冬，周寿娃的姑表王正娃等人抢劫了黄川王举斌家，打死王的儿子王新庄及伙计薛××。案情暴露后，王举斌的亲族王益三直接出面破案，周寿娃无可分辩，只有照王益三的办。但在枪毙有关罪犯时，故意放纵要犯，指示王正娃潜逃外地，却把王正娃之妻赵娥娃无故杀害，并装入其娘家父亲赵金堂的备用棺木，送至王正娃家掩埋。声言是枪毙了王正娃，谓之“大义灭亲”。

逞霸道，草菅人命——

1944年冬，周兴武（周寿娃的亲信）部下高俊齐、王姜娃在大荆砚川强奸×家姑娘。这时，周寿娃亦去行奸，恰巧碰面，当场将高、王二人捆绑活埋。

1948年5月王哲夫的侄女王蛮娃因不满包办婚姻，与在大荆二簧戏班唱小生的一外地青年发生私情。周寿娃、王哲夫等人便借口有损地方声誉，即派周五娃等人将王蛮娃投入大荆杨巷一枯井中，用乱石砸死。

大荆解放后，当地群众揭发：解放前，周匪极其爪牙杀害无辜群众约计300余人。周匪交待材料中供认，由他直接杀害的群众32人、革命同志17人。

七、刮地三尺

敲诈勒索卖毒品，摆赌放债刮民财——

周寿娃在统治大荆期间，任意私派粮款，中饱私囊。仅1944年5月，周一次就给大荆、腰寺派壮丁费8000余元（银元）、小麦1000石。

周借其势力巧取豪夺王丹商、王自珍、王喜尧、曹树俊、高明哲等人土地10.9亩，房屋6院；利用拉票，敲诈勒索王生杰、周顺娃、杜尚勤、闵良山等人白洋9840元、小麦100多石。

他安排亲信李文华、沙建吉、张彦庆、潘文耀、李殿福等长期在腰寺、大荆、黑龙口、两岔河等地以开设货铺为招牌，摆赌开烟馆，放高利贷以肥私囊。

逢年遇会，又命苏学祥、周百锁、苏义民、周树纪等人为他的几个姨太太摆赌场，抽头取利（见十抽一）。如有人把本钱输光了，摆赌者就采取变相的记账手法引诱他们继续赌博，当你把家产输得差不多时，他们便不让你赌了，立即威逼交出现款。大荆地区的王双庄、喻光杰、屈自强、张四喜等人就是在这种情况下倾家荡产的。有的赌徒甚至走向邪道，危害乡里，逐渐变成人民的罪人。

八、垂死挣扎

1949年5月，人民解放军解放了古城西安。国民党陕西保安第六旅副旅长江炳功及其下属400多人(包括军医处、副官处、军需处、参谋处、特务营)和由国民党华州专员张雅宣、大荔专员艾捷三带的400多人(包括华州、大荔专署以及华县、华阴、潼关、大荔、朝邑、郃阳、蒲城等七个县的部分在逃人员)，分别由石头峪、瓮峪窜入商洛，并在洛南县两岔河进行了合编，由张雅宣总领一切，然后经大龙庙窜到黑龙口一带，妄想继续南逃汉中。后因此路不通，张荣顺(系蓝田县铺花子人，团长)即通过他与黑龙口镇长华生耀的私人关系，千方百计勾结周寿娃一伙，与保六旅合作反共反人民。

就在5月中旬，保六旅张雅宣邀请周寿娃、王哲夫、潘建都、王朝栋等人在韩峪川华生辉家举宴换帖。王朝栋奉劝周寿娃说："人家都是大官，有学问，见识广，与他们换帖，日后必有好处。"席间双方表示"要精诚团结，坚持到底，等待时机，配合胡长官(胡宗南)反攻西安"。

此时，崔书田(商县自卫团团副)与其侄崔毓斌(军统特务、西安绥署二处副处长)，专程由商县前往大荆，在杨全林家与周寿娃、王哲夫、王朝栋、杨全林、周兴康等人秘密会面。周寿娃问："县城情况怎样？"崔毓斌说："县城情况很好。白旅长(白青云)决心和商县父老同生死，共患难。"崔书田接着说："我们这次来大荆，是白旅长亲自委托的，他让我转告各位，对解放军、游击队，咱们必须保持一致行动，要提高警惕，防止受编。白旅长还说，这里有事，他一定派人援助，下边(指县城)如有事各位也要随时策应，只要咱们同舟共济，商县大荆万无一失。"

一贯狂妄自大的周寿娃，在张雅宣等人的吹捧下，加上保六旅电台的欺骗宣传，更加忘乎所以。因此，当西北军政委员会联络部派郭志文(大荆人，曾任商县北区民团团长等职，当时闲居西安)和王继武(蓝田泄湖人)回大荆奉劝周寿娃要认清时势率部起义，为解放商县出力时，周寿娃则继续听信王朝栋、王哲夫所说。初见面时阳奉阴违，总是说不要急，让我想想再说。嗣后，又避而不见。周匪死心塌地，终未接受劝降。

1949年6月19日，周寿娃率部进驻红岩寨、马角山一带，保六旅旅部警卫营300余人，也先后进驻两岔河，并在大荆、腰寺两镇火速摊派小麦800多石，指定专人，采取暴力手段，加紧催收，限期运送指定地点，妄图负隅顽抗。在此期间，周寿娃一再扬言："要枪有枪，要粮有粮，打他几年游击怕啥，我就不相信共产党能坐天下。"岂知，此时此刻，他们已经成了"瓮中之鳖"。

6月30晚，我商洛军分区部队和洛南支队先后抵达两岔河西边的七里店和大龙庙麻村一带。洛南支队侦悉敌人警戒疏忽，队长蔡兴运便命张青山连绕道登上马角山高地，严防敌军外援，自己带领二连(三连打援)趁敌人熟睡之际，冲入敌群，于7月9日黎明前后一举歼灭保六旅300多人，生俘参谋长孙英以下1160多人，击毙击伤敌副旅长姜炳功以下百余人。与此同时，我分区五团也向盘踞在秦岭庙一带的周寿娃部发起了猛烈攻击。战斗进行了约半小时，周匪四处逃窜。因为他们都是当地土生土长，人熟地熟，所以很快散伙隐蔽。

九、暴徒下场

周寿娃在其所属武装全部散伙之后，即躲进东箭子沟李有娃（李和周寿娃四姨太太的娘家有亲戚关系）家，后由李有娃、李文福（大荆东峪人）护送，翻化岔岭，直达渭南油火川李忙庄（原籍大荆李渠人，与李文福皆为亲族）家隐藏起来。后又由李文福护送到河南郑州，先后在郑州市天泰药房和翟玉山（1943—1945 年任大荆镇长，与周寿娃关系密切）家长期隐藏。

大荆地区解放后，周寿娃的残余势力继续在腰寺、大荆两岔河一带残害人民。仅 1950 年 2 月至 4 月份，大荆、腰寺一带发生抢劫案 24 起，地、县党政军领导对这一问题非常重视，亲自研究布署对这一带的搜山剿匪工作。

商洛公安处侦察科长韩彬、县公安局长杜景带领工作队，深入大荆山区，指导剿匪工作。荆寺区第四乡民兵在乡长王景正的带领下，紧密配合，终于查明了周匪及其余孽在当地解放后的一系列罪恶活动，首先抓获惩办了一批，将护送周寿娃去渭南的李有娃送交县公安局。

剿匪部队

地、县公安部门即火速派侦察员李平亚等人，由李有娃引路，先后在渭南油火川找到隐藏过周寿娃的李忙庄。然后，顺藤摸瓜，于 1950 年 6 月 28 日，在郑州市有关部门和群众的密切配合下，终于在翟玉山家将周寿娃逮捕归案。

周寿娃罪该万死，很快就被公判处决，当地人心大快，社会治安日见好转，一些仍不死心的匪徒也相继落网，为害商洛多年祸害无数家庭糟蹋无数妇女的这个恶魔及其匪帮终于被人民扫除了。

赣南土皇帝周文山

一、上山为寇渐坐大

周文山又名周盛连，广东省仁化县长江圩人，青年时期当过纸棚杂工。他身材既不魁梧，资质也不敏捷，而且没有文化，只凭着狠毒、狡诈、蛮干，在湘、粤、赣三省边境特别是崇义西南地区，奸淫烧杀，鱼肉人民，为害几十年。

这三省毗邻的汝城、仁化、大余、崇义，正是五岭山脉的罗宵山脉南段与大余岭和南岭相连地带。这里山岭重复，溪水纵横，山高林密，涧深岩邃。山间小块平原，自成村落。在升平时候，是尧天乐土，在离乱年头，却是盗贼出没的渊薮。因为此地连三省，统辖不一，就给那些狡黠的强人土匪以可乘之机。他们到处抢劫，杀人越货，出没在三省毗连几县的圩镇与群山之中。往往起事时只几个匪徒，不用三年两载，便形成股匪，啸聚山林，为害乡里，周文山正是这样的一个典型。

民国初年，周文山在大余县内良的八公坑纸棚内当打杂工。一天，他上山去摘胶叶，偶然打个唿哨，只见路上几个商人扔下包袱，拼命奔逃。他觉得奇怪，走过去看，几个包袱丢在路边，打开一看，里面尽是烟土。他喜出望外，这一下便触动了当土匪的心机。回到纸棚，他对同棚伙计说："这没钱的买卖做得。"几个人商量之后，决定上山当土匪。

有时周文山一人去拦路抢劫。他用绳子把山路旁边林子里的小树拴好连起来，当有人路过时，便先扯动绳子，满山小树动摇，发出瑟瑟索索的声音，造成人多势众的假象后，自己便下山拦劫，搜取过客的财物。有时过客虽然人多，因不明真相，也只好任他把财物拿走，不敢抗拒。以后几个人越来越大胆，便买枪聚众，大干起来。

罗宵山脉主峰

那时正是军阀混战的年代，地方官员朝秦暮楚，哪有心思过问这些"癣疥"之疾？不过几年，周文山竟聚有几百人，发展到明来明去，杀人放火，洗劫村镇。仁、汝、崇、余相连的山区都笼罩在周文山股匪的阴云之下。

周匪从1919年开始抢劫圩镇到1925年冬天下山，前后六七年中，曾被他洗劫过的有文英、古亭、关田、聂都、乐洞；大余的沙村、吉村、内良、河洞；湖南汝城的集龙、热水、乐岭、鱼王；广东仁化的长江、扶溪、城口等乡镇村落。

周文山抢劫钱财，较之一般土匪厉害。他不但抢劫人民财物，连他同伙的分赃也不放过，不过不是抢，而是用别的方法罢了。比如他在掳人勒索方面，就花样翻新，与人不同。他把掳来的年轻女子作为货物，做价招标，让他的同伙来投标。得标的就从应分得的赃款中扣付女子身价，然后把女子领去作临时老婆。等这女子家中拿钱来赎人，所交的卖身钱又归周文山，而这个得标的喽啰不过做几天或几十天"新郎"，便人财两空了。占亭某姓姑娘曾罹过这样命运。蔡传琳的女儿也被拿出来招标了，只是被她原来的叔母刘氏（即周抢得的第一个押寨夫人）所救，才没受到糟蹋。

周文山不但在抢掠钱财时又狠又毒，而且在储藏金银的时候，也做得狠毒出奇。据说他每逢埋藏金银时，便叫一个喽啰挑着金银到深山里去，要喽啰挖出大小两个坑，用小坑把金银埋好之后，他乘喽啰不备，用枪打死，埋在大坑里，还说是替他守窑呢。这些屈死的喽兵都是他平日记恨在心的。有曾经接近过周文山的人说，他性情猜忌，怀疑身边长得清秀的喽兵和他的小老婆有不正当关系，为了不让"家丑外扬"，便一举两得地叫这些人死后替他作"守财奴"。因为他为人狡诈，这样的行动又绝秘密，人们不易察觉。但久而久之，他的亲信从他和大小老婆的争吵中，探索出这个秘密来。

二、夺人妻女大淫棍

提到周文山的大小老婆，人们不由得会对他激起强烈的憎恨，而对他的老婆和他们的亲人寄以同情和怜悯。

就拿他的大老婆刘氏来说吧。刘氏是竹洞刘义洪的女儿，嫁给乌洞径蔡传斌为妻。在1924年正月初，周文山趁他们新婚后第一次归宁（俗称转门）的机会，在竹洞坳拦劫，把刘氏抢去作了押寨夫人。原来刘氏身长面白，长得漂亮。周文山早闻艳名，垂涎已久。无奈刘家是殷实人家，竹洞村又人多势众（居民多有枪支，且又团结，小股土匪向来不敢去那里骚扰），无从下手。这回打听得刘氏和丈夫出门，便喜出望外，在竹洞坳上埋伏起来，见刘氏一行来到坳上，他便跳出来阻挡刘氏去路，死皮赖脸地说："刘妈，你来啦！这回你可得跟我去啰！不用回家了。"说完便拖着刘氏并押着蔡传斌等一些人一起上山，到了他的巢穴，便强迫刘氏从他，并威胁说："你要不从，就把你娘家和夫家都杀绝，眼前就把你丈夫先开刀。"刘氏慑于威势，为了保全丈夫和两家人口，只好忍辱求全，做了周文山的第一个押寨夫人。

其后周文山利用各种手段，先后弄到6个小老婆。其中最后一个叫黎日英的，原是他抚养的过继女儿，但是随着年龄的增长，日英出落得很有几分姿色，又当妙龄之际，自然更加妩媚。这时的周文山是年过花甲的老翁了，但他淫心未减，竟不顾他老婆的吵骂和他亲家(黎日英的生身父母)的劝阻与反对，硬逼黎日英和他结婚，做了第七位小老婆。直到后来，有人提到这件事，黎日英还是恨声不绝。

周文山不但在家里拥有"美妾娇妻"，就是外出"视察"也要找个临时"伴"，或是轧个姘头，而且在这些事情上还要恃强霸道，巧取豪夺。1933年，聂都有个朱茂顺与杨姓养女有私，周见杨氏漂亮，就硬和她往来，还嫉妒朱茂顺，扬言要杀他，吓得朱躲避了几个月。后来由江源标从中周旋，罚朱扫大街一个月，才算了事。大凡周文山见到老百姓家里长得漂亮的妇女，便想玩弄，"文"的不行，就用武的。

周文山强盗生涯的时间越长，作恶就越多，人民就越恨。仁、汝、崇、余各县都在加强防剿措施。周文山不能不想到自己的安危，他想用多年抢劫积累的无数金银，经营一个安乐窝，享受后半世荣华。这只有"下山"才是一个最好的办法。当然这并不意味着他是放下屠刀，改恶从善，不过是一种"隐身术"罢了。

1925年冬天，周文山顺水推舟地率部下山了，被崇义县政府任命为"边区大队长"。从此，山上的土匪变成了山下的霸王。

原来，1925年春天，周文山为了报乱石坑的仇，在樟冬坑大坳头绑架了聂都团总吴为和的儿子吴国淙。当时周文山发出黑信，要吴为和交出4支步枪和大量银元前去赎尸。吴为和一面派代表和他谈判放人，并劝他下山；一面到余、崇、仁、汝四县去告状请兵进剿，组成合围的形势，对周施加压力，迫其退让。

当时刘氏也极力反对杀害吴国淙，她对周说："你要了人家的钱，要了人家的枪，又要人家的命，这不做绝了事？"吴为和派去的两个代表(一个是竹洞的周振生——刘氏的舅父，一个是聂都刘学礼——刘氏的本家)也再三劝周不要杀害吴国淙，给自己留条后路。

周文山在内外形势逼迫下，得到不给治罪并许为大队长的允诺后，终于下山了。下山后，首先是要做点"好事"，一则在人面前表示"忏悔"，二则要在政府面前立下"功劳"。

第一件"好事"是拿出一点钱给蔡传斌娶回一个老婆。事情是这样的：刘氏虽被周文山抢去了几年，但她还是难忘结发之情，留恋与原夫往日的恩爱。这回下山了，照理可以破镜重圆，无奈周文山死死拖着不肯放她。因此刘氏硬要周文山替蔡传斌另娶一个老婆。周文山一方面慑于雌威，一方面也觉得这是施小恩小惠、收买人心的好办法。便拿出一些钱替蔡传斌娶了一个老婆。这时的蔡传斌虽有一万个不愿意，也不敢不依从。因周文山手上有人有枪，啥样事情都干得出来的。这才叫"人在屋檐下，怎敢不低头"，只好把满腔仇怨埋在心底。待到抗日前夕，蔡某便抛弃家庭，从军去了。

在另一方面，周文山为了讨好国民党政府，极力镇压革命。在土地革命时期，多次与红军、赤卫队打仗。1930年革命高潮时期，赤卫队攻占崇义县城，就是周文山前去夺回的。在镇压黄世宰农民暴动时，烧毁大密三条坑房屋的，还是周文山。他立下的这些"功劳"，赢得了国民党政府的信任和重视，成为"剿匪"的主力。

但是，花无长好，月不长圆。几年没事，这位大队长渐渐要被人忘记。正好这时聂都有个陈耀廉，还有刘学芬，他们把周文山的种种不法告到县里，因此撤了他的大队长职衔，在家里坐冷板凳。他对这事是不会甘心的，除了对陈直接施加压力报复，还采取另外一些巩固地位的办法——那就是“养匪自用”。

他有意派出小喽啰，发给他们枪支，上山当土匪，拦路抢劫，打家劫舍，他却在家中坐地分赃。等到闹厉害了，地方商民士绅又要求政府叫他出来剿匪。他一出来，“土匪”就没有了。他又受到了重视，不坐冷板凳了。

闹得最大的一次，要算在1940年前后黎英、黎雄的股匪事件了。黎英、黎雄是亲兄弟，家住白溪田心村（是周文山在白溪的乡邻），周文山有意发给他兄弟俩一些枪支上山当土匪。这俩人早就知道周文山的厉害：先叫你上山当土匪，以后他又来剿你立功。所以他们俩表面上听周文山的话，暗地里却加紧扩大势力。到了1940年前后，他们已有100多人，渐渐地就不听周的指挥。

这时正是蒋经国在赣南的时候，为了剿平黎英、黎雄这股土匪，也利用起周文山来，任命他为余、崇、犹边区剿匪大队长。对周文山来说，这是“皇太子”的命令，怎不感到受宠若惊，感恩图报？因此更加不顾什么“绿林义气”而积极设法剿平这股土匪了。他毕竟是个老手，密派心腹打入黎英、黎雄股匪中间，终于在1941年正月打听确实：黎雄带着一个女人和几个土匪在白溪旱堂纸棚内。周文山带兵围住纸棚，将黎雄打死，当场割下头来。接着在五洞茶头聂家捉住黎英，也砍下脑袋。周文山带着这两颗人头到赣州向蒋经国报功，受到了蒋的嘉奖。

从此，“边区大队长”的宝座就更加稳如磐石了。

三、白溪庄园土皇帝

周文山在山上的时候，一直把陈沙附近的欧沙作为巢穴。那里西通汝城的东岭、鱼王，北连崇义的乐洞，南到仁化的长江。这一带山连着山，既偏僻，又离交通要道不远。正好作为四处掠夺的中心。下山后，他把老巢移到长江圩北边五六里远的木溪头。他在那里盖了一所大庄园，占地几十亩，内有9个厅堂，几十间住房，有仓库、兵营、修械所、水井等配套建筑。四周围墙高达丈许，四个墙角各有突出的碉堡，住在里面既舒适又保险。到1935年、1936年又经营白溪村，把那里作为他的第二巢穴。白溪庄园的规模比长江圩小得多，但在往来的要道上加建了碉堡，作为外围的防御工事。

从白溪庄园建成之后，周文山便往来于长江圩与白溪之间，后来却大部分时间都住在白溪了。白溪是个小山村，可是山岭重叠，地形复杂。附近的一些圩镇，如东北边的聂都、关田，东南面的沙村，北面的文英、古亭，西边的竹洞、乐洞，人口都不多，民性醇厚，又没有什么地方武装，正好是他称王称霸的乐土。另一方面，在白溪比在长江圩容易弄到钱，条件比长江圩优越得多，这里有无数的竹山，可以利用；有众多的土纸，可以转手赚大钱。这也是他要到白溪的重要原因。

他建起白溪庄园之后，想到要独霸一方，单凭几支枪、几百人还是不行的，必定要在政治上有上级官府做靠山，才能霸得稳，还得有爪牙插进地方行政机关，才能扎得住根。因此，他便使用各种手段来勾结官府,树立威信。比如他在1946年做60大寿,仁化县政府送给他一方软匾,上面的大寿字是用仁化县政府印盖成的。崇义县长周国材亲临祝寿,还称他为叔。蒋经国到聂都视察,在他家住过一夜。这几件事大大地提高了他身价,增大了威信。崇义县政府先后安排他的儿子周振民当文英乡长,周振兰当聂都乡长。

这样,他自己当大队长有军权,有武力,在人事关系上有上级作靠山,在乡镇有他的爪牙,这就使得他在以白溪为中心的四处方圆几十里之内,成为一方霸王。他私设税卡,征收过境税,每当旺季,一天可收税金800多元。他私设公堂,武断乡曲,不论是口角小事,财产纠纷,婚姻问题,他都受理。他断案既简单又干脆,不是以法律为准绳,而是凭直觉作根据,但一经他判决,谁也不敢不听。当然他也不会白断案的,总得捞点油水。

在那个时代,农村最不好解决的就是婚姻问题。女方和女方家属认为离婚不光彩,多不愿离,因此往往争持不下。但是男方只要到周文山那里一说,把老婆“打把他”(送给他去处理,由他卖也好,嫁也好),那么女方愿离也得离,不愿离也得离。而且从此以后,这个女人就等于周文山家的财物了,任凭他或嫁或卖都可以。女方及其家属只是敢怒不敢言,除非送够买身钱,才能回家。有的夫妻到他家请他解决婚姻纠纷,他叫男的先回去,把女的留下,对男的说:“最好不要离,等我替你劝劝。过三个五个月,她回心转意,你来领回去。”留下的女人住在他家替他干活。可是等到男的来领人,他却要人家付清几个月的伙食费,付不起钱,就判离婚,女人就算他的人了。这样的女人,都被安排住在一起,像商店货物一样,让人挑选娶走,他得身价钱,没走的继续给他家干活。

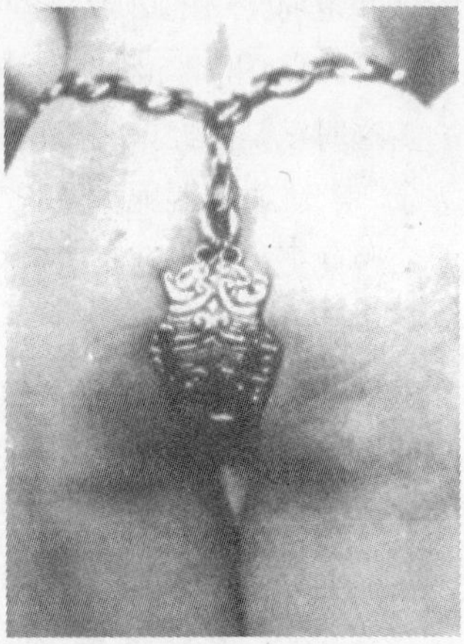

女性的屈辱史——历史上的贞操带

在抓壮丁那个时期,凡是躲壮丁的,只要到他那里交上5担谷,报个名当兵,他发给一个徽章,便可以大胆在家,乡保长再也不敢抓了。这些各自回家的“兵”又顶了编制的名额,不领薪饷,钱都归他自己了。有的出不起5担谷,就到他家白干活也可以。

四、被捕暴毙尸被分

周文山从当土匪到“大队长”的几十年中,做尽了坏事,享尽了荣华,他满以为可以在安乐窝里度过晚年。一声霹雳,崇义解放。周文山顿时手忙脚乱,像热锅上的蚂蚁走投无路。跟着国民党逃往台湾吧,没有门路;去香港吧,土霸王没见过大世面,怕适应不了,想来想去,还是驾轻就熟,做窜山大王去。但在人民解放军的包围之下,他又“下山”了。当他被带到大余后,给他自由行动的待遇。他却想起了一生作恶太多,恐怕得不到人民的宽恕,再次逃跑上山。

他凭着往日的“余威”,凭着手上的快慢机,逼迫几个身强力壮的民夫用箩筐抬着他,东流西窜地躲藏在白溪五条坑、李坑、拐坑等山高林密、地形复杂的穷山僻谷中,妄想苟延残喘,逃脱人民的惩罚。然而，人民布下了天罗地网，他是逃不了的。

周文山在山上躲藏的时候，两腿患风湿病已不能行走，靠几个民夫抬着走。这时外有解放军追捕的压力，内有疾病缠身的痛苦。也许是他平日作恶过多的报应吧，他此时两腿剧痛，不但白天不能行走，连晚上睡觉也没法消停。他必须命人将他的两腿用绳绷着高高地吊起来，头朝下躺着才能减轻一些痛苦。过去他当山大王、当"大队长"，没少干吊人打人的事，如今不等别人绑他吊他，自己先绑起尝尝滋味。

这天他正在拐坑纸棚里坐着想心事，他回想起他先前的那些往事，如何坑蒙拐卖，如何强抢民女，如何打家劫舍，那是何等的威风啊，嘴角不禁露出了一丝阴险的笑意，再想想现在的这种处境，病痛的折磨，他又感到忧虑难忍。也正是这天，我人民解放军搜捕他的包围圈已缩小到他藏身的老巢。只听一声大吼："不许动！"人民解放军如天兵一样降临在了周匪的面前。他还没来得及弄清是怎么回事，两双冰冷的手铐已将他的手脚紧紧地拷住。他仰天长叹一声，不由得晕了过去。

周文山被投进监狱后，精神状况较差。据监管人员介绍，来到监狱后，他很少说话，整天低垂着头，脸色苍白，没有一点生气，嘴角的肌肉不时抽搐。这一方面说明他内心有一种强烈的恐惧感，另一方面说明他体内的疾病也在折磨他。监管人员怕他自杀，也对他进行了严密的监视。

一天下午，审讯工作人员提审周文山，调查他强抢民女、强奸妇女的情况，在审讯进行到一半的时候，工作人员发现周文山口吐白沫，头一歪，身体慢慢地倒在地上。大家都没想到，这个杀人魔头以这种方式结束了自己的生命。

周文山死后，附近乡镇的老百姓表现出一种极大的失望与愤怒。在这些愤怒的人群中，有父母或子女被杀害的，有财物被抢劫的，有房子被烧毁的，有妻子或女儿、媳妇被强奸或强行霸占的，有被绑票的，有家人被冤死的，不一而足。周文山的死，让他们失去了当面报仇雪恨的机会。他们愤怒地冲进关押所，根本听不进解放军和政府干部的劝阻，将周文山的尸体抬出，分解成了无数块，然后拿到河滩上掺砂子砸成肉泥，丢到了河里，喂鱼虾去了。

周文山真正成了一个死无葬身之地的恶鬼。

巴山大王王三春

一、斗豪绅上山为寇

王三春，本名王汝仁，乳名仁娃子。1884 年生于四川平昌（原巴州江口镇）长垭一户农民家中。父亲早亡，母亲杨氏是个跛子。王三春自幼读书，记忆力很强，一年读完“四书”还念了很多小本书籍。父亲死后，他无力再读，便跟着母亲种地操持家务。王三春从小性情倔强好胜，母亲身残又管教无方；又处在疮痍满目、世俗糜烂、奸掠抄杀、民不聊生的乱世，使其个性更加怪癖。

1904 年，王三春 20 岁时成了家，妻杨氏系农家妇女，老实本分。王三春此时还无他想，仅仅是为吃饱饭而筹谋。但当时世道，弱肉强食，虎狼当道，哪里有他们这样的孤儿寡母生存的余地。不久，他因争田地和山林树木与族长王宗林斗殴。王宗林能文能武，口蜜腹剑，为一族之长，又恶霸一方，敲诈勒索，霸田霸产，无人敢说半个不字，王三春偏不吃这一套，挺起胸膛，公开与王宗林骂嘴打架、提刀动武。

有人问他：“为什么不去官府控告！”王三春说：“在这个世道，与其求官，不如求我自己下个狠心。”事过不久，他和蓑衣匠王汝友一起走了。走之前他把王宗林的一间茅草房放火烧了，边烧边鼓起一双铜铃大的红眼睛，说道：“这是放火，老子十年后回来还要杀人呢！”说罢上了巴山，进了老林。

王三春上巴山，一路赌钱吃烟，交朋结友，聚集了不少伙计，于是商量决定弄枪造反，当草头王。他和王汝友等数十个伙计们，为了获得枪支，经常埋伏在密林中观察行人，以便相机行事。有一天忽遇土匪罗玉成的几个兄弟迎面走来，王三春等看清以后，每个人拿根棒子，乘其不备，一拥而上，把几个零散土匪打倒在地，然后劫枪而走。

四川成都附近石桥

但几支枪是成不了大气候的。他们东奔西走,又得知土兴场的民团有枪 50 多支,于是采取深夜“以大火炮为枪”的疑兵之计,在这个小村的两头接连放了几颗大炮之后,王三春站在街头,几声口哨一吹,然后大声吼道:“兄弟们,不要先动武,我先去与团总交涉再说。”这话是说给团总听的。团总原先以为自己势力强大,可一听火炮声,也惊恐万分。当听说有人来“交涉”,真是求之不得,立即出面,愿意和平解决,便全部交枪,以图保全性命。于是王三春兵不血刃,获得 50 多支枪。

二、坐地虎自成一体

1914 年起,王三春就在大小通河及大巴山一带山区,坐青山,把坳口,掌红吃黑,坐地拉肥。这时他还主张“打富济贫”,“有饭大家吃,有钱大家用,抢富不抢贫,抢远不抢近”。他常说:“饿死的老虎不吃子;兔子不吃窝边草。”

王三春在大巴山流落几年,发现通江小河的朱、陈二坝盛产银耳,遂想把通江银耳全部吞噬口中,数次与巴中军阀郑启和争利,但终因力量单薄不得不转移到陕南镇巴一带。1929 年,王三春来到陕南镇巴渔渡坝,抢了镇巴南区区长王应钦的几十支枪。至此,他已有 200 多支枪,五六百人,并和势力相当的土匪陈德三互相勾结。

1929 年,四川军阀刘存厚垂涎陕南,派其部下廖雨辰到镇巴争抢防地。王三春见廖势力强大,主动让开。1930 年,廖雨辰被冯玉祥、王志远等部队打垮后,已接受陕军招安的土匪陈德三回到镇巴驻守。不久,王三春聚集千余人马,将陈赶走,从此他就坐镇镇巴,收罗旧部,招兵买马,积草屯粮,设税局统一税收,自收自支不上交;设铜元局、制币厂,实行财政独立;并设立军械处,修造枪支弹药。据老年人回忆,王三春印的票子是布质石印的,印得很好。他造的铜元比一般铜元小,边上印有“陕西省镇巴县”等字样,中间有圆圈,里面有个五角星,当时流通很广。

王三春稳定镇巴后,一面招兵买马,一面认真操练,大有蓄积力量、坐地称王之势。《西北文化日报》1932 年 4 月 19 日三版报道:“镇巴王三春前用计诱捕之匪首罗玉成,被赵寿山司令以罗匪恶贯满盈、民众切齿为由,派员提押来汉,日后可将明正典型。”赵寿山时任三十八军旅长兼西乡警备司令。不久,王三春即接受三十八军招安,并被委任为陕边游击司令,驻防镇巴。此时,王三春势力发展到鼎盛时期,有 4 个团的编制,5000 余人。

王三春接受陕军收编之时,正是红四方面军入川前夕。1933 年 9 月下旬,红军与王三春相遇于黑虎山等地,王不敢交战退走。10 月,红军向东推进,迅速拿下宣汉、达县等城市。刘存厚的三路司令廖雨辰深感大势已去,于 10 月 17 日逃出万源县境,使万源县城成为空城。王三春闻讯,于 18 日从平乐、延厂等地出发,一夜之间进兵万源,意图据为己有。红军闻讯,21 日派兵入城。发动群众,发布安民告示。王三春见势,未敢轻举妄动,一夜之间,又急奔大竹河。当时红军主力已经东进,对付刘湘、王陵基的六路围攻,没有对王采取行动。王在大竹河稍事停留,即派人到城口逼走刘存厚委任的邓占荣知事兼司令。10 月 31 日将人马辎重全部移驻城口和大竹河等地，并极力避免与红军作战。红军亦未穷追猛击。彼此相安无事，先后将近半年。

有一天，王三春警卫连长王普益打的旗子忽然倒了，按土匪规定，倒旗就要杀人。于是王三春命令部下，在村里抓来一个老乡杀了，然后才把旗子升起来。

又有一次，王三春与王普益一起饮酒取乐，王三春说："有猜拳饮酒，吃菜饮酒，你见过杀人饮酒么？"王普益说："没见过。"王三春说："我叫你见见。"于是命令左右杀一个人，然后哈哈大笑地饮酒。

有一年，王三春把宁强县陈百万的女儿抓来了，要陈百万办500条枪、3000银元、1500套军服来赎取女儿。等陈百万办齐来取人时，陈的女儿已被埋在官山很久了。

还有一次，他抓着了刘财东的女儿，要她陪睡。一月之后，刘女开玩笑说："你们这些'棒老二'硬是不讲道理哟！"王听到这话，一刀将刘杀了。

他坐镇镇巴时，对于其他土匪是毫不容情的。他想出了一个惩治土匪的刑罚，叫"坐桩"。就是把一根端正的小树腰折后，把树桩削得尖尖的，然后把土匪剥光衣服，把尖桩对准肛门，用力插进人的五脏六腑。人们当时无不害怕此种非刑。

王三春住城口时，共有4个团。一团团长苟伯当，二团团长王和清，三团团长辜伦章，四团团长邓芝芳。邓芝芳是他第三房妻子，很能作战，会使双枪。二团团长王和清经常在外打仗，疲惫不堪，有天晚上回家入睡后，突遇炊事员把煤油桶打倒在地而且着了火。王的妻子惊醒，三次叫王和清起床逃跑，但王沉睡不起，反而大发脾气说："再来打扰，我枪毙你。"是时火已封门，王的妻子痛哭不已，不忍独自一个逃走，转身又倒卧床上，搂抱着王和清，同时让火烧死。

苟伯当团的战斗力很强，军队的纪律也较好。他在城口时，常给老百姓打招呼："你们的姑娘、大姐少出来为好，我们的部队有些人不讲理，出了事情不好办。"驻高头坝的一个连长，因为强奸民女被告发了，苟伯当下令在城口河坝枪决了那个连长。

三、处中间游离国共

苟伯当与地下党的陈仁三相处很好，据王三春女儿王金兰回忆说："王三春在城口，成都刘湘通知他去领枪支弹药，他派了600人到成都，由苟团长带队。苟在返回途中和红军联络上了，然后给王三春写信，劝他与红军合作。后因暴露机密，被刘湘知道了，就派兵打王三春。王三春只得从城口退到湖北，转而又到陕西。"

1933年冬，刘湘在蒋介石的支持下，对红四方面军所在的川陕苏区发动六路围攻。

1934年1月22日，刘湘、王陵基委任陈厚坤为四川"剿总"；委任王三春为第一纵队队长，意欲笼络人心。2月1日，陈厚坤调王三春部同行，从城口经万源东部固军坝方向，向万源县城进攻。5月4日，陈、王等配合万源地方反动民团曾一度攻下万源县城，向望星关、关坝方向推进，骚扰红军后方。

红军出于通江方面战事紧急，以调虎离山计，摆出越巫溪、过万县与贺龙部会合的架势。7

月中旬，王三春、王会文等为了保全城口，迂回返回，与红三十三军激战于冉家坝。正激战中，王三春背后忽然开来刘湘部范华聪旅和佟、杨二团，正好把王三春夹在红军与范军中间。

此时王三春发觉刘湘借刀杀人，想借红军之手消灭他的实力，以收“渔人之利”。红四方面军总政治部从各方面获得情报，立即指示红三十三军政治部做王三春的工作，争取王三春不战不和，就地驻守持中立态度。红三十三军政治部得令，派政工人员魏传统与王三春代表进行密谈，后来达成协议，彼此互通有无，红军给王三春菜油、草帽等物，王三春送来了一些驳壳枪和子弹。

此后一段时间，红军在城口方面战事基本停止，未发生过大的战斗，但王三春等匪性难改，不愿投向革命营垒中来，终于被国民党消灭了。

四、遭围剿兵败被杀

王三春和红军的关系，很快被刘湘知道了。1934 年 10 月下旬，刘湘在“六路围攻”遭到惨败后，就下令川陕军团围剿王三春。11 月 10 日，王从城口向陕西方向撤退，到大界岭又被陕军击败。12 月 11 日撤回城口，又向巫溪前进。在此期间，王三春以 3000 之众，在巫溪与刘湘军队和民团激战 20 余日。1934 年 12 月 17 日《新蜀报》以“王三春在巫溪与军团激战”为题报道：王三春到巫溪后，与刘焕章、齐明德、方海全等土匪合股。驻万刘湘部队于 9 月到达，进行分剿。

1934 年 12 月 31 日《新蜀报》又以“巫溪匪肃清，刘焕章投降，王三春残部溃退陕鄂”为题报道：“目前汤家坝股匪刘焕章、王三春等遭痛剿后，刘有人枪千余，听候招编，王部七八百人，分散行动，现又窜鄂陕境内，溃不成军。”

此时王三春的主力团长苟伯当，接受了刘湘收编，脱离了王。王三春逃到湖北竹溪县向坝场后，将两个女儿寄养在竹溪一个姓范的保长家里，又收罗残部，带领妻妾向陕南转移。1935 年 3 月 20 日《新蜀报》报道：王三春匪部退三元坝，此时犹有 700 余人，400 条枪。19 日已抵长田坝。

三元坝和长田坝等地，均在陕西镇巴之南。王回老巢，四处进行活动，又养成羽翼。1936 年 3 月，他返回镇巴攻打县城。时镇巴县城有保安队，人枪各四五百，由杨杓率领。县长马志昆命令群众守城，并宣誓：“决心与城共存亡。”王三春人仅 1000，枪约 300 支。但他虚张声势，号称 3000 人马，给城里人写信道：“我们把马志昆、同瑜生二人之妻和黄一甲母子捉住，开城则放，否则攻城杀人。”此信本来是虚张声势的，王三春找人送去，随即打算退兵。哪知马志昆表面上气壮如牛，实际上胆小如鼠，接到王三春的信，生怕别人暗算，带起两个中队人马悄悄走了。王三春正要退兵，但又发现马志昆逃跑了，于是马上折身转回，拼命攻城。将城攻下后，怒气大发，一把火把县城烧个精光。

蒋介石得此消息后，急派十九路军李纪南部将王赶走。王在川陕边境人地两熟，时东时西。1937 年春节，王派部下数十人伪装乞丐，在靠近镇巴的四川万源县城侦察情况。1 月 12 日，数百名匪徒从四面八方拥进县城，抢枪 100 多支。

四川嘉定府，岷江

王三春重回镇巴后，奸掠烧杀故态复萌，群众恨之入骨，王见失去民心，不得已率部东下安康。到安康后，国民党命令已经接受收编的苟伯当团从四川去招编王的队伍，王仍坚持“受调不受编”的原则，不愿投降。王三春的意思是很明显的，他既不愿投降，受编于国民党集团，又不愿意投身到革命阵营，企图逃离其间，保持自己的独立王国，但这种如意打算是不可能成立的。

正在这个关口，王三春的小老婆周云秀与其指挥官田希贞早已勾搭成奸，拼命想摆脱王三春的控制。苟来招编不久，这对露水夫妻立即带领数百人接受了苟的招编，这对王三春是一个沉重打击。他恨不得将周云秀与田希贞活剐，用最残酷的刑罚对他们进行处罚，但已是鞭长莫及，徒叹奈何。在这种不利形势下，王三春被迫从安康渡过汉江，到宁陕、佛坪及秦岭山一带进行活动。不久即遭到国民党一个师的围攻，王匪陷入困境。

1939 年上半年，王三春匪部的粮食供给遇到了很大的困难，王三春召集匪徒商议下一步的行动，大家一致认为在当前形势下，最有效的办法就是化整为零，进行分散活动，以图东山再起，王三春也只好同意。

4 月上旬的一天，天气已开始变暖，绵绵的春雨也一直下个不停。王三春和他的妻子邓芝芳一商量，决定藏在附近一户姓周的老百姓家里。这户姓周的人家的儿子曾被王三春的部下绑票，因无钱去赎，被杀死在一个山涧里，媳妇被 12 名匪徒轮奸，折磨致死。因此，这户人家和王三春有不共戴天之仇。他在假意答应王三春夫妇的躲藏要求后，迅速通知了官府。在官府搜查中，王三春令邓芝芳乔装外逃，但她嘴里镶的金牙暴露了她的身份，在 1939 年 4 月 4 日这一天，王三春、邓芝芳双双被捕获。经过半年多的审讯，当年的 12 月 31 日经蒋介石批准，王三春被枪决于天水行营。天资聪明、生性倔强，又极其狡猾、残酷的王三春最终没能看到 1940 年的阳光，这个流窜川陕边境二十余年的恶匪也终于走完了他的生命历程。

闽南悍匪高为国

一、母子夫妻同为匪

高为国，福建晋北福山腰村（今属泉州市双阳农场）人，早年家境贫寒，势单力孤，其父母在乡中常受人欺凌，故迁居城内相公巷。

高为国原本姓纪名哮，出生于泉州相公巷。其父以小贩为业，维持家人生计，在纪哮10多岁时因病早殁，赖其母善于钻营，生活尚可。

纪哮生性顽皮，自幼刁劣，好与人斗。他十七八岁时娶妻后，亦仿其父出为挑贩，沿街叫卖咸鱼白虾。纪哮性好结交，酷爱赌博，所得微薄收入岂够他的挥霍，后乃与友人张炉共入八都山，开始了时匪时商的生活。

纪哮为匪时，怕人知其身世，因而更名改姓，以高与纪同宗故改姓高，自我标榜志在“为国”，乃以“为国”为名。其实所作所为，并无半点为国为民，而是地地道道的祸国殃民。待后来受编发迹，更有幕僚趋炎附势，为其抹粉，献计改官名为“高经礼”，以示有“儒将之风”。

护法军时代，高进入民军的杜信忠部当兵，旋即成为杜的亲信。护法军失败后，高入仙游白格岭一带当土匪，拦路抢劫，曾获巨资。后回到老家福山腰，招兵买马，聚集数百人，称霸一方。

时间不长，高遂受靖国军第四旅第八团团长黄孙坚招抚，出任连长。高任黄的连长后，仍是匪性不改，时常借靖国军名义，到处敲诈勒索，为此被缴械逐出靖国军。高乃遁归福山腰老巢，重操绿林旧业。讨伐叛逆陈炯明时，高又隶归张达部，任营长之职。1924年春，皖系军阀王永泉部入驻泉州，其弟王永彝出任泉州警备司令，高为国又降于王永彝，受编为捕盗营。1926年革命军北伐入闽，高再度潜回福山腰老窝，窜扰晋江、南安、惠安等地，派兵派饷派枪，匪部扩充到1000余名。

1926年6、7月间，讨伐卢兴帮匪部战斗打响后，海军陆战队林寿国旅奉命进驻泉州。各界以高为国怙恶不悛，极力请求林旅出兵剿灭高匪。但是，林旅非但不去征剿，反而收编高部匪众为海军晋南惠安游击大队，委高为大队长。此举犹如火上加薪，投虎以肉。自此，高匪气焰日盛，凭借海军这一靠山，四处掳掠，为非作歹，凶残酷虐，日甚一日。

高为国的母亲贪婪残暴，惟利是图，高的绑劫生涯，极受其支持与鼓励，她还推波助澜，插手指挥。手下喽啰一旦绑劫不力，她便申斥道：“这是我们的生意，生意不出力做，你们吃什么？不管他大富小富，砂母也能榨出油来。抓到一个肉票，总比养一只猪值钱！”有些人家被绑了票，往往不直接找高为国讨价求情，而是托人恳求“老太太开恩”，由她出“盘口”再来讨价还价。绑票之外就是盗墓，这也是老太太的一盘生意。她经常迫令喽啰遍寻古墓开掘，所得陪葬之物必

泉州清源山——第一山

先给她挑选，剩下的才赏赐给手下之人。高为国以团长驻防泉州时，她成了泉州的"皇太后"，人们都要巴结她。

高为国有一妻数妾，结发之妻姓许名韭，是高为国未当土匪时所娶。许韭原本是个平常的家庭妇女，因高为国当了土匪，而且越搞越大，她也就"夫唱妇随"，学起武艺来，经一番勤学苦练，居然能双手使枪，弹无虚发，正所谓"近墨者黑"，在匪窟熏染下，其性情也变得凶悍起来。有一次，北军夜袭高匪老巢福山腰，高为国因脚有病不能走动，许韭就率领高为国的一支亲兵抵御，亲自断后，终于掩护高为国脱险。许韭不仅能指挥作战，而且绑票也由其策划，据说高为国匪部多半的绑票活动都是由她指挥的。高匪在城中设有"情报站"，由卢番子主持，探得某处某人可以绑架时，即报告许韭，经她点头同意，方可行动，某肉票赎款多少也常常由她定价，许韭婆媳二人，竟然成为这桩生意的老板。有些散匪绑了人，也常以低价卖给她们，把肉票移到福山腰看管，被绑者亲属需以高价取赎，她们从中渔利。

1930年冬陈国辉进驻泉州后，高为国夫妻预感前途莫测，乃让许韭带上部分金银细软，由高的心腹林应兰、韦乔陪同，前往香港，并在九龙购置房产，以备万不得已时潜往那里作寓公。然而，福山腰被攻破后，高为国贼心不死，并未逃往香港，而是潜伏待机，以图死灰复燃。于是，高密电召林应兰、韦乔回闽，同往闽北投靠刘和鼎。高满以为对刘有旧恩，会得其支援，不意为刘所卖，将其解省枪毙。高死讯传到香港后，许韭曾带一子前往台湾，托孤在台的高为国叔父。这样过了一段时间，许韭舍不得埋在福山腰的黄金珠宝，又偷偷潜回福山腰找寻挖掘，事为东洛民团探悉，将其捕获处死。

高为国落草为匪后，与3人结拜，作为亲信爪牙，后都当上了营长，为高帮凶。高的3个义弟情况大致如下：一名高少白，原系外省人流落到泉州，为高母收留，见其伶俐听话，乃养为子，为其娶妻，原欲让其照管家务，后又参与高为国军务，高为国败后，高少白隐蔽不敢露面，及许韭潜归，与之取得联系，同往福山腰取宝，亦被东洛民团捕获处决；一名高扬罗，原为亭店乡杨姓之子，后承继高家，生性残忍，十九路军入闽后，在厦门被捕，押往惠安枪决；一名高吴持，于福山腰被攻破时，为陈国辉部俘获斩决。

二、苦心经营土匪窝

高为国是个土生土长的土匪，福山腰是他的老家，也是他活动的主要根据地。在最盛时期，高匪地盘有泉州、晋江、南安、仙游、惠安等地，但其老巢仍是福山腰。

福山腰背靠双阳山（大阳山、小阳山），山高林密，洞穴四布，地势险峻，易守难攻。高为国在这里建有炮台1座，架设大炮1尊。设3道防线：第一道防线在吕铺，第二道防线在福山腰村前，第三道防线在村子的前后左右。每道防线都安设有电网，建有防御工事。村后双阳山上密林掩映，大小石洞不计其数，高匪抓的肉票即关禁于洞中，待到赎款达成协议，方移至村中。山岗有一特大岩洞，可容上百人，经高整修，分为上下两层，作为秘密据点，只有高为国及其少数亲信知道，这里极其隐蔽，一般人是找不到的。第一道防线由一般士兵防守，二、三防线则由"乌兵"轮流防守。

所谓乌兵，是指高的亲信部队，这些人多为本村青年或高的亲信知己。平常他们仍从事耕作或其他生产劳动，有事时即放下工具，拿起枪来投入战斗。这些人都穿黑色衣服，以资识别，故称为"乌兵"。他们不仅地形相当熟悉，而且使用最精良的武器，所以战斗力较强。高为国把这批人收为亲兵，给以优厚待遇，既诱之以利、又动之以情，故能为其所用。这支乌兵的直接统领即为高的发妻许韭。

高匪在福山腰设有造枪厂2所，初时只作修理枪械之用，后发展到能自制五响快枪，据说三天之内即可造步枪70支左右，可见已有相当规模。后来还发展为能自造25响至50响手提机关枪，成为闽南一带最早能自造机枪的匪部。

高为国既是匪，又是军，时匪时军，变幻莫测。他公然为匪时，即以福山腰作为老巢，四处劫掠；受编为军时，仍以福山腰作为后方根据地，仍然阳为军，阴为匪，掠得肉票即藏于此。因而，任何时候这里都派有亲兵严密防守。

三、横征暴敛掠民财

高为国受编入城后，实行残酷的土匪统治。在经济方面，为了搜刮更多的民脂民膏，高匪除了设局续征地方上原有的各种苛捐杂税外，又挖空心思，巧立名目，增设了许多捐税，如烟捐（鸦片捐）、赌捐、戏捐、花捐（妓女捐）、军队捐（规定高匪防地，每户应出匪兵1名，如果无兵可出，就要每名折洋10元交纳）、门牌捐和铺捐等。此外，高匪还在距城南7里的井兜设"航船杂货税征收局"，以连长林澄海兼局长。在洪濑和溪口也各设"船捐局"，以营长黄清逸兼洪濑局局长，以另一营长王定国兼任溪口局局长。关卡林立，重重盘剥，致使商旅裹足。

1930年7月初，高部林剑吾、苏立修进驻安海，立即派人设立"烟赌捐局"，赌捐按月收1900

元，烟捐按月收2400元。他又派张垣接办安海海关，一上任即向五谷、千果两途强借2000元，声言如不肯借，进口货物休想起卸。高匪还派黄福如到泉安汽车公司勒索敲诈，说林寿国旅驻泉州时，泉安汽车公司每天“报效林旅200元，按月6000元”，高部也要按成例收取。后经公司托人说情，结果认捐每月4000元，分两次交清。还有南门外各乡，也被派饷款10多万元。

在高部强征的这些五花八门的捐税中，最不得人心的就是铺捐和门牌捐。所谓铺捐即店铺捐，由高为国的心腹走狗韦乔领办。该捐无一定捐额，全凭韦乔一人任意摊派，商家叫苦不迭。韦匪狗仗人势，横征暴敛，不到一个月时间，即上缴高为国2.5万元，可见其勒索之残酷，而他本人从中吞噬了多少，那就不知道了。

所谓门牌捐，即是高匪将其盘踞下的城镇、乡村划为几个区，然后按区派定总捐额，再包给手下爪牙按户征收。高还设门牌捐局于新门街敬文亭，委派金石为坐办，并派营长黄清逸率部驻扎华侨公会帮助征收。按其规定，不论城镇乡村，洋楼草房，甚至牛栏猪舍，概须交纳门牌捐，捐率分为甲、乙、丙三等，甲等户征收12元，乙等户8元，丙等户4元。对那些富户和侨户，则给钉上特种门牌，捐额面议。对这样的人家，他们往往要敲索至百余元甚至数百元方肯罢休。

高为国自落草为匪到1930年覆灭的10余年间，为害乡里，残害群众，烧杀劫掠，掳人勒赎，罪行累累，罄竹难书，是泉州一带人民的一大祸害。

高匪四处派捐勒款，为非作歹，乡民若有不照纳的，即予拘捕，激起人民的强烈不满。泉州新门外树兜乡，蒋姓聚族而居，是闽南一带著名侨乡，极为富有，素为高为国所垂涎。派捐时，高匪对该乡格外苛求，所勒饷款不开明数额，而是要中国银行红底钞票50斤（每张面额10元），故意刁难。该乡民团集议，皆主张以武力相拼，决不任匪徒宰割。于是，他们四处联络各乡民团，进行了3次武装围攻泉州、驱逐高为国的战斗。

高匪经民团三度痛击，气焰大大削弱，自此便开始走下坡路了。

四、泄恨屠杀太血腥

高为国第一次遭民团突袭失利，十分恼怒，兽性大发，在民团退出泉州时，有3个团兵掉队被高匪捕获，其中有两名是北方人。藉此，高竟命部署在城中大举搜捕北方人，一经捕捉，不分青红皂白，立即斩决。7月11日一天之中，城内的北方人就有30多人被捕杀。新桥头的德盛信局、明新钱庄，因为老板是树兜人，高匪即派人围捕，除抢劫2万多元外，又抓去店内伙计10多人，其中凡是树兜乡的，尽被杀害。新桥头温陵医院医生陈祯嘉，由于平日树兜乡人信任他的医术，凡有疾病，都请他医治。陈先生为方便该乡百姓，在医院内装一电话，可与树兜乡直接通话。此次亦因此而遭祸，被捕杀于街上。陈的一名学徒同时被捕，并遭毒手。

7月12日，高匪一部人马驻扎新门，新门至浮桥一带尽遭劫掠。杂货店、布店、金银首饰店等，无一幸免。浮桥民团主任林某的住室被高匪纵火烧毁。同时，高为国又借口搜查隐匿民团，在城内水仙铺一带挨户搜查，无论住户、店铺，所有值钱的东西，均被抢劫一空。凡民团中人，或被指为与民团有关系的人，一律格杀勿论。各铺团练员被捕杀甚多，各铺保长，亦在搜捕之列。

7月13日，高匪又捕数人，杀之于南校场西衙门和东门车站。有青年学生数人，胸前皆佩带校徽，被高匪硬说是民团中人，立被处死。

某日上午，高匪从南岳某人力车店抓来车夫12人，多为莆仙人，硬说成是民团的内应，严刑拷打之后，于当夜用卡车运至东门车站杀害。高为国的心腹护兵猫唐充当刽子手，他一手执大刀，一手拿手电筒。当别的匪徒把这些浑身瘫软的车夫拉下车后，猫唐便挥动大刀，像砍瓜一样，"咔嚓、咔嚓"连砍了12个人头。之后，他还晃动着手电筒朝车上照照，问还有没有，真是凶残至极。

此次大屠杀中，或削首、或枪杀、或石击，甚至有用绳子绑在汽车后面活活拖死的，手段之残忍，令人发指。据说，这次被高匪残杀的无辜，即达百人以上。

五、多行不义终自毙

在树兜等乡民团准备攻袭泉州高为国匪帮时，另一个在安溪、南安、永春一带称霸的巨匪陈国辉得悉后心中暗喜，因为陈匪早就垂涎泉州这个富庶之地，想取高而代之。当时，陈暗中派人与树兜民团联络，表示愿意派兵援助攻高，但当民团攻打泉州时，陈国辉并未出兵援助，而是坐山观虎斗。他这样做，无非是想利用民团将高击溃或驱之离泉后，他再乘机把队伍开入泉州，以坐收渔利。陈的如意算盘当时虽未能实现，但高匪严重受挫，使其图高之心更加迫不及待了。

高匪受到民团攻击后进行血腥屠杀，引起了各界的强烈不满，社会各团体及海外华侨纷纷驰电福建省当局，谴责高匪的滔天罪行，坚决要求将高部调离泉州。在这种强大的社会舆论压力下，省政府便下令高部撤出泉州，高为国便把大本营撤回到老巢福山腰。

1930年冬，陈国辉部进驻泉州，高为国闻听这一消息后，深感大事不妙，便加紧部署，准备与陈拼个你死我活。

据说，陈国辉进驻泉州之前，当时的福建省主席万声涛曾当面对陈说，闽南地方由谁住就由谁整理，即谁说了算，认为该怎么做就怎么做。于是，陈便借此说是"省政府有令"，要进攻高为国的老巢福山腰。陈部进驻泉州之后，立即调兵遣将，对高匪老巢形成包围之势。

高、陈谈判破裂后，高部见大势已去，军心涣散，多想逃亡。高为国见军心不可用，便改变了硬拼的打法，密令心腹将枪炮、发电机及金银财宝等埋藏，让义弟高扬罗带领大部人马开往枫亭与惠安土匪汪汉民会合，而只留下一少部分人看守巢穴，实际是准备放弃福山腰出逃。这样一来，当陈国辉下令进攻时，用了不到一天的时间，就兵临双阳山下，很快攻破并占领了福山腰。其时高为国已带着几个亲信出逃潜伏起来。

高为国并未就此甘心，隐蔽一段时间后又想东山再起，于是召回早已陪许韭到香港九龙的林应兰、韦乔二人，同往闽北依附国民党二十六师师长刘和鼎。

原来，1923年前后，王永泉统治福建，派其弟王永彝旅长驻守泉州，并令其部下郭寅皋团长收编高为国为捕盗营长，刘和鼎时为郭团团副，高与刘由此相识。后来，军阀孙传芳入闽，驱逐王氏兄弟，郭寅皋团长逃离泉州。刘和鼎因官职较小而经济上不甚宽裕，想走但缺少川资。当此危难之际，高为国资助其几百元，刘才离家去了南京。自此，刘和鼎倒交了好运，到北伐战争后，他已升任蒋军五十六师师长了。那时高为国曾派心腹林应兰带厚礼往谒，进行联络。后刘师开入泉州一带，彼此更多有往来，高亦时有进献。待到刘部驻泉旅长陈万泰奉命他调时，刘即令高为国接管了泉州，以此算回报了高赠款旧情。

在陈旅长离泉之际，曾向高转达刘师长的意思说，晋江县长和税务局局长都是刘的人，请高务必不要更换他人，高虽表面应承，但当刘部调离后，即将此两缺改派为自己的人了，由是引起刘对高的不满。

高为国被陈国辉打败后，走投无路，又不甘心就此隐踪匿迹，远走他乡，便带上亲信林应兰、韦乔等前往闽北投靠刘和鼎师长。刘因已与高有隙，虽都表示尽力帮忙，但暗中却派人监视，自然不以朋友之礼相待了。稍过一段时间，刘又让人向林、韦暗示，要高拿出一笔款项，才好代为活动。林、韦见事不妙，便相机逃走，林去了香港找许韭，韦下了南洋。

林、韦逃脱后，刘即对高实行了监禁，并提出非拿出5万元不得自由。高为国自知已身陷牢笼，便设法求一熟人带信物到九龙去见许韭，让她速付款赎人。林应兰以为，给了刘也不一定放人，使得许韭犯起踌躇来。高为国投靠刘的举动，实在是自投罗网，自找死路。

当此之时，泉州各界及海外华侨纷纷致函，要求省政府将高处决以平民愤。为此，福建省政府便令刘和鼎将高解省处理。时过不久，又有人到泉州找到高的亲信傅维翰，请傅转告许韭，如能付出5万元，高为国仍有生还希望。然而，傅并不清楚当时许韭在何处，故也未能转达此意。这也可以看作是高为国命该如此，连高的亲信都不能知道许韭在何处，别人就更不可能知道了。当时，傅维翰为了高为国，在旧部以及亲信中到处筹款，但非常艰难，就在傅将5万元的款筹齐的时候，高为国被押往福建，被判死刑，等候枪决，傅维翰也只能仰天长叹了。

高为国被解往福州以后，先被押入大牢等候处理，随后，根据福建省政府的要求以及高为国所犯罪行，被判处死刑，在福州被就地枪决，一代巨匪就这样走到了生命的尽头。

"铁魔头"许铁英

一、初为小匪

"铁魔头"真名许铁英，又名许钟琪，是河北省永年县有名的土匪、汉奸、国民党特务。

许铁英于1914年出生于河北永年县许庄村的一个地主家庭。其父许炳瑞，先娶邯郸县招贤村大地主之女张氏为妻，生二男一女，后又续娶永年县武八汪村李氏为妻，生三男二女。长子许钟琪(即许铁英)、次子许长琪、三子许安琪和一女许然妮，这亲兄妹4人，后来都成了土匪。

永年古城

许铁英18岁时，其父死。当时许家已败落，一贫如洗。由于许家子弟平日横行乡里，常要泼皮无赖，所以无人愿意提携。许铁英只好推上车，干起了贩卖私盐的营生，由曲周往武安、涉县山里贩运，往返一二百里。由于官府禁止贩私盐，所以从事此业既辛苦又担惊受怕。许铁英为了逃避盐警检查，不论白天黑夜，经常独来独往，身上还常带着刀子，别着棍子，遇上单个巡警就边跑边打，练就了一身贼胆。

1935年冬，许铁英贩盐路过永年城时被盐警查获，不但没收了盐还要罚款，后经巡官马勋臣从中说情，才以"今后不许再贩盐"为条件放了出来。

1936年春，许铁英在许庄村南的大路上，用木棒拦住了一个卖花生的老头，将钱物全部抢去。从此许铁英开始了土匪生涯。

许匪作案后，跑到武八汪村的舅舅家躲避风声。其舅李栓柱是个兵痞，在家藏有枪支。许匪一经下水，尝到不劳而获的"甜头"，就再也不肯罢手。他极力怂恿李栓柱结伙作恶，于是二人开始持枪行劫，直到绑架肉票，越做越大。

1937年4月，许匪同伙李双文、李珠被官府捉拿枪毙，同时追捕许铁英。许慌忙投奔永年城东老牌土匪甄老德处，给甄当了“底线”。期间，许匪又学会了黑道上的不少伎俩。不久，又有许庄惯匪张风梧聚众成立了土匪便衣队。许希望同乡土匪有所照应，帮他出人头地，所以就改换门庭，弃甄投张，在张风梧的特务队中做了班长。此时的许铁英，已是权势欲望熏心，当个班长，难填欲壑，遂于1937年11月，又离开张风梧处，回到了许庄。

许匪下山后，先是在土匪王作州手下为匪，后来伺机取代了王的地位，又一次自成匪系当了匪首。这时，他的匪伙已有20余人，其二弟许长琪（人称“二官”）、三弟许安琪（人称“三黑子”）也参与其间。他们夜聚昼散，拦路抢劫，绑票杀人，无恶不作。1938年初，许匪率众到西杨庄一带抢劫，与当地匪首“暴团长”发生冲突。许被对方连击5枪未中，狼狈逃回。同伙奉承他说，连击5枪未伤一根毫毛，真是铁做的头。从此，许匪就得意地自称为“铁魔头”了。这次吃亏后，使“铁魔头”深感自己实力不足，决心多弄枪支，壮大队伍。在此后一段时间里，他抢劫、绑票多以得到枪支武器为目的，从而使其势力较快发展起来。

二、地主护院狗

一些地主豪绅看到铁匪越闹越大，做起黑道上的“买卖”又毒又狠，所以非常担心自己生命财产的安全。为了趋利避害，这些地主豪绅决定笼络、勾结、收买铁匪，使之成为自己看家护院的走狗。

许庄地主许谦臣过去就用一支三把盒子、百余发子弹笼络过“铁魔头”，1939年初，许谦臣又与本村地主许老贵一起送给铁匪19支长、短枪，助纣为虐。同年春，西杨庄大地主李海生也见风使舵拉拢铁匪，把铁匪请到他们村去成立“保险团”（即保安护村团的意思）。这正中铁匪下怀，于是他便率匪众到西杨庄立团，自己当了团长。铁匪打“保险团”的招牌，土匪勾当就由夜聚昼散变成公开活动，利用“办团”名义圈占地盘，扩充势力范围，由到处流窜，变为有了较稳定的活动基地。自此，铁匪开始对西杨庄乃至南吕周、菇佐、大张村、石官营、辛庄堡等村要粮派款，逐渐地控制了不少村庄。

铁匪有了“团长”的头衔，势力不断扩大。到1940年初，铁匪已发展到三四百人，控制了20多个村庄。

地主豪绅们拉拢铁匪为自己保了险，善良的穷苦百姓却遭了殃。自从成立了“保险团”，铁匪向群众的摊派从来是想要多少就要多少，绑票勒财不见少，派差等则更让人胆战心惊。

“保险团”就是保富人的险，要穷人的命，铁匪就是地主豪绅的看家犬。1939年，铁匪曾连续向菇佐村要款5次，按每亩地1～2元收款，村民筹措不出，匪徒们就在腊月三十闯到菇佐，摘门卷被，抄家绑人，家家户户遭到抢劫。农民陈志祥家仅有的准备过年的一斗玉米也被抢去。1939年康庄农民大秃子因饥饿难耐，到本村地主的地里掰了几穗玉米，竟被铁匪活活打死。郑营村富农赵大发强买农民石秀身的园子地，石不愿卖，铁匪派人将石抓到石管营，吊起来打了300皮鞭，石秀身被逼无奈，将地低价卖给赵大发。同村赵大付，在1940年初青黄不接时，将3亩园子地当给了赵大发，到期赎地，赵大发不允，并叫铁匪将赵大付抓去毒打，逼着他说出不再赎地才肯罢休。东张固村地主王老新与农民王振的因房产闹纠纷，铁匪竟将王振的一家3口全部杀死。1941年，铁匪派人到兴业村要款，群众没能按数付出，就把赵承方、刘福珍、崔成志和永冬的母亲4人抓去，村里花了几万元，才将他们赎出来。

三、流氓匪团

铁匪的部下流氓成性，禽兽不如，经常到村子里糟蹋妇女。铁匪的三弟"三黑子"是个大流氓，经常赤身裸体乱闯民宅，奸污妇女。"三黑子"每到一村，妇女避之惟恐不及，经常有妇女被他拦住糟蹋。他威胁某村一个姑娘，该女不从，逃到亲戚家，"三黑子"用枪逼住该女的爷爷让其说出藏身之处，硬将该女拉回本村进行奸污。有时妇女躲藏了，"三黑子"就抓来男青年当人质要挟。一次他到某村抓了60名男青年，逼他们说出家里姐妹妻嫂姓名，再指名抓来任他奸污，违抗者就拷打折磨。"三黑子"曾强奸了他亲叔父的闺女，他的婶母向"铁魔头"哭诉告状，铁匪不以为然地说："他年幼无知，不必见怪。"铁匪就是这样纵容匪徒胡作非为。有一个有200户人家的村庄，除逃避到外村的妇女外，全村妇女均被铁匪部下强奸，无一幸免。

男人躲债，女人躲祸，最难躲避的还是铁匪绑票。铁匪绑票的次数和手段都是骇人听闻的。他的手里经常押着几十个"肉票"。铁匪从绑票起家，也在绑票中出了恶名。1938年的一天，铁匪在武八汪村外遇见肥乡县一个卖小鸡的老乡，不由分说，就绑住扔进水坑，将钱全部抢去。为少许钱财，就这样把杀人当儿戏，足见铁匪已嗜杀成性。在砸抢、绑架时铁匪杀人就更多了。1940年，铁匪到辛庄堡抢走大牲畜20余头，劫持群众20多人，将"肉票"关进暗室，逼使受害人家变卖家产，左挪右借才将人、畜放回。同年，铁匪又到曲周县白町店拉牲口40余头，抓绑30余人，同样害得"票户"倾家荡产，他才放票。1941年阴历二月十三是施庄庙会，铁匪率众到施庄拉票，当场绑走20多人和18头牲畜，全村百姓花了很多钱财才赎回。他们还不断到外县绑票抢劫。1941年一年之中，铁匪到邯郸、沙河、鸡泽等地，大规模绑票就有5次，共抓人112名，抢牲畜136头。如在砸抢沙河县中旺村时，一次就拉牲畜30余头，绑人票40多名。据不完全统计，铁匪在公开投降日寇之前，就先后绑票369人，抢耕畜500余头，衣物、钱财不计其数。他们对无钱的肉票，进行残酷迫害，手段十分残忍：打、冻、饿、挖眼睛割耳朵送给家属，或枪杀、活埋、投井等致其死于非命。毛村农民赵洪年被绑后，家里实在无钱赎回，竟被铁匪活活饿死，事后还要家属出500元才让赎尸。

铁匪身材矮壮，面貌凶恶，一人4个老婆。他从来只穿土布衣服，一年四季不穿袜子，打起仗来，常常是衣服一甩赤膊上阵。他目不识丁，孤陋寡闻。有人曾拿一张中国地图，把河北省的位置、大小指给他看，没想到他看后竟说："怎么河北外边还有中国呀？！"原来他认为中国只有河北那么大。据说,1946年当军调小组的美方代表离开永年城时,曾向铁匪索取纪念章以留念,铁匪当时目瞪口呆,不知纪念章为何物。经人解释,他才命银匠打了一个大号的长命锁式的东西赠给了人家。

永年县的百姓说铁匪是一个"好事学不会,坏事不用学"的人,事实确实如此。在复杂的政治斗争中,铁匪搞阴谋,耍手腕,进行政治赌博,很快成了行家里手。再加上他独有的亡命徒精神,就成了地道的政治恶棍。抗日战争一开始,铁匪就采取了讨好国、共、日三方的策略,并随时掂量着各方的分量,以从中取利,发展他自己的势力,扩大自己的地盘。

在"保险团"成立以后不久,铁匪就开始把一些"有来路"的人拉拢到自己身边,充当谋士。如菇佐村的姓甄的,"七七事变"前是地方实力派、国民党党员,事变后仍与国民党方面保持联系。铁匪把姓甄的请到团里,并与他换帖拜把子,结成兄弟,铁匪企图通过该人与国民党建立联系。铁匪一副团长马勋臣的妹夫樊良才,"七七事变"前就投降日寇成了汉奸,铁匪特地从安阳把他找来,委以重任,通过他不断与日寇联系。

四、浑水摸鱼

抗日战争一开始,我冀南党组织为了争取一切力量加入抗日民族统一战线,曾多次派人与铁匪联系,教育他抗日爱国,将功赎罪。

1940年2月,冀南军区敌工站成立以后,曾派孙继平等同志到铁团,做了大量工作。当时铁匪为了窥测我方实力,也与我方联系,接纳我方人员。到1942年,我方与他逐渐达成一种默契:允许他在杨庄以西、铁路以东、洺河以南的范围内活动,但要求他对我党在这一区域内的区公所等抗日组织不能有所损害。

在此期间,铁匪也为抗日军民做过一些好事,为抗日工作提供过方便。但是,铁匪对于我们的联合始终没有诚意,就连抗日军民在豆庄、赵庄与该团联欢时,铁匪仍令其部下架起机枪,对准抗日军民,杀气腾腾。更令人不能容忍的是,铁匪从未停止残害人民的罪恶活动。我党为了教训铁匪,保护抗日人民的利益,曾在1940年春由抗日县长赵洗率县大队包围了东、西杨庄。当我集中力量打击东杨庄的大股土匪时,铁匪在西杨庄闻讯逃之夭夭。

铁匪逃脱之后,不但不知改过,反而催粮要款、绑票抢掠更加猖狂,并且公然杀害我抗日军民,以取媚于日寇。他每到一村,就指名迫害共产党员和抗日家属。1940年10月的一天,铁匪带匪徒窜到小北汪村,先将农会主任赵运来一枪打死,又逼赵妻供出农会干部姓名。赵妻宁死不屈,被铁匪打得死去活来。同年,铁匪还亲手枪杀了八汪村和西张固村抗日村长等33人,抓捕干部11人、群众56人。铁匪的罪恶行为,引起抗日军民极大愤慨,抗日政府决定再次予以打击。

1941年2月7日是旧历春节。过节前,做贼心虚的"铁魔头"四处派人打探,得知许庄周围50里之内没有我军活动,便在大年三十晚上,摆酒设宴,与众匪徒在许庄村内大吃大喝起来。不料，初一凌晨神兵天降，八路军黄承彦营长和抗日县长赵洗带领二分区一中队和县大队共200多人连夜奔袭而来。醉醺醺的匪徒们措手不及，在猛烈打击下溃不成军。战斗持续了两个多小时，除铁匪率少数人落荒而逃，共击毙匪小队长贾善书以下30余名，俘虏多人，并解放"肉票"70多人，大大打击了铁匪的嚣张气焰。

本来就与日寇勾勾搭搭的铁匪，在1940年以后，看到抗日根据地的形势不断恶化，日寇对根据地的"扫荡"日甚一日，便于1941年秋，通过汉奸樊良才与日本特务高目正二的关系到武安投降了日军工藤部，被编为"工藤部队配属铁血团"，"铁魔头"被封为团长，变成正牌汉奸。在日寇的卵翼下，他在洺河以南的势力一下子膨胀起来。

铁匪先以太辛庄、大佛寺为据点，在周围村庄修炮楼、挖寨沟等，大构工事，又大肆"招收"新兵——其实是强迫青年为匪。还给他们聘请教官进行军训，很快发展到1000余人。铁匪为了加强对洺河以南人民的残酷统治，把所占40多个村庄（后来发展到100多村）划分为八大片，号称八大组。每组委派正副组长进行管理，正组长管军事、副组长管民事。每组掌管土地两万亩。

此外，铁匪属下胡八的人马编为九、十两个组。九组组长杜锡章，曾给胡八当过随从，有一排人马，占马头固、何营一带；十组组长胡尚林，管周村、捻村、贾村一带。

五、日军压境

正在铁匪自以为得计之时，却引起了驻永年日寇的不安。铁匪这个受编不受调的汉奸，是不能让主子十分放心的。尤其铁匪的势力发展过快，还经常到其他伪军的防区要粮要款，更使日寇不能容忍，遂决定对铁匪进行"肃正"，逼他驯服。

1942年5月22日，日寇集中邯郸地区十几个县的日伪军1000多人，包围了以太辛庄、许庄为中心的10多个村庄，首先打太辛庄。铁匪毫无准备，立即逃至许庄，丢下新兵二三百人被日军包围在大佛寺里。交火二三小时，新兵被俘100多人。接着日军又攻打许庄，激战几日。铁匪两次突围未成，腿部受了重伤。我抗日政府从团结抗战大局出发，命基干团黄营长给以接应。黄营长率部从许庄村东南向日寇攻击，帮"铁魔头"突围。

经此一战，铁匪实力大损。为丢了地盘急得发疯的"铁魔头"，简直坐卧不宁，伤腿刚好，就迫不及待地到他最挂心的洺南一带，收拾残余势力，企图重整旗鼓。

1942年阴历十月十五日是六星村的庙会，铁匪一进村，就向赶会的人们大喊着说："你铁爷爷回来了。"接着用铡刀一连铡死了3个赶会的群众，并指着尸体说："你们看我老铁子没啥人了，就都不送款了，今后你们都照这样办！"当年十月，沙屯土匪刘老开带100多人与铁匪合并，铁匪又乘势东拼西凑，重聚了四五百人。

1942年末，铁匪正在为枪支弹药发愁之时，邯郸柳林桥一个伪军小队长合谋铁匪去弄枪支。原来，日本人正在邯郸的柳林桥训练一支80人的水上警察，该小队长与日本教官发生了矛盾，潜来永年给铁匪提供情报。见枪眼红的铁匪遂派出200人去了柳林桥，打死3名日本教官，生俘 80 名水上警察，得大枪 80 余支，把俘虏带回永年后全部活埋。

为尽快扩充实力，铁匪于 1943 年 3 月派许二官带 200 多人包围西杨庄炮楼，用武力收编王泽民部伪军。双方打了两天，第三天许二官攻入炮楼，生俘王泽民等全部伪军。王泽民只好乖乖就范。3 月底，已向我投诚的伪军李逢春，因受不了我军纪律的约束，又带一部分人改投了“铁魔头”。这样铁匪人马一下子发展到 3000 余人。

邯郸

1943 年阴历四月，日寇拼凑了邯郸周围各县的 5000 余兵力，对永年进行了一次大规模的“扫荡”。当时，从一致对外、团结抗日角度出发，八路军曾派人关照“铁魔头”，建议其化整为零。然而其对我一番好意却当作耳旁风，结果吃了大亏。

日伪军的“扫荡”从阴历四月初二制造何营惨案开始，持续了一个多月。五月十三日以后，日寇“扫荡”的圈子越缩越小。铁匪的 3000 多人，一下子被日军驱赶到小北汪村，被铁桶似的包围起来。这时，铁匪才感到情况有些不妙，欲退无路，只好命部下拼死挣扎。

第一天，“铁魔头”的人依仗村内房头屋顶的制高点，给日军较大杀伤。第二天，日军调来炮兵，将小北汪村内屋脊全部打平，而后攻入村内，铁部死伤惨重。第三日，铁部所剩无几。我军为了打击日寇，即派分区基干团长黄承彦带两个中队，在村东北部打击日军，接应出反正伪军及铁部四五百人。夜里，“铁魔头”趁黑冲击，踉踉跄跄跑到方头固村的大庙里，身边只剩六七十人。天明日军冲入小北汪，血洗了该村，又杀害无辜群众 370 多人。

六、积极反共

1944 年 2 月，经樊良才牵线，铁匪又到河南洛阳投靠了国民党军队汤恩伯部。国民党第十一战区司令长官汤恩伯亲自接见了铁匪，还让他参观了部分防区，以炫耀其实力，铁匪真是受宠若惊。之后，铁匪又在汤部国民党战干团受训半年。受训期间，铁匪学会了不少专门对付共产党的特务手段。

1944 年 7 月，受过专门训练的铁匪返回永年。不久，他即遵照国民党反动派的旨意，又一次公开投降了日寇。

为了反对共产党，对付抗日武装，铁匪首先着力拼凑反革命武装，强迫洺南各村青年当匪兵。不去的，他们就抓、捆；逃避的，就对家属又打又罚。马固村杨敬宗夫妻二人守着一个独生子，也被铁匪抓去。杨敬宗托人给许二官求情说：“家里没有人干活了。”立即被罚款 7 万元，结果兵也当了，地也卖了，落得生活无着，流离失所。许庄穷苦农民许娣，家无土地，以卖烧饼为生，听说要他当兵，逃到贾八汪村躲避，被抓回来毒打。许娣的母亲上前拦护，也被吊在树上毒打。仅1944年12月的一天里，铁匪就在各村抓了四五百人，光方头固一村就抓了83人。这样，在短短的几个月里，铁匪就又拉起了一支千余人的队伍，并在许庄设立军训基地，分期分批训练土匪骨干，在三塔、许庄、讲武等10多个村修了炮楼，同时筑工事，挖寨沟，加强军事设施。

铁匪在拼凑武装的同时，还组织会门、成立会队，用特务手段控制。铁匪拉拢大刀会和青红帮的头子，以此帮会为基础，成立了"佛善社"，威逼各村群众参加。他们挨门挨户登记造册，威胁群众说："不入社，不受保护。"同时，把各村男丁，不论多少，一律组织起来成立大规模会队，作正式武装的补充力量。

铁匪还谣言惑众，大造反革命舆论，矛头直指共产党。他明令手下匪徒要"对所有共产党的党员、干部、家属一律按敌人对待，或扣押、或枪杀；对与共产党有关系的人都打黑枪"。

我抗日政府决定对这个穷凶极恶的敌人严惩。1945年2月，冀南军区三分区下达了讨伐"铁魔头"的通令。

《通令》发布后，铁匪的反革命活动更加猖獗。1945年4月，铁匪亲自带匪徒到东杨庄将共产党员刘文升、王胖的、任书勤3人枪杀。后来，铁匪部又残害了抗日干部、战士刘冀民、张振江等19人，并以私通八路的罪名，将胡小恩、党风鸣等10余名无辜群众害死。其杀害抗日军民的手段极其残忍，除枪杀、活埋外，还用刀割、石头砸、杠子捶等法西斯手段。

1945年5月，日寇将铁匪部改编为"冀南靖安独立旅"，"铁魔头"本人为旅长。从此，铁匪把旅司令部设在了临关，在永年城内设办事处，与日寇的勾结更加紧密。

1945年5月2日，苏联红军攻克柏林，德意日法西斯败局已定，抗日战争胜利在望。在此形势下，蒋介石加紧了抢夺胜利果实的活动。同年7月中旬，第一战区司令长官胡宗南派军事专员吴涧溪等人带电台一部由西安到冀南活动。他们网罗当地的伪匪，对付共产党，抢夺抗日胜利果实。吴涧溪到永年活动时，还带来胡宗南给铁匪的委任状，委任"铁魔头"为"先遣军第一支队司令"。铁匪得了国民党的正式委任，更使出全身解数讨好主子。

1945年8月15日，日本帝国主义正式投降。9月，铁匪在吴涧溪的参与策划下，将他的全部土匪武装开进临关镇。他还联络南河县伪军刘国栋、成安县伪军薛风山、沙河县土匪齐马三和本县土匪石振江麇集临关，共有三四千人。9月11日胡宗南又委任铁匪为临关守备司令。

铁匪精心对临关进行了军事部署：薛风山部守东门，刘国栋部守西门，石振江部守北门，他的匪部守南门。随之，铁匪派人到伪匪郭化民的地盘，在日军留下的一军用仓库弄到大批武器弹药，使其火力装备大大加强。

1945年10月14日，太行军区部队在秦基伟司令员的率领下，继解放了沙河、褡裢、黄粱梦之后，又迅速包围了临关，司令部就设在离临关不远的河北铺村。

攻击开始之前，我军为了争取铁匪等缴械投诚，先派胡维章（铁匪密友，当时已向我们投诚）进城做工作，并让铁匪看了朱总司令签署的让伪军投降改编的布告，铁匪拒不投降。

16日，我军先将东、西门外的两个据点消灭掉；17日，全面攻击开始；18日，全镇解放。此战共毙伤伪匪军300余人，俘3000余人，其中包括日军小野等二人。只有铁匪带100余人逃出临关，向永年城关奔命，沿途又遭到民兵的截击，待逃进永年城时，只剩下22人。

七、永年毙命

永年城是一座历史古城，青砖垒砌的城墙十分坚固。永年城又处在方圆70华里的永年洼之中，一遇水涝，此城便是一片汪洋中的小岛，水是它的天然屏障，易守难攻。

当“铁魔头”带着22个残匪逃往永年城时，此城已被伪军王泽民部盘踞。王又收编了永年、鸡泽县伪军和伪警察、伪政府的警卫队等共计2000余人。王匪已于1945年9月1日封闭城门，限制出入，又于9月11日将下堤滏河闸门打开，并在裴屯村东大堤决口，放水淹灌了永年洼。

1945年9、10两月，晋、冀、鲁、豫军民经过英勇战斗，从日伪军手中解放了59座县城，又取得上党、邯郸两大战役的胜利。到10月18日解放了临关之后，整个冀南区域内，只剩下永年城这座孤城尚为王泽民所盘踞。王泽民与铁匪原来芥蒂很深，如今同为穷途末路人，同病相怜，所以开门容纳了铁匪。

铁匪进城后，不住王泽民的司令部文庙，而是自带人马住在城东门，一是表示自成一统，不受收编；二是避免与王泽民见面。从此，铁王二匪一方面合力对付城外的共产党和解放区人民，另一方面又勾心斗角，争相在城内外抓兵、抢粮、扩大实力。

1945年12月，国民党第十一战区司令长官孙连仲收编了这两伙伪匪，任命王泽民为“河北省保安第一纵队少将司令”，许铁英(“铁魔头”)为“河北省保安第二纵队少将司令”。次年5月，国民党又派永年区指挥官钟玉林化装潜入永年城，直接指挥二匪，进一步加强与永年伪匪的联系。

1946年1月6日，我平汉支队与冀南军区一部曾两次攻打永年城，虽有局部胜利，终因城池坚固，我军准备不足，并缺少重武器，均未攻克。紧接着，由于全面内战爆发，蒋军以25个旅进攻我中原解放区，我围城主力部队奉命南调，只留一部分部队负责围城。4月开始，国共双方军调部驻安阳第十九小组到永年进行调处。谈判桌上，我方代表尖锐指出城内并非国军而是伪匪，国民党立刻调8架飞机，空投大批武器、军装、食物，表示对城内伪匪的承认和支持，向我军民示威。

1946年7月至1947年6月，是人民解放战争的战略防御阶段，也是永年军民围困永年城最艰苦阶段。这时，王、铁二匪以为时机已到，一面呼吁大名之敌向他们“固若金汤”的永年城靠拢，一面派大股武装出城骚扰，抢粮、抢菜、抓夫、抓兵，暗杀村干部和民兵，制造了一个个触目惊心的大血案。

据不完全统计，铁匪在这一年之中，共捕杀我区、村级干部105人，制造血案几十起，并把四五百青年抓进城内，铁匪手上沾满了革命干部和人民群众的鲜血。

1947年春节以后，国民党的全面进攻被我粉碎，敌军被迫放弃大名向南撤去。至此，永年的紧张局势才告缓解。城内顽匪看到与大名蒋军会师已成泡影，嚣张气焰顿时大减。国民党反动派转入重点进攻以后，永年据点在国民党眼里就大大贬值落价了。从4月初停止了18天的空投，城内顿时大乱。城里再也抢不到一粒粮食，竟争抢着把酱菜园的酱菜、中药铺的中草药一扫而光，接着把树皮、树叶吃光剥净，甚至到了吃水草、吃死人的地步。疾病流行，饿殍遍街满巷。

5月，我冀南军分区司令员王光华主持召开了借马桩会议，提出了“困死敌人在城内，消灭敌人在城外”的作战方针，并调集部队，加强了对永年城的围困。同时，我县政府又布告除奸反特，采取严厉政策打击潜藏在解放区内部的敌人。

王、铁二匪狗急跳墙，曾组织了一些人冒死出城抢粮，被我部队拦在城外的陈义村，消灭并俘虏大半。铁匪又组织“四人小组”到城外筹粮，全被捕获。9月11日，国民党对王匪、铁匪的空投完全断绝，并电告他们在9月15日以前向安阳突围。至此，敌城已山穷水尽，敌内部开始分崩离析，不少土匪设法摆脱控制跑到城外投降。王、铁二匪看到此城已不攻自破了，只好放弃盘踞了两年又50天的永年城，向城外逃跑。10月3日晚，二匪先派人出城诈降，麻痹我们，其实偷偷挑选了精壮骨干准备掩护他们逃跑。4日夜间，敌人窜出城门，仓皇出逃。在我军密集火力打击下，大部死伤或被俘，只有王、铁匪带200余人向安阳方向逃去。

5日拂晓，王、铁匪众逃到邯郸县东扶仁村，铁匪到村后的庙里祷告许愿一番。7时来到贾村，把村内在押的十几个被斗地主放了出来，大肆抢掠了村民的衣服食物。到晚上，他们在村里抓了8名群众，抢了6头牲口，又向南逃去。6日凌晨来到成安县吕庄村。吕庄村北的沙丘上有邯郸战役留下的旧工事，铁匪占据了工事以后，派人到吕庄村内搞吃的。进村的土匪诈称是解放军，又做贼心虚地下了民兵的枪，被民兵识破，很快想办法通知我军包围了吕庄，组织了一场围歼战。

剿匪肃特

1947年10月6日，天上飘着濛濛细雨，破晓时分，饿极了的铁匪们正三五成群地在吃着“借”来的馒头、烧饼，自以为此时可以大吃大喝、狼吞虎咽。我人民解放军的一场围歼战正悄悄地向他们逼近。忽然，一名五大三粗的土匪气喘吁吁地跑来向“铁魔头”报告，说在村北约一里的地方，我人民大军正在向吕庄围拢。“铁魔头”迅速丢下碗筷，向土匪们声嘶力竭地叫喊：“一定要顶住，逃到安阳，我们又可以享清福了！”他的叫喊声随之被激烈的枪声和喊杀声掩盖。铁匪已走到了穷途末路。

在战斗中，铁匪组织了约30人的敢死队，在庄东头向我军发起几次突围行动，想在此撕开一条血道，但都被我密集的炮火逼回庄内，铁匪损失惨重。在战斗进行了约2个半小时的时候，“铁魔头”看看实在顶不住了，就在村里抓来了一个中年人，一枪将他打死，然后剥下死人的行头，套到自己身上，装扮成一个农民模样，大摇大摆地想从庄南方向出逃，但被我军识破，一阵排字枪又将他逼回庄内。铁匪看看大势已去，只有仰天长叹。

3个小时后，我军对铁匪的围歼战胜利结束，清扫战场时，只见村内和村北面的沙丘上，横躺着70多具尸体，还有60多名衣衫褴褛、蓬头垢面的土匪缴械就擒。在尸堆上，有一个五短身材，又黑又胖，而且面目凶恶的家伙，经辨认，他就是危害永年一带达10年之久的匪头“铁魔头”。原来他在装扮成农民被我军识破在回逃的过程中，被我军的枪弹击中后背，他踉踉跄跄地逃回营地不久，就一头栽到地上，从此再也没有起来。

这一场围歼战将铁、王二匪最后的一点有生力量全歼，铁、王二匪也得到了早就应该得到的下场。

“东北大局”董文廷

解放战争期间，在东北土匪多如牛毛，其中有一股以辽宁西丰人董文廷为首的土匪流窜为害辽宁、吉林两省，人数最多时400多人，屡屡围剿，几次将其打散，他们又几次死灰复燃，经过艰苦努力，直到将匪首董文廷抓住正法，最终才得以将其彻底消灭。

一、趁乱作乱

1945年“八一五”日本帝国主义投降后，11月中旬，中国共产党派出的八路军进入东北后，解放了辽宁省西丰县，建立了人民政府。

此刻，社会处于大变革、大动荡之中，东北等新从日本人铁蹄下解放出来的地区更是如此。趁着社会秩序混乱，人民政权刚刚诞生，盘根错节的敌伪残余势力和地痞流氓、赌徒、恶棍等社会渣滓纠结在一起，蠢蠢欲动，时刻梦想东山再起。一些土匪便乘社会混乱之际，蜂拥而起，纠集旧伙，网罗新徒，组织起土匪武装。匪徒中有的受国民党委任，有的自立匪号，他们各占山头，以抢掠财物为主要目的，又不乏政治野心，妄图有朝一日受“中央军”招安，当官发财与人民为敌。

当时，西丰境内有土匪数股，其中以“东北大局”人数最多、活动最广、危害最大。

这伙匪徒以董文廷为首，早先于1946年2月至7月，在西丰县东南部老营厂（今营厂乡）松岭村宝宁屯起局活动，不久扩展到辽（宁）吉（林）两省、四县，即西丰、地丰、清原、西安（今之辽源）的交界处，凭借山高林密、地广人稀进行活动。先后到过西丰县老营厂、野鸡背（和隆乡）、凉泉（凉泉镇），东丰县小四平、杨木林子、太阳崴，清原县草市、兴隆台、大孤家子，西安县大梨树河子、小梨树河子等地。后于1946年11月至1948年3月，在西丰县西北部两省（辽宁、吉林）三县（西丰、开原、梨东）边沿敌我“拉锯”地区活动。先后到过西丰县老营后（济民村）、孔家沟（作新村）、二节楼（兴仁村），开原县范家沟、邱家沟、莲花街，梨东县叶赫站（叶赫满族乡）三道沟（双河村）、半拉山门、火石岭子等地活动。

东北剿匪部队指挥员在研究作战

他们有时聚成大帮，有时分成小股，攻我政府，劫我军车，烧杀抢掠，穷凶极恶。使政府干部无法正常工作，人民群众不能安居乐业。他们每到一处百姓无不深受其害，群众莫不深恶痛绝，迫切要求政府为民除害。我人民政府组织强大的武装力量，在广大群众的配合下，频频围剿，不过二年功夫，便将土匪全部消灭干净。在这场剿匪的斗争中，消灭"东北大局"这股匪帮最为惊心动魄。

二、夫妻土匪

"东北大局"这股匪徒，是于1945年抗战胜利后兴起的。匪首董文廷，当年34岁（1912年生），原系凤城县安阳村雇家铺子人，1938年冬月，因生活所迫投靠舅父周殿玉，迁入西丰老营厂白石沟（宝宁屯）。

当时董有兄弟9人（其中老大和老二、老三和老四、老五和老六是3对双胞胎），姐姐1人。董排行老二，因同胎生老大早亡，故由他执掌家业。因他办事愣头愣脑，人们送他一个绰号叫"董大愣"。他游手好闲，不务正业，跳大神、赌博、抽大烟，无所不好。

其妻肖氏，当年29岁（1917年生），未生子女，同董一起从事土匪活动，学得一手好骑术、好枪法，是董的"铁内助"。

1945年"八一五"光复不久，董文廷出于个人野心，投机钻营，伪装积极，带领五弟混入驻防在清原县大孤家子我东北民主联军24旅特务连当兵，之后，董的三弟也到该连当兵，董本人混个班长（一排三班长）。由于他们居心不良，同年12月在昌图县宝力镇驻防时，参与了以连长刘××为首的特务连叛变活动，他与三弟一起拉出一伙人（他五弟因枪走火已被打死）。在农历腊月廿七日潜回老营厂白石沟，密谋起局为匪。从此，他们到处活动，网罗匪徒，伺机建立土匪武装。

1946年，董文廷纠集土匪29人，有长枪22支、短枪1支，于2月8日起局，由于他们有独占东北的狂妄野心，故取匪号"东北大局"。当即刻制方印一块，还为他老婆命字号"大局"。

为了讨好国民党，他们声称是"东北军"，设1个总队5个分队（没有总队长、分队长职称），挂起国民党青天白日旗。同时，吸收国民党建军头子徐胜模（国民党党员，清原县大孤家子人）一伙人，充当匪徒骨干，确定徐为与国民党军队联系的联络员。

三、扩大势力

为了迅速扩大匪帮势力，董文廷采取了一系列的狡猾手段，扩大土匪组织。有时采用封官加冕的办法进行招抚，有时采用火拼的办法进行吞并。董先后招抚了"占东山"、"付海"、"金山好”等匪股的40多人，并入“东北大局”，编为第二、三、四分队，充当“四梁八柱”。

因为土匪均系乌合之众，貌合神离，互相猜疑，为争夺权利时常火拼。当时活动在老营厂、草市(清原县)一带的“全胜”小股土匪，因反抗招抚，惹得“东北大局”嫉恨，在1946年6月4日，匪首董文廷派匪徒纪常生、吴桂林等10多人到“全胜”活动的地方——地北头沟(增庆屯)，当场打死“全胜”匪首及其弟弟，然后以“一对一”、“面对面”坐地言和的诡计，把另7名“全胜”匪徒引诱到增庆西岭上，接着一声号令，“东北大局”的匪徒们一齐开枪，当场击毙6人。剩下的1人是董文廷的亲戚罗俊文，因为事先有所安排，只夺枪不打人，所以将其放跑。就这样，消灭了“全胜”匪徒，得枪9支、子弹数百发。

在这之前，同年4月，“金山大局”匪首郑庆海，带领匪徒来老营厂实妙村和“东北大局”匪徒会合，搞了一个磕头拜把子的会盟仪式，按年龄顺序称兄道弟，定下盟约。

5月里，有一天“东北大局”土匪在一次作恶活动中被松岭村的侯永奎、李德珍、王吉民报告给我县大队，县大队立即出击，将“东北大局”二柜曹德玉击毙。“金山大局”得到消息后，立时出动10多名匪徒，于5月14日窜到松岭村为曹报仇。

他们进村后，伪装县大队，说是要为侯永奎等三人庆功，侯永奎等三人讲了他们送信的实情，话音刚落，匪徒们便撕去伪装，将这三人一一用绳绑上，拴在马脖子上拽走，交“东北大局”将他们打得死去活来，王吉民被打死在秀岩山上。

解放军当年剿匪

“有枪就是草头王”。匪首董文廷本着这种思想，暗中在我区中队中物色叛乱对象，发展地下匪徒，伺机在我革命队伍中组织叛乱，夺取枪支弹药，扩大匪徒势力。

1946年春，我人民政府为巩固新生政权，扩大革命武装实力，区政府招收了一批区中队队员，有些坏人和投机分子便乘机混入革命队伍，在革命队伍中埋下了定时炸弹。

1946年3月初，野鸡背区中队班长徐万海、战士冯维善到义峰屯(碧玉村)抓赌时被“东北大局”匪徒抓住，匪首董文廷乘机诱降，与徐、冯结为盟兄弟，然后派徐、冯及在关门山(桦树村)的地下匪徒区中队队员杨德富共同在区中队策反。

他们首先收买了区中队队员齐长发暗中叛变，为叛乱搞内应。同年4月4日，后半夜两点钟，齐利用站岗放哨之机，将50多名土匪悄悄放进屯，包围了区中队，区中队队长李俊杰(抗日老战士)、班长李金山二同志在战斗中牺牲，另外18人叛变投匪，带走步枪18支，子弹360多发。

同年5月初，“东北大局”匪徒又对房木镇区中队进行策反，致使10名区中队队员叛变，带枪加入匪帮。

除此之外，董还网罗大批社会残渣余孽。其中包括伪军警、汉奸、特务、匪兵、逃亡地主、地痞流氓、赌徒恶棍、无业游民以及怀有不同目的的人，统统扩大到土匪武装里去。

为此，到1946年5月，“东北大局”的匪徒已发展到220多人，长枪200多支、短枪6支、炮6门、子弹7000余发、坐骑210多匹、胶皮车3辆，已成为当时西丰境内数股土匪中势力最强的。

四、组织体系

随着人数的扩大，“东北大局”逐渐建起一套完整的组织机构：“东北大局”大头目叫“大掌柜”（也叫“大当家的”），内部称“大哥”、“大柜”。二头目称“二掌柜”，内称“二哥”、“二柜”。其“大柜”、“二柜”和“四梁八柱”的具体组织情况是：

大掌柜：董文廷，报字“董大愣”。

二掌柜：曹德玉，报字“占东山”；曹死后，续二柜为李文库，报字“防友”；高振帮，报字不详。

水香：赵永吉，报字“仁龙”；杨树清，报字“青山”；宋宝祥，报字“大祥子”；冯景山，报字“东胜军”。

粮台：田福祯，报字“傻子”；董文清(老四)报字“老北风”。

闲员：左占英，报字“兴武”；纪长福，报字“×军”；袁景山，报字“绿林好”。

算命占卜

联络员：徐胜模，报字不祥；吴贵枝，报字“久成”；林××，报字不祥。

字匠：王殴清，报字“王大愣”；王死后续上赵德俊，报字不祥。

马号：井维清，报字“绿林好”；张××，报字不祥；刘××，报字不祥；李××，报字不祥。

探子：李拽子，报字不祥。

各分队也同样设大柜、二柜、“四梁八柱”。为了忠于匪首，“四梁八柱”之间都得磕头拜把子，按年龄排行称兄道弟。摆堂烧香磕头时要宣誓，誓词是“五湖四海皆兄弟，有难同当，有福同享，永不变心，谁不同心，天诛地灭”。

“东北大局”又称“东北军”，设一个大队、五个分队。两个名称，一套人马，实质都是匪号。“东北大局”有一套完整的组织机构，而“东北军”既没任大队长也没有分队长，是装潢门面向国民党讨好的虚设组织。

“东北大局”在“大柜”、“二柜”之下，设有“四梁八柱”。四梁分里四梁和外四梁，合起来也就是八柱。里四梁有：“炮头”、“粮台”、“水香”、“闲员”，下边的匪徒称“崽子”。

“炮头”是指胆大的，枪法准，能百发百中，在关键时刻可以一枪定夺的。

“粮台”是负责吃喝的。分散活动或紧急情况下到“大户”或群众家吃饭，在据点吃喝靠抢来的食品，或叫“大户”给送饭。

“水香”是管站岗、放哨、设“卡子”、换岗等等。土匪每到一处，第一件事就是放“卡子”以防不测。其称呼来历，据匪徒讲，是沿用古时没钟表计时用漏壶和香柱计算而定名。

“闲员”是土匪里的军师，大柜的参谋长。研究事都参加，土匪里有些事他都管。

外四梁是：“联络员”、“字匠”、“马号”、“探子”。

“联络员”是按大柜的指意，搞对外联络，类似办外交的。

“字匠”是主管文墨的，也就是土匪中的秘书和书记官，凡是文字的事都由他去做。收来的文字材料，也由他解密处置。登记枪支弹药，记分配钱物账目等。

“马号”是管马匹和车辆的。

“探子”管抢劫目标、路线和了解其他情况等等，他们的决策往往决定行动的成败，因此要由胆大心细、精明强干、善于动脑、敢于决断的人担任。

“崽子”，是指一般土匪，通称崽子。有的是给“大柜”、“二柜”等头目当勤务、保卫、通讯等等。

“东北大局”匪徒中给大柜、二柜当崽子的就有10个。如张文生，报字“北来顺”，是伺候匪首董文廷的。张德录，报字不祥，是给匪首当通讯的。王彦斌，报字“大斌子”，是给匪首当保卫的等等。

匪徒们每人都有匪号叫“报字”。平时匪徒之间只准叫“匪号”，不准叫姓名。说话用匪语。据井维清讲，他在“东北大局”三个月学会了匪语。他说1947年7月间，有一次他接受做小股土匪“马五子”的说降工作，在大十字沟(自学村)找到“马五子”住处，一进屋门，先作个“左撇一”的“拐子礼”(两手合握，向右举在胸前)，一脚门里一脚门外，说：

“把兄弟，辛苦了！”

马匪说：“彼此一样。”

井说：“西北悬天一块云，云里莲花盆，老母上边坐，不知哪位是君?哪位是臣?”

马匪“炮头”李巩才站起来说：“太阳出来红似火，前打后别就是我，把兄弟拐(坐下)。”

井说：“在海栽花一条根，不知局主是何人?”

“马五子”搭话：“把兄弟到此有事办吧?”

井说：“有事，请君最好降了吧！”

“马五子”摆手不降。

“东北大局”的匪徒们为了寻欢作乐，在1946年4月间，劫持了一伙唱地方戏的一共8人，到吉林省东丰县土老婆岭据点(这里伪满时日本人修的兵营，有房子几十间)为他们演唱“梁山泊下山”、“大将鸣五更”等节目。每逢匪徒抢劫归来就得唱戏庆祝，有时连续演唱几个晚上。匪首董文廷白天高兴了就随时叫唱一段。他的老婆、兄弟媳妇一听就要听个够才罢。这伙土匪整天过着鱼肉人民、花天酒地、醉生梦死的生活。

五、董匪罪行

"东北大局"这伙武装土匪，袭击我军，破坏新生政权和扰乱土改运动。抢掠财物、奸淫烧杀，作恶多端。

这伙匪徒的罪恶罄竹难书，主要有以下几方面。

袭击我军攻打区政府——

"东北大局"于1946年4月窜至清原县北大沟康德屯，偷袭我驻军保安旅某部，致使我军牺牲战士两名、伤3名。

同年6月1日我军黄海部队10余名指战员往西丰押运军用物资，当大车行至老营厂北2公里处，遭到该匪60多人截击，在敌众我寡的情况下，我军战士奋起还击，当场击毙"水香"宋玉昆等2人。我军牺牲3名同志，被劫走步枪3支、子弹7000余发、炮6门、手榴弹70多只、大车两辆和军毯等。

董匪同月又在野鸡背和兴屯袭击我县大队一连一排，抢走通讯员坐骑一匹，胶车两辆。

同年3月22日这伙土匪窜到大孤家子区政府，打伤区中队战士1人。后在1947年10月先后勾结开原莲花地主武装红眼队，袭击梨东叶赫站区中队和半拉山门我驻军某独立团。

杀害革命干部和群众——

1947年10月2日辽宁西丰解放后，在新区农村开展了农民翻身运动，被斗的反动地、富分子勾结"东北大局"进行破坏。

1947年冬月，在今明德乡明德村中英屯(马道岭)，我土改帮翻队队员李绪光和张义志二同志发动贫雇农斗争了富农分子张吉先，张遂开黑会策划勾结"东北大局"匪徒杀害土改帮翻队队员。当张得知"东北大局"匪徒在天户屯(今明德乡)时，便动手将李绪光和张义志捆绑起来，同时派人找到匪首董文廷。董立即带领匪徒来到马道岭(中英屯)，将被捆绑的李、张二同志拉到屯西河套杀害。

同年冬的一天，正值钓鱼乡的翻身运动搞得轰轰烈烈，"东北大局"150多名匪徒，骑马坐爬犁分股窜到瓮山、景华、宏丰、新昌、启文，铁河、茂德等地，20多个农民会遭到袭击，匪徒所到之处百姓遭殃，他们到处打人，放跑被斗的地、富分子，文兴屯群众谢××和霍傻子被打死，致使农民翻身运动受到极大的破坏。现在一些参加过农民翻身运动的老贫农回忆当年的情景时说：土匪进村，打枪抓人，乐坏了地主，害苦了穷人，那时穷人的日子真难混啊。

敲诈百姓抢夺财物——

1946年2月14日，"东北大局"李文库带领40多名匪徒，到金星乡联合村抢走农民李长友的骡马和大车，还向这个村"捐大界"3000多元。

同年2月17日和4月30日，匪首董文廷带130多名匪徒先后两次窜到野鸡背(和隆街)，不仅抢杀猪羊，大吃大喝，还"捐大界"13000多元，这些钱均由各户百姓分摊。同时还抢走天顺昌、同盛德等四家商店大量布匹和现金4000多元，外加大烟泡50个。

董文廷还到过开原县新边村"捐大界"，一进村就用匪语讲："要捐半个老串"(一个老串要10

万元,半个是5万元)。拿不够就要枪毙人,烧房子,村干部被逼挨户凑钱,由于没凑足5万元,土匪就点火烧毁了"村会"的房子。

1947年冬的一天,"东北大局"一小股匪徒,窜到梨东叶赫站永和村,把孙云楼、刘德贵抓住,敲肋骨、施非刑,逼钱要物,没钱就把身上穿的衣服和鞋子抢走。这伙土匪所到之处都要"捐大界",要多少就得拿多少,否则不是抓人就是放火,根本不顾群众死活。

杀人放火奸淫民女——

这伙土匪豺狼成性,无恶不做。1946年2月9日匪徒董三、董四、袁金山等6人,乘夜到老营厂增庆屯抢群众现款5000多元、大烟土100多两。行抢到陈伯令家时遭到陈家老小反抗,用扎枪扎伤了土匪董三,匪徒开枪杀死陈家老少两口,点火烧毁了房屋和其他财物。事后,抓了5个人把董三抬往匪穴。当时因天气严寒,5人中1人被冻成终身残废,1人冻伤致死。

这年5月的一天晚上,匪徒到清原县兴隆台行抢,临走时放火烧民房和学校校舍40多间,群众无不深恶痛绝。据知情老年人回忆,仅这年2、3月间,这伙土匪在老营厂一带就打死无辜百姓5人,伤残3人。因之,该地群众一时畏匪如惧虎。

匪徒们夜闯民宅奸淫妇女成性,所到之处妇女受害不计其数。据有的匪徒回忆:我们晚上出去"压花窑"(强奸妇女),进屋把枪一支,先喊不许"上亮子"(点灯),对女人硬搞,谁不让就用枪打,这样被搞的妇女不计其数。1946年5月6日,二柜曹德玉光天化日在松岭屯一家奸污民女,奸后不走,正值我县大队进村,将曹匪击毙在受害者院内,缴获德制"米里根"手枪一支,子弹20发。群众拍手称快,说:县大队为民除掉一害。

强抢车马破坏生产——

这帮匪徒,开始步行的多,骑马的少,到1946年5月以后,到处强抢车马。有一次仅在清原县兴隆台一带,一天的时间就抢走好马53匹,胶车9辆。无论他们窜到什么地方,见到骡马就牵,最多的时候抢到250多匹,胶车数十辆。匪徒活动过的地方,好马、好车全被抢光,严重破坏了农村生产。有些地方被抢劫一空,使得百姓无法生存,有的农民只好背井离乡另找生路。

六、两起两落

我人民政府为建立巩固的革命根据地,巩固新生的革命政权,稳定社会秩序,使人民免遭涂炭,不断地派出县大队、区中队和民兵,在驻军部队的支持援助下,进行剿匪,安抚受难群众。经过多次追歼激战,终于彻底消灭了"东北大局",解除了心腹之患。

"东北大局"自活动那天起,就到处遭到广大人民群众的反抗,有的群众动手打死打伤土匪,有的主动报告驻军或地方武装进行清剿。

1946年6月的一天,"东北大局"匪徒4人,以侯廷斌为首窜到高丽墓子(振兴镇)白石村砸抢会局,押会的群众不约而同地徒手与匪徒搏斗一个多小时,当场将侯匪打死,其余3人被活捉,缴步枪2支,假手枪2支。

县大队、区中队不断地投入剿灭“东北大局”的战斗，直到彻底消灭之。1946年5月14日，“东北大局”匪徒80多人窜至今和隆乡和兴村林丰屯抢劫。得到群众报告后，县大队派二连100多名战士出击，击毙土匪3人，缴获步枪3支，子弹160余发，坐骑24匹，毛驴一头。其余匪徒逃往东丰县小四平等地。

同年7月下旬的一天，振兴区中队在张指导员的带领下，到西安梨树沟追歼“东北局”一小股土匪，土匪逃散，缴获马12匹，胶车3辆，并满载土匪抢劫的物资而归。

在歼灭“东北大局”的过程中，我县大队多次联合邻县的县大队、区中队共同作战，有力地打击了土匪的反动气焰，取得了一次又一次的剿匪胜利。

1946年5月16日，“东北大局”土匪80多人和东丰“金山大局”匪徒50多人，从小四平来老营厂碧玉屯进行活动。东丰县大队侦察后联合西丰、清原三县县大队160多名战士参战，除步枪外还动用重机枪、六〇炮向土匪射击，“金山大局”匪首郑庆海突围未逞，被击毙在小马鹿沟，匪徒们慌忙撤逃。30日清原县大队在老营厂石阳村击毙匪徒吴金贵、郭茂玉等3人，还活捉土匪唐英山、马景山、段春普等人，后将他们押到夏家堡子处决。

1947年9月初，我驻军某部配合梨东县大队在哈福一带围剿“东北大局”，由于反复清剿，打得匪徒无立足之地，于是匪徒逃至叶赫站据守。在匪徒到后的第三天，梨东、西丰县大队联合围歼。梨东县大队在夜间潜进匪首住处(油坊大门)，将站岗的匪徒打死，战士飞越大墙，冲入院内，打死土匪数人。西丰县大队经双榆进入叶赫站焦家屯截击匪徒，这次战斗中土匪死伤数十人。狡猾的匪首董文廷乘夜逃至叶赫站西10公里处的高家窝棚(张家村)，聚集残匪，继续作恶。并于1947年冬多次窜回西丰西北部边沿地区，破坏土改斗争。

为彻底清除匪患，我驻军部队多次配合地方武装围剿“东北大局”。1947年10月的一天，匪首董文廷带领70多名匪徒，窜到老营后(济民村)圣泉屯，谎称迎接国民党军队重占西丰。匪徒正在“捐大界”、“压马”之际，驻在老虎洞沟(寿山村)的我军某部，登上西岭，用机枪、六〇炮向土匪射击，倾刻间土匪慌作一团，丢下两具匪尸，向叶赫站仓促逃去。群众异口同声赞扬：八路军打的真好！

“东北大局”从兴起到灭亡，经历了“两起两落”：一起一落是1946年2月拉起山头到7月投靠国民党军被缴械；二起二落是从1946年11月重整旗鼓，重操旧业，到1948年3月，“四打四平”战役被我军彻底剿灭。

1946年6月间，“东北大局”在我西丰、东丰、清原三县县大队的追歼下，活动地域日趋缩小，匪徒有枪无弹“抱杆子”的日益增多。匪首董文廷感到再也混不下去了，遂派联络员徐胜模、匪徒吴贵枝去西安(辽源)国民党驻军联系投靠事宜。于6月11日投国民党军××师7团，被编为2营，给匪首董文廷少校营长官衔。

开始队伍在西安街(今辽源市)烧锅大院驻，不久又驻守大梨树河子。因实有匪徒250人，谎报为350人，被团长陈度仁察觉，于农历七月初八那天，突然下令要2营到离驻地15公里的煤矿“八坑”开会，事先会址周围戒严，并架起枪炮，当2营到齐后，团长宣布：你们多报人数冒领军饷，犯欺骗国军罪，全部缴械，排长以上留下，其余放行。

但在这次“调虎离山计”中，匪首董文廷因照顾老婆有病，免遭缴械。他得信后带领十几名匪首、3支步枪潜逃到梨树沟、灵神庙一带，终日唯恐被抓，不久带领匪徒跑到长春公主岭投国民党军 16 支队。

当时有官没兵，委任董文廷为国军少校营长。为招兵他带着少校营长军衔，又窜回老营厂大肆招兵，但无一人参加，临走时董把投靠前安排在土匪“马五子”绺子中的亲弟董四(老北风)、张青山带走。

一个月后，公主岭国民党军队建立独立营，用武力劫走国军 16 支队招到的 100 多名士兵。董文廷企图在国民党独立营往沈阳转运这些士兵时将他们劫回，后因阴谋败露，国民党独立营抓住董文廷，把他打得死去活来，险些丧命。事后董文廷带领仅在身边的几个“铁杆匪徒”弃国军之官不做而走。

1946 年 11 月，匪首董文廷又拉起绺子，活动在梨东县半拉山门、火石岭子、哈福等地。土匪“东北大局”又开始臭名远扬了。时至 1947 年 10 月这伙乌合之众竟达 400 多人，曾联合开原莲花地主武装，先后两次攻打我县大队、区中队驻地和叶赫站等地。后在我驻军联合地方武装多次围歼下，匪徒据点被迫挪到叶赫站附近高家窝棚，继续四处做恶。

1948 年春，“东北大局”又投靠驻四平国民党军队，当时国民党军不准“东北大局”进城，叫他们在半拉山门一带驻守。

3 月 13 日，我军“四战四平”战斗时，在我军强大攻势下，“东北大局”一触即溃，大部被歼。匪首董文廷狗急跳墙，夺路而逃，潜伏在梨东叶赫站三道沟、西丰兴仁村二节楼和开原范家沟一带，残喘于山沟匪徒之家及荒山野岭之中。

七、穷寇末日

1948 年冬，我庆阳区(第四区)公安助理姜元信带领 30 多个民兵，跟踪追捕“东北大局”残匪，先后在二节楼(碧岭屯)抓住匪徒秦德林，在孔家屯(作新村)抓到姜七(匪徒)，在鸡冠山(作新村)捕获韩景江(崽子)等人，从审讯口供中得知匪首董文廷就在那一带活动。当抓到保护匪首董文廷的崽子王继友时，他吐露出董匪正往范家沟住户(三间房)去的消息。

姜公安当机立断，率 4 名骨干民兵，穷追不舍，紧逼不放，迫使他无立足之地，无喘息之机，很快追过小岭，进到山下住户院内。这时日落天黑，只见一人腰扎麻袋片，手拿猪食瓢，装作喂猪的样子。

姜公安眼盯他不放，问他姓什么?

董说：“姓潘”(意思是请放他走)。

姜公安又问：“在这做什么?”

董说：“给嫂子请大神看病。”

姜公安将他带到匪徒王继友面前对质，在人证面前，董无言以对，就这样匪首董文廷落网被擒。

1949 年 1 月 17 日将董押赴西丰南河套刑场，把这个双手沾满人民鲜血、恶贯满盈的匪首

清算土匪恶霸罪恶

处决。

匪首董文廷之妻肖氏，先于1947年冬，潜居平岗煤矿她姐姐家，在土改斗争中被鸭池村农会抓获枪毙。“善恶终究必有报”，一些狡猾鼠窜逃往外地的漏网残余分子，在人民法网中，先后在镇反、肃反运动中相继落网，分别受到了应有的惩处。罪大恶极者被判处死刑，共有22名，另有30多名土匪分别被判处徒刑。

勾结“东北大局”杀害李绪光、张义志同志，参与亲自捆绑土改帮翻队队员的反革命分子张吉先、张景山、王景山、江凤臣等4人，于1957年12月被判处死刑，慰祭了烈士的英灵。另外参与此案的9名罪犯被分别判处无期和有期徒刑。

为害辽宁、吉林两省数年之久、为当地人民群众带来无数伤害和惨痛记忆的“东北大局”匪帮终于在人民武装的铁拳下被击得粉碎，彻底覆灭，革命的政权和人民不仅没有被他们动摇和推翻，反而更加强大，更加稳固。

围剿这股残暴顽固的土匪并最终取得彻底胜利，经过了艰苦奋战、流血牺牲，离不开人民群众的大力支持协助。人民解放军、县大队、区中队和民兵参加剿匪战斗光荣牺牲的烈士就有多人，他们将永远活在人们的心里。